경호학

김 계 원

도서출판 진 영 사

김계원(金桂元, Kye-Won Kim)

- 행정학박사(인천대 대학원)
- 중부대 안전경호공안학부 겸임교수
- 해양경찰청/소방방재청 혁신추진위원
- 한국미래정책연구원(KAPI) 부원장
- 잡마스터인재개발원 원장
- 경찰교육원 외래교수
- 한국시큐리티자격평가원 부원장
- 신변보호사 자격검정시험 집행위원/문제출제위원
- 인천대학교 기초교육원 초빙교수
- 인천대학교 사회과학연구원 연구위원

○ 주요저서 및 연구논문

- 경호학(진영출판사), 2012
- 경비지도사 2차 기출문제분석집(2010)
- 경비경찰론(경찰승진연구회), 2004
- 경찰윤리론(경찰승진연구회), 2004
- 민간경비론(새롬출판사), 2001
- 사이버테러리즘에 관한 연구(2013)
- 신변보호경비원의 자질 및 능력향상을 위한 법적 · 제도적 방안연구(2012)
- 신변보호사 자격제도개선방안 연구(2012) 외 다수.

경호학

김계원

2001년 9월 15일 초판 인쇄
2008년 3월 5일 초판1쇄 발행
2008년 12월 1일 수정판 발행
2011년 2월 18일 2쇄 발행
2014년 2월 28일 전면개정판 발행
2015년 8월 20일 전면개정판 3쇄 발행
2016년 2월 20일 전면개정판 4쇄 발행
2018년 3월 20일 전면개정판 5쇄 발행
2019년 2월 28일 전면개정판 6쇄 발행
2020년 3월 2일 전면개정판 7쇄 발행

발행인 박 진 영

발행처 도서출판 진영사
인천광역시 부평구 갈산동 185번지 풍진빌딩 303호
전화 : 032)505-4207
팩스 : 032)505-4206
E-mail : 0183734207@hanmail.net
등록 : 122-91-77317

ISBN 978-89-6541-
값 28,000원

전면개정판을 출고하며...

시큐리티 분야의 학문적 발전을 고대하는 후학의 한 사람으로서 그동안 경호학 분야의 선각자들이 일구어 놓으신 학문적 업적들을 바탕으로 하여 미약하게나마 이에 일조할 수 있다는데 항상 감사하는 마음을 갖습니다. 본 교재를 집필한지도 어언 9년이라는 세월이 흘렀습니다. 그래도 항상 무엇인가 모자란다는 생각은 떨쳐버릴 수가 없습니다.

그래도 그나마 수험생들에게 무엇인가 도움이 되도록 하자는 마음에서 아래와 같이 내용상의 보완을 하였습니다. 아무쪼록 이 책이 이 분야에 관심을 갖고, 열정을 보이시는 제 독자들에게 도움이 되었으면 하는 바램입니다.

전면개정판에서는 이전의 책에서 못내 아쉬웠던 내용들을 대폭 수정 보완하였습니다. 전반적으로는 좀 더 이론적인 근거에 충실하려고 노력하였고, 새롭게 개정된 관련법의 내용이나 용어에 부합되도록 보안하였습니다.

먼저 그간에 논란이 되어 왔던 외국 경호기관에 대한 내용을 최신의 내용으로 모두 수정하였습니다. 특히 영국경호기관과 일본경호기관에 대한 내용을 최근의 개편된 내용으로 모두 반영하였습니다. 둘째는 경호작용론 부분에서 항상 미흡함에 전전긍긍했던 경호보안, 경호정보, 위해평가, 경호계획, 경호팀의 편성, 행사장경호, 숙소경호, 돌발사태대응 부분의 내용을 외국의 관련서적과 실무매뉴얼 등을 참고로 하여 전면 재정리하여 체계적으로 보완하였습니다. 또한 경비작용론 부분도 그동안 산만하게 정리되었던 민간경비 부분을 간략하게 정리하여 체계화하였습니다.

이에 따라 출제예상문제도 각 부분 공히 새로운 유형의 문제로 보완하여 약 200여 개의 문제가 새롭게 추록되었습니다.

이렇게 나름대로는 최선을 다한다고 했지만 아직도 미진한 부분이 있음을 인정하지 않을 수 없습니다. 많은 독자들께서는 향후에도 넓은 마음으로 채찍질을 해 주시면 초심을 항상 유지하여 항상 발전하는 도습을 보이도록 노력하겠습니다.

그리고 항상 훌륭한 저작물로 길을 잡아 주시는 선배학자들과 이 책이 출간되도록 물심양면으로 지원을 아끼지 않으신 진영사 박진영 사장님과 옆에서 항상 힘을 주는 박병숙 사장, 그리고 밤샘을 마다하지 않고 도와주신 (주)잡마스터 직원 모두에 감사드립니다.

2014년 2월 5일
저자 씀

개정판을 내면서

시큐리티 특히 경호학 분야를 공부하는 후학의 한 사람으로서 그동안 경호학 분야의 선각자들이 일구어 놓으신 학문적 체계를 바탕으로 하여, 조금이나마 우리 분야의 학문적 토대구축에 일조를 하고자 노력으로 경호학 수험서를 출간한 지가 엊그제 같은데 벌써 4년이나 지나갔습니다. 책을 출간은 하였지만 스승님들과 여러 학문적 선배들의 업적들에 비해 학문적 바탕이 너무나 미진하여 스스로 부끄러울 뿐입니다.

이러한 마음을 안고 그나마 수험생들에게 무엇인가 도움이 되도록 하자는 마음에서 아래와 같이 내용상의 보완을 하였습니다. 아무쪼록 이 책이 이 분야에 관심을 갖고, 열정을 보이시는 제 독자들에게 도움이 되었으면 하는 바람입니다.

개정 신판에서는 이전의 책에서 못내 아쉬웠던 내용들을 수정 보완하였습니다. 이론적인 토대에서의 사회계약론과 관련한 내용을 보강하였고, 테러리즘론에서도 최근의 테러경향과 사이버테러리즘, 뉴테러리즘 등을 보완하였습니다. 아울러 미국대통령경호조직 부분을 최신내용으로 보완하였고, 기타 전 판에서 누락되었던 내용들을 대폭 추가하였습니다. 또한 그동안의 기출문제를 수집, 복원하여 미진하나마 추록하였습니다.

나름대로는 내용을 보완하였지만 아직도 미진한 부분이 있음을 인정하지 않을 수 없습니다. 향후에도 넓은 마음으로 채찍질을 해 주시면 초심을 항상 유지하여 항상 발전하는 모습을 보이도록 노력하겠습니다.

그리고 항상 옆에서 학문적 스승님으로서나 인생의 등대로서 보살핌을 주시는 정진환 교수님과 서진석 교수님께 감사드리며, 이 책이 출간되도록 물심양면으로 지원을 아끼지 않으신 백산출판사 진옥상 사장님과 밤샘을 마다하지 않고 도와주신 직원 모두에 감사드립니다.

2004년 8월

저자 씀

머 리 말

경호활동의 뿌리는 인간이 태어나면서부터라고 할 수 있습니다. 원시시대에 인간이 집단생활을 영위하면서 스스로의 자위를 위해 또는 자기 가족, 자기집단을 위해 수행된 갖가지의 신변보호행위들이 원초적인 경호업무에 해당된다고 할 수 있습니다. 이렇듯 경호활동의 뿌리는 매우 깊지만 우리가 경호학이라는 학문을 접하게 된 것은 불과 10여년에 불과하다고 할 수 있습니다.

과거 경호학에 대한 논의는 실무적인 필요성 때문에 경찰과 경호실무 분야에서 제한적으로 이루어졌고 학문적 체계화는 극히 미미할 수밖에 없던 것이 사실이었습니다.

그러나 88올림픽을 계기로 90년대에 들어 민간경비 분야가 발전의 폭을 넓혀 경비지도사제도를 도입하게 되었고 소수의 선각자들이 짧은 기간에도 불구하고 경호학의 체계화에 눈부신 족적을 남겼는바, 김두현 교수의 경호학개론, 경찰대학의 경찰경비론, 김두현 · 정태황 공저 경호운전이 대표적인 경우라고 할 수 있습니다. 최근에는 이상철 교수의 경호방법론이 출간되어 그동안 근접경호 분야의 실무적인 경호기법에 갈증을 느꼈던 후학들에게 지대한 도움을 주었습니다. 본서는 이러한 선각자들의 노력을 거울삼아 다음과 같은 점에 중점을 두고 발간되었습니다.

첫째, 본서는 기존의 경호학교과서들의 내용을 충실히 반영하려고 노력하였습니다.

이제까지의 경호학교과서들은 관점과 시각에 따라 각기 특징적인 면을 갖고 있는데, 이러한 각 교과서의 특징적 내용을 골고루 충실히 반영하고자 하였습니다.

둘째, 최근에 개정된 대통력경호실법과 경찰관직무집행법, 그리고 개정의 폭이 컸던 경비업법과 청원경찰법의 내용을 빠짐없이 반영하였습니다.

셋째, 매 인용부분마다 각주와 인용주를 달아 선각자들의 노력을 존중하였고, 독자들이 좀 더 심층적인 학습이 가능하도록 출처를 명확히 하였습니다.

넷째, 최신의 자료들과 세부적인 내용을 기술하였고, 문제의 해설을 상세히 첨부하여 효과적인 학습이 가능하도록 하였습니다.

아무쪼록 이 책이 경호학을 공부하시는 수험생들과 실무자들에게 도움이 되었으면 하는 바람이고, 또한 선각자들의 명성에 흠이 되지 않게 항상 노력할 것을 약속드립니다. 끝으로, 이 책이 출간되도록 물심양면으로 지원을 아끼지 않으신 새롬출판사 사장님과, 밤을 지새우며 노력을 아끼지 않으신 편집부 직원들의 노고에 진심으로 감사드립니다.

2001년 9월

편저자 씀

경비지도사 자격증 안내

❑ 자격증 도입

경비지도사 자격증은 민간경비산업 분야의 유일한 국가자격증(경찰청 주관)으로 민간경비산업의 건전한 발전과 민간경비원에 대한 효과적인 관리감독의 필요성에 의해 1995년 12월 30일 법률 제5124호로 개정・공포된 경비업법에 도입되어, 1997년 제1회 자격검정시험이 시행되었습니다.

경비지도사 자격시험은 1997년 제1회 시험부터 2001년 제3회 시험까지는 격년제로 시행되었고, 이후 2002년부터는 매년 시행되어 2015년 제17회 시험까지 진행되어 왔습니다.

경비지도사 자격제도가 시행된 지 18년이 지난 현재 경비지도사는 민간경비산업 분야의 전문직업으로 정착하여 민간경비현장에서 경비원의 관리·감독, 교육, 경찰과의 연락업무 등을 수행하고 있습니다.

❑ 경비지도사의 직무

경비지도사는 경비원을 교육・감독하는 관리자로서 경비업법 제12조 및 동시행령 제17조에 따라 아래의 직무를 수행합니다.

〈경비지도사 일반직무〉

1. 경비원의 지도・감독・교육에 관한 계획의 수립・실시 및 그 기록의 유지
2. 경비현장에 배치된 경비원에 대한 순회점검 및 감독
3. 경찰기관 및 소방기관과의 연락방법에 대한 지도
4. 집단민원현장에 배치된 경비원에 대한 지도・감독
5. 기계경비업무를 위한 기계장치의 운용・감독(기계경비지도사의 경우만)
6. 오경보방지 등을 위한 기기관리의 감독(기계경비지도사의 경우만)

〈집단민원현장 배치 경비지도사 직무〉

1. 법 제15조의2에 따른 경비원 등의 의무 위반행위 예방 및 제지
2. 법 제16조에 따른 경비원의 복장 착용 등에 대한 지도・감독
3. 법 제16조의2에 따른 경비원의 장비 휴대 및 사용에 대한 지도・감독
4. 법 제18조제1항 단서에 따라 집단민원현장에 비치된 경비원 명부의 관리

❑ 경비지도사의 구분(경비업법 시행령 제10조)

일반경비지도사	① 시설경비 업무, ② 호송경비업무, ③ 신변보호 업무, ④ 특수경비업무에 종사하는 경비원을 지도·감독 및 교육하는 경비지도사
기계경비지도사	기계경비업무에 종사하는 경비원을 지도·감독 및 교육하는 경비지도사

❑ 민간경비업체 현황(2019년 12월 기준)

▶ 업체현황 및 경비원 수

구분	경비업체							경비원 수
	업체 수	업종 계	시설경비	호송경비	신변보호	기계경비	특수경비	
2019	4,502	5,324	4,40	37	583	145	139	157,774

❑ 경비지도사의 선임·배치기준(제16조 ①항 관련 별표 3 참조)

1. 일반경비지도사

시설경비업·호송경비업·신변보호업 및 특수경비업에 한하여 선임·배치할 것

가. 경비원을 배치하여 영업활동을 하고 있는 지역을 관할하는 지방경찰청의 관할구역별로 경비원 200인까지는 일반경비지도사 1인씩 선임·배치하되, 200인을 초과하는 100인까지마다 1인씩을 추가로 선임·배치할 것. 다만, 특수경비업의 경우는 제19조제1항의 규정에 의한 특수경비원 교육을 이수한 일반경비지도사를 선임·배치할 것

나. 시설경비업·호송경비업·신변보호업 및 특수경비업 가운데 2 이상의 경비업을 하는 경우 경비지도사의 배치는 각 경비업에 종사하는 경비원의 수를 합산한 인원을 기준으로 할 것

2. 기계경비지도사

가. 기계경비업에 한하여 선임·배치할 것

나. 선임・배치기준은 제1호 가목의 규정에 의한 일반경비지도사의 선임・배치기준과 동일하게 할 것

3. 경비지도사가 선임 · 배치된 지방경찰청의 관할구역에 인접하는 지방경찰청의 관할구역에 배치되는 경비원이 30인 이하인 경우에는 제1호 가목 및 제2호 나목의 규정에 불구하고 경비지도사를 따로 선임 · 배치하지 아니할 수 있다. 이 경우 인천지방경찰청은 서울지방경찰정과 인접한 것으로 본다.

❑ 향후 경비지도사의 전망

1. 경비업 법인설립시의 경비지도사 선임의 의무화

경비업법 제4조에서는 경비업 법인 허가신청시 경비지도사 선임을 허가조건으로 하고 있으며, 동법 시행령 제16조 경비지도사 배치기준에서는 고용하고 있는 경비원 200명당 1명, 추가 100명당 1명의 경비지도사를 선임하도록 하고 있어 이에 따른 기본적인 수요가 매우 큰 편이다.

2. 집단민원현장의 경비지도사 배치의 의무화

2016년 기준 현행 경비업법은 경비업법 제2조에서 규정하는 집단민원현장에 경비지도사를 배치의무화하고 있어 이에 대한 경비지도사 실질적 수요가 매우 큰 상태이며, 이는 매년 증가하고 있다.

3. 향후 아파트 등의 공동주택 관리기관에서의 경비지도사 수요가 증가할 것으로 보인다. 각종의 공동주택(아파트)도 민간 경비대상으로 그 관리 주체가 어떠하든 일정한 경비원을 고용한 경우 경비지도사 배치가 의무적이다.
4. 경비지도사 배치의 의무화와는 별도로 경비업체나 주택관리업체 취업시 경비지도사 자격증 소지 여부가 중요한 입사조건이 되고 있다.
5. 현재 경비업체가 지속적으로 증가 추세에 있고, 새로운 첨단 경비상품이 개발되면서 경비요원들을 교육하고 관리할 경비지도사의 수요와 중요성은 날로 증가할 수밖에 없다.

❑ 경비지도사 시험대비 가이드

○ 매년 시험 시행

○ 시험시행기관 : 한국산업인력공단

○ 시험일시 : 매년 11월 중

○ 선발예정인원 : 약 600명(일반경비지도사 540명, 기계경비지도사 60명)

○ 합격자 발표 : 당해연도 12월 중, 한국산업인력공단 게시판 게시공고 및 인터넷 홈페이지(http://www.hrdkorea.or.kr), ARS(060-700-2009) 안내

○ 자격증 교부 : 시험에 합격한 자는 경찰청장이 정하는 기준에 따라 **지정교육기관에서** 실시하는 44시간의 기본교육 이수자에 한하여 경찰청장 명의로 자격증 교부

1. 경비지도사 및 경비원의 결격사유(법 제10조)

1) 경비지도사 또는 일반경비원의 결격사유

1. 만 18세 미만인 자, 피성년후견인, 피한정후견인
2. 파산선고를 받고 복권되지 아니한 자
3. 금고 이상의 실형의 선고를 받고 그 집행이 종료(집행이 종료된 것으로 보는 경우를 포함한다)되거나 집행이 면제된 날부터 5년이 지나지 아니한 자
4. 금고 이상의 형의 집행유예선고를 받고 그 유예기간중에 있는 자
5. 다음 각 목의 어느 하나에 해당하는 죄를 범하여 벌금형을 선고받은 날부터 10년이 지나지 아니하거나 금고 이상의 형을 선고받고 그 집행이 종료된(종료된 것으로 보는 경우를 포함한다) 날 또는 집행이 유예·면제된 날부터 10년이 지나지 아니한 자

   가. 「형법」 제114조의 죄

   나. 「폭력행위 등 처벌에 관한 법률」 제4조의 죄

   다. 「형법」 제297조, 제297조의2, 제298조부터 제301조까지, 제301조의2, 제302조, 제303조, 제305조, 제305조의2의 죄

   라. 「성폭력범죄의 처벌 등에 관한 특례법」 제3조부터 제11조까지 및 제15조(제3조부터 제9조까지의 미수범만 해당한다)의 죄

   마. 「아동·청소년의 성보호에 관한 법률」 제7조 및 제8조의 죄

   바. 다목부터 마목까지의 죄로서 다른 법률에 따라 가중처벌되는 죄
6. 다음 각 목의 어느 하나에 해당하는 죄를 범하여 벌금형을 선고받은

날부터 5년이 지나지 아니하거나 금고 이상의 형을 선고받고 그 집행이 유예된 날부터 5년이 지나지 아니한 자

가. 「형법」 제329조부터 제331조까지, 제331조의2 및 제332조부터 제343조까지의 죄

나. 가목의 죄로서 다른 법률에 따라 가중처벌되는 죄

7. 제5호 다목부터 바목까지의 어느 하나에 해당하는 죄를 범하여 치료감호를 선고받고 그 집행이 종료된 날 또는 집행이 면제된 날부터 10년이 지나지 아니한 자 또는 제6호 각 목의 어느 하나에 해당하는 죄를 범하여 치료감호를 선고받고 그 집행이 면제된 날부터 5년이 지나지 아니한 자

8. 이 법이나 이 법에 따른 명령을 위반하여 벌금형을 선고받은 날부터 5년이 지나지 아니하거나 금고 이상의 형을 선고받고 그 집행이 유예된 날부터 5년이 지나지 아니한 자

2) 특수경비원의 결격사유

1. 만 18세 미만 또는 만 60세 이상인 자, 피성년후견인, 피한정후견인
2. 제1항제2호부터 제8호까지의 어느 하나에 해당하는 자
3. 금고 이상의 형의 선고유예를 받고 그 유예기간중에 있는 자
4. 행정자치부령이 정하는 신체조건에 미달되는 자
   - 팔과 다리가 완전하고 두 눈의 맨눈시력 각각 0.2 이상 또는 교정시력 각각 0.8 이상

2. 경비지도자의 시험 등(법 제11조)

1) 시험의 시행 및 공고(영 제11조) → 시험시행일 90일 전까지 공고

2) 시험의 방법 및 과목 등(영 제12조)

○ 현행 경비지도사시험 → 필기시험, 1차시험과 2차시험 병합 실시

○ 경비지도사 시험과목(영 제12조 관련 별표 2)

구분	1차 시험	2차 시험
	선택형	선택형 또는 단답형
일반경비지도사	* 법학개론 * 민간경비론	* 경비업법(청원경찰법 포함) * 소방학 · 범죄학 또는 경호학 중 1과목
기계경비지도사		* 경비업법(청원경찰법 포함) * 기계경비개론, 기계경비기획 및 설계 중 1과목

○ 제1차 시험에 합격한 자에 대해서는 다음 회의 시험에 한하여 제1차 시험을 면제한다.

3) 시험의 일부 면제(영 제13조)

1. 경찰공무원법에 의한 경찰공무원으로 7년 이상 재직한 사람
2. 「대통령 등의 경호에 관한 법률」에 의한 경호공무원 또는 별정직공무원으로 7년 이상 재직한 사람
3. 군인사법에 의한 각 군 전투병과 또는 헌병병과 부사관 이상 간부로 7년 이상 재직한 사람
4. 경비업법에 의한 경비업무에 7년 이상(특수경비업무의 경우에는 3년 이상) 종사하고 행정안전부령이 정하는 교육과정을 이수한 사람
5. 고등교육법에 의한 대학 이상의 학교를 졸업한 자로서 재학중 제12조제3항의 규정에 의한 경비지도사 시험과목을 3과목 이상 이수하고 졸업한 후 경비업무에 종사한 경력이 3년 이상인 사람
6. 고등교육법에 의한 전문대학을 졸업한 자로서 재학중 제12조제3항의 규정에 의한 경비지도사 시험과목을 3과목 이상 이수하고 졸업한 후 경비업무에 종사한 경력이 5년 이상인 사람
7. 일반경비지도사의 자격을 취득한 후 기계경비지도사의 시험에 응시하는 자 또는 기계경비지도사의 자격을 취득한 후 일반경비지도사의 시험에 응시하는 사람
8. 「공무원 임용령」에 따른 행정직군 교정직렬 공무원으로 7년 이상 재직한 사람

※ 규칙 제10조 (경비지도사시험의 일부면제) 영 제13조 제4조에서 "행정안전부령이 정하는 교육과정을 이수한 자"라 함은 다음 각호의 1에 해당하는 사람을 말한다.
1. 고등교육법에 의한 전문대학 이상의 교육기관(경비지도사의 시험과목 3과목 이상이 개설된 교육기관에 한한다)에서 1년 이상의 경비업무관련 과정을 마친 사람
2. 경찰청장이 지정하는 기관 또는 단체에서 실시하는 64시간 이상의 경비지도사 양성과정을 마치고 수료시험에 합격한 사람

4) 시험합격자의 결정(영 제14조)

㉠ 제1차 시험 → 매과목 100점을 만점, 매과목 40점 이상, 전과목 평균 60점 이상 득점한 자

㉡ 제2차 시험의 합격결정에 있어서는 선발예정인원의 범위 안에서 **60점** 이상을 득점한 자 중에서 고득점 순. 이 경우 동점자로 선발예정인원을 초과하여도 동점자 모두를 합격자로 한다.

3. 원서 접수방법

1) 원서접수

○ 접수방법 : 인터넷접수(www.Q-net.or.kr)
  - 원서접수 마감일까지 원서접수 및 수수료 결제자에 한함

○ 접수시간 : 접수 시작일 09:00부터 마감일 18:00까지

2) 수수료

○ 수수료 : 매년 별도 공지 예정
  - 수수료는 매년 변동 가능

○ 결제방법 : 신용카드, 계좌이체, 가상계좌 중 택일

3) 시험의 일부면제 대상자 서류제출

○ 대상 : 경비업법 시행령 제13조에서 정한 시험의 일부면제대상자

○ 제출기간 : 응시원서 접수기간 내 방문제출

○ 제출서류 : 해당경력을 증명하는 경력증명서, 졸업증명서, 성적증명서, 이수증명서, 자격증 사본 등 관계서류 일체

※ 경찰시험(경찰간부, 순경, 101경비단) 가산점 기준표

	5점	4점	2점
전 산	정보관리기술사	정보처리기사	정보처리산업기사 · 기능사 사무자동화산업기사 컴퓨터활용능력 1 · 2 · 3급 워드프로세서 1 · 2급
운 전			1종대형 운전면허
무 도		무도 4단 이상 유도, 검도, 태권도, 합기도	무도2 · 3단 유도, 검도 태권도 합기도
경비지도사		일반경비지도사 기계경비지도사	

※ 전체 가산점 항목 중 일부만 게재함.

※ 시험 현황

구분	시험일	선발예정인원		응시(2차기준)		경쟁률		커트라인		합격인원	
		일반	기계	일반	기계	일반	기계	일반	기계	일반	기계
20회	2018.11.17	540명	60명	11,641명	637명	10.43	16.46	94.68점	87.59점	701명	66명
19회	2017.11.18	540명	60명	10,839명	623명	20.1	10.4	87.5점	88.75점	587명	77명
18회	2016.11.19	540명	60명	6,361명	449명	11.8	7.5	93.75점	90.00점	679명	75명
17회	2015.11.21	540명	60명	7,361명	389명	13.6	6.48	95.0점	86.25점	579명	62명
16회	2014.11.15	540명	60명	7,386명	411명	13.7	6.85	91.25점	86.25점	606명	62명
15회	2013.11.16	540명	60명	7,938명	424명	14.7	7.0	93.75점	87.5점	567명	65명
14회	2012.11.17	540명	60명	7,469명	461명	13.8	7.68	88.75점	83.75점	553명	68명
13회	2011.11.13	540명	60명	8,953명	530명	15.5	8.15	90점	82.5점	612명	61명
12회	2010.11.14	540명	60명	8,713명	498명	16.1	8.3	86.25점	76.25점	579명	63명
11회	2009.11.08	540명	60명	8,191명	452명	15.2	7.5	90점	83.75점	594명	72명
10회	2008.11.18	540명	60명	9,300명	500명	17.2	8.3	87.5점	80점	604명	68명
9회	2007.11.19	540명	60명	8,320명	546명	15.4	9.1	87.5점	83.5점	698명	62명
8회	2006.11.13	540명	60명	7,400명	450명	13.7	7.5	82.5점	80.5점	658명	61명
7회	2005.11.21	540명	60명	6,491명	400명	12	6.7	86.25점	81.25점	609명	61명
6회	2004.11.21	540명	60명	4,795명	346명	8.9	5.8	78.75점	76.25점	586명	61명
5회	2003.11.09	540명	60명	5,435명	503명	10	8.4	82점	72점	638명	86명
4회	2002.11.10	540명	60명	5,051명	616명	9.4	10.3	80점	78점	734명	62명
3회	2001.12.09	540명	60명	9,385명	1,077명	17.4	17.95	86점	80점	553명	81명
2회	1999.10.31	6,750명	750명	17,061명	1,413명	2.5	1.2	76점	60점	7,205명	670명
1회	1996.02.23	2,400명		12,317명	687명	5.7	2.3	82점	80점	2,161명	237명

차 례

제1장 경호총론

제2장 경호조직론

제3장 경호작용론

- **기출 문제**

제1장 경호총론

제 1 장 경호학 총론

제1절 경호(警護)의 의의

1. 경호의 개념

1) 경호개념의 다의성

현재 사용되고 있는 경호의 개념은 통일적이지 못하고 다양한 의미로 사용되고 있다. 용어에 있어서도 경호, 호위, 경비, 신변보호, 요인경호 등 혼용되어 사용되고 있으며, 경호의 개념은 실질적인 개념으로 접근하느냐 형식적인 개념으로 접근하느냐에 따라 차이를 보이며, 해당 국가의 실정법의 규정에 따라 다르게 나타난다. 여기서는 경호의 개념을 실질적 개념과 형식적 개념을 중심으로 국내의 여러 학자들의 개념 정의와 외국의 경호개념, 그리고 우리나라의 실정법상의 개념 정의를 함께 살펴보고자 한다.

2) 경호의 개념 정의

(1) 실질적 개념과 형식적 개념

① 실질적 개념

경호의 실질적 개념은 그 활동의 본질·성질·이론적 관점에서 정의하는 시각이다. 즉 '경호'의 실체가 무엇인지를 사실적으로 접근하는 시각이다. 예를 들면 물이란 무엇인가?라는 질문에 산소와 수소의 결합물이라고 하는 것처럼 물이 무엇인지를 사실적으로 규명하는 개념정의 시각이다. 따라서 경호작용을 실질적으로 위해로부터 대상자를 보호하는 본래적 성격에 합치되면 모두 경호활동이라고 이해하는 입장이다. 이 시각에서는 경호의 주체가 국가기관이든 민간인이든 개인이든 단체이든 구별하지 않는다. 따라서 경호기관에서 수행하는 같은 경호활동이라도 형식적 개념의 정의와는 일치하지 않는 경우도 있으며, 대상국가의 실정법에 따라 범위나 내용이 다르게 나타날 수 있다.

② 형식적 개념

경호의 형식적 개념은 실정법・제도・기관 중심적 관점에서 이해한 것으로 경호란 "실정법이나 제도적으로 경호기관이라고 인정된 기관이나 조직이 수행하는 제반 활동"이라고 정의할 수 있다. 이러한 관점에서는 당 기관이 위해로부터 대상자의 신변을 보호하는 활동을 수행하더라도 실정법적으로 규정된 범위에 해당되지 않으면 경호활동이라고 할 수 없다. 반대로 경호기관이 수행하는 활동 중 실질적 개념하의 위해로부터 보호하는 활동이 아니더라도 법적으로 경호기관이 수행하는 활동이면 모두 경호활동이라고 할 수 있다.[1)]

(2) 제 학자들의 개념정의

① 제 학자들의 개념정의

경호란 무엇인가에 대한 개념정의는 다양한 학자들에 의해 제시되었는데, 김봉의(1994)는 "경호대상자의 신변에 대하여 직접 또는 간접으로 가해지는 위해를 미연에 방지하고 제거하여 그의 안전을 도모하는 경찰활동"[2)]으로 정의하였고, 위준혁(1968)은 "경호대상자가 통과하는 도로와 숙박소, 열차 및 기타 필요하다고 인정되는 장소 등을 경계하여 그 안전과 질서와 친화를 도모함을 목적으로 하는 것"[3)]로 정의하면서 경찰관의 근무 중 가장 중요한 경비근무형태라고 지적하고 있다. 한편 최근에 경찰경호의 기본서라 할 수

---

1) 예를 들면 어느 동네에 마음 좋은 구멍가게 아저씨가 이웃집 어린이가 테러위협을 받는 것을 알고 매일 학교까지 바래다주는 행위는 실질적 개념으로는 경호활동에 해당되지만, 형식적 개념으로는 실정법인 대통령 등의 경호에 관한 법률이나 경비업법상의 법적인 의미의 경호행위가 아니기 때문에 경호활동이라 할 수 없으며, 단지 자원봉사활동이 될 뿐이다.

2) 김봉의, 『경찰실무』(일반경비 · 작전편)(서울: 정문출판사, 1994), p.67.

3) 위준혁, 경호경비에 관한 연구, 석사학위논문(동국대학교 대학원,1968), p.119.

있는 경찰경비론(1998)에서는 경호란 "국내의 중요인사 등 경호대상자의 신변에 대하여 직접・간접으로 가해지려는 위해를 방지하기 위하여 위험요소를 사전에 제거하고 경호대상자의 안전을 도보하는 활동"으로 정의하고 있으며,[4] 최근 관련학계에서 경호학의 학문적 체계를 세우는데 커다란 역할을 한 김두현(2006)의 경우 경호를 "경호대상자의 절대적 신변안전을 보호하기 위하여 모든 사용가능한 수단과 방법을 동원하여 위해요인을 사전에 방지 및 제거하기 위한 제반작용"[5]으로 정의하고 있다.

② 대통령 등의 경호에 관한 법률(제2조)상의 개념정의

현행 대통령 등의 경호에 관한 법률 제2조에서는 경호를 "경호대상의 생명과 재산을 보호하기 위하여 신체에 가하여지는 위해를 방지 또는 제거하고, 특정한 지역을 경계・순찰 및 방비하는 등의 모든 안전활동"으로 정의함으로써 과거 "호위"와 "경비"를 구분하여 경호를 정의하던 것에서 벗어나 경호의 개념을 통합하여 이해하고 있다. 즉, 동 법에서는 경비요소를 경호작용에 포함되는 하나의 구성요소로 이해하고 있다고 할 수 있다.

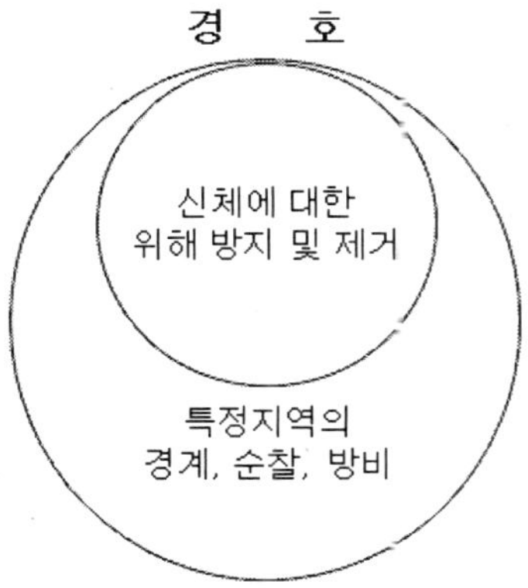

〈그림 1-1〉 대통령 등의 경호에 관한 법률상의 경호개념

4) 경찰대학, 『경비경찰론』(용인: 경찰대학, 1998), p.272.
5) 김두현, 『경호학개론』(서울: 경호출판사, 2006), p.30

✐ 학습참고자료

제2조 (정의) 이 법에서 사용하는 용어의 정의는 다음과 같다.〈개정 2012.2.2, 2013.3.23.〉
1. "경호"란 경호 대상자의 생명과 재산을 보호하기 위하여 신체에 가하여지는 위해를 방지하거나 제거하고, 특정 지역을 경계·순찰 및 방비하는 등의 모든 안전 활동을 말한다.
2. "경호구역"이란 소속공무원과 관계기관의 공무원으로서 경호업무를 지원하는 사람이 경호활동을 할 수 있는 구역을 말한다.
3. "소속공무원"이란 대통령경호실(이하 "경호실"이라 한다) 직원과 경호실에 파견된 사람을 말한다.
4. "관계기관"이란 경호실이 경호업무를 수행함에 있어 필요한 지원과 협조를 요청하는 국가기관, 지방자치단체 등을 말한다.

③ 경비업법(제2조)상의 경호개념

경비업법 제2조의 1호 다목에서 다른 경비업무 중 하나의 업무영역으로 신변보호업무를 규정하면서 그 정의를 "사람의 생명이나 신체에 대한 위해의 발생을 방지하고 그 신변을 보호하는 업무"라고 하고 있다.

따라서 경비업법상의 신변보호업무는 다른 경비활동인 시설경비, 호송경비, 특수경비, 기계경비 등과 함께 경비행위의 일부업무영역으로 간주하고 있다. 이를 볼 때 경비업법상의 신변보호업무의 개념범위는 경비행위를 중심으로 경비적 관점에서 경호행위에 접근하고 있다는 점에서 대통령 등의 경호에 관한 법률상의 경호개념이 '호위'적 행위, 즉 신변보호의 직접적인 행위를 중심으로 경비적 행위를 수용하는 관점과 약간의 차이를 갖는다고 할 수 있다. 다만 양 시각이 근본적인 성격 면에서 차이를 지니는 것은 아니며 정도와 범위의 차이만이 있다고 할 수 있다.

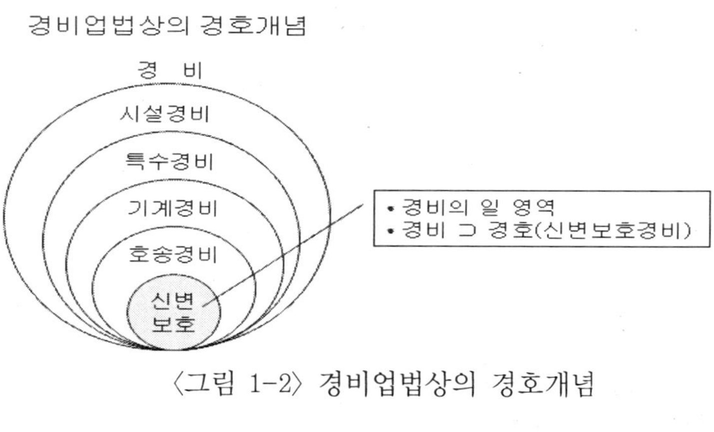

〈그림 1-2〉 경비업법상의 경호개념

> ✐ 학습참고자료
>
> 경비업법 제2조 (정의) 이 법에서 사용하는 용어의 정의는 다음과 같다.
>
> 1. "경비업"이라 함은 다음 각목의 1에 해당하는 업무(이하 "경비업무"라 한다)의 전부 또는 일부를 도급받아 행하는 영업을 말한다.
>   가. 시설경비업무 : .....생략
>   나. 호송경비업무 : .....생략
>   다. 신변보호업무 : 사람의 생명이나 신체에 대한 위해의 발생을 방지하고 그 신변을 보호하는 업무
>   라. 기계경비업무 : .....생략
>   마. 특수경비업무 : .....생략

④ 전직대통령 예우에 관한 법률 및 경찰관 직무집행법상의 경호개념

전직대통령 예우에 관한 법률 제6조 제3항 제1호의 경우 "필요한 기간의 경호·경비"라고 규정하고 있고, 경찰관 직무집행법 제2조 제2호에 "경비·요인경호 및 대간첩작전수행"이라고 규정함으로써 '경비'와 '경호' 또는 '요인경호'는 상호 구별하는 개념으로 정의하고 있다. 동 법에서의 경호작용은 근접경호작용 위주의 신변보호활동에 초점이 두어진 개념으로 이해할 수 있다.

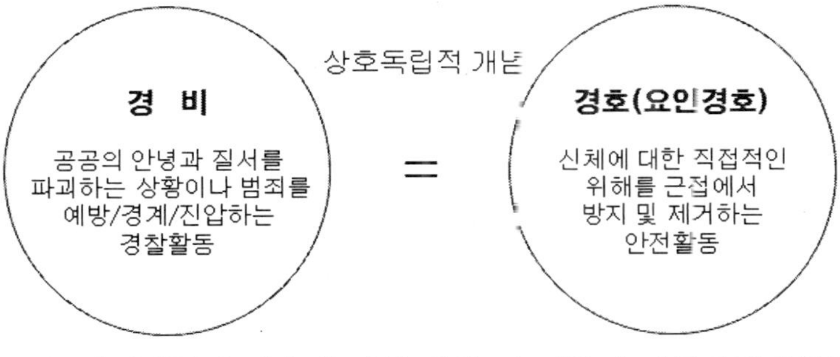

〈그림 1-3〉 전직대통령 예우에 관한 법률 및 경찰관 직무집행법상의 경호개념

✐ 학습참고자료

* 전직대통령 예우에 관한 법률 제6조 (그 밖의 예우)
① 이하.....생략
④ 전직대통령 또는 그 유족에 대하여는 관계법령이 정하는 바에 따라 다음의 예우를 할 수 있다.
1. 필요한 기간의 경호 · 경비
2. 이하...생략

* 경찰관 직무집행법 제2조 (직무의 범위)
경찰관은 다음 각 호의 직무를 수행한다.
1. · 2. .....생략
3. 경비, 주요 인사(人士) 경호 및 대간첩 · 대테러 작전 수행
4. ....이하 생략

⑤ 미국 비밀경호국(U.S. Secret Service)의 경호개념
경호란 "실제적이고 주도면밀한 범행의 성공기회를 최소화시키는 작용"이라고 말하고 있다.6)

⑥ 일본SP(요인경호대)의 경호개념
경호란 "신변에 위해가 있을 경우 국가 공공 안녕질서에 영향을 줄 우려가 있는 자에 대하여 그 신변의 안전을 확보하기 위한 경찰활동"이라 하고 있다.7)

(3) 경호구역의 지정

경호구역은 경호처 소속공무원들이 경호활동을 수행하는 구역으로 효과적인 경호활동을 위해 2008년 대통령 등의 경호에 관한 법률에 새롭게 규정된 내용이다. 이에 따라 경호처장은 경호업무의 수행에 필요하다고 판단되는 경우 경호구역을 지정할 수 있고, 경호구역의 지정은 경호목적 달성을 위한 최소한의 범위로 한정되어야 한다.

소속공무원과 관계기관의 공무원으로서 경호업무를 지원하는 사람은 경호목적

---

6) 미국 비밀정보국 팸플릿 「Moments in History」(ss의 이중임무, 1990), p.28; 양재열, 「경호의 기본적 이론에 관한연구 : 국가원수 경호를 중심으로」, 연세대 행정대학원 석사논문(1995), p.16에서 재인용.
7) 이병헌, 「일본경호제도에 관한 연구」(공무원국비 단기국외훈련, 1994), p.2; 양재열, 앞의 논문, p.17에서 재인용.

상 불가피하다고 인정되는 상당한 이유가 있는 경우에만 경호구역에서 질서유지, 교통관리, 검문·검색, 출입통제, 위험물 탐지 및 안전조치 등 위해 방지에 필요한 안전활동을 할 수 있다.

> 학습참고자료
>
> 제5조 (경호구역의 지정 등) ① 처장은 경호업무의 수행에 필요하다고 판단되는 경우 경호구역을 지정할 수 있다. 〈개정 2012.2.2, 2013.3.23〉
> ② 제1항에 따른 경호구역의 지정은 경호 목적 달성을 위한 최소한의 범위로 한정되어야 한다.
> ③ 소속공무원과 관계기관의 공무원으로서 경호업무를 지원하는 사람은 경호 목적상 불가피하다고 인정되는 상당한 이유가 있는 경우에만 경호구역에서 질서유지, 교통관리, 검문·검색, 출입통제, 위험물 탐지 및 안전조치 등 위해 방지에 필요한 안전 활동을 할 수 있다. 〈개정 2012.2.2〉

3) 공경호와 민간경호

(1) 공경호와 민간경호의 구분기준

경호의 유형을 분류하는 방식은 다양한데 이중 경호를 수행하는 주체가 누구인가를 기준으로 구분한 것이 경호를 공경호와 민간경호(또는 사경호)로 구분하는 것이다. 또 한편으로는 이러한 공경호와 민간경호의 구분은 동시에 수행하는 업무를 구분하게 되는데, 공경호에서 수행하는 경호업무와 민간경호에서 수행하는 업무는 실질적 또는 학문적 관점에서는 차이가 없으며, 형식적 또는 법적 관점에서 구분되는 것이다. 즉, 실질적·학문적 관점에서는 공경호든 민간경호든 경호는 '대상자의 생명과 신체, 그리고 재산 등을 보호하는 행위'라는 면에서 동일한 업무이고, 그 대상자가 공적인물이든 민간이든 차이가 없다. 따라서 학문적·실질적 관점에서는 공경호와 민간경호를 구분할 실익이 상대적으로 적다.

그러나 형식적·법적 관점에서는 경호의 개념이 그 국가의 역사적 연원이나 국민적 감정, 문화, 공간 차이, 시간적 차이 등이 반영되기 때문에 양자를 구분할 필요성과 실익이 크다. 즉, 각각의 국가들은 그들 나름대로의 사회·경제·문화적 특성에 맞추어 역사를 진화시켜 왔고, 이에 따라 각각의 상이한 법체계와 제도, 그리고 문화를 형성하고 유지하여 왔다. 이 때문에 경호의 개념이나 제도는 각 국가가 처한 역사적 특성에 맞추어 다르게 형성될 수밖에 없고, 공경호와 민간경호의 차이도 법 및 제도를 어떻게 운영하느냐에 따라 다르게 투영되게 되는 것이다.

결국 공경호와 민간경호가 어떻게 다른가의 문제는 근본적인 경호원리나 개념에 차이가 있는 것이 아니라 그 국가가 걸어온 역사적 연원과 법, 제도 등에 따라 어떻게 차이를 둘 것인가를 정책적으로 결정하여 반영한 결과라고 할 수 있다.

(2) 민간경호의 개념과 성격

민간경호는 여러 가지 면에서 혼란을 야기하고 있는 것이 사실이다. 용어면에서는 민간경호, 사경호, 사설경호 등이 혼용되고 있으며, 민간경비시장에서는 업무 면에서 민간경비업무와 민간경호업무가 구별 없이 혼용되고 있기도 하다. 현행 경비업법은 제2조에서 민간경비업무를 시설경비업무, 호송경비업무, 신변보호업무, 기계경비업무, 특수경비업무 등으로 구분함으로써 민간경호라는 용어 대신에 신변보호업무(경비)라는 용어를 사용하여 민간경호업무가 경비업무의 일종임을 명확히 하고 있다. 즉, 현행의 경비업법상 민간경호는 법·형식적(또는 공식적)적인 용어는 아니며, 실질적·학문적으로 통용되는 용어이며, 신변보호경비(업무)가 공식적인 용어임을 알 수 있다. 동시에 업무범위 면에서 경비업법은 신변보호업무를 '사람의 생명이나 신체에 대한 위해의 발생을 방지하고 그 신변을 보호하는 업무'라고 정의하고, 시설경비업무, 호송경비업무, 기계경비업무, 특수경비업무 등과 병렬적으로 규정함으로써 이들 업무와는 구별되는 업무로 이해하고 있음을 알 수 있다. 즉, 좁은 의미에서 신변보호업무는 수행경호나 근접경호 중심으로 사용되고 있다고 할 수 있다. 다만 용어면에서는 학문적 관점에서 공경호에 대응하는 개념으로 민간경호를 사용하고 있으며, 업무범위 면에서는 협의의 경호개념 보다는 광의의 경호개념이 적용되는 것이 적절하다. 즉, 학문적 관점에서의 민간경호는 경비업법에서 적용하는 좁은 개념보다는 대통령 등의 경호에 관한 법률에서 적용하는 광의의 개념으로 이해하는 것이 적절하다. 따라서 민간경호는 "경호대상자의 생명이나 신체에 대한 위해의 발생을 방지하고, 그 신변을 보호하기 위해 민간에 의해 수행되는 안전업무"로 이해할 수 있다. 이러한 측면에서 보면 공경호와 민간경호의 업무는 업무의 본질적인 차이는 없으며, 다만 경호의 주체가 공적신분인지 아니면 민간인 신분인지의 차이와 수행할 수 있고, 수행할 수 없는 업무범위 면에서만 차이를 갖는다.[8)]

2. 경비의 개념

1) 공경비

(1) 광의의 개념

법집행과 관련한 강제권을 갖는 기관(경찰, 검찰, 법무부, 국정원, 보건복지부, 산림청 등)이 개인의 생명과 재산 보호, 사회질서유지, 국가체제유지에 관련된 업무를 수행하는 제반 활동을 말한다.

(2) 협의의 개념 : 경찰경비활동

협의의 경비개념은 주로 경찰경비활동에 국한한 개념으로 "공공의 안녕과 질서를 파괴하는 국가비상사태, 긴급한 주요사태 등이 발생하거나 발생할 우려가 있는 경우, 또는 개인이나 단체가 불법 행위를 함으로써 공공의 질서를 파괴하는 경우 이러한 상황이나 범죄를 예방・경계・진압하는 경찰활동"이다 할 수 있다.[9)]

2) 민간경비

(1) 민간경비의 의의

민간경비는 본질적・실질적인 개념으로는 경찰활동과 동일한 성격과 영역을 갖는다. 그러나 형식적・실정법적인 측면에서는 각 국가마다 상이한 성격과 활동영역을 나타내고 있다. 따라서 경찰 또는 공경비와 구별되는 민간경비는 실정법체계에 의한 형식적 구별이라고 볼 수 있다.

(2) 민간경비의 기본요소

① 대상의 특정성 : 민간경비는 특정인의 의뢰를 발생요인으로 하여 그 활동이 시작되며, 의뢰의 대상만을 특정하여 적용한다.

② 영리성 : 민간경비의 활동은 영리성을 토대로 이루어진다. 경찰 또는 공경비

---

8) 공경호와 민간경호의 업무범위 차이는 본질적인 차이가 아니라 각 국 마다 해당 국가가 처한 역사적·정치적·사회, 문화적 상황에 따라 공경호 또는 민간경호의 업무범위를 정책적으로 어떻게 설정하느냐에 따라 다르게 나타날뿐이다.

9) 경찰경비론, 앞의 책, p.4.

활동이 비영리적인 수혜성을 기본으로 하는 것과 구별된다.

③ 비강제성 : 민간경비활동은 강제권을 수반하지 않는 행위이다. 경찰권이 강제권을 기본으로 경찰명령에 위반되는 자에 강제적인 물리력을 행사하여 목적을 이루는데 비해 민간경비는 비강제적인 수단으로 목적으로 이룬다.

④ 역할범위의 한정성 : 공경비 또는 경찰이 범죄예방과 범죄진압의 활동영역을 모두 포함하는데 비해 민간경비는 범죄예방활동을 그 주된 역할범위로 하며, 극히 한정된 영역에서만 범죄진압활동을 수행한다.[10)]

〈표 1-1〉 공경비와 민간경비의 차이점

구 분	공 경 비	민 간 경 비	상호관계
주 체	국 가	법인(사인)	공권력 보조관계 ↓ 상호 보완관계
대 상 영 역	불특정 일반국민	특정의뢰인 및 단체	
경 비 부 담	국가	용역의뢰자	
보 호 이 익	불특정 일반국민	용역의뢰자 (제한적 일반인)	
강제권 여부	보유	미보유	
역 할 범 위	범죄예방/범죄진압	범죄예방	

(3) 민간경비의 개념정의

민간경비는 "특정인을 대상으로 하여 강제권을 수반하지 않는 수단과 방법을 통해 각종의 위해로부터 특정인의 생명 · 신체 · 재산 등 관련 이익을 보호하는 제반 활동"으로 정의할 수 있다.

3. 경호의 개념정의

1) 경호의 개념정의

본서에서는 경호의 정의를 대통령 등의 경호에 관한 법률상의 경호개념과 같은

10) 그러나 유의할 점은 민간경비가 영리성을 띠고 이것이 공적인 기관과의 상이점을 나타내는 지표로 사용되고 있는 것에 대해서는 의심의 여지가 없지만, 민간경비가 꼭 영리성만을 갖는 것이 아니라는 점이다. 민간경비는 범죄예방이라는 공익적 측면의 역할뿐만 아니라 사람의 생명과 재산보호라는 본래적 의미의 경찰활동을 본질로 하고 있기 때문이다. 즉 민간경비는 영리성뿐만 아니라 공공이익을 추구하는 양면성을 갖고 있다. 다만 여기서 역할의 한정성은 실정법적인 면에서 공기관의 임무범위와 비교하여 역할이 한정적이라는 것이다.

맥락에서 "경호대상자의 생명과 재산에 가해지는 위해를 방지 또는 제거하고, 경호대상자와 관련된 특정한 지역을 경계·순찰 및 방비하는 등의 모든 안전활동"으로 정의하고자 한다.

2) 경호개념상의 주요요소

(1) 경호의 가장 직접적인 보호이익은 대상자의 신체의 안전이다. 따라서 재산에 대한 손괴위험 등의 재산적 보호요소는 대상자의 신체적 안전이라는 보호이익에 수반되는 제2차적 보호이익이라고 할 수 있다.

(2) 경호의 대상이 되는 위해는 인위적 요소와 자연적 요소를 모두 포함한다. 따라서 정치적 배경의 돌발적인 폭력·불법행위·교통사고 등 인위적인 위해뿐만 아니라 화재, 건조물 손괴, 산사태, 홍수 등의 자연발생적인 위해 등이 모두 고려대상이 된다.

(3) 경호개념 속에는 신체의 직접적 위험에 대한 방지행위, 즉 근접경호작용요소와 경계·순찰·방비 등 경비작용 요소가 모두 포함된다.

(4) 사전예방적 활동(방지)과 사후진압적 활동(제거)을 모두 포함한다.

4. 경호의 목적과 이념

1) 경호의 목적[11)]

(1) 경호대상자의 신변안전 확보

경호의 가장 핵심적인 목적은 경호대상자에 대한 직접적인 위해를 방지 및 제거함으로써 신변을 안전하게 보호하는 것이다.

(2) 경호대상자의 위엄(권위)유지

각종 위해들로부터 경호대상자의 생명·신체의 안전을 확보하고, 불미스런 사건으로부터 경호대상자를 보호함으로써 경호대상자가 일반 대중들에게 갖고 있는 좋은 이미지와 권위를 유지할 수 있다.

---

11) 위준혁, 앞의 논문, p.97; 김봉의, 앞의 책, pp.67~63; 양재열, 앞의 논문, pp.19~22; 김두현, 앞의 책, pp.32~33; 경찰대학, 앞의 책, pp.273~274.

(3) 질서유지와 혼잡방지

경호대상자가 사회적·조직적으로 중요한 지위와 역할을 지니는 인물일 경우 경호대상자에 대한 위해의 발생은 국가적으로나 사회적으로 커다란 혼란을 야기할 수 있다. 따라서 성공적인 경호활동은 이로부터 야기될 수 있는 사회혼란과 혼잡을 방지하는 기능도 지니고 있다.

(4) 경호대상자와 일반대중과의 친화도모

행사시 경호대상자는 일반대중과 빈번히 접촉하는데, 이때 경호원들의 체계적인 경호활동과 대중들에 대한 무례하지 않은 행동은 일반대중과 경호대상자 간의 친화에 영향을 미친다.

(5) 국위선양

외국원수나 요인 방문시 완벽한 경호활동은 우리나라에 대한 이미지에 긍정적인 영향을 미친다. 최근 민간경호원에 의한 외빈이나 국제적 스타들에 대한 성공적인 경호활동 역시 국위선양에 기여하고 있다.

2) 경호의 이념

경호의 목적이 달성해야 할 궁극적인 도달점이라면, 경호이념은 경호목적 달성을 위해 반드시 따라야 할 수단적 목적이라고 할 수 있다. 경호이념은 때로는 경호목적에 제약으로 작용될 수도 있지만, 이러한 측면은 상황에 따라 다르게 나타나며, 궁극적으로는 양자가 당연히 조화되어야 하는 관계에 있다고 하겠다. 예를 들면 대상자의 신변보호라는 목적을 위해서는 때로는 법을 어기는 행위를 당연시하는 경우가 있는데 이때에는 합법성이라는 이념과 상충되는 관계에 있게 된다. 반대로 친화도모라는 경호목적을 위해서는 당연히 경호행위의 합법성이 전제되어야 하는 것으로 앞의 경우와 상충관계에 있다.

따라서 경호이념은 어느 경우나 반드시 적용되어야 하는 논리로써 이해하기보다는 경호활동시 지켜야 하는 가치 함축적 원칙으로 실질적인 경호계획이나 지침, 그리고 세부적인 경호원의 활동들을 한 방향으로 정렬시켜 주는 역할을 수행한다고 하겠다.

(1) 합법성

법치주의 국가에서는 당연히 따라야 할 이념으로 경호는 법의 테두리 내에서 이루어져야 한다는 것이다. 즉 부득이 법을 어기지 않고는 대상자의 신변보호가 어려울 경우를 제외하고는 경호활동은 법적인 테두리 내에서 이루어져야 한다.

(2) 협력성

대통령 등 국가원수를 대상으로 하는 공경호 활동 등은 그 주관기관인 대통령실 경호처 또는 경찰 단독으로 이루어질 수 있는 작용은 아니다. 즉, 성공적인 경호활동을 위해서는 수많은 자원과 수많은 지식이 동원되어야 하는데 이를 위해 관련된 다수의 기관들이 참여하고, 특히 국민들이 협조적으로 참여하여야만 성공적으로 완수할 수 있는 활동이다. 따라서 각 조직이나 국민들과의 체계적인 협력성이 매우 중요한 것이다.

(3) 보안성

경호는 결국 경호대상자라는 경호목표물을 각종의 위해요소로부터 보호하고 격리시키는 작용이다. 즉, 성공적인 경호활동을 위해서는 원칙적으로 위해요소로부터 경호대상자나 경호주체의 움직임을 전혀 모르도록 하는 것이 가장 바람직한 활동이다. 따라서 이러한 관련 계획이나 구체적인 움직임에 대한 보안성은 경호의 가장 기본적인 이념이자 원칙이라고 할 수 있다.

(4) 희생성

경호작용은 위해에 대한 공격적인 행위보다는 방어적인 행위를 기본원칙으로 하고 있다. 즉 경호원은 어떠한 위협이 발생할 때에는 위해자에 대한 공격을 우선으로 하는 것이 아니라 경호대상자를 중심으로 인간방벽을 형성하여 공격을 차단하는 등 방어행위를 우선한다. 이러한 점은 특히 경호대상자가 공적인 신분이든 아니면 사적인 신분이든 간에 모두 대중의 관심을 크게 끌고 있고, 그의 활동의 대부분이 대중들 사이에서 이루어지기 때문에 공격적인 경호행위는 제약적일 수밖에 없는 것이다. 따라서 이러한 방어적 작용을 기본으로 하는 경호작용 하에 경호원은 생명과 신체의 위협으로부터 자유로울 수 없으며, 이에 따라 투철한 희생정신을 갖지 않으면 성공적인 경호활동을 담보하기 어렵게 되고, 이러한 점이 이념적으로 각각의 활동에 녹아들지 않으면 안 되는 것이다.

(5) 정치적 중립성

경호대상자의 신분이 무엇이든지 성향이 어떠하든지 간에 경호대상자와 경호원은 매우 강한 신뢰감을 공유하지 않으면 성공적인 경호는 불가능하다. 특히 경호상황에서 경호대상자는 그의 모숨을 경호원에게 맡기어야 하기 때문에 경호원의 존재는 절대적이다. 이때 경호대상자의 성향에 따라 경호원이 판단의 변화가능성을 지닌다면 그것은 매우 치명적인 결과를 낳을 수 있다. 즉, 경호원이 어느 한쪽의 정치적 이념을 강하게 지지하는 경향을 띠는 경우에는 성공적 경호활동을 수행하기 어렵다. 왜냐하면 때에 따라서는 정치적으로 반대 입장에 있는 요인을 경호해야 하는 상황이 있을 수 있는데, 성격상 이때 희생정신이나 투철한 사명감을 갖기가 곤란하기 때문이다. 따라서 경호원은 정치적으로 중립에 있어야만 하는 것이다.

(6) 민주성과 경호이념

민주성이 경호이념이 될 수 있는가는 매우 논란이 될 수 있다. 일반적으로 민주성은 합리성과 참여성을 그 핵심요소로 한다. 즉, 어떠한 결정이나 판단이 독단이나 편향된 시각에서 이루어지는 것이 아니라 보편적이고 체계적으로 이루어지며, 그 의사결정과정이나 집행과정에 다양한 계층의 의견이나 직접적인 참여가 이루어지는가가 그 핵심요체인 것이다.

그러면 과연 경호작용에 있어 이러한 민주적 요소가 기본적인 이념으로 흡수될 수 있는가의 문제에서 일부과정에서는 상당한 제약이 있지만 전반적으로는 이념으로 수용가능하다고 볼 수 있다. 그 이유는 경호작용의 경우 매우 다양한 분야의 전문지식이 융합되어야 하고 체계적인 과정이 단계에 따라 진행되어야 한다. 이러한 과정에서 다양한 사람과 다양한 지식이 동원되어야 하는데 이때 어느 한 계층이나 직위에 있는 사람에 의해 독단적으로 이끌려 간다든지, 오로지 어느 한 사람의 경험적 지식에 의존한다든지 하는 독단적 진행과정에 의해 이루어질 수 없다는 것은 자명하다. 미국의 대통령경호에 있어서도 전반적으로 비밀경호국의 경호활동을 지배하는 주요한 이념 중 하나가 민주성이라는데 주목해야 한다. 즉 경호활동 중 대부분은 경호대상자가 일반 대중들과의 만남이나 주요 인사들과 회담 속에서 이루어지는데 이때 일반 대중이나 관련인사들은 미합중국 헌법수정에 의해 대통령과의 접촉이 원칙적으로 보장되어 있다. 이 때문에 미국비밀경호국의 경호요원들은 종종 매우 어려운 입장에 처하게 된다고 알려져 있다. 이러한 현상은 근본적으로 미국의 대통령경호의 이념이 민주성을 기반으로 하고 있다는 것을 보여주는 것이다. 다만 현실적으로 각국의 경호작용은 그 국가의 현실을 반영하기 때문에 일률적으로 적용되지는 않는다.

따라서 원칙적으로 경호작용의 형성이나 준비과정, 사전예방경호작용, 평가과정, 행정적 과정 등에서는 민주성이 요구된다. 다만 경호작전상 지휘계통이나 돌발사태시 대응 등 몇몇의 분야에서는 민주성이 극히 제한적일 수밖에 없는 것도 사실이다.

제2절 경호학의 학문성

1. 경호학의 성립

1) 발아단계 : 1960년대

경호학의 태동단계로 일부 선구적인 학자에 의해 경호학이 일반에 소개되기 시작한 단계로 1968년 위준혁 교수의 석사학위논문 "경호경비에 관한 연구"가 발간되면서부터 점차 알려지기 시작하였다.

2) 형성단계 : 1970~1980년

주로 실질적인 필요에 의해 경호학 이론이 형성되기 시작한 단계로, 국가기관인 경찰대학과 경찰종합학교를 중심으로 내부교육을 위한 교재발간의 필요성에 "경찰학개론", "경찰경비론", "한국경찰사", "경비실무" 등이 발간되면서 하나의 학문분야로 형성되기 시작하였다. 그러나 이 시기에는 일반인들이 이러한 연구물들에 접근하는데 상당한 제약을 갖고 있어, 경호학의 확산어는 크게 기여하지 못하였다. 이에 비해 1980년대 초 최평길 교수의 연구를 필두로 1980년대 중반의 정진환 교수, 서재근 교수, 이상안 교수, 이윤근 교수 등이 참여한 정부용역보고서와 관련논문 형태로 포괄적 수준에서의 관련연구가 이루어지면서 제한적으로나마 '경호학'에 대한 인식이 싹트기 시작하였다.

3) 도약단계 : 1990년대

1990년대 중반 이후 경찰실무분야와 학계에서 다양한 연구물들이 출간되기 시작한 단계로 한국체육대학교, 용인대학교, 중부대학교 등 각 대학에 경호학과, 안전관리학과, 안전경호학과 등 경호학계열의 학과가 개설되면서 경호학에 대한 관심과 연구가 확산되기 시작하였다. 이 시기에 대표적인 연구로는 김두현 교수의 "경호학개론", "경호운전", "예절과 의전", 정태황 교수의 "경호이론과 실무", 이상철 교수의 "경호방법론" 등 관련 저술이 출간되어 학문발전에 크게 기여하였다. 더욱이 1996년 한국경호경비학회 창립(회장 김두현)되어 이 분야의 학문적 체계화에 커다란 전환점을 마련하였다.

4) 일반화 · 발전단계 : 2000년대

1990년대 말의 연구활동을 기반으로 하여 학문적인 체계화가 이루어지기 시작한 시기로, 특히 2000년대 들어 전국에 경찰 · 경호 관련학과들이 대거 신설되어 이 분야의 관심과 수요가 증폭되었다. 특히 이시기는 수많은 경호관련 회사들이 신설되어 실질적인 사회적 수요를 이끌었으며, 학계에서도 한국경호경비학회를 중심으로 한 학술세미나가 활성화되었고, 연구 분야에서도 이상철 교수의 "경호현장운용론"과 같은 기존의 개론서 수준에서 벗어난 전문서가 출간되어 경호학의 범위를 좀 더 확장하고 심화시키는데 기여하였다. 이 시기에 특히 눈에 띄는 것은 경비지도사 자격증이 활성화되면서 여기서의 중심과목으로 정착된 경호학 과목과 기본교재 등이 출간되면서 경호학의 일반화에 크게 기여하였다.

2. 경호학의 기본체계

1) 학문적 범위

경호학이라는 학문이 일반에 알려지기 시작한지 10여년이 지난 시점에서 아직까지 경호학은 완전한 학문적인 체계를 갖추었다고 단정하기는 어렵지만 상당한 수준의 체계성을 갖추었다고 할 수 있다. 경호학은 한때 단지 무술이나 격기과목의 일부로 인식하였던 시절도 있었지만 현재는 고도의 복합적 지식을 요하는 복합학문으로서의 성격을 지니고 있다고 말할 수 있다. 일반적으로 경호학의 연구대상으로 경호환경, 경호조직, 경호인적자원, 경호제도・법 등과 관련한 현상을 주요 연구대상 하고 있으며, 이에 필요한 학문적 지식으로는 범죄학, 심리학, 사회학, 법학, 행정학, 경찰학, 민간경비학, 군사학, 체육학, 윤리학, 응급구조학, 통계학, 정보학, 정보통신학, 전자공학, 기계공학 등 다양한 분야의 지식이 요구된다.

〈그림 1-4〉 경호학의 학문적 체계

2) 향후과제

경호학은 선각자들의 많은 노력 속에서 꾸준히 학문성을 갖추어가고 있다. 끊임없이 관련저서들이 출판되고 있고 관련 학회를 중심으로 훌륭한 논문들이 발표되어 경호학의 부족한 학문성을 꾸준히 채워가고 있다. 그러나 한편으로는 경호학의 학문성을 위해서는 많은 과제를 안고 있는 것도 사실이다. 경호학의 접근방법이나 연구방법론에 대한 논의나 경호학의 다양한 이론개발, 학문체계상의 분류기준 등이 앞으로 해결해야 할 과제들이라 할 수 있다.

3. 경호학의 접근방법

1) 접근방법(approach)이란

경호학이 단순히 경호대상자의 신체를 근접에서 보호하는 기술(skill)에 한정하는 것이 아니라는 것은 명백하다. 즉 경호학이 학문으로서의 성격을 갖는 한 경호학은 경호현상이라는 광범위한 대상을 연구하는 학문이다. 따라서 이 같은 '경호현상'을 "어떻게 이해하고 설명할 것인가" 하는 문제가 제기되며 이는 '경호'를 이해하고 올바르게 볼 수 있는 중요한 관건이 된다.

이와 같이 경호에 대해 "어떻게 연구할 것인가" 또는 "어떠한 입장에서 볼 것인가" 하는 것이 접근방법(approach)이다. 경호현상을 설명하기 위한 이러한 접근방법에는 법·제도적 접근방법, 역사적 접근방법, 비교론적 접근방법, 규범적 접근방법, 경험론적 접근방법, 체계론적 접근방법, 생태론적 접근방법, 현상학적 접근방법, 사례연구방법, 공공선택론적 접근방법, 신제도주의 접근방법 등 다양한 방법이 적용될 수 있다.

본서에서는 이중 규범론적 접근방법, 경험론적 접근방법, 비교론적 접근방법, 체계론적 접근방법, 역사론적 접근방법, 구조기능론적 접근방법 등에 대해 소개하기로 한다.

2) 규범론적 접근방법

규범론적 접근방법(normative approach)이란 무엇을 어떻게 "해야만 하는가"(Sollen) 하는 당위적인 가치와 규범을 분석하는데 치중하는 접근방법이다.[12)] 즉 경호학에 있어 규범적 접근방법은 경호란 무엇을 해야만 하고 어떻게 해야만 할 것인가에 대한 당위성(Sollen)[13)]을 찾는데 중심을 두는 접근방법이다.

3) 경험론적 접근방법

경험적 접근방법(empirical approach)은 과학적인 연구방법을 중시하여 과학으로 성립하기 위해서는 경험적인 검증 또는 실험검증을 거쳐야만 한다는 점을 강조하는

---

12) 권기성 · 백철현, 『행정학원론』(서울: 형설출판사, 2003), p.77.

13) 존재(Sein)와 필연(Műssen)에 대응하는 말이다. 사실 그것이 발생할지 아니 발생하지 않을지를 불문하고 반드시 생겨나야 한다고 요구되는 것, 또는 그러한 요구 의식을 의미한다.

접근방법으로 실증주의, 행태주의, 자연과학주의, 경험주의 등이 여기에 속한다.

4) 생태학적 접근방법

생태학적 접근방법(ecological approach)은 경호와 환경과의 상호관계에서 특히 환경이 경호에 미치는 영향력을 중심으로 연구하는 접근방법을 말한다.

5) 체계론적 접근방법

본래 체계(system)란 상호 의존적이고 상호 영향을 주고받는 부분들의 모임(set)을 의미한다. 체계론적 접근방법은 경호현상을 체계로 파악하여 경호체계는 사회체계 등의 상위체계의 부분체계로서 또한 이 부분체계로서의 경호체계는 다시 또 다른 하위체계의 구성으로 이루어져 그들 간의 독립성을 유지하면서 상호 의존적이고 상호 작용하는 가운데 질서와 통일성을 유지하는 것으로 보는 입장이다.

6) 역사론적 접근방법

역사론적 접근방법은 경호현상을 이해함에 있어 그 역사성과 이 속에 내포되어 있는 역사적 의미를 중심으로 이해함으로써 객관적 경호현상에 대한 주관적 견해를 가미시키려는 방법이다. 즉 경호현상의 의미를 인본주의적이고 주관적인 관점에서 조명함으로써 바람직한 미래상태를 제시하는 것이므로 과거와 현재, 그리고 미래의 연속적인 관계를 중시한다.

7) 구조기능론적 접근방법

구조기능적 접근방법이란 어떠한 사회조직이나 사회구성체는 일정한 구조를 형성하고 있으며 다양한 기능을 수행하고 있는바 이러한 구조와 기능들은 각기 전체에 속한 하나의 구성요소로서 유기적으로 상호 기능한다고 이해하는 접근방법이다. 일반적으로 파슨스는 기능을 적응기능, 목표달성기능, 통합기능, 그리고 체제유지기능 등으로 분류하고 있다.

제3절 경호 및 경비의 분류

경호 및 경비의 유형을 어떠한 시각에서 접근하느냐에 따라 차이를 보일 뿐 본질적인 차이나 법적인 문제는 존재하지 않는다고 할 수 있다. 일반적으로 구분하고 있는 경호의 유형은 구분하는 기준이 무엇인가에 따라 분류되고 있다.[14]

1. 경호의 분류

1) 공경호의 분류

(1) 대상에 따른 구분

경호의 대상에 따른 구분은 경호대상자가 누구인가를 기준으로 구분하는 방법인데, 이는 경호대상자의 신분 즉 지위, 국가적 중요성 등에 따라 갑호(A호), 을호(B호), 병호(C호)로 구분한다.

① 갑(A)호 : 국왕, 대통령, 외국원수

② 을(B)호 : 수상, 국무총리, 국회의장, 대법원장, 헌법재판소장, 기타 이와 동등한 지위를 가진 자

③ 병(C)호 : 경호기관(경호처장, 경찰청장)장이 필요하다고 인정되는 자

(2) 수준에 따른 분류

수준에 따른 구분은 경호보안의 수준이 어느 정도인가를 기준으로 분류하는 방식으로 보안수준에 따라 1급(A급), 2급(B급), 3급(C급)으로 구분한다. 일반적으로 경호보안은 경호와 관련된 계획이나 일정이 외부에 알려지는지와 밀접히 관련되는데 이 때문에 경호대상자의 일정과 관련된 외부행사의 공식성 여부와 연관성을 갖는다.[15]

---

14) 김봉의 외 1, 앞의 책, pp.66~67; 김두현, 앞의 책, p.45; 경찰대학, 앞의 책, pp.274~276; 경호유형의 구분은 교과서에 따라 약간의 차이를 보이고 있다. 경찰대학, 『경찰경비론』은 경호의 유형을 가. 경호의 장소에 따른 구분, 나. 경호의 성격에 따른 구분, 다. 경호의 수준에 따른 구분의 세 가지 유형으로 구분하고 있고, 별도로 경호의 대상을 국내요인(갑, 을, 병호), 외국의 귀빈(1~4등급)으로 나누어 설명하고 있다.

① 1(A)급 : 행차일정이 사전에 노출, 경호위해가 증대된 상황하의 각종 행사시의 경호

② 2(B)급 : 행사준비 등의 시간적인 여유가 없이 갑자기 결정된 상황하의 각종 행사시의 경호

③ 3(C)급 : 사전에 행사준비 등 사전경호조치가 전무한 상황하의 각종행사시의 경호

(3) 성격에 따른 구분

성격에 따른 구분은 행사의 성격이 어떠한가, 즉 공식적 행사인가, 아니면 비공식적 행사인가, 아니면 일상적인 일정인가 등에 따라 공식경호, 비공식경호, 약식경호 등으로 구분하는 것이다.

① 공식경호(1호) : 행사관계자, 경호관계자 간에 행사일정이 사전에 통보되어 경호계획을 수립하고 경호활동을 준비하는 공식행사 때의 경호

② 비공식경호(2호) : 행사관계자, 경호관계자 간에 행사일정이 충분한 시간을 두고 사전에 통보되지 않은 상태에서의 비공식행사 때의 경호

③ 약식경호(3호) : 일정한 형식에 의하지 않는 경호(출퇴근시의 경호 등)

(4) 장소에 따른 구분[16)]

장소에 따른 구분은 경호를 실시하는 장소가 어디인가에 따라 행사장경호, 숙소경호, 연도경호 등으로 분류하는 방식이다.

① 행사장경호 : 경호대상자가 참석하거나 주관하는 행사장에서의 경호

② 숙소경호 : 경호대상자가 평소 거처하는 공관이나 임시로 머무는 장소에서의 경호

③ 연도경호 : 연도경호는 경호대상자가 행·환자할 것으로 예상되는 육로(도로)와 철도와 주변에 대한 제반의 위해요소를 사전에 제거하는 활동을 말한다.

---

15) 수준에 따른 분류와 경호대상자의 지위분류는 직접적인 관련성이 없음에 유의해야 한다. 즉 경호대상자가 대통령이든 국무총리이든 대상자의 경호일정이나 행사의 보안성이 높은지, 아니면 낮은지에 따라 야기되는 위험성을 기준으로 할 것이지 그것이 대통령인지 국무총리인지가 기준이 되지 않는다는 것이다.

16) 경찰대학 교재인 『경찰경비론』에서는 장소에 따른 경호유형을 행사장경호, 숙소경호, 연도경호, 이 외의 열차경호, 선박경호, 항공기경호 등을 추가하여 설명하고 있다. 이에 비해 김두현 교수는 후자의 열차경호, 선박경호, 항공기경호 등은 보행경보, 차량경호 등과 함께 이동수단에 의한 경호로 구분하여 설명하고 있다.

> 학습참고자료
>
> * 경찰의 연도경호의 분류방식
> ㉠ 완전 공식 A형 : 국가적인 행사, 경호상 1등급에 해당하는 국가 원수급 경호
> ㉡ 공식 B형 : 일정에 의한 공식행사장 행 · 환차시
> ㉢ 준공식 C형 : 공식행사의 행 · 환차시
> ㉣ 비공식 880 : 행사보안이 완전, 사전경호준비 · 계획이 전무

(5) 이동수단에 따른 구분

① 보행경호 : 경호대상자가 근거리를 도보로 이동할 때 실시하는 경호이다.

② 차량경호 : 경호대상자가 차량을 이용 중거리를 이동할 때 실시하는 경호이다. 이에는 경호대상자의 자동차에 동승하여 차내 및 행선지에서 보호임무를 수행하는 동승경호방식과 경호대상자의 차량을 경호차량으로 호위하는 방식이 있다.

③ 열차경호 : 경호대상자가 열차를 이용 이동시에 열차내외에서 이루어지는 경호를 말한다.

④ 선박경호 : 경호대상자가 선박을 이용하여 이동시 실시하는 경호를 말한다. 이때에는 경호대상자가 해군함정이나 경비정, 경호기관소속 경비정 등을 이용하는 경우와 일반 여객선을 이용하는 방법 두 가지가 있다.

⑤ 항공기경호 : 경호대상자가 항공기로 이동시에 실시하는 경호로 선박경호와 유사하다.

(6) 기타 유형

기타 직종에 따라 경호를 구분하여 ① 경제인 경호, ② 정치인 경호, ③ 연예인 경호, ④ 일반인 경호 등으로 구분하기도 한다.[17)]

---

17) 이 외에도 경호유형을 직접경호와 간접경호로 나누어 전자는 직접 인원과 장비를 배치하여 인적 · 물적 · 지리적 위해요소를 배제하기 위한 경호작용을 의미하고, 후자는 평소의 치안유지 및 대공활동, 국제정세분석 등 안전활동 등 간접작용을 의미하는 것으로 구분하여 사용하기도 하고, 또 경호를 형식에 따라 노출경호와 비노출경호로 구분하여 ① 노출경호는 일반인이 볼 때 경호를 실시하는 요원임이 알려진 상태에서 실시하는 경우를 말하고, ② 비노출경호는 경호원의 존재가 비밀에 부쳐지고 행동의 은밀성이 유지된 가운데 실시하는 경호형태를 의미하는 것으로 구분하여 사용하기도 한다. 그러나 이러한 분류방법은 경호작용의 특성상 무리가 있어 보인다. 왜냐하면 직접경호와 간접경호로 나누는 경우 직접성과 간접성의 구분 기준으로 들고 있는 직접 인원과 장비를 배치하여 인적 · 물적 · 지리적 위해요소를 배제하기 위한 경호작용과 평소의 치안유지 및 대공활동, 국제정세분석 등 안전활동 등의 간접작용으로 구분하고 있는데, 여기서 들고 있는 직접활동과 간접활동은 실제 경호작용에서 사전예방경호적 성격과 근접경호적 성격의 의미인데 이들은 모두 하나의 경호를 위한 직접적으로 수행되어야 하는 작용들이지

2) 민간경호의 분류[18)]

민간경호의 유형분류는 일정한 원칙이나 기준이 있는 것은 아니며, 공경호의 분류와는 달리 법적인 제약과 시장상황을 고려하여 경호규모, 수준, 자원동원범위, 경비소요수준, 공기관과의 협력수준 등을 결정하기 위해 필요하며, 이러한 점이 반영되는 경우에만 분류의 실익이 있다.

(1) 경호대상자의 지위나 사회적 평판에 따른 분류

경호대상자의 지위를 기준으로 분류하는 방식은 경호를 분류하는 가장 기본적인 분류기준이라 할 수 있다. 기존의 공경호의 경우 경호대상자의 지위를 기준으로 갑호, 을호, 병호 등으로 분류하고 있다. 이러한 분류는 경호대상자의 지위에 따라 예상되는 위협(위험)의 수준이 다르고, 이에 따라 경호의 규모나 수준, 투입되는 장비의 종류나 량, 그리고 경호와 더불어 동시에 이루어져야 하는 경호의전의 수준 등에 차등을 두어야 할 필요성에 기인한다. 이러한 기준은 민간경호에도 중요한 기준이 되며, 동시에 고려되는 것은 경호서비스의 반대급부인 용역비용의 수준에 차이를 두어야 하기 때문에 현실적으로 지위에 따른 분류가 유효하게 된다.

① VIP경호

VIP(very important person)경호는 경호대상자가 극소수의 사회적으로 매우 중요한 직책을 지닌 핵심인물인 경우의 경호를 말하는 것으로, 공적인물과 민간인 모두가 포함된다. 여기에 해당하는 주요 인사 중 공적인물로는 국가기관장(행정부, 사법부, 입법부, 헌법재판소, 군 등 포함), 공공기관장, 지방자치단체장, 국회의원 등과 이와 동등한 지위를 가진 인사, 그리고 우리나라의 기관장과 동일한 수준의 지위를 가진 외국의 인사 등을 포함한다.[19)] 주요 인사 중 민간 인사로는 기업 군의 회장

간접적으로 구분할 사안은 아니라고 보여진다. 또한 노출경호와 비노출 경호의 경우에도 하나의 경호활동 내에서 두 가지 요소가 동시에 혼합적으로 작용되어야 하는 것들로 이들을 별도로 구분하는 실익은 없다고 보여진다. 물론 이러한 견해는 저자의 주관적 견해로 하나의 학설적 견해일 뿐 옳고 그름에 대한 사실적인 내용은 아니라는 것을 미리 밝혀둔다.

18) 현재까지 민간경호의 분류는 학문적으로 일관된 원칙이나 기준이 존재하는 것은 아니다. 동시에 기존의 학문적 성과물(단행본, 논문, 매뉴얼, 기타 기고문 등)에서 이와 관련한 특정한 이론적 주장이나 분류유형을 제시한 바도 없다. 민간경호 역시 기존의 공경호에서 적용되는 분류방식을 바탕으로 접근하는 것이 타당하며, 다만 민간경호는 공경호에 대한 대응개념이라는 점과 현실적으로 민간경호를 규제하는 실정법의 제약을 고려해야 한다는 점에서 차이를 반영하게 된다. 본 서에서의 분류는 민간경호현장에서 적용하고 있는 매뉴얼 등을 바탕으로 담론적 수준에서 분류유형을 제시하였음을 밝힌다.

19) 일반적인 경우 대통령 등의 경호에 관한 법률, 경찰관직무집행법 등에 의해 경호대상자가 제

및 대표이사, 민간단체의 장, 사회적으로 널리 알려진 유명인사 등이 포함된다.

② CP경호

CP(Critical person)경호는 국가기관 및 공공기관, 그리고 민간기업이나 민간단체 등에서 핵심적인 직책이나 평판을 지니고, 위협에 노출할 만한 업무를 수행하는 인사, 그리고 사회적인 유명인에 대한 경호이다. 이들은 개인적 또는 조직의 성격상 범죄로부터의 직접적인 위협이 있는 경우나 업무상 위협요소가 존재하는 경우, 행사의 성격상 신변보호가 요구되는 경우, 위험한 지역을 방문하는 경우 등 다양한 경우에 적용된다.

③ GP경호

GP(General person)경호는 VIP나 CP 이외의 모든 인물을 대상으로 하는 경호유형이다. GP경호는 일반인이나 높은 지위를 가진 사람은 아니지만 GP와 유사하게 범죄로부터의 직접적인 위협이 있는 경우나 업무상 위협요소가 존재하는 경우, 행사의 성격상 신변보호가 요구되는 경우, 위험한 지역을 방문하는 경우 등 다양한 경우에 적용된다.

(2) 위험도(위협수준) 및 경호수준에 따른 분류

민간경호는 위험도(위협수준) 및 경호수준에 따라 1급(A급) 경호, 2급(B급) 경호, 3급(C급) 경호로 분류된다.

① 1급(A급) 경호

1급 경호는 VIP에 해당하는 최고위층 인사가 전쟁 중인 국가의 국민인 경우, 전쟁지역을 방문하는 경우, 테러리스트나 범죄자의 직접적인 공격대상자로 지목되어 있는 경우 등에 해당하는 것으로 최고의 경호수준을 요하는 경우이다.

② 2급(B급) 경호

2급 경호는 CP나 GP에 해당하는 인사가 전쟁 중인 국가의 특정행사에 참여하는 경우 또는 전쟁지역을 방문하는 경우, 테러리스트나 범죄자의 불특정한 위협 가능성이 높은 경우에 해당하는 것으로 강화된 경호수준을 요하는 경우이다.

③ 3급(C급) 경호

3급 경호는 경호대상의 구분 없이 위협요인이 약한 일상적인 활동이나 행사에서의 경호유형으로 약식으로 간소화된 경호수준을 요하는 경우이다.

한되기 때문에 이들 법률에서 경호대상자로 하고 있는 인사에 대해서는 당연히 민간경호대상자로 할 수 있는 것은 아니며, 다만 대통령이나 국무총리, 장관 등도 사적으로 민간경호를 이용해야 할 경우에는 민간경호의 대상자가 될 수 있다. 미국이나 외국의 경우 위험국가나 지역을 사적으로 방문하는 경우 이들 인사들이 민간경호를 이용하는 경우가 종종 있다.

2. 경비의 유형

경비의 유형 역시 경호의 유형과 유사하게 정해져 있는 구분법은 없으며 일반적으로 관점에 따라 구분하고 있다. 여기서는 주체에 따른 구분, 대상에 따른 구분, 실정법에 따른 구분으로 나누어 기술하고자 한다.

1) 주체에 따른 구분

주체에 따른 구분은 경비를 실시하는 주체가 공기관인지, 아니면 민간기관인지에 따른 구분방법으로 공경비와 민간경비로 분류하는 것이 보통이다.

(1) 공경비 : 법집행과 관련한 강제권(경찰, 검찰, 법무부, 국정원, 보건복지부, 산림청 등)을 갖고 개인의 생명과 재산보호, 사회질서유지, 국가체제유지에 관련된 업무를 수행하는 제반 활동을 말한다.

(2) 민간경비 : 특정인의 비용부담을 전제로 하여 강제권을 수반하지 않는 수단과 방법을 통해 각종의 위해로부터 특정인이 생명·신체·재산 등 관련 이익을 보호하는 활동을 말한다.

2) 대상의 성격에 따른 구분

대상의 성격에 따른 구분은 경비활동이 대상이 갖는 성격이 어떠한가에 따라 구분하는 방법으로 치안경비, 재해경비, 혼잡경비, 경호경비, 시설경비, 특수경비, 비상경비 등으로 구분하고 있다.

(1) 치안경비 : 조직범죄와 관련한 소요사태 등에 대응한 경비활동

(2) 재해경비 : 홍수, 태풍 등 자연재해나 인위적 재난 등에 대응하여 시행하는 경비활동

(3) 혼잡경비 : 각종 행사 등에서 발생하는 무질서, 폭력 등의 행위에 대응하여 질서유지를 위한 경비활동

(4) 경호경비 : 법이 정한 특정 인사에 대한 신변보호활동

(5) 시설경비 : 법이 정한 일정한 시설의 안전을 도모하기 위한 보호활동

(6) 특수경비 : 테러, 인질 등의 상황에 대응하기 위한 경비활동

(7) 비상경비 : 적의 국지적 침투, 대간첩 작전 등 비상사태시의 경비활동

3) 실정법 규정에 따른 구분

실정법에 따른 구분은 각 법규마다 경비를 어떻게 규정하고 있는가에 따라 구분한 것으로, 여기서는 대통령경호실법과 경비업법상의 경비개념을 중심으로 기술하고자 한다.

(1) 대통령 등의 경호에 관한 법률상의 경비구분

① 경계활동 : 위해자의 위해기도나 침투에 대비하여 실시하는 감시활동

② 순찰활동 : 위해자의 위한 위해기도를 사전에 예방, 탐지, 제거하기 위해 일정지역을 순회하면서 살피는 활동

③ 방비활동 : 위해자에 의한 침투나 각종의 재해를 막기 위한 제반준비활동

(2) 경비업법상의 경비구분

① 시설경비 : 경비를 필요로 하는 시설 및 장소에서의 도난・화재 그 밖의 혼잡 등으로 인한 위험발생을 방지하는 업무를 말한다.

② 호송경비 : 운반 중에 있는 현금・유가증권・귀금속・상품 그 밖에 물건에 대하여 도난・화재 등 위험발생을 방지하는 업무를 말한다.

③ 신변보호: 사람의 생명이나 신체에 대한 위해의 발생을 방지하고 그 신변을 보호하는 업무

④ 기계경비 : 경비대상시설에 설치한 기기에 의하여 감지・송신된 정보를 그 경비대상시설외의 장소에 설치한 관제시설의 기기로 수신하여 도난・화재 등 위험발생을 방지하는 업무

⑤ 특수경비 : 공항(항공기를 포함한다) 등 대통령령이 정하는 국가중요시설(이하 "국가중요시설"이라 한다)의 경비 및 도난・화재 그 밖의 위험발생을 방지하는 업무

제4절 경호제도의 발달과정

경호의 연혁은 개념이나 구분방식 등 그 기준을 어디에 둘 것인가에 따라 여러가지 형태로 설명된다. 경호를 실질적 개념이나 형식적 개념으로 구분하여 살펴볼

때에는 실정법상의 규정이나 명확한 관련 제도와 조직의 형성이 언제부터였나 등의 여부에 따라 그 연혁을 설명할 수 있게 된다.

여기서는 실질적 개념에 입각하여 발달과정을 설명하되, 이를 크게 전통적 경호제도와 현대적 경호제도로 구분하여, 그 시점을 실정법에 의해 경호개념을 구분하기 시작한 1949년을 기준으로 하였다.

1. 경호제도의 구분

1) 전통적 경호제도

실질적 의미의 경호업무는 원시시대 인간이 집단생활을 영위하면서 스스로의 생명을 지키기 위해 수행된 갖가지의 신변보호행우들에 연유한다고 하겠다. 그러나 학문상으로는 포괄적으로나마 기록으로 남아 있는 삼국시대부터 논의하는 것이 일반적이며, 이 시기의 특징은 경호업무가 다른 제반 분야와 분티되어 행하여진 것이 아니라 미구분 상태에서 혼합적으로 수행되어졌다는 것이다. 예를 들면 고구려의 대모달은 지방의 군지휘관으로 군사적 기능, 경찰기능, 경호기능 등을 혼합적으로 수행하였다.

2) 현대적 경호제도

현대적 의미의 경호경비제도는 공경호의 경우 1948년 정부수립 이후 국회가 구성되고 이승만이 대통령으로 선출된 이후 대통령경호를 위해 당시 경무대를 관할로 하던 창덕궁경찰서를 개편한 경무대경찰서가 설치된 1949년부터 시작되었다고 볼 수 있다. 이에 비해 민간의 신변보호업무는 실질적으로는 민간경비의 형태를 갖추고 그 업무를 시작한 1953년(봉신기업)부터라고 할 수 있지만, 형식적으로는 1976년 용역경비업법이 제정되어 동법 제2조에 신변보호경비업무가 규정되면서라고 할 수 있다.

2. 전통적 경호제도

전통적 경호제도는 역사적으로 고찰이 가능한 고조선 이후 삼국시대, 그리고 근대경찰제도가 출현하기까지의 구한말까지로 보는 것이 일반적이다. 이때의 특징은 전문경호기관이 존재하기는 했지만 경호업무가 다른 치안유지나 군사기능과 명확히 분화하지는 못했다는 것이며, 통일신라기 이후에 실질적 의미의 민간경호조직이 나타났다는 점이다.

1) 고대국가 경호제도

(1) 경호관련기관[20)]

① 고구려

대모달, 말객 : 처려근지와 도사 등 지방장관의 호위를 담당하였던 호위무관이었다.

② 백제

㉠ 위사좌평 : 백제의 최고관직인 6좌평 중 일인으로 궁중과 국도(國都)의 경비를 담당하는 숙위병(宿衛兵)을 통솔하였던 최고의 무관이었다.

㉡ 5부 : 백제의 중앙군 역할을 수행하던 병력으로 수도를 상·하·중·전·후 5부로 나누어 경비 임무를 수행하던 부대로 이들은 평소에는 친위(親衛) 및 국도경비(國都警備)를 담당하고, 전쟁시에는 전투임무를 수행하였다.

③ 신라·통일신라기

㉠ 시위부(侍衛府) : 국도에 설치된 무관부로서 궁궐의 숙위와 경비임무를 담당하였고, 지휘관으로 대감과 장군이 있었다.

㉡ 9서당(九誓幢) : 국도의 숙위 및 경비임무를 담당한 국왕 직속의 특수부대로 신라기에는 서당으로 운영되다가 통일신라기에 9서당으로 완성되었다.

(2) 고대국가 경호제도의 특징

① 경호조직의 분화 정도는 낮은 상태로 군사적 기능이나 경찰기능 등을 동시에 수행하였다.

② 통일신라기에 최초로 민간경호조직의 성격을 띤 사병이 출현하였다.

③ 주로 정권 유지를 위한 국왕호위적 성격의 친위부대가 발달하였다.

④ 최고직의 경우 문관과 무관의 구별이 뚜렷하지 않고 겸직하는 경우가 대부분이고, 경호기능도 왕의 친위부대적 성격을 띤 중앙군이 행하였다.

---

20) 한국정신문화연구원, 『한국학 기초자료선집』 고대편, 한국학자료대계 87-1(성남: 한국정신문화연구원, 1987); 김형중, 『한국고대경찰사』(서울: 수서원, 1991), pp.65~114; 허남오, 『한국경찰제도사』(서울: 동도원, 1998), pp.80~89; 정진환, 『정해경비업법』(서울: 학문사, 1999), pp. 22~23 참조.

2) 발해시대 경호제도

(1) 경호관련기관[21]

① 지부(智部) : 중앙조직으로서 경비경찰의 기능을 수행하였다.

② 좌우호분위 : 궁궐의 수비를 담당하였다.

③ 좌우태위 · 좌우위위 : 궁궐의 수비와 경성의 보위를 담당하였다.

(2) 발해 경호제도의 특징

삼국시대에 비해 당의 선진제도를 많이 받아들였지만, 아직도 경호조직의 분화 정도는 낮은 상태로 군사적 기능이나 경찰기능과 혼재된 상태에서 수행되었다.

3) 고려시대 경호제도

(1) 경호관련기관[22]

① 공경호기관

㉠ 중군 : 고려초기에 중군 · 좌강 · 우강 등 3군 중 하나로 태조 왕건의 친위군적 성격을 띤 부대이다.

㉡ 순군부 : 고려초기 병부의 위에 존재하던 군 조직으로 궁성 내 치안과 경비를 담당한 경비경찰직 성격을 띤 부대이다.

㉢ 내군부 : 고려 초기 궁중 시위임무를 수행하던 친위군이다.

㉣ 장위부 · 사위사 · 위사사 : 고려초기 내군부가 변천된 기구로 시위임무를 수행하였다.

㉤ 2군 6위 : 2군 6위는 고려의 중앙군으로써 이 중 2군은 응양군과 용호군으로 근장(近仗), 친종(親從), 친어(親御) 등으로 불리어 친위군 또는 시위군으로서의 역할을 수행하였다.

6위는 좌우위, 신호위, 홍위위, 금오위, 천우위, 감문위로 이중 좌우위, 신호위, 홍위위는 황도인 개경의 수비와 변방의 경비임무를, 금오위는 수도의 치안임무를, 천우위는 의위(儀衛)와 왕에 대한 시종(侍從)의 임무를 수행하였다.

㉥ 내순검군 : 의종 때 인종 이래 존치하여 온 순검사를 확대하여 내순검군을 두고,

---

21) 김형중, 앞의 책, pp.122~124; 허남오, 앞의 책, p.90 참조.

22) 김형중, 『한국중세경찰사』(서울: 수서원, 1998); 허남오, 앞의 책, pp.91~116; 정진환, 앞의 책, p.24 참조; 변태섭, 『한국사통론』(서울: 삼영사, 1993), p.239; 변태섭, 『수험한국사』(서울: 법문사, 1997), p.293.

숙위임무와 왕의 호가(扈駕)에 대한 호종시위(扈從侍衛) 임무를 수행하였다.

ⓢ 삼별초(야별초·마별초·신의군) : 고려 무신의 최우 정권의 친위대로 최우 정권의 호위임무와 함께 도성의 치안, 방범순찰 임무 등을 수행하였다. 전반기에는 공적인 성격이 강하였으나 후반기에 가서 사적 기관화되었다.

ⓞ 순마소 : 무신정권 후 원지배기의 치안임무 왕의 친위임무 수행하였다.

ⓩ 순군만호부 : 순마소의 후신으로 일반적 치안임무와 왕의 친위임무 수행하였다.

ⓒ 사평순위부 : 순군만호부의 후신으로 동일한 역할 수행하였다.

ⓚ 성중애마 : 왕에 대한 숙위기관으로 왕의 측근인 내시, 다방 등 근시임무를 띤 자들로 구성된 특수한 친위부대이다.

② 민간경호기관

㉠ 사병집단 : 고려초기 지방호족의 사적인 군대로 현대적 개념의 전문경호조직으로서의 성격보다는 군대적 성격이 강하였다. 무신란 이후에 정중부에 의해 설치된 사병집단은 이전보다 좀 더 사적이고 전문적인 경호조직의 성격을 갖추고 있었다.

㉡ 도방 : 최초 무신집권기에 경대승이 사저에 설립한 전문적인 민간경호조직이다. 이후 최충헌 때 6번 도방으로, 최우 집권기에는 내외도방으로 개편되어 더욱 확대 강화되었다.

㉢ 삼별초 : 최우 정권기에 최초로 국가에서 녹을 지급하던 공적인 기관으로 치안유지와 방범임무를 수행하던 것이 후반기 무신집권 체제가 무너지면서 사기관화하여 권력자의 친위대 역할을 하였다.

㉣ 승병 : 무신집권기의 귀법사의 난에서 볼 수 있듯이 대부분의 사찰에서는 대규모의 농장이나 재산을 보호하기 위해 자체적인 사병을 보유하고 있었다.

(2) 고려시대 경호제도의 특징

① 고려시대 경호조직 역시 군사적 성격이나 경찰조직적 성격과 혼재된 가운데 임무를 수행하였으나, 이전 시대와는 구별되는 전문적인 공경호조직적 성격을 띤 군사조직들이 발달하였다.

② 특히 주목할 만한 것은 이전의 사병집단보다도 더욱 사적 성격이 강하고 전문화된 전문 민간경호조직이 출현하였다는 것이다.

3) 조선시대 경호제도

(1) 조선 전기의 경호기관[23)]

① 의흥친군위 : 조선초기의 궁성의 시위와 왕의 시종임무를 수행하던 친위군이다.

② 의흥삼군부 : 조선초기의 의흥친군위의 후신이다.

③ 10사 : 10사란 의흥시위사 충좌시위사, 웅두시위사, 신무시위사(중군), 용양순위사 용기순위사 용무순위사(좌군), 호분순위사, 호익순위사, 호용순위사(우군) 등으로 당시 궁궐의 시위와 한성의 순찰・경비 임무를 띠고 있었다.

④ 별시위・내금위・내시위 : 왕의 근시위(近時衛) 임무를 띤 친위부대이다.

⑤ 겸사복 : 병조의 속아문으로 궁중의 가마, 말 외양간 목장 등을 관리하면서 세자의 호위임무까지 수행하였다.

⑥ 충의위 : 사회특수층으로 이루어진 특수브대로 시위임무를 수행하였다.

⑦ 충순위 : 조선초기 특권층의 자제들로 이르어진 특수부대의 충의위와 성격이 유사하다.

⑧ 갑사 : 조선조 중앙군의 기간병종으로 5우 의 의흥위에 소속 왕의 호위임무로 수행하였다.

(2) 조선 후기의 경호기관

① 호위청 : 조선후기의 인조반정 후 원년에 설립한 가장 대표적인 경호기관으로 공적인 녹을 받는 왕의 호위를 담당하던 기관이다.

② 어영군 : 조선후기 인조반정 후에 설립된 국왕의 호위군대이다.

③ 어영청 : 조선후기 효종조에 어영군을 확대하여 한성의 수비까지 담당하였다.

④ 금위영・훈련도감 중부별대 : 숙종 8년에 당시 정사청을 개편하여 설치된 기병부대로 훈련도감의 중부별대와 함께 궁중수비를 담당하였다.

⑤ 금군 : 금군은 국왕의 친위군으로 내금위 기병, 우림위 등 내삼청으로 분리되어 있었다.

⑥ 용호영 : 영조대에 당시 금군인 내삼청을 개편하여 설립한 친위군이다.

---

23) 한국정신문화연구원, 『한국학기초자료선집』 근세Ⅰ편 한국학자료 대계94-1(성남: 한국정신문화연구원, 1987); 허남오 앞의 책, pp.91~116; 정진환, 앞의 책, p.24; 변태섭 『수험한국사』(서울: 법문사, 1997), p.378.

⑦ 장용위 : 용호영와 같은 성격의 친위군으로 정조대왕이 창설한 부대이다. 장용위는 후에 장용내외영으로 확대되어 장용내영은 정조왕의 호위임무를, 장용외영은 부왕인 장조능의 호위임무를 수행하였다.

⑧ 숙위소 : 정조기에 단기간 동안 존속하였던 궁궐 숙위기관이다.

(3) 조선시대 경호제도의 특징

① 이전 시대에 비해 전문적인 공경호 임무를 수행하는 호위조직이 발달하였다.

② 그러나 법적·제도적으로 군사기능이나 경찰기능과 명확히 분리되지는 못하였다.

③ 공경호에 비해 민간경비(경호)는 극히 미미한 수준이다.

4) 구한말의 경호제도

(1) 구한말의 경호기관[24)]

① 무위소 : 고종의 친정 후 설립된 궁궐수비를 담당한 왕의 친위군이다.

② 무위영 : 고종 18년 종래의 무위소와 훈련도감, 용호영, 호위청 등을 합쳐 새로 설립한 친위군이다.

③ 친군용호영 : 이전에 해산된 용호영을 부활시켜 설치한 왕의 호위부대로 용어영·총어영·경리청을 합쳐 친군용호영이라 하였다.

④ 시위대 : 1885년의 을미사변의 격변 속에 궁중경비의 필요성으로 새로 편성된 신식군대로 궁중시위의 임무를 수행하였다.

⑤ 친위대 : 시위대와 유사한 성격의 부대로 궁궐과 왕의 시위임무를 띤 부대로 신식군대였다.

⑥ 경위원 : 최초 경무청 산하의 궁내경찰로 출발 후에 그 소속이 궁내부로 바뀌었으며 주로 궁내외곽 경비와 궁내사법업무를 수행하였다.

⑦ 환궁경위국 : 광무 9년 경위원이 개편된 궁궐의 경비, 치안사무를 담당하던 경찰기구이다.

⑧ 창덕궁경찰서 : 황궁경위국을 통합하여 이후 당시 왕이 거처하던 창덕궁과 덕수궁 지역의 경호임무를 수행하였다.

---

24) 허남오, 앞의 책, pp.91~116; 정진환, 앞의 책, p.24 참조; 변태섭, 앞의 책, p.378.

(2) 구한말의 경호제도의 특색

① 구한말 일제 침략의도에 맞추어 경호조직의 규모가 축소되었다.

② 최초의 근대 경호기관의 면모를 갖추었다.

3. 현대적 경호제도

현대적인 경호제도는 과거의 군사적 기능, 행정적 기능, 공경비와 민간경비 기능 등의 미분화 상태에서 탈피하여 법적·제도적으로 경찰기능과 경호기능, 민간경비 기능이 분화되어 수행됨을 특징으로 한다. 현대의 경호기능을 수행하는 대표적인 조직으로는 대통령경호실, 경찰, 민간경비조직 등 세 종류가 있다.

1) 대통령 경호기관

(1) 대통령경호실의 연혁[25)]

- 1949년 대통령경호를 위한 전담조직인 경무대경찰서 설치
- 1960년 경무대경찰서가 폐지되고 청와대 경찰관파견대 설치
- 1961년 "국가혁명지도자 경호대" 발족
- 1963년 대통령경호실 창설(초대실장 : 홍종철)
- 1969년 전직대통령 예우에 관한 법률 및 동법 시행령 제정으로 임무범위 확장
- 1981년 대통령경호실법 개정으로 전직대통령과 그 가족에 대한 호위 제도화, 대통령 당선확정자의 가족과 전직대통령 및 그 가족에 대한 경호대상의 추가
- 1988년 전두환 전직대통령 경호임무 추가
- 1993년 노태우 전직대통령 경호임무 추가
- 1995년 전두환 전직대통령 경호임무 해제(경호기간 만료 : 7년, 경찰로 임무이관)
- 1998년 김영삼 전직대통령 경호임무 추가
- 2000년 노태우 전직대통령 경호임무 해지
- 2003년 김대중 전직대통령 경호임무 추가
- 2005년 대통령경호실법 제4차 개정(3.10)
  - 경호구역 지정 및 경호안전활동 근거 신설

25) 대통령경호실 자료(http://www.pss.go.kr/pss/introduce/history.jsp)

- 2008년 대통령실 경호처로 전환
  - "대통령경호실법"개정 → "대통령 등의 경호에 관한 법률"로 변경
- 2009년 한·아세안 특별정상회의 경호임무 수행
- 2010년 '대통령 등의 경호에 관한 법률' 개정(제4차)
  - 전직 대통령(10년) 및 배우자(5년) 경호기간 연장
  - 제10차 APPS(국제경호책임자총회) 서울 개최
  - G20정상회의 경호임무 수행
- 2012년 '대통령 등의 경호에 관한 법률' 개정(제6차)
  - 다자간 정상회의의 경호 및 안전관리를 위한 대통령 직속기구 법제화
  - 전직 대통령 및 전문·특수분야 경호공무원 3년 이내 정년연장제도 도입
  - '2012 서울 핵안보정상회의' 행사 경호
- 2013년 정부 조직개편에 따라 대통령실 소속 경호처에서 대통령경호실로 독립
  - 대통령 경호실장 장관급 승격

(2) 경무대경찰서

① 연혁 : 1949년 그 동안의 황궁을 관할하던 창덕궁경찰서가 폐지되고 중앙청 및 경무대 관할로 하는 경무대경찰서가 신설되었다.

② 의의 : 1949년 12월 내무부훈령 제25호에 의해 경호규정이 제정되어, 최초로 "경호"라는 용어가 공식적으로 사용되었고, 경호업무가 정비되었다.

③ 조직 : 경무계, 사찰계, 경비계로 편성되었다.

④ 경호대상

㉠ 대통령, 부통령, 외국원수, 국회의장, 대법원장, 국무총리 및 각부장관 또는 외국의 사절 기타 내무부장관 및 도지사가 필요하다고 인정하는 인사

㉡ 경찰관은 도상 열차 및 선박 기타 필요하다고 인정되는 장소에 경호원 배치

(3) 청와대경찰관파견대

① 연혁 : 1960년 4·19혁명 이후 3차 개헌에 의해 당시 경무대경찰서가 폐지되고 서울시경찰국 경비과에서 청와대경찰관파견대를 설치 대통령의 경호 및 관저 경비를 실시하였다.

② 조직 : 경비계, 수행계, 행정반으로 편성

(4) 국가재건최고회의의장경호대

① 연혁 : 1961년 5·16 군사쿠데타 이후 박정희 국가재건최고회의의장을 경호할 목적으로 임시로 편성되었다. 이후 중앙정보부 창설과 동시에 그 해 9월 중앙정보부 내훈으로 경호규정이 제정되어 정식으로 중앙정보부경호대로 출범하였다.

② 경호대상

㉠ 국가 원수, 최고회의의장, 부의장, 내각수반, 국빈

㉡ 기타 경호대장이 지명하는 주요인사

(5) 대통령경호실

① 연혁 : 1963년 박정희 대통령이 취임하면서 그 해 12월 대통령경호실법이 제정되고 대통령경호실이 정식으로 출범하였다.

② 조직 : 경호실장(별정직), 직속의 행정차장과 기획차장

③ 경호대상

㉠ 1963년 당시 대통령과 그 가족, 대통령으로 당선이 확정된 자 및 경호실장이 특히 필요하다고 인정되는 국내외 요인, 대통령관저의 경비

㉡ 1981년 전직대통령 및 그 배우자와 가족의 호위 추가

④ 대통령경호실의 임무[26)]

㉠ 대통령과 그 가족의 호위와 대통령관저의 경비

㉡ 대통령으로 당선이 확정된 자와 그 가족의 호위

㉢ 본인의 의사에 반하지 아니하는 경우에 한하여 퇴임 후 7년 이내의 전직 대통령과 그 배우자 및 자녀의 호위(단, 대통령이 임기 만료 전에 퇴임한 경우와 재직 중 또는 퇴임 후 사망한 때에는 호위기간은 그로부터 2년)

㉣ 경호실장이 특히 호위가 필요하다고 인정하는 국내외 요인에 대한 호위.

(6) 대통령실 경호처

① 2008년 이명박 정부가 출범하면서 대통령실이 설치되고, 이에 따라 대통령경호실을 대통령실 소속의 경호처로 개편하였다. 구체적인 임무범위는 이전과 유사하고, 일부 경호구역에 대한 권한이 추가되었다.

② 대통령실 경호처의 임무범위

㉠ 대통령과 그 가족

---

26) 대통령경호실법 제2조.

㉡ 대통령당선인과 그 가족
㉢ 대통령권한대행과 그 배우자
㉣ 본인의 의사에 반하지 아니라는 경우에 한하여 퇴임 후 7년 이내의 전직대통령과 그 배우자 및 자녀
㉤ 방한하는 외국의 국가원수 또는 행정수반과 그 배우자
㉥ 그밖에 경호처장이 경호가 필요하다고 인정하는 국내외 요인

③ 경호구역의 지정
㉠ 처장은 경호업무의 수행에 필요하다고 판단되는 경우 실장의 승인을 받아 경호구역을 지정할 수 있다.
㉡ 경호구역의 지정은 경호목적 달성을 위한 최소한의 범위로 한정되어야 한다.
㉢ 소속공무원은 경호목적상 불가피하다고 인정되는 상당한 이유가 있는 경우에 한하여 경호구역 안에서 질서유지, 교통관리, 검문·검색, 출입통제, 위험물의 탐지 및 안전조치 등 위해방지에 필요한 안전활동을 할 수 있다.

(7) 대통령경호실(2013년 이후~2016)

① 정부 조직개편에 따라 대통령경호처에서 대통령경호실로 변경
② 대통령 경호실장 장관급 승격
③ '대통령 등의 경호에 관한 법률' 개정(제 7차)
- 경호공무원 정년연장(55세→58세)
- 전직대통령과 그 배우자 경호기간(기존 10년), 연장 가능 조항 신설(5년 범위)

④ 한·아세안 특별정상회의 경호임무수행
⑤ 프란치스코 교황 경호임무수행
⑥ 제6차 한중일 정상회의 경호임무수행
⑦ 경호안전교육원 개원
⑧ 대통령권한대행 경호임무수행

(8) 대통령경호처

① 정부 조직개편에 따라 대통령경호실에서 대통령경호처로 변경
② 청와대 앞길 24시간 개방

2) 경찰경호기관[27)]

(1) 현대경찰의 연혁(광복 이후)

광복 이후 ~ 정부수립 이전 (48. 8.14)	• 근거 – 1945.9.7 미태평양 육군총사령부포고령 제1호 경찰관은 무기휴대, 범인체포, 분쟁진압, 법규 및 질서유지의 직권 보유 • 1945.10. 군정청에 의한 독립기구인 경무국 창설–대한민국 국립경찰의 정식출범을 의미 • 경비경찰활동은 방법결찰의 일부분에 속해 있었음 • 1946. 경무부로 개편, 경무총감부와 관구경찰청 설치, 소방부 설치 • 1947. 경찰위원회 설치 • 1949. 대통령 경호업무를 위해 경무대경찰서가 신설됨
치안국 시대 : 1948~1975	• 정부수립 후 내무부 치안국, 지방 경찰국 경찰서·소방서 체제 • 6·25전쟁 전후의 전투경찰적 요소 강화 • 1950년대 해양경찰대 창설 • 1960년대 전투경찰대 창설
치안본부시대 : 1975~1991	• 내무부 치안본부 체제 • 의무경찰제도, 용역경비제도, 청원경찰제도 확립 • 소방업무의 소방본부 이관
경찰청 시대 : 1991~현재	• 내무부 경찰위원회, 경찰청, 지방경찰청, 경찰서 체제 • 경찰조직의 민주적 요소 가미, 분산화 • 경비경찰도 독자적인 예산편성을 통해 새로운 발전도모

(2) 경비경찰의 의의

경호업무와 직접적인 관련을 갖는 경찰활동은 경비경찰활동이다. 경비경찰이란 국가비상사태 또는 긴급사태 등 경비사태가 발생하거나 발생할 우려가 있을 때 공공의 안녕·질서를 해지는 개인적·집단적인 불법행위나, 인위적이거나 자연적인 혼잡·재해 등을 예방·경계·진압하는 경찰활동을 말한다.

(3) 경비경찰의 대상

경비경찰은 공공의 안녕과 질서를 해할 염려가 있거나 현실적으로 공공의 안녕과 질서를 해하는 모든

① 개인적·단체적 불법행위 : 치안경비, 특수경비, 경호경비, 중요시설 경비

② 인위적이거나 자연적인 혼잡·재해 : 혼잡경비, 재해경비 등을 그 대상으로

---

27) 정진환, 앞의 책(경비업법), pp.28~37; 김재규·김계원, 『경비·정보론』(서울: 경찰승진연구회, 2001), pp.11~12; 허남오, 앞의 책, pp.64~67.

한다.

③ 구체적인 경비경찰의 업무대상

㉠ 인위적으로 질서를 파괴하는 다중에 의한 범죄

㉡ 적성국이나 국내의 자생적인 테러분자에 의한 요인이나 중요시설에 대한 위해 행위

㉢ 자연적인 재해에 의해 발생되는 혼란상황

㉣ 신고된 간첩 및 제반 긴급사태 등을 들 수 있다.

(4) 경비경찰활동의 특성

① 즉응적 활동 : 조치의 신속성, 처리기한의 무제한성

② 조직적 부대활동 : 개인단위의 활동이 아닌 부대단위 활동

③ 복합적 활동 : 범죄예방, 경계, 진압 등

④ 명령체계의 하향성

⑤ 공공안녕과 질서유지가 주목적

3) 민간경비(경호)제도

(1) 현대 민간경비의 연혁

- 미군에 대한 군납형태를 띤 제한적 형태의 용역경비 실시 : 1953년 봉신기업, 1954년 용진보안공사, 1958년 화영기업, 경원기업, 1959년 신원기경
- 전문 용역경비의 실시 : 1958년 범아실업공사가 KOSCO(한국, 미국, 대한석유저장의 합작)의 부두의 석유제품 경비 및 검수를 실시.
- 1976년 용역경비업법이 제정되면서 본격적인 전문 민간경비업이 확산되기 시작하였고 신변보호업무가 법제화되었음.
- 1981년에는 당시 한국경비보장주식회사가 일본의 SECOM과 합작 기계경비를 도입, 기계경비에 의한 전문경비가 시작됨.
- 80년대 중반부터 프로야구, 프로축구 등 대형이벤트가 활성화 되면서 민간경비가 경기장경비 등을 담당.

(2) 민간경비의 도약기

- 86년 아시안 게임과 88년 서울올림픽에 민간경비업체가 참여하면서 양적 · 질적 성장의 계기가 됨.
- 일반국민들에 민간경비의 존재를 알리는 계기가 됨.

(3) 민간경비의 발전기

- 1993년 93대전엑스포박람회에 민간경비회사가 대거 참여 성공적으로 역할을 수행함으로써 급속한 성장이 이루어짐.
- 1994년 일반국민들을 대상으로 94방범전시회를 개최.
- 제2차 아시아 경비관계자 세미나가 1995년 10월 서울에서 개최.
- 1996년 경비지도사제도의 실시로 질적인 성장
- 1999년 경비업법이 대폭 개정되면서 제도적 보완
- 2001년 경비법법 개정으로 기계경비제도의 활성화 특수경비원제도 도입
- 2009년 현재 약 2,900여 개의 인력경비회사와 에스원, 캡스, SOK 등 120여 개의 기계경비업체가 전문경비회사로 성장활동 중이다.
- 2017년 현재 용역경비업법이 본격적으로 시행되기 시작한 1980년대에 비해 민간경비의 양적 성장이 비약적으로 이루어졌다.

▶ 경비업체 및 경비원 현황

구분	경비업체							경비원 수
	업체 수	업종 계	시설경비	호송경비	신변보호	기계경비	특수경비	
2017	4,607	5,364	4,478	38	558	144	146	141,825

(4) 민간경비의 향후 과제

- 민간경비는 용역경비업법의 제정과 시행이 시작한 1976년부터 본격적인 틀을 갖추기 시작하여 2017년 말 현재 업체 및 종사자 수 등의 면에서 양적 성장을 기하였지만 질적인 면에서는 매우 열악한 산업적 생태기반을 이루고 있다.
- 경비업체의 80% 이상이 경비원 종사자 수 100명 이하의 영세업체로 추정되며, 경비원의 수의 40% 이상이 60세 이상의 고령자로 추정된다.
- 또한 문제되는 것이 경비업은 도급업 형태의 사업구조를 지니고 있기 때문에 원 도급액에 따라 경비원 종사자나 경비업체의 수익구조가 좌우된다. 그런데 현재 원 도급액이 중소기업의 임금평균에도 훨씬 못미치는 수준으로 대다수의 경비원이 최저임금 수준이나 이보다 약간 상회하는 수준의 열악한 임금체계에 놓여 있다.
- 더욱이 민간경비 업무 중 순수 경호(신변보호경비업무)업무의 시장규모가 매

우 적어 신변보호업무를 전문으로 하는 경비업체나 경비원수는 극히 소수에 불과하여 민간경호 시장의 한계에 봉착해 있고, 2017년 문재인 정부 들어 정책기조로 추진하고 있는 최저임금인상, 노동시간의 단축, 비정정규직의 정규직화에 따른 여파로 민간경비산업이 위축되고 있고, 근본적인 산업구조의 변화를 꾀하여야 하는 상황이다.

〈표 1-2〉 경호제도의 발달과정 정리

시대 구분	특 징	공경호 · 경비 조직	민간경비조직
고대	• 군사 · 경찰 · 민간경비의 미분화 • 자위차원	① 부족민 ② 하 호	
삼국 시대	• 공경비와 민간경비조직의 미분화 • 경호조직의 미분화	① 고구려 : 대모달, 말객 ② 백 제 : 위사좌평, 5부 ③ 신 라 : 서당, 시위부	• 부족장의 사병
통일 신라기	• 민간경호조직의 성격을 지닌 사병집단의 출현	① 서 당 ② 시위부(금군)	㉠ 청해진 세력 당성진 세력 혈구진 세력 ㉡ 호족의 사병
고려 시대	• 제한적 수준의 전문 경호경비조직의 출현	① 중 군 ② 순군부 ③ 내군부(장위부, 사위사, 위위사) ④ 내순검군 ⑤ 2군 6위(응양군, 용호군) ⑥ 순마소 ⑦ 사평순위부 ⑧ 삼별초(야별초, 마별초, 신의군) ⑨ 성중애마(충용사위, 근시사위)	㉠ 도 방 ㉡ 삼별초 (제한적) ㉢ 권력자의 사병 ㉣ 승 병
조선 시대	• 초기에는 사병이 널리 발달 • 다양한 경호기관의 체계정비 • 중기이후 민간경비경호조직위축	(1) 조선전기 경호관련조직 ① 의홍친군위 ② 의흥삼군부 ③ 10사 ④ 내시위, 별시위, 내금위 ⑤ 겸사복 ⑥ 충의위 (2) 조선후기 경호관련조직 ① 호위청 ② 어영군 ③ 금 군 ④ 숙위소 ⑤ 장용위, 장용영	㉠ 사 병 ㉡ 묘지기 ㉢ 창고지기 ㉣ 인삼밭 경비

시대 구분	특 징	공경호 · 경비 조직	민간경비조직
구한말	• 최초로 근대적 경찰제도 출현 • 최초의 근대적 경호기관 출현	① 친위대 ② 무위소, 무위영 ③ 친군용호영 ④ 시위대 ⑤ 경위원(광무) ⑥ 황궁경위국	
현대	• 현대적 경찰제도의 정비 • 현대적 전문경호조직의 탄생 • 현대적 전문민간경비조직의 탄생	① 경 찰 ② 경무대경찰서 ③ 대통령경호실	전문민간 경비회사

자료 : 정진환, 『경비업법』(서울: 도서출판 새롬, 2001), pp.28~37.
허남오, 『한국경찰제도사』(서울: 동도원, 1998), pp.64~68 등을 재정리.
변태섭, 『수험 한국사』(서울: 법문사, 1997).
김형중, 『한국고대경찰사』(서울: 수서원, 1991) 참조.
______, 『한국중세경찰사』(서울: 수서원, 1991) 참조.
대통령경호실 홈페이지(http://pss.go.kr)

제5절 경호의 이론적 배경

1. 경호의 존재이유 : 경호는 왜 필요한가?

1) 사회계약설(theory of social contract)적 시각

(1) 개요

① 홉스(Hobbes), 로크(Locke), 루소(Rousseau)에 의해 주장된 근대 사회계약설은 계약(contract)이라는 개념을 통해 국가, 사회, 제도, 법 등의 생성(조직)원리를 밝히고 있다.[28)]

② 일반적으로 사회계약설은 경찰활동의 사상적 토대로 논의되고 있으며, 경호활동의 사상적 토대역시 사회계약설에서 찾을 수 있다.[29)]

(2) 사회계약설의 내용

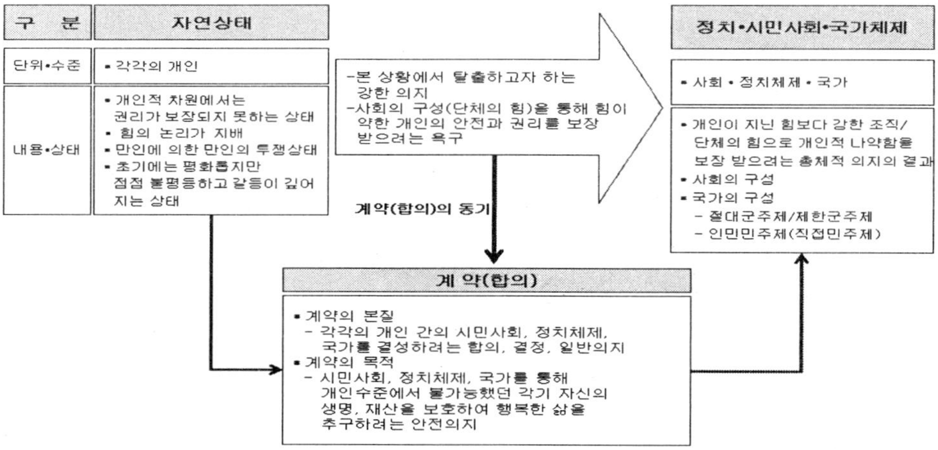

〈그림 1-5〉 사회계약설의 기본체계 및 내용

---

28) 황경식, 『사회정의의 철학적 기초』(서울: 문학과 지성사, 1985), p.182.

29) 경호학 분야에서 이에 대한 논의는 아직까지 없지만 충분히 논리적 근거를 찾을 수 있다고 할 수 있다. 즉 공경호 작용면에서는 그 목적이나 대상이 국가원수나 외국정부의 주요요인, 그리고 국내정부의 주요 요인들의 신변안전의 유지하는 활동이므로 이는 결국 국가체제의 유지 차원의 활동이며, 동시에 민간경호 작용면에서도 그 목적이 경호대상자에 대한 신변의 안전확보에 있으므로 공경호 작용이나 민간경호 작용 모두 국가체제 및 질서유지, 국민의 생명과 신체의 안전유지라는 본질적 의미의 경찰활동과 부합된다. 따라서 사회계약설은 경호활동의 사상적 토대로 제시될 수 있다고 하겠다.

① 자연상태

㉠ 로크는 국가나 사회생성 이전의 각 개인들만이 존재하는 상태를 '자연상태(state of nature)'로 지칭하고, 이러한 자연상태는 사람들이 자유(liberty)는 가지고 있어 평화로운 상태지만, 권리의 보장, 즉 안정(security)이 결여되어 있는 잠재적 투쟁상태로 규정하였다.

㉡ 자연상태에 대해서 홉스도 '만인에 의만 만인의 투쟁상태'로 표현하여 각 개인들 간에 이기심, 시기심 등 자신의 이익에 맞추어 투쟁만이 존재함으로써 결국은 힘의 논리만이 적용되는 상태가 자연상터라고 규정하였다.

㉢ 루소 역시 자연상태의 개념을 인정하고 자연상태는 처음에는 가장 행복하고 평화로운 상태지만, 사유재산의 개념이 생겨나면서 불평등이 발생하고, 이후 갈등이 증폭되어 투쟁이 존재하는 상태로 변화한다는 것을 지적하였다.

② 계약(contract)

㉠ 로크는 자연상태가 각 개인의 권리의 보장이 결여되어 있으므로 이의 해소를 위한 시민사회를 결성하여야 한다고 주장하였는데, 여기서 각 개인들의 시민사회를 결성하여야 한다는 결정을 계약(contract)으로 부르고 있다.

㉡ 홉스 역시 자연상태인 만인에 의한 만인의 투쟁상태에서 벗어나 개인의 권리를 확보할 수 있는 길은 각 개인의 계약행위를 통해 정치체제를 구성하는 것, 즉 군주에 힘을 위임하는 것이 가장 좋다고 주장하였다.

㉢ 루소도 각 개인들의 '일반의지'를 통해 정치사회로 전화하는 사회계약의 필요성을 주장함으로써 최초로 '사회계약'이라는 용어를 사용하였다.

③ 정치 · 사회 · 국가체제의 성립 → 계약의 결과

㉠ 시민사회, 정치체제, 국가 등의 결성은 각기 개인수준에서 불가능했던 자신들의 생명과 신체, 재산의 보호라는 안전문제를 해결하여 행복의 조건을 성취하고자 하는 목적하에 이루어진 것이다.

㉡ 결국 계약의 가시적인 표현이 정치 · 사회 · 극가 등의 형성이며 이의 형태는 학자마다 약간씩 차이를 보인다.

㉢ 로크는 계약을 통해 결성하는 정치체제의 모습을, 군주에게 개인의 힘을 위임하여 이에 복종하여야 하지만, 그 힘이 올바르게 사용하지 못했을 경우에는 이에 저항할 수 있는 권리가 각기 개인에 있다고 함으로써 제한군주제의 형태를 선호하였고, 이에 비해 홉스는 각기 개인들의 힘을 군주에 위임계약을 통해 몰아주고 이에 절대 복종할 것을 주장, 절대군주제의 사상적 토대가 되기도 하였다. 루소는 로크나 홉스와는 달리 일반국민의 일반의지에 의해 구성된 정치공동체

를 선호하여, 인민들이 직접 참여하는 형태를 주장하였으며, 사회제도의 모순이나 불평등 시정에 관심을 기울였다.

(3) 사회계약으로서의 경호

① 국민의 의지로서의 경호제도

경호의 본질을 실질적으로 보느냐 형식적으로 보느냐에 따라 약간의 차이가 있겠지만, 근본적으로 경호는 개인의 생명과 신체의 안전을 확보하는 작용이다. 이러한 작용은 근본적으로 각 개인수준에서 효율적으로 수행할 수 없는 업무이며, 하나의 시스템화된 조직 또는 제도로 달성하는 것이 효율적이다. 따라서 공적 영역에서의 이러한 필요성은 대통령경호처나 경찰과 같은 공조직 또는 제도에 의해 실현되며, 사적인 영역에서는 민간경비(경호) 제도에 의해 실현된다. 결국 이러한 제도는 국민들의 의지 또는 결정(계약)에 의해 이루어진다는 점을 볼 때 사회계약설이 경호현상의 본질을 설명하는 사상적 토대로 작용함은 명백하다.

② 국가의 질서유지제도로서의 경호

마찬가지로 국가나 사회질서유지와의 관계에서도 경호의 목적 중 '질서유지와 혼잡방지', '국위선양' 등을 보더라도 경호는 국가제도 중 일반적 치안을 담당하는 경찰과 함께 국가제도의 대표적 형태로서대통령을 보호하고 국민의 의지표명임을 알 수 있다.[30] 이러한 측면에서 민간경비 역시 개인의 생명과 신체, 재산의 보호, 그리고 사회질서유지를 직접적인 목적으로 한다는 점에서 이 역시 국민의 의지(계약)의 결과임을 알 수 있다.[31]

2) 안전욕구이론(매슬로의 욕구5단계설)적 시각[32]

(1) 생리적 욕구 : 의식주 관련 욕구

(2) 안전의 욕구 : 정신적 · 육체적 위험으로부터의 보호

---

30) 경호가 질서유지 및 혼잡방지를 목적의 범위에 포함시키고 있는 것은 명백하며, 이러한 면에서 경찰과도 상통한다고 할 수 있다. 경찰은 주된 본질이 '국민의 생명과 신체, 재산의 보고'와 '공공의 안녕과 사회질서유지'라는 점을 생각할 때, 경호와 경찰작용이 국가체제의 유지나 질서유지를 위한 대표적 제도 중 하나라는 것을 알 수 있다.

31) 실제로 국민들의 의지(계약)는 대표기관인 국회에서 제정되는 대통령 등의 경호에 관한 법률, 경찰법, 경찰관 직무집행법, 경비업법 등을 통해 표현된다. 현대의 조직이나 제도 등의 형성에 그 근거법을 요구한다는 점에서 사회계약설의 사상적 토대성이 잘 설명될 수 있다고 하겠다.

32) 권기성 · 백철현, 『행정학』(서울: 형설출판사, 1999), pp.543~544.

(3) 사회적 욕구 : 가족, 친구, 이웃들과의 친화
(4) 존경의 욕구 : 타인으로부터의 인정받고자 하는 욕구
(5) 자기실현의 욕구 : 잠재력 개발, 자아 · 이상 실현

3) 민간경호 · 경비의 배경이론[33)]

(1) 경제환원론적 이론

① 기본시각 : 특정한 현상을 설명함에 있어 그 현상이 경제와 직접적으로 무관한 성격을 갖는 것임에도 불구하고 그 원인을 경제문제에서 찾으려는 입장이다.

② 기본전제 : 민간경비 시장의 성장은 범죄의 증가에 따른 직접적 대응관계이다.

③ 기본개념 : 한 국가의 경제가 침체되면 실업이 증가하고, 이에 따라 범죄가 자연히 증가한다. 따라서 이에 대한 직접적인 대응으로 민간경비가 성장할 수밖에 없다.

④ 특징

㉠ 거시적 차원에서 범죄의 증가원인을 실업의 증가에서 찾고 있다.
㉡ 민간경비시장의 성장을 경제전반의 상태와 운용에 연결시켜 설명하려 한다.
㉢ 경찰과의 직접적인 관련성을 논함이 없이 순수경제학적인 입장에서 접근한다.
㉣ 이론적인 배경이 미국의 1965~1972년대로 특정지역의 특정시간대를 바탕으로 한 경험론적 관점에 치우치고 있다.

(2) 공동화(空洞化)이론

① 기본시각 : 경찰의 치안유지활동은 구조적으로 완벽하지 못하다.

② 기본전제 : 경찰과 민간경비는 상호 공존이 가능하다.

③ 기본개념 : 한 사회나 국가는 다원화 현상과 분화현상으로 사회적 긴장과 갈등, 그리고 대립 등에 의한 무질서나 범죄가 증가하기 마련인데, 구조적으로 경찰은 여러 가지 제약으로 인해 이에 적절히 대응하지 못함으로써 치안상태의 gap, 즉 '공동(空洞)'을 초래한다. 따라서 민간경비가 경찰이 막지 못하는 이 gap을 메우기 위해서 발전할 수밖에 없다.

---

33) 이윤근, 『민간경비론』(서울: 육서당, 1999), pp.5~6; 서진석 · 김계원, 『민간경비론』(서울: 새롬출판사, 2001), p.18.

④ 특징

㉠ 경찰과 민간경비는 갈등이나 경쟁관계가 아닌 상호 보완적 · 역할분담적 관계임.

㉡ 민간경비는 경찰의 존재를 바탕으로 할 때에만 가능한 이론임.

㉢ 경찰과 민간경비의 관계에 대한 성격을 밝히는데 초점이 있음.

(3) 이익집단이론

① 기본시각 : "그냥 내버려 두면 보호받지 못한 채로 방치될 재산을 민간경비가 보호한다"는 기본적 시각에서 출발

② 기본전제 : 민간경비를 하나의 독립적인 행위자(actor)로 인식하고 따라서 민간경비가 자체적으로 고유한 영역을 가질 수 있는 것으로 파악한다.

③ 기본개념 : 한 사회 내에 존재하는 많은 이익집단들이 그들의 이익을 최대화시키기 위해서 행위하는 것과 유사한 방식으로 민간경비도 자신의 집단적 이익을 실현시키기 위해서 규모를 팽창시키고, 새로운 규율이나 제도를 창출시키는 등의 노력을 기울인다.

④ 특징

민간경비의 양적 성장뿐만 아니라 이익집단으로서의 민간경비의 내부적 결속과 제도화 그리고 조직화 등에 관심을 갖는다.

(4) 수익자부담이론

① 기본시각 : 국가기구의 일부로서 경찰이 갖는 근본적인 성격과 역할 및 기능에 의문을 제시한다.

② 기본전제 : 경찰이 개개인의 안전과 사유재산을 보호하는 것이라는 일반적인 통념을 거부한다.

③ 기본개념 : 자본주의 사회에서 경찰이 공권력 작용은 원칙적으로 거시적 측면에서 질서유지나 체제수호 등과 같은 역할과 기능으로 한정하고, 사회구성원 개개인 차원이나 여타 집단과 조직 등 예컨대 회사차원 등의 안전과 보호는 결국 해당 개인이나 조직이 담당하여야 한다.

④ 특징

자본주의사회에서는 개인의 생명이나 재산보호 등도 결국은 개인적 비용에 의해 담보 받을 수밖에 없다.

(5) 복지국가의 위기론

① 복지국가는 다양한 국민들의 욕구를 국가가 적절한 방식으로 충족시킴.

② 국민들의 다양한 욕구에 대한 대응은 필연적으로 국가역할의 증대를 가져오고 국가 및 공공부문은 비대화됨.

③ 따라서 국가행정은 비능률 · 재정위기 · 민간부문 위축 등의 부작용에 직면함.

(6) 민영화론

① 민영화론은 이러한 복지국가의 위기론을 바탕으로 구조적 비능률에 처한 행정부문의 역할과 서비스를 민간에 이양하는 것을 골자로 함.

② 달성목적 : 비용효과분석 차원의 효율성, 정부규제의 완화, 기구축소 등의 작은정부 구현, 사적거래의 촉진, 국민의 권리 신장 등

2. 경호대상으로서의 군중의 이해 : 군중심리학이론[34)]

1) 군중심리의 특성

① 정상군중 심리

㉠ 호기심리 : 새로운 사물에 대한 탐구를 통한 문제이해의 매개 작용을 하는 심리

㉡ 동정심리 : 타인의 기쁨과 슬픔에 대하여 같은 감정을 가지게 되는 것

㉢ 안전심리 : 조직이나 사회속의 타인이나 각종의 위험 속에서 안전하려는 욕구

㉣ 수치심리 : 다른 사람의 시선을 의식하고, 자신의 명예를 지키려는 심리

㉤ 집체심리 : 다른 사람과 보편적으로 어울려 집단을 구성하려는 사회성

② 이상군중심리

㉠ 정서의 충동성 : 정서의 충동은 생리학적으로 체내의 정서적 평형상태의 붕괴를 말하며, 강렬한 감정(사랑, 한, 욕망, 두려움 등) 아래 주관적으로 경험하는 심리적 격동상태를 말한다. 그런데 개인이 군중 속에 있는 경우 정서의 상호작용 · 상호전염의 결과로 정서적 충동상태를 야기, 이상폭력행위를 유발하게 되고 이것이 전 군중으로 확산하는 현상을 겪게 된다.

㉡ 추리의 단순성 : 일차적으로 '추리'는 개념이나 일반원칙을 사용하여 문제해결을 하는 일종의 사고과정이다. 즉, 추리는 일종의 이지적 활동이며, 아울러 대

34) 경찰대학, 앞의 책, pp.10～22; 김재규 · 김계원, 앞의 책, p.10.

뇌사고의 기능이다. 그런데 이러한 개인이 혼자 있을 때에는 그 행위가 습관의 제약을 받고 비교적 이지적인 판단력이 지배하지만, 개인이 군중 속에 있는 경우에는 대뇌의 사고기능이 종종 정서적인 충동에 크게 지배된다. 이에 이지적 통제는 낮아지고 정밀한 추리능력이 결핍되게 되는 것이다. 이러한 추리는 단순성으로 군중들은 쉽게 무엇인가에 맹종하게 되어 군중은 신중한 관찰력이 결여되고 리더의 이끌림에 무작정 따르게 되는 것이다.

㉢ 욕망의 확장성 : 욕망과 감정 및 이지는 매우 밀접한 관련성을 가지고 욕망이 커지면 긴장된 정서를 가져오고, 격렬한 행동을 가져온다. 개인이 군중 속에 있을 때 심리상 서로의 영향을 받기 때문에 욕망은 자연히 무한대로 확장되는 경향을 갖는다.

㉣ 도덕의 모순성 : 도덕은 개인이 사회생활 중에 당연히 준수해야 할 행위규범을 말한다. 그런데 개인이 군중 속에 있을 때 정서적 격동에 의하여 이지의 소멸과 욕망의 확장에 따라 도덕관념이 모호해져서 모순된 가치체계를 동시에 갖게 되는 특징을 나타낸다.

③ 일반적 군중심리의 특성

경신성, 피암시성, 충동성, 변이성, 과장성, 단순성, 편협성, 전횡성

2) 전염이론(Contagion Theory)

① 르봉의 '비이성적 폭력 군중'(Irrational Mob)

㉠ 기본개념 : 군중 속의 어떠한 특정행위는 반드시 일반인들로 하여금 이성을 상실하게 하는 특성이 있으며, 그러한 이성을 상실하게 하는 원인은 특정행위에 감염이 된 결과로 이것은 전체의 구성원들에게 강력하게 단일한 영향력을 주게 되어 일치된 행위로서 나타난다는 것이다.

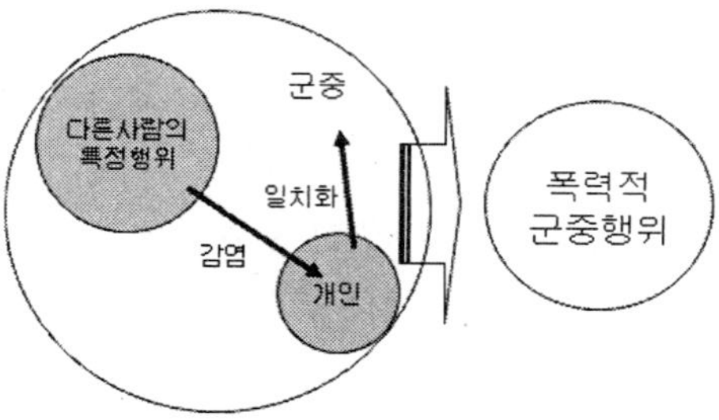

〈그림 1-6〉 비이성적 폭력군중

㉡ 비판 : 르봉의 이론은 개인이 혼자일 때 나타나는 정서불안, 비이성, 우매 등의 현상을 설명하지 못하며, 또한 다른 여러 가지 군중의 유형을 구분하지 못하고

최극단적인 폭력군중만을 비교 설명함으로써 합리성을 결하고 있다.

② 프로이드의 '지도자의 역할'(The Role of Leader)

㉠ 기본개념 : 인간은 부모의 품을 갈망하는 잠재의식이 있는데, 개인이 군중 속에 있을 때 개인은 주동자에게서 부모와 같은 인상을 받게 되어 이를 추종하려는 성향을 갖는다. 또한 사람이 무의식 속에 갖고 있는 형제자매에 대한 강한 결속의식이 군중 속에서 다른 사람과의 공감을 통하여 나타남으로써 극단적인 집단행동도 불사하게 된다는 것이다.

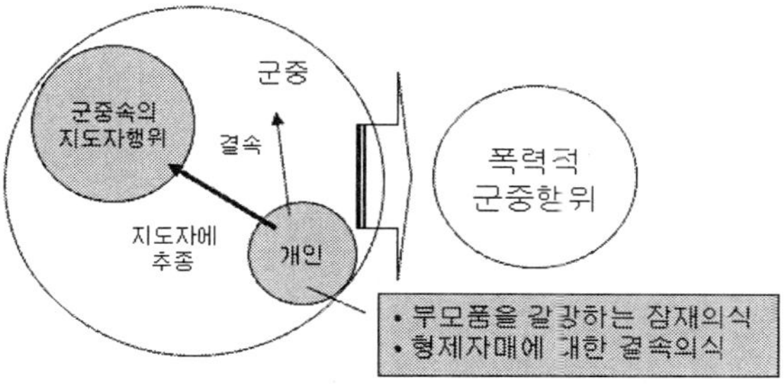

〈그림 1-7〉 지도자의 역할

㉡ 비판 : 군중행동을 초래하지 않는 많은 집단들도 리더를 갖고 있고, 폭력적인 군중 행위는 리더가 없는 경우에도 발생한다.

③ 블루머의 '정서반응'(Emotional Reaction)

정상상태하의 개인은 다른 사람의 소식을 접하면 반드시 분석을 통한 판단을 하게 되지만, 군중 속에서는 그러한 판단과정이 상실되게 된다. 따라서 군중 속의 개인은 다른 사람들의 폭력행위 등에 전염되면 점차 강렬한 감정상태로 변하여 과격한 행동으로 표출된다.

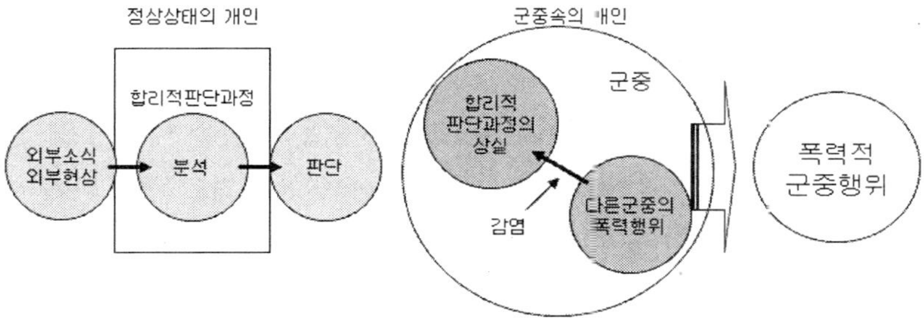

〈그림 1-8〉 정서반응이론

④ 브룸과 쎌즈니크의 '정서전염'(Emotional Contagion)

브룸과 쎌즈니크는 군중 속에서 개인이 처한 정서전염적 심리과정을 다음의 과정으로 설명하고 있다.

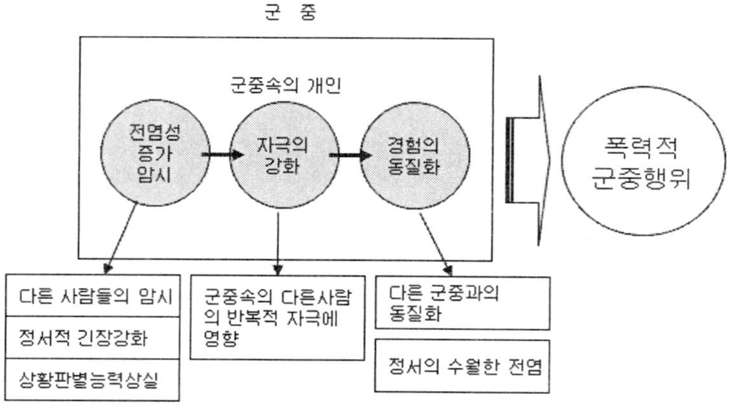

〈그림 1-9〉 정서전염이론

㉠ 전염성 증가에 대한 암시 : 조직이 산개된 상황 중에 일반인들은 비교적 쉽게 다른 사람들로부터 암시를 얻게 되는데, 이러한 암시적 준비를 받아들이는 경우에 정서적 긴장이 강화되고 개인은 상황판별능력이 상실된다.

㉡ 자극의 강화 : 개인의 상이한 인격적 특질은 암시에 대한 반응이 각각 다르게 나타나지만, 군중 속에서 다른 사람들이 흥분하여 발생하는 자극이 질과 양에 있어서 끊임없이 강화되는 경우에는 개인의 인격특질 여부에 상관없이 모두 그 영향을 받는다.

㉢ 경험의 동질화 : 군중은 필수적으로 공통적인 기질과 배경을 가질 때 정서가 쉽게 상호 전염된다.

3) 집중이론(Convergence Theory)

① 집중이론은 알버트가 주장한 이론으로 다중은 어떠한 대표성을 갖지 않은 사람으로 이루어져 있으며, 다중집결 후에 공동체적인 공감대가 형성되고 이러한 공감이 군중을 만들어낸다는 이론이다.

② 군중은 비슷한 특성을 가진 개인끼리 자연스럽게 무리를 이루기 때문에 군이 동질적인 반응을 보이는 군중심리의 과정을 설명할 필요가 없다.

③ 집중이론의 특성

㉠ 개인의 열망은 평소 실행하기 어려운 일도 군중이라는 무리 속에서는 은폐된 충동의 표출형태로 발로된다.

㉡ 군중행위는 돌연적 상호전염으로 형성된 것은 결코 아니다.

㉢ 개개인은 감추어진 동일한 바람을 가슴에 품고 있는데, 무리 속에서 한 사람이 욕구달성의 행위를 개시하게 되면 다른 모든 사람이 동조하게 된다.

㉣ 군중의 집결은 공감, 취미, 흥미를 나누기 위한 측면도 있다.

㉤ 좌절경험의 누적은 공격적 성향을 증가시키는 경향이 있고, 공격은 바로 폭동 또는 각종 군중행위의 주요 원인이 된다.

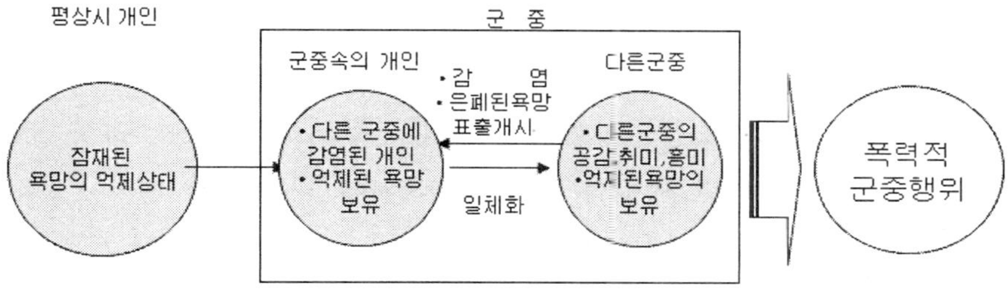

〈그림 1-10〉 집중이론

4) 긴급규범이론(Emergent-Norm Theory)

① Lewin을 중심으로 주장된 이론으로 한 무리의 군중이 자유로운 활동을 할 수 있도록 허락되었을 때 그들은 동일한 행위표준을 발전시켜 나간다. 그리고 일단 행위표준이 정해지면 단체 중의 개인에게 일정한 구속력을 갖는다.

② 군중이 정확히 일치하는 행위규범을 정한 이후에 명확한 행위자, 즉 리더를 갖게 되는 셈이고, 이러한 규범은 간단명료하고 쉽게 이해할 수 있어서 군중 속의 각 구성원들의 행동일치와 임의로 위배하지 못하도록 하는 구속력을 갖게 된다. 따라서 군중 속의 개인은 특별한 행동을 하게 되는데, 이는 그러한 행위가 정확히 자신의 요구와 일치하기 때문이지 단체적 정서체계에 의한 감염이나 개인적인 맹목적 모방은 아니다.

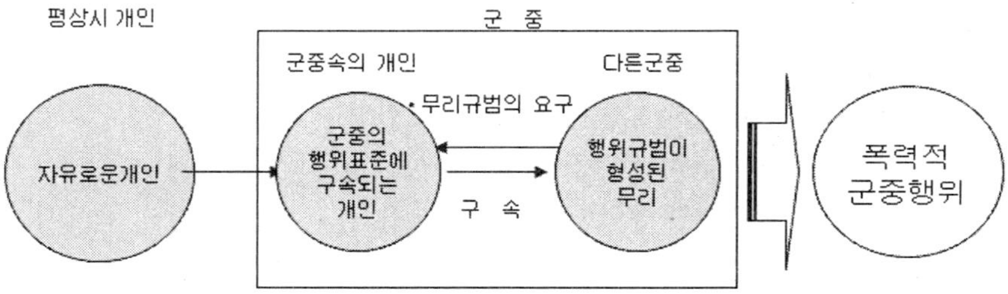

〈그림 1-11〉 긴급규범이론

5) 가치증가이론(Value-Added Theory)

① 가치증가이론은 스멜서(Smelser)에 의해 주장된 이론으로 군중행위는 사회환경을 바꾸려는 시도이며, 그 기초는 '일반화된 신념'과 '부가가치이론'의 관념과 유사하다고 보았다.

② 군중행위는 출현여부 · 형태 및 영향을 결정요소인 구조적 조성, 구조적 긴장, 일반화된 신념, 촉진적 요소, 행동의 유도, 사회통제의 작용 등의 6개의 요인이 영향을 미침으로써 군중행위가 발생된다는 것이다.

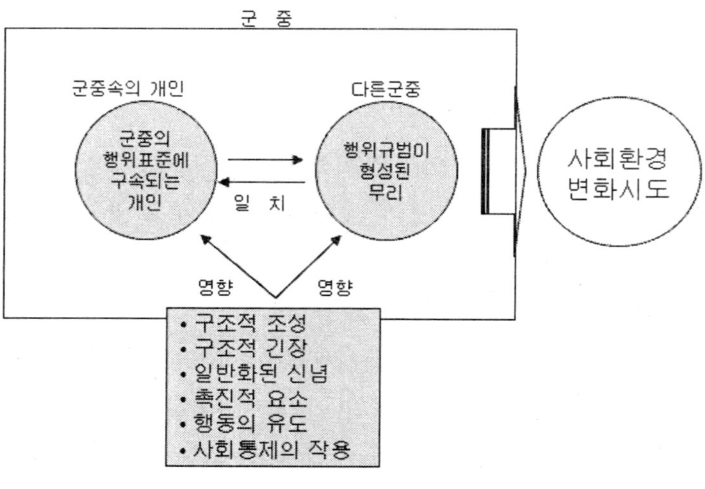

〈그림 1-12〉 가치증가이론

(6) 게임이론(Game Theory)

① 게임이론은 스펜서(Spencer)가 주장한 이론으로 군중 속의 개인은 단체심리가 아닌 자기자신의 결정에 의해 폭력적 헝위를 한다.

② 대부분의 개인은 지급해야 할 대가와 얻을 수 있는 이익을 비교형량하여 가장 많이 얻을 수 있는 방향으로 선택한다. 이는 보수에 있어서도 마찬가지이다.

③ 결국 대다수 사람들이 부득이한 경우를 제의하고는 법과 도덕규범을 준수하는데 일반인이 부정당한 일에 참여하게 될 때에는 반드시 순수한 보수의 양을 형량하여 집단적인 행동이 더 큰 보수를 얻을 가능성이 높을 때 즐겨 참여하기 때문에 군중행동이 발생한다.

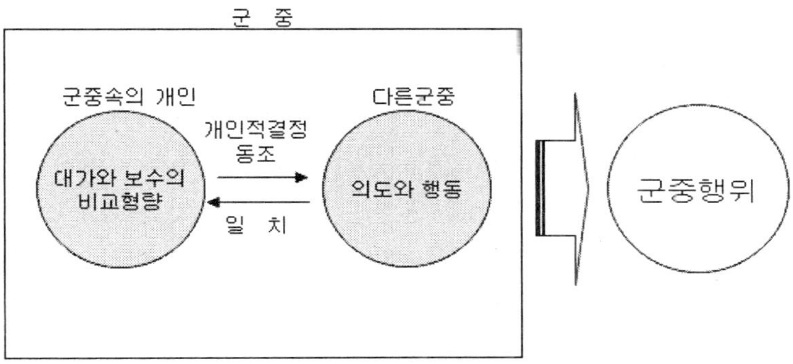

〈그림 1-13〉 게임이론

(7) 무규범이론(Anomie Theory)

① 프랑스 사회학자인 듀르갱에 의해 제시된 이론으로 규범에 의한 결집력이 결핍된 사회생활은 일종의 무규범상태를 초래하는데, 사회의 법규적 결속력이 없어질 때 완벽한 만족목표를 추구하는 인간의 욕망이 표출되어 사회가 무질서 상태로 빠진다는 것이다.

② 사회는 아노미현상과 개인의 만족욕구가 잘못 상호작용하여 범죄를 발생시킨다.

③ 범죄는 인간내면의 내재된 본질로 일정한도의 범죄는 피할 수 없는 현상이다.

④ 사회계층의 급격한 변동에 따른 계층의 하향이동은 자신의 지위에 대한 불만으로 표출되고 이것은 비행과 범죄행위의 원인이 된다.

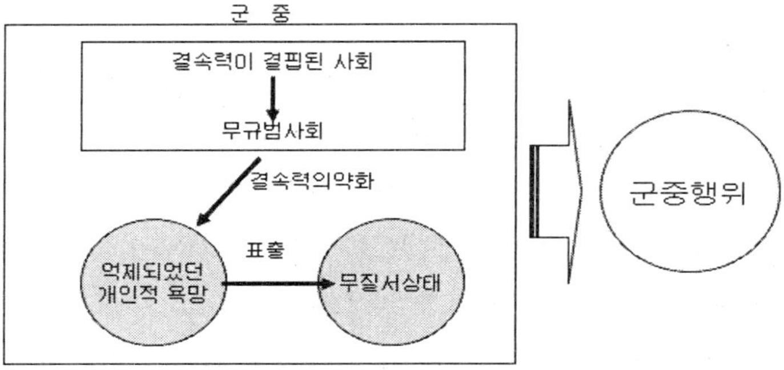

〈그림 1-14〉 무규범이론

3. 경호의 기본원리(基本原理) 및 원칙(原則)

경호의 기본원리 및 원칙은 경호작용에 있어 기본이 되는 이론이자 행동지침이다. 그러나 현재 학문적으로나 실무적으로 경호의 기본원칙에 대한 심도 있는 연구나 접근은 상당히 미흡한 실정이며,[35] 용어의 통일 면에서도 검토의 여지가 남아 있다.

우리나라 경호학의 학문적인 체계화에 커다란 영향을 미친 김두현(1995)은 경호의 기본원칙에 대해 '원칙'이라는 용어를 사용하면서, 경호의 일반원칙과 경호의 특별원칙으로 구분하여 제시하고 있다(김두현, 1995: 54-61). 여기서 김두현(1995)은 일반원칙으로는 3중경호원칙, 두뇌경호원칙, 방어원칙, 은밀경호원칙 등 네 가지를, 특별원칙으로는 자기담당구역책임원칙, 하나의 통제된 지점을 통한 접근원칙, 목표물보존원칙, 자기회생원칙 등 네 가지를 들고 있다.

양재열(1995) 역시 기본적으로 경호의 원칙이라는 용어를 사용하고 있지만, 그는 경호의 원칙과 경호의 기본원리라는 용어를 구분하여 모두 사용하고 있다(양재열, 1995: 22-66). 먼저 경호의 원칙으로는 두뇌경호원칙, 방어경호원칙, 예방경호원칙 등 세 가지를 들고 있고, 경호의 기본원리로는 3중경호원리, 자연방벽효과의 원리, 즉응시간의 원리, 주의력효과와 대응효과의 원리 등 다섯 개의 원리를 제시하고 있다.

이에 비해 경찰대학(1998)은 경호의 4대원칙이라는 용어 하에 자기담당구역책임임

35) 다만 대통령경호를 담당하는 대통령경호실과 국무총리 이하 국가주요인사의 경호를 담당하는 경찰경호의 실무분야에서 이루어지는 사항에 대해서는 경호의 기본원칙뿐만 아니라 관련된 자료가 일반인이 접근할 수 없는 대외비로 분류되어 공개되지 않고 있기 때문에 어떠한 근거와 학문적인 논의가 이루어지는지에 대해서는 논외로 한다.

원칙, 하나의 통제된 지점을 통한 접근원칙, 목표물보존원칙, 자기희생원칙 등 네 가지 원칙을 제시하고 있다(경찰대학, 1998: 279).

이상철(1998)은 경호의 기본원칙과 관련 경호활동의 수칙(守則)과 경호활동의 원칙(原則)으로 구분하여 접근하고 있는데(이상철, 1998: 35-48), 여기서 경호활동의 수칙(守則)으로는 경호활동 중에 경호원이 따라야 하는 세부적인 지침들로 15개의 수칙을 구체적으로 기술하여 제시하고 있고, 경호활동의 원칙(原則)으로는 경호활동 절차의 원칙, 선발 및 근접경호 구분운용 원칙, 3중 경호의 원칙, 방어 및 대피운선 원칙 등 네 가지를 제시하고 있다.

김계원(2010)도 역시 경호의 기본원칙이라는 용어를 사용하고 있는데, 그는 기본원칙을 경호의 일반원칙과 민간경호특별원칙으로 구분하여 제시하고 있다(김계원, 2010: 69).[36] 여기서 경호의 일반원칙으로는 3중경호원칙, 두뇌경호원칙, 방어원칙, 은밀경호원칙, 균형경호의 원칙, 예방경호원칙, 자기담당구역책임원칙, 접근지점의 통제원칙, 목표물보존원칙(보안유지원칙), 자기회생원칙 등 열 가지의 원칙을, 민간경호특별원칙으로는 신의성실의 원칙, 수익자부담원칙, 법집행기관우선원칙, 비강제수단의 우선원칙, 과인방어금지원칙, 개인비밀엄수원칙 등 여섯 가지 원칙을 제시하고 있다.

이두석(2011)은 경호의 기본원칙과 관련하여 기본원리와 행동원칙으로 구분하여 설명하고 있는데, 여기서 기본원리로는 3중경호의 원리, 자연방벽효과의 원리, 주의력효과와 대응효과의 원리, 경호원 이격거리, 촉수거리의 원칙 등 다섯 가지 원리를, 행동원칙으로는 방어원칙, 은밀경호원칙, 담당구역책임원칙, 경호대상자보존원칙, 자기희생원칙 등 다섯 개의 원칙을 제시하고 있다(이두석, 2011: 123-152).

36) 저자는 경호원칙의 분류와 관련하여 최초의 저서(2004년 발간) 『경호학』에서는 경호의 일반원칙, 공경호의 기본원칙, 민간경호특별원칙으로 구분하여 기술하였다. 그러나 2010년도 전면개정판 『경호학』부터는 기존의 경호의 일반원칙과 공경호 기본원칙을 통합하여 경호의 일반원칙으로 정리하였고, 여기에 양재열(1995)이 제시한 예방경호원칙과 Leroy Thompson이 제시한 균형경호원칙을 추가하여 총 10개의 일반원칙과 상대적으로 6개의 민간경호특별원칙으로 구분하여 제시하고 있다.

〈표 1-3〉 경호의 기본원칙에 대한 선행연구

학자	용어구분	기본원칙내용
미국비밀경호국	경호원칙 및 행동지침	· 두뇌경호원칙 · 방어경호원칙 · 3중경호원칙 · 4대행동지침(은밀/침묵, 엄호, 대피우선, 지속성)
김두현 (1995)	일반원칙	· 3중경호원칙 · 두뇌경호원칙 · 방어원칙 · 은밀경호원칙
	특별원칙	· 자기담당구역책임원칙 · 하나의 통제된 지점을 통한 접근원칙 · 목표물보존원칙 · 자기회생원칙
양재열 (1995)	경호원리	· 자연방벽효과의 원리 · 대응시간의 원리 · 주의력효과와 대응효과의 원리
	경호원칙	· 두뇌경호원칙 · 방어경호원칙 · 예방경호원칙
경찰경비론 (1998)	경호의 4대원칙	· 자기담당구역책임원칙 · 하나의 통제된 지점을 통한 접근원칙 · 목표물보존원칙 · 자기회생원칙
이상철 (1998)	경호활동의 수칙	· 사안별 세부내용으로 기술
	경호활동의 원칙	· 경호활동 절차의 원칙 · 선발 및 근접경호 구분운용 원칙 · 3중 경호의 원칙 · 방어 및 대피운선 원칙
김계원 (2010)	경호의 일반원칙	· 3중경호원칙 · 두뇌경호원칙 · 방어원칙 · 은밀경호원칙 · 균형경호의 원칙 · 예방경호원칙 · 자기담당구역책임원칙 · 접근지점의 통제원칙 · 목표물보존원칙 · 자기회생원칙
	민간경호 특별원칙	· 신의성실의 원칙 · 수익자부담원칙 · 법집행기관우선원칙 · 비강제수단의 우선원칙 · 과인방어금지원칙 · 개인비밀엄수원칙
이두석 (2011)	경호의 기본원리	· 3중경호의 원리 · 자연방벽효과의 원리 · 주의력효과와 대응효과의 원리 · 경호원 이격거리 · 촉수거리의 원칙
	경호의 행동원칙	· 방어원칙 · 은밀경호원칙 · 담당구역책임원칙 · 경호대상자보존원칙 · 자기회생원칙

1) 경호의 기본원리

경호의 기본원리란 '경호작용의 근간을 이루는 근본이치나 본질'이라고 정의할 수 있으며,[37] 대표적으로 자연방벽효과의 원리, 대응시간의 원리, 주의력효과와 대응효과의 원리 등 세 가지를 들 수 있다.

(1) 자연방벽효과의 원리

자연방벽(自然防壁)효과의 원리(原理)는 근접경호원들이 경호대상자를 중심으로 정지간 또는 이동축선상에서 주변의 인적·물적 취약요소에 따라 다양한 형태의 인적 방벽을 형성하여 경호대상자를 최대한 방호하기 위한 근접경호활동의 원리이다(양재열, 1995: 49). 즉, 자연방벽효과의 원리란 경호대상자와 위해기도자 사이에 위치하는 경호원은 자연방벽과 같은 기능을 수행하는바, 경호대상자와 경호원, 그리고 위해기도자의 거리와 간격, 높이에 따라 자연방벽(경호원)의 수평적인 넓이와 수직적인 높이가 결정되고, 결국 이에 따라 자연방벽효과가 결정된다는 원리이다. 이러한 자연방벽효과의 원리에는 수평적 방벽효과와 수직적 방벽효과가 있다.

먼저 수평적 자연방벽효과란 경호대상자와 위해기도자 사이에 형성되는 경호원에 의한 자연방벽의 범위(넓이)는 근무자(경호원)의 체위넓이에 위해대상거리를 곱한 값을 근무자(경호원) 안전거리로 나눈 값에 의해 결정된다는 것이다(양재열, 1995: 51).

$$\text{자연방벽넓이} = \frac{\text{근무자체위넓이} \times \text{위해대상거리}}{\text{근무자 안전거리}}$$

여기서 경호원이 경호대상자와 가까이 거리를 유지할수록 수평적 방벽효과는 보다 크다는 것을 알 수 있다. 그러나 경호원이 경호대상자에게 근접할수록 경호대상자의 행동의 자유를 보장할 수 있는 공간이 제약 당할 수 있기 때문에 경호대상자의 행동의 자유를 불필요하게 침해하거나 불편하지 않도록 배려하여야 한다(양재열, 1995: 51).

다음으로 수직적 방벽효과는 경호원의 신장의 차이에 따라 방벽의 높이가 결정

37) 이러한 면에서 경호의 기본원리는 시간, 공간, 대상의 차이를 넘어 공통적으로 적용될 수 있는 보다 근본적인 수준에서의 이치나 규범이라고 할 수 있다. 때문에 경호의 기본원리는 매우 학문적인 성격을 지니고 미국이나 일본, 그리고 한국 등 공간과 과거와 현재 등 시공성을 뛰어넘어 인식 면이나 표현 면에서조차 보편적으로 적용될 수 있어야 한다.

되며, 경호원이 경호대상자에 근접할수록 수직적인 방벽효과가 높아진다는 원리이다. 이에 따라 경호원은 우발사태 발생시 수직적 방벽효과를 높이기 위해 절대로 무릎을 굽히거나 몸을 움츠리거나 은폐시켜서는 안 되며, 자신의 체위를 최대한 확장하여 경호대상자에 대한 방벽효과를 극대화하여 공격방향으로 대응하여야 한다(양재열, 1995: 53).

(2) 대응시간의 원리

대응시간의 원리란 위해기도자가 총기 등으로 위해를 시도할 경우 경호원은 자신이 휴대한 총기로 이에 대응하는 것보다 몸으로 대응하는 것이 경호의 목적인 '경호대상자 보호'에 효과적이다라는 원리이다. 이는 경호의 가장 기본적인 원칙 중 하나인 방어의 원칙의 토대가 되는 기본원리이기도 하며, 위해기도자에 대한 경호원의 대응에서 총기에 의한 적극적 대응이 효과적이냐, 아니면 경호원의 몸에 의한 대응이 효과적이냐를 설명하는 이론이기도 하다(양재열, 1995: 54).

양재열(1995)이 스포츠과학연구원의 자료와 미국비밀경호국의 자료를 참고하여 제시한 자료에 따르면 인간이 외부의 자극에 대하여 위협을 인지하고 뇌의 판단과 명령을 통하여 신체적 반응을 개시할 때까지의 시간인 '신체감응시간'은 0.3초가 걸리고, 총을 뽑아 격발을 하여 실탄이 총구를 이탈할 때까지의 '사격소요시간'은 무조준사격시 0.4초, 조준사격시 2.2초가 걸리며, 경호원이 표적을 인지하고 총을 뽑아 조준사격하는 데 걸리는 '대응시간'은 2.5초가 소요되며, 경호원이 표적을 인지하고 총을 뽑아 조준사격하는 데 걸리는 '대응시간'과 적을 제압하는 데까지의 시간은 2.525초 걸리는 것으로 나타났다(양재열, 1995: 56).

따라서 경호원의 신속한 반응은 위해기도자의 공격과 동시에 즉각적으로 총을 뽑아 대응사격을 하는데 있는 것이 아니라 경호대상자를 효과적으로 보호하는데 있는 것이다. 경호원이 총을 뽑아 공격자에 대응사격하는 시간은 공격자 입장에서 보면 그의 목적을 달성하기에 충분한 시간이다. 근본적으로 범행의 시기는 위해기도자가 선택하게 되며, 위해기도자의 초탄발사 후에야 경호원은 행동으로 옮길 수 밖에 없기 때문에 범인의 사격소요시간인 2.5초보다 더 빠른 시간 내에 사격을 하여 범인을 제압한다는 것은 실제로 불가능하다고 볼 수 있다.

(3) 주의력효과와 대응효과의 원리

주의력효과와 대응효과의 원리는 인적 경호대상인 군중과 경호원과의 거리에 따라 달리 나타나는 주의력과 대응효과의 관계를 기초로 한 이론이다. 즉, 경호원이 지니는 인간으로서의 주의력과 대응시간의 한계를 고려하여 인적 경호대상인 군중과 경호원과의 거리를 항상 일정하게 유지하여야 한다는 원리이다.

양재열(1995)에 따르면 경호원의 주의력효과 면에서는 군중과의 거리가 가까울수록 유리하고, 대응효과 면에서는 군중과의 거리가 멀수록 유리하다. 따라서 경호원의 주의력효과와 대응효과를 극대화하기 위해서는 군중과의 거리는 그림에서 보는 바와 같이 공유점인 2.14m 이상 이격되어야만 한다(양재열, 1995: 56).[38]

양재열(1995)의 이론을 바탕으로 재정리하면 주의력효과와 대응효과의 원리란 경호원과 경계대상의 이격거리의 증가와 경호원의 주의력은 반비례하여, 경계대상과 경호원의 거리가 가까울수록 주의력은 높아지지만 반대로 거리가 멀수록 대응효과가 높아지기 때문에 그 접점인 2.14m의 거리를 기준으로 대응점을 설정하여야 한다는 원리이다.[39]

2) 경호의 기본원칙

경호의 기본원칙은 '경호 또는 경호작용에 있어 경호활동이나 경호이론에서 일관되게 지켜야 하는 보편타당한 법칙'으로 정의할 수 있는데,[40] 이는 경호현장의 다양한 활동들, 경호계획수립, 경호조직관리, 경호인력관리 등의 실제활동에서 구성원들의 행동규범으로 보편타당하게 적용할 수 있는 법칙이라고 할 수 있다.

38) 다만 여기서 양재열(1995)이 "....공유점인 2.14m 이상 이격되어야만 한다."라고 한 표현은 그가 제시한 〈그림 3-8〉을 볼 때 주의력효과와 대응효과의 접점인 2.14m를 기준으로 하여야 한다는 것으로 이해하여야 할 듯하다. 즉, 표현한 대로 2.14m 이상을 이격하여야 한다는 것을 2.14m 이상을 무조건 이격시켜야 한다는 것으로 이해할 경우 그림에서 보는 바와 같이 거리가 멀어짐에 따라 주의력은 급격히 떨어지고 결국은 대응효과도 떨어질 수밖에 없기 때문이다.

39) 양재열(1995)은 접점인 2.14m는 신체감응시간인 0.3초×신체감응시간 내 질주거리 7.13m(보통의 성인 기준)로 산출하였다.

40) 이에 따라 경호의 기본원칙 역시 기본원리와 같은 범주에서 매우 학문적인 성격을 지니고 미국이나 일본, 그리고 한국 등 공간과 과거와 현재 등 시공성을 뛰어넘어 보편적으로 적용될 수 있어야 하지만 기본원리보다는 보다 구체화된 형태의 행동규범으로 표현된다는 면에서 차이를 갖게 된다. 예를 들면 미국의 경호원칙과 한국의 경호원칙은 근본적인 성격 면에서는 동일하게 이해되지만 경호환경에 의한 역사적 연혁이나 법체계 등의 차이로 인식되거나 표현되는 방식이 다를 수 있다.

(1) 경호의 일반원칙

① 3중경호원칙

3중경호원칙이란 경호대상자의 위치를 중심으로 내부・내곽・외곽, 근접・중간・외곽, 1선・2선・3선 등으로 구분하여 3중으로 안전구역을 설정하여 경호를 실시하는 것이다. 3중경호원칙을 거시적이고 철학적인 이론으로 정립한 것은 최초 영국의 경호기관이며, 이를 실제 적용하여 기법 등으로 체계화한 것은 미국의 비밀경호국이라 할 수 있다(양재열, 1995: 39).

㉠ 영국의 3중경호원칙

영국의 3중경호개념은 경호대상자가 위치한 지역의 근거리부터 엄중한 경호를 취하는 순서로 따져 근접경호(Inner Ring), 중간경호(Center Ring), 외곽경호(Outer Ring)로 나누고 그에 따른 요원의 배치와 임무가 부여되는 개념이다.

여기서 근접경호는 수상의 신변보호 및 관저경비가 주임무이고, 중간경호는 정복경찰관의 일상적인 경찰행동, 교통질서정리, 관찰, 통신 등의 활동을 통해 수상의 경호를 담당하고, 외곽경호는 정보분석, 항만관리, 위험인물작성, 사건발생소지의 사전제거 등의 활동을 수행한다(양재열, 1995: 40). 양재열(1995)은 영국에서의 3중경호원칙은 거리나 지역을 고려치 않고 동일한 비중을 두며, 오히려 외곽경호에 더 큰 비중을 두고 있다고 하고 있다.[41] 동시에 영국의 3중경호원칙은 거리를 고려하는 일반적 경호원칙이지만 정보분석차원에서는 외곽경호가 모스크바나 남아프리카까지 미치는 정책적・철학적・관념적 경호원칙이다(양재열, 1995: 41).

이러한 점을 토대로 할 때 영국의 3중경호개념의 특징은 근접・중간・외곽 등 3중의 방어개념이 거리나 지역개념에 기초하기 보다는 기능중심으로 접근하고 있다는 것을 알 수 있다. 즉, 영국은 근본적으로 경호를 행함에 있어 정보분석기능이나 외곽에서 이루어지는 예방적 활동 등에 좀 더 비중을 두는 예방경호중심의 경호개념을 채용함으로써 3중경호에서도 단순한 거리개념을 초월하여 철학적・기능적으로 3중경호를 이해하고 있다고 할 수 있다.

---

41) 여기서 양재열(1995)이 거리를 고려치 않고 있다는 말은 거리를 전혀 고려하지 않는다는 것이 아니라 거리에만 기준하지 않는다는 것으로 이해할 수 있다.

㉡ 미국의 3중경호원칙

미국의 3중경호는 그 지역을 어느 부서에서 담당하느냐에 따라 근접경호, 중간경호, 외곽경호로 구분하여 3중경호개념을 정립하고 있다(양재열, 1995: 42). 여기서 근접경호는 사복경호요원이 담당하는 반경을 나타내고, 중간경호는 백악관 경호경찰(정복경호요원) 담당, 외곽경호는 백악관 경호경찰 및 지방경찰에서 담당하는 반경을 나타낸다.

미국의 3중경호원칙은 영국의 개념을 그대로 채용한 관계로 기본적인 개념은 동일하다. 그러나 영국의 3중경호원칙의 개념이 거리나 지역을 고려치 않고 동일한 비중을 두며, 오히려 외곽경호에 더 큰 비중을 둔데 비해 미국은 경호의 행동반경을 거리개념으로 적용하고 있다는 데에서 차이점이 있다.

㉢ 한국의 3중경호원칙

한국에서의 3중경호원칙은 영국이나 미국에서 적용되는 개념과 기본적인 면에서는 동일하지만 세부적인 면에서는 다소 차이가 있다. 즉, 한국의 3중경호개념은 최초 1974년 8월 15일 문세광 저격사건 이후 도입되었는데, 이때의 개념은 영국이나 미국과는 달리 경호대상자가 임석한 행사장의 지하, 지상, 공중을 기반으로 하는 3중경호 개념이었다(양재열, 1995: 44).

이러한 개념이 1983년 10월 9일 미얀마의 아웅산묘소 폭파사건을 계기로 현재의 3선경호개념으로 바뀐 것이다. 여기서 3선(線)은 경호는 군사작전이라는 개념 하에 효과적인 공간의 확보와 점령을 위해 경호구역을 3개의 선(線) 개념으로 구분한 것으로 1선은 안전구역으로 권총 및 수류탄투척거리를 고려하여 설정하였고, 2선은 경비구역으로 소총의 유효사거리를 고려하였으며, 3선은 경계구역으로 소구경곡사화기 유효사거리를 고려하여 설정한 것이다.

㉣ 3중경호원칙의 종합정리

3중경호원칙은 양재열(1995)이 원리(原理)하는 용어를 사용하면서 지적하였듯이 상당히 철학적인 의미를 내포한 개념이자 보편성을 지닌 개념이라 할 수 있다. 또한 이 원칙은 오늘날 경호조직을 운용하는 대부분의 국가나 경호기관에서 공통적으로 채용하고 있는 보편적인 원리 또는 원칙이면서도 동시에 영국, 미국, 한국의 개념 검토에서 보았듯이 구체적인 내용 면에서는 다르게 적용됨을 보았다.

이렇게 볼 때 어느 한 국가나 한 분야에서 통용되는 개념을 보편적인 원리로 이야기 할 수는 없으며, 학문적인 보편성을 추구할 수 있는 개념정립이 필요하다. 이에 영국, 미국, 한국의 3중경호개념을 토대로 공통적으로 포섭할 수 있는 개념을 검토하는 것이 필요하다.

3중경호원칙의 내용에서 가장 핵심적인 요소는 경호대상자 보호를 위한 안전공간(구역)의 확보와 이의 유지이며, 이를 위해 3중의 방어개념을 설정하고, 3개의 다른 공간(구역)을 구분하기 위한 기준으로 기능(영국), 행동반경(미국), 거리 및 지역(한국) 등의 개념을 적용하는 것이다.

용어에 있어 영국이나 미국처럼 근접경호(Inner Ring), 중간경호(Center Ring), 외곽경호(Outer Ring)를 사용하느냐 한국처럼 1선, 2선, 3선이라는 용어를 사용하느냐와 그 구분기준을 기능중심으로 하느냐, 아니면 거리 중심으로 하느냐는 아무런 의미가 없다고 보여진다. 왜냐하면 3중경호의 핵심이 경호대상자의 가장 효과적인 보호를 위한 3중의 방어개념을 적용하는 것이지, 어떤 용어나 어떤 기준으로 구분하느냐는 아니기 때문이다. 양재열(1995)이 지적하는 것과 같이 한국에서 최초 3선개념을 지하, 지상, 공중으로 구분한 것이나 3선의 구분을 거리나 지역구분 기준 하에 1선은 안전구역과 권총 및 수류탄투척거리, 2선은 경비구역과 소총의 유효사거리, 3선은 경계구역과 소구경곡사화기 유효사거리를 고려하여 설정한 것은 한국의 정치 및 사회환경, 위해환경, 역사적 환경 등에 기인한 것이기 때문이다.

이러한 여러 가지 요인들을 고려하여 여기서는 3중경호원칙의 기본요소와 내용을 거리와 기능 기준을 모두 적용하여 용어 면에서는 1선(안전구역), 2선(경비구역), 3선(경계구역)으로 구분하고, 기능 면에서 각각의 공간(구역)에서 이루어지는 활동을 1선(안전구역)은 주로 근접경호원이 활동하는 구역으로 경호대상자에 대한 근접경호, 우발상황대응, 경호대상자에 대한 접근통제, 행사장내 이동통제 등의 활동을, 2선(경비구역)에서는 경호경찰관이나 군, 소방 및 응급구조기관들이 활동하는 지역으로 안전구역으로 접근하는 인력이나 차량 등의 통제, 의심자에 대한 검문검색, 위해요소의 확인 및 제거, 예비대의 운용, 소방장비 및 응급장비의 대기운용, 교통통제 등의 활동이 이루어지며, 3선(경계구역)에서는 인적 · 물적 · 자연적 취약요소에 대한 첩보수집, 의심징후에 대한 경계, 2선으로의 접근에 대한 통제 등의 활동이 이루어진다.

② 두뇌 및 지능경호원칙

경호는 완력이나 무력에 의존하여 경호대상자의 안전을 도모하는 것보다는 경호원의 신중한 사고력과 판단력, 사전적인 치밀한 계획과 준비태세 등에 중점을 두고 실시하여야 한다는 원칙이다. 양재열(1995)는 경호가 완벽한 완충벽이라는 개념하에 대통령과 국민 사이의 커뮤니케이션을 한쪽에 치중함이 없이 어떻게 조화시킬 것인가라는 방법론에 있어 힘과 무력에 의한 경호는 비효율적이라고 지적하고 있다(양재열, 1995: 23).

여기서 유의할 점을 경호원의 신체적 능력이나 힘에 의한 제압 등의 요소들을 무시하라는 의미는 아니며, 사전적인 치밀한 경호계획수립과 대비태세, 그리고 고도의 상황분석능력, 위험에 처했을 경우의 주저함이 없는 순간적인 판단력과 같은 정신적인 면이 더욱 강조된다는 의미이다.

③ 방어원칙

경호상의 방어원칙이란 경호 중 발생하는 우발상황(돌발사태)시 근접경호원은 공격행위, 즉 총기를 뽑아 사격을 하거나, 위해자에 돌진하는 등의 행위에 의해 대상자를 보호하기보다는 인간방벽을 형성하거나 대상자를 밀치는 등의 방어 또는 엄호적인 행위로 경호대상자를 보호하는 것이 더욱 효과적이라는 원칙이다.

④ 은밀경호원칙

은밀경호원칙이란 '경호는 떠들썩하게, 요란스럽게 하지 말라'는 것으로 근접경호원은 언제나 행동을 은밀하게, 침묵 속에서 행하여 위해기도자에게 경호대상자나 경호원의 행동에 대한 예측가능성을 감소시키고, 동시에 경호대상자의 행동을 방해하지 않으면서, 편안한 마음을 갖도록 하여야 한다는 원칙이다.

⑤ 균형경호의 원칙

경호는 경호대상자의 안전한 보호와 일상생활이 적절히 조화될 수 있도록 하여야 한다는 원칙이다. 경호작용에 있어 가장 어려운 난제 중 하나가 경호대상자의 일상생활과 경호활동을 위한 제약 간에 어느 정도의 균형을 맞추어야만 하는 가이다. 만약 최고의 위협수준을 가정하여 경호활동을 수행한다면 경호대상자의 일상생활의 대부분을 희생하여야만 한다. 특히 예상되는 위해가 잠재적일 경우와 경호대상자가 대중과의 접촉을 본질적 성격으로 하는 정치적 지도자일 경우 특히 어려움이 따른다.

물론 경호대상자의 안전이 최우선적으로 고려되어야 하지만 과연 경호대상자의 안전만을 위해 그의 일상생활을 모두 희생시킨다면 그것이 과연 적절한 경호인가를 생각해야만 한다. 즉 경호팀은 정확하게 수행평가를 기초로 경호대상자의 일상생활을 최대한 보장하는 범위 내에서 최적의 경호를 제공할 수 있어야 한다.

⑥ 예방경호원칙

경호활동이란 실제적이고 주도면밀한 범행의 성공기회를 최소화・무력화시키는 활동이며, 경호대상자의 안전한 보호를 위해 위험요소를 사전에 제거하거나 최소한의 수준으로 감소시키고, 무력화시켜 경호대상자에 대한 공격을 사전에 예방하는 것이다(양재열, 1995: 23). 즉 경호활동에 있어 가장 최선의 경호작용은 모든 위해가 사전에 예방되거나 제거되어 행사당일에 위험상황이 발생되지 않는 것으로 경호활동 역시 이러한 사전예방적 경호에 주력해야 한다는 원칙이다.

⑦ 자기희생의 원칙

경호상의 자기희생의 원칙이란 경호원은 어떠한 희생을 치르고서라도 경호대상자를 보호해야 한다는 원칙으로 방어원칙에 의거 육탄으로 경호대상자를 보호하여 신변의 안전을 확보해야 한다는 것이다.

⑧ 자기담당구역책임원칙

경호원은 자기에게 맡겨진 담당구역은 어떠한 일이 있어도 자신만이 책임지고, 그곳에서 발생하는 일은 자기가 해결해야 한다는 원칙이다. 경호요원들은 각자 책임분배에 의해 자기의 담당구역을 갖게 되는데, 경호위해 상황이 발생시 근처의 다른 경호원이 위험에 처하거나 공격을 받더라도 자기에게 맡겨진 담당한 구역을 떠나서는 안 된다.

⑨ 접근지점의 통제원칙

경호대상자에 접근할 수 있는 통로를 하나로 통제하여 위해자로부터 접근 기회를 최소화하여야 한다는 원칙으로 '하나의 통제된 지점을 통한 원칙'이라고도 한다.

⑩ 보안유지원칙(목표물보전원칙)

위해자가 경호대상자의 위치와 상황을 알 수 없도록 철저히 격리, 보안을 유지하여야 한다는 원칙이다. 이에 따라 경호대상자의 행차코스, 행차장소, 행차일시 등은 비공개로 하여야 하며, 같은 장소와 이동코스의 반복적 이용은 변경되어야 하고, 대중에 노출된 도보행차는 가급적 제한되어야 한다.

(2) 민간경호의 특별원칙

앞서 지적하였듯이 공경호의 원칙들은 민간경호에 그대로 적용된다. 그러나 실정법으로 공경호와 민간경호가 엄격히 구분되어 있고, 경호원의 법적 지위에서 오는 차이 등을 고려하여 민간경호에 특히 요구되는 특수한 원칙이 존재한다고 보여진다. 여기서는 민간경비의 성격상 파생되는 원리들을 바탕으로 민간경호의 특별원칙을 기술한다.

① 신의성실의 원칙

신의성실의 원칙이란 민간경호조직이나 경호원은 사적 계약에 의거하여 이루어진 신변보호행위를 계약당사자인 경호대상자의 신뢰에 어긋나지 않도록 항상 성실히 수행하여야 한다는 원칙이다. 본래 신의성실의 원칙은 민법 제1조 제1항에 규정된 "권리의 행사와 의무의 이행은 신의에 좇아 성실히 하여야 한다."는 원칙을 말하는 것으로 민간경호행위는 사적 계약행위에 의거하고 있는바 이 원칙이 더욱 필요하다고 하겠다.

② 수익자부담원칙

수익자부담원칙이란 서비스에 대한 비용을 부담한 자에 대하여만 경호서비스를 제공한다는 원칙이다. 이 원칙은 민간경비가 공경비 주체가 갖는 공적인 성격과는 상이하게 영리적인 요소를 갖는 데서 오는 근본적인 원칙이라고 볼 수 있다.

③ 비폭력수단 우선원칙

비폭력수단 우선원칙이란 경호를 행함에 있어 경호대상자에 대한 위해상황이나 불손한 의도의 접근이 있을 경우 이에 대한 방어나 대응시 비폭력적 수단을 우선하여야 한다는 원칙이다.

민간경호는 공경호상의 위해기도와는 성격상 다른 면을 갖고 있다. 총기나 흉기보다는 주먹이나 몽둥이, 투척물에 의한 위해기도 등이 많으므로 위급 상황을 제외하고는 비폭력적 수단을 사용하는 것이 경호원칙상 방어의 원칙이나, 대상자의 이미지 관리에도 보다 부합된다고 하겠다.

④ 법 집행기관 우선의 원칙

법집행기관 우선의 원칙이란 민간경호 임무 수행시 발생하는 상황이 공적인 법집행기관의 활동과 중첩되거나 충돌될 때에는 법집행기관의 활동이 우선되어야 한다는 원칙이다.

이러한 상황은 경호상황이 대상자의 신변에 대한 위해 가능성이 없고, 경찰관직무집행법상의 경찰관의 활동과 경비업법상의 신변보호활동이 법적인 위반상황이 아닌 영역에서 중첩되는 경우에 나타날 수 있으며, 이때에는 행동의 판단이 어려운 경우가 있을 수 있다.

⑤ 과잉방어금지의 원칙

과잉방어금지의 원칙이란 경호활동 중 발생한 위해기도에 대응한 수단이 위해기도자의 행위의 정도에 비례하여 너무 지나친 수단을 사용하면 안 된다는 원칙이다. 즉, 새총으로 잡아도 될 참새를 대포를 쏴 죽이는 것은 지나친 행위라는 것이다. 예를 들면 연예인 경호에 있어 연예인에게 앙심을 품은 자가 계란을 던지는 행위에 대해 가스총을 발사하는 경우는 과잉방어에 해당된다고 하겠다.

⑥ 개인비밀 엄수의 원칙

경호원은 경호대상자의 신변에 관한 모든 사항을 외부에 발설해서는 안 된다는 것으로 보안의 측면도 있고 경호대상자의 명예유지와도 관련된다. 특히 정치인이나 연예인경호에서 더욱 요구되는 원칙이다.

제6절 경호의 법적 토대

1. 경호의 법적 근거(법원)

1) 헌법

헌법은 경호의 근거법으로서 가장 상위에 존재하는 법원이다. 실질적인 의미에서 헌법은 국가적 공동생활에 관한 기본사항, 즉 국가 최고기관의 조직과 권한, 국가최고기관 상호간의 관계, 그리고 국가와 그 구성원인 국민의 관계에 관한 기본사항을 정하는 법규범 전체를 말한다.[42]

우리 헌법전의 경우에도 대통령의 지위에 관한 제66조, 제74조, 전직대통령의 신분과 예우에 관한 제85조, 국무총리의 지위에 관한 제86조 등 규정이 있어 공경호의 근거로 작용하고 있다.

2) 법률

(1) 대통령 등의 경호에 관한 법률

대통령 등의 경호에 관한 법률은 공경호의 가장 중요한 근거법으로서 1963년 12월 14일 법률 제1507호로 제정된 이래 2012년 12월 11일 개정까지 총 13회의 개정이 있었으며, 2014년 1월 현재 전문 21개조와 부칙, 그리고 시행령 36개조로 구성되어 있다.

(2) 전직대통령 예우에 관한 법률

① 전직대통령 예우에 관한 법률은 1969년 1월 22일 법률 제2086호로 제정되었고, 현재 전문 9개조와 부칙으로 구성되어 있으며, 지금까지 1981, 1988, 1995, 2005, 2010, 2011년 여섯 차례의 개정이 있었다.

② 제8차 헌법 개정에서 헌법조항이 신설되었고, 제9차 헌법개정에서 전직대통령의 예우와 퇴임 후의 사회활동 지원을 목적으로 관련 조항이 개정되었다.

③ 전직대통령과 그의 배우자 및 자녀에 대한 경호가 규정되었다.

④ 1995년 12월 개정에 의해 i) 재직 중 탄핵결정을 받아 퇴임한 경우, ii) 금고

42) 권영성, 『헌법학원론』(서울: 법문사, 1994), p.12.

이상의 형이 확정된 경우, iii) 형사처분을 회피할 목적으로 외국 정부에 대하여 도피처 또는 보호를 요청한 경우, iv) 대한민국의 국적을 상실한 경우 등에는 필요한 기간의 경호·경비를 제외하고는 예우를 하지 아니하도록 조항이 개정되었다.

(3) 경찰관 직무집행법

① 1953년 12월 법률 제299호로 제정·공포되고 수차례 개정되어 현재 본문 제13조, 부칙 등으로 이루어져 있다.

② 경찰관 직무집행법은 경찰직무의 집행에 있어 근거가 되는 작용법적 성질을 가진 법률로 그 직무범위에 경비, 주요 인사(人士) 경호 및 대간첩·대테러 작전 수행을 규정함으로써 경호작용의 직접적인 근거가 되고 있다.

(4) 경비업법

① 1970년대 이후 급속한 도시화·산업화에 따른 범죄현상의 급증에 대처하고 민간역량의 건전한 발전이라는 목적을 위해 민간경비업이 발전하게 되었고, 이에 경비업에 관하여 필요한 사항을 제도화하며, 이를 구체적으로 정함으로써 경비업무의 실시에 적정을 기함을 목적으로 1976년 12월 법률 제2946호로 제정·공포되어 본격적인 용역경비가 실시되게 되었다.

경비업법은 2017년 현재 제8장 본문 31조와 부칙 그리고 시행령, 시행규칙으로 구성되어 있으며, 1976년 제정된 이래 1981년 최초의 일부개정이 있은 이후 2018년 일부개정까지 총 26회의 개정이 이루어졌다. 이러한 개정을 통해 최초에는 규정되지 않았던 경비지도사제도, 특수경비원제도, 민간신임교육기관제도, 신임교육의 개인이수제도 등이 새롭게 도입되었다.

② 경비업법 제2조의 정의에서 시설경비업무, 호송경비업무, 기계경비업무, 특수경비업무 등과 함께 신변보호업무를 규정함으로써 민간경호의 근거로 작용하고 있다.

(5) 청원경찰법

① 청원경찰이라 함은 국가기관 또는 공공단체와 그 관리 하에 있는 중요 시설·사업장·국내 주재 외국기관 그밖에 행정자치부령이 정하는 중요 시설·사업장 또는 장소에 기관의 장이나 경영자(이하 청원주)가 경비를 부담할

것을 조건으로 경찰의 배치를 신청하는 경우 그 기관 · 시설 또는 사업장의 경비를 담당하게 하기 위하여 배치하는 경찰을 말한다.

② 청원경찰법은 본래 1962년 4월 법률 제1049호로 제정되었으나 그동안 제도화되지 못하고 사문화 상태로 있다가 1973년을 기해 전면 개정되어 제도화되기에 이르렀다.

③ 청원경찰의 본래 취지는 당시 군사정권하에서 북한의 위협이 상존하고 있다고 판단되고, 고도의 경제개발정책에 따른 기간산업시설의 급증과 이에 대비한 경찰력의 부족 등을 해결하기 위해 경비부담은 청원주가 하면서 경찰관의 임무를 수행할 수 있는 변형적인 제도를 창출하게 된 것이다.

④ 청원경찰은 지위에 있어 경비구역 내에서는 경비직무를 위하여 필요한 범위 안에서 경찰관 직무집행법에 따른 경찰관의 직무를 수행하고(제3조), 형법이나 그 밖의 법령에 따른 벌칙을 적용할 때에는 공무원으로 본다(제10조 제2항). 그 외에는 민간인 신분을 갖는 이중성을 띠고 있다. 근본적으로 청원경찰은 민간경비원에 포함된다.

(6) 조약 및 국제법규

① 조약이란 국가 간에 어떠한 사항에 관하여 협약한 문서로 형식적으로는 조약, 의정서, 협정서, 양해각서 등으로 쓰인다.

② 국제법규는 우리나라가 직접 당사자는 아니나 국제사회에서 일반적으로 통용되는 규범성을 갖춘 법규범이나 관습법을 말한다.

③ 우리 헌법 제6조 제1항은 조약 및 국제법규와 관련하여 국내법과 같은 효력을 인정함으로써 경호와 관련해서도 그것이 경호활동과 관련 있다면 당연히 근거법원으로 작용된다.

④ 이러한 대표적인 예가 한미행정협정(SOFA)과 이에 의거한 한국군과주한미군간의대통령경호에관한합의각서이다.

3) 명령, 규칙

명령이란 국회의 의결을 거치지 않고 행정기관에 의해 제정된 성문법규를 말하는 것으로 대통령령, 국무총리령, 부령 등이 있다. 규칙이란 상위법규인 법률의 시행에 필요한 세부적인 내용을 규정한 것으로 법규적인 성격을 띠고 있는 것과 행정기관 내부적인 사항을 규율함으로써 비법규적인 성질을 띠는 것 등이 있다.

경호와 관련한 명령과 규칙들은 상위법인 법률의 시행에 필요한 내용을 세부적으로 규정하고 있는 시행세칙의 성격을 갖는 것으로 경호상의 주요한 법원으로 작용한다.

(1) 대통령 등의 경호에 관한 법률 시행령

대통령 등의 경호에 관한 법률의 내용을 세부적으로 규정한 명령

(2) 대통령경호안전대책위원회규정

대통령경호임무 수행에 있어 관계부서의 책임을 명확히 하고 부서간의 협조를 원활히 하고자 제정된 명령

(3) 경호규정 · 대통령실 경호처 경호지침

대통령 등의 경호에 관한 법률 시행령 제14조에 근거하여 대통령실장이 제정한 경호관련 행정규칙

(4) 경호규칙

경찰청훈령 제12호로 1991년 제정된 경찰경호에 관련된 행정규칙. 그런데 그 업무상 대통령경호처의 규정이나 지침과 충돌을 가져오는 부분이 있을 수 있는바, 이를 위해 부칙으로 경호지침이 우선함으로 규정하고 있다.

(5) 기타 연도경호지침, 표준경호경비계획, 기동경호요강 등.

연도경호지침은 대통령이나 외국국빈 경호시 적용되는 연도경호의 지침이며, 표전경호경비계획은 경찰청예규로서 경호경비업무의 표준화를 위한 지침이며, 기동경호요강은 경찰청예규로서 경호차량을 이용한 노상행차시의 경호지침이다.

(6) 경비업법 시행령 · 시행규칙

민간경호시 근거법으로 적용되는 경비업법의 세부사항을 규정한 시행세칙이다.

(7) 청원경찰법 시행령 · 시행규칙

경호에 참여하는 청원경찰활동의 근거법으로 적용되는 청원경찰법의 세부사항을 규정한 시행세칙이다.

〈표 1-4〉 경호근거법에 관한 정리

구분	공경호의 근거법	민간경호의 근거법
헌법	헌법	헌법
법률	• 대통령 등의 경호에 관한 법률 • 전직대통령 예우에 관한 법률 • 경찰관 직무집행법	• 경비업법 • 청원경찰법
조약 및 국제법규	• 헌법에 의해 체결 · 공포된 조약 • 일반적으로 승인된 국제법규 • 일반적으로 승인된 국제관습법 • 예 : 한미행정협정, 한국군과주한미군간의 대통령경호에관한합의각서	
명령 · 규칙	• 대통령 등의 경호에 관한 법률 시행령 • 대통령경호안전대책위원회규정 • 경호규정 • 연도경호지침, • 표준경호경비계획 • 기동경호요강	• 경비업법 시행령, 시행규칙 • 청원경찰법 시행령, 시행규칙 • 보안규칙

제7절 경호환경

1. 일반적 경호환경43)

1) 경제발전

경제발전은 필연적으로 물질위주의 사회구조로 변모시키고, 많은 사람들의 부의 축적을 가져온다. 반면에 이러한 부의 분배에서 소외된 계층으로 가져오고 결국 빈부의 격차에 다른 지역 간, 계층 간의 갈등이 가져온다.

43) 김두현 교수는 경호환경을 일반적 환경과 특수적 환경으로 나누고 전자는 ① 경제발전, 과학기술, ② 동력화, 정보화팽창, ③ 생활양식 및 국민의식 변화, ④ 범죄의 다양화 및 증가, ⑤ 경제생활의 향상을, 후자는 ① 경제전쟁, 지역이기주의, ② 한국의 국제적 지위 향상, ③ 북한 위협 등을 들고 있다.

2) 과학기술발전

현대의 과학기술의 발전은 위해를 가하려는 위해자 또는 위해조직이 위해의 수단으로서 첨단장비나 기술을 활용함으로써 위해자 입장에서는 위해의 성공가능성을 높여 위해의 의지를 강화시키는 역할을 한다.

3) 정보화

현대사회의 정보화의 진전은 범죄의 광역화와 지능화・신속화와 알카에다의 예에서 보았듯이 이메일 등 정보화 수단의 이용 등으로 발각의 가능성은 낮아지고 그만큼 위해 가능성을 높였다.

4) 사회구조와 국민의 의식구조 변화

사회구조의 변화에 따른 국민들의 의식구조의 변화와 생활양식의 변화는 경호작용에도 영향을 미치고 있다. 즉, 성공적인 경호는 국민들과 다른 조직들과의 치밀한 협력체계하에서만 담보될 수 있다. 그러나 의식구조나 생활방식이 개인화・이기주의화됨으로써 이러한 측면에 어려움을 가져오고, 그만큼 경호위해의 가능성을 높이고 있다.

5) 국제화・개방화

최근 가속화된 국제화와 개방화의 동향은 경호작용에 매우 커다란 영향을 미치고 있다. 개방화와 국제적 교류의 증대는 국제적으로 악명 높은 테러분자나 테러조직의 활동성을 높이고, 경찰이나 경호기관의 통제성을 어렵게 하는 결과를 낳고 있다.

6) 냉전체제의 붕괴와 신경제질서의 성립

과거의 미소를 중심으로 동서간의 냉전체제하에서는 이념적 갈등을 위주로 한 테러의 가능성과 국지적 분쟁이 주였다. 그러나 오늘날 이러한 냉전체제가 붕괴되고 이전의 사회주의체제하에서 힘에 의해 눌려져 있던 인종갈등, 민족주의, 지역주의 등이 본격적으로 대두되어 서로 간에 무력충돌과 테러, 암살 등의 다양한 형태로 발생됨으로써 광범위한 위해환경이 조성되었다.

2. 국내치안 환경요인

1) 범죄의 양적 증가

1960년대 이후에는 인구증가, 산업화·도시화로 다 표되는 매우 급속한 사회적 변동을 경험하였다. 이러한 과정에서 다양한 사회문제 중 중요한 것으로 등장한 것이 범죄문제로 전체범죄의 발생건수는 1964년부터 1973년까지는 감소하였으나, 그 후 점진적으로 증가하였고, 1987년도부터는 급격한 증가추세를 보이고 있다.[44]

〈표 1-5〉 외국과의 범죄 발생률 비교(1994~2004)

구 분		미국	독일	일본	한국
범죄발생건수	1994	13,991,700	6,537,748	1,926,254	889,408
	2004	11,251,818	6,284,661	1,909,27	1,965,977
	증감률(%)	−24.3	−4.0	−0.9	54.8

자료 : 법무연수원, 범죄백서(1995, 2006) 참조.

〈표 1-5〉에서 보는 바와 같이 1994년부터 근 15년 동안 전 세계적으로 범죄의 양적인 측면에서는 미국 −24.3%, 독일 −4.0%, 일본 −0.9% 등 대부분의 국가가 소폭의 감소세를 보이는 반면 한국만이 54.8%의 증가세를 나타내고 있음을 볼 수 있다.

2) 범죄의 질적 변화

한국의 최근 범죄동향을 보면 범죄의 유형이 다양해졌고, 범죄의 수법이 첨단기술을 활용하는 등 지능화되었다. 또한 국내의 모든 지역이 일일생활권으로 변화함으로써 범죄의 광역화·기동화현상이 뚜렷해졌다. 아울러 범죄대상이 무분별해졌으며, 피해자에 대한 성폭력 일상회되는 등 범죄의 양상이 반인륜적으로 변화하고 더욱 흉포해졌다.[45] 이러한 범죄발생양상의 변화는 1960년대 이후 진행되어 온 사회변동과 연관되어 있다고 생각된다.[46]

---

44) 김계원, 사회환경과 경찰임무범위에 관한 상황론적 연구, 인천대학교 대학원 석사학위논문, 1998, p.45.

45) 조병인, 『범죄대책론』(서울: 한림원, 1993), pp.73~90.

46) 한국생사정책연구원, 『범죄발생의 추세분석 : 1964~199[illegible]』(서울: 형사정책연구원, 1994), p.15.

〈표 1-6〉 강력범죄 죄명별 발생추이

구분	발생건수	검거건수	검거율
1979	555,793	491,567	88.4%
2008	2,189,452	1,914,469	87.4%
2016	2,008,290	1,691,370	84.2%

우리나라의 2008년도 전체 형법범의 발생건수는 897,536건으로서 1979년 이래 2008년까지 74.6%의 증가세를 보이다가, 2016년 들어 2,008,290건으로 2008년 대비 9.0% 감소하였다. 검거율은 1979년 88.4%에서 2008년 87.4%로 증가하다가 2016년 들어 84.2%로 감소되는 추세를 보이고 있다.[47]

3) 범죄의 국제화 현상

(1) 불법체류 및 밀입국 등 출입국관리사범의 증가

외국인 불법체류 현황을 보면 '95년말 현재 96,749명으로 지난해와 비교할 때 무려 2배 이상 증가하였으며, 전체 외국인 체류자 269,641명의 35.8%에 달하고 있다.[48]

(2) 국제 범죄조직의 국내진출 기도

세계의 치안을 위협하는 국제범죄조직으로는 이미 전 세계적으로 악명을 떨치고 있는 이탈리아와 미국의 마피아 및 일본의 야쿠자 조직이 있으며, 최근에는 새롭게 부상하고 있는 중국계 트라이어드(삼합회)와 러시아의 마피아의 활동이 활발해지면서 국내진출을 시도하고 있고, 국내범죄조직 또한 이들과 연계할 조짐마저 보이고 있다.

(3) 마약 · 총기류 · 위조달러 등의 불법 밀반입 증가

최근 국내에 외국산 마약 · 총기류 밀반입 및 위조달러의 반입 · 유통이 빈번히 발생하고 있으며 이들 범죄가 주로 국제범죄조직 등과 연계되어 있는 경우가 많은 것으로 나타나 우려가 되고 있다.

(4) 인터넷 등을 이용한 국제해킹 위협 가중

정보화시대가 본격화됨에 따라 전 세계의 정보전산통신망이 서로 긴밀하게 연결

47) 법무연수원, 『범죄백서』(수원: 법무연수원, 2009~2017).
48) 자세한 통계는, 『경찰백서』(1996), pp.284~285 참조.

되면서 인터넷(Internet) 등 국제전산망을 이용, 국내전산망에 침투하여 국가의 중요 정보나 기업체의 중요 연구결과를 불법적으로 유출해가거나 파괴하는 국제적인 해킹사건이 자주 발생하여 국가의 안전과 경제기반을 위협하고 있다.

(5) 테러공포의 확산

최근 테러양상을 보면 과거 공산권의 이념적 · 물리적 힘의 지원을 받은 극좌테러리즘이 크게 위축된 반면, 냉전하에 잠복해 있던 민족적 · 종교적 · 인종적 갈등이 표면화되면서 자기 민족의 생존을 위한 격한 저항의 형태로써 상대방에 대한 테러를 자행하는 것이 주류를 이루었다. 특히 최근에는 미국의 이라크 침공에 대한 알카에다를 비롯한 회교권의 원리주의 단체들에 의해 저질저리는 테러가 세계를 공포로 몰아넣고 있으며, 우리나라의 경우도 대 이라크 파병결정에 따라 테러의 타깃이 되고 있다.

4) 북한의 위협 등

남북정상회담의 개최 등 남북간의 화해무드가 조성되고 있지만, 한편으로는 서해상의 교전이나 국지적 간첩의 침투, 제한된 테러행위 등의 가능성이 상존함으로써 이에 대한 대처가 요구된다.

제8절 경호위해환경

1. 일반적 위해요소

1) 위해의 유형

(1) 성격에 따른 분류

① 자연적 위해

자연적 힘에 의해 발생되는 폭풍, 홍수, 지진 그리고 산사태, 해일 등

② 인위적 위해

사람에 의해 직접 자행되거나 인위적으로 조정되는 매개체에 의해 신체를

위협하는 각종 범죄, 테러, 암살, 화재, 폭력 등

③ 특정한 위해

㉠ 각 대상과 계층 각 지역에 따라 다양하게 나타난다.

㉡ 정치적인 이념 갈등으로 인해 정치인에게 특히 강하게 나타나는 위해요소, 경제적 이해관계의 대립으로 인해 관련기업인에게만 특정하게 나타나는 위해요소 등이 그것이다.

㉢ 조직의 경비위해 요소 예방의 전제는 위험에 대한 정확한 인지와 평가.

(2) 주체에 따른 분류

① 인적 위해요소

적대국가의 건물, 시국불만자, 신원 특이 교포 및 외국인, 일반요시찰인, 피보안처분자, 공격형정신병자 등

② 물적위해요소

직접적으로 위해가 될 수 있는 자연물 및 인공물, 위해자에 이용될 수 있는 자연물 및 인공물

2) 경호위해 조직의 일반적 특성

(1) 동심원적 구조

지도자조직을 구심점으로 행동조직과 각각의 지원조직들이 동심원적으로 결합되어 있음을 특징으로 한다.

(2) 전문성

경제성장, 과학기술의 발전 등에 따라 고도의 정밀장비들이 개발됨에 따라 이들 장비를 위해기도에 이용하게 되었고 체계화된 경호조직과 기술의 발전에 대응하여 위해조직도 고도의 전문화되어졌다.

(3) 폐쇄적 구조

다른 범죄조직이나 지하조직과 마찬가지로 위해의 성공가능성을 높이고 자신들이 대테러조직들의 공격대상에서 안전하기 위해 철저한 보안을 기본적 성격으로 한다.

(4) 정확 · 치밀성

위해기도의 성공을 위해 군사작전을 방불케 하는 치밀한 계획과 정확한 행동을 필수로 한다.

2. 암살

1) 암살의 개념

암살이란 "정치적 · 종교적, 기타 제반의 이유로 법을 무시하고 공적이나 사회적으로 중요한 지위에 있는 사람을 살해하는 것"으로 정의할 수 있다.[49] 따라서 암살은 사람에 대한 살해, 즉 신체에 대한 위해에 국한된다는 점에서 사람과 재산 모두에 대한 폭력행위를 범위로 하는 테러행위와 구별된다.

2) 암살의 역사적 변천

(1) 고대에서 근대에 이르기까지 암살은 수단 면에서는 단도나 흉기 등에 의한 육탄적 공격이 주류를 이루었고, 장소 면에서는 경호상 허점이 발견되는 특정한 장소에서의 위해기도를 특징으로 하였으며, 동기 면에서는 자국 내의 정치적 · 사회적 혼란에 의한 정적간의 유혈사태나 개인적 원한에 의한 위해 등이 특징이었다.

(2) 근대에서 현대에 이르기까지 암살은 수단 면에서 총기나 폭탄에 의한 위해기도, 위해의 형태 면에서 단일범 형태에서 다수범 형태로, 동기 면에서 국가 간의 분쟁이나 식민지정책의 반발 등에 의한 자기희생적인 위해기도를 특징으로 하고 있다.

(3) 현대에 들어 암살은 수단 및 수법 면에서 과학화 · 치밀화, 첨단장비의 사용, 장소 면에서 위해 가능성, 위해범위의 확대 등 광역화, 경호대상자와 위해기도자의 간접접촉성 확대, 동기 면에서 정치적 · 민족적 동기의 강화 등의 특징을 나타내고 있다.

---

49) 노완영, 『한국에서의 테러가능성과 대응방안에 관한 연구』, 건국대 행정대학원 석사학위논문, 1989, p.9; 이종기, 『VIP중앙대백과』(서울: 중앙일보사, 1988), p.1214.

3) 암살의 동기[50)]

(1) 정치적 동기 또는 혁명적 동기 : 정권교체 등과 관련한 갈등
(2) 이념적 동기 : 민주주의냐 사회주의냐에 관한 이념적 상대성에 의한 갈등이나 암살대상자가 암살자 자신의 사상을 위해롭게 한다고 생각한 데서 오는 동기
(3) 개인적 동기 : 원한, 증오와 관련한 개인적 감정에 관련한 갈등
(4) 심리적 동기 : 정신병적 문제
(5) 경제적 동기 : 경제적 핍박계층의 갈등, 민족, 특수집단, 암살자 자신 또는 그 가족의 경제적 악조건의 타개를 위한 동기
(6) 적대적 동기 : 전쟁 중의 양 국가간 갈등
(7) 순교자적 동기 : 종교적 몰입에 의한 갈등
(8) 금전적 동기 : 금전적 보상을 바라고 이루어지는 경우

4) 암살범의 특성

암살범의 특징으로 일부학자들이 ① 자학자나 무능력자, ② 인내심 부족자가 과대망상자, ③ 생활불안정자, ④ 지나친 종교적 · 정치적 몰입자, ⑤ 외모적으로 평범한 자 등을 제시하고 있으나 일반화에는 문제가 있으며, 최근에는 종교적 · 정치적 신념이 지나치게 강한 자나 아니면 군사적 충돌에 의한 적대적 관계에 있는 아주 평범하고 때로는 엘리트적인 사람들이 명확한 동기를 갖고 암살을 저지르는 경우가 많다.

5) 암살의 실행단계[51)]

(1) 경호정보(Security Information) 수집 : 대상자 주변에 대한 치밀한 정보수집
(2) 무기 및 장비획득 (Security Weapons and Equipment) : 무기 및 각종 장비의 구입
(3) 임무의 분배(Determining Assignments of Conspirates) : 가담한 공모자들에 각자 책임분배
(4) 실행(Execnting the Plot)

---

50) CID, PROTECTIVE SERVICE,(1978) pp.10~11; 김두현, 앞의 책, pp.456~457.
51) CID, 앞의 책, pp.13~14.

3. 테러리즘

1) 테러리즘의 개념

(1) 테러리즘의 개념의 다의성

테러리즘은 오늘날 국제사회에서 가장 심각한 문제 중 하나임에도 그 정의에 대해서는 일치되어 있지 못하다. 테러리즘은 동기, 대상, 주체, 이념 등에 따라, 학자들의 시각에 따라, 각 국가가 처한 상황에 따라 다르게 정의되고 있다.[52]

① 에반스 교수의 정의

테러리즘이란 어떠한 정치적 목적이나 목표를 달성하기 위하여 일정한 사회집단에 대하여 폭력을 사용하는 하나의 전략이라고 하고 있다.[53]

② 이황우의 정의

테러리즘이란 커다란 집단을 배경으로 소집단이 정치적 목적을 위하여 사람이나 상징적인 목표에 대해 폭력을 사용하는 강제수단이다.[54]

③ 김태종의 정의

테러리즘이란 정치, 군사, 경제, 사회, 종교 등의 분야에서 합법적인 절차나 평화적인 방법으로는 목적을 달성할 수 없는 경우에 폭력을 사용하여 적대자나 반대자를 제거하고 자기의 주의나 주장을 관철시키려고 하는 사상이나 행동을 의미한다.[55]

④ 한형건(1992)의 정의

"정치적인 또는 사회적 영향력을 증대시키기 위한 목적으로 조직적이고 계

---

52) 과거 영국과 아일랜드공화국(IRA) 간의 전쟁이 한창이었을 때에 영국 측에서는 아일랜드공화군의 모든 공격행위를 테러리즘으로, 아일랜드공화군은 테러리스트로 간주하였으나 아일랜드공화군(IRA)이나 이들의 입장을 지지하는 측에서는 이들의 행위를 민족해방운동으로, 요원들은 자유투사로 규정함으로써 입장에 따라 테러리즘의 정의가 다르다는 것을 보여주고 있다. 이러한 현상은 비단 국가간에서뿐만 아니라 한 국가의 부처간에도 나타나, 미국의 경우 중앙정보국이나 연방 수사국, 국방부, 법무부 등의 테러리즘에 대한 정의가 차이를 보이고 있다; 최진태, 『테러, 테러리스트 & 테러리즘』(서울: 대영문화사, 1997), pp.16~17.

53) Ernest Evans, Calling a Truce to Terror(Westport, Connecticut: Greenwood Press, 1979), p.1; 김태종, 테러리즘에 대한 이해와 효율적인 대응방안에 관한 연구, 연세대 행정대학원 석사학위논문, 1990, p.7.

54) 이황우, 인격적 측면에서 본 테러의 발생원인, 「대테러연구(I)」(서울: 치안본부, 1983), p.193.

55) 김태종, 앞의 논문, p.19.

획적으로 비합법적인 폭력을 사용하거나 위협함으로써 상징적인 인물이나 불특정 다수에게 심리적인 공포심을 부여하는 행위"로 정의하고 있다.[56)]

⑤ 최진태의 정의

테러리즘이란 개인 또는 특정단체, 혹은 특정국가가 정치 · 사회 · 종교 · 민족주의적인 목표달성을 위해 조직적이고 지속적인 폭력의 사용에 대한 협박으로 광범위한 공포분위기를 조성함으로써 특정 개인, 단체, 공동체사회, 그리고 정부의 인식변화와 정책변화를 유도하는 상징적 · 심리적 폭력행위를 말한다.[57)]

⑥ 우리나라의 국가대테러활동지침의 정의

㉠ 국가요인 및 그 가족의 납치 · 암살
㉡ 항공기 및 선박의 납치 · 폭파
㉢ 해외 체류 외교관 · 상사원 · 취업근로자 및 해외여행자 등의 납치 · 암살
㉣ 국가중요시설 · 다중이용시설 및 재외공관 등에 대한 공격
㉤ 주한 외교관 및 주요 시설물에 대한 점거 · 방화 · 폭파
㉥ 국내 정계 · 재계 등 각계 주요인물의 납치 · 암살
㉦ 주한 외교사절 및 체한 외국 저명인사의 납치 · 암살
㉧ 폭발물 · 총기류 · 유해화학물질 등을 이용한 무차별 인명살상
㉨ 기타 우리나라와 관련한 국제적 범법행위 등으로 테러의 개념에 대해 상당히 폭넓게 정의하고 있다.[58)]

(2) 테러리즘에 대한 정의를 앞의 여러 학자나 기관의 정의를 바탕으로 하고 최진태의 정의에 입각하여 정의하여 보면 "테러리즘이란 개인 또는 특정단체, 혹은 특정국가가 주체가 되어 정치 · 사회 · 종교 · 민족주의적인 목표달성을 위해 조직적 · 지속적인 폭력의 사용 혹은 폭력의 사용에 대한 협박을 통해 광범위한 공포분위기를 조성함으로써 특정 개인, 단체, 공동체사회, 그리고 정부의 인식변화와 정책변화를 유도하는 상징적 · 심리적 폭력행위"를 말한다.

56) 한형건, 유럽공동제회원국의 테러 대응조치, 『테러연구』 V(경찰청, 1992), p.26.
57) 최진태, 앞의 책, p.26~27.
58) 대통령훈령 제47호.

〈표 1-7〉 유사개념의 비교

구분	테러	암살	전쟁	게릴라전
임무수행범위	중간	좁다	넓다	넓다
주 대상	민간인, 시설	정치인 등 주요인사	작전중인 군대, 경찰, 주요시설	작전중인 군대, 경찰, 주요시설
조직규모	중간	중간	크다	크다

2) 테러의 유형[59)]

(1) 일반적 유형

인질, 주요건물 점거, 유괴, 납치, 폭파, 암살, 하이재킹, 자살폭탄, 무장공격, 태업, 화학물질사용 등이 있다.

(2) 성격별 분류

① 이데올로기적 테러리즘 : 좌익이나 우익 등의 이념적 갈등에 의한 테러

② 민족주의적 테러리즘 : 특정지역의 독립이나 자치를 주장하여 발생되는 테러

③ 국가테러리즘 : 특정 국가의 영향력이나 특정 목적을 달성하기 위해 국가 자체가 테러의 주체가 되는 경우, 이 경우는 대개 직접적 행동보다는 간접적인 배후지원형태가 일반적이다.

3) 테러의 특성[60)]

(1) 폭력적 파괴행위(시설과 사람에 대한 피해발생)

(2) 계획적이고 치밀한 준군사행위

(3) 타의 복종을 요구하는 강제적 행위

(4) 공포의 발생

59) 경찰대학, 앞의 책(경찰경비론), pp.331~333.

60) 임용순, 한국에서 테러리즘의 가능성과 그의 대처방안, 『안보학술논문집』(제2집 제1호), 국방대학원 안보문제연구소, 1991, p.418.

4) 테러의 발생원인[61)]

(1) 테러의 발생원인에 관한 제학설

① 인간심리적 원인 : 도라드, 거(Gurr), 프로이트, 프롬, 휴바드, 프라이드

② 사회경제구조적 원인 : 파이어밴드, 헌팅턴, 네수볼드

③ 정치환경적 원인 : 라케, 세즈레, 알더

④ 기술발전적 원인

⑤ 언론매체(TV)적 원인 : 모세

(2) 각 유형별 테러의 발생원인

① 환경적 원인

㉠ 정치적 환경 : 제1차 세계대전 후의 강대국 등장, 정치적 부패, 정치적 불안정 등

㉡ 경제적 환경 : 경제발전, 경제적 빈곤 등

㉢ 사회적 환경 : 산업사회화, 도시화, 대조직화, 과학기술의 발전, 국제협력의 미비 등

② 사상적 원인

㉠ 정치사상 : 마르쿠제의 정치사상, 마리겔라의 정치사상, 무정부주의, 허무주위, 나치즘, 파시즘, 스탈린주의, 모택동주의, 트로츠키주의, 카스트로주의 등

㉡ 폭력사상 : 파농의 폭력사상 등

㉢ 민족사상 : 인종, 종족, 문명 간의 충돌, 동남아시아 화교, 흑백인종, 팔레스타인 등[62)]

㉣ 식민사상

㉤ 게릴라사상

㉥ 급진사상

---

61) 임용순, 앞의 논문, pp.417~423; 박대원, 테러리즘과 위기관리에 관한 연구, 연세대 행정대학원 석사학위논문, 1986, p.7; 김태종, 테러리즘에 대한 이해와 효율적인 대응방안에 대한 연구, 연세대 행정대학원 석사학위논문, 1990, p.32; 경찰대학, 앞의 책, pp.333~343; 이황우, 테러사건의 발생동기와 원인분석 『대테러연구』(Ⅳ)(서울: 치안본부, 1985), p.212.

62) 신길수, 「북한테러전략의 분석」, 연세대 행정대학원 석사학위 논문, 1987, p.18. 그러나 민족사상이 테러의 원인이라는 주장에 대해서는 일면 타당한 면도 있지만 조심스런 접근이 필요하다고 생각된다. 물론 민족의 이익에 합치되지 않는 경우 인종간, 민족간에 충돌이 있을 수 있지만 이는 한편으로는 정당한 주장이 될 수도 있고, 그 입장에서는 정당한 행동이 될 수 있는 측면도 있다. 또한 민족사상이라는 용어는 상당히 긍정적인 어감으로 사용되고 있는 용어로 이보다는 극우주의나 극보수주의 등의 용어가 적당하지 않을까 생각한다.

③ 심리적 원인

㉠ 사회심리 : 상대적 박탈이론(체감적 박탈, 열망적 박탈, 점진적 박탈)

㉡ 개인심리

- 헤리스의 개인적 차원의 4가지 동기
- 남자나 여자다움의 과시
- 비인간화 욕구(자기 자신으로부터의 도피)
- 우의를 얻기 위한 욕망
- 폭력과 유혈이라는 마술에 대한 신념
- 마골린, 마우어, 벨로프의 동기 – 테러리즘은 만들어지는 것이다.
- 유아기의 강렬한 증오심, 울분, 복수심을 체험한 자
- 지배욕, 복종정신이 강하고, 공격성, 침투성 등 동물심리적 요소가 강한 자
- 어린시절 과도한 희망, 약속, 자신감이 조절되어 자기도취증 또는 편집증에 빠져 있는 자
- 정신불안정 성향이 강하게 나타나는 자

(3) 최근에 테러리즘 원인

① 국가적 이익의 충돌

② 종교적 갈등

③ 인종적 갈등

④ 문화적 갈등

5) 테러조직의 유형[63)]

(1) 적극적 지원조직 : 선전효과 증대, 자금획득, 조직확대에 기여

(2) 수동적 지원조직 : 정치적 전위집단, 후원자

(3) 전문적 지원조직 : 직접적 정보・자료제공, 테러리스트의 비호・은닉, 의료지원

(4) 직접적 지원조직 : 폭발물설치, 전술 및 작전지원

(5) 행동조직 : 실행조직

(6) 지도자조직 : 정신적 지주, 정책수립, 계획수립

63) 박대원, 앞의 논문, pp.21~23의 내용을 토대로 재구성하였음.

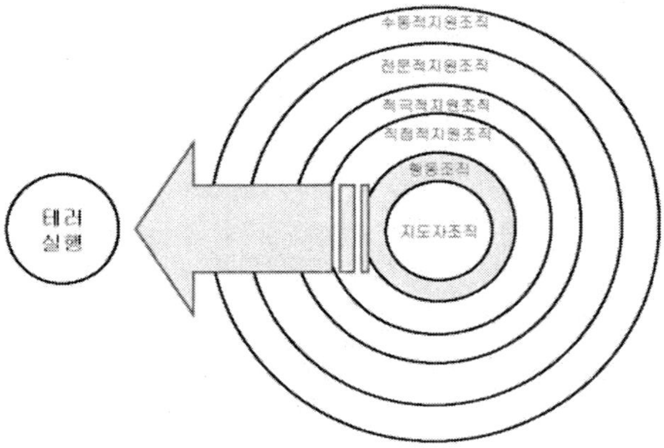

〈그림 1-15〉 테러조직의 유형

6) 세계의 테러조직

(1) 전통적 테러조직의 종류[64)]

① 일본 적군파, ② 독일 바더마인호프단, ③ 이탈리아 무장프롤레타리아 조직, ④ 북아일랜드 공화국군, ⑤ 스페인 바스크분리주의자, ⑥ 프랑스 코리시카 부흥운동자, ⑦ 네덜란드 남몰루카, ⑧ 터키 인민해방군, ⑨ 아르헨티나 인민해방군, ⑩ 우루과이 뚜빠마로스, ⑪ PLO 검은구월단

(2) 최근의 테러조직

① 알카에다 : 미국의 9.11테러로 널리 알려진 오사마 빈 라덴이 이끄는 테러단체로 '알카에다'의 조직원은 누구보다 충성심이 강하고 철저하게 점조직으로 운영돼 있어 실체가 철저히 베일에 가려져 있다. 알카에다 조직이 98년 아프가니스탄에 본부를 둔 테러조직인 '알지하드'를 흡수 합병해 조직을 확대한 것으로 추정되며, 2인자는 알지하드의 지도자였던 아이만 알자와히리인 것으로 알려지고 있다. 알카에다가 개입된 테러로 숨진 미국인은 59명 이상이며 부상자는 1400여 명이었다. 빈 라덴은 아프가니스탄 내전 등에서 전투 경험을 쌓은, 신앙심이 강한 이슬람교도를 모집해 수단과 아프가니스탄 등지의 훈련캠프에서 전사를 양성하고 있다. 세계 각지의 조직원들은 작전시에만 인터넷 등 첨단 통신기술을 이용해 교신할 뿐 철저히 잠복해 있

64) 경찰대학, 앞의 책, pp.344~347.

다. 인터넷 이용시에도 특별한 암호 및 해독 프로그램을 사용해 정보기관이 이들의 꼬리를 잡기 힘든 것으로 알려졌다.

② 알타우히드/알지하드(al Tawhid wa'l-Jihad ; 유일신과 성전) : 2004년 6월 우리나라의 김선일 씨를 납치, 살해한 것으로 알려진 '알타우히드/알지하드(al Tawhid wa'l-Jihad ; 유일신과 성전)'는 테러지도자 알자르카위가 이끄는 무장단체로 최근 잇따르고 있는 외국인 참수사건의 배후로 지목되고 있다. 오사마 빈 라덴이 이끄는 국제테러조직 알카에다와 연계된 것으로 알려진 '알타우히드/알지하드'는 테러 조직원을 훈련시키고 테러를 실행하는 전위 조직으로 파악되고 있으며 최근 왕성한 테러활동을 벌여 주목을 받고 있다. 알자르카위가 이끄는 테러 조직들은 이번에 김선일 씨를 살해한 것 이외에 미국인 니컬러스 버그를 잔혹하게 참수했으며 에제단살림 이라크 과도통치 위원회 의장 등 이라크 요인 암살을 자행했다.

③ 하마스 : 이슬람원리주의 과격단체의 대표적인 조직으로 주로 이스라엘 또는 이스라엘과 직접적인 관련이 있는 개인이나 단체, 국가를 대상으로 투쟁하고 있는 단체로 이스라엘을 쫓아내고 이슬람계 팔레스타인 국가를 세우는 것을 목표로 하고 있다.

④ 헤즈볼라 : 이스라엘의 레바논 침공에 맞서 82년 설립된 무장단체로 이스라엘에 대한 저항과 투쟁을 통해 그들만의 팔레스타인 국가를 세우는 것을 목표로 하고 있다.

⑤ 아부니달 : 미국, 영국, 프랑스, 이스라엘, 아랍국 등 20여 개국을 상대로 900여 명의 일반인과 군인을 살해한 이슬람무장단체이다.

⑥ 알제리 무장단체 AIG : '무장 이슬람 그룹'으로 세속적인 알제리의 정권을 타도하고 이슬람 정통 국가를 세우는 것을 목표로 설립됐다.

(3) 최근 테러 및 조직의 특성

① 이슬람 원리주의 테러단체들이 주류를 이루고 있다. 이들은 제2차 세계대전 이후 팔레스타인 지역에 이스라엘이 건국하면서 국제적인 양상을 보이기 시작했고, 이란에 이슬람 정권이 들어서고 아프가니스탄 전쟁과 걸프전을 거치면서 테러는 급속도로 국제화했다.

② 이전에도 이스라엘과 가까운 미국에 대해 반미적 성향을 지녔지만, 특히 미

국과 이라크간의 전쟁 이후 이전과는 차원이 다른 과격한 양상을 띠고 있다. 미국이 주도한 이라크 전쟁은 수많은 무장 저항세력을 길러냈다.

③ 세계적인 테러단체들이 네트워크화되었다. 알카에다의 출현이 이를 상징적으로 보여주는 것으로 이슬람 테러단체들을 알카에다를 중심으로 반미(反美)와 반(反)이스라엘이라는 공동전선 아래 세계적 네트워크를 구축하고 있다. 이라크의 안사르 알이슬람과 이집트 알지하드 등 한때 특정 국가 안에서 악명을 떨치던 조직들이 알카에다와 손잡고 있는 것으로 알려져 있다. 요르단 출신인 아부 알자르카위도 알카에다와 밀접한 관계에 있는 것으로 추정된다. 김선일 씨를 살해한 '유일신과 성전'은 알자르카위의 지휘를 받고 있다고 밝혔다.

④ 테러 수법이 점점 잔혹해지고 있다. 개인에 대한 무차별 총격살해나 폭탄자살차량은 기본이며, 잔혹한 공개적 참수형, 9.11테러에서 보았듯이 민항기를 납치 자폭하는 대량살상 등 동원할 수 있는 모든 잔혹한 방법을 동원하고 있다.

⑤ 자신이 처한 빈곤과 실업이 테러의 토양이 되는 경우가 많다. 지하드(성전)에 참전하려는 테러 대원이 줄을 잇는 것은 빈곤과 실업 등 경제적인 문제를 타파하려는 데에 기인한 면도 있다.

⑥ 정통성이 없는 독재 국가 지도자들이 보험료식으로 테러리스트에게 후원을 하고 이를 토대로 테러가 지속되는 경우도 있다. 테러리스트들은 이 자금으로 전 세계 네트워크를 형성할 수 있는 것이다.

⑦ 테러조직의 구성원들은 중산층에 매우 엘리트적인 소양을 갖추고 있는 경우가 많다. 중산층 집안에 대학을 졸업하고, 영어나 외국어 구사능력이 뛰어나며, 직업이 컴퓨터 프로그래머, 대학원생, 의사 등 전문직을 가진 이들이 다수 포함되어 있다.

⑧ 테러의 진행과정이 매우 치밀하고 첨단과학을 활용한다. 테러에 대한 지시가 거의 인터넷이나 이메일 등 정보화 매체에 의해 이루어지고 있다. 알카에다는 최근 누른 칸 등 컴퓨터 전문가를 활용, 인터넷을 핵심적 통신수단으로 삼고 있다.

7) 테러의 수행단계

(1) 정보수집단계 : 대상에 대한 정밀한 관찰 실시, 관련정보 수집.

(2) 계획수립단계 : 공격팀, 공격장소, 공격방법, 공격시기 등에 대한 세부적 계획수립

(3) 조직화단계 : 계획에 따라 공격조직의 구성, 훈련, 임무분배.

(4) 공격준비단계 : 공격대상 주변에 은거지 마련, 각종 장비 확보.

(5) 실행단계 : 공격실시, 이탈.

8) 대테러 활동의 수행단계 및 조치

(1) 대 테러활동의 수행단계

① 제1단계 : 준비과정(군중격리, 경계배치, 범인의 인적사항 파악, 작전계획 확정)

② 제2단계 : 선무공작과정(설득유도, 와해공작, 부수피해방지조치)

③ 제3단계 : 공격검거과정(마취총, 가스총, 저격 등의 방법으로 침투검거)

④ 제4단계 : 수습과정(총기류, 폭발물 등 위해요소 제거, 사상자 후송, 범인조사)

(2) 테러발생시 경찰조치

① 현장조치 : 테러진압대의 현장출동, 피해자의 인면구조, 현장의 시민접근 통제, 전기・가스 등 위험물 차단, 테러범의 행등반경 축소, 도주로 차단・봉쇄

② 일시성 테러에 대한 조치 : 테러의 내용을 신속하고 정확하게 시민에 홍보, 의혹과 불안감 해소

③ 계속성테러에 대한 조치 : 인질, 납치, 하이재킹 등

㉠ 인질의 안전보장을 위한 노력, 군중통제, 침착한 현장상황 유지

㉡ 매스미디어의 경솔한 보도 통제

㉢ 범정부적 차원의 관계기관 협조체제, 해결방안 모색

㉣ 수립된 계획을 단계별로 실행, 우선 협상의 성공적 추진에 역점을 두되, 차선의 방법으로 안전하게 진압

9) 주요국가의 대 테러조직[65)]

(1) 영국 : SAS(Special Air Service)

① 육군소속의 대테러방지부대로 1960년대 말에 창설, 당시 I.R.A(아일랜드 공화국)의 테러에 대응하는 임무가 주임무였다. SAS는 내무부장관이 위원장으로 있는 각료급 위원회인 비상통제센터의 지시를 받는다.

② 주 임무로는 인질극, 유괴, 선박, 및 항공기 납치, 폭파공격, 암살 등을 포함하는 모든 형태의 테러사태에 대응하고 있다.

(2) 미국 : SWAT(Special Weapons Assault Team)

① 미국의 대테러부대의 종류는 매우 다양하여, 각 대응사건의 성격이나 각 주의 상황에 따라 특성 있게 운용되고 있으나, 그 중 가장 대표적인 조직이 SWAT라 할 수 있다. FBI의 지휘통제를 받는 SWAT의 경우 1967년 조직되어 특등사수, 3년 이상의 순찰경력과 강인한 체력의 소유, 상급 이상의 근무성적을 소유한 경찰관 중에서 선발 조직되어 있다.

② SWAT는 각 주경찰 내에 조직되어 있는 특공대로 뉴욕의 경우 기동타격대(Emergency Service Squards), 버밍엄주는 전술작전단(Tactical Operations Units), 로스앤젤레스는 특별무기전술기동대란 명칭으로 각각 조직되어 있다.

③ SWAT의 편성을 약간씩은 차이가 있지만 일반적으로 아래와 같이 3개조로 운영된다.

㉠ 공격조 : 침투로개척, 인질과 테러범(용의자)의 격려, 테러범의 직접접촉에 의한 체포 및 사살 등

㉡ 관측 및 저격조 : 외곽의 용의자와 공격조의 관찰이 용이한 지역에 위치, 공격조의 엄호, 용의자에 대한 저격

㉢ 지원조 : 지원조는 예비대로서 임무나 통신, 정보수집, 차량 및 항공기 지원 등 배후지원임무 수행

④ 이 외에도 미국의 대테러조직으로는 미육군소속의 델타포스, 레인저스, 해군특수부대인 네이실실, 재무성소속의 주류연초총포류 단속국 등이 있다.

---

65) 경찰대학, 앞의 책, pp.356~360; 월간 플래툰 편집부, 『세계의 특수부대Ⅱ』(서울: 멀티매니아 호비스트, 2002); 양욱, 『도시의 전사 SWAT』(서울: (주)군사정보, 1999) 참조.

(3) 독일 : GSG-9

① 독일의 GSG-9은 1972년 뮌헨올림픽에서 발생한 '검은 구월단'의 선수테러를 계기로 창설한 대테러특수부대로 연방내부성장관의 명령을 받아 주경찰이나 예하 경찰이 해결할 수 없는 중대한 테러사건을 담당한다.

② 부대의 편성은 지휘반, 통신문서반, 전투반 등 3개반으로 편성되어 있다.

③ 주요 임무는 테러방지업무, 국경경비, 연방형사경찰 · 검찰 · 각주정부의 출동요청에 대한 원조 등 주로 인명보호를 목적으로 하고 있다.

(4) 프랑스 : GIGN

① 프랑스의 대테러조직체계는 경찰과 국가헌병대를 위주로 운영되고 있다. 경찰청산하에 대테러대책조정기구를 1984년에 설치하였고, 1986년에는 파리지방검찰청 내에 중앙테러본부를 두어 테러범죄에 대한 업무를 전담하고 있다. 이 중 대테러부대인 GIGN은 1973년 특히 국제테러에 대한 정보수집과 수사를 위한 보안국내에 특수부대로서 창설되었다.

② GIGN의 지휘체계는 국방부장관이 직접 내무부장관과 협의하여 건의하고 총리가 결정하는 방식으로 국내상황은 30분, 유럽지역의 국외상황은 2시간내에 출동하는 체제를 갖추고 있다.

③ GIGN의 임무는 국가헌병대원 중 최정예로단 선발하여 전쟁 이외의 국지적 특수위험에 대처하는 것을 목적으로 하며, 위험인물의 검거 또는 제거, 각종 인질난동사건 해결, 폭탄테러에의 대처, 주요 인사에 대한 경호 등의 임무를 수행하고 있다.

(5) 한국 : 대테러특공대(경찰청 : KNP-868, 극방부 : 군대테러특공대, 해양경찰청 : 해양경찰특공대)

대테러특공대는 경찰청, 국방부, 해양경찰청 별로 임무에 맞게 독립적으로 운용되고 있는데, 이중 대표적인 기관은 경찰청 소속의 KNP-868으로 1983년 86아시아게임과 88서울올림픽에 대비하여 창설된 경찰청특공대이며, 1997년에는 지방경찰청특공대도 창설되어 운용되고 있다.

10) 한국의 대테러 활동[66)]

(1) 대테러 활동의 개념

"대테러 활동"이라 함은 ① 테러 관련 정보의 수집, ② 테러혐의자의 관리, ③ 테러에 이용될 수 있는 위험물질 등 테러수단의 안전관리, ④ 시설·장비의 보호, ⑤ 국제행사의 안전확보, ⑥ 테러위협에의 대응 및 무력 진압 등 테러예방·대비와 대응에 관한 제반활동을 말한다.

(2) 테러사건 대응조직

① 분야별 테러사건대책본부

㉠ 테러가 발생하거나 발생이 예상되는 경우 ⓐ 원자력안전위원회위원장은 방사능테러사건대책본부를, ⓑ 외교부장관은 국외테러사건대책본부를, ⓒ 국방부장관은 군사시설테러사건대책본부를, ⓓ 보건복지부장관은 생물테러사건대책본부를, ⓔ 환경부장관은 화학테러사건대책본부를, ⓕ 국토교통부장관은 항공기테러사건대책본부를, ⓖ 경찰청장은 국내일반테러사건대책본부를, ⓗ 해양경찰청장은 해양테러사건대책본부를 설치·운영한다.

㉡ 상임위원회는 동일 사건에 대하여 2개 이상의 테러사건대책본부가 관련되는 경우에는 사건의 성질·중요도 등을 고려하여 테러사건대책본부를 설치할 기관을 지정한다. 테러사건대책본부의 장은 테러사건대책본부를 설치하는 부처의 차관급 공무원으로 하되, 경찰청은 차장으로 한다.

㉢ 임무는 1. 테러대책회의 또는 상임위원회의 소집 건의, 2. 제23조의 규정에 의한 현장지휘본부의 사건대응활동에 대한 지휘·지원, 3. 테러사건 관련 상황의 전파 및 사후처리, 4. 그 밖에 테러대응활동에 필요한 사항의 강구 및 시행 등이다.

② 현장지휘본부

㉠ 테러사건대책본부의 장은 지속사건이 발생한 경우 사건현장의 대응활동을 총괄하기 위하여 현장지휘본부를 설치한다.

㉡ 현장지휘본부의 장은 테러사건대책본부의 장이 지명하는 자로 하며, 현장지휘본부의 장은 테러의 양상·규모·현장상황 등을 고려하여 협상·진압·구조·소방·구급 등 필요한 전문조직을 구성하거나 관계기관의 장으로부터 지원받을

---

66) 본 내용은 2009년 개정 국가대테러활동지침의 내용을 기반으로 한 내용인 바, 2018년 현재 정부조직법의 개정으로 정부조직이 변경되었지만 국가대테러활동지침에는 이러한 내용이 반영되어 있지 못한 상태이다. 이에 본 서에서는 현행의 정부조직에 맞추어 부서 및 기관의 명칭을 수정하여 저술하였음을 밝힌다.

수 있다.

㉢ 외교부장관은 해외에서 테러가 발생하여 정부차원의 현장대응이 필요한 경우에는 관계기관 합동으로 정부현지대책반을 구성하여 파견할 수 있다.

③ 대테러특공대

㉠ 테러사건에 대한 무력진압작전의 수행을 위하여 국방부 · 경찰청 · 해양경찰청에 대테러특공대를 둔다. 국방부장관 · 경찰청장 · 해양경찰청장은 대테러특공대를 설치하거나 지정하고자 할 때에는 상임위원회의 심의를 거쳐야 한다. 국방부장관 · 경찰청장 · 해양경찰청장은 대테러특공대의 구성 및 외부 교육훈련 · 이동 등 운용사항을 대통령경호안전대책위원회의 위원장과 협의하여야 한다.

㉡ 대테러특공대는 다음 각호의 임무를 수행한다.

ⓐ 테러사건에 대한 무력진압작전

ⓑ 테러사건과 관련한 폭발물의 탐색 및 처리

ⓒ 요인경호행사 및 국가중요행사의 안전활동에 대한 지원

ⓓ 그 밖에 테러사건의 예방 및 저지활동

㉢ 테러사건이 발생하거나 발생이 예상되는 경우 대테러특공대의 출동 여부는 각각 국방부장관 · 경찰청장 · 해양경찰청장이 결정한다. 다만, 군 대테러특공대의 출동은 군사시설 내에서 테러사건이 발생하거나 테러대책회의의 의장이 요청하는 때에 한한다.

㉣ 대테러특공대의 무력진압작전은 상임위원회에서 결정한다. 다만, 테러범이 무차별 인명살상을 자행하는 등 긴급한 대응조치가 불가피한경우에는 국방부장관 · 경찰청장 · 해양경찰청장이 대테러특공대에 긴급 대응작전을 명할 수 있다.

㉤ 국방부장관 · 경찰청장 · 해양경찰청장이 긴급 대응작전을 명한 경우에는 이를 즉시 상임위원회의 위원장에게 보고하여야 한다.

④ 협상팀

㉠ 지속사건에 대하여 무력적이지 아니한 방법으로 사건을 종결하거나 후발사태를 저지하기 위하여국방부장관 · 경찰청장 · 해양경찰청장에 협상실무요원 · 통역요원 · 전문요원으로 구성되는 협상팀을 둔다.

㉡ 협상실무요원은 협상 전문능력을 갖춘 공무원으로 편성하고, 협상전문요원은 대테러전술 전문가 · 심리학자 · 정신의학자 · 법률가 등 각계 전문가로 편성한다.

㉢ 국방부장관 · 국민안전처장관 · 경찰청장은 테러사건이 발생한 경우에는 협상팀을 신속히 소집하고, 협상팀 대표를 선정하여 사건현장에 파견하여야 한다.

㉣ 국방부장관 · 경찰청장 · 해양경찰청장은 테러사건이 발생한 경우에 협상팀의 신

속한 현장투입을 위하여 협상팀을 특별시·광역시·도 단위로 관리·운용할 수 있다.

⑤ 긴급구조대

테러사건 발생 시 신속히 인명을 구조·구급하기 위하여 소방처에 긴급구조대를 둔다.

⑥ 지원팀

㉠ 관계기관의 장이 테러대응활동을 지원하기 위하여 구성·운영하는 기구로 정보·외교·통신·홍보·소방·제독 등 전문 분야별로 편성한다.

㉡ 관계기관의 장은 현장지휘본부의 장의 요청이 있거나 테러대책회의 또는 상임위원회의 결정이 있는 때에는 지원팀을 사건현장에 파견한다.

⑦ 합동조사반

㉠ 국가정보원장은 국내외에서 테러사건이 발생하거나 발생할 우려가 현저한 때에는 예방조치·사건분석 및 사후처리방안의 강구 등을 위하여 관계기관 합동으로 조사반을 편성·운영한다. 다만, 군사시설인 경우 국방부장관(국군기무사령관)이 자체 조사할 수 있다.

㉡ 합동조사반은 관계기관의 대테러업무에 관한 실무전문가로 구성하며, 필요한 경우 공공기관·단체 또는 민간의 전문요원을 위촉하여 참여하게 할 수 있다.

㉢ 합동조사반은 테러사건의 발생지역에 따라 중앙 및 지역별 합동조사반으로 구분하여 운영할 수 있다.

(3) 테러의 예방·대비 및 대응활동

① 예방·대비활동

㉠ 정보수집 및 전파

ⓐ 관계기관은 테러사건의 발생을 미연에 방지하기 위하여 소관업무와 관련한 국내외 테러 관련 정보의 수집활동에 주력한다.

ⓑ 관계기관은 테러 관련 정보를 입수한 경우에는 지체 없이 센터장에게 이를 통보하여야 하며, 센터장은 테러 관련 정보를 종합·분석하여 신속히 관계기관에 전파하여야 한다.

㉡ 테러경보의 발령

ⓐ 센터장은 테러위기의 징후를 포착한 경우에는 이를 평가하여 상임위원회에 보고하고 테러경보를 발령한다.

ⓑ 테러경보는 테러위협 또는 위험의 정도에 따라 관심·주의·경계·심각의 4

단계로 구분하여 발령하고, 단계별 위기평가를 위한 일반적 업무절차는 국가위기관리기본지침에 의한다.

ⓒ 테러경보는 국가전역 또는 일부지역에 한정하여 발령할 수 있다.

ⓓ 센터장은 테러경보의 발령을 위하여 필요한 사항에 대한 세부지침을 수립하여 시행한다.

㉢ 테러경보의 단계별 조치

1. 관심 단계 : 테러 관련 상황의 전파, 관계기관 상호간 연락체계의 확인, 비상연락망의 점검 등
2. 주의 단계 : 테러대상 시설 및 테러에 이용될 수 있는 위험물질에 대한 안전관리의 강화, 국가중요시설에 대한 경비의 강화, 관계기관별 자체 대비태세의 점검 등
3. 경계 단계 : 테러취약요소에 대한 경비 등 예방활동의 강화, 테러취약시설에 대한 출입통제의 강화, 대테러 담당공무원의 비상근무 등
4. 심각 단계 : 대테러 관계기관 공무원의 비상근무, 테러유형별 테러사건대책본부 등 사건대응조직의 운영준비, 필요장비 · 인원의 동원태세 유지 등

㉣ 지도 및 점검

ⓐ 관계기관의 장은 소관업무와 관련하여 국가중요시설 · 다중이 이용하는 시설 · 장비 및 인원에 대한 테러예방대책과 테러에 이용될 수 있는 위험물질에 대한 안전관리대책을 수립하고, 그 시행을 지도 · 감독한다.

ⓑ 국가정보원장은 필요한 경우 관계기관 합동으로 공항 · 항만 등 테러의 대상이 될 수 있는 국가중요시설 · 다중이 이용하는 시설 및 장비에 대한 테러예방활동을 관계법령이 정하는 바에 따라 지도 · 점검할 수 있다.

② 대응활동

㉠ 상황전파

ⓐ 관계기관의 장은 테러사건이 발생하거나 테러위협 등 그 징후를 인지한 경우에는 관련 상황 및 조치사항을 관련 기관의 장 및 국가정보원장에게 신속히 통보하여야 한다.

ⓑ 테러사건대책본부의 장은 사건 종결시까지 관련 상황을 종합처리하고, 대응조치를 강구하며, 그 진행상황을 테러대책회의의 의장 및 상임위원회의 위원장에게 보고하여야 한다.

ⓒ 법무부장관과 관세청장은 공항 및 항만에서 발생하는 테러와 연계된 테러혐의자의 출입국 또는 테러물품의 반 · 출입에 대한 적발 및 처리상황을 신속히 국가정보원장 · 경찰청장 · 해양경찰청장에게 통보하여야 한다.

㉡ 초동조치

ⓐ 관계기관의 장은 테러사건이 발생한 경우에는 사건현장을 통제 · 보존하고, 후발 사태의 발생 등 사건의 확산을 방지하기 위하여 신속한 초동조치(초동조치)를 하여야 하며, 증거물의 멸실을 방지하기 위하여 가능한 한 현장을 보존하여야 한다.

ⓑ 초동조치 구체적 사항은 다음 각호와 같다.

1. 사건현장의 보존 및 통제
2. 인명구조 등 사건피해의 확산방지조치
3. 현장에 대한 조치사항을 종합하여 관련 기관에 전파
4. 관련 기관에 대한 지원요청

㉢ 사건대응

ⓐ 테러사건이 발생한 경우에는 상임위원회가 그 대응대책을 심의 · 결정하고 통합지휘하며, 테러사건 대책본부는 이를 지체 없이 시행한다.

ⓑ 테러사건대책본부는 필요한 경우에는 현장지휘본부를 가동하여 상황전파 및 대응체계를 유지하고, 단계별 조치사항을 체계적으로 시행한다.

ⓒ 법무부장관은 테러사건에 대한 수사를 위하여 필요한 경우에는 검찰 · 경찰 및 관계기관 합동으로 테러사건수사본부를 설치하여 운영하며, 테러정보통합센터 · 테러사건대책본부와의 협조체제를 유지한다.

㉣ 사후처리

ⓐ 테러사건대책본부의 장은 상임위원회의 결정에 따라 관계기관의 장과 협조하여 테러사건의 사후처리를 총괄한다.

ⓑ 테러사건대책본부의 장은 테러사건의 처리결과를 종합하여 테러대책회의의 의장 및 상임위원회의 위원장에게 보고하고, 관계기관에 이를 전파한다.

ⓒ 관계기관의 장은 사후대책의 강구를 위하여 필요한 경우에는 관할 수사기관의 장에게 테러범 · 인질에 대한 신문참여 또는 신문결과의 통보를 요청할 수 있다.

(4) 관계기관별 임무

국가안보실	가. 국가 대테러 위기관리체계에 관한 기획 · 조정 나. 테러 관련 중요상황의 보고 및 지시사항의 처리 다. 테러분야의 위기관리 표준 · 실무매뉴얼의 관리
금융위원회	가. 테러자금의 차단을 위한 금융거래 감시활동 나. 테러자금의 조사 등 관련 기관에 대한 지원

원자력안전위원회	가. 방사능테러 발생시 방사능테러사건대책본부의 설치 · 운영 및 관련 상황의 종합처리 나. 방사능테러 관련 교육 · 훈련에 대한 지원 다. 테러에 이용될 수 있는 방사성물질의 대테러 · 안전관리
외교부	가. 국외 테러사건에 대한 대응대책의 수립 · 시행 및 테러 관련 재외국민의 보호 나. 국외 테러사건의 발생시 국외테러사건대책본부의 설치 · 운영 및 관련 상황의 종합처리 다. 대테러 국제협력을 위한 국제조약의 체결 및 국제회의에의 참가, 국제기구에의 가입에 관한 업무의 주관 라. 각국 정부 및 주한 외국공관과의 외교적 대테러 협력체제의 유지
법무부(대검찰청)	가. 테러혐의자의 잠입에 대한 저지대책의 수립 · 시행 나. 위 · 변조여권 등의 식별기법의 연구 · 개발 및 필요장비 등의 확보 다. 출입국 심사업무의 과학화 및 전문 심사요원의 양성 · 확보 라. 테러와 연계된 혐의가 있는 외국인의 출입국 및 체류동향의 파악 · 전파 마. 테러사건에 대한 법적 처리문제의 검토 · 지원 및 수사의 총괄 바. 테러사건에 대한 전문 수사기법의 연구 · 개발
국방부 (합동참모본부 · 국군기무사령부)	가. 군사시설 내에 테러사건의 발생시 군사시설테러사건대책본부의 설치 · 운영 및 관련 상황의 종합처리 나. 대테러특공대 및 폭발물 처리팀의 편성 · 운영 다. 국내외에서의 테러진압작전에 대한 지원 라. 군사시설 및 방위산업시설에 대한 테러예방활동 및 지도 · 점검 마. 군사시설에서 테러사건 발생 시 군 자체 조사반의 편성 · 운영 바. 군사시설 및 방위산업시설에 대한 테러첩보의 수집 사. 대테러전술의 연구 · 개발 및 필요 장비의 확보 아. 대테러 전문교육 · 훈련에 대한 지원 자. 협상실무요원 · 전문요원 및 통역요원의 양성 · 확보
행정안전부 (경찰청)	가. 국내일반테러사건에 대한 예방 · 저지 · 대응대책의 수립 및 시행 나. 국내일반테러사건의 발생시 국내일반테러사건대책본부의 설치 · 운영 및 관련 상황의 종합처리 다. 범인의 검거 등 테러사건에 대한 수사 라. 대테러특공대 및 폭발물 처리팀의 편성 · 운영 마. 협상실무요원 · 전문요원 및 통역요원의 양성 · 확보 바. 중요인물 및 시설, 다중이 이용하는 시설 등에 대한 테러방지대책의 수립 · 시행 사. 긴급구조대 편성 · 운영 및 테러사건 관련 소방 · 인명구조 · 구급활동 및 화생방 방호대책의 수립 · 시행 아. 대테러전술 및 인명구조기법의 연구 · 개발 및 필요장비의 확보 자. 국제경찰기구 등과의 대테러 협력체제의 유지
산업통상자원부	가. 기간산업시설에 대한 대테러 · 안전관리 및 방호대책의 수립 · 점검 나. 테러사건의 발생시 사건대응조직에 대한 분야별 전문인력 · 장비 등의 지원

보건복지부	가. 생물테러사건의 발생시 생물테러사건대책본부의 설치 · 운영 및 관련 상황의 종합처리 나. 테러에 이용될 수 있는 병원체의 분리 · 이동 및 각종 실험실에 대한 안전관리 다. 생물테러와 관련한 교육 · 훈련에 대한 지원
환경부	가. 화학테러의 발생시 화학테러사건대책본부의 설치 · 운영 및 관련 상황의 종합처리 나. 테러에 이용될 수 있는 유독물질의 관리체계 구축 다. 화학테러와 관련한 교육 · 훈련에 대한 지원
국토교통부	가. 건설 · 교통 분야에 대한 대테러 · 안전대책의 수립 및 시행 나. 항공기테러사건의 발생시 항공기테러사건대책본부의 설치 · 운영 및 관련 상황의 종합처리 다. 항공기테러사건의 발생시 폭발물처리 등 초동조치를 위한 전문요원의 양성 · 확보 라. 항공기의 안전운항관리를 위한 국제조약의 체결, 국제기구에의 가입 등에 관한 업무의 지원 마. 항공기의 피랍상황 및 정보의 교환 등을 위한 국제민간항공기구와의 항공통신정보 협력체제의 유지
해양경찰청	가. 해양테러에 대한 예방대책의 수립 · 시행 및 관련업무 종사자의 대응능력배양 나. 해양테러사건 발생시 해양테러 사건대책본부의 설치 · 운영 및 관련 상황의 종합처리 다. 대테러특공대 및 폭발물처리팀의 편성 · 운영 라. 협상실무요원 · 전문요원 및 통역요원의 양성 · 확보 마. 해양대테러전술에 관한 연구개발 및 필요장비 · 시설의 확보 바. 해양경비안전 관련 국제기구 참여 및 국제협약 등에 관한 사항 사. 국제경찰기구 등과의 해양대테러협력체제의 유지 아. 긴급구조대 편성 · 운영 및 테러사건 관련 소방 · 인명구조활동 및 화생방방호대책의 수립 · 시행 자. 대테러인명구조기법의 연구 · 개발 및 필요장비의 확보
해양수산부	가. 선박 · 항만시설에 대한 대테러 · 안전대책 수립 및 시행 나. 해외운항 국적선박 및 선원에 대한 테러예방 · 대비 및 대응활동 다. 해양의 안전관리를 위한 국제조약의 체결, 국제기구에의 가입 등에 관한 업무의 지원
관세청	가. 총기류 · 폭발물 등 테러물품의 반입에 대한 저지대책의 수립 · 시행 나. 테러물품에 대한 검색기법의 개발 및 필요장비의 확보 다. 전문 검색요원의 양성 · 확보

국가정보원	가. 테러 관련 정보의 수집·조성 및 배포 나. 국가의 대테러 기본운영계획 및 세부활동계획의 수립과 그 시행에 관한 기획·조정 다. 테러혐의자 관련 첩보의 검증 라. 국제적 대테러 정보협력체제의 유지 마. 대테러 능력배양을 위한 위기관리기법의 연구발전, 대테러정보·기술·장비 및 교육훈련 등에 대한 지원 바. 공항·항만 등 국가중요시설의 대테러활동 추진실태의 확인·점검 및 현장지도 사. 국가중요행사에 대한 대테러·안전대책의 수립과 그 시행에 관한 기획·조정 아. 테러정보통합센터의 운영 자. 그 밖의 대테러업무에 대한 기획·조정

11) 인질협상[67)]

(1) 인질협상의 개념

인질협상이란 "테러리스트들이 일정한 목적달성을 담보하기 위해 사람을 억류한 경우 대테러기관이 담보로 된 사람의 생명과 안전을 확보하기 위하여 범인을 설득하고 흥정하는 과정"이라고 할 수 있다.

인질협상은 1982년 미국 FBI가 그 하급훈련부서에 인질협상팀인 SORU(Special Operations and Research Unit)를 창설하면서 본격화되었다.

(2) 인질협상의 중요성

인질협상을 통하여 인질범과 인질에 대한 자료와 정보의 수집, 다음 대응전략을 수립하기 위한 시간적 여유, 인질의 생명을 위급한 상황에서 보호하는 효과를 얻을 수 있다.

(3) 인질협상의 주요기법 : 협상의 8단계

협상의 8단계는 상황에 따라 어느 단계는 불필요할 수도 있고, 어느 단계는 반복적으로 될 수도 있다.

67) 임상곤, 범죄심리학 측면에서의 인질범과 인질협상에 관한 연구, 경찰종합학교, 2001; 이광우, 협상기법연구, 『경찰협상 실무요원 연구보고서』(경찰청, 1998), p.31; 경찰대학, 앞의 책, pp.363~367.

① 1단계 : 협상의 준비

먼저 얻기를 희망하는 것, 얻도록 시도할 것, 꼭 얻어야 할 것, 상대방에 대한 정보정리, 이쪽에서 최대한 양보할 수 있는 것, 협상팀의 임무부여 등

② 2단계 : 논쟁의 개시

상대로 하여금 떼를 쓰고 흥정을 걸어오도록 유도

③ 3단계 : 신호

협상용의가 있다는 신호의 전달

④ 4단계 : 제안

구체적인 제안사항, 측 협상상대, 교신방법, 진행방법, 절차에 관한 제안을 침착하게 제시

⑤ 5단계 : 타결안

개개 내용에 관한 일괄타결안을 제시, 즉 조건, 시간, 장소, 전달방법, 식별방법, 인질 인도에 대한 상대방의 요구조건 등을 한 가지 내용씩 일괄하여 합의.

⑥ 6단계 : 흥정

상대가 요구하는 것이 바뀌거나 또 다른 것을 추가로 요구할 때 이쪽에서는 흥정을 다시 한다. 협상에 있어 무조건 양보는 금물이며, 상호교환이 되어야 한다. 즉, 상대방에게 무엇인가 공짜로 주는 것이 있어서는 안 된다.

⑦ 7단계 : 정리

매번 합의가 이루어질 때마다 정리를 하고 상대방에게 확인한다.

⑧ 8단계 : 타결

상호합의된 사항을 확인하고 약속한 절차에 따라 실제행동에 들어간다.

(4) 인질협상시 고려사항

① 보도진의 차단

② 탈출루트의 개방

③ 범인들과의 정확한 통신방법 구축

④ 범인에 대한 정확하고 신속한 신상 파악

⑤ 범인을 안심시켜 신뢰감 조성

⑥ 범인의 감정고조 방지

⑦ 대화통로의 단일화
⑧ 협상자와 범인의 직접적 접촉이나 직시상태 유지 및 대화지속성에 유의
⑨ 적당한 선에서의 요구조건 수락
⑩ 최대한 시간지연
⑪ 여자친구나 부모의 직접적 접촉 및 이용 순가
⑫ 상호간의 양보의 필요성을 인식시키고, 범인의 조건을 무시하지 말 것
⑬ 극단적인 언어를 사용하지 말고 적절한 언어를 사용 범인을 자극하지 말 것
⑭ 예 또는 아니오 폐쇄적 질문 사용을 억제하고 대화를 길게 가져갈 것

(5) 협상타결 불가능시 대화요령 및 공격

① 제1단계 : 탐색 접촉
② 제2단계 : 지연작전과 정보분석
③ 제3단계 : 진지한 협상 시작
④ 제4단계 : 심리적 압박과 상호양보의 유도
⑤ 제5단계 : 대화의 지속과 특공작전 준비완료
⑥ 제6단계 : 특공작전의 강행과 수습

12) 사이버테러리즘

(1) 사이버테러리즘의 개념

① 개념의 다의성

사이버테러리즘(cyberterrorism)에 대해서는 '사이버테러리즘'(조병인, 2000; 백광훈, 2001) 또는 '사이버 테러'(최영호, 1998; 박윤해, 2005)라는 용어로 불리고 있으며, 국가기관인 경찰청 사이버테러대응센터에서는 사이버범죄를 사이버테러형과 일반범죄형으로 구분하고 '사이버테러형 범죄'라는 용어를 사용하고 있다. 또한 사이버테러리즘은 최근 최영호(1998), 조병인(2000), 백광훈(2001), 박윤해(2005), 경찰청 사이버테러 대응센터(www.ctrc.go.kr) 등에서 사이버범죄의 독립적인 유형으로 제시하고 있다.

그러나 사이버테러리즘의 개념에 대해서는 아직까지도 많은 논란이 있으며, 매우 다의적인 개념이다. 사이버테러리즘은 기존의 테러리즘(terrorism)과의 개념적 상호비교와 사이버공간의 특성을 고려하여 접근할 때만이 정확한 이해에 도달할 수 있을 것이다.[68]

② 사이버테러리즘의 개념

사이버테러리즘의 개념정의를 기존의 테러리즘의 개념 검토에서부터 출발하는 데에는 한계점이 인정된다 하더라도 사이버테러리즘의 개념화에 대한 접근을 기존의 테러리즘의 개념적 특성이나 핵심요소로부터 찾을 수밖에 없다. 왜냐하면 사이버테러리즘의 핵심요소는 '테러리즘'이며 이것이 기술의 발전과 함께 핵무기테러리즘, 생화학테러리즘 등과 같이 '사이버'라는 새로운 유형의 수단으로 표출되었다고 할 수 있기 때문이다. 다만 사이버범죄가 컴퓨터와 정보통신시스템, 그리고 그 속에서의 사이버공간이라는 특수한 환경에서 발생한다는 특성을 고려하여 개념화나 유형화에 이러한 기술적 특성이 반영되어야 할 것이다(김계원, 1998: 100).

사이버테러리즘에 대해 조병인은 "최첨단 정보통신기술을 이용해 사회중추신경인 전산망을 파괴하거나 해킹으로 획득한 비밀정보를 불순한 목적에 이용하는 행위"(조병인 외, 2000: 227)로, 백광훈과 박윤해는 "해킹・바이러스 유포・웜바이러스 유포・논리폭탄전송・대량정보전송 및 서비스거부공격・고출력전자총 등을 통신망에서 사용하는 '컴퓨터시스템 운영방해 행위' 내지 '정보통신망 침해 행위' 또는 '전자적 침해 행위'에 의하여 국가적・사회적으로 공포심 내지 불안감을 조성하는 행위"(백광훈, 2001: 62~63; 박윤해, 2005: 52)로, 강경근(2001)은 "해킹・컴퓨터바이러스, 전자기파 등을 이용하여 정보시스템을 교란・파괴・마비시키는 새로운 형태의 정보시스템 공격행위"로 정의하고 있다. 국가기관인 경찰청 사이버테러대응센터는 "해킹, 바이러스 유포와 같이 고도의 기술적인 요소가 포함되어 정보통신망 자체에 대한 공격행위를 통해 이루어지는 것"을 사이버 테러형 범죄로 규정하고 있다.

사이버테러리즘의 개념을 정의하는 데에 있어 다른 관점에서 접근하는 경우도 있다. 백광훈은 사이버테러리즘을 협의, 광의, 최광의로 구분하여 제시하고 있다. 백광훈(2001)의 견해에 따르면 광의의 개념설정은 우선 ① 테러리즘의 중요한 요소인 국가나 사회에 대한 공포심 내지 불안감의 조성이 없음에도 불구하고 사이버공간을 이용하여 행하여졌다는 이유만으로 사이버 '테러리즘'이라고 인정한다는 점, ② 사이버테러가 침해 내지 위협하는

68) 김계원, 「사이버범죄정책의 효과성에 관한 연구 : 유형화탐색을 중심으로」, 인천대학교 박사학위논문(1998), p.94.

법익은 국가 내지 사회기반시설의 안정성 또는 현대정보사회의 근본구조인 정보망 자체의 안정성인 데 비하여 다른 사이버범죄들이 보호하는 법익들은 개인의 재산권이나 사회의 건전한 성풍속 및 청소년의 건전한 성적 발달, 개인의 의사결정의 자유 내지 온전함이라는 점에서 보호법익의 차이가 있다는 점, ③ 단순한 해킹이나 바이러스전달에서 그치는 사이버범죄와 그러한 사이버범죄가 사회적・국가적으로 불안감을 유발시키는 단계로 발전된 사이버테러리즘은 명백하게 구별되어야 한다는 점, ④ 방법론적으로도 사이버테러리즘이라는 대응대상을 정확히 선정하여 이어 대한 형사정책적 대응방안을 고찰하는 것이 효과적이라는 점 등을 고려할 때 문제점을 내포하고 있다고 할 수 있다(백광훈, 2001: 57~58).

이러한 선행의 학자들이 제시하고 있는 사이버테러리즘의 개념정의를 통해 공통적으로 표출되는 핵심요소를 유추하여 보면 첫째는 수단 및 방법 면에서의 해킹, 바이러스, 논리폭탄, 서비스거부공격, 고출력전자총 이용(조병인, 2000; 백광훈, 2001; 강경근, 2001; 박윤해, 2005), 둘째, 행위 면에서 정보통신망 침해(교란, 마비, 파괴)(조병인, 2000; 백광훈, 2001; 강경근, 2001; 박윤해, 2005) 및 비밀정보 획득(조병인, 2000), 셋째, 목적 면에서 국가적・사회적 불안감 조성(백광훈, 2001; 박윤해, 2005) 등을 들 수 있다.

이러한 선행연구의 견해들을 고려하여 사이버테러리즘을 협의의 개념으로 이해하고 또한 컴퓨터사보타주에 수용되는 중요한 범죄유형으로 이해하여 '해킹・컴퓨터바이러스 또는 이와 유사한 전자적 침해방법을 사용하여 국가적・사회적 중요시설의 운영을 방해하거나 파괴하여 국가적・사회적으로 공포심 내지 불안감을 조성하는 행위'로 정의하고자 한다. 이에 대한 구체적인 행위유형으로는 해킹이나 컴퓨터바이러스, 기타 전자적 침해방법에 의한 컴퓨터 및 정보통신시스템 점유・작동방해・조작・통제・이용, 논리폭탄, 분산서비스거부공격, 메일폭탄 등을 제시한다. 여기서 선행학자들이 들고 있는 고출력전자총의 경우 하드웨어적인 물리적 파괴 행위로 보고 사이버테러리즘의 수단에 포함시키지 않고, 컴퓨터사보타주의 물리적 파괴로 구분하였다.

③ 사이버테러리즘의 위협과 경호작용

오늘날의 사회양태를 정보사회라고 지칭한다. 정보사회는 사회의 다양한 생산수단뿐만 아니라 사람들의 생활양식 자체가 컴퓨터 및 정보통신기기에 밀접히 의존하거나 유합되어 있는 것으로 경호작용에 있어서도 예외는 아니다.

경호작용에 필요한 다양한 문서작업이나 정보수집방식, 각 경호단위나 경호원 간의 공식, 비공식적 커뮤니케이션, 각종 경호장비 등이 컴퓨터 및 정보통신기기와 결합된 형태로 이루어져 있다. 이에 따라 경호조직 내의 모든 단위는 컴퓨터 및 정보통신망으로 연결되어 시간과 공간에 제약 없이 접근이 가능한 상태로 이는 경호상 가장 중요한 요소 중 하나인 보안의 어려움을 야기 시키고 있다.

동시에 경호위협을 야기시키려는 입장에서는 사이버테러리즘이라는 새로운 위협수단을 통해 과거의 시간과 공간의 제약을 뛰어넘는 위해를 가능케 하는 요인으로 작용하고 있다.

(2) 사이버테러리즘의 특성

① 뉴테러리즘과 유사한 '탈테러리즘적 특성'이 특성이다.

② 저비용성을 특성으로 한다. 테러를 수행하는데 필요한 경제적 비용이 최소로 소요된다.

③ 전통적인 테러리즘이 자신의 희생을 필요로 하는 경우가 많은데 비해 사이버테러리즘은 자신의 희생을 필요로 하지 않는다.

④ 비정치성과 맹목적성 등을 특성으로 한다.

⑤ 사이버상에서 행위가 이루어지기 때문에 무형성과 신체상의 직접적 비폭력성을 특징으로 한다.

⑥ 수단의 용이성, 즉 인터넷이라는 매체의 근본적인 취약성으로 사이버 테러리즘이 필연적으로 발생할 수밖에 없다.

⑦ 피해자가 사이버테러의 발생을 자초하는 경우가 많다.

⑧ 전쟁 또는 전통적 테러의 예비단계로서 발생하는 경우가 많다.

⑨ 전통적 테러가 주로 약자에 의해 이루어진데 비해 사이버테러는 경제적 지위(이익) 독점을 노리는 강자에 의해 이루어지는 경우가 많다.

⑩ 비정치성이나 맹목적성 등의 특징과 더불어 실행하는 자 입장에서 죄의식이 희박한 경우가 많다.

⑪ 전통적인 테러도 마찬가지겠지만 특히 사이버테러는 그 흔적이나 증거가 남지 않는 경우가 많다.

(3) 사이버테러리즘의 유형

① 해킹

해킹이 단순히 사이버범죄의 유형인지 사이버테러리즘의 전형적 양태인지에 대해서는 논란이 있지만 해킹을 사이버테러리즘의 대표적 범죄양태로 보는 입장이 국내의 다수의 학자들에 의해 지지되는 입장이라 할 수 있다(김계원, 1998: 85).

해킹의 개념정의와 관련 해킹이란 "컴퓨터를 이용하여 다른 사람의 정보처리장치 또는 정보처리조직에 침입하거나 기술적인 방법으로 다른 사람의 정보처리장치가 수행하는 기능이나 전자기록에 함부로 간섭하는 일체의 행위"(최영호, 1998: 61)라고 정의하고 있고, 백광훈은 해킹의 정의를 "컴퓨터를 이용하여 다른 사람들의 정보처리장치 또는 정보처리조직에 침입하거나 기술적인 방법으로 다른 사람의 정보처리장치가 수행하는 기능이나 전자기록에 함부로 간섭하는 일체의 행위"(백광훈, 2000: 59)라고 하여 해킹의 핵심적 요소를 권한이나 허락을 받지 않은 자가 접근 코드나 패스워드를 풀어버리는 방법을 통하여 타인의 컴퓨터시스템에 접근하는데 있어서 컴퓨터를 사용한다는 점(Grabosky · Smith, 1998: 30; 백광훈, 2000: 59)에서 찾고 있다.

해킹의 구체적인 유형에 관해서 최영호는 부팅의 간섭, 하드웨어시스템 파괴, 소프트웨어불법복제, 암호격파를 통한 컴퓨터통신망에의 불법침입, 비밀화된 암호기록의 해독 등(최영호, 1995: 186) 등을 들고 있고, 조병인(2000)은 스누핑(snoofing), 스니핑(sniffing), 스푸핑(spoofing), 스머핑(smurfing), 전자우편폭탄(E-Mail Bomb), 스팸메일(Spam Mail), 서비스거부(Denial of Service), 고출력전자총(Herf Gun), 스캔공격, 전자기폭탄, 악성해킹프로그램(백오리피스, 논리폭탄, 트로이목마, 인터넷웜, 바이러스, 플레임) 등을 들고 있으며, 백광훈은 스누핑(snoofing), 스니핑(sniffing), 스푸핑(spoofing), 스머핑(smurfing), 전자우편폭탄(E-Mail Bomb), 스팸메일(Spam Mail), 서비스거부(Denial of Service), 고출력전자총(Herf Gun), 스캔공격, 전자기폭탄, 악성해킹프로그램(백오리피스, 논리폭탄, 트로이목마, 인터넷웜, 바이러스, 플레임) 등을 들고 있다(백광훈, 2000: 60).

본서에서는 선행연구의 내용을 토대로 하여 해킹을 '타인의 컴퓨터 및 정보통신시스템에 권한 없이 침입하여 타인의 컴퓨터 및 정보통신시스템의 기능과 자료를 훼손하고 저장된 자료를 획득하는 행위'라고 정의하고, 이에 대한 구체적인 양태로는 조병인(2000)과 백광훈(2001)의 제시유형에 기초하여 스누핑, 스니핑, 스푸핑, 스머핑, 전자우편폭탄, 스팸메일, 서비스거부, 고출력전자총, 스캔공격, 전자기폭탄, 악성해킹프로그램(백오리피스, 논리폭탄, 트로이목마, 인터넷웜, 바이러스, 플레임) 등을 들고자 한다(김계원, 1998: 87).

② 컴퓨터바이러스

바이러스(virus)는 바이러스 또는 컴퓨터 바이러스(computer virus)로 불리고 있으며, '다른 컴퓨터 프로그램 또는 사용자가 실행할 수 있는 전자기록, 예컨대 오버레이 파일(overlay file), 장치구동기(device driver), 운영체제(operating system), 부팅에 필요한 데이터(boot record) 등에 자신 또는 그 변형을 복제할 수 있도록 고의로 제작된 명령어들의 집합'(Cohen, 1994: 1~2; 최영호, 1998: 128), '사용자 몰래 다른 프로그램에 자기 자신을 복사하는 프로그램'(조병인 외, 2000: 262), '다른 컴퓨터 프로그램 또는 사용자가 실행할 수 있는 전자기록 등에 자신 또는 그 변형을 복제함으로써 다른 프로그램들을 감염시킬 수 있는 고의로 제작된 명령어들의 집합 내지 조합'(백광훈, 2000: 141), '다른 컴퓨터 프로그램 또는 사용자가 실행할 수 있는 전자기록 등에 자신 또는 그 변형을 복제할 수 있도록 고의로 제작된 명령어들의 집합'(박윤해, 2005: 66) 등의 거의 동일한 개념정의를 내리고 있다.

이들 컴퓨터바이러스의 구체적인 유형은 매우 다양하여 하나하나를 열거하기가 어렵지만 대표적으로 제시되고 있는 것을 살펴보면 부트바이러스(브레인바이러스, 미켈란젤로바이러스 등), 파일바이러스, 부트/파일바이러스(나타스바이러스, 절반바이러스, 테킬라바이러스 등)(조병인 외, 2000: 266~267) 등과 웜 바이러스 등 다양한 종류들이 존재한다.

또한 컴퓨터바이러스의 성격을 조병인(2000)이 지적한 것처럼 '컴퓨터바이러스프로그램'(조병인 외, 2000: 262; 백광훈, 2000: 141)으로 보고, 컴퓨터바이러스의 핵심적 요소를 첫째 프로그램, 둘째, 사용자의 불인식성(은밀성), 셋째, 복제성 등(백광훈, 2000: 141)으로 파악하고자 한다(김계원, 1998: 88). 컴퓨터바이러스의 유형으로는 조병인(2000)이 제시한 것처럼 부트바이러스(브레인바이러스, 미켈란젤로바이러스 등), 파일바이러스, 부트/파일바이러스(나타스바이러스, 절반바이러스, 테킬라바이러스 등), 그리고 웜바이러스 등이 있다(김계원, 1998: 89).

③ 논리폭탄

보통의 프로그램에 오류를 발생시키는 프로그램 루틴을 무단으로 삽입하여, 특정한 조건의 발생이나 특정한 데이터의 입력을 기폭제로 컴퓨터에 부정한 행위를 실행시키는 것으로 프로그램이 전혀 예상하지 못한 파국적인 오류를 범하게 한다. 주로 이메일 폭탄, 전자 편지 폭탄, 컴퓨터 바이러스 등과 같이 인터넷 등 컴퓨터 통신망을 이용한 범죄나 사이버 테러리즘의 수법으로 사용된다. 오류를 발생시키는 부호의 삽입에는 보통 트로이 목마를 응용한다.

④ 분산서비스거부공격

분산서비스거부공격(Distributed Denial of Service attack DDOS)이란 공격자가 다수의 PC를 좀비(봇)으로 만들어 악의적으로 특정 시스템을 공격해 해당 시스템의 리소스를 부족하게 하여 정상적인 서비스를 수행하지 못하게 하는 공격 방법을 말한다.

DDOS의 특성으로는

㉠ 일반적인 사용자 PC의 정상적인 접속과 유사하여 이를 미리 구별하기 어려우며

㉡ 가용량을 뛰어넘는 트래픽을 통하여 시스템이 뚫리지 않더라도 서비스 불가로 인한 다양한 파생적 피해를 발생시키며

㉢ 분산된 시스템에서 ip spooping을 통해 위장을 수행함으로써 공격자를 추적하는 것이 매우 어렵고

㉣ 제로데이 공격의 경우, PC들이 대응을 하지 못하여 피해 범위가 광범위함.

일반적인 DDOS 공격 프로세스는

㉠ 좀비 PC의 확보 : 취약점을 가진 PC를 악성코드를 심어 다른 취약 PC를 찾아내 전파시키고, 사용자에게 필요한 어플리케이션으로 가장하여 자료실 등을 통해 전파

㉡ 공격 수행 : 원격지의 컨트롤 PC에 의한 공격 명령을 수행하고, 미리 프로그램된 시간에 동시에 공격

㉢ 공격 대상에 침투 : 공격 대상 시스템이 buffer overflow 등의 상황이 되었을 때 해당 대상에 침투하여 정보취득, 변조, 파괴

⑤ 메일폭탄

상대방에게 피해를 줄 목적으로 한꺼번에 또는 지속적으로 대용량의 전자우편을 보내 시스템에 고장을 일으키는 수법이다.

13) 뉴테러리즘

(1) 뉴테러리즘의 개념

뉴테러리즘이란 일반대중들의 공포를 목적으로 적이 누구인지 모르고, 전선도 없고, 전쟁규칙도 없으며, 사용하는 무기도 대량살상무기, 사이버상의 해킹, 민항기의 공중납치, 생물학무기 등 다양하며, 공격목표도 군사시설과 민간시설 간에 구별이 없는 사회전반의 혼란, 국가권력의 무력화 등 총체적 아노미화를 추구하는 테러리즘을 말한다.

(2) 뉴테러리즘의 특징

① 대상 면에서 불특정한 민간인과 일반시설, 정부핵심시설 등을 직접 목표로 삼아 대량살상을 시도한다.

② 수단 면에서도 전쟁의 수준까지 접근하여 자살폭탄차량은 물론이고 생화학무기, 핵테러, 사이버테러 등 그 위력이 상상을 초월하고 다양화되었다.

③ 과학화・정보화의 특성을 그대로 반영, 고도로 네트워크화되어 있다.

④ 테러의 요구조건이 없고 공격주체가 불명확하여 추적, 색출, 근절이 곤란하다.

⑤ 테러를 전쟁의 한 형태로 간주하여 무차별 공격을 기본으로 최대의 피해를 추구한다.

⑥ 느슨한 중앙통제를 기본형태로 이루어진 그물망조직으로 무력화가 곤란하다.

⑦ 테러의 긴박성으로 신속하고 효율적인 대처가 어렵다.

⑧ 현지 취득장비를 테러에 적용하기 때문에 적절한 방어대비가 곤란하다.

⑨ 무기가 첨단화되고 대량살상화, 사이버화되어 이에 대한 대비에 어려움이 있다.

⑩ 언론매체 등의 발달로 테러에 대한 공포확산이 매우 광범위하고 신속하게 이루어진다.

⑪ 테러조직들이 이민2세나 중산층, 인텔리 등으로 이루어져 테러가 보다 지능화되고 성공률이 높아졌다.

⑫ 동기 면에서 종교적인 신념이 강화되어 그 결속력이나 실행력이 극단화되었다.

(3) 뉴테러리즘의 대표적 유형

① 9.11형 테러리즘 - 동시다발적인 가미가제식 자살공격

② 사이버테러리즘

③ 핵테러리즘

④ 생화학 테러리즘

기출 및 적중 예상문제

01. 다음 중 경호의 개념에 관한 설명으로 잘못된 것은?

① 현행의 대통령 등의 경호에 관한 법률은 경호의 개념을 기존의 호위행위와 경비행위를 모두 포함하는 것으로 보고 있다.
② 대통령 등의 경호에 관한 법률상 경비의 개념은 일반적인 지역에 대한 경비 개념이 적용된다.
③ 대통령 등의 경호에 관한 법률에서의 경호행위에는 발생가능한 위해에 대한 사전적인 예방행위뿐만 아니라 사후적인 진압행위도 포함되는 것으로 이해한다.
④ 경비업법상의 경호의 개념은 신변보호업무라는 용어를 사용하여 경비행위의 일환으로 이해하고 있다.

해설 대통령 등의 경호에 관한 법률상 경비의 개념은 대통령경호와 직·간접적으로 관련되는 특정한 지역에 대한 경비를 핵심범위로 하는 개념이다.

02. 경호의 개념에 대한 설명으로 틀린 것은?

① 국가원수에 대한 경호는 그 국가의 안전과 직결되는 중요한 문제이다.
② 경호란 호위와 경비가 총체적으로 이루어져야 한다.
③ 호위란 신체에 대하여 직접적으로 가해지는 위해를 근접에서 방지 또는 제거하는 행위를 말한다.
④ 피경호자의 신변감시만을 전제로 하는 활동이다.

해설 예방적인 감시행위뿐만 아니라 사후적인 진압행위, 그리고 경비행위도 포함된다.

03. 다음 중 경호의 개념을 설명한 것으로 올바른 것은?

① 우리나라에서는 실정법상 경호라는 용어를 통일적으로 사용되고 있다.
② 대통령 등의 경호에 관한 법률상 경호개념에는 경계행위도 포함된다.
③ 대통령 등의 경호에 관한 법률상의 경비개념은 경비업법의 경비개념과 동일하게 사용되고 있다.

정답 01. ② 02. ④

④ 대통령 등의 경호에 관한 법률상 경호개념은 사후진압적인 경호행위를 중심으로 정의되고 있다.

해설 현재 사용되고 있는 경호의 개념은 통일적이지 못하고 다양한 의미로 사용되고 있다. 용어에 있어서도 경호, 호위, 경비, 신변보호, 요인경호 등 혼용되어 사용되고 있는 실정이다. 경호의 범위 또한 법적 근거에 따라 약간씩의 차이를 보이고 있다. 경비업법은 경호라는 용어 대신 신변보호라는 용어를 사용하고 있고, 경비의 범위도 일반적인 경비개념으로 대통령 등의 경호에 관한 법률상의 경비개념보다는 광의로 사용하고 있다. 대통령 등의 경호에 관한 법률상 경호개념은 사전예방적 경호개념과 사후진압적 경호개념이 모두 포함되어 있다.

04. 다음 중 실질적 의미의 경호개념에 대한 설명으로 틀린 것은?

① 경호대상자를 각종의 위해로부터 보호하는 제반활동을 의미한다.

② 이론적 관점에서 논의되는 개념이다.

③ 경호기관이 수행하는 활동은 모두 포함한다.

④ 국가든 개인이든 주체가 누구인지는 따지지 않는다.

해설 경호의 실질적 개념은 경호활동을 본질·성질·이론적 관점에서 파악하는 개념으로 피경호자를 각종의 위해로부터 보호하는 제반 활동이다. 이러한 관점에서는 경호의 주체가 국가기관이든 민간인이든, 개인이든 단체이든 묻지 않고, 실질적으로 위해로부터 대상자의 생명과 신체를 보호하는 활동이면 모두 경호활동이라고 한다. 이와는 구별되는 형식적 개념은 경호활동을 법·제도·기관적 관점에서 파악한 것으로 실정법에 의해 인정된 경호기관이나 조직에 의해 수행되는 제반활동을 말한다. 이러한 관점에서는 당해 행위가 위해로부터 대상자의 신변을 보호하는 활동이라도 실정법적으로 규정된 범위에 해당되거나 법적으로 경호기관으로 규정된 조직에 의해 수행되는 활동만이 경호활동이라고 할 수 있다.

05. 다음 중 형식적 의미의 경호개념은?

① 이론적 입장에서 이해되는 개념이다.

② 경호대상자에 대한 모든 인위적, 자연적 위해로부터 지키는 개념이다.

③ 실정법상 일반 경호기관의 권한에 속하는 일체의 경호작용을 말한다.

④ 경호의 주체에 대한 제약이 없다.

해설 형식적 의미의 경호개념은 법, 제도, 조직 중심의 개념으로, 법률에 규정된, 법률기관이 수행하는 경호행위를 중심으로 경호를 이해한다.

정답 03. ② 04. ③ 05. ③

06. 다음 중 어느 동네에 마음 좋은 가게집 아저씨가 이웃집 어린이가 테러위협을 받는 것을 알고 매일 학교까지 바래다주는 행위는 형식적 개념에서 보면 어디에 해당하는가?

① 호위행위 ② 경비행위
③ 경호행위 ④ 자원봉사

해설 설문과 같이 마음 좋은 가게집 아저씨가 이웃집 어린이가 테러위협을 받는 것을 알고 매일 학교까지 바래다주는 행위는 실질적 개념으로는 경호활동에 해당되지만 형식적 개념으로는 경비업법상의 법적 행위도, 법적 기관에 의해 수행되는 행위도 아니기 때문에 단지 자원봉사활동이 될 뿐이다(자세한 내용은 문제 3번의 해설 참조).

07. 다음 중 경호의 개념에 대한 설명 중 형식적 개념에 해당되지 않는 것은?

① 활동의 본질이 경호에 해당되느냐에 관한 논의가 중점이 된다.
② 허가 받은 민간경비회사가 수행하는 신변보호활동도 포함된다.
③ 실정법에 의해 인정된 기관이나 조직이 수행하는 경호활동이면 모두 포함된다.
④ 경호주체에 대한 제약이 있다.

해설 형식적 의미의 경호개념은 주로 실정법 또는 제도적인 측면에서의 경호활동을 논하는 것으로 실정법적에 경호의 범위가 어떻게 규정되어 있는가와 경호기관으로 인정된 기관이 수행하는 활동인가가 중요한 기준이 된다. 따라서 형식적 개념하에서 경호활동이기 위해서는 법적으로 인정된 주체가 반드시 수행하여야만 된다는 주체의 제약이 있을 수밖에 없다.

08. 형식적 의미의 경호개념이 아닌 것은?

① 법에 의해 구성된 경호기관을 기준으로 하여 정립된 개념이다.
② 실정법상 경호기관이 수행하는 일체의 경호활동이다.
③ 경호의 성질 · 본질상 구분에 의한 것이다.
④ 경호규칙이나 경호지침도 포함된다.

해설 이론적 관점에서 접근하여 경호행위의 성질, 성격, 본질을 따지는 시각은 실질적 의미의 경호개념이다.

정답 06. ④ 07. ① 08. ③

09. 각 경호기관의 경호개념에 관한 설명으로 틀린 것은?

① 한국 경찰기관에서의 경호 · 경비는 정부요인 · 국내외 주요 인사 등 경호대상자의 신변에 대하여 직 · 간접으로 가해지려는 위해를 방지하기 위하여 위험요소를 사전에 제거하고 경호대상자의 안전을 도모하는 경찰작용을 말한다.

② 일본 요인경호부대의 경호정의는 신변에 위해가 있을 경우 국가공공 안녕질서에 영향을 줄 우려가 있는 자에 대해 신변안전확보를 위한 경찰활동이다.

③ 미국 비밀경호국의 경호정의는 실제적이고 주도면밀한 범행의 성공기회를 최소화하는 것이다.

④ 한국 대통령경호실의 정의는 경호대상자의 생명과 재산을 보호하기 위하여 신체에 가해지는 위해를 방지 또는 제거하는 안전활동에 국한한다.

해설 특정지역에 대한 경계 · 순찰 · 방비 등의 행위도 포함된다.

10. 다음 중 공경비와 사경비에 대한 설명으로 잘못된 것은?

① 민간경비의 비용부담은 특정의뢰자가 한다.

② 공경비의 보호이익은 일반국민의 이익이다.

③ 민간경비의 역할범위는 법집행에 한정된다.

④ 민간경비의 대상은 특정인이다.

해설 공경비와 민간경비의 차이점

구 분	공 경 비	민 간 경 비	상 호 관 계
주 체	국가	법인(사인)	공권력 보조관계 ↓ 상호 보완관계
대 상 영 역	불특정 일반국민	특정의뢰인 및 단체	
경 비 부 담	국가	용역의뢰자	
보 호 이 익	불특정 일반국민	용역의뢰자(제한적 일반인)	
강제권 여부	보유	미보유	
역 할 범 위	범죄예방/범죄진압	범죄예방	

11. 다음 중 경호의 목적이 아닌 것은?

① 국위선양　② 질서유지

③ 위엄유지　④ 경제적 이익

해설 경호의 목적으로는 피경호자의 신변보호, 피경호자의 위엄(권위)유지, 질서유지와 혼잡방지, 피경호자와 일반대중의 친화도모, 국위선양 등이 있다.

정답 09. ④ 10. ③ 11. ④

12. **다음의 경호목적 중 일반대중들이 느끼는 경호대상자에 대한 이미지와 관련된 것은?**

① 신변보호　② 친화도모
③ 권위유지　④ 혼잡방지

해설 이와 관련된 것은 친화도모 목적으로 행사시 경호대상자는 일반대중과 빈번히 접촉하는데 이때 경호원들의 체계적인 경호활동과 대중들에 대한 무례하지 않은 행동들은 일반대중들이 피경호자에 대한 이미지에 긍정적인 영향을 미친다.

13. **다음의 경호이념 중 국민과의 협력을 중시하는 이념은?**

① 합법성　② 보안성
③ 희생성　④ 협력성

해설 경호이념이란 경호목적 달성을 위해 지켜야할 수단적 목적이라고 할 수 있다. 이러한 경호이념에는 대표적으로 ① 합법성, ② 보안성, ③ 희생성, ④ 협력성, 정치적중립성 등이 있다. 설문은 이중 협력성에 대한 내용이다.

14. **부득이 법을 어기지 않고는 대상자의 신변보호가 어려울 경우를 제외하고는 경호활동은 법적인 테두리 내에서 이루어져야 한다는 원칙과 관련된 것은?**

① 협력성　② 정치적중립성
③ 보안성　④ 합법성

해설 합법성에 관한 설명이다. 보안성은 경호를 위한 활동은 적으로부터 철저히 은폐된 가운데 이루어져야 한다는 것이고, 희생성은 상황발생시 경호원은 대상자를 중심으로 인간방벽을 형성 자기 몸을 희생하여 공격을 차단하는 것을 기본원칙으로 하는 것이며, 정치적중립성은 경호원이 어느 한편의 정치적 이념을 지지하는 경향을 띠어서는 안 된다는 것이다.

15. **다음 중 경호학에 대한 내용으로 볼 수 없는 것은?**

① 경호학은 법학, 행정학, 경찰학, 사회학 등의 학문과 밀접한 관련성을 지니고 있다.
② 경호학은 경호규범에 대한 연구의 초점을 두고 있기 때문에 복잡 다양한 경호현상은 연구대상에서 제외된다.
③ 경호학은 경호법해석학적 연구방법을 포함한다.

정답 12. ② 13. ④ 14. ④

④ 경호학은 경호규범의 구현을 위하여 경호대상, 경호기관 및 제도가 연구대상이 된다.

해설 복잡다양한 경호현상에 대한 연구는 경호학연구의 주요한 테마이다.

16. **경호를 공식경호, 비공식경호, 약식경호로 분류한 것은 어떠한 분류에 해당하는가?**

① 경호수준에 의한 분류
② 이동수단에 의한 분류
③ 성격에 의한 분류
④ 대상에 의한 분류

17. **경호관계자간의 사전 통보나 협의절차 없이 이루어지는 행사 때의 경호는?**

① 약식경호
② 비공식경호
③ 공식경호
④ 연도경호

18. **다음 중 수상, 국회의장, 대법원장, 헌법재판소장, 이와 대등한 지위에 있는 외국인사 등에 대한 경호분류는?**

① 갑호 경호
② 을호 경호
③ 병호 경호
④ 정호 경호

19. **대통령이 국경일 행사에 참석한 후 귀경길에 갑자기 사전 예정되지 않았던 수해지역 방문을 지시하여 차량대형을 변경하여 수해지역을 방문하고 귀경하였다면 경호과정에 해당되는 경호분류 중 맞는 것은?**

① 약식경호, 비공식경호, 차량경호
② 을(B)호경호, 행사장경호, 공식경호
③ 간접경호, 3(C)급경호, 비공식경호
④ 공식경호, 2(B)급경호, 갑(A)호경호

해설 기출문제의 정답은 ④번이다. 다만 본문제는 학문적으로나 실무적으로나 논란의 여지가 있는 바람직하지 못한 문제이다. 왜냐하면 예문에서 피경호자가 대통령인지가 명확히 특정되어 있지 못하고(본 문제에서는 수정하였음), 실무적으로는 경호작용이 시간순서에 따라 구분되어 다른 차원으로 수행될 수 없기 때문이다. 그러나 본 문제는 각각의 상황에 맞는 경호유형을 묻는 것으로 해석하여 처리해야 한다.

정답 15. ② 16. ③ 17. ② 18. ② 19. ④

20. **국무총리가 연말연시를 맞아 사전 계획되었던 군부대 위문방문을 마치고 차량으로 귀경 도중 갑자기 예정되지 않았던 인근 고아원을 방문하기로 결정하였을 때의 경호분류로 맞는 것은?**

① 3급경호, 비공식경호, 간접경호 ② 을호경호, 차량경호, 약식경호
③ 직접경호, 을호경호, 비공식경호 ④ 1급경호, 공식경호, 행사장경호

해설 기출문제로 논란의 여지가 있는 문제이다. 예문에서 경호대상자가 국무총리이기 때문에 을호에 해당되고 사전에 예정되지 않은 장소방문은 비공식경호, 실질적인 경호실시에 해당되기 때문에 직접경호에 해당한다고 할 수 있다. 참고로 김두현, 이상철 교수는 경호분류 중 직접경호와 간접경호 개념을 채용하고 있다.

21. **경호의 분류에서 분야별 경호임무의 설명으로 틀린 것은?**

① 열차경호는 경호대상자가 열차를 이용하는 경우 열차 내에서 이루어지는 경호를 말하며, 통상 열차 내에서의 경호책임은 출발지 역으로부터 도착지 역까지로 도착지 역 관할 지방경찰청에서 담당한다.
② 숙소경호는 경호대상자가 평소 거처하는 관저나 임시로 머무는 장소로 체류기간이 장기화되고 야간 근무가 이루어진다는 점이 고려되어야 한다.
③ 선박경호시 선박을 선택할 때에는 기후와 파도에 견딜 수 있는 형태와 크기를 갖춘 것이어야 하며, 선박 안에 인명구조 및 비상시설이 충분한지에 대한 확인과 여행 중 불편이 없도록 제반시설을 점검하여야 한다.
④ 동승차량경호는 경호대상자의 자동차 등에 동승하여 차내 및 행선지에서의 보호임무를 수행하며, 경호대상자가 승·하차시 경호원으로 하여금 방벽을 구축하여 근접경호를 한다.

해설 본 문제에서 ①이 틀린 내용으로 통상 열차 내에서의 경호책임의 경우 출발지역 관할 지방경찰청이 담당한다.

22. **다음 중 경계대상에 의한 경비분류로 옳게 연결된 것은?**

① 치안경비 – 총기류에 의한 인질, 살상 등 중요범죄의 위해방지
② 혼잡경비 – 경기대회, 기념행사 등의 미조직 군중의 예측불가능한 사태를 방지

정답 20. ③ 21. ①

③ 특수경비 – 천재, 홍수, 태풍, 지진 등에 의한 돌발사태를 방지
④ 중요시설경비 – 공공의 안녕과 질서를 문란하게 하는 사태에 대한 경비

해설 ①은 특수경비, ③은 재해경비, ④는 치안경비에 대한 설명이다.

23. **다음 중 경호경찰활동과 관련한 경비경찰에 대한 설명으로 잘못된 것은?**

① 공공의 안녕 · 질서를 해치는 개인적 · 집단적인 불법행위나, 인위적이거나 자연적인 혼잡 · 재해 등을 예방 · 경계 · 진압하는 경찰 활동을 말한다.
② 경비경찰활동은 주로 공공의 안녕과 질서를 해할 염려가 있는 범죄에 대한 예방활동만을 대상으로 한다.
③ 개인적 · 단체적 불법행위와 관련한 치안경비, 특수경비, 경호경비, 중요시설경비 등이 중심업무이다.
④ 조치의 신속성, 처리기한의 무제한성을 특징으로 한다.

해설 경비경찰활동은 복합적 활동으로 범죄예방활동, 경계활동, 진압활동 등 여러 영역에 걸친 업무수행을 특징으로 한다. 또한 조치의 신속성, 처리기한의 무제한성을 내용으로 하는 즉응적 활동을 그 특징으로 한다.

24. **다음의 우리나라 경호제도 중 고려시대 경호기관인 것은?**

① 도방 ② 대모달
③ 위사좌평 ④ 시위부

해설 고려시대 대표적인 공경호기관으로는 2군6위, 순마소(순군만호부), 총관, 만호, 내군부(장위부, 사위사, 위위부), 성중애마, 충용사위, 사평순위부 등이 있고, 민간경호기관으로는 도방, 삼별초, 승병 등이 있다. ② 대모달은 말객과 함께 고구려의 경호기관이고, ③ 위사좌평은 5부와 함께 백제의 경호기관, ④ 시위부는 통일신라의 경호기관이다.

25. **다음 중 최초로 전문적인 민간경호조직이 출현한 시기는?**

① 삼국시대 ② 통일신라기
③ 고려시대 ④ 조선시대

정답 22. ② 23. ② 24. ①

해설 논란의 여지는 있지만 우리나라 최초의 전문민간경호기관은 도방이라고 할 수 있다. 도방은 고려무신집권기인 1179년경에 경대승이 자신의 신변을 보호하기 위해 100명의 무장결사대를 조직 사저에 숙위케 하던 것으로 이후 최씨정권에 의해 6번 숙위, 36번 숙위 등으로 확대 사적 경호기관으로서의 역할을 효과적으로 수행하였다.

26. 다음 중 근대 이전의 경호제도에 대한 설명으로 잘못된 것은?

① 실질적 의미의 경호업무는 원시시대 인간이 집단생활을 영위하면서 시작하였다.

② 삼국시대 경호업무는 제반 분야와 미구분 상태에서 혼합적으로 수행되어졌다.

③ 조선시대에 들어서는 행정적 기능, 군사적 기능, 공경찰기능, 민간경비기능 등이 명확히 구별되어 수행하였다.

④ 현대적 의미의 경호경비제도는 1948년 정부수립 이후 경무대경찰서가 설치되어 대통령경호임무를 수행하면서 시작되었다고 볼 수 있다.

해설 통상적으로 전통적 경호경비제도는 역사적으로 고찰이 가능한 고대국가에서 근대경찰제도가 출현하기까지의 구한말 일제침략기까지로 보는 것이 일반적이다. 이때의 특징은 일부 전문적인 경호조직이 출현하기는 하였지만 경호업무가 기능적으로 명확히 분화되지 못했다는 점이다. 따라서 조선시대의 경우에도 국가제도가 정비되어 국가법령이 체계화 되었지만 행정, 군사, 경찰, 민간경비 등이 명확히 구별되어 수행되지는 못했다.

27. 다음 중 백제시대 경호업무를 수행하던 기관으로 맞는 것은?

① 5 부

② 시위부

③ 삼별초

④ 대모달

해설 백제는 삼국 중 가장 먼저 정치조직을 완비한 국가로서 이중 오늘날의 경호업무에 해당하는 기능을 수행하던 기관은 6좌평 중에서 위사좌평과 군사조직인 5부이다. ② 시위부는 통일신라시대, ③ 삼별초는 고려시대, ④ 대모달은 고구려시대의 경호기관이다.

28. 다음 중 우리나라 최초의 전담 대통령경호기관이 설치된 시기는?

① 구한말 광무개혁 때

② 해방 후 정부수립시

③ 1963년 제3공화국

④ 제5공화국

정답 25. ③ 26. ③ 27. ①

해설 우리나라 최초의 전담 대통령경호기관은 1949년 설치된 경무대경찰서이다.

29. 다음 중 경비경찰의 특성으로 틀린 것은?

① 즉응적 활동
② 조직적 부대활동
③ 복합적 활동
④ 명령체계의 상향성

해설 경찰업무 중 경호업무를 수행하는 분야는 경비경찰분야로 경비경찰은 ① 즉응적 활동, ② 조직적 부대활동, ③ 복합적 활동 외에 명령체계의 하향성, 질서유지의 목적 등의 특성을 갖는다.

30. 우리나라 최초의 현대적 형태의 민간경비회사가 출현한 시기는?

① 1950년대
② 1960년대
③ 1970년대
④ 1980년대

해설 우리나라 최초의 민간경비는 미군에 대한 군납형태를 띤 제한적 형태의 용역경비가 실시되면서 시작되었다. 이러한 용역업무를 수행하던 회사로는 1953년 봉신기업, 1954년 용진보안공사, 1958년 화영기업, 경원기업, 1959년 신원기경 등을 들 수 있다.

31. 다음은 민간부문의 경비제도를 설명한 것이다. 올바르지 않은 것은?

① 미군에 대한 군납형태를 띤 제한적 형태로 시작되었다.
② 1976년 용역경비업법이 제정되면서 본격적인 전문경비업이 시작되었다고 할 수 있다.
③ 1976년 한국경비보장주식회사가 일본의 SECOM과 합작 기계경비를 도입하면서 기계경비에 의한 전문경비가 시작되었다.
④ 86년 아시안게임과 88년 서울올림픽에 민간경비업체가 참여하면서 양적·질적 성장에 계기가 되었다.

해설 한국의 기계경비서비스의 시작은 1981년 한국경비보장주식회사가 일본의 SECOM과 합작 기계경비를 도입하면서, 전용전화회선 사용허가를 취득하면서부터 본격적으로 시작되었다.

정답 28. ② 29. ④ 30. ① 31. ③

32. 다음은 현대적 경호제도를 설명한 것이다. 틀린 것은?

① 현대적인 경호제도는 법적, 제도적으로 경찰기능과 경호기능, 민간경비 기능이 분화되어 수행됨을 특징으로 한다.
② 현대의 경호기능을 수행하는 대표적인 조직으로는 대통령경호실, 경찰, 민간경비법인 등 세 종류가 있다.
③ 현행의 대통령경호실은 보통사법행정기관적 성격을 갖는다.
④ 1976년 용역경비업법이 제정되면서 신변보호업무가 법제화되고, 본격적인 전문경비업이 확산되기 시작하였다.

해설 현대적인 경호제도는 과거의 군사적 기능, 행정적 기능, 공경비와 민간경비 기능 등의 미분화 상태에서 탈피하여 법적, 제도적으로 경찰기능과 경호기능, 민간경비 기능이 분화되어 수행됨을 특징으로 한다. 현대의 경호기능을 수행하는 대표적인 조직으로는 대통령경호처, 경찰, 민간경비조직 등 세 종류가 있다. 대통령경호실은 대통령실 소속의 경호조직으로 집행기관적 성격을 띠는 경호기관이며, 보통사법기관은 아니다.

33. 다음 중 경찰력이 급증하는 범죄와 무질서를 모두 통제한다는 것은 본질적으로 불가능 하므로 항상 공백(gap)이 생기며, 이 공백을 민간경비가 보완할 수박에 없다는 논리와 관련된 이론은 어느 것인가?

① 경제환원론적이론　　② 이익집단이론
③ 공동화이론　　④ 수익자부담이론

해설 공동화 이론에 대한 설명이다. 경제환원론적 이론이 경찰과의 관련성을 갖지 않고 경제학적 입장에서 접근한 것인데 비해 공동화이론은 본질적으로 경찰의 존재를 전제로 하여 경찰과의 상호보완을 강조한 이론이다.

34. 경호활동시 내부호위, 내곽경비, 외곽경계의 개념설정과 관련된 경호원칙은?

① 두뇌경호원칙　　② 방어경호원칙
③ 은밀경호원칙　　④ 3중경호원칙

해설 3중경호원칙 또는 중첩경호원칙은 경호활동은 3선개념에 의해 이루어져야 한다는 원칙으로 ① 내부호위(근접경호), ② 내곽경비, ③ 외곽경계 등 3중 경호체계에 의한 효율적인 경호가 실시되어야 한다는 것이다.

정답 32. ③ 33. ③ 34. ④

35. **다음 중 위해자로부터 경호대상자를 철저히 격리하라는 원칙은?**

① 목표물보전원칙 ② 접근지점의 통제원칙
③ 자기희생원칙 ④ 자기담당구역책임의 원칙

해설 목표물보전의 원칙은 위해자가 경호대상자의 위치와 상황을 알 수 없도록 철저히 격리, 보안을 유지해야 한다는 원칙이다.

36. **경호사태발생에 임기응변적으로 대처하기보다는 사전에 짜여진 치밀한 경호계획을 바탕으로 예리한 판단력에 따라 수행해야 한다는 것과 관련한 원칙은?**

① 접근지점의 통제원칙 ② 두뇌경호의 원칙
③ 자기희생원칙 ④ 자기담당구역책임의 원칙

해설 두뇌경호원칙 또는 지능경호원칙을 말한다.

37. **경호행사시 경호요원이나 경호장비를 가능한 눈에 띄지 않게 하고, 경호대상자의 공적 기능이나 사적 기능이 방해되지 않도록 노력하야 한다는 원칙은?**

① 공격경호의 원칙 ② 은밀경호의 원칙
③ 사전예방경호의 원칙 ④ 총력경호의 원칙

해설 은밀경호원칙에 대한 설명이다.

38. **다음 중 경호원칙을 설명한 것으로 잘못된 것은?**

① 돌발사태시 공격보다는 목표물보전을 위한 자기희생에 의한 방어를 우선시하여야 한다는 것은 방어원칙이다.
② 경호대상자의 편안한 심리 중시, 위해자에 의한 사전 상황 파악 저지해야 한다는 원칙은 목표물보전의 원칙이다.
③ 경호요원들은 각자 책임분배에 의해 담당한 구역을 떠나서는 안 되며, 반드시 책임져야 한다는 원칙은 자기담당구역책임의 원칙과 관련된다.
④ 위해자가 경호대상자에 접근할 수 있는 통로를 하나로 통제하여 접근차단에 효율성을 기하여야 한다는 것은 접근지점의 통제원칙이다.

정답 35. ① 36. ② 37. ②

해설 경호대상자의 편안한 심리 중시하고, 위해자에 의한 사전 상황 파악 저지해야 한다는 원칙은 은밀경호의 원칙과 관련된다.

39. 다음 중 경호의 특별원칙이라고 볼 수 없는 것은?

① 접근지점의 통제원칙 ② 두뇌경호의 원칙
③ 자기희생원칙 ④ 자기담당구역책임의 원칙

해설 본 문제는 김두현 교수의 분류방법에 따라 출제된 문제이다. 즉 김두현 교수는 경호원칙을 일반적 원칙과 특별원칙으로 나누고 일반적 원칙으로는 3중경호원칙, 두뇌경호원칙, 방어원칙, 은밀경호원칙 등을, 특별원칙으로는 경찰에서 공경호원칙으로 사용하고 있는 목표물보전원칙, 접근지점의 통제원칙, 자기희생원칙, 자기담당구역책임의 원칙 등 네 가지를 들고 있다.

40. 다음 중 공경호의 일반적인 원칙이 아닌 것은?

① 예방경호의 원칙 ② 균형경호의 원칙
③ 방어경호의 원칙 ④ 비폭력수단우선원칙

해설 비폭력수단우선원칙은 민간경호에 특화된 원칙이다.

41. 다음은 경호원칙에 대해 설명한 것이다. 어느 원칙에 대한 설명인가?

> 경호활동이란 실제적이고 주도면밀한 범행의 성공기회를 최소화 · 무력화시키는 활동이며, 경호대상자의 안전한 보호를 위해 위험요소를 사전에 제거하거나 최소한의 수준으로 감소시키고, 무력화시키는 것이다.

① 목표물보전원칙 ② 균형경호의 원칙
③ 방어경호의 원칙 ④ 예방경호의 원칙

해설 예방경호의 원칙에 대한 설명이다.

정답 38. ② 39. ② 40. ④ 41. ④

42. 다음은 경호원칙에 대해 설명한 것이다. 어느 원칙이 대한 설명인가?

> 경호대상자의 안전이 최우선적으로 고려되어야 하지만 결국 경호대상자의 안전만을 위해 그의 일상생활을 모두 희생시킨다면 그것이 과연 적절한 경호인가를 생각해야만 한다.

① 은밀경호원칙
② 균형경호의 원칙
③ 방어경호의 원칙
④ 예방경호의 원칙

해설 균형경호의 원칙에 대한 설명이다.

43. 다음 중 민간경호에 특화된 원칙이라고 보기 어려운 것은?

① 신의성실의 원칙
② 자기희생의 원칙
③ 수익자부담원칙
④ 과잉방어금지원칙

해설 자기희생의 원칙은 공경호나 민간경호를 막론하고 모든 경호에 일반적으로 적용되는 일반원칙이다. 이에 비해 신의성실의 원칙, 수익자부담원칙, 비폭력수단우선원칙, 과잉방업금지원칙, 법집행기관우선원칙, 개인비밀엄수원칙 등은 특히 민간경호에 특화된 원칙이라고 할 수 있다.

44. 다음 중 민간경호에 특화된 원칙 중 민간경호조직이나 경호원은 사적 계약에 의거하여 이루어진 신변보호행위를 계약당사자인 경호대상자의 신뢰에 어긋나지 않도록 항상 성실히 수행하여야 한다는 원칙은 무엇인가?

① 신의성실의 원칙
② 법집행기관우선원칙
③ 수익자부담원칙
④ 과잉방어금지원칙

해설 신의성실의 원칙에 대한 설명이다.

45. 다음 중 공경호의 법적 근거에 해당되지 않는 것은?

① 대통령 등의 경호에 관한 법률
② 전직대통령 예우에 관한 법률
③ 경비업법
④ 경찰관 직무집행법 시행령

해설 경비업법은 민간경비(경호)의 법적 근거이다.

정답 42. ② 43. ② 44. ① 45. ③

46. 다음 중 경호활동의 법적 근거가 될 수 없는 것은?

① 국가공무원법　　② 청원경찰법

③ 경찰관 직무집행법시행령　　④ 경비업법

해설 국가공무원법은 경호작용과는 직접적인 관련성이 없다.

47. 현행법상의 대통령경호원의 법적 지위에 관한 설명으로 타당하지 않은 것은?

① 대통령경호실 경호원의 신분은 원칙적으로 별정직국가공무원이다.

② 대통령경호실 직원 중에는 기능직공무원도 있다.

③ 대통령경호실 경호원은 일반직공무원도 가능하다.

④ 대통령경호실 경호원은 특정직국가공무원이다.

해설 대통령 등의 경호에 관한 법률 제6조 참조. 대통령경호실 소속 공무원은 경호공무원과 기능직공무원의 두 종류가 있고, 경호공무원은 원칙적으로 특정직국가공무원 신분이다. 다만 필요시에는 경호공무원의 일부를 별정직국가공무원과 일반직국가공무원으로 임명할 수 있다. 따라서 ④번은 맞지만 ①번은 틀린 설명이다.

48. 대통령경호실 경호요원의 사법권에 대한 설명으로 맞는 것은?

① 경호원은 통상적으로 사법권을 행사하는 것이 원칙이다.

② 경호원은 독자적으로 수사권을 행사할 수 있다.

③ 7급 이상의 경호원만이 통상적으로 사법권을 행사할 수 있다.

④ 관할 지방검찰청검사장이 지명한 경호원에 한해 사법권을 행사할 수 있다.

해설 경호원의 사법권은 원칙적으로 관할 지방검찰청 검사장이 지명한 경호원의 경우에 한해 사법권 행사할 수 있고, 수사권은 검찰의 지휘하에 행사 가능하다. 따라서 ①②③은 틀린 설명이다.

49. 대통령경호실 경호원의 무기사용권에 대한 설명으로 잘못된 것은?

① 경호실장이 직무수행을 위해 필요하다고 인정할 때 무기를 휴대할 수 있다.

② 직무를 수행함에 필요하다고 인정되는 상당한 이유가 있을 때 무기사용이 가능하다.

③ 그 사태에 응하여 부득이 하다고 판단되는 한도 내에서 무기사용이 가능하다.

정답 46. ①　47. ①　48. ④

④ 자구행위에 해당하는 죄를 범하고 도주하려는 자에 대해서는 무기를 사용할 수 있다.

해설 경호원의 무기휴대와 사용권은 경호실장이 직무수행을 위해 필요하다고 인정할 때 소속 공무원에 무기를 휴대케 할 수 있고(법 제19조), 직무를 수행함에 필요하다고 인정되는 상당한 이유가 있을 때, 그 사태에 응하여 부득이하다고 판단되는 한도 내에서 무기사용이 가능하다. 또한 경호원이 무기를 사용할 수 있는 상황은

① 정당방위

② 긴급피난

③ 소관에 속하는 범죄에 관하여 사형 · 무기 또는 장기 3년 이상의 징역 또는 금고에 해당하는 죄를 범하고 또는 범하였다고 의심할 만한 충분한 이유가 있는 자가 소속공무원의 직무집행에 대하여 항거하거나 도피하려고 할 때 또는 제3자가 그를 도피시키려고 소속공무원에게 항거할 때에 이를 방지 또는 체포하기 위하여 무기를 사용하지 아니하고는 다른 수단이 없다고 인정되는 상당한 이유가 있을 때

④ 야간이나 또는 집단을 이루거나 흉기 기타 위험한 물건을 휴대하여 경호업무를 방해하기 위하여 소속공무원에게 항거할 때 이를 방지 또는 체포하기 위하여 무기를 사용하지 아니하고는 다른 수단이 없다고 인정되는 상당한 이유가 있을 때 등이다(법 제19조).

50. 대통령경호실에 파견된 경호경찰관에 대한 설명으로 잘못된 것은?

① 경호경찰관의 신분은 특정직경찰공무원이다.

② 경호활동에 필요한 범위 내에서 불심검문, 범죄예방, 보호조치, 위험방지 등의 권한을 행사할 수 있다.

③ 보통사법집행기관으로서 언제나 사법권 행사할 수 있다.

④ 대통령경호실에 파견된 경호경찰의 경우 관련 법에 규정된 임무 외의 경찰업무를 수행할 수 없다.

해설 경찰관은 보통사법행정기관으로서 불심검문, 범죄예방, 보호조치, 위험방지, 사실확인 등의 권한을 기본적 권한으로 하고 있다(경찰관 직무집행법). 그러나 대통령경호실에 파견된 경호경찰의 경우 대통령 등의 경호에 관한 법률 제18조 제2항에 의거 규정된 경호임무 외의 경찰업무를 수행할 수 없다

51. 경호경찰관의 경찰장구사용권에 대한 설명으로 잘못된 것은?

① 경찰장구란 경찰관이 휴대하여 범인검거와 범죄진압 등 직무에 사용하는 수갑 · 포승 · 경찰봉 · 방패 등을 말한다.

② 현행범인인 경우에 사용이 가능하다.

③ 사형 · 무기 또는 단기 3년 이상의 징역이나 금고에 해당하는 죄를 범한 범인의 체포 · 도주의 방지를 위해 사용이 가능하다.

정답 49. ④ 50. ③

④ 자기 또는 타인의 생명 · 신체에 대한 방호, 공무집행에 대한 항거의 억제를 위하여 필요하다고 인정되는 상당한 이유가 있을 때 사용이 가능하다.

해설 경찰장구란 경찰관이 휴대하여 범인검거와 범죄진압 등 직무에 사용하는 수갑 · 포승 · 경찰봉 · 방패 등을 말한다. 경찰관에 의한 경찰장구 사용요건은 현행범인인 경우와 사형 · 무기 또는 장기 3년 이상의 징역이나 금고에 해당하는 죄를 범한 범인의 체포 · 도주의 방지, 자기 또는 타인의 생명 · 신체에 대한 방호, 공무집행에 대한 항거의 억제를 위하여 필요하다고 인정되는 상당한 이유가 있을 때에는 그 사태를 합리적으로 판단하여 필요한 한도 내에서 경찰장구를 사용할 수 있다. 설문에서 단기 3년 이상이 아니라 장기 3년 이상이다.

52. 경호경찰관의 무기사용권에 대한 설명으로 잘못된 것은?

① 경찰관은 범인의 체포 · 도주의 방지를 위하여 필요하다고 인정되는 상당한 이유가 있을 때, 그 사태를 합리적으로 판단하여 필요한 한도 내에서 무기를 사용할 수 있다.

② 자기 또는 타인의 생명 · 신체에 대한 방호, 공무집행에 대한 항거의 억제를 위해 필요하다고 인정되는 상당한 이유가 있을 때 무기를 사용할 수 있다.

③ 경찰관이 무기사용으로 위해를 주어도 면책되는 경우에는 정당방위상황이 포함된다.

④ 범인 또는 소요행위자가 무기 · 흉기 등 위험한 물건을 소지하고 경찰관에게 항거할 때는 무기사용으로 인한 위해가 발생해도 언제나 면책된다.

해설 이때에도 언제나 면책되는 것은 아니다. 범인 또는 소요행위자가 무기 · 흉기 등 위험한 물건을 소지하고 경찰관으로부터 3회 이상의 투기명령 또는 투항명령을 받고도 이에 불응하면서 계속 항거하여 이를 방지 또는 체포하기 위하여 무기를 사용하지 아니하고는 다른 수단이 없다고 인정되는 상당한 이유가 있을 때에 해당되어야 한다.

53. 민간경비원의 장구사용권에 대한 설명으로 잘못된 것은?

① 모든 민간경비원은 총기를 휴대, 사용할 수 없다.

② 청원경찰은 배치구역 내에서는 경찰관 직무집행법의 적용을 받고 총기휴대와 사용이 가능하다.

③ 특수경비원은 일정한 요건하에 총기사용이 가능하다.

④ 일반경비원이 휴대할 수 있는 호신장구로는 경봉, 호루라기, 가스분사기가 있다.

정답 51. ③ 52. ④

해설 모든 민간경비원이 총기를 휴대, 사용할 수 없는 것은 아니다. 민간경비원은 통상적으로 일반경비원, 특수경비원, 청원경찰로 나누어지는바, 이중 일반경비원은 총기의 휴대와 사용이 불가능하지만 특수경비원(2001.4.7일 개정법에서 신설)과 청원경찰은 일정한 요건하에서 휴대와 사용이 가능하다.

54. 경호활동에 영향을 주는 경호환경 중 국제적으로 악명 높은 테러분자나 테러조직의 활동성을 공간적으로 확장시킴으로써 경찰이나 경호기관의 통제성을 어렵게 하는 환경적 요소와 관련된 것은?

① 경제발전 ② 과학기술의 발전
③ 국제화 · 개방화 ④ 지역이기주의

해설 최근 지구촌 전체에 걸쳐 가속화된 국제화와 개방화의 동향은 경호작용에 매우 커다란 영향을 미치고 있다. 즉, 개방화와 국제적 교류의 증대는 국제적으로 악명 높은 테러분자나 테러조직의 활동성을 확장시킴으로써 경찰이나 경호기관의 통제성을 어렵게 하는 결과를 낳고 있다.

55. 다음 중 일반적 경호환경에 속하지 않는 요소는?

① 경제발전 ② 정보화
③ 국제화 ④ 북한의 위협

해설 경호환경을 일반적 환경과 특수적 환경으로 나눌 경우 일반적 환경은 경제발전, 과학기술의 발전, 동력화, 정보화, 국제화, 개방화, 생활양식 및 국민의식 변화, 범죄의 다양화 및 증가, 특수환경에는 경제전쟁, 지역이기주의, 한국의 국제적 지위 향상, 북한 위협 등을 들 수 있다.

56. 다음 중 경호환경으로서의 국내치안 환경요인에 대한 설명으로 잘못된 것은?

① 범죄가 양적으로 증가추세에 있다.
② 점차 범죄의 유형이 획일화되어 가고 있고, 범죄의 수법이 정형화되고 있다.
③ 범죄의 국제화 현상을 보이고 있다.
④ 마약 · 총기류 · 위조달러 등의 불법 밀반입범죄 등이 증가하고 있다.

해설 점차 범죄양상이 다양화되고 있고, 범죄수법 면에서도 첨단기술을 활용한 첨단화, 지능화현상을 보이고 있다.

정답 53. ① 54. ③ 55. ④ 56. ②

57. 다음 중 일반인보다는 특정한 정치인에게서만 빈번히 나타나는 위해의 경우 어디에 분류되는가?

① 자연적 위해 ② 인위적 위해
③ 물적 위해 ④ 특정한 위해

해설 특정한 위해는 각 대상과 계층 각 지역에 따라 다양하게 나타나며, 정치적인 이념 갈등으로 인해 정치인에게 특히 강하게 나타나는 위해요소, 경제적 이해관계의 대립으로 인해 관련기업인에게만 특정하게 나타나는 위해요소 등이 그것이다.

58. 다음 중 인적 위해요소라고 볼 수 없는 것은?

① 만취자 ② 시국불만자
③ 피보안처분자 ④ 공격형정신병자

해설 위해를 주체에 따라 분류할 경우 인적 위해요소와 물적 위해요소로 구분할 수 있는데, 전자에는 시국불만자, 신원 특이 교포 및 외국인, 일반요시찰인, 피보안처분자, 공격형정신병자가 포함되고, 후자에는 직접적으로 위해가 될 수 있는 자연물 및 인공물, 위해자에 이용될 수 있는 자연물 및 인공물 등이 포함된다.

59. 다음의 암살의 동기 중 잘못 연결된 것은?

① 정치적 동기 : 정권교체와 관련한 갈등
② 이념적 동기 : 민주주의냐 사회주의냐에 관한 갈등
③ 개인적 동기 : 청부, 경제적 핍박계층의 갈등
④ 심리적 동기 : 정신병적 문제

해설 개인적 동기로는 원한에 의한 동기가 대표적이고, 청부, 경제적 핍박계층의 갈등은 경제적 동기에 해당된다.

60. 암살의 동기유발로 가장 잘 연결된 것은?

① 정치적 동기－복수 ② 개인적 동기－ 정권교체
③ 이념적 동기－사상의 괴리 ④ 경제적 동기－ 정신분열증

해설 문제 59번 참조.

정답 57. ④ 58. ① 59. ③ 60. ③

61. **다음 중 암살범의 특성에 해당되지 않는 것은?**

① 자학자나 무능력자　　② 인내심 부족자나 과대망상자
③ 생활불안정자　　④ 외모적으로 특이한 자

해설 암살범의 특성으로는 자학자나 무능력자, 인내심 부족자나 과대망상자, 생활불안정자, 지나친 종교적·정치적 몰입자, 외모적으로는 평범한 사람 등이 해당된다. 그러나 이러한 견해는 과거의 관련 학자들이 주장하는 내용에 근거하여 문제화된 것으로 최근의 암살이나 테러분자들의 실질적인 특성과는 상당한 차이가 있음에 유의하여야 한다. 즉, 최근의 테러분자들의 특성을 보면 평범하거나 엘리트계층, 부유층이나 귀족집안 등의 자제나 관련자들도 다수 있다는 점에서 과거의 학설들을 일반화하기에는 문제가 있다.

62. **다음 중 테러의 특징에 해당되지 않는 것은?**

① 사람에 한정된 폭력적 파괴행위
② 계획적이고 치밀한 준군사행위
③ 타의 복종을 요구하는 강제적 행위
④ 공포의 발생

해설 테러의 특징으로는 시설과 사람 모두에 대한 피해 발생을 일으키는 폭력적 파괴행위, 계획적이고 치밀한 준군사행위, 타의 복종을 요구하는 강제적 행위, 공포의 발생을 특징으로 한다.

63. **테러의 발생원인과 관련하여 언론매체적 원인을 강조한 사람은?**

① 프로이트　　② 헌팅턴
③ 라케　　④ 모세

해설 테러의 발생원인에 대한 학자들의 견해로는 ① 인간심리적 원인-거(Gurr), 프로이트, 프롬, ② 사회경제구조적 원인-파이어밴드, 헌팅턴, ③ 정치환경적 원인-라케, ④ 기술발전적 원인, ⑤ 언론매체(TV)적 원인-모세 등이 있다.

64. **테러조직의 유형과 임무를 설명한 것이다. 맞지 않는 것은?**

① 적극적지원조직 : 선전효과 증대, 자금획득, 조직확대에 기여
② 수동적지원조직 : 정치적 전위집단, 후원자
③ 전문적지원조직 : 폭발물설치, 전술 및 작전지원
④ 지도자조직 : 정신적 지주, 정책수립, 계획수립

정답 61. ④ 62. ① 63. ④

해설 테러조직의 유형과 임무는 ① 적극적 지원조직 : 선전효과 증대, 자금획득, 조직확대에 기여, ② 수동적 지원조직 : 정치적 전위집단, 후원자, ③ 전문적 지원조직 : 직접적 정보, 자료제공, 테러리스트의 비호, 은닉, 의료지원, ④ 직접적 지원조직 : 폭발물설치, 전술 및 작전지원, ⑤ 행동조직 : 실행조직, ⑥ 지도자조직 : 정신적 지주, 정책수립, 계획수립 등이 있다. 따라서 ③의 폭발물설치, 전술 및 작전지원은 직접적 지원조직이 하는 일이다.

65. 다음 중 세계 각국에서 활동하고 있는 테러조직이 아닌 것은?

① 적군파 ② 바더마인호프단
③ PLO 검은구월단 ④ GSG-9

해설 세계 각국에서 활동하고 있는 테러단체는 ① 일본적군파, ② 독일 바더마인호프단, ③ 이탈리아 무장프롤레타리아 조직, ④ 북아일랜드 공화국군, ⑤ 스페인 바스크분리주의자, ⑥ 프랑스 코리시카부흥운동자, ⑦ 네덜란드 남몰루카 독립운동자, ⑧ 터키 인민해방군, ⑨ 아르헨티나 인민해방군, ⑩ 우루과이 뚜빠마로스, ⑪ PLO 검은구월단, ⑫ 이슬람 원리주의자 등이 있고, ④의 GSG-9은 독일의 대테러부대의 명칭이다.

66. 다음은 각국의 대테러부대를 연결한 것이다. 잘못된 것은?

① 영국 : SAS ② 미국 : SWAT
③ 독일 : GSG-9 ④ 프랑스 : KNP-868

해설 KNP-868은 한국의 경찰특공대이고, 프랑스는 GIGN이다.

67. 다음 중 경찰특공대의 임무에 포함되지 않는 것은?

① 다중범죄의 진압 ② 인질 및 난동사건 진압
③ 부수피해의 방지 ④ 군중격리

해설 대테러 방지부대의 임무로는 ㉠ 인질 및 난동사건 진압, ㉡ 부수피해의 방지, ㉢ 군중격리, ㉣ 채증활동 등이 있다. 다중범죄의 진압은 주로 경비경찰이 하는 임무이다.

68. 다음의 대테러 활동의 수행과정 중 군중격리, 경계배치, 범인의 인적사항파악, 작전계획확정 등이 포함되는 단계는?

① 준비과정 ② 선무공작과정

정답 64. ③ 65. ④ 66. ④ 67. ①

③ 공격검거과정 ④ 수습과정

해설 준비과정에 대한 설명이다.

69. 다음 중 설득유도, 와해공작, 부수피해방지조치 등의 활동이 이루어지는 단계는?

① 준비과정 ② 선무공작과정
③ 공격검거과정 ④ 수습과정

해설 대테러활동의 수행 단계로는 ㉠ 제1단계 : 준비과정(군중격리, 경계배치, 범인의 인적사항파악, 작전계획확정), ㉡ 제2단계 : 선무공작과정(설득유도, 와해공작, 부수피해방지조치), ㉢ 제3단계 : 공격검거과정(마취총, 가스총, 저격 등의 방법으로 침투검거), ㉣ 제4단계 : 수습과정(총기류, 폭발물 등 위해요소제거, 사상자후송, 범인조사)이 있다.

70. 테러발생의 예방책으로 가장 거리가 먼 것은?

① 테러성숙환경의 제거 ② 테러기피태도 유도
③ 테러범이나 조직의 원천적 근절활동 ④ 일반국민들의 분사기 소지 확대

해설 테러발생의 평상시 예방책으로는 ㉠ 테러성숙환경의 제거, ㉡ 테러기피태도 유도, ㉢ 테러범이나 조직의 원천적 근절활동 등을 들 수 있다.

71. 경호의 가장 큰 위해 요인인 테러발생의 예방책으르 관련이 가장 적은 것은?

① 테러기피태도 유도 ② 협상기술배양
③ 테러성숙환경제거 ④ 테러조직 및 테러범들의 원천적 근절

해설 70번 해설 참조.

72. 테러범의 성격에 의한 테러의 유형이 아닌 것은?

① 국내 · 외형 테러범 ② 순교형 테러범
③ 광인형 테러범 ④ 전문범죄형 테러범

해설

정답 68. ① 69. ② 70. ④ 71. ② 72. ①

73. 다음 중 최근의 테러리즘 양상에 대한 설명으로 틀린 것은?

① 테러리스트의 인텔리화가 특징이다.

② 많은 부분이 국가 간의 추구하는 이익의 충돌에서 비롯되고 있다.

③ 테러의 양상이 점차 뚜렷한 주체와 요구의 관철이라는 특성을 보이고 있다.

④ 사이버테러리즘이라는 새로운 양상으로 변화하고 있다.

해설 최근의 테러리즘은 과거의 뚜렷한 주체와 뚜렷한 요구의 관철이라는 특성을 벗어나 주체도 없고, 요구도 없는 무차별적인 대량살상형 테러리즘으로 변하고 있다.

74. 다음 중 테러리즘의 특성이 아닌 것은 어느 것인가?

① 테러는 기본적으로 폭력적 행위이다.

② 제한된 물량과 소규모의 희생으로 큰 효과를 거둘 수 있다.

③ 테러의 대상은 사람에게만 국한된다.

④ 테러는 군사활동과 유사한 정확성을 지니는 등 전술적인 면모가 있다.

해설 암살은 사람에 국한된 행위이지만 테러리즘은 사람이나 시설 등에 모두 이루어진다.

75. 다음 중 사이버테러리즘의 특성으로 맞는 것은?

① 고비용성을 특성으로 한다. 테러를 수행하는데 필요한 경제적 비용이 많이 소요된다.

② 전통적인 테러리즘이 자신의 희생을 필요로 하는 경우가 많은데 비해 사이버테러리즘은 자신의 희생을 필요로 하지 않는다.

③ 정치성과 구체적 목적성 등을 특성으로 한다.

④ 사이버상에서 행위가 이루어지기 때문에 유형성과 신체상의 직접적 폭력성을 특징으로 한다.

해설 사이버테러리즘은 인터넷이라는 매체만 있으면 1인에 의해 시간과 장소에 구애됨이 없이 저질러질 수 있기 때문에 저비용성을 특성으로 한다. 전통적인 테러리즘이 자신의 희생을 필요로 하는 경우가 많은데 비해 사이버테러리즘은 자신의 희생을 필요로 하지 않는 것이 특성이며, 정치성과 구체적 목적성 등이 희박한 것도 하나의 특성이다. 아울러 사이버상에서 행위가 이루어지기 때문에 무형성과 신체상의 직접적 폭력성이 없다는 것도 특징으로 한다.

정답 73. ③ 74. ③ 75. ②

76. 다음 중 사이버테러리즘의 유형이 아닌 것은?

① 해킹을 통한 테러리즘

② 고출력 전자총을 이용한 테러리즘

③ 바이러스를 통한 테러리즘

④ 폭탄차량을 통한 테러리즘

해설 사이버테러리즘은 주로 사이버 또는 인터넷이라는 매체를 통해 상대방의 정보통신망이나 기기를 마비시키고 저장기록 등을 파괴하는 것으로 해킹, 바이러스, 고출력전자총, DDOS공격 등을 통해 이루어진다.

77. 다음 중 뉴테러리즘의 유형이 아닌 것은?

① 핵테러리즘 ② 생화학테러리즘

③ 사이버테러리즘 ④ 암살형 테러리즘

해설 뉴테러리즘은 미국의 9.11테러 이후에 등장한 개념으로 테러리즘에 대한 구체적인 주체도 없고, 요구도 불명확한 가운데 핵, 생화학 무기, 사이버, 인공위성 무기 등과 같은 상상을 초월하는 대량살상 무기를 동원해 벌이는 테러리즘 유형을 말한다.

78. 다음 중 2000년대 이후에 나타나고 있는 뉴테러리즘에 대한 설명으로 틀린 것은?

① 과학화 · 정보화의 특성을 수용 조직이 고도로 네트워크화되어 있다.

② 테러를 전쟁의 한 형태로 규정 무차별적 공격을 기본으로 최대의 피해를 추구하고 있다.

③ 테러의 요구조건도 주체도 불명확하여 근본적인 발본색원이 불가능하다.

④ 동기 면에서 과거에 비해 종교적인 신념이 약하고 조직원들이 주로 중산층 이하의 인적자원으로 구성되어 있다.

해설 동기 면에서 종교적인 신념이 강화되어 결속력이 매우 강하고 조직원들이 주로 이민 2세나 중산층, 인텔리 계층으로 구성 테러리즘이 매우 지능화되고 성공률이 매우 높아졌다.

정답 76. ④ 77. ④ 78. ④

79. **다음 중 대테러 활동의 포함요소가 아닌 것은?**

① 테러 관련 정보의 수집
② 테러혐의자의 관리
③ 테러에 이용될 수 있는 위험물질 등 테러수단의 안전관리
④ 테러조직에 대한 탐색 후 선제공격

해설 일반적으로 대테러활동에 포함되는 요소로는 ① 테러 관련 정보의 수집, ② 테러혐의자의 관리, ③ 테러에 이용될 수 있는 위험물질 등 테러수단의 안전관리, ④ 시설 · 장비의 보호, ⑤ 국제행사의 안전확보, ⑥ 테러위협에의 대응 및 무력 진압 등 테러예방 · 대비와 대응에 관한 제반활동을 말한다.

80. **다음 중 테러발생시 방사능테러사건대책본부장은 누가되는가?**

① 원자력안전위원회 위원장
② 국방부장관
③ 보건복지부장관
④ 경찰청장

해설 테러가 발생하거나 발생이 예상되는 경우 ⓐ 원자력안전위원회 위원장은 방사능테러사건대책본부를, ⓑ 외교부장관은 국외테러사건대책본부를, ⓒ 국방부장관은 군사시설테러사건대책본부를, ⓓ 보건복지부장관은 생물테러사건대책본부를, ⓔ 환경부장관은 화학테러사건대책본부를, ⓕ 국토교통부장관은 항공기테러사건대책본부를, ⓖ 경찰청장은 국내일반테러사건대책본부를, ⓗ 국민안전처장관은 해양테러사건대책본부를 설치 · 운영한다.

81. **다음 중 테러발생시 테러의 양상 · 규모 · 현장상황 등을 고려하여 협상 · 진압 · 구조 · 소방 · 구급 등 필요한 전문조직을 구성하거나 관계기관의 장으로부터 지원받아 현장을 지휘하는 자는?**

① 테러사건대책본부장
② 현장지휘본부장
③ 대테러특공대장
④ 협상팀장

정답 79 ④ 80. ① 81. ②

82. 테러사건이 발생하거나 발생이 예상되는 경우 대테러특공대의 출동 여부를 결정할 수 있는 사람이 아닌 것은?

① 국방부장관　　② 경찰청장

③ 대통령 경호실장　　④ 국민안전처장관

해설 테러사건이 발생하거나 발생이 예상되는 경우 대테러특공대의 출동 여부는 각각 국방부장관 · 경찰청장 · 국민안전처장관이 결정한다. 다만, 군 대테러특공대의 출동은 군사시설 내에서 테러사건이 발생하거나 테러대책회의의 의장이 요청하는 때에 한한다.

83. 다음 중 테러의 예방 · 대비활동에 포함되지 않는 것은?

① 정보수집 및 전파

② 테러경보의 발령

③ 상황전파

④ 지도 및 점검

해설 ③ 상황전파는 대응활동에 해당된다.

84. 다음 중 테러경보의 단계별 조치내용에 대한 설명으로 틀린 것은?

① 관심 단계 : 테러 관련 상황의 전파, 관계기관 상호간 연락체계의 확인, 비상연락망의 점검 등

② 주의 단계 : 테러대상 시설 및 테러에 이용될 수 있는 위험물질에 대한 안전관리의 강화, 국가중요시설에 대한 경비의 강화, 관계기관별 자체 대비태세의 점검 등

③ 경계 단계 : 테러취약요소에 대한 경비 등 예방활동의 강화, 필요장비 · 인원의 동원태세 유지 등

④ 심각 단계 : 대테러 관계기관 공무원의 비상근무, 테러유형별 테러사건대책본부 등 사건대응조직의 운영준비

해설 ③ 필요장비 · 인원의 동원태세 유지 등은 심각단계에서의 활동내용이다.

정답 82. ③ 83. ③ 84 ③

85. **다음 중 대테러 대응활동의 내용 중 초동조치단계에서의 구체적인 사항으로 틀린 것은?**

① 사건현장의 보존 및 통제
② 인명구조 등 사건피해의 확산방지조치
③ 현장에 대한 조치사항을 종합하여 관련 기관에 전파
④ 테러취약요소에 대한 경비 등 예방활동의 강화

86. **다음 중 각 부처의 테러 관련 업무 중 항공기테러사건의 발생시 항공기테러사건대책본부의 설치·운영 및 관련 상황의 종합처리를 담당하는 곳은?**

① 국토교통부장관
② 행정자치부장관
③ 국방부장관
④ 외교부장관

해설 국토교통부장관의 담당업무이다.

87. **사이버테러리즘의 유형 중 해킹의 수법 및 기법이라고 볼 수 없는 것은?**

① 스누핑(snoofing)
② 스니핑(sniffing)
③ 전자우편폭탄(E-Mail Bomb)
④ 도청(Wire Tapping)

해설 도청(Wire Tapping)은 컴퓨터스파이나 사이버스파이, 또는 사이버절도 등의 수법 및 기법으로 사용되는 방법이다.

88. **CPU나 캐시 제어기에 내장되어 기억 장치의 내용이 캐시 내용과 일치하는지를 감시하고 필요에 따라 캐시 내용을 파기하는 기능을 악용하여 저지르는 해킹수법은?**

① 스누핑(snooping)
② 메일폭탄(E-Mail Bomb)
③ 스니핑(sniffing)
④ 스푸핑(spoofing)

정답 85. ④ 86. ① 87 ④ 88. ①

해설 ② 메일폭탄(E-Mail Bomb)은 상대방에게 피해를 줄 목적으로 한꺼번에 또는 지속적으로 대용량의 전자우편을 보내 시스템에 고장을 일으키는 수법을 말하며, ③ 스니핑(sniffing)은 스니퍼를 이용하여 네트워크상의 데이터를 도청하는 행위이며, ④ 스푸핑(spoofing)은 임의로 구성된 웹사이트를 통하여 이용자의 정보를 빼가는 해킹 수법의 하나이다.

89. **다음 중 사이버테러리즘에 활용되는 수법 중 다른 컴퓨터 프로그램 또는 사용자가 실행할 수 있는 전자기록 등에 자신 또는 그 변형을 복제할 수 있도록 고의로 제작된 명령어들의 집합은 무엇인가?**

① DDOS

② 바이러스

③ 논리폭탄

④ 스머핑(smurfing)

90. **다음 중 공격자가 다수의 PC를 좀비(봇)으로 만들어 악의적으로 특정 시스템을 공격해 해당 시스템의 리소스를 부족하게 하여 정상적인 서비스를 수행하지 못하게 하는 공격 방법은 무엇인가?**

① 논리폭탄 공격

② 스누핑(snooping) 공격

③ DDOS 공격

④ 고출력전자총(Herf Gun) 공격

해설 DDOS 공격을 말하는 것으로 DDOS 공격은 ㉠ 일반적인 사용자 PC의 정상적인 접속과 유사하여 이를 미리 구별하기 어려우며, ㉡ 가용량을 뛰어넘는 트래픽을 통하여 시스템이 뚫리지 않더라도 서비스 불가로 인한 다양한 파생적 피해를 발생시키며, ㉢ 분산된 시스템에서 ip spooping을 통해 위장을 수행함으로써 공격자를 추적하는 것이 매우 어렵고, ㉣ 제로데이 공격의 경우, PC들이 대응을 하지 못하여 피해 범위가 광범위함을 특성으로 한다.

정답 89. ② 90. ③

제 2 장

경호조직론

제 2 장 경호조직론

제1절 경호조직의 의의

1. 경호조직의 특성

1) 계층성

경호조직의 계층성은 의사결정의 신속성과 지휘계통의 단일성, 명령 또는 커뮤니케이션의 신속한 전달체계의 요구에 따른 측면과 경호활동상 요구되는 다양한 조직들의 참여에 따른 의사결정, 명령체계의 통일성 요청에 따른 측면 등 두 가지 요소에 의해 필수적으로 이루어진 조직특성으로 볼 수 있다.

또한 경호조직은 그 활동상의 특징이 경호요원 개인적 활동을 기본으로 하는 것이 아니라 경호기관이라는 부대단위의 조직적 활동을 특성으로 하기 때문에 군대조직과 같이 명령체계의 하향성을 기본적 성격으로 하는 피라미드의 계층적 조직구조로 이루어진다.[69]

2) 폐쇄성

경호활동은 위해조직과 경호조직 간의 정보수집과 보안활동의 싸움이라 할 수 있다. 옛 격언에 "적을 알고 나를 알면 백전백승이다"라는 말이 있듯이 위해조직 입

69) 조직이론에서의 계층제는 조직구성의 가장 기본적 원리로 다음과 같은 순기능이 있다. ① 명령과 보고 및 권한위임의 통로, ② 의사소통의 통로, ③ 조직의 질서, 통일성, 안정성 확보, ④ 조직내부통제기능, ⑤ 조직업무의 적정배분 기능, ⑥ 책임소재의 명확, ⑦ 조직구성원의 동기부여, 직위상승의 기대 등; L. D. Whitem Introduction to the Study of Public Administration (4th ed.)(New York: Macmillan, 1995), pp.35~36. 경호학에서는 조직원리상 이러한 요소들을 기본적 요소로 하면서도 활동의 특성상 명령체계의 정확·신속한 흐름, 행위의 획일성에 보다 역점을 둔다고 볼 수 있다.

장에서는 상대방에 대한 정확한 정보는 위해의 성공가능성을 크게 증가시킨다. 반대로 경호조직 입장에서는 적에게 경호대상자에 대한 정보나 경호조직의 활동상의 정보를 완벽히 차단할수록 경호성공 가능성이 높아진다. 따라서 본질적으로 경호조직은 보안성을 높이는 폐쇄적 조직구조로 구성할 수밖에 없는 것이다.

3) 전문성

현대사회는 고도로 분화된 사회구조를 특징으로 한다. 또한 분화된 구조는 전문화와 밀접히 관련된다. 모든 조직들은 분화된 조직구조 속에서 각 분야마다 고도로 전문화를 기하여 이전에는 존재하지 못하던 기술이나 기법들이 개발되어 전체가 첨단화된 경향을 갖게 되었다.

이러한 경향 속에서 위해조직 또한 각 분야마다 전문화된 조직구조 속에서 다양한 전문가들이 참여하여 하나의 위해조직을 구성하고 있다. 예를 들면 위해조직의 첩보파트는 고도로 전문화된 전문가들로 구성, 컴퓨터네트워크의 해킹을 이용한 기밀사항의 입수를 시도하고, 위해지원조직 중 장비파트는 금속탐지기에 탐지되지 않는 폭발물을 제조하여 지원하는 등 전문화되어 있다.

따라서 이에 대처하는 경호조직 또한 각 임무별로 세분화되어 다양한 전문가로 구성된 전문조직의 성격을 띠지 않으면 안 되게 되었다.

4) 신속성(기동성)

과거 중동에 근거를 둔 테러나 암설조직들이 미국의 표적에 위해를 가하기 위해서는 수개월의 준비기간과 진행기간이 필요하였다. 이에 따라 경호조직이나 대테러조직들은 이에 대한 정보수집과 대비시간이 충분하여 사전에 위해조직의 침투나 계획을 저지할 수 있었다.

그러나 오늘날은 각종 이동수단(자동차, 선박, 항공기, 열차, 오토바이 등)과 각종의 첨단 정보통신수단에 의해 유럽대륙에서 반대편의 아시아나 아메리카대륙으로 이동하는데 불과 1일이면 족하고 국가 내에서는 대부분의 곳에서 몇 시간 이내이면 이동이 가능하게 되었다.

이러한 기동성의 확보는 위해조직의 정보수집, 계획, 실행간의 기간을 과거와는 비교할 수 없을 정도로 대폭 단축하는 효과가 있음으로써 이에 대처하는 경호조직 또한 고도의 기동성을 갖춘 조직구조를 갖지 않으면 안 되게 되었다.

5) 대규모성

현대사회는 흔히 위기의 사회라고까지 표현된다. 고도의 산업화와 도시화로 대변되는 경제발전은 우리에게 많은 이점을 준 반면에 여러 가지 역기능을 가져왔다. 이중 대표적인 것이 빈부격차나 물질적 탐욕에서 오는 다양한 범죄(암살, 테러 포함)를 야기했다는 것이다. 또한 과거의 동서냉전으로 대표되는 이념적 대결구도가 무너지고 새로이 경제블록 간의 대결 양상과 신민족주의 경향으로 야기된 국지적 민족분쟁이 끊임없이 벌어지고 있다.

결국 이러한 현상들은 위해요소의 다양성과 광범위성을 야기해 경호조직의 대규모성을 가져오게 되었다.

범위 면에서 광범위한 위해요소가 상존하고 질적인 면에서 고도로 분화되고 전문화된 위해에 효과적으로 대처하기 위해서 효과적으로 대처하기 위해서는 소규모의 조직으로는 불가능하고, 다양한 전문가와 고도로 훈련된 요원들로 구성된 조직이 필요한 것이다.

2. 경호조직의 구성원칙[70)]

1) 명령통일의 원칙

경호조직은 명령통일의 원칙에 의해 구성되어야 한다. 명령통일의 원칙이란 조직원리 중 지휘단일성의 원칙과 맥을 같이하는 것으로 임무가 서로 다른 형태의 경호요원들이 존재하고 다양한 관련기관들이 경호활동에 참여하지만 맨 윗선에서 맨 아래까지의 명령체계는 단일해야 한다는 원칙이다.[71)] 이는 경호활동상 요구되는 신속한 조치의 필요와 여러 가지 형태의 임무와 조직들이 함께 수행하는 활동의 성격상 요구되는 사항이다.

---

70) 여기서의 경호조직의 구성원칙은 김두현 교수가 제시하고 있는 경호조직의 원칙과 동일한 의미이다. 김두현 교수는 경호조직의 원칙으로 경호지휘단일성의 원칙, 경호체계 통일성의 원칙, 경호기관단위작용의 원칙, 경호협력성의 원칙을 제시하고 있다; 김두현, 앞의 책, pp.206~209.

71) 명령통일의 원칙이란 오직 한 사람의 상관으로부터만 명령을 받고 그 상관에게만 보고해야 된다는 원칙이다. Gulick Urwick은 명령계통이 통일되지 않고 여러 상관으로부터 지시를 받을 경우 ① 내용에 혼란이 오고, ② 비능률적이며, ③ 무책임하게 되며, 반대로 한 사람에게 명령을 받으면 ① 능률적이고, ② 조직적이며, ③ 책임감이 강하다라고 주장하였다; 권기성·백철현, 『행정학』(서울: 형설출판사, 1999), p.449.

2) 체계통일성의 원칙

경호체계통일성의 원리란 경호기관의 모든 단위나 체계는 당해 경호조직이 추구하는 목적을 위해 일관되게 작용하여야 한다는 것이다. 즉, 조직구조의 정점으로부터 말단에 이르기까지 무수한 계층들이 상하간에 일정한 관계로 통합되어 책임과 분업이 이루어진 가운데 명령과 복종의 지휘와 역할체계가 통일되어야 한다는 것이다.

3) 조직단위 작용의 원칙

경호작용은 그 성격상 경호원 개인단위로 이루어지는 활동이 아니라 경호조직차원에서 기관단위로 이루어져야 한다는 원칙이다.

4) 협력성의 원칙

협력성은 경호조직과 일반국민과의 관계에서 요구되는 원리로 경호조직이 아무리 완벽하게 경호활동을 수행하더라도 각종 위해요소들을 직접 인지할 수 없고, 모든 사태에 세밀히 대처할 수 없기 때문에 일반국민의 협력이 없으면 성공할 수 없으므로 국민들과의 협력을 필수요소로 하여야 한다는 것이다.

5) 조정의 원칙

조정의 원리란 조직의 모든 구성원이 공동목적을 달성하기 위해서 행동통일을 이룩하도록 집단적 노력을 질서정연하게 배열하는 것을 의미한다.[72] 조정의 원리는 경호활동이 고도로 분업화된 전문성을 띤 조직활동이라는 점과 무수히 많은 다양한 조직들의 통합작용이라는 데서 필수적으로 요구되는 원리이다.

72) 권기성·백철현, 앞의 책, p.450.

제2절 주요국가의 경호조직

1. 미국의 경호조직

1) 비밀경호국(U.S Secret Service)[73]

(1) 연혁

- 비밀경호국은 재무성소속의 미국 최초의 연방 법집행기관으로 1865년 당시 심각히 대두된 연방화폐의 위조사건, 국고 · 은행 · 통화에 관련한 범죄를 담당하기 위해 10명의 전속수사관으로 창설하였다.
- 1869년 화이틀리 제2대 국장이 임명된 후 각종 개혁이 진행되었고, 임무에 있어서도 정부에 대한 사기적 행위의 단속, 더정부 범죄의 단속, 연금부정수급자나 국립은행 부정관리 단속으로 확대되었다.
- 1906년 '일반경비법'에 의해 명문화되기까지 예산과 임무에 대한 특별한 근거법이 존재하지 않은 채 운영되었으며, '일반경비법'에 의해 비로소 '미국대통령의 신변보호를 위해 예산을 사용해도 좋다'는 것이 명문화되었고, 공식적으로 대통령경호임무가 부여되었다.
- 1912년에 들어 제9대 프린 국장이 취임하면서 대첩보임무까지 수행하였다.
- 1930년에 그 동안 분리되어 있던 백악관 경비대를 흡수하였다.
- 1940년부터 외국요인에 대한 경호임무가 추가되었다.
- 1950년에 들어 내부적인 규칙, 훈련 등을 정비하여 임무에 대한 근거법을 제정하였다.
- 2000년, 대통령위해방지법(Public Law 106-544) 통과, 대통령에 의해 결정된 국가적인 보안사건에서 보안작전의 기획, 조정, 수행에 있어 부분적으로 비밀경호국이 참여할 수 있는 권한이 주어졌다.
- 2001년, 애국법(The Patriot ACT(Public Law 107-56))에 의거 컴퓨터 접속과 관련된 사기나 제반 활동에 대한 수사에 있어 비밀경호국의 역할이 확대되었다.
- 2002년, 국토안보부(Public Law 107-296)가 설립됨으로써 2003년 1월자로 비밀경

73) http://www.dhs.gov. http://www.secretservice.gov/ 참조.

호국의 소속이 기존의 재무성에서 국토안보부로 변경되었다.

- 2006년, 공적/사적 파트너를 망라하여 하이테크, 컴퓨터에 기반한 범죄를 전담하는 비밀경호국의 컴퓨터(전자)범죄대응팀의 네트워크가 15개에서 24개로 확대되었다.
- 2007년, 대통령 후보인 일리노이주 상원의원 버락 오바마의 경호를 시작하였다.
- 2008년, 2003년 이후 국토안보부로 소속이 변경된 5년 동안 거의 29,000건의 위조, 사이버범죄, 기타 재정관련 범죄를 처리하였는데, 이는 295백만 불 이상의 위조화폐를 적발한 것이며, 기소율은 무려 98%에 이르는 수치이다. 이는 화폐가치로 따지면 실제 37억 불, 잠재적 가치로는 120억 불 이상의 재정적 손실을 차단한 것이다.

(2) 소속 : 국토안보부(Department of Homeland Security)

(3) 임무 및 권한

① 경호임무(Protection)

㉠ 대통령 및 요인 경호(Special Agent)

- 대통령과 그 직계가족
- 대통령 당선자
- 부통령과 그 직계가족
- 부통령 당선자
- 전 대통령과 그 부인(재혼 또는 사망시까지) 및 그 자녀(16세에 달했을 때까지)
  ※전직대통령의 경우 퇴직한 날로부터 10년까지
- 미국을 방문중인 외국원수 및 행정수반, 수행배우자
- 기타 미국을 방문하는 외국사절
- 외국을 방문하는 미국 대통령 특사
- 대통령 및 부통령 선거에서 대통령 및 부통령 후보자 및 그 배우자(선거기간 120일 이내)

㉡ 백악관 및 외국대사관의 경비(Uniformed Officer)

- 백악관, 재무성 및 부속건물, 기타 대통령관저
- 대통령 및 그 직계가족
- 컬럼비아 특별구에 있는 부통령 임시관저

- 부통령과 그 직계가족
- 법규(국제조약에 따른)에 정해진 워싱턴 D.C나 미합중국 도처의 외국 외교사절, 그리고 외교공관 및 재산의 보호

㉢ 국가적 특별경비행사의 경비작전계획 수립 및 이행 주관

㉣ 국가위험도평가센터 운용

② 통화위조 수사

- 화폐, 채권, 급식권(연방정부 발행), 우표위조

③ 금융범죄(재정범죄) 수사

- 금융사기 및 관련 범죄수사
- (전자적)접속장치 사기
- 신분증 위조 및 사기
- 돈세탁
- 컴퓨터사기
- 통신사기
- 프로그램 사기
- 수표 및 채권 등 변조
- 국고수납감시프로그램 운용
- 급식권 위조 및 변조
- 현금카드 관련 범죄

④ 재정범죄 대응팀, 자산몰수 및 과료 관련 업무

⑤ 감식관련 업무

(4) 조직

- 관리부, 경호운용부, 수사부, 제복경찰부, 감찰부
- 국내외 125개 지국 또는 지부 운용

(5) 경호운용상 특징

① 중첩경호, 두뇌경호, 방어경호, 예측・인지・조사・무력화 등 경호작용 4단계에 입각한 경호실시.

② 동행경호요원 중심의 배치

③ 완벽한 경호장비의 운용

④ 지국의 효과적인 활동

⑤ 유관기관의 최대한 활용

(6) 비밀경호국 경호요원

① 유형

㉠ 특수요원(Special Agent) : 연방법집행요원

ⓐ 임무

- 경호(protection) 및 수사(investigation) 업무

ⓑ 자격

- 지원시점 21세 이상 37세 미만자(참전용사의 경우 21세 이상 40세 미만)
- 현재 유효한 운전면허증 소지자
- 고등학교 졸업자 또는 이와 동등한 학력 보유자
- GL-07 수준 또는 GL-09 수준에 해당하는 자격자
- 양쪽 눈의 시력이 맨눈 20/60, 교정시 20/20 이상자
- 건강 및 신체가 양호한 자
- 필기시험(재무성법집행요원시험) 합격자
- 지원자체력검정(APAT) 합격자
  -APAT는 푸시업, 앉았다 일어서기, 그리고 장단거리 달리기 등 기본적인 체력검정으로 남녀구별 없이 이루어진다.
- 심층인터뷰, 약물검사, 의료 및 거짓말 탐지기 조사를 포함한 완전한 배경조사를 거치고, 1급비밀(a Top Secret)취급허가를 받은 자
- 1959년 12월 31일 이후 태어난 남성지원자는 선발징병국에 등록사항이나 면제사항을 증명해야 함
- 몸체, 머리, 얼굴, 목, 손과 손가락 등에 문신, 바디아트, 상표 등을 새긴 사람은 지원할 수 없음(단 지원 전에 시각적으로 알아볼 수 없게 의료적으로 제거한 경우는 가능함)

ⓒ 교육훈련

- 기초집중훈련 : 약 11주(연방법집행훈련센터:FLETC)
- 전문교육 : 약 11주(메릴랜드 로레이 훈련센터:RTC)

㉡ 제복경호원(Uniformed Officer): 경비요원

ⓐ 임무

- 백악관 단지, 재무성 건물 및 부속건물, 기타 대통령관저 경비
- 대통령 및 그 직계가족 보호

- 법규(국제조약에 따른)에 정해진 워싱턴 D.C나 미합중국 도처의 외국 외교사절, 그리고 외교공관 및 재산의 보호

ⓑ 자격

- 미국국민
- 지원시점 21세 이상 37세 미만자
- 고등학교 졸업자 및 이와 동등자
- 우수한 건강 및 신체상태
- 비교적 시력이 양안 20/60, 교정시력이 양안 20/20 이상자
- 인터뷰 및 필기시험 통과자
- 심층인터뷰가 포함된 배경조사
- 운전기록조사, 약물시험, 의료검사, 거짓말탐지기검사

ⓒ 교육훈련

- 기초집중훈련 : 약 8주(연방법집행훈련센터 : FLETC)
- 전문교육 : 약 11주(메릴랜드 로레이 훈련센터 : RTC)

㉢ 전문요원(Professional Positions)

㉣ 행정요원(Administrative Positions)

㉤ 기술요원(Technical Positions)

㉥ 사무보조원(Clerical Support Positions)

㉦ 전문경비기술직(Physical Security Specialist)

㉧ 기타 협력교육생 및 인턴

2) 경호유관기관

① FBI : 국내테러, 폭력, 납치 및 범죄조직에 대한 첩보수집, 범죄예방 및 수사와 기타 방첩활동을 통한 경호첩보 제공.

② CIA : 국제테러조직, 적성국 동향에 대한 첩보수집・분석전파, 외국국빈 방문에 따른 경호정보 제공

③ INS : 해외불순 인물의 출입국 동향 파악 및 통제, 국내체류 외국인 중 불순인물에 대한 첩보 제공.

④ 육군성 : 기타군 관련 첩보 수집・분석・전파, 국내외 외국 정부관료 경호 등

⑤ 국무부 외교관안전국(DS) : 국무장관 경호, 해외 활동 외교관 경호・경비, 방문중인 외국 고위인사 경호

2. 영국의 경호기관[74)]

1) 특수작전국(Specialist Operation)[75)]

(1) 소속 : 수도경찰청(The Metropolitan Police Service)

(2) 임무 범위

① 대테러 임무

② 요인경호

- 여왕 및 왕족의 경호
- 수상 및 각료의 경호
- 외교관 경호
- 영국을 방문하는 외국인사의 경호

③ 주요시설의 경비

- 의사당경비
- 항공보안경비

④ 기타 테러리즘 관련 정보 및 자문

(3) 조직

① 조직개요 및 변천

- 영국 수도경찰청 특수작전국의 경호관련 조직은 2006년 5월 기준 국장(차장 또는 부청장급)을 장으로 국가대테러조정관, 경비부(Security), 국가신원조회부(National Identification Service)의 조직 체계를 이루고 있었으나, 2007년도 조직개편을 통해 국장 밑에 경호경비국장보와 대테러국장보를 두고, 경호경비국장보 산하에 경비본부(항공안전, 사업지원)와 경호본부(외교관경호과, 왕실경호과, 요인경호과, 국회의사당(웨스터민스터궁) 경비과)를 대테러국장보 산하에 대테러본부를 두는 것으로 재편하였다(http://met.police.uk.) 그러나 2009년 8월 기준

74) http://www.met.police.uk(2007.6. 기준). 단 본 내용 중 정확한 개편일자는 확인되지 않았으며 조직의 명칭은 원문의 번역차이에 따라 견해가 다를 수 있다.

75) 영국의 요인경호 관련 부서인 특수작전국(specialist Operation)의 명칭에 대해서는 요인경호국으로 해석될 수도 있는데, 본서에서는 특수작전국으로 해석하였다. 이유는 현재 특수작전국의 임무범위가 크게 요인경호, 경비, 대테러작전 등으로 구성되어 있는바, 성격이 상이한 세 가지 임무를 포괄하는 개념으로 요인경호국보다는 특수작전국이 좀 더 적절하다고 판단된다.

으로 일부조직이 다시 조정되거나 개편되어 2009년 12월 현재는 국장(차장 또는 부청장급) 밑에 인적자원담당관, 재정·자원담당관, 경호경비담당관, 대테러조정관, 테러수사조정관 등의 조직을 두고, 경호경비담당관 산하에 경호본부와 경호경비본부를 대테러조정관 산하에 대테러본부 등 3개의 본부를 두고, 다시 경호본부 산하에 요인경호과(대), 항공경비과(대) 등을 편재하였다(2009년 12월 기준).

- 현행의 영국 경호조직의 핵심은 경호본부, 경호경비본부, 대테러본부 등 3개의 본부[76]체계라고 볼 수 있으며, 특히 경호본부 산하에 요인경호과(대), 왕실경호과(대), 외교관경호과(대), 경호경비본부 산하의 의사당경비과(대), 항공경비과(대) 등이 경호조직의 핵심이라 할 수 있다.

② 특수작전국장(차장 또는 부청장급 : Assistant Commissioner)

- 특수작전국 업무의 총괄

③ 대테러본부(Counter Terrorism Command)

- 테러리스트, 국내극우주의자, 관련범죄자들에 대한 사법집행
- 테러리스트 활동의 예방 및 분쇄 등을 포함하는 테러리스트, 국내극우주의자, 관련범죄자들에 대한 대비·대응
- 런던 이외 지역에서의 테러수사의 국가적 조정·지원
- 런던에서의 테러리즘 및 극우주의 관련 정보의 수집 및 개발
- 작전활동을 추진하기 위한 정보접근, 분석, 개발
- 런던의 관련기관과 파트너십을 유지하고 필요한 경우 재보장과 지원을 제공
- 국내외적으로 전문적인 경비자문 및 서비스를 제공
- 런던에서의 화생방 능력 및 폭발물처리 서비스 제공
- 법정의무 범위 내에서의 정보부(SIS) 및 안전부(BSS)를 지원
- 대테러업무에 있어 국제적 협력기관과의 경찰의 독자적 접점역할
- 해외에서의 영국의 국익보호지원 및 국익침해자에 대한 수사 지원

④ 경호본부(Protection Command)

㉠ 외교관경호과(대)(Dipolomatic protection)

- 런던내의 대사 및 외교사절의 경호

---

76) 본문에서 경호본부, 경호경비본부, 대테러본부 등은 원문의 Protection Command, Protective Security Command, Counter Command 등을 번역한 것으로 이는 영국의 정부 조직편제와 우리나라의 정부 조직편제나 직급체계가 다르기 때문에 정확히 일치시키는데 어려움이 있으며, 이 때문에 일부 '팀' 또는 '단' 등으로 번역할 수도 있지만 여기서는 편의상 본부로 번역하여 적용하기로 한다.

- 영국을 방문중인 국가수반, 정부수반, 외교장관 등에 대한 숙소경호
- 고도의 위험성이 있다고 판단되는 행사, 외교적 기능, 핵심사이트에 대한 대응감시
- 민감한 건물, 주요행사, 범죄현장에 대테러를 위한 전문검색요원을 제공
- 런던경시청(New Scotland Yard) 및 수상관저(Downing Street)의 방문자 및 차량의 접근통제 및 검색업무 수행
- 외교관 및 정부각료에 대한 전문경비자문 제공

㉡ 왕실경호과(대)(Royalty protection)

- 여왕의 경호
- 국내외에서의 왕족에 대한 신변경호
- 런던, 윈저, 스코틀랜드에 위치한 왕족거주지의 보호(경호)
- 왕족거주지를 방문하는 일반국민의 보호
- 일부 왕족거주지에서의 경호수행 및 24시간 정복경비
- 영국을 방문하는 유럽국가 왕족의 신변경호
- 런던내의 요보호인물과 재산, 고도의 위험성을 지닌 죄수와 취약한 재산, 그리고 광역작전(경호)에서의 차량경호
- 통합(연계)경호작전의 기획 및 조정

㉢ 요인경호과(대)(Spcialist protection)

- 영국 내 또는 해외에서의 수상 신변경호, 전 수상의 신변경호, 각료(장관) 및 대사의 신변경호, 기타 고위인사에 대한 신변경호
- 영국을 방문하는 외국의 고위인사에 대한 신변경호
- 국익에 도움이 되는 사람 또는 정보기관에서 보호가 필요하다고 판단되는 사람에 대한신변경호
- 대중적 중요인사에 대한 경비자문 제공
- 해외의 고도위험지역에 배치된 MPS(수도 경찰청) 스태프에 대한 신변 안정성 검토
- 영국 및 해외에서의 공무수행팀 및 대표단의 경비요구에 대한 대응
- 영국 또는 해외에서의 주요행사나 경호작전의 기획 및 조정
- 영국이나 해외에서의 국가적으로 인정된 경호교육의 보급

⑤ 경호경비본부(Protective Security Command)

㉠ 국회의사당경비과(대)(Palace of Westminster)

- 국회의사당 순찰
- 신분증 검사 및 모니터링

- 방문자, 직원, 개인의 소지품 및 차량의 검색
- 국회업무의 원활한 진행을 위한 공공질서 유지 업무
- 범죄가능성의 최소화를 위한 경비진단 실시
- 의원이나 직원에 대한 범죄예방, 경비 및 개인안전과 관련된 자문
- CCTV, 경보장치, 경찰연락망 모니터링
- (교통)사고대처

㉡ 항공안전과(Aviation Security)

- 런던시/히드로공항의 경비 · 안전임무를 담당하는 부서임
- 4개의 메인건물과 그 주변지역의 내외부의 순찰을 통해 범죄자나 테러리스트와 같은 적대적 환경으로부터 공항과 주변지역을 보호
- 테러리스트의 활동으로부터 효율적인 대응
- 정보수집, 범죄예방 및 제거, 범죄네트워크의 해체 등을 위해 영국항공위원회(the British Airports Authority), 런던시공항공사(London City Airport Ltd), 항공사(the airlines), 국세 및 관세청(HM Revenue and Customs), 출입국 관리청(UK Immigration Service), 교통부(the Department for Transport) 등의 공항관련자나 파트너와의 협력

※ 영국의 경호조직 및 임무 정리

여왕경호	• 왕실경호과(대)(Royalty protection) ※왕실, 방문중인 외국원수, 기타 VIP, 위험성이 매우 높은 죄수나 화물 등의 이동경호 → 특수호위대(the Special Escort Group)가 담당 ※영국을 방문중인 외국의 왕족의 경호는 왕실경호대에서 담당
수상경호	• 요인경호과(대)(Specialist protection)
외국원수 및 외교관 경호	• 외교관경호과(대)(Diplomatic protection) ※사안에 따라 요인경호과(대)(Specialist protection)에서 지원
국회의사당 경호경비	국회의사당경비과(대)(Palace of Westminster)

(4) 경호경찰관

① 일반자격

- 연령제한 : 18세 이상(상한 없음, 그러나 실제 퇴직 연령인 55세 이하)
- 학력제한 없음

- 기초적인 영어 및 수학능력시험 통과자
- 영국국민
- 운전면허소지자
- 수영가능자
- 지원했던 기관 재 지원제한(6개월 이내)

② 건강요건 : 순발력과 지구력테스트 통과자

③ 시력요건 :

- 비교정시력 - 양안시력 시력검사표 6/36 기준 이상
- 교정시력 - 양안시력 시력검사표 6/6 기준 이상
한쪽시력 시력검사표 6/12 기준 이상
- 근 시-교정 양안시력이 6cm거리 N6 이상
- 일정한 색약/색맹 요건 충족자

④ 제시된 건강검진 기준 통과자

⑤ 규정된 범죄기록 조회 통과자

⑥ 일정한 재정심사 통과자

⑦ 사적인 영리행위 금지규정 통과자

- 영리업에 종사하고 있는 경우
- 동거인이 상업에 종사하고 있는 경우
- 관할구역 내에서 본인 또는 동거가족이 주류업에 종사하거나 공중오락장면허를 가지고 있는 경우, 이와 특별한 이해관계가 있는 경우
- 관할구역 내에서 배우자가 상점이나 유사한 영업을 하고 있는 경우

⑧ 문신요건 통과자

(5) 경호운영상 특징

① 경호 전반에 관한 계획 수립 및 통제를 중시

② 3중 경호개념의 적용

- 근접, 중간, 외곽경호의 구분에 의한 3선 경호의 실시.

③ 사전예방경호의 중시

- 위험요소의 사전예방에 경호의 중점을 두고 실시.

④ 분권화 및 책임제 경호에 충실

- 런던지역내의 경호시 런던경시청 특수부, 지방방문시 지역경찰국 특수부에서 담당 및 지원

2) 경호유관기관

① 안전부(Security Service : MI5(Military Intelligence Section 5))
- 국내정보의 담당

② 비밀정보부(Secret Intelligence Service : MI6(Military Intelligence Section6))
- 국외정보 담당

③ 통신정보본부
- 통신정보수집

④ 국방정보본부
- 사회주의권 동향 수집 · 파악

3. 일본의 경호기관

1) 황궁경찰본부(Imperial Guard Headquarters)

황궁경찰본부(皇宮警察本部)는 1886년(明治19年) 국내성(宮內省) 황궁경찰서(皇宮警察署)로 창설되었고 이후 1954년(昭和29年)에 신경찰법(新警察法)이 제정되면서 경찰청 직속의 황궁경찰본부로 개편되어 오늘날까지 이르고 있다.

(1) 소속 : 경찰청(National Police Agency)

(2) 주요임무

① 천왕 및 배우자, 그 가족의 경호

② 황궁 및 기타 거주시설에 대한 경비

③ 천왕 및 배우자, 그 가족의 행차시 차량호위

(3) 주요조직

① 본부

헌병, 기획감찰, 교양, 회계, 후생과로 구성

② 경비부

경비 1과, 경비 2과 등 2개과로 구성

③ 호위부

호위1과, 호위2과, 호위3과, 시위관 등 3과 1관으로 구성

④ 지역호위서(4개)

사카시타 호위서, 후키가미 호위서, 아카사카 호위서, 교토 호위서 등 4개 지역호위서로 구성

⑤ 황궁경찰학교

2) 경비경찰(SP : Security Police)

(1) 소속 : 경찰청 경비국 공안2과

(2) 주요임무 : 요인(VIP)경호

① 국내외 주요인사에 대한 경호

② 수상경호

③ 내각의 장관 경호

④ 정당대표의 경호

⑤ 일본을 방문하는 외국 국가원수 경호

⑥ 일본을 방문하는 외국의 고위인사 경호

⑦ 기타 국내외 주요인사에 대한 경호

4. 각국 경호조직의 정리

1) 경호조직

구분	경호조직		주요 유관기관
미국	대통령	국토안보부 비밀경호국 (Secret Service)	FBI, CIA, INS(이민국) 국무부 외교관안전과, 안전국, 국방부 육군성
	부통령		
영국	여왕(왕족)	수도경찰청 특수작전국 왕실경호과(대)	MI5, MI6, 통신정보본부 국방정보본부
	수상	수도경찰청 특수작전국 요인경호과(대)	
독일	대통령	연방범죄수사국 경호안전과	연방국경수비대, 연방정보부, 연방헌법보호청, 군방첩대, 주경찰, 지역경찰
	수상		
프랑스	대통령	경찰청 경호국(V.O) 공화국경비대(관저경비)	UCLAT(대 테러조정실), RAID(경찰특공대), 내무성 정보국, DGSE(해외안전총국)
	수상		

구분	경호조직		주요 유관기관
일 본	천황	경찰청 황궁경찰본부	내각정보조사실, 세계정경조사회, 공안조사청, 방위청 방위국
	수상	경찰청 경비국 공안2과	
한 국	대통령	대통령경호실	경찰청, 국가정보원 합동참모본부, 육군본부 및 기무사령부, 수도방위사령부, 외교통상부, 법무부, 문화체육부, 건설교통부, 관세청 등
	국무총리	경찰청 경비국	

2) 경호요원

구분	경호조직		경호원 신분	자격요건
미국	대통령	국토안보부 비밀경호국	연방 법집행 요원	
	부통령			
영국	여왕	특수작전국 왕실경호과	경찰	
	수상	특수작전국 요인경호과		
독일	대통령	연방범죄 수사국 경호안전과	경찰	• 연령 : 고졸자 19~20, 남녀, 개인희망 • 고등학교성적 80점 이상자 • 19~20세의 대학입학자격시험합격자
	수상			
프랑스	대통령	경찰청 경호국(V.O) 공화국 경비대 (관저경비)	경찰 헌병 (군인)	• 프랑스국적자 (국적취득 후 5년 경과자 포함) • 병역의무 필한 자 • 성격과 건강이 좋고 신원조사를 통해 충성심이 입증된 자 • 공무원시험 3회 이상 낙방하지 않은 자 • 경찰공무원 응시요건 충족자
	수상			
일본	천황	경찰청 황궁경찰본부	경찰	• 신장 175cm 이상자 • 유도, 검도 3단 이상자 • 권총사격 및 영어회화 상급자 • 운동신경, 주의력, 판단력, 순발력 우수자 • 체력이 우수한 자
	수상	경찰청 경비국 공안2과		
한국	대통령	대통령경호실	경호원	
	국무총리	경찰청 경비국	경찰관	

2. 한국의 경호조직

1) 대통령경호처(2017년 정부조직법 개정)

(1) 소속 및 임무(법 제4조)

① 소속 및 명칭: 대통령 직속 대통령경호처

② 임무범위

㉠ 대통령과 그 가족

㉡ 대통령당선인과 그 가족

㉢ 본인의 의사에 반하지 아니하는 경우에 한하여 퇴임 후 10년 이내의 전직대통령과 그의 배우자 및 자녀. 다만, 대통령이 임기만료 전에 퇴임한 경우와 재직 중 사망한 경우의 경호기간은 그로부터 5년으로 하고, 퇴임 후 사망한 경우의 경호기간은 퇴임일부터 기산하여 10년을 넘지 아니하는 범위에서 사망 후 5년으로 한다.

㉣ 대통령권한대행과 그 배우자

㉤ 대한민국을 방문하는 외국의 국가원수 또는 행정수반과 그 배우자

㉥ 그 밖에 처장이 경호가 필요하다고 인정하는 국내외 요인

> ✐ 학습참고자료
>
> ※ 시행령 제2조 (가족의 범위 등) ①「대통령 등의 경호에 관한 법률」(이하 "법"이라 한다) 제4조 제1항제1호 및 제2호에 따른 가족은 대통령 및 대통령당선인의 배우자와 직계존비속으로 한다. [전문개정 2013.8.20]

(2) 대통령경호처장

① 신분 및 임명 : 정무직공무원, 대통령이 임명

② 권한

㉠ 경호처 업무를 총괄, 지휘 및 감독권

㉡ 5급 이상 경호공무원 및 5급 상당 이상 별정직공무원에 대한 임명 제청권 및 6급 이하 경호공무원에 대한 임용권

㉢ 관련 사무에 대한 승인권

㉣ 소속 공무원에 대한 전보·휴직·겸임·파견·직위해제·정직 및 복직에 관한 사항

㉤ 경호직무에 관한 타 기관협조 요청권 및 명령권

(3) 경호차장

① 신분 및 임명 : 정무직·1급 경호공무원 또는 고위공무원단에 속하는 별정직 국가 공무원으로 보함

② 권한

㉠ 경호처장을 보좌

㉡ 경호처장의 직무대행

㉢ 대통령경호안전대책위원회 부위원장

(4) 경호공무원(대통령경호원)

① 신분 : 특정직공무원(1급~9급), 일반직공무원, 별정직공무원

② 임용결격사유(제8조 제2항)

㉠ 다음 각 호의 어느 하나에 해당하는 사람은 직원으로 임용될 수 없다.

1. 대한민국의 국적을 가지지 아니한 사람
2. 국가공무원법 제33조 각 호의 어느 하나에 해당하는 사람

㉡ 직원이 제2항(「국가공무원법」 제33조 제5호는 제외한다)의 어느 하나에 해당하는 직원은 당연히 퇴직된다.

> **학습참고자료**
>
> * 국가공무원법 제33조(결격사유) 다음 각 호의 어느 하나에 해당하는 자는 공무원으로 임용될 수 없다.
> 1. 피성년후견인 또는 피한정후견인
> 2. 파산선고를 받고 복권되지 아니한 자
> 3. 금고 이상의 실형을 선고받고 그 집행이 종료되거나 집행을 받지 아니하기로 확정된 후 5년이 지나지 아니한 자
> 4. 금고 이상의 형을 선고받고 그 집행유예 기간이 끝난 날부터 2년이 지나지 아니한 자
> 5. 금고 이상의 형의 선고유예를 받은 경우에 그 선고유예 기간 중에 있는 자
> 6. 법원의 판결 또는 다른 법률에 따라 자격이 상실되거나 정지된 자
>
> 6의2. 공무원으로 재직기간 중 직무와 관련하여 「형법」 제355조 및 제356조에 규정된 죄를 범한 자로서 300만원 이상의 벌금형을 선고받고 그 형이 확정된 후 2년이 지나지 아니한 자
>
> 6의3. 「형법」 제303조 또는 「성폭력범죄의 처벌 등에 관한 특례법」 제10조에 규정된 죄를 범한 사람으로서 300만원 이상의 벌금형을 선고받고 그 형이 확정된 후 2년이 지나지 아니한 사람
>
> 7. 징계로 파면처분을 받은 때부터 5년이 지나지 아니한 자
> 8. 징계로 해임처분을 받은 때부터 3년이 지나지 아니한 자

③ 권한

㉠ 사법경찰권(법 제17조)

ⓐ 실장의 제청으로 서울중앙지방검찰청 검사장이 지명한 경호원

ⓑ 법 제4조 제1항 각 호의 경호대상에 대한 경호업무 수행 중 인지한 그 소관에 속하는 범죄에 대하여 직무상 또는 수사상 긴급을 요하는 한도 내에서 사법경찰관리의 직무를 수행할 수 있음

㉡ 무기사용권(법 제19조)

ⓐ 경호업무 수행 중 인지한 그 소관에 속하는 범죄에 관하여 사형, 무기 또는 장기 3년 이상의 징역 또는 금고에 해당하는 죄를 범하거나 범하였다고 의심할 만한 충분한 이유가 있는 사람이 소속공무원(경호공무원)의 직무수행에 항거하거나 도피하려고 할 때.

ⓑ 제3자가 그를 도피시키려고 경호원에게 항거할 때 이를 방지 또는 체포하기 위해 무기 외는 다른 수단이 없다고 인정되는 상당한 이유가 있을 때

ⓒ 야간이나 집단을 이루거나 흉기 또는 위험한 물건을 휴대하고 경호업무를 방해하기 위하여 소속공무원(경호공무원)에게 항거할 경우에 이를 방지하거나 체포하기 위하여 무기를 사용하지 아니하고는 다른 수단이 없다고 인정되는 상당한 이유가 있을 때

④ 의무

㉠ 직원남용금지(법 제18조)

ⓐ 소속공무원은 직권을 남용하여서는 아니 된다.

ⓑ 경호처에 파견된 경찰공무원은 이 법에 규정된 임무 외의 경찰공무원의 직무를 수행할 수 없다.

㉡ 비밀엄수의무(법 제9조)

ⓐ 소속공무원[퇴직한 사람과 원(原) 소속 기관에 복귀한 사람을 포함한다. 이하 이 조에서 같다]은 직무상 알게 된 비밀을 누설하여서는 아니 된다.

ⓑ 소속공무원은 경호처의 직무와 관련된 사항을 발간하거나 그 밖의 방법으로 공표하려면 미리 처장의 허가를 받아야 한다.

㉢ 기타 국가공무원으로서의 일반적 의무

(5) 경호처 조직

대통령경호처는 처장, 차장, 감사관실, 기획관리실, 경호본부, 경비안전본부, 경호지원단, 경호안전교육원 등으로 편제되어 있다.

2) 대통령경호안전대책위원회(대통령경호안전대책위원회 규정)

(1) 구성

① 위원장 : 대통령경호처장(안전대책활동에 관한 전반적인 업무를 총괄하며 필요한 안전대책활동지침을 수립하여 관계부서에 부여)

② 부위원장 : 경호차장

③ 위원 및 책임(동규정 제4조)

1. 국가정보원 테러정보통합센터장
   가. 입수된 경호 관련 첩보 및 정보의 신속한 전파・보고
   나. 위해요인의 제거
   다. 정보 및 보안대상기관에 대한 조정
   라. 행사참관 해외동포 입국자에 대한 동향파악 및 보안조치
   마. 그 밖에 국내・외 경호행사의 지원
2. 외교부 재외동포영사국장
   가. 입수된 경호 관련 첩보 및 정보의 신속한 전파・보고
   나. 사증발급지원
   다. 그 밖에 국내・외 경호행사의 지원
3. 법무부 출입국・외국인정책본부장
   가. 입수된 경호 관련 첩보 및 정보의 신속한 전파・보고
   나. 위해용의자에 대한 출입국 및 체류관련 동향의 즉각적인 전파・보고
   다. 그 밖에 국내・외 경호행사의 지원
4. 국방부 조사본부장
   가. 입수된 경호 관련 첩보 및 정보의 신속한 전파・보고
   나. 경호임무 수행을 위한 군 헌병업무 지원
   다. 군관련 사고 및 사건의 접수・처리・분석 및 대책의 수립
   라. 그 밖에 국내・외 경호행사의 지원
5. 문화체육관광부 관광산업국장
   가. 입수된 경호 관련 첩보 및 정보의 신속한 전파・보고
   나. 문화・체육・관광 시설 등에서의 경호와 관련된 협조
   다. 그 밖에 국내・외 경호행사의 지원
6. 과학기술정보통신부 통신정책국장
   가. 입수된 경호 관련 첩보 및 정보의 신속한 전파・보고

나. 경호임무 수행을 위한 정보통신업무의 지원
다. 정보통신망을 이용한 경호 관련 위해사항의 확인
라. 그 밖에 국내·외 경호행사의 지원

7. 국토교통부 항공정책관
가. 입수된 경호 관련 첩보 및 정보의 신속한 전파·보고
나. 민간항공기의 행사장 상공비행에 대한 통제 및 협조
다. 육로 및 철로와 공중기동수단에 대한 통제 및 협조
라. 그 밖에 국내·외 경호행사의 지원

8. 식품의약품안전처 식품안전정책국장
가. 식품의약품 안전 관련 입수된 첩보 및 정보의 신속한 전파·보고
나. 경호임무에 필요한 식음료 위생 및 안전관리 지원
다. 식음료 관련 영업장 종사자에 대한 위생교육
라. 식품의약품 안전검사 및 그 밖에 필요한 자료의 지원
마. 그 밖에 국내외 경호행사의 지원

9. 관세청 조사감시국장
가. 입수된 경호 관련 첩보 및 정보의 신속한 전파·보고
나. 출입국자에 대한 검색 및 검사
다. 휴대품·소포·화물에 대한 검색
라. 그 밖에 국내·외 경호행사의 지원

10. 대검찰청 공안기획관
가. 입수된 경호 관련 첩보 및 정보의 신속한 전파·보고
나. 위해음모 발견시 수사지휘 총괄
다. 위해가능인물의 관리 및 자료수집
라. 국제테러범죄 조직과 연계된 위해사범의 방해책동 사전차단
마. 그 밖에 국내·외 경호행사의 지원

11. 경찰청 보안국장
가. 입수된 경호 관련 첩보 및 정보의 신속한 전파·보고
나. 위해가능인물에 대한 동향파악
다. 행사참석자 및 종사자의 신원조사
라. 입국체류자 중 위해가능인물에 대한 동향 파악
마. 행사장·기동로 주변 집회 및 시위관련 정보제공과 비상상황 방지대책의 수립

바. 우범지대 및 취약지역에 대한 검문·검색
사. 행사장 및 행차로 주변에 산재한 물적 취약요소에 대한 안전조치
아. 행차로 요충지 등에 정보센터 설치·운영
자. 총포·화약류의 영치관리와 봉인 등 안전관리
차. 불법무기류의 색출 및 분실무기의 수사
카. 그 밖에 국내·외 경호행사의 지원

12. 해양경찰청 경비안전국장
가. 입수된 경호 관련 첩보 및 정보의 신속한 전파·보고
나. 해상에서의 경호·테러예방 및 안전조치
다. 그 밖에 국내·외 경호행사의 지원

13. 소방청 소방정책국장
가. 입수된 경호 관련 첩보 및 정보의 신속한 전파·보고
나. 경호임무 수행을 위한 소방방재업무 지원
다. 그 밖에 국내외 경호행사의 지원

14. 합동참모본부 작전부 작전처장
가. 입수된 경호 관련 첩보 및 정보의 신속한 전파·보고
나. 안전대책활동에 대한 육·해·공군업무의 총괄 및 협조
다. 삭제 〈2007.1.18〉
라. 그 밖에 국내·외 경호행사의 지원

15. 국군기무사령부 2부장
가. 입수된 경호 관련 첩보 및 정보의 신속한 전파·보고
나. 군내 행사장에 대한 안전활동
다. 군내 위해가능인물에 대한 동향파악
라. 행사참석자 및 종사자의 신원조사
마. 군부대 동향 파악
바. 행차로 주변 군시설물에 대한 안전조치
사. 취약지에 대한 검문·검색
아. 경호유관시설에 대한 보안지원 활동
자. 그 밖에 국내·외 경호행사의 지원

16. 수도방위사령부 참모장
가. 입수된 경호 관련 첩보 및 정보의 신속한 전파·보고
나. 수도방위사령부 관할지역 내 진입로 및 취약지에 대한 검문·검색

다. 수도방위사령부 관할지역의 경호구역 및 그 외곽지역 수색·경계 등 경호 활동 지원

라. 그 밖에 국내·외 경호행사의 지원

④ 관장업무

㉠ 대통령경호에 필요한 안전대책업무

㉡ 경호에 유관한 첩보 및 정보의 상호교환 분석

㉢ 기타 경호상 필요하다고 인정되는 제반사항

3) 경찰 : 경호경비경찰

(1) 행정자치부장관 : 경찰경호조직의 지휘계통상의 최고책임자

(2) 경찰청장

① 신분 : 특정직 경찰공무원, 경찰위원회의 동의 → 행정자치부장관의 제청 → 국무총리 경유 → 대통령 임명

② 권한

㉠ 경찰사무의 통할, 경찰청업무의 관장

㉡ 소속공무원 및 각급 경찰기관장을 지휘·감독

㉢ 총경 이상 경찰공무원의 임용제청권

㉣ 경정 이하 공무원의 임용권(면직권 제외)

(3) 경호경찰관

① 신분 : 특정직 경찰공무원

② 임용자격 및 결격사유(경찰공무원법 제7조)

㉠ 경찰공무원은 신체 및 사상이 건전하고, 품행이 방정한 사람

㉡ 다음 각호의 1에 해당하지 않는 사람(임용결격사유)

1. 대한민국 국적을 가지지 아니한 사람
2. 「국적법」 제11조의2제1항에 따른 복수국적자
3. 피성년후견인 또는 피한정후견인
4. 파산선고를 받고 복권되지 아니한 사람
5. 자격정지 이상의 형을 선고받은 사람
6. 자격정지 이상의 형의 선고유예를 선고받고 그 유예기간 중에 있는 사람
7. 징계에 의하여 파면 또는 해임처분을 받은 사람

③ 경찰공무원이 갖추어야 할 일반적 조건[77)]

㉠ 덕성 : 인애정신, 확고한 신념, 도덕적 용기, 업무에 대한 책임감, 영예심(명예), 공정한 태도, 업무에 대한 성실성 등

㉡ 적절한 학식 : 경찰실무에 대한 지식, 정치적인 지식, 법률적 지식, 경찰전술적 지식, 경찰업무상의 응용기술 등

㉢ 강인한 체력 및 정신력 : 육체적 건강, 정신적 건강

㉣ 특정한 직무수행능력 : 경찰간부에 요구되는 지도력, 경찰책임자에 요구되는 거시적 안목, 경찰책임자에 요구되는 풍부한 식견과 수양

④ 경찰관 직무집행법상의 임무

㉠ 범죄의 예방·진압 및 수사

㉡ 경비·요인경호 및 대간첩작전수행

㉢ 치안정보의 수집·작성 및 배포

㉣ 교통단속과 위해방지

㉤ 기타 공공의 안녕과 질서유지

⑤ 경호임무의 일반적 범위

㉠ 대통령 경호경비

㉡ 국무총리 경호경비

㉢ 기타 일반 요인 경호경비

⑥ 경호임무의 구체적 범위[78)]

㉠ 사전안전검측

㉡ 출입자통제, 불심자의 접근 차단 및 방지

㉢ 경호보안업무

㉣ 환송·영 군중의 통제 및 감시

㉤ 책임지역 내 돌발사태시 즉응조치

㉥ 교통정리

㉦ 경호와해기도에 대한 비상조치

㉧ 정복경찰관으로부터 검문을 받은 자와 기타 불심자를 미행하여 동정 감시(사복경찰관)

⑦ 권한

㉠ 보통사법경찰권

㉡ 즉시강제권 : 불심검문, 보호조치, 위험발생방지, 범죄예방·제지, 위험방지를

77) 경찰대학, 앞의 책(경찰학개론), pp.244~262.
78) 경찰대학, 앞의 책(경찰경비론), p.288.

위한 출입, 사실확인

㉢ 경찰장비사용권한

㉣ 경찰장구사용권(수갑, 포승, 경찰봉, 방패 등)

㉤ 경찰무기사용권(권총, 소총, 도검)

(5) 경호경찰관의 복장 및 장비

① 복장

㉠ 정복근무자 : 규정에 의한 깨끗한 제복과 장구 착용

㉡ 사복근무자 : 주위환경과 조화되고 품위 있는 복장

㉢ 교통경찰관 : 교통경찰관 복장

② 총기휴대 제한 및 허용

㉠ 갑호 및 1, 2등급 경호시 정복 및 사복 근무자는 공히 행사장 1, 2선 내에서는 총기휴대 금지

㉡ 5분대기대, 산악수색, 매복 등 특수임무 수행상 필요시는 총기휴대 허용

4) 민간경호원(경비원)

(1) 바람직한 민간경호원의 자세

① 투철한 직업의식

② 풍부한 전문적 지식 체득

③ 건강하고 왕성한 신체적 능력

④ 교양 있는 몸가짐

⑤ 희생정신

(2) 민간경비원의 임무범위(경비업법 제2조)

① 시설경비

② 호송경비

③ 신변보호경비

④ 기계경비

⑤ 특수경비

(3) 일반경비원의 결격사유 → 경비업법 제10조 참조

(4) 장구의 사용권한

① 기본장구 : 경적, 단봉, 분사기, 안전방패, 무전기 등

② 총기사용권

㉠ 일반경비원 : 휴대 및 사용 불가능

㉡ 특수경비원 : 휴대 및 사용가능(엄격한 제한)

㉢ 특수경비원의 무기휴대

ⓐ 시설주는 관할경찰서장의 사전승인을 받아 대여받은 무기를 특수경비원에게 휴대케 할 수 있으며, 무기지급의 필요성이 해소되었다고 인정되는 때에는 특수경비원으로부터 즉시 무기를 회수하여야 한다.

ⓑ 특수경비원이 휴대할 수 있는 무기종류는 권총 및 소총이다.

ⓒ 관할경찰관서장은 시설주 및 특수경비원의 무기관리상황을 매월 1회 이상 점검한다.

③ 가스분사기 : 분사기 : 경비업자가 경비원으로 하여금 분사기를 휴대하여 직무를 수행하게 하는 경우에는 「총포 · 도검 · 화약류 등 단속법」에 따라 미리 분사기의 소지허가를 받아야 한다(경비업법 제16조의2 제2항).

(5) 민간경비원의 교육훈련

① 신임교육 : 24시간(특수경비원 88시간), 경비협회, 경찰교육기관, 경찰청장이 지정하여 고시하는 기관 또는 단체

② 직무교육 : 월 4시간(특수경비원 6시간), 경비업자

③ 신임교육면제 : 경찰공무원법에 의한 경찰공무원, 대통령 등의 경호에 관한 법률에 의한 경호공무원 · 별정직 공무원, 군인사법에 의한 부사관 이상의 경력자 등 경비업법 시행령 제18조에 규정한 자

5) 경비지도사

(1) 경비지도사의 임무

① 경비원의 지도 · 감독 · 교육에 관한 계획의 수립 · 실시 및 그 기록의 유지

② 경비현장에 배치된 경비원에 대한 순회점검 및 감독

③ 경찰기관 및 소방기관과의 연락방법에 대한 지도

④ 그 밖에 대통령령이 정하는 직무

(2) 경비지도사의 결격사유

일반경비원 결격사유와 동일(법 제10조 제1항)

6) 청원경찰

(1) 청원경찰의 임무범위(청원경찰법 제3조)

경비구역 안에 한하여 경비목적을 위하여 필요한 범위 안에서 범위 안에서 경찰관직무집행법에 의한 경찰관의 직무를 행한다.

(2) 청원경찰의 배치장소

① 국가기관 또는 공공단체와 그 관리하에 있는 중요시설 또는 사업장
② 국내주재외국기관
③ 그 밖에 행정자치부령으로 정하는 중요시설, 사업장 또는 장소
  ㉠ 선박, 항공기 등 수송시설
  ㉡ 금융 또는 보험을 업으로 하는 시설 또는 사업장
  ㉢ 언론, 통신, 방송 또는 인쇄를 업으로 하는 시설 또는 사업장
  ㉣ 학교 등 육영시설
  ㉤ 의료법에 따른 의료기관
  ㉥ 그 밖에 공공의 안녕질서 유지와 국민경제를 위하여 고도의 경비가 필요한 중요시설 또는 장소

(3) 청원경찰의 권한 및 신분

① 원칙 : 민간
② 배치구역 내에서 경비목적에 필요한 범위 내에서 경찰관 직무집행법상 경찰관 직무수행(청원경찰법 제3조)
③ 벌칙에 있어 형법 적용시 공무원신분으로 간주(동법 제10조 제2항)

(4) 청원경찰의 임용자격요건

① 18세 이상인 사람, 남자는 군필자 또는 면제자(영 제3조)
② 행정자치부령으로 정하는 신체조건 해당자(규칙 제4조)
  ㉠ 신체가 건강하고 팔다리가 완전할 것
  ㉡ 시력(교정시력을 포함한다)은 양쪽 눈이 각각 0.8 이상일 것
③ 국가공무원법 제33조에 해당하지 않는 자
  ㉠ 피성년후견인 또는 피한정후견인
  ㉡ 파산선고를 받고 복권되지 아니한 자
  ㉢ 금고 이상의 실형을 선고받고 그 집행이 종료되거나 집행을 받지 아니하기로 확정된 후 5년이 지나지 아니한 자
  ㉣ 금고 이상의 형을 선고받고 그 집행유예 기간이 끝난 날부터 2년이 지나지 아니

한 자

㉤ 금고 이상의 형의 선고유예를 받은 경우에 그 선고유예 기간 중에 있는 자
㉥ 법원의 판결 또는 다른 법률에 따라 자격이 상실되거나 정지된 자
㉦ 공무원으로 재직기간 중 직무와 관련하여 「형법」 제355조 및 제356조에 규정된 죄를 범한 자로서 300만원 이상의 벌금형을 선고받고 그 형이 확정된 후 2년이 지나지 아니한 자
㉧ 「형법」 제303조 또는 「성폭력범죄의 처벌 등에 관한 특례법」 제10조에 규정된 죄를 범한 사람으로서 300만원 이상의 벌금형을 선고받고 그 형이 확정된 후 2년이 지나지 아니한 사람
㉨ 징계로 파면처분을 받은 때부터 5년이 지나지 아니한 자
㉩ 징계로 해임처분을 받은 때부터 3년이 지나지 아니한 자

(5) 청원경찰의 장비

① 장구 : 허리띠, 경찰봉, 호루라기 및 포승(규칙 제9조 제1항 제2호)
② 분사기(영 제15조)
③ 무기 : 권총, 소총(규칙 제16조 제2항 제2호)

(6) 무기 및 탄약관리

① 탄약의 지급 : 소총-15발, 권총-7발
② 무기의 손질 : 매주 1회
③ 지급된 무기의 회수사유
-직무상 비위로 인해 징계대상이 된 자
-형사사건으로 조사대상이 된 자
-변태성벽이 있는 자
-주벽이 심한 자
-불평이 심하고 염세비관하는 자

(7) 청원경찰의 교육훈련

① 청원주는 매월 4시간 직무교육을 실시하여야 한다.(규칙 제13조 제1항)
② 관할경찰서장은 필요하다고 인정하는 경우에는 청원경찰이 배치된 사업장에 소속공무원을 파견하여 직무집행에 필요한 교육을 실시할 수 있다.(규칙 제13조 제2항)
③ 2주간에 걸친 76시간의 기본교육을 이수하여야 한다.(영 제5조 제3항, 규칙 제6조)

④ 청원경찰의 교육은 청원주의 부담에 의한 경찰기관에 의해 실시된다.(영 제5조 제1항)

(8) 권한남용시 처벌 : 6월 이하의 징역 또는 금고

제3절 경호의 대상

1. 공경호의 대상

1) 국가원수 : 대통령, 국왕

(1) 국민대표기관

(2) 국가원수

(3) 집행부수반

(4) 헌법기관 구성권자

2) 국무총리

(1) 대통령권한 대행자

(2) 대통령보좌기관

(3) 집행부2인자

(4) 국무회의부의장

(5) 대통령 다음의 상급행정관청

3) 기타 경호기관장이 지명하는 자

2. 사경호의 대상

1) 정치인

2) 경제인

3) 연예인

4) 기타

기출 및 적중 예상문제

01. 다음 중 경호위해조직의 특성에 해당되지 않는 것은?

① 동심원적 구조 ② 전문성
③ 개방성 ④ 정확성

해설 일반적으로 들고 있는 경호위해조직의 특성으로는 ① 동심원적 구조, ② 전문성, ③ 폐쇄성, ④ 정확성, ⑤ 치밀성 등이 있다.

02. 경호위해조직에 대한 설명으로 틀린 것은?

① 대테러조직들의 공격대상에서 안전하기 위해 철저한 보안을 기본적 성격으로 하는 것과 관련된 특성은 폐쇄성이다.
② 정확한 타격을 위해 군사작전을 방불케 하는 치밀한 계획과 정확한 행동을 요소로 하는 특성은 정확성이다.
③ 행동조직이나 지도자조직을 구심점으로 각각의 지원조직들이 동심원적으로 결합되어 있음을 뜻하는 것은 치밀성의 특성이다.
④ 경제성장, 과학기술의 발전 등에 따라 고도의 정밀장비들의 개발과 뛰어난 경호조직과 기술의 발전에 대응하는 특성은 전문성이다.

해설 행동조직이나 지도자조직을 구심점으로 각각의 지원조직들이 동심원적으로 결합되어 있음을 뜻하는 것은 동심원적 구조와 관련된다.

03. 다음은 경호조직의 원칙 중 무엇에 관한 설명인가?

> "지휘 및 통제의 이원화로 인해 파생되는 문제들을 보완하기 위해 명령과 지휘체계는 반드시 하나의 계통으로 구성해야 한다는 원칙"

① 단위작용의 원칙 ② 단일성의 원칙
③ 통일성의 원칙 ④ 협력성의 원칙

정답 01. ③ 02. ③ 03. ②

04. 다음 중 경호조직의 특성에 관한 설명으로 틀린 것은?

① 경호조직은 본질적으로 보안성을 높이는 폐쇄적 조직구조로 구성한다.
② 경호조직은 군조직과 같이 명령체계의 하향성과 피라미드형의 조직구조로 이루어진다.
③ 위해조직의 전문성은 경호조직의 전문화에 밀접히 영향을 미친다.
④ 경호조직은 그 활동상의 특징이 경호요원 개인적 활동을 기본으로 한다.

해설 경호작용은 경호원 개인적 능력에 의존하는 개인작용이 아니라 조직 또는 기관차원의 작전개념이 적용된다.

05. 경호조직의 원칙이 아닌 것은?

① 경호협력성의 원칙 – 경호업무는 국민과의 절대적인 협조가 필요하며 국민으로부터 존경받는 경호원이 되어야 한다.
② 경호체계통일성의 원칙 – 조직계층상에서 책임과 업무의 분담이 이루어지고, 명령과 복종의 지휘와 역할의 체계가 통일적으로 이루어져야 한다.
③ 경호기관단위작용성의 원칙 – 경호기관을 지휘하는 지휘자와 부하직원간의 유기적인 협력체계가 구비되어야 한다.
④ 경호지휘다양성의 원칙 – 경호기관은 다양한 지휘체계를 갖고 있으며 여러 사람들로부터 지휘를 받아야 한다.

해설 경호지휘다양성이 아니라 지휘단일성의 원칙에 따라야 한다. 경호작용은 순간적인 위기상황에 모든 경호인력이 일사분란하게 움직여야 하기 때문에 명령계통은 통일되어 있고 단일성을 갖추어야 한다.

06. 다음 중 경호조직의 특성이 아닌 것은?

① 기동성　② 계층성
③ 대규모성　④ 개방성

해설 앞의 문제 1번 해설 참조

정답 04. ④ 05. ④ 06. ④

07. 경호조직의 특성과 원칙에 대한 설명으로 틀린 것은?

① 경호임무시는 경호조직의 비공개와 경호기법의 비노출 등 폐쇄성의 특성을 가지고 있다.

② 경호조직은 기구단위, 권한과 책임 등이 경호업무에 기여할 수 있도록 통합되어야 한지만, 권한의 계층을 통해 분화된 노력을 조정·통제하여 분화활동을 하여야 한다.

③ 경호업무가 긴급성을 요하고 모순, 중복, 혼란성을 피하기 위해 지휘 단일성이 요구된다.

④ 기관단위의 임무결정은 지휘자만이 할 수 있고, 경호의 성패는 지휘자만이 책임을 진다.

해설 경호조직은 조식이나 기능이 고도로 전문화된 개별적 단위가 조화되어 이루어지는 통합활동이기 때문에 이들 요소에 대한 체계통일성이 요구된다.

08. 경호조직의 특성을 올바르게 설명한 것은?

① 경호조직은 계층성, 전문성, 폐쇄성, 기동성, 대규모성과 같은 특성을 지니고 있다.

② 경호조직은 명령과 복종의 지위이므로 역할의 체계가 분화되어야 한다.

③ 경호조직은 성격상 기관단위 작용으로 이루어지지 않고 개인단위 작용으로 이루어진다.

④ 경호조직은 경호업무의 긴급성을 요한다는 점에서 지휘의 복합성이 이루어져야 한다.

해설

09. 경호조직은 일반조직에 비해 본질적 특성을 지니고 있다. 다음 중 그 특성이라고 볼 수 없는 것은?

① 경호조직의 독립성　　② 경호조직의 전문성

③ 경호조직의 기동성　　④ 경호조직의 폐쇄성

정답 07. ② 08. ①

해설 경호조직의 구성은 위해조직의 특성과 밀접히 관련된다. 경호활동은 위해에 대한 차단 내지는 방어활동이기 때문에 위해조직이 지니는 특성들을 정확히 파악하고 반영하여야 하기 때문이다. 따라서 경호조직은 계층성, 전문성, 폐쇄성, 기동성, 대규모성을 그 특성으로 한다.

10. **다음의 경호조직이 지니는 특성 중 명령 또는 의사전달의 신속성과 가장 밀접한 특성은?**

① 전문성 ② 계층성
③ 기동성 ④ 대규모성

해설 경호조직의 계층성은 의사결정의 신속성과 지휘계통의 단일성, 명령 또는 커뮤니케이션의 신속한 전달체계의 요구에 따른 측면과 경호활동상 요구되는 다양한 조직들의 참여에 따른 의사결정, 명령체계의 통일성 요청에 따른 측면 등 두 가지 요소에 의해 필수적으로 이루어진 조직특성으로 볼 수 있다.

11. **경호조직의 특성에 관한 설명 중 틀린 것은?**

① 경호조직은 그 활동상의 특징이 경호요원 개인적 활동을 기본으로 한다.
② 경호조직은 군대조직과 같이 명령체계의 하향성을 기본적 성격으로 하는 피라미드형의 계층적 조직구조로 이루어진다.
③ 본질적으로 경호조직은 보안성을 높이는 폐쇄적 조직구조로 구성한다.
④ 위해조직의 전문성은 경호조직의 전문화에 밀접히 영향을 미친다.

해설 경호조직은 그 활동상의 특징이 경호요원 개인적 활동을 기본으로 하는 것이 아니라 경호기관이라는 부대단위의 조직적 활동을 특성으로 한다. 따라서 명령체계의 하향성이나 조직의 대규모성이 요청되는 것이다.

12. **컴퓨터네트워크의 해킹을 이용한 기밀사항의 입수차단, 금속탐지기에 탐지되지 않는 폭발물의 탐지 활동 등과 관련된 특성은?**

① 기동성 ② 전문성
③ 계층성 ④ 대규모성

정답 09. ① 10. ② 11. ①

해설 위해조직들이 테러나 암살을 위해 수행하는 활동들이 과거와는 달리 컴퓨터네트워크의 해킹을 이용한 기밀사항의 입수를 시도하고, 현장에서 금속탐지기에 탐지되지 않는 폭발물을 이용 테러를 시도하는 등 고도로 첨단화함으로써 경호조직도 이에 대응하여 전문화되지 않으면 안 되게 되었다.

13. **다음 중 경호조직의 특성에 대한 설명 중 적절하지 않는 것은?**

① 경호위해 수법의 지능화, 고도화에 대응하기 위해 경호전문성이 요구되고 있다.
② 경호기관의 권위를 유지하기 위해서는 경호조직의 폐쇄성을 항상 유지하여야 한다.
③ 경호조직은 경호의 집행기관적 성격으로 계층성의 특성이 있다.
④ 경호위해 요소의 증가로 인하여 경호조직의 대규모화 현상으로 나타나고 있다.

해설 경호기관의 권위를 유지하기 위해서는 경호조직의 폐쇄성을 유지하여야 하는 것이 아니라, 위해조직들이 경호대상자에 대한 정보, 경호계획, 경호원들의 움직임 등을 알지 못하게 하기 위해 요구되는 것이다.

14. **경호의 기본원칙 중 명령통일의 원칙과 가장 밀접한 원칙은?**

① 체계통일성원칙 ② 경호기관단위 작용의 원칙
③ 지휘체계의 단일성원칙 ④ 협력성의 원칙

해설 지휘체계의 단일성원칙은 명령통일의 원칙과 맥을 같이 하는 것으로 임무가 서로 다른 형태의 경호요원들이 존재하고 다양한 관련기관들이 경호활동에 참여하지만 맨 윗선에서 맨 아래까지의 명령체계는 단일해야 한다는 원칙이다. 이는 경호활동상 요구되는 신속한 조치의 필요와 여러 가지 형태의 임무와 조직들이 함께 수행하는 활동의 성격상 요구되는 사항이다.

15. **다음 중 경호기관의 모든 단위나 체계는 당해 경호조직이 추구하는 목적을 위해 일관되게 작용하여야 한다는 것과 관련한 원칙은?**

① 체계통일성원칙 ② 경호기관단위 작용의 원칙
③ 지휘체계의 단일성원칙 ④ 협력성의 원칙

정답 12. ② 13. ② 14. ③

해설 체계통일성원칙은 조직구조의 정점으로부터 말단에 이르기까지 무수한 계층들이 상하간에 일정한 관계로 통합되어 책임과 분업이 이루어진 가운데 명령과 복종의 지위와 역할 체계가 통일되어야 한다는 것을 의미한다.

16. 다음 중 경호조직과 일반국민과의 관계를 중시하는 원칙으로 일반국민의 협력이 없으면 성공적인 경호활동을 보장할 수 없다는 것과 관련되는 원칙은?

① 체계통일성원칙　② 경호기관단위 작용의 원칙
③ 지휘체계의 단일성원칙　④ 협력성의 원칙

해설 국민들과의 협력을 필수요소로 하여야 한다는 것으로 협력성의 원칙에 관한 설명이다.

17. 경호활동이 고도로 분업화된 전문성을 띤 조직활동이라는 점과 무수히 많은 다양한 조직들의 통합작용이라는데서 필수적으로 요구되는 원리는?

① 체계통일성원칙　② 경호기관단위 작용의 원칙
③ 조정의 원칙　④ 협력성의 원칙

해설 조정의 원칙에 관한 설명이다.

18. 다음 중 미국의 경호기관에 대한 설명이 아닌 것은?

① 미국의 부통령에 대한 경호는 비밀경호국의 소관사항이다.
② 미국비밀경호국의 임무에는 급식권 위조 및 변조와 관련한 수사도 포함된다.
③ 미국비밀경호국의 특수요원(Special Agent)은 연방법집행훈련센터에서 8주간의 기초집중훈련을 받아야 한다.
④ 미국 국무장관의 경호는 DS(국무부외교관안전국) 소관사항이다.

해설 미국비밀경호국의 특수요원(Special Agent)는 연방법집행훈련센터에서 11주간의 기초집중훈련을 받아야 한다.

정답 15. ① 16. ④ 17. ③ 18. ③

19. 다음 중 미국 비밀경호국의 임무에 대한 설명으로 틀린 것은?

① 대통령 및 직계가족의 경호
② 통화위조의 수사
③ 평생기간 동안의 전 대통령과 배우자
④ 백악관 및 외국대사관 경비

해설 전 대통령과 배우자에 대한 경호는 평생 동안이 아니라 퇴임 후 10년간이다.

20. 다음 중 미국의 경호기관의 경호요원에 대한 설명으로 틀린 것은?

① 지원시점에서 21세 이상 37세 이하의 국민이어야 한다.
② 문신이나 바디프린팅에 등에 대한 제한이 있다.
③ 관련기관에서 범죄수사경험이 3년 이상자이어야 한다.
④ 지원시 거짓말탐지기 검사는 면제된다.

해설 지원자들은 거짓말탐지기 검사를 받아야 한다.

21. 다음 중 영국의 국가원수 경호조직으로 올바른 것은?

① 특수작전국
② 비밀경호국
③ 비밀정보부
④ 안전부

해설 영국 여왕이나 수상의 경호를 담당하는 것은 수도경찰청 소속의 특수작전국이다.

22. 다음 중 경호조직 중 영국여왕의 경호를 담당하는 조직은?

① 특수작전국 왕실경호과
② 특수작전국 요인경호과
③ 특수작전국 외교관경호과
④ 특수작전국 의사당경비과

해설 영국 여왕의 경호조직은 수도경찰청 특수작전국 소속의 왕실경호과(대)이다.

정답 19. ③ 20. ④ 21. ① 22. ①

23. 다음 중 경호조직 중 영국수상의 경호를 담당하는 조직은?

① 특수작전국 왕실경호과 ② 특수작전국 요인경호과
③ 특수작전국 외교관경호과 ④ 특수작전국 의사당경비과

해설 영국 수상의 경호조직은 수도경찰청 특수작전국 소속의 요인경호과(대)이며, 사안에 따라 외교관경호과(대)의 지원을 받는다.

24. 다음 중 경호조직 중 영국을 방문 중인 외국 국가원수나 외교관의 경호를 담당하는 조직은?

① 특수작전국 왕실경호과 ② 특수작전국 요인경호과
③ 특수작전국 외교관경호과 ④ 특수작전국 의사당경비과

해설 영국을 방문 중인 외국 국가원수나 외교관의 경호를 담당하는 조직은 수도경찰청 특수작전국 소속의 외교관경호과(대)이며, 요인경호과나 사안에 따라 왕실경호과의 지원을 받는다.

25. 다음 중 영국 내의 테러리스트나 극우주의자에 대한 수사기관은?

① 특수작전국 경비본부 ② 비밀정보부
③ 특수작전국 대테러본부 ④ 안전부

해설 영국 내의 테러리스트나 극우주의자에 대한 더비 · 대응에 대한 주무기관은 수도경찰청 특수작전국 소속의 대테러본부이며, 안전부나 비밀정보부와의 긴밀한 협조체계하에 업무를 수행한다.

26. 다음 중 국가별 경호조직에 대한 연결이 틀린 것은?

① 미국 대통령 경호업무 – 국토안보부 산하 비밀경호국
② 영국 왕실 경호업무 – 수도경찰청 작전부
③ 독일 대통령 경호업무– 연방국경수비대 경호안전과
④ 일본 천왕 경호업무 – 경찰청 황궁경찰본부

해설 영국왕실경호업무는 수도경찰청 특수작전국에서 실시하는데 용어상 일부학자는 특수작전국을 작전부로 번역하기도 한다. 독일 대통령의 경호는 연방범죄수사국 경호안전과에서 담당한다.

정답 23. ② 24. ③ 25. ③ 26. ③

27. 각국의 국가원수 경호기관에 대한 설명으로 맞는 것은?

① 미국의 비밀경호대(Secret Service)는 1865년 위조지폐 단속을 주목적으로 설립되었으며 이후 1906년 당시 여러 연방법집행기관 중 가장 능력을 인정받아 대통령 경호를 담당하게 되었다.

② 프랑스는 장다르머리(Gendarmerie)라고 불리는 국가헌병경찰 산하 공화국경비대가 대통령 숙소경호를 담당하는데 이들은 군인신분으로 소속은 국방부이다.

③ 독일은 내무부 장관의 직속하에 있는 수도경찰청 산하 특수작전국에서 대통령 경호를 담당하는데 특수작전 VIP경호과에서 근접경호 및 숙소경호를 담당한다.

④ 일본의 경우 경찰청 경비국 예하 공안3과에서 경호계획 수립 및 근접경호를 담당하며 공안1과는 경호정보 수집, 분석, 평가를 담당한다.

해설 ①번 예문의 경우 1906년 일반경비법에 의해 그 근거가 규정되면서 경호가 시작되었고, ③번의 경우 연방범죄수사국 경호안전과 ④번의 경우 경비국 공안2과에서 담당한다.

28. 다음 경호의 주체 중 각국의 국가원수 경호기관으로 잘못 설명한 것은?

① 독일 대통령 경호기관은 연방범죄수사국 경호안전과이다.

② 일본 천황의 경호기관은 경찰청 경비국 예하 공안2과이다.

③ 프랑스 대통령 경호기관은 경찰청 경호국이다.

④ 영국여왕의 경호기관은 수도경찰청에 있는 작전부이다.

해설 일본 천황의 경호기관은 경찰청 황궁경찰본부이고, 경비국 예하 공안2과는 일본 수상의 경호를 담당한다.

29. 다음 중 각국의 대통령 및 국왕의 경호기관을 연결한 것으로 틀린 것은?

① 미국 – 국토안보부 비밀경호국

② 일본 – 수도경찰청 황실경호대

③ 독일 – 연방범죄수사국 경호안전과

④ 프랑스 – 경찰청 경호국

정답 27. ② 28. ②

해설 일본의 천황에 대한 경호는 경찰청 황궁경찰본부에서 담당한다.

30. 각국의 경호기관에 대한 설명이다. 적당하지 않은 것은?

① 영국의 경호요원의 신분은 경찰관이다.
② 미국은 대통령직속의 독립된 경호실조직을 운영하고 있다.
③ 독일의 대통령경호는 연방범죄수사국에서 담당한다.
④ 우리나라의 국무총리경호기관은 경찰이다.

해설 미국의 경호기관은 비밀경호국으로 대통령직속의 독립된 기관이 아니라 국토안보부 소속의 연방법집행기관이다.

31. 각국의 경호기관에 대한 연결이 바르지 못한 것은?

① 한국의 국무총리 경호 – 경찰청 경비국
② 프랑스의 대통령경호 – 경찰청 경호국
③ 일본의 수상경호 – 경찰청 경비국
④ 영국의 수상경호 – 수도경찰청 특수작전국 왕실경호대

해설 영국수상의 경호는 수도경찰청 특수작전국 요인경호과(대)에서 담당한다. 영국여왕과 왕족에 대한 경호는 수도경찰청 특수작전국 왕실경호대에서 담당한다.

32. 각국의 경호요원에 대한 설명이다. 틀린 것은?

① 미국의 비밀경호국요원의 신분은 연방법집행요원이다.
② 프랑스의 경호요원의 신분은 경찰과 헌병경찰이다.
③ 영국의 경호요원의 신분은 경찰관이다.
④ 한국의 대통령경호원의 신분은 별정직국가공무원이다.

해설 한국의 대통령경호실 경호원의 신분은 특정직국가공무원이다. 예외적으로 일부 별정직이나 일반직 국가공무원으로 임명할 수 있다.

정답 29. ② 30. ② 31. ④ 32. ④

33. 각국의 경호요원에 대한 설명으로 부적당한 것은?

① 미국의 비밀경호국 요원은 대졸에, 경찰기관경력이 3년 이상 있어야 한다.
② 영국에서는 동거인이 상업에 종사하고 있는 경우 경호경찰관이 될 수 없다.
③ 독일에서 경호요원이 되려면 대졸자에 남녀 공히 연령이 18-20이어야 한다.
④ 일본의 경호요원이 되려면 신장 175cm 이상자에 유, 검도 3단 이상자이어야 한다.

해설 독일의 경우 경호요원이 되려면 고졸자이면 되고 남녀 공히 연령이 19~20이면 된다.

34. 다음 중 일본의 경호기관에 대한 설명으로 잘못된 것은?

① 천황의 경호를 담당하는 황궁경찰본부는 1886년 궁내성 소속의 황궁경찰서로 출범하였다.
② 황궁경찰본부는 1954년 신경찰법의 제정에 의해 황궁경찰본부로 개편하였다.
③ 천황 및 배우자, 그 가족의 경호가 주 임무이다.
④ 천황 및 배우자, 그 가족이 외부로 행차시에는 경찰청 경비국의 특수호위팀이 담당한다.

해설 천황 및 배우자, 그 가족이 외부로 행차시에도 황궁경찰본부에서 호위임무를 담당한다.

35. 현행 우리나라 대통령경호처의 성격으로 틀린 것은?

① 경호집행기관
② 대통령 직속기관
③ 국가원수 경호기관
④ 보통사법행정기관

해설 대통령경호실은 경호에 관한 집행기관이지만 보통사법행정기관은 아니며 특별사법행정기관에 해당한다. 통상적으로 보통사법행정기관은 경찰과 검찰을 의미한다.

36. 실정법상 각 기관단위에서 경호지휘 계통상의 최고의사결정권자라고 볼 수 없는 것은?

① 대통령경호처장
② 대통령실장
③ 행정안전부장관
④ 국방부장관

정답 33. ③ 34. ④ 35. ④

해설 행정안전부장관은 경찰, 국방부장관은 경호활동에 참여하는 군 관련 부대의 최고 지휘권자, 대통령경호처장은 대통령경호처의 최고 명령(지휘)권자이다. 대통령실장은 이명박 정부하의 경호처의 최고의사결정권자였지만 2018년 현재는 대통령 직속의 대통령경호처체제로 개편되면서 폐지된 상태이다.

37. 대통령 등의 경호에 관한 법률상 대통령경호처의 임무가 아닌 것은?

① 대통령과 그 가족의 경호
② 대통령후보자와 그 가족의 경호
③ 대통령으로 당선된 자와 그 가족의 경호
④ 대통령권한대행자와 배우자

해설 대통령 등의 경호에 관한 법률 제4조는 임무의 범위로 대통령과 그 가족, 대통령으로 당선된 자와 그 가족, 대통령권한대행자와 배우자 등의 경호에 대해 규정하고 있지만, 대통령후보자 등에 대한 경호는 규정하고 있지 않으며, 대통령후보자 등은 경찰의 소관사항이다.

38. 다음 중 현행 대통령경호실의 임무범위에 포함되지 않는 것은?

① 대통령과 그 가족의 경호
② 대통령이 퇴임 후 7년 시점에서 사망한 경우 그 배우자의 경호
③ 대통령으로 당선된 자와 그 배우자의 경호
④ 전직대통령과 군에 복무중인 자식의 경호

해설 대통령 등의 경호에 관한 법률 제4조, 시행령 제2조에 의거 전직대통령의 가족의 범위에는 전직대통령과 동거하지 않는 자녀(출가한 여자, 군에 복무중인 자, 외국에 체류중인 자)는 제외된다.

39. 다음 중 대통령경호처의 경호의 대상이 되는 자는?

① 전직대통령이 사망시 그 배우자
② 전직대통령의 출가한 여식
③ 전직대통령의 군에 복무중인 자녀
④ 전직대통령의 외국에 체류 중인 자녀

정답 36. ② 37. ② 38. ④

해설 대통령 등의 경호에 관한 법률 시행령 제2조, 경호의 대상이 되지 않는 전직대통령의 가족의 범위에는 전직대통령과 동거하지 않는 자녀(출가한 여자, 군에 복무중인 자, 외국에 체류중인 자)가 있다.

40. 우리나라의 대통령 경호 등에 관한 법률상 대통령경호처에 관한 설명으로 맞는 것은?

① 대통령경호처장은 정무직으로 하며, 대통령이 임명한다.
② 대통령경호처장은 별정직으로 하며, 대통령이 임명한다.
③ 대통령경호처장은 특정직으로 하며, 대통령실장이 임명한다.
④ 대통령경호처장은 일반직으로 하며, 대통령실장이 임명한다.

해설 대통령 등의 경호에 관한 법률 제3조 대통령경호처장은 정무직으로 하며, 대통령이 임명한다.

41. 우리나라 전직대통령에 대한 경호에 관한 설명 중 틀린 것은?

① 대통령경호처는 본인의 의사에 반하지 아니하는 경우에 한정하여 퇴임 후 10년 이내의 전직 대통령과 그 배우자의 경호를 담당한다.
② 현행법상 본인의 의사에 반하지 아니하는 경우에 한정하여 퇴임 후 10년 이내의 전직 대통령과 그 배우자, 그리고 그 자녀의 경호를 실시한다.
③ 전직대통령이 금고 이상의 형이 확정된 경우 전직대통령 예우에 관한 법률에 의거하여 경호·경비는 제공한다.
④ 전직대통령 또는 그 배우자의 요청에 따라 실장이 고령 등의 사유로 필요하다고 인정하는 경우에는 5년의 범위에서 10년의 기간을 넘어 경호할 수 있다.

해설 대통령 등의 경호에 관한 법률 제4조 제3호에 의거 본인의 의사에 반하지 아니하는 경우에 한정하여 퇴임 후 10년 이내의 전직 대통령과 그 배우자. 다만, 대통령이 임기 만료 전에 퇴임한 경우와 재직 중 사망한 경우의 경호 기간은 그로부터 5년으로 하고, 퇴임 후 사망한 경우의 경호 기간은 퇴임일부터 기산(起算)하여 10년을 넘지 아니하는 범위에서 사망 후 5년으로 한다.
전직대통령 예우에 관한 법률 제7조 제2항에 의거 전직대통령이 1. 재직 중 탄핵결정을 받아 퇴임한 경우, 2. 금고 이상의 형이 확정된 경우, 3. 형사처분을 회피할 목적으로 외국정부에 대하여 도피처 또는 보호를 요청한 경우, 4. 대한민국 국적을 상실한 경우에는 제6조상의 예우 중 제6조 제4항 제1호의 필요한 기간 동안의 경호·경비를 제외한 2. 교통·통신 및 사무실의 제공 등의 지원, 3. 본인 및 그 가족에 대한 치료, 4. 그 밖의 전직대통령으로서 필요한 예우 등을 받을 수 없다.
대통령 등의 경호에 관한 법률 시행령 제2조(가족의 범위)에 의거 「대통령 등의 경호에 관한 법률」(이하 "법"이라 한다) 제4조 제1항 제1호 및 제2호에 따른 가족은 대통령 및 대통령당선인의 배우자와 직계존비속으로 한다.

정답 39. ① 40. ① 41. ②

42. 대통령경호처장에 대한 설명으로 잘못된 것은?

① 신분상 정무직공무원에 해당된다.
② 대통령이 임명하며 대통령경호처 업무를 총괄한다.
③ 소속공무원의 지휘 · 감독권을 갖는다.
④ 소속 6급이하 경호원에 대한 임용에 관한 권한만 갖는다.

해설 경호처의 최고의사결정권자로 5급 이상의 경호공무원과 별정직 국가공무원에 대한 임명제청권을 갖고 있고, 6급 이하의 경호원에 대한 임명권과 모든 소속 공무원의 전보, 휴직, 겸임, 파견, 직위해제, 정직 및 복직 등에 대한 권한을 갖는다.

43. 다음 중 대통령경호원의 임용결격사유에 해당하지 않는 것은?

① 금고이상의 형의 선고유예를 받고 그 선고유예기간 중에 있는 자
② 벌금형을 선고받은 사실이 있는 자
③ 파산자로서 복권되지 아니한 자
④ 징계에 의하여 해임의 처분을 받은 때로부터 3년을 경과하지 아니한 자

해설 경호원의 임용결격사유(대통령 등의 경호에 관한 법률 제8조)
㉠ 대한민국 국적을 가지지 아니한 자
㉡ 국가공무원법 제33조의 결격사유
1. 피성년후견인 또는 피한정후견인
2. 파산선고를 받고 복권되지 아니한 자
3. 금고 이상의 실형을 선고받고 그 집행이 종료되거나 집행을 받지 아니하기로 확정된 후 5년이 지나지 아니한 자
4. 금고 이상의 형을 선고받고 그 집행유예 기간이 끝난 날부터 2년이 지나지 아니한 자
5. 금고 이상의 형의 선고유예를 받은 경우에 그 선고유예 기간 중에 있는 자
6. 법원의 판결 또는 다른 법률에 따라 자격이 상실되거나 정지된 자
6의2. 공무원으로 재직기간 중 직무와 관련하여「형법」제355조 및 제356조에 규정된 죄를 범한 자로서 300만원 이상의 벌금형을 선고받고 그 형이 확정된 후 2년이 지나지 아니한 자
6의3.「형법」제303조 또는「성폭력범죄의 처벌 등에 관한 특례법」제10조에 규정된 죄를 범한 사람으로서 300만원 이상의 벌금형을 선고받고 그 형이 확정된 후 2년이 지나지 아니한 사람
7. 징계로 파면처분을 받은 때부터 5년이 지나지 아니한 자
8. 징계로 해임처분을 받은 때부터 3년이 지나지 아니한 자

44. 대통령 등의 경호에 관한 법률 제6조의 직원의 범위로 맞는 것은?

① 경호실에 별정직국가공무원인 경호공무원과 일반직국가공무원을 둔다.
② 경호실에 특정직국가공무원인 경호공무원과 기능직국가공무원을 둔다.
③ 경호실에 별정직국가공무원인 경호공무원과 현역군인을 둔다.
④ 경호실에 특정직국가공무원인 경호공무원과 일반직국가공무원을 둔다.

정답 42. ④ 43. ②

해설 대통령 등의 경호에 관한 법률 제6조 제1항을 보면 "경호실에 특정직 국가공무원인 1급부터 9급까지의 경호공무원과 일반직 국가공무원을 둔다. 다만, 필요하다고 인정할 때에는 경호공무원의 정원 중 일부를 일반직 국가공무원 또는 별정직 국가공무원으로 보할 수 있다"라고 규정하고 있다.

45. 총기를 소지한 대통령경호원이 그 임무 수행상 총기를 사용하여야 할 부득이한 이유에 해당되지 않는 경우는?

① 정당방위에 해당될 때
② 긴급피난에 해당될 때
③ 자구행위에 해당될 때
④ 사형 · 무기 또는 장기 3년 이상의 징역에 해당하는 죄를 범한 자가 도피하려고 할 때

해설 대통령 등의 경호에 관한 법률 제19조(무기의 휴대 및 사용)①.......중략
②제1항에 의하여 무기를 휴대하는 자는 그 직무를 수행함에 있어서 필요하다고 인정하는 상당한 이유가 있을 경우 그 사태에 응하여 부득이하다고 판단되는 한도내에서 무기를 사용할 수 있다. 다만, 형법에 규정한 정당방위와 긴급피난에 해당하는 때 또는 다음 각 호의 어느 하나에 해당하는 때를 제외하고는 사람에게 위해를 끼쳐서는 아니 된다.
1. 「형법」 제21조 및 제22조에 따른 정당방위와 긴급피난에 해당할 때
2. 제4조제1항 각 호의 경호대상에 대한 경호업무 수행 중 인지한 그 소관에 속하는 범죄로 사형, 무기 또는 장기 3년 이상의 징역 또는 금고에 해당하는 죄를 범하거나 범하였다고 의심할 만한 충분한 이유가 있는 사람이 소속공무원의 직무집행에 대하여 항거하거나 도피하려고 할 때 또는 제3자가 그를 도피시키려고 소속공무원에게 항거할 때에 이를 방지하거나 체포하기 위하여 무기를 사용하지 아니하고는 다른 수단이 없다고 인정되는 상당한 이유가 있을 때
3. 야간이나 집단을 이루거나 흉기나 그 밖의 위험한 물건을 휴대하여 경호업무를 방해하기 위하여 소속공무원에게 항거할 경우에 이를 방지하거나 체포하기 위하여 무기를 사용하지 아니하고는 다른 수단이 없다고 인정되는 상당한 이유가 있을 때

46. 경호상 유관기관의 원활한 협조체제의 구축을 위해 대통령경호안전대책위원회를 구성하고 있다. 다음 중 경호처장의 분장책임으로 틀린 것은?

① 안전대책활동을 위한 지침을 수립한다.
② 안전대책활동에 관한 전반적인 업무를 총괄하며, 필요한 안전대책활동지침을 수립하여 관계부서에 부여한다.
③ 위원장으로서 각 구성원의 분장책임을 조정한다.

정답 44. ④ 45. ③

④ 안전대책활동에 대한 육 · 해 · 공군업무 총괄 및 협조를 관할한다.

해설 대통령경호안전대책위원회규정 제4조, 안전대책활동에 대한 육·해·공군업무 총괄 및 협조를 관할하는 것은 합동참모본부 작전부 작전처장의 업무에 속한다.

47. **대통령경호안전대책위원회 법무부 출입국 · 외국인정책본부장의 분장책임으로 틀린 것은?**

① 출입국자 현황의 신속한 전파
② 입국체류자에 대한 동태 파악
③ 외국인 승무원에 대한 기항지 및 행사지역 상륙 여부 심사
④ 입수된 경호유관첩보 및 정보의 신속한 전파 · 보고

해설 대통령경호안전대책위원회규정 제4조, 입국체류자에 대한 동태 파악은 경찰청 보안국장의 업무에 속한다.

48. **다음 중 위해음모 발견시 총괄적 수사지휘를 수행하는 사람은?**

① 대검찰청공안기획관
② 경찰청 보안국장
③ 국가정보원 테러정보통합센터장
④ 경호처 차장

해설 대통령경호안전대책위원회규정 제4조, 위해음고 발견시 총괄적 수사지휘를 수행하는 사람은 대검찰청공안기획관이다.

49. **다음 중 대통령 경호에 관하여 관계 부서관의 책임사항을 규정한 것은?**

① 전직대통령예우에 관한 법률
② 대통령경호안전대책위원회규정
③ 경찰관직무집행법
④ 대통령등의경호에관한법률

해설 대통령경호안전대책위원회규정을 말한다.

정답 46. ④ 47 ② 48 ① 49 ②

50. 다음 중 경비경찰의 개념에 가장 적합한 것은?

① 경비경찰은 일정기한에 의한 조직적 활동이다.

② 경비경찰의 작용은 복합적 기능이 없는 것이 특색이다.

③ 개인적 또는 단체적 불법활동을 예방, 경계, 진압하는 것을 주임무로 한다.

④ 경비경찰의 특징이 조직적 부대활동이라는 것은 상향적 지휘를 의미한다.

해설 경비경찰은 개인적 또는 단체적 불법활동을 예방, 경계, 진압하는 것을 주임무로 한다. 이와 관련하여 경비경찰은 일정한 기한이 정하여지지 않은 조직적 활동이며, 범죄, 무질서에 대한 예방, 경계, 진압 등 여러 차원을 포함하는 복합적 활동이며, 하향적 명령체계를 특징으로 하는 부대활동이 특징이다.

51. 경비경찰에 대한 설명으로 타당하지 않은 것은?

① 경호경비경찰의 지휘계통상의 최고책임자는 행정안전부장관이다.

② 경찰청장은 경찰위원회의 동의를 얻어 행정안전부장관의 제청으로 국무총리를 경유 대통령이 임명한다.

③ 경호경찰의 업무범위는 대통령경호업무를 제외한 국무총리 경호경비와 기타 일반요인 경호경비에 미친다.

④ 경비・요인경호 및 대간첩작전수행 등이 경비경찰의 주업무영역이다.

해설 경호활동과 관련한 경비경찰의 업무범위에는 대통령경호업무를 포함하여 국무총리 경호경비와 기타 일반요인의 경호경비가 포함된다.

52. 경호활동에 임하여 수행하는 경호경찰의 임무에 포함되지 않는 것은?

① 사전안전검측

② 출입자통제

③ 환송영군중의 통제 및 감시

④ 행사에 임석한 대통령의 근접경호

해설 행사에 임석한 대통령의 근접경호는 대통령경호처의 소관사항이다.

53. 경비업의 허가에 대한 사항 중 잘못된 것은?

① 영업을 폐업・휴업할 때 허가관청에 신고한다.

② 법인의 명칭이나 대표자 변경시 허가관청에 신고한다.

③ 경비업의 허가권자는 지방경찰청장이다.

정답 50. ③ 51. ③ 52. ④

④ 경비업을 하고자 할 때 반드시 법인이어야만 되는 것은 아니다.

해설 경비업법 제3조. 경비업은 반드시 허가 받은 법인이어야만 한다.

54. 다음 중 특수경비원을 포함한 민간경비원이 가지는 법적 지위가 아닌 것은?

① 사법경찰관의 권한
② 현행범의 체포
③ 정당방위, 자구행위
④ 사인으로서의 지위

해설 청원경찰의 경우 배치구역 내에서는 사법경찰관의 권한을 행사하지만 일반경비원과 특수경비원은 사법경찰로서의 권한은 없다.

55. 다음 중 신변보호경비원의 결격사유로 틀린 것은?

① 18세 미만인 자
② 금고 이상의 실형의 선고를 받고 그 집행이 종료(집행이 종료된 것으로 보는 경우를 포함한다)되거나 집행이 면제된 날부터 3년이 지나지 아니한 자
③ 피성년후견인, 피한정후견인
④ 파산선고를 받고 복권되지 아니한 자

해설 경비업법 제10조. ①③④ 이외에 금고 이상의 실형의 선고를 받고 그 집행이 종료(집행이 종료된 것으로 보는 경우를 포함한다)되거나 집행이 면제된 날부터 5년이 지나지 아니한 자, 금고 이상의 형의 집행유예선고를 받고 그 유예 기간 중에 있는 자의 요건이 있다.

56. 다음 중 민간경비원을 지도 · 감독하는 경비지도사의 업무로 틀린 것은?

① 경비원의 자질향상을 위한 교육계획수립, 실시
② 경비원의 후생, 복지를 위한 공제사업
③ 경비원의 지도 및 감독
④ 경찰기관과의 연락방법에 대한 지도

해설 공제사업은 경비협회의 업무영역이고, 경비지도사는 ①③④ 외에 경비현장에 배치된 경비원에 대한 순회점검 및 감독, 그 밖의 대통령령이 정하는 직무를 수행한다.

정답 53. ④ 54. ① 55. ② 56. ②

57. **다음 중 민간경비원이 휴대할 수 있는 기본장구에 대한 설명으로 틀린 것은?**

① 민간경비원은 어떠한 경우에도 총기를 휴대할 수 없다.
② 민간경비원은 기본장구로 경봉을 휴대할 수 있다.
③ 민간경비원은 기본장구로 가스분사기를 휴대할 수 있다.
④ 청원경찰은 일정한 요건하에 총기를 휴대할 수 있다.

해설 민간경비원 중 특수경비원은 일정한 요건하에 총기휴대가 가능하다. 일반경비원의 기본장구로는 경봉, 호루라기, 가스분사기가 잇다.

※ 민간경비원의 총기 휴대 · 사용권
㉠ 일반경비원 : 휴대불가능
㉡ 특수경비원 : 휴대, 사용가능
㉢ 청원경찰 : 휴대, 사용가능

58. **특수경비원의 무기휴대 및 사용에 관한 설명으로 잘못된 것은?**

① 특수경비원이 무기를 휴대하려면 관할경찰관서장의 사전승인을 받아야 한다.
② 특수경비원에 대한 무기지급의 필요성이 해소되었다고 인정되는 때에는 즉시 무기를 회수하여야 한다.
③ 특수경비원이 휴대할 수 있는 무기종류는 권총 및 소총으로 한다.
④ 관할경찰관서장은 시설주 및 특수경비원의 무기관리상황을 매월 3회 이상 점검한다.

해설 경비업법 시행령 제21조. 관할경찰관서장은 시설주 및 특수경비원의 무기관리상황을 매월 1회 점검한다.

59. **다음은 특수경비원의 무기사용 및 관리에 대한 설명이다. 타당하지 않은 것은?**

① 특수경비원은 국가중요시설의 경비를 위하여 무기를 사용하지 아니하고는 다른 수단이 없다고 인정되는 때에는 필요한 한도 안에서 무기를 사용할 수 있다.
② 무기 또는 폭발물을 소지하고 국가중요시설에 침입한 자에 대해서는 즉시 무기를 사용해 위해를 주어도 면책된다.
③ 국가중요시설에 침입한 무장간첩이 특수경비원으로부터 투항(投降)을 요구받고도 이에 불응한 때는 무기를 사용할 수 있다.
④ 특수경비원은 사람을 향하여 권총 또는 소총을 발사하고자 하는 때에는 미리 구두 또는 공포탄에 의한 사격으로 상대방에게 경고하여야 한다.

정답 57. ① 58. ④

해설 무기 또는 폭발물을 소지하고 국가중요시설에 침입한 자가 특수경비원으로부터 3회 이상 투기(投棄) 또는 투항(投降)을 요구받고도 이에 불응하면서 계속 항거하는 경우 무기를 사용할 수 있다. ①②③은 경비업법 제14조 제8항, ④는 경비업법 제15조 제4항.

60. 특수경비원의 무기사용에 대한 설명으로 잘못된 것은?

① 특수경비원은 사람을 향하여 권총 또는 소총을 발사하고자 하는 때에는 미리 구두 또는 공포탄에 의한 사격으로 상대방에게 경고하여야 한다.

② 특수경비원을 급습하거나 타인의 생명·신체에 대한 중대한 위험을 야기하는 범행이 목전에 실행되고 있는 등 상황이 급박하여 경고할 시간적 여유가 없는 경우에는 사전경고 없이 무기를 사용할 수 있다.

③ 인질·간첩 또는 테러사건에 있어서 은밀히 작전을 수행하는 경우에는 경고 없이 무기를 사용할 수 있다.

④ 특수경비원은 어떠한 경우에도 14세 미만의 자 또는 임산부에 대하여는 권총 또는 소총을 발사하여서는 아니된다.

해설 경비업법 제15조. 특수경비원은 총기 또는 폭발물을 가지고 대항하는 경우를 제외하고는 14세 미만의 자 또는 임산부에 대하여는 권총 또는 소총을 발사하여서는 아니된다.

61. 청원경찰의 배치장소에 해당되지 않는 것은?

① 국가기관 또는 공공단체와 그 관리하에 있는 중요시설 또는 사업장

② 국내주재외국기업

③ 선박, 항공기 등 수송시설

④ 언론, 통신, 방송 또는 인쇄를 업으로 하는 시설 또는 사업장

해설 청원경찰법 제2조, 시행규칙 제2조.

1. 국가기관 또는 공공단체와 그 관리하에 있는 중요시설 또는 사업장
2. 국내 주재 외국기관
3. 그 밖에 행정자치부령으로 정하는 중요시설, 사업장 또는 장소
   ① 선박, 항공기 등 수송시설
   ② 금융 또는 보험을 업(業)으로 하는 시설 또는 사업장
   ③ 언론, 통신, 방송 또는 인쇄를 업으로 하는 시설 또는 사업장
   ④ 학교 등 육영시설
   ⑤ 의료법에 따른 의료기관
   ⑥ 그 밖에 공공의 안녕질서 유지와 국민경제를 위하여 고도의 경비(警備)가 필요한 중요시설, 사업체 또는 장소

정답 59. ② 60. ④ 61. ②

62. **청원경찰의 임용권자는?**

① 지방경찰청장　　② 경찰서장
③ 관할경찰서장　　④ 청원주

해설 청원경찰의 임용권자는 청원주이다. 다만 관할지방경찰청장의 사전승인을 얻어야 한다(청원경찰법 제5조).

63. **다음 중 청원경찰에 대한 설명으로 맞지 않는 것은?**

① 청원경찰의 직무수행 중 부상, 사망한 때에는 청원주가 보상금을 지급한다.
② 청원경찰은 청원주가 지방경찰청의 배치결정을 받아 임용한다. 단, 지방경찰청장의 사전 승인을 받아야 한다.
③ 청원경찰에 대하여 결격사유가 있을 경우 경찰서장은 청원주에 대하여 그 청원경찰의 해임을 명할 수 있다.
④ 청원경찰이 특수복장을 착용하려면 지방경찰청장의 승인을 받아야 한다.

해설 청원경찰에 대한 경찰의 해임명령권은 현행법에서는 삭제되었다.

64. **청원경찰의 임용결격사유로 가장 관련이 적은 것은?**

① 징계에 의한 해임처분을 받은 때로부터 5년을 경과하지 않은 자
② 피성년후견인 또는 피한정후견인
③ 금고 이상의 형을 선고유예를 받고 그 유예기간 중에 있는 자
④ 파산자로서 복권되지 않은 자

해설 청원경찰의 임용자격요건
① 18세 이상인 사람. 남자는 군필자 또는 면제자
② 안전행정부령으로 정하는 신체조건 해당자
　㉠ 신체가 건강하고 팔다리가 완전할 것
　㉡ 시력(교정시력을 포함한다)은 양쪽 눈이 각각 0.8 이상일 것
③ 국가공무원법 제33조에 해당하지 않는 자
　㉠ 피성년후견인 또는 피한정후견인
　㉡ 파산선고를 받고 복권되지 아니한 자
　㉢ 금고 이상의 실형을 선고받고 그 집행이 종료되거나 집행을 받지 아니하기로 확정된 후 5년이 지나지 아니한 자

정답 62. ④ 63. ③

㉣ 금고 이상의 형을 선고받고 그 집행유예 기간이 끝난 날부터 2년이 지나지 아니한 자
㉤ 금고 이상의 형의 선고유예를 받은 경우에 그 선고유예 기간 중에 있는 자
㉥ 법원의 판결 또는 다른 법률에 따라 자격이 상실되거나 정지된 자
㉦ 공무원으로 재직기간 중 직무와 관련하여 「형법」 제355조 및 제356조에 규정된 죄를 범한 자로서 300만원 이상의 벌금형을 선고받고 그 형이 확정된 후 2년이 지나지 아니한 자
㉧ 「형법」 제303조 또는 「성폭력범죄의 처벌 등에 관한 특례법」 제10조에 규정된 죄를 범한 사람으로서 300만원 이상의 벌금형을 선고받고 그 형이 확정된 후 2년이 지나지 아니한 사람
㉨ 징계로 파면처분을 받은 때부터 5년이 지나지 아니한 자
㉩ 징계로 해임처분을 받은 때부터 3년이 지나지 아니한 자

65. 청원경찰이 사용할 수 있는 기본장구가 아닌 것은?

① 방 패 ② 경 봉
③ 가스분사기 ④ 총 기

해설 청원경찰이 사용할 수 있는 기본장구에는 경봉, 호루라기, 가스분사기, 총기가 있다.

66. 무기탄약 관리규칙상 대여 받은 무기탄약의 손질은?

① 매월 2회 이상 대여 받은 자가 손질한다.
② 매월 1회 이상 대여 받은 자가 손질한다.
③ 분기별 1회 이상 대여 받은 자가 손질한다.
④ 매주 1회 이상 대여 받은 자가 손질한다.

해설 무기 및 탄약관리
㉠ 탄약의 지급 : 소총-15발, 권총-7발
㉡ 무기의 손질 : 매주 1회

67. 다음 중 청원경찰에게 지급된 무기를 회수하여야 하는 자에 해당하지 않은 것은?

① 주벽이 심한 자
② 형사사건으로 인하여 조사대상이 된 자
③ 도벽이 의심되는 자
④ 직무상 비위로 징계대상이 된 자

정답 64. ① 65. ① 66. ④

해설 지급된 무기의 회수사유
-직무상 비위로 인해 징계대상이 된 자
-형사사건으로 조사대상이 된 자
-사의를 표명한 자
-변태성벽이 자
-주벽이 심한 자
-불평이 심하고 염세비관하는 자

68. **청원경찰의 교육훈련에 대한 설명으로 적절하지 못한 것은?**

① 매월 4시간의 직무교육을 실시하여야 한다.
② 매주 2시간의 관할경찰서장에 의한 특별교육을 반드시 실시하여야 한다.
③ 2주간에 걸친 76시간의 기본교육을 이수하여야 한다.
④ 청원경찰의 교육은 청원주의 부담에 의한 경찰기관에 의해 실시된다.

해설 청원경찰법 시행규칙 제6조. 관할경찰서장은 필요하다고 인정하는 경우에는 청원경찰이 배치된 사업장에 소속공무원을 파견하여 직무집행에 필요한 교육을 실시할 수 있다.

69. **청원경찰의 총기와 탄약의 출납에 대한 설명 중 맞는 것은?**

① 소총의 경우 1정당 7발 이내의 탄약 지급
② 소총의 경우 1정당 12발 이내의 탄약 지급
③ 권총의 경우 1정당 15발 이내의 탄약 지급
④ 권총의 경우 1정당 7발 이내의 탄약 지급

해설 소총 : 15발, 권총 : 7발

70. **우리나라 대통령경호처의 경호대상자인 대통령에 대한 법적 지위로 맞지 않는 것은?**

① 집행부수반 ② 국가원수
③ 국무회의부의장 ④ 국민대표기관

해설 현행법상 국무회의 부의장은 국무총리이고, 대통령은 의장이 된다.

정답 67. ③ 68. ② 69. ④ 70. ③

71. 우리나라 국무총리의 법적 지위로 맞지 않는 것은?

① 집행부 최고책임자 ② 대통령권한 대행자

③ 국무회의부의장 ④ 대통령의 보좌기관

해설 집행부의 최고책임자는 대통령이다.

정답 71. ①

제 3 장 경호작용론

제 3 장

경호작용론

제1절 경호작용의 의의

1. 경호작용의 개념 및 기본요소

1) 경호작용의 개념정의

경호작용에 대해 김두현(2006)은 "경호의 주체가 경호목적을 달성하기 위해 수행하는 일련의 사실적 작용"이라고 정의[79]한 바 있다. 김두현 교수가 지적한 바와 같이 경호작용은 경호의 전 과정에 걸쳐 가장 핵심이 되는 요소로 동적인 작용이며 종합적인 활동이자 사실적 작용이라 할 수 있다.

본서에서는 김두현(2006)의 개념정의와 현행의 대통령 등의 경호에 관한 법률상의 경호 개념을 참고하여 경호작용을 "경호대상자의 생명과 재산을 보호하기 위하여 신체에 가하여지는 위해를 방지 또는 제거하고, 특정한 지역을 경계・순찰 및 방비하는 활동"과 관련한 "모든 사실적인 활동"으로 구체화하여 이해하기로 한다.

아울러 이러한 사실적 안전활동에 포함되는 구체적인 요소로는 경호형성 및 준비작용, 사전예방경호작용, 경호실시작용, 경호평가작용 등이 있으며, 이 중에서 경호인력의 채용이나 임용과 같은 인사관리, 관련 법규의 제정, 시설의 관리, 복리후생 등과 같은 요소는 포함되지 않는다.

79) 김두현, 『경호학개론』(서울: 경호출판사, 2006), p.269. 기존에 출간한 경호학 교과서나 단행본에서 경호작용이라는 용어는 김두현 교수가 처음 사용하였는데 이후 다른 저술에서는 사용예를 찾아보기 어렵고, 다만 본 저자가 같은 시각에서 본 용어를 공식적으로 사용하고 있다.

2) 경호작용의 기본요소

경호작용은 고도의 정확성과 체계성을 요하는 종합적 활동이다. 따라서 치밀한 계획과 다양한 요소들의 종합적인 활용이 필요하다. 일반적으로 경호작용에서 필수적으로 고려해야 할 요소로는 계획수립, 책임분배, 자원동원, 보안유지 등을 들 수 있다.[80)]

(1) 계획수립

경호활동에 있어 사전계획은 전체 경호활동의 성공 여부를 결정짓는 핵심요소라 할 수 있다. 통상적으로 경호계획은 위해요소와 관련한 사항들과 이에 대비한 경호활동상의 제요소, 그리고 일반적인 사항들을 모두 포함한다. 경호계획은 일반적으로 2가지 국면의 경호계획으로 수립되는데 경호임무수령을 기점으로 하는 초기단계, 특히 타 기관들과의 연락체제가 구축되고 선발경호에 의한 현장답사가 이루어지기 전에 이루어지는 포괄적이고 가장 기본적인 사항을 포함하는 1단계경호계획(Planning)과 선발팀에 의한 현장답사 후 각종 정보의 수집과 발생 가능한 위해에 대한 분석 등이 이루어진 후 수립되는 구체적이고 상세한 내용을 포함하는 2단계경호계획(Program)으로 나누어 볼 수 있다.

(2) 책임분배

경호활동은 어느 한 기관에 의해 단독으로 이루어질 수 없는 복합적인 작용으로 관련된 여러 기관들이 참여하고 이들 기관의 유기적인 협조체제가 요구되는 활동이다.

따라서 경호활동은 좁게는 다양한 직책의 경호요원 간의 임무와 책임에 대한 명확한 분배가 사전에 필요하며, 넓게는 경호활동에 참여하는 각 기관 간에 책임의 분배가 선행되어야 한다.

(3) 자원동원

경호활동의 성공적 수행은 다양한 자원의 효과적 이용, 즉 기본적인 인적자원뿐만 아니라 다양한 물적 자원의 적절한 이용이 중요하다. 이러한 자원의 효율적인

---

80) 경호작용상의 고려요소는 CID, PROTECTIVE SERVICES(번역본), pp.21~23, CID, 앞의 책과 김두현 교수가 제시하는 네 가지 요소 계획수립, 책임, 자원, 보안과 맥락을 같이하는 것이다; 김두현, 앞의 책, pp.270~272 참조.

이용은 사전에 자원동원체계를 효율적으로 구축하고, 철저하게 이루어진 위해분석 자료를 토대로 하여 어떠한 유형의 자원을 동원하고 어떻게 이용할 것인지를 결정한다.

(4) 보안유지

경호활동상 보안은 가장 기본이 되는 요소이다. 옛말에 "적을 알고 나를 알면 백전백승이다"라는 말이 있듯이 전투에 있어 가장 선행하여야 할 것이 적의 상황을 정확히 파악하는 것이다. 반대로 방어자의 입장에서는 적이 나의 상황을 알지 못하도록 보안을 유지할수록 그만큼 유리한 것이다. 따라서 경호활동에 있어 보안의 유지는 필수적으로 고려되어야 할 요소인 것이다.

2. 경호작용론의 구성체계

1) 구성체계 개관

경호작용의 구분방법에 대해서는 일치된 학설이나 공통된 견해는 아직 없으며, 다만 경호작용에 대해 가장 먼저 체계화한 김두현(2006)은 경호작용론을 신변보호작용(호위학)과 시설경비작용(경비학)으로 구분하고 전자에는 사전예방경호작용, 근접경호작용, 경호의전작용을 후자에는 공경비작용과 사경비작용을 포함하여 구분하고 있다.[81]

이에 비해 이상철(2008)은 경호작용론이라는 별도의 개념을 사용하지 않고 경호현장운용론이라는 독립적인 개념을 채용하여 체계를 경호의 정의와 경호원의 임무, 경호임무 지침과 원칙, 선발경호임무 수행방법, 경호안전검측방법, 근접경호임무수행방법, 근접도보경호임무수행방법, 차량경호임무수행방법, 우발상황대응방법, 주거 및 숙소경호 임무수행방법, 특별행사 경호임무수행방법, 민간경비임무수행방법, 경호계획서, 경호의전예절, 경호응급처치 등으로 구분하여 제시하고 있다.[82]

한편 경찰경호 분야의 기본 교과서인 경찰경비론의 경우 역시 경호작용론이라는 별도의 개념을 채용하지 않고 안전대책과 경호의 실시 등 두 부분으로 구분하여 기술하고 있다.

---

81) 김두현, 앞의 책, pp.269~430 참조.
82) 이상철, 앞의 책 참조.

이러한 여러 교과서의 구분방식을 참고로 할 때 경호작용은 일반적으로 주체가 국가인지 민간인지에 따라 공경호작용과 민간경호작용으로 구분할 수 있고, 경호작용의 성격에 따라 안전대책작용과 근접경호작용 등으로 구분하여 볼 수 있을 것이다. 본서에서는 이러한 다양한 구분방법을 참고로 경호작용론을 경호작용의 성격과 절차를 기준으로 경호형성 및 준비작용, 사전예방경호작용, 경호실시작용, 경호평가작용 등으로 구분하도록 하겠으며, 이후 교과서의 체계는 이 순서에 따라 진행할 것이다.

※ 경호학 관련 교과서의 「경호작용론」의 구분 방식

김두현	이상철	경찰경비론	김계원
경호작용론	경호현장운용론	안전대책/경호실시	경호작용론
Ⅰ. 개설	Ⅰ. 경호의 정의와 경	Ⅰ. 안전대책활동	Ⅰ. 경호작용의 의의
	호원의 임무		
	Ⅱ. 경호임무 지침과	1. 안전활동	Ⅱ. 경호형성 및 준비작용
Ⅱ. 경호작용의목표및기	원칙	2. 인적위해요소배제	1. 행사일정 및 임무수령
본요소	Ⅲ. 선발경호임무 수행	3. 물적위해요소배제	2. 연락 및 협조체계 구축
	방법	(1)안전조치	
	Ⅳ. 경호안전검측방법	(2)안전검측	Ⅲ. 사전예방경호작용
Ⅲ. 신변보호작용	Ⅴ. 근접경호임무수행	(3)검식활동	1. 경호정보작용
	방법	4. 지리적취약요소	2. 경호보안작용
1. 사전예방경호작용	Ⅵ. 근접도보경호임무	배제	3. 위협평가
1) 경호협조	수행방법	(1)특별방범심방	4. 경호수준 결정
2) 경호안전작용	Ⅶ. 차량경호임무수행	(2)취약지역수색	5. 경호계획수립
(1)경호정보작용	방법	5. 경호보안활동	6. 경호팀의 편성 및 배치
(2)보안작용	Ⅷ. 우발상황대응방법		7. 선발경호작용
(3)안전대책작용	Ⅸ. 주거 및 숙소경호	Ⅱ. 경호의 실시	8. 안전대책작용
2. 근접경호작용	임무수행방법		
3. 경호의전작용	Ⅹ. 특별행사 경호임무	1. 의의	Ⅳ. 경호실시작용
	수행방법	2. 경호경찰관의 일	1. 근접경호작용
	Ⅺ. 민간경비임무수행	반적 유의사항	2. 행사장경호작용
Ⅳ. 시설경비작용	방법	3. 경호경찰관의 배치	3. 숙소경호작용
	Ⅻ. 기타	4. 행사장경호	4. 돌발사태대응작용
1. 공경비작용	-경호계획서	5. 숙소경호	5. 경비작용
2. 사경비작용	-경호의전예절	6. 연도경호	
	-경호응급처치	7. 교통관리	Ⅴ. 경호평가작용

2) 경호의 수행단계(절차)

경호의 수행단계 또는 수행절차는 학자에 따라 약간의 차이를 보이고 있다. 경호 김두현(2006) 교수의 경우 경호임무의 포함요소라는 타이틀 하에 ① 통상임무수행단계, ② 행사일정, ③ 연락 및 협조, ④ 위해분석, ⑤ 계획수립2단계, ⑥ 실시, ⑦ 평가, ⑧ 행사결과보고서작성 등 8개의 단계를 제시하고 있다.[83] 이에 비해 이상철(2008) 교수는 경호임무의 단계별절차를 ① 계획단계, ② 준비단계, ③ 행사단계, ④ 결산단계 등 4단계로 구분하여 제시하고 있다.[84]

본서에서는 선행의 연구물이나 경호기관 등의 경호실시절차 등에 기초하여 경호단계를 ① 경호형성 및 준비단계, ② 사전예방경호단계, ③ 경호행사실시단계, ④ 경호평가단계 등 4단계로 구분하여 기술하기로 한다.

(1) 경호형성 및 준비단계

① 행사일정 및 임무수령

정부관련 부처나 비서실 등을 통해 경호대상자와 관련한 내외부의 행사일정이 잡혀지면 이를 통보 받거나, 경호주체 쪽에서 요청함으로써 본격적인 경호임무가 시작된다.

② 연락 및 협조체제 구축

외교와 의전에 관련된 조직과 국가 등 경호활동에 필요한 조직들과의 원활한 협조체제와 연락망이 구축된다.

(2) 사전예방경호단계

① 포괄적 계획수립

경호대상자와 관련한 행사일정이 잡혀지면 이를 토대로 경호의 목적과 지침, 선발경호에 관한 사항, 관련기관과의 협조체제 구축에 관한 사항, 정보수집과 보안에 관련 사항 등 개략적이고 포괄적인 계획이 수립된다.

② 경호보안실시

경호행사나 경호대상자와 관련된 인원, 문서, 시설, 지역, 자재, 통신, 특히 피경호자의 신변을 위해기도자로부터의 완벽하게 차단하는 것을 말한다.

---

83) 김두현, 앞의 책, pp.272~275.

84) 이상철, 『경호현장운용론』(인천: 진영사, 2008), pp.21~24. 여기서 계획단계는 경호임무수향 후에서 선발대 행사장 도착 전의 경호활동을 말하고, 준비단계는 경호원이 행사장에 도착한 후에서 행사 시작 전까지의 경호활동을, 행사단계는 경호대상자가 집무실을 출발해서 행사장에 도착하여 행사를 진행한 후 출발지까지 복귀하는 때까지, 결산단계는 경호행사 종료시부터 철수 및 결과보고시까지를 의미한다.

③ 경호정보수집 및 위해평가(분석)

경호정보활동은 행사와 관련 경호대상자의 신변의 안전을 위협하는 인적, 물적, 지리적 위해요소를 사전수집·분석·예고하는 것으로 이를 바탕으로 예상되는 각종의 위해를 분석하고 이에 기초하여 구체적인 경호계획이 수립된다.

④ 선발경호 및 안전대책

선발경호는 사전예방경호작용 중 가장 핵심이 되는 경호활동으로 '경호일정이 잡히고 경호행사가 시작되기 전까지 경호대상자에 위해를 가할 수 있는 인적, 물적, 지리적 위해를 찾아내어 제거하고 안전을 유지하는 대책활동을 말한다. 선발경호는 주로 경호행사가 개최되는 현장을 중심으로 이루어진다.

⑤ 세부적인 경호계획수립

전체적인 계획하에 설정된 경호목적과 방향을 지침으로 하고 수집된 정보와 위해분석을 토대로 행사에 맞춘 구체적인 경호계획을 수립한다. 이 단계는 경호수립2단계의 절차로 경호활동상 가장 중요한 절차라고 할 수 있으며, 구체적인 경호형태, 경호인원수, 참석인원, 동원자원, 책임의 분배 등이 이루어진다.

(3) 경호행사 실시단계

① 근접경호

행사 당일에 기해 경호대상자의 근접에서 각종의 발생 가능한 위해를 차단하고 돌발사태에 대응하는 구체적인 신변보호활동이다.

② 돌발사태대응

행사 당일에 경호대상자를 목표로 발생하는 위해기도에 대해 신속하게 이루어지는 방어, 대피, 대적 등의 활동이다.

4) 경호평가단계

① 경호수행평가

경호일정이 종료된 후 당해 경호수행상 나타난 잘된 점과 잘못된 점에 대한 평가절차이다.

② 보고서작성

관련 사항을 육하원칙에 맞추어 일목요연하게 작성하는 보고서이다.

제2절 경호형성 및 준비작용

1. 개요

경호작용은 경호대상자가 참석하는 행사일정이 관련기관에 의해 정해지고 합의됨으로써 형성되며, 구체적으로는 관련 경호기관에 이에 대한 사항이 통보됨으로써 시작된다고 할 수 있다. 따라서 경호작용의 형성(initiative)은 행사일정 및 임무수령에 의해 이루어지며, 연락 및 협조체계 구축, 기초적인 준비계획 등에 의해 시작된다.

2. 행사일정 및 임무수령

1) 행사일정의 형성

보통 대통령, 국왕, 수상 등과 같이 국빈급 인사가 참여하는 행사의 경우 국내행사인 경우 우리나라의 행정안전부나 외국의 내무부(성) 등과 같은 유관기관에서 주도하고, 국외 관련 행사인 경우 외교관련 부서에서 주도적으로 이루어진다.

이후 개략적인 관련 행사계획이 유관기관과의 협의 하에 수립되면 행사가 개최되는 지역이나 국가, 방문기간, 일자 등에 관하여 해당 지역자치정부나 방문국 정부 관련부처와 협의하여 결정하게 된다. 이러한 절차를 거쳐 외교관련 부서, 국가원수 비서실, 관련경호기관 등의 관계자들로 구성된 실무위원회를 구성하여 행사와 관련한 제반 문제를 협의하고 조정하게 된다.

따라서 경호기관 입장에서 행사일정에 관련된 사항은 경호대상자의 관련 부처나 행사주관부서(기관)으로부터 획득하게 된다.

2) 행사일정 및 임무수령에 포함될 사항[85]

① 출발 및 도착 일시, 지역(도착공항 등)에 관한 사항

② 공식 및 비공식 수행원에 관한 사항

③ 경호대상자의 신상에 관한 사항

---

85) CID, 앞의 책, p.23을 참조하여 재정리하였음.

④ 의전에 관한 사항
⑤ 방문지역이나 국가의 특성(기후, 지리, 치안 등)에 관한 사항
⑥ 방문지역에서 수행원 등이 숙박할 숙박시설의 명칭과 위치 등에 관한 사항
⑦ 이동수단 및 방법에 관한 사항
⑧ 경호대상자가 참석해야할 모든 행사와 활동범위에 관한 사항
⑨ 방문지에서 경호대상자와 접촉하게 되는 의전관련자, 관료, 기업인 등에 관한 사항
⑩ 방문단과 함께 움직이는 취재진에 관한 사항
⑪ 관련 소요비용에 관한 사항
⑫ 경호안전에 영향을 줄 수 있는 행사주최나 방문국의 요구사항

3. 연락 및 협조체제 구축

행사일정이 정해지고 임무가 수령되면 다음으로 관련 행사관계자나 경호기관간의 연락 및 협조체계가 구축된다. 경호활동은 모태가 되는 주된 행사의 일환으로 이루어지는 것으로 성격이 상이한 행사관련 기관이나 조직들과의 원활한 연락과 협조는 성공적인 경호에 매우 중요한 요소이다. 아울러 직접적인 경호활동에 있어 상이한 성격을 가진 여러 경호기관들이 주 경호기관을 중심으로 협조체제를 구축하여 수행하는 통합적 활동이라는 것을 고려할 때 사전에 이러한 연락 및 협조체계를 면밀히 구축하는 것은 중요하다.[86] 이러한 협조체계 구축시 요구되는 고려사항은 다음과 같다.[87]

① 기후변화 등의 악천후시를 고려한 행사스케줄과 행사관계자의 시간계획에 관한 사항
② 모든 행사장소와 행사에 참석하는 손님, 진행요원, 관련 공무원, 행사위원

86) 국내요인에 대한 공경호의 경우 이러한 점을 크게 인식하여 실정법적으로 협조체제에 대한 법적인 힘을 부여하고 있다. 즉, 대통령 등의 경호에 관한 법률 제15조(국가기관 등에 대한 협조요청)에서는 실장은 직무상 필요하다고 인정할 때에는 국가기관, 지방자치단체, 그 밖의 공공단체의 장에게 그 공무원 또는 직원의 파견이나 그 밖에 필요한 협조를 요청할 수 있다. 이러한 기관 간에 원활한 협조체제를 위해 대통령경호안전대책위원회규정을 제정하고 이에 따라 관련조직 책임자들로 구성된 대통령경호안전대책위원회를 운영하고 있다.
87) CID, 앞의 책, p.24를 참조하여 재정리하였음.

등의 명단

③ 경호대상자의 행사참석범위, 행사의 구체적인 성격 등

④ 경호대상자와 수행원의 편의시설(휴게실, 화장실, 분장실 등)

⑤ 행사시 경호대상자가 관여하는 선물증정식 등

⑥ 취재진의 인가 및 통제상황

⑦ 기타 행사참석에 영향을 줄 수 있는 요인

제3절 사전예방경호작용

1. 사전예방경호의 기본요소

사전예방경호란 행사일정 및 임무수령에 의해 경호작용이 형성된 후 행사당일 VIP가 행사에 참석하기 전까지의 단계에서 이루어지는 모든 사실적 안전활동을 말한다. 그러나 유념하여야 할 것은 이러한 사전예방경호작용이 행사실시단계로 접어들면서 단절되거나 소멸되는 것은 아니며, 작용의 연속성이 그대로 실시단계로 이어진다는 점이다.

사전예방경호작용의 특징은 본격적인 VIP가 참석하는 행사실시 전에 발생가능한 모든 위해(위협과 위험을 포함하는 개념)를 예상하고 찾아내어 제거하거나 차단하는 활동으로 사전성에 핵심이 있다고 하겠다.

사전예방경호작용의 핵심적인 요소는 경호대상자가 행사예정지역에 도착하기 전에 미리 편성된 경호선발대가 행사지역에 파견되어 경호관련 정보수집활동, 인적, 물적, 지리적 취약요소에 대한 대책, 행사장 안전활동 및 검측 등 제반의 안전조치를 강구함으로써 행사 당일의 경호대상자에 대한 신변안전을 도모하는데 있다. 구체적으로 이러한 사전예방경호활동에는 경호보안작용, 경호정보작용, 위해평가 및 경호수준결정, 경호계획수립, 경호팀의 편성 및 배치, 선발경호작용, 안전대책작용 등이 포함된다.

2. 경호보안활동

1) 보안의 개념

(1) 보안의 일반적 개념

보안이란 국가안전보장에 관련된 비밀이나 인원, 문서, 자재, 시설 및 지역을 위해기도자나 비인가자로부터 보호하기 위하여 취하는 사전예방활동이라 할 수 있다.

(2) 경호보안의 개념

경호보안이란 경호현상에 관련되어 보안이 필요하다고 인정된 비밀이나 인원, 문서, 자재, 시설 및 지역을 경호위해기도자나 비인가자로부터 보호하기 위하여 취하는 사전예방경호활동이라고 정의할 수 있다. 이러한 경호보안활동에는 경호안전을 해할 수 있는 경호위해 기도자에 대하여 이를 경계 · 순찰 · 방비하고 탐지 · 조사 · 체포 · 제재하는 등의 적극적 예방활동과 경호안전을 위해 경호주체가 보호하여야만 하는 비밀이나 인원, 문서, 자재, 시설 및 지역을 보호하는 소극적 예방활동이 있다.

2) 경호보안의 대상과 원칙

(1) 보안의 대상

① 인원 : 보안목적과 관련한 중요인물로 특히 보호가 요구되는 사람

② 문서 및 자재 : 내용의 중요성과 가치의 정도에 따라 각 등급으로 분류되어진 문서 및 자재

③ 시설 : 보안목적과 관련한 중요시설로 특히 보호가 요청되는 시설

④ 지역 : 보안목적상 특히 보호를 요하는 지역

(2) 보안의 원칙

① 알 사람만 알아야 할 원칙 : 비밀을 전달할 때 꼭 필요한 사람에게만 전달되어야 한다는 원칙

② 부분화의 원칙 : 내용과 가치의 정도에 따라 다른 비밀과 관련되지 않게 독립시키거나 부분적으로 있게 하여야 한다는 원칙

③ 보안과 능률의 원칙 : 보안과 능률은 서로 상반되는 성질을 지니고 있으므로 양자의 균형이 유지되도록 하여야 한다는 원칙

3) 비밀의 분류와 처리

(1) 비밀의 구분

① Ⅰ급 비밀 : 누설되는 경우 국가 간의 외교관계가 단절되거나 전쟁 등의 유발가능성이 높은 비밀로 국가방위계획, 국가정보활동 및 국가방위상 필요불가결한 과학기술의 개발을 위태롭게 하는 등의 우려가 있는 비밀

② Ⅱ급 비밀 : 누설될 경우 국가안전에 막대한 지장을 초래할 소지가 있는 비밀

③ Ⅲ급 비밀 : 누설되는 경우 국가안전보장에 손해를 끼칠 우려가 있는 비밀

④ 대외비 : Ⅰ, Ⅱ, Ⅲ급 비밀 이외에 직무상 특별히 보호를 요하는 사항으로 비밀에 준하여 관리하는 것

(2) 비밀의 분류원칙

① 과도분류 및 과소분류 금지의 원칙

비밀은 적절히 보호할 수 있는 최저등급으로 분류하되 과도 또는 과소하게 분류해서는 안 된다는 원칙

② 독립적 분류의 원칙

비밀은 그 자체의 내용과 가치의 정도에 따라 다른 비밀과 관련되지 않게 독립적으로 분류하여야 한다는 원칙

③ 외국 또는 국제기구의 비밀존중원칙

외국 또는 국제기구로부터 접수한 비밀은 그 발행기관이 필요로 하는 정도로 보호할 수 있도록 분류하여야 한다는 원칙

(3) 비밀의 수발요령

① 비밀의 수발절차

㉠ Ⅰ급 비밀 및 암호자재의 경우 암호화하여 전신으로 수발하거나 취급자의 직접접촉으로 수발한다.

㉡ Ⅱ·Ⅲ급 비밀 및 대외비의 경우 암호화에 의한 전신수발, 취급자의 직접접촉수발, 각급 기관의 문서수발계통 이용, 등기우편 수발 등으로 한다.

② 비밀 수발시 유의사항

㉠ 비밀 수발시에는 별지서식에 의한 봉투로 포장하여야 한다. 다만 Ⅲ급 비밀을 등기우편으로 발송할 때에는 Ⅰ급 내지 Ⅱ급비밀에 준하여 2중봉투를 사용하여야 한다.

㉡ 문서 이외의 문서자재는 내용이 노출되지 않도록 이에 준하여 완전히 포장한다.

㉢ 동일기관 내에서의 비밀수발 또는 전파절차는 그 기관의 장이 정한다.

㉣ 다른 기관으로부터 접수한 비밀은 발행기관의 승인 없이 재차 다른 기관으로 발송할 수 없다. 다만 비밀을 이첩 시달하는 경우에는 예외로 한다.

㉤ 비밀수발계통에 종사하는 인원은 Ⅱ급 이상의 비밀취급인가를 받은 자라야 한다.

(4) 비밀의 보관방법

① 도난, 화재, 파괴 등에 대한 대비

② 비인가자의 접근에 대한 대비

③ 비밀관리기록부 비치(Ⅰ급 비밀관리기록부는 따로 작성・비치)

④ 암호 및 음어자재는 암호자재기록부로 관리

⑤ 비밀은 일반문서나 자재와 분리하여 보관

⑥ Ⅰ급 비밀은 반드시 안전한 금고에 보관하고, 타 비밀과 분리하여 보관

⑦ Ⅱ・Ⅲ급 비밀은 금고 또는 철제상자나 안전한 용기에 보관하고, 보관책임자가 Ⅱ급 이상의 비밀취급인가를 받았을 경우에만 동일용기에 혼합보관함

경호실시단계에서의 보안대책

㉠ 고층건물 봉쇄시 요인경호를 위한 것임을 표현치 말 것
㉡ 경호행사시 무전기는 비노출로 리시버를 사용한다.
㉢ 행사 전 지역 내 경광등, 미상라이트 점등금지
㉣ 행차전후 엄지손가락에 의한 요인임석 여부 신호행위금지
㉤ 경호경비병력과 장비 등이 부득이 노출될 때에는 타 임무로 위장한다.
㉥ 행사목적, 일정, 행차코스 등에 대한 보안을 자체보안이라 한다.

3. 경호정보활동

1) 정보의 개념

(1) 일반적 개념

① 광의의 정보와 협의의 정보

우리가 정보라고 지칭할 때에는 information과 intelligence라는 용어가 가장 일반적으로 통용되고 있다. 여기서 information이라는 용어는 일반적인 개념으로 광범위하게 사용하고 있고, intelligence라는 용어는 주로 정보학이나 안보

학 등에서 좁은 개념으로 사용하고 있다. 먼저 information이란 용어가 내포하고 있는 의미를 보면 ① 의미를 부여할 수 없는 상태로 존재하는 자료(data), ② 그 의미의 타당성이 검증되지 않은 상태의 첩보, ③ 그 현상의 의미가 분석 및 평가과정을 거쳐 일반적으로 인정된 내용으로 통용되는 지식(knowledge)이 모두 포함된다.

이에 비해 intelligence는 대체로 가공된 지식, 즉 어떠한 현상의 의미가 분석 및 평가과정을 거쳐 타당성이 검증된 지식이라고 할 수 있다. 그러나 모든 지식이 intelligence라고 할 수는 없고 주르 국가정책이나 국가안전보장과 관련하여 정부기관이나 군대에서 한정적으로 사용되는 용어로 통상 국사상의 첩보나 비밀내용을 담은 지식을 말한다.[88] 이렇게 일반적인 지식 또는 학문적인 색채를 강하게 지닌 information과는 달리 intelligence는 비밀성(secrecy)이라는 의미를 포함하고 있는 지식이라는 점에서 양자 간에는 차이를 지닌다고 할 수 있다.[89]

결국 정보라는 용어는 그것을 필요로 하는 분야에 따라 여러 가지 의미를 내포하고 있어 이에 대한 정의 또한 다양한 실정이다. 그러나 정보라는 용어는 각 관련기관이나 학자에 따라 상이하게 해석되고 있지만 기관의 수준이나 취급하는 범위 등에 의해 표현의 차이를 갖는 것일 뿐 넓은 의미로는 동일한 범주에서 이해되고 있다고 할 수 있다. 여기서는 간단히 각각의 학자들이 주장하는 정보의 개념정의를 살펴보겠다.

㉠ 리첼슨(Jeffrey T. Richelson) : 현재 또는 잠재적으로 국가안보에 중요한 영향을 미칠 수 있는 국가나 지역에 대한 첩보자료들을 수집 · 평가 · 분석 · 종합 · 판단의 과정을 거쳐서 생산된 결과물[90]

㉡ 심스(Jennifer Sims) : 행위자 또는 정책결정자를 위해 수집, 정리, 분석된 첩보(information)[91]

---

88) 국가정보포럼, 「국가정보학」(서울: 박영사, 2007). p.3.

89) 웹스터 사전(온라인판)의 경우 intelligence를 "information concerning an enemy or possible enemy or an area"; "적/잠재적인 적이나 지역과 관련된 정보"로 기술하고 있다.

90) Jeffrey T. Richelson, ***The U.S. Intelligence Community***(Lexington, MA: Ballinger, 1985). pp.1~2; ***The Dictionary og U.S. Military Terms for Joint Usage***(Depertments of the Navy, Army, Air Force, May 1955)에서 재인용.

91) Abram Shulsky and Jennifer Sims, "What Is Intelligence?", ***A paper presented on the Working Group on intelligence Reform***(Consortium for the Study of Intelligence, 1994). p.6.

㉢ 미국 Murphy 위원회 : 일상생활 속에서 흔히 접하기 어려운 자료[92)]

㉣ 셔만켄트 : 정보는 지식이며 조직이고 활동이다.[93)]

㉤ 미국 후버위원회 : 정보는 어떤 일련의 행위를 시작함에 앞서 알아야 할 모든 지식이다.[94)]

② 정보와 첩보

일반적인 의미에서 첩보란 평가·해석, 즉 가공되지 않은 정보의 자료가 되는 1차적인 지식을 의미한다. 즉, 첩보란 정보로 가공되기 전의 모든 사회적 현상을 말하는 것으로 부정확하고 단편적인 불규칙한 사실에 대한 견문이고, 보고들은 모든 것이라고 할 수 있다.

따라서 첩보는 원천자료이기 때문에 고의의 유무에 관계없이 정확한 것이 있는가 하면 매우 부정확한 것이 있을 수 있고, 일시적 또는 장기적인 것, 물건, 도표, 사진 등 다양한 형태로 존재하며, 사용자가 즉시 신뢰하고 사용하는데 일정한 한계를 지니고 있다.

※ 정보와 첩보의 구분

구 분	정 보	첩 보
정확성	객관적으로 평가된 정확한 지식	부정확한 견문지식
완전성	특정한 사용목적에 맞추어 평가, 분석, 종합, 해석된 완전한 지식	기초적, 단편적, 불규칙적이고 미확인된 지식
적시성	사용자가 필요로 하는 적시에 공급되어야 하는 성격이 강함	시간에 구애받지 않고 과거와 현재의 것을 불문
사용자목적성	사용자 목적에 맞추어 작성된 지식	사물에 대한 보고들은 상태 그 자체에 대한 묘사로 목적성이 없음
생산과정 특수성	첩보의 요구, 수집 및 정보의 생산, 배포 등의 과정을 거치면서 여러 사람의 협동작업을 통해 생산	단편적이고 개인적인 식견에 의한 지식

자료 : 경찰교양지도위원실 편, 「정보실무」(서울: 경찰교양, 1999). p.31.; 김재규·김계원, 「경비·정보」(서울: 경찰승진연구회, 2001), p.309~310.

92) R. J. Smith, "Intelligence Support for Foreign Policy in the Future," in ***Murphy Commission, Report,*** Appendix U, Vol.7, pp.78~79.

93) 경찰교양지도위원실 편, 『정보실무』(서울: 경찰교양, 1999). p.23.

94) 경찰교양지도위원실 편, 앞의 책, p.24.

(2) 경호정보의 개념

경호정보(information for protective)는 앞에서 살펴 본 광의의 information 개념과 협의의 intelligence 개념을 모두 포함하는 개념이며, 또한 첩보와 정보 수준을 모두 함축하는 개념이다. 다만 경호정보는 일반정보개념과는 달리 경호대상자라는 특정한 주체를 중심으로 이에 대한 신체의 안전과 관련한 제반 정보라는 점에서 일반정보의 범주와는 차이를 갖는다고 할 수 있다. 그리고 경호정보는 경호대상자에 관련한 정보, 즉 신상에 관한 지식, 생활과 관련한 지식, 가족에 관한 지식 등 개인적 차원의 정보와 특정한 지역에 관한 지식, 특정한 사람에 관한 지식, 특정한 국가에 대한 지식, 특정한 위해에 관한 지식 등 사회적・국가적 차원의 정보가 모두 포함된다.

따라서 경호정보의 분석과정은 통상적으로 두 가의 단계를 거친다고 할 수 있다. 즉 경호행사일정이 확정되면 관련된 사람과 관련된 장소(지역 및 국가 등)에 관련한 다양한 첩보를 입수하고 이를 정밀한 분석과정을 거쳐 정보화하게 된다. 최종적으로 관련된 경호인력이나 유관기관 등에 배포되는 정보는 첩보를 가공한 정확성・완전성・적시성・목적성 등의 요건을 갖춘 정보라고 할 수 있다.

2) 정보의 일반적 특성[95)]

(1) 가치성

① 정확성 : 정보란 사용자가 추구하는 가치의 달성을 위한 정책의 수립과 수행에 있어 이용가능한 사전지식으로써 그 존재가치가 있는 것이기 때문에 정확해야 한다.

② 적시성 : 정보는 아무리 정확하고 완전하게 작성된 것일지라도 사용자가 필요로 하는 적절한 시기에 이용하지 못하던 아무런 가치도 없는 정보가 된다.

③ 완전성 : 정보는 절대적인 완전성은 아니더라도 시간이 허용되는 범위에서 가능한 사용자가 의도한 대상과 관련한 모든 사항을 망라하여 작성된 것이어야 한다.

(2) 변화성

① 사용자에 따른 가치변화

95) 경찰교양지도위원실 편, 앞의 책, pp.26~30; 김재규・김계원, 앞의 책, p.311의 내용을 참고로 재정리하였음.

정보는 선별적 가치를 지니고 있기 때문에 정보의 가치는 사용자의 필요성과 용도에 따라 달라진다.

② 시간에 따른 가치체감

정보는 일반 지식보다 시간에 따른 가치의 변화성이 심한데 어느 시점에서 가치가 있는 정보도 시간이 지남에 따라 가치가 없어지거나 약해지는 경우가 많다.

(3) 다양성

정보는 각 분야의 학문적 성격을 종합적으로 적용시키는 다양성을 지니고 있다. 이에 따라 정보는 각 학문적 분야의 이론과 실제가 다양하고 종합적으로 운용되어지는 종합과학기술을 동원하여 작성될 때 그 가치가 배가된다고 하겠다.

(4) 필요성 및 목적성

정보는 반드시 사용자에게 필요한 지식이어야 한다. 즉 정보가 그 성격에 있어 정확성・적시성・완전성 등의 조건을 전부 갖추었다고 하더라도 그 지식이 사용자에게 아무런 관계가 없다든지 목적에 부합되지 않는다면 그 정보는 무용지물이라고 할 수 있다.

(5) 특수처리된 지식

사용자에게 가치 있고 다양성을 지닌 정보는 사용자의 주문에 관계된 모든 첩보를 신속히 수집하고 평가・분석・종합・해석하는 복잡한 과정을 거쳐야 하기 때문에 단순히 한 사람에 의해 간단히 처리할 수 있는 과정은 아니며, 여러 사람과 여러 과정의 협동이 필요한 과정이다.

※ 첩보의 특성 : 자료성, 부정확한 지식, 불완전성, 신속성

3) 정보의 분류

(1) 일반정보의 분류

일반적인 정보는 시각에 따라 다양하게 분류된다. 사용자에 따라 사적정보와 공적정보로, 성질에 따라 전략정보, 전술정보, 방첩정보 등으로, 사용주체에 따라 내부정보와 외부정보로 입수형태에 따라 직접정보와 간접정보로, 요소에 따라 정치정보, 경제정보, 사회정보, 군사정보, 과학정보, 산업정보 등으로 구분되기도 한다.

일반적으로 경찰부문에서는 업무분장에 따라 일반정보, 보안정보, 범죄정보, 외사정보, 교통정보, 통신정보 등으로 분류하기도 한다.

(2) 경호정보의 분류

경호정보에 대해서는 일반적으로나 학문적으로 다루어지고 있는 것은 없으며, 그 분류 또한 알려진 바 없다. 본서에서는 경호정보를 일반정보 분류에 준하여 분류하되 경호환경이 지니는 특수성을 고려하여 대상에 따른 분류로 구분하여 살펴보도록 하겠다.

① 인적정보

인적정보에는 경호에 관련된 모든 사람의 정보가 포함된다. 여기에는 경호대상자, 경호주체 및 지원 관련자, 행사관련자, 행사지원인력, 경호지원인력, 잠재적 위해자 관련 정보가 해당된다

㉠ 경호대상자 관련정보 : 경호대상자의 신상정보, 배경정보, 가족정보 등
㉡ 경호관련자 정보 : 주경호기관 경호원, 경호유관기관요원 등
㉢ 경호대상자 수행원 정보 : 경호대상자 비서진, 관련부서 수행원 등
㉣ 행사관련자 정보 : 행사주최 측 관련자, 행사지원기관 관련자, 행사장 진행요원
㉤ 잠재적 위해자 정보 : 테러리스트, 시국불단자, 신원 특이 교포 및 외국인, 일반요시찰인, 피보안처분자, 공격형정신병자 등
㉥ 행사상대국 요인 정보 : 정상회담 등과 같은 경우 상대국 요인정보, 경호요원 정보, 수행원정보, 행사관련자 정보 등

② 물적정보

경호대상자의 이용물이나 직접적으로 위해가될 수 있는 자연물 및 인공물, 위해자에 이용될 수 있는 자연물 및 인공물 등

㉠ 자연적 취약지 정보 : 은닉(비트) 가능지역, 홍수, 산사태 가능지역 등
㉡ 이용시설물 정보 : 유숙지(호텔, 공관 등), 휴양시설, 대기실, 휴게실, 화장실, 최기병원, 이용할 운송수단(차량, 항공기, 선박, 열차 등)
㉢ 인공적 취약물 정보 : 주변의 총포상, 화약물취급소, 두기고, 탄약고 등과 건물 등의 취약시설, 위험부속물(간판, 엘리베이터, 계단, 출입문 등)
㉣ 행사대상지역의 광역정보 : 정치 · 사회환경, 경제환경, 치안환경, 대국민인식 등

4) 정보의 순환과정[96]

정보사용자가 정해지면 정보를 생산하기 위해서 ① 관련정보를 요구하고(정보요구단계), ② 요구에 맞는 첩보를 수집하고(첩보수집단계), ③ 수집된 첩보를 처리하여 정보형태로 생산하고(정보생산단계), ④ 정보를 필요로 하는 자에게 배포(정보배포단계)하는 과정이 지속적으로 반복된다. 정보의 순환(intelligence cycle)이란 이러한 4단계의 과정이 일방적이고 반복적으로 진행하면서 순환하는 과정을 말한다.

(1) 정보요구단계

정보사용자 입장에서 사용목적에 부합되는 정보를 수집기관에 요구하는 단계이다. 그런데 이 단계에서는 정보요구자 측에서의 주도면밀한 계획과 수집범위의 적절성, 수집활동에 대한 적절한 감독 등이 요구되며, 특히 국가기밀정보나 기업의 기밀정보 등과 관련해서는 철저한 보안대책과 함께 고려가 되어야 한다.

※ 정보요구방법[97]

㉠ PNIO(Priority of National intelligence Objective)

국가정보목표 우선순위를 말하는 것으로 국가안전보장이나 정책에 관련되어 정부에서 기획된 연간기본정책을 수행함에 있어 필요로 하는 자료를 목표로 하여 선정하는 한 국가의 1년간의 기본정보운용지침을 말한다.

㉡ EEI(Essential Elements of Information)

첩보의 기본요소로 국가지도자 또는 정책수립자가 임무를 효과적으로 수행하기 위해 우선적으로 필요로 하는 정보요구사항으로 정보수집계획서의 핵심을 이루는 사항이다.

㉢ SRI(Special Requirements for Information)

특수보고요청의 요구방법으로 EEI와 같이 일반적인 내용의 첩보를 요구하는 것이 아니라 어떤 돌발사항에 대하여 필요한 한도 내에서 단편적이고 지역적인 특수사건을 단기에 해결하기 위해 필요한 경우에 요구하는 요구방법이다.

---

96) 경찰교양지도위원실 편, 앞의 책, pp.49~80; 김재규 · 김계원, 앞의 책, pp.361~375의 내용을 참고로 재정리하였음.

97) 김재규 · 김계원, 「경비 · 정보」(서울: 경찰승진연구회, 2001), pp.363~364.

㉣ OIR(Other intelligence Requirements)

기타 형태의 정보요구방법으로 국가정책목표 수행여건의 변화 등으로 정책상 수정이 요구되거나 또는 이를 위한 자료가 절실히 요구될 때 PNIO에 우선하여 정보목표를 달성하기 위한 요구방법이다.

㉣ NEI

국가적 첩보요소로 국가정보원장이 국가정책수립자의 요구에 응해야 하는 우선적 사항이다.

(2) 첩보수집단계

수집기관에서 수집지시 및 수집요구에 의해서 첩보를 수집하고 이를 지시 또는 요구한 사용자에게 제공하는 단계를 말한다.

정보수집의 우선순위 선정시 고려사항	첩보수집자의 기본자세
㉠ 고이용성의 원칙 ㉡ 참신성의 원칙 ㉢ 긴급성의 원칙 ㉣ 수집가능성의 원칙 ㉤ 경제성의 원칙	㉠ 목적의식을 갖는다. ㉡ 정보의 배경을 분석한다. ㉢ 다각적이고 종합적인 시각을 갖는다. ㉣ 공개정보를 중시한다. ㉤ 선입관을 갖지 않는다. ㉥ 우선순위를 정한다.

(3) 정보생산단계

수집된 첩보를 종합적인 학문적 토대와 과학기술을 동원하여 사용자의 의도에 맞는 형태로 분석・처리하여 생산하는 단계이다.

※ 정보생산의 기본원칙

㉠ 개념정의의 원칙 : 개념정의를 명백히 한다.

㉡ 출처규명의 원칙 : 각 내용의 출처는 명확히 한다.

㉢ 의미 중요성의 원칙 : 단순한 사실들이 지니는 의미에 초점을 맞춘다.

㉣ 정신적 배경의 원칙 : 건전한 정보평가의 원천으로 평가자의 정신적 배경에 주목한다.

㉤ 경향의 원칙 : 사실 속에 나타나는 역사성이나 운동의 방향과 유형에 초점을 맞춘다.

㉥ 정확도의 원칙 : 진술의 신뢰성이나 평가자료의 계량성 등을 통해 전체적인 정보의 신뢰성을 높인다.

(4) 정보배포단계

생산된 정보를 필요로 하는 수요처에 배포하는 단계이다.

4. 위해평가[98)]

1) 위해평가의 개념 및 필요성

일반적으로 위해평가(threat assessment)란 경호대상자에게 발생가능한 모든 위협 또는 위험요인을 찾아내고 이를 분석하여 위협 또는 위험 정도를 구체화하는 과정이라고 할 수 있다. 경호대상자에 발생할 수 있는 위해에 대한 평가는 임박한 위험 가능성에 대한 정확한 판단을 이끌어내고, 요구된 경호수준을 결정하게 함으로써 모든 관련자들의 안전을 보장하는데 결정적인 역할을 한다.

위해평가는 경호팀이 경호대상자에 발생 가능한 위협요소들이 회피되어질 수 있는 것인지 아니면 없는 것인지를 판단하고, 이에 대한 구체적인 대응계획을 수립하는 데 결정적인 역할을 한다. 위해평가가 특히 중요한 것 중 하나는 경호팀이 가장 효과적으로 자원을 배치하는 것을 가능하게 하여 주는 진화과정이라는 것이다.

특히 소규모의 경호팀에서 위해평가는 경호대상자가 방문할 국가나 지역에만 고유한 상황들 때문에 경호팀의 운용에 있어 추가적인 인력증원과 상시적인 경호팀 운용이 필요하다는 것을 인식시키는데 결정적인 역할을 한다.

또한 이러한 위해평가로 인해 소규모의 경호팀이 경호업무를 수행하는데 있어

98) 위해평가에 관련된 내용은 Behavioral Sciences & Law, U.S Department of Justice의 Protective Intelligence & Threat Assessment Investigations, Leroy Thompson의 보디가드 등에 바탕을 두고 기술하였다. 여기서 threat assessment라는 용어에 대해서는 보통 '위협평가'라고 번역하여 사용하는 것이 기존의 예였다. threat assessment는 통상적으로 threat analysis이나 risk analysis 등과 동일한 의미 내지는 같은 범주에서 사용하고 있으며, 의미상 이들을 크게 구분하지 않고 있다. 따라서 본서에서는 threat assessment를 '위해평가'로 이해하고 여기에는 threat analysis(위협분석)이나 risk analysis(위험분석)이 모두 포함하는 것으로 정의하도록 하겠다. 아울러 여기서 위험과 위협이라는 용어는 Leroy Thompson의 개념에 기초하여 정의할 것이다. 통상적으로 위험이나 위협이라는 용어는 실제 미묘한 차이는 있지만 거의 의미적으로 동일한 범주에서 사용하고 있다. 따라서 본 저자 역시 양자를 동일한 의미로 사용할 것이며, 다만 양자 간의 차이를 구분하여야 할 경우에는 '위협'은 또는 방문국가나 그들 국가에서의 정치적 상황, 경호대상자의 정치적 또는 사업적 지위와 같이 경호대상자에 영향을 끼치는 광의의 요소로 언급할 것이고, 이에 비해 '위험'은 통상적으로 경호대상자의 활동, 사회적 교제 또는 견해 등과 같이 확실한 통제수준을 유지할 수 있는 요소일 경우 적용할 것이다.

경호상 필요한 모든 부분을 커버하기 위해서는 다지다능하고 융통성 있는 기술을 갖춘 경호원이 필요하다는 인식을 적절한 시기에 갖게 한다는데 있다.

아주 우수한 경호팀조차 모든 위협을 예상하지는 못하며, 모든 긴급사태에 대비할 수는 없지만 잘 조직되어지고 잘 훈련된 경호팀과 함께 효과적인 위해평가가 연계될 때에는 잠재적인 암살이나 납치, 테러 등의 의도를 현저히 감소시킬 수 있으며, 결국 경호대상자를 공격이 어려운 '하드타깃'으로 만들거나 경호대상자의 취약점을 충분히 감소시킬 수 있게 되는 것이다. 이러한 위해평가는 경호대상자의 생활패턴, 기업이나 정부에서의 지위, 여행계획 등과 같은 일정한 사실들에 기초하여 실시간으로 업데이트되어야 한다.

2) 위협(또는 위험)수준

국가적인 경호기관이나 민간의 경호조직을 망라하고 대부분의 경호팀은 일정한 시간 내에 발생할 수 있는 위협수준을 분류하기 위한 몇 가지의 분류방법이나 시스템들을 사용하고 있다. 대표적으로 사용하고 있는 분류방법은 컬러, 숫자, 글자, 코드네임, 그래프 다이어그램 등을 사용하여 통상적으로 3~5개의 위협수준을 표시하는 방법이다. 이러한 방식으로 제시되고 있는 위협수준분류를 표시하면 다음과 같다.

① 위협수준 Ⅰ : 광적인 암살자에 의한 공격을 예상해서 표시한 수준

② 위협수준 Ⅱ : 테러리스트, 암살자 또는 납치범에 의한 공격으로 인한 잠재적인 위험성을 나타내는 수준

③ 위협수준 Ⅲ : 경호대상자의 지위로 인해 항상 야기되는 암살이나 납치 등의 가능성을 나타내는 수준

④ 위협수준 Ⅳ : 경호대상자의 낮은 지위(정무직책으로부터 퇴직 등)로 인해 공격 가능성이 낮아진 상태, 그러나 경계필요성은 아직 남아 있는 상태

위해평가나 위협수준의 각각의 단계는 일정하게 주어진 시간 동안의 위험수준이 어느 정도인가에 따라 결정된다. 예를 들면 스위스로의 여행은 일반적으로 이집트로의 여행만큼 위험하지 않다고 생각한다. 그러나 만약 경호대상자가 스위스여행 기간 동안 스키를 즐길 계획이라면 또 다른 부상에 대한 위험성 때문에 위협수준은 높아질 것이다. 위험수준은 경호대상자가 어떤 일을 할 것인지에 따라 실제로 변화한다. 따라서 경호팀은 그들의 위해평가에서 위협수준에 대한 즉각적인 조정을 할 수 있어야만 한다.

3) 위협의 분류

(1) 일반적 형태의 위협분류(유형)

위협요인이 무엇인지를 고민하고 평가할 때 모든 경호대상자 주변의 모든 요인이 경호대상자에게 특히 신체적인 위협으로 되지는 않는다. 위협평가를 위해 일반적으로 분류할 수 있는 위협의 유형에는 다음과 같이 네 가지 유형이 있다.

① 경호대상자 자신의 안전에 부정적 영향을 미치는 위협
② 경호대상자 가족의 안전에 부정적 영향을 미치는 위협
③ 경호대상자의 심리적 행복감에 부정적 영향을 미치는 위협
④ 경호대상자의 프라이버시에 부정적 영향을 미치는 위협

그러나 참고해야 할 것은 이 중 많은 수의 위협요인이나 양태는 하나 이상의 위협유형에 중복적으로 분류될 수 있다. 예를 들면 경호대상자의 자녀를 납치하겠다는 전화위협은 위의 카테고리 2와 3, 그리고 4 유형에 해당된다.

(2) 위협의 구체적 분류(형태)

위해평가과정을 세분화하는 단순한 방법은 잠재적인 위협 또는 위험지역을 중심으로 구분하는 것이다. 여기서의 위협분류에서도 유념하여야 하는 것은 각 위협분류의 카테고리에 속한 위협요인들은 다른 카테고리에 중복적으로 포함될 수 있다는 것이다. 예를 들면 과거에 미국의 흑인지도자로 잘 알려진 말콤 X는 투쟁적인 흑인 지도자로서, 그리고 흑인무슬림운동가로서 상징적인 지위를 유지하고 있었다. 말콤 X의 경우 평소에 흑인에 적대적인 미국남부지역으로의 여행은 백인우월주의자로부터의 위협을 크게 증가시키는 요인이었다. 그러나 막상 말콤 X는 흑인무슬림운동 내부의 권력투쟁 때문에 암살되었다.

① 개인특성에 따른 분류

이 카테고리는 경호대상자가 지니는 개인적인 특성(성격, 개성 등)들 때문에 발생하는 위협을 중심으로 분류한 위협유형들이다.

㉠ 건강 및 사회적 지위
㉡ 명성 및 공적인 지명도
㉢ 정치적 견해
㉣ 상징적 지위

㉤ 어떤 지역에의 여행(특히 해외여행)

② 경호대상자의 지위에 따른 분류

이 카테고리는 경호대상자의 지위에 따라 발생할 수 있는 위협유형을 카테고리화한 것이다.

㉠ 정부나 기업, 개인의 철학이나 신조 때문에 발생하는 위협

㉡ 경호대상자가 지니는 권한의 형태 때문에 발생하는 위협

㉢ 경호대상자의 정치적 견해(신조) 때문에 발생하는 위협

㉣ 경호대상자의 종교적 견해 때문에 발생하는 위협

㉤ 경호대상자의 언론에 노출된 고위공직경력으로 인해 발생하는 위협

㉥ 경호대상자의 외국여행 때문에 발생하는 위협

㉦ 내부적인 권력투쟁하에 있는 정당 및 종교지도자(대표)에 발생하는 위협

③ 위협(위해)의 양태(위협수단)에 따른 분류

㉠ 언어폭행

㉡ 투척물(상대방에게 유, 무형의 상해를 가할 수 있는 물건 등)

㉢ 둔기(망치, 각목, 쇠파이프 등과 같은)

㉣ 날이 있는 무기(칼 등)

㉤ 숨겨진 소화기(권총, 소총 등)

㉥ 차량공격

㉦ 폭발물

㉧ 저격(스나이퍼 등에 의한 저격 등)

㉨ 생물학 또는 화학무기

㉩ 납치

4) 잠재적 공격자(위해자)

위해평가의 중요한 단계 중 하나는 위협을 가져올 만한 사람을 미리 예측해서 카테고리화하고 이에 대한 대비책을 강구하는 것이다. 일반적으로 제시할 수 있는 잠재적 위해자로는 다음과 같은 사람들이 있다.

① 미친 사람

② 집착증이 있는 사람(스토커)

③ 불만을 가진 구직자

④ 개인적 복수심에 불타는 사람

⑤ 범죄자

⑥ 테러리스트

⑦ 전문암살자

⑧ 외국정보기관이나 특수부대

⑨ 경제적 이득을 목적으로 하는 납치자나 경호대상자를 인질로 잡으려는 사람

평가는 지속적으로 진행하여야 하며 지속적으로 업데이트하여야만 한다. 예를 들면 기소되어지거나 감옥이나 정신병원에 보내진 스토커는 그 위협수준이 낮추어져야 하지만 출소한 스토커는 위협수준을 높여야만 한다.

5) 경호대상자의 건강위험요인

경호대상자의 건강상태는 경호에 있어 테러리스트에 의한 위협이나 기타 다른 요인보다도 더욱 커다란 위협요인으로 작용된다. 예를 들면 예기치 못했던 심장마비나 발작 등은 순간적으로 적절한 조치를 취하지 못하면 총기나 어떠한 흉기에 의한 위협보다도 경호대상자에게는 더욱 치명적인 위협요인으로 작용한다.

① 심장이상

② 알레르기

③ 당뇨병

④ 이전 부상

6) 주요한 평판

경호대상자가 평소에 지니는 대외적인 명성이나 평판은 경호팀이 고려해야 하는 매우 주요한 위협요인이 될 수 있다. 평상시에 평호대상자에 미치는 대부분의 위협요인은 경호대상자가 지니는 일상적인 요인에 의해 발생되는 경우가 많기 때문이다. 특히 이러한 점은 민간경호 부분에서 더욱 중요하게 고려해야 하는 요인이다.

① 성적인 요인 - 극단적인 - 결혼생활, 매춘, 동성애 등

② 범죄나 도박과의 접촉여부

③ 알코올중독

④ 언론에 발표되어 문제를 불러일으킬 만한 언급

7) 위험한 활동

여행중이나 일상생활 중의 다양한 취미활동이나 스포츠 활동 역시 경호팀이 고려해야 하는 위협요인이다.[99)]

① 사냥
② 스키
③ 승마
④ 비행조정(항공스포츠)
⑤ 스카이다이빙
⑥ 보트
⑦ 스쿠버다이빙
⑧ 래프팅(급류타기)
⑨ 등산(암벽등산)
⑩ 모터사이클
⑪ 골프
⑫ 레이싱

8) 위험한 생활환경

거주지, 호텔, 행사장, 여행 기간 중에 경호대상자에게 직면할 수 있는 이용시설 및 도구 관련 위험성은 다음과 같다.

① 화재
② 전기감전
③ 추락
④ 건물안전(계단, 리프트 등)
⑤ 자동차 사고
⑥ 경비행기 여행

---

99) 간혹 민간경호분야에서 위해요인을 평가할 때 경호대상자의 골프, 승마 등과 같은 일상적인 레저활동에 대해서는 관심정도가 낮은 경우를 볼 수 있는데 이러한 부분도 경호활동에서는 고도의 주의를 기울여야 한다. 실제 어떠한 사람이 위해자의 총격에 의해 죽거나 아니면 승마 중 낙상하여 죽거나 인명에 대한 치명성 정도는 동일하다는 점을 생각하여야 한다. 특히 이러한 점은 경호대상자 스스로 소홀히 하는 경향이 있기 때문에 경호주체 입장에서는 더욱 주의를 기울여야 하는 부분이다.

⑦ 해외여행

위협평가의 많은 부분들이 해외여행과 관련된다. 특히 경호대상자가 소속된 국가와 적대적인 외교관계에 있는 국가, 전쟁 중에 있는 국가, 파병대상국가, 민족주의적·종교적·문화적·경제적인 갈등이 있는 국가 등은 매우 높은 위협요인이 상존하게 된다.

일반적으로 경호팀이 고려해야 하는 위협요인으로는 앞의 요인 외에도 일반적 치안상태 및 범죄수준, 테러리스트 또는 반군활동 수준, 방문국이나 지역에서의 경호대상자의 모국에 대한 인식, 과거에 경호대상자가 속한 국가의 국민에 이루어졌던 테러리즘 관련 경력 등을 평가해야만 한다.

또한 대상국가에서 이루어졌던 과거의 테러리즘이나 해외국민 관련 범죄수법, 즉 폭탄, 저격, 매복공격 등 테러수법(기법)에 유의하여야만 한다.

9) 경비(보안)조사 및 진단

(1) 경비조사의 개념과 내용

경호팀원들이 경호대상자가 그들의 시간 중 대부분을 보내는 거주지, 사무실, 그리고 기타 장소에서 발생가능한 안전 및 건강상의 잠재적 위험성을 주의 깊게 조사하는 일을 수행하는 것은 위협평가의 일부로서 매우 중요하다.

사실상 경호대상자에 대한 위협평가를 하는 동안 경호팀은 경호대상자의 종합적인 경력을 산출하게 된다. 이들 과정을 효율적으로 진행하기 위해 경호대상자는 그들과 함께 숨김없는 대화를 할 수 있게 경비/경호팀장을 신임하여야만 한다. 경호팀장은 인적사항에 대한 정보들이 발생가능한 위협요소에 대한 효율적인 평가를 위해 왜 필요한지에 대해 경호대상자에게 설명하여야만 한다. 가족들에 대한 인터뷰는 그들이 특별한 위험에 대해 인지하고 있는지 또는 그들의 일상생활의 위험성이 증가하는 국면인지를 결정하는데 중요한 요소이다. 일반적으로 대표적인 경비조사 내용으로는 다음과 같은 것들이 있다.

① 인간관계, 정치적·사업적 관계, 교우관계, 애인이나 알려진 적
② 출생지, 현재 거주지, 일터, 빈번하게 방문하는 장소
③ 개인적 버릇(경호대상자가 불쾌하게 하거나, 논쟁을 불러일으키거나 적을 쉽게 만드는 등의)
④ 물의를 불러일으킬 수 있는 믿음(종교), 인종적 또는 정치적 견해

⑤ 군생활이나 정치적 직책과 같은 과거의 태드(방식)

⑥ 알코올이용 또는 위험유발, 추문과 같은 일상생활의 양태

(2) 경비조사 및 진단의 방법

경비조사 및 진단은 대개 위해요소의 카테고리화, 조사지의 설계 및 작성, 조사결과의 분석, 분석결과의 사정, 위협(위해)수준의 결정 등의 단계로 이루어진다.

5. 경호수준(level of protection) 결정

위해평가의 결과를 바탕으로 위협수준이 결정되어지면 다음으로는 필요한 경호수준이 결정되어질 수 있다. 그러나 경호수준을 결정하는 문제는 경호주체 입장에서는 위협평가가 객관적이고 정확히 이루어졌는가라는 문제를 제외하고도 많은 어려움을 갖게 된다. 그 중 하나가 경호대상자의 일상생활과 균형된 경호원칙이다. 즉, 경호대상자가 실제로 상당한 위험가능성에 직면하였다 할지라도 몇몇의 경호대상자는 최고수준의 경호를 보장하기 위해 필요한 만큼 그들의 일상생활을 희생하는데 상당히 소극적인 자세를 보인다.

특히 대중적인 접촉과 지지를 필요로 하는 정치 지도자의 경우 일반대중들과 격리가 필요한 경호수준을 수용하는 데에는 매우 소극적이다. 이 때문에 경호팀은 경호수준을 결정할 때 할 의지를 보이지 않는다. 더욱이 경호대상자가 정부의 정치적 성격을 띤 VIP인 경우에 이들 고위인사의 의지와 유리된 채 종합적인 경호노력을 기울일 수는 없다. 여기서는 경호수준을 최고수준의 경호, 중간수준의 경호, 최소수준의 경호로 구분하여 살펴보기로 한다.

1) 최고수준(maximum level)의 경호

(1) 적용대상 및 상황

최고수준의 경호는 대개는 최고위층 VIP에 적용되어지는 것이 보통이며, 다른 국가와 전쟁 중에 있는 경우, 테러리스트의 직접적 공격대상이 되어 있는 경우 등 매우 위협수준이 높은 경우에 적용한다.

(2) 인력 및 조직, 운용비용

최고수준의 경호를 위해 인력 면에서 75~100명의 인력이나 그 이상의 인력이 경

호대상자나 그 가족의 경호를 위해 투입된다. 조직구성 면에서 경호팀은 1개 교대조당 4명을 한 조로 하여 모두 2~3개 팀으로 구성되고, 여기에는 교대명령권을 갖는 조장과 근접경호원으로 구성된다. 추가적으로 여기에는 지휘자(팀장), VIP운전기사, 저격수, 선발경호원, 전자경비전문가, 정보/위협평가(분석)관, VIP거주지 경비원, 그리고 행정관(요원), 경비팀장, 경비지원팀장 등 다양한 지원요원들이 포함된다. 이러한 최고수준의 경호활동을 위해서는 1년에 3.5백만 파운드(5백만 불) 정도의 비용이 수반된다.

2) 중간수준(medium level)의 경호

(1) 적용대상 및 상황

테러리스트의 위협에 직면한 국가 등에서 정부의 고위관료 중 비교적 낮은 직급의 인사나 재벌기업의 오너 등과 같이 극히 부유하고 영향력 있는 기업인에 적용된다.

(2) 인력 및 조직, 운용비용

여기에 적합한 경호수준은 15~20명의 인력으로 편성된 규모이다. 대부분의 경호팀은 경호원 4명과 팀장 1명으로 구성된 5명의 경호인력으로 운용하는 것이 일반적이다. 여기에는 숙련된 2명의 운전기사가 포함되어져야 하는데, 이 중 한 명은 경호대상자와 가족, 그리고 경호팀장과 스태프용 차량의 운전기사이고 또 한 명은 나머지 경호인력을 수송할 운전기사이다. 또한 VIP(경호대상자) 거주지의 경비인력과 선발경호업무를 수행할 인력이 필요하다. 만약 경호대상자를 24시간 커버해야 하는 경우라면 2교대 이상의 교대제를 운용할 경호인력이 필요하다. 일반적으로 경호대상자가 거주지 내에 머무를 경우 2~3명의 근접경호원이 철야근무를 수행한다. VIP가 여행하는 경우 경호원은 종종 12시간 이상의 근무를 수행한다. 비용 면에서 이러한 규모의 경호업무 수행은 연간 65만 파운드(1백만 불)의 비용이 소요된다.

3) 최소수준(low level)의 경호

(1) 적용대상 및 상황

위해평가결과 위협요인이 직접적이지 않고 경호인력 운용상의 한계가 있는 경우에 최소인력으로 운용하는 경호수준이다. 테러리스트의 위협에 직면한 국가 등에 속한 주요 인사라고 할지라도, 정치적인 목적이나 비용상의 한계 등에 따라 종종 운용되는 경우가 많다.

(2) 인력 및 조직, 운용비용

최소수준의 경호의 경우 대개 1~5명 정도의 수행경호원을 중심으로 경호팀을 운용하게 된다. 물론 이러한 경호수준하의 경호운용은 종합적인 경호업무를 수행하는데 상당한 어려움을 가져온다. 지원인력의 운용이 불가능하고, 위해자의 급습이 이루어졌을 때 총기류의 사용이 어렵게 된다. 실제 상당수의 경호대상자들이 최고수준의 대규모 경호팀보다 이러한 최소수준의 경호팀을 선호하기도 하는데 이 경우 그들은 경호팀을 좀 더 신뢰할 수 있고, 좀 더 가까운 접촉관계를 유지할 수 있으며, 여행이나 일정 중에 좀 더 많은 시간을 유연하게 활용할 수 있다는 장점이 있다.

최소수준의 소규모 경호팀의 경호원들은 보통 빠르고 쉽게 이동할 수 있도록 여행용 가방과 여권 등을 항상 준비하여 둔다. 또한 필요한 경우 최고수준의 대규모 경호팀의 관련 전문가에 버금갈 정도로 경호문제에 대한 창의적인 해결책을 혁신적이고 빈번하게 찾아낼 수 있는 이점이 있다. 단점은 최소수준의 경호의 경우 경호원 인원의 제한으로 인해 경호상 한 사람이 수행할 수 있는 임무범위에 한계가 있다는 것이며, 1인이 여러 가지 임무를 수행하여야 할 상황이 많기 때문에 경호상의 허점이 노정될 수 있다는 점이다.

6. 경호계획의 수립

1) 경호계획의 의의

(1) 경호계획의 개념

경호계획은 경호작용의 기본적 방향과 구체적인 경호팀의 조직과 운영에 관련된 세부적인 지침과 절차를 담은 계획으로 경호작용의 성패를 좌우하는 가장 근본이 되는 활동이다. 경호계획은 앞에서 살펴본 경호형성 및 준비작용을 토대로 사전에 전반적인 사항을 검토하는 포괄적 경호계획과 이후의 세부활동의 결과로 얻어진 각종의 정보와 자료를 토대로 수립되는 세부경호계획으로 구성되며, 사전예방경호작용의 주요요소와 경호실시작용의 주요요소들이 망라되어 포함된다. 아울러 경호계획은 여러 가지 물리적 요소, 여러 가지 절차, 그리고 현재의 경호주체가 안고 있는 환경 등을 종합적으로 고려하여 경호실시의 구체적인 형태를 결정하는 과정이다.

(2) 경호계획의 기본방향

① 경호계획은 각 단계의 행동(절차)이 지니는 의미와 방향을 관계자들이 쉽게 이해할 수 있도록 명확히 하여야 한다.

② 경호계획의 과정은 신중히 진행되어야 하며, 대체 가능성, 기저에 깔려 있는 가치 및 규범체계 등이 충분히 이해되고 반영되어야 한다.

③ 경호계획은 허용된 범위에서 그 과정에서 관련된 분야나 이해관계자의 충분한 참여가 이루어져, 실제 적용과의 괴리를 최소화하여야 한다.

(3) 경호계획 수립시 고려사항

① 경호에 관련된 경호법규, 업무지침, 지시 등을 완전히 숙지하고 시달된 경호근무요령과 부여된 책임 등을 충분히 습득한 후 경호계획을 수립한다.

② 세부적인 경호계획은 사전현지답사 이후에 수립되는 것이 원칙인데, 주어진 지침에 따라 각 부문의 충분한 관련 정보를 수집하고 이를 분석한 후 그 결과를 반영하여 계획을 수립한다.

③ 다른 기관과 협력관계를 구축하여 수행하는 경우 타 기관과의 합동답사를 통해 각각의 책임한계를 명확히 하여 반영한다.

④ 내부적으로도 각 경호계층과 요원의 책임구역과 책임자를 명확히 구분하여 경호자원의 소요판단을 구체적으로 산출한다.

⑤ 관계자 회의를 사전에 개최하여 문제점 검토 후 실정에 맞고 실시 가능한 계획을 수립하도록 하고, 계획의 실천 추진사항을 지속적으로 확인 · 점검한다.

⑥ 행사계획의 변경이나 만일의 사태에 대비한 예비경호인력을 충분히 확보한다.

⑦ 경호인력에 대한 교양과 예행연습계획을 수립하여 실제상황에 혼선이 일어나지 않도록 미리 대비한다.

⑧ 경호계획에는 경호대상자의 일상생활과 경호작용과의 균형에 관한 관점이 고려되어야 한다.

(4) 경호수준의 결정

① 경호대상자에 예상되는 위해수준, 경호대상자나 경호주체가 감당 가능한 자원의 동원수준, 경호대상자의 일상생활과의 균형 등을 고려하여 경호수준이 결정되고 이러한 내용이 계획수립에 포함되어야 한다.

② 경호계획수립시 고려될 수 있는 경호수준은 최고수준, 중간수준, 최소수준

등이 있는데 이는 각 부분의 세부대안에 맞추어 상황에 따른 적용가능성 차원에서 선택가능하도록 제시되어야 한다.

2) 경호계획의 수립과정

(1) 의의

경호계획 수립과정은 이론화된 과정이나 통일된 과정은 존재하지 않으며, 수립기관이나 시각에 따라 다르게 수행된다. 여기서는 경호계획수립과정을 광의의 계획과정과 협의의 계획과정으로 나누어 살펴본다. 광의의 계획수립과정은 〈그림 3-1〉과 같이 경호행사일정의 결정과 같은 문제의 발생에 의해 이러한 내용이 경호기관에 통보됨으로써 시작되는 문제인지단계를 거쳐, 경호목표의 설정, 관련자료 및 정보의 수집분석, 계획전제의 검토, 대안의 작성 및 비교검토, 최선안의 선택, 실시에 이르는 일련의 통태적 과정을 거쳐 이루어진다. 이에 비해 협의의 계획과정은 광의의 계획수립과정에서 문제인지단계, 자료 및 비교검토, 최선안의 선택에 이르는 단축화된 과정을 의미한다.

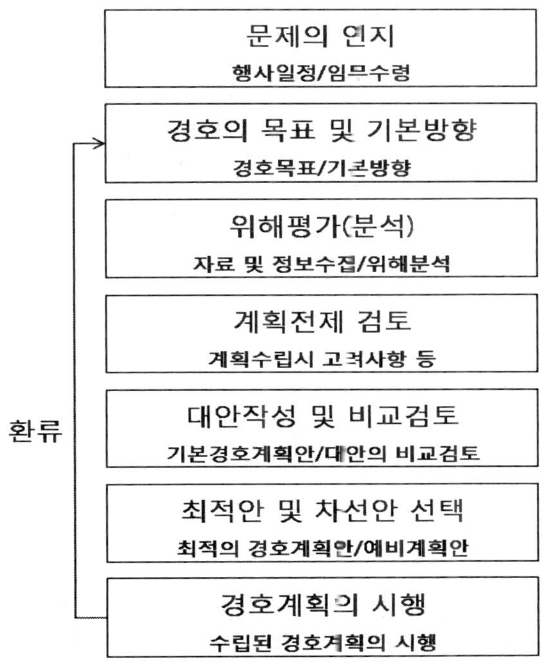

〈그림 3-1〉 경호계획의 수립과정

(2) 문제의 인지

경호작용에 있어 문제의 인지는 경호행사가 형성되어 경호팀에 임무가 수령되면서 이루어진다.

(3) 목표의 설정

① 궁극적 목표 : 경호작용은 궁극적으로는 경호대상자의 신체안전이라는 궁극적 목표에 부응하기 위해 필요한 절차로 어디에서나 이러한 점에는 변함이 없지만 이를 다시 한 번 공식화하여 궁극적 목표를 정확히 인식해야 하고, 경호의 최상위의 목표로 인식되어야 한다.

② 하위의 경호목표 설정 : 경호목표 역시 계층성을 띠는 것은 다른 조직의 목표와 동일하다. 즉 궁극적인 경호대상자의 신체안전이라는 목표를 명확화한 다음 이를 구현할 각 계층별, 조직별, 개인별 목표를 구체적으로 설정하게 된다.

(4) 자료 및 정보의 수집분석

① 경비요소조사 : 경비요소조사는 경호계획을 수립하는 데 가장 기초가 되는 자료들을 수집하는 과정이다.

② 경호위해분석 : 앞의 경비요소 조사과정에서 수집된 자료와 정보를 토대로 위해 가능성과 그 정도, 구체적인 위해(위협) 형태, 수준 등을 분석하는 과정으로 경호계획 전 과정 중 가장 중요한 과정이라 할 수 있다. 경호계획은 이렇게 분석된 정보를 토대로 구체적인 경호형태를 결정하게 되는데 분석의 정확성을 위해 경험적 분석기법들과 함께 과학적 분석기법들을 필요로 한다.

(5) 계획전제의 검토

① 경호계획의 고려사항

㉠ 경호의 궁극적 목표와 세부목표

㉡ 위해발생 가능성

㉢ 위협의 수준

② 경호수준의 결정

③ 경호대상자 및 경호주체의 현재 환경 및 자원 검토

(6) 대안의 작성 및 비교검토

① 경호계획안(실시안)의 작성 : 경호계획안(실시안)은 구체적인 경호실시에 적용될 계획안을 말하는 것으로 경호위해분석 내용, 경호계획시 고려사항, 경호수준, 경호대상자 및 경호주체의 현재 환경 및 자원 등을 검토하여 종합적으로 마련된다.

② 경호계획안의 비교검토 : 계획안은 통상적으로 단일안보다는 몇 개의 안을 마련한 다음 비교·검토 후 최선의 하나를 선택하는 것이 바람직하다. 이것은 경호대상자 및 경호주체의 현재 환경 및 자원 등의 여건과 경호실시 후의 예기치 못한 사정으로 적용된 계획안에 수정할 필요성이 생길 경우 더욱 필요하게 된다.

(7) 최선안의 선택 : 경호실시안의 채택

(8) 실시

3) 세부경호계획 내용

(1) 의의

(2) 내용

① 행사개요 : 행사명, 일시, 장소, 행사주관기관, 참석 및 진행, 예상코스 등
② 목적 : 경호의 내용과 중요성, 경호수행의 당위성
③ 방침
㉠ 최소의 경찰력으로 최대효과
㉡ 국민불편 최소화
㉢ 책임적 임무
㉣ 행사장, 연도경호의 종류 명시 및 책임구역 분담
㉤ 돌발사태대비책 강구
㉥ 경호정보활동 강화
㉦ 사전예방경호활동
㉧ 교통관리 철저
㉨ 사전 경호교육훈련 반복실시
㉩ 경호보안유지 철저

(3) 세부시행내용

① 안전대책

단계별 사전안전활동, 안전검측 및 검식, 방범심방, 검문소 운영, 산악검색, 인적·물적 위해요소 관리, 참석자 안전조치

② 행사장 경호대책

3중경호, 우발사태대비, 경호경비본부 운용

③ 연도경호대책

근무위치별 임무, 배치시간, 근무요령 기술, 예비경찰력 확보, 바리케이드 설치

④ 교통관리대책

교통소통 대책, 우회 및 측방도로 확보, 비상통로 확보

⑤ 경계대책대책

검문검색, 중요시설 경계

(4) 지휘 및 통신

(5) 행정사항

각 참모의 임무 기술, 근무지별 근무자의 복장 및 휴대장비 지정, 교육훈련의 실시대상, 근무자별 책임구역과 임무, 근무일반 및 특별수칙, 근무요령 명시, 예행연습에 관한 사항

(6) 부록

경호현황(안전대책 대상, 동원경찰력, 동원장비)과 경호도면(경호여건, 행사장, 숙소요도, 고층건물 감시망도, 교통관리요도, 통신망도)

7. 경호팀의 편성 및 배치

1) 경호팀의 구성요소

경호대상자의 신체안전을 완벽히 보호하기 위해 경호조직을 운영하기 위해서는 다양한 유형의 인적자원이 요구된다. 우리나라의 대통령실 경호처의 경우 1~9급까지의 경호공무원과 기능직공무원으로 크게 구분되는 인적자원이 경호조직의 구성

원으로 참여하고 있고, 그 속에는 약 40~50여 개에 이르는 전문직종의 구성원으로 이루어져 있다고 알려져 있다. 미국비밀경호국의 경우에도 ① 특수요원(Special Agent), ② 제복경호원(Uniformed Officer), ③ 전문요원(Professional Positions), ④ 행정요원(Administrative Positions), ⑤ 기술요원(Technical Positions), ⑥ 사무보조원(Clerical Support Positions), ⑦ 기계경비전문가(Physical Security Specialist), ⑧ 기타 협력교육생 및 인턴 등 매우 다양한 유형의 경호요원으로 구성되어 있다. 여기서는 주로 미국 비밀경호국의 편성형태와 미국 CID의 PROTECTIVE SERVICES(팸플릿), 그리고 Leroy Thompson(2005)이 제시한 경호팀의 편성체계를 중심으로 기술하기로 한다.

(1) 경호팀장

① 경호팀장의 개념

경호팀장은 전반적으로 경호팀을 지휘·감독하는 경호팀의 실무책임자로 미국비밀경호국의 경호팀의 편성을 기준으로 보면 SAC(Special Agent-In-Charge)과 유사한 개념이다.[100)]

② 경호팀장의 역할

경호팀장은 해당 경호업무에 대해 지휘·감독·관리·외부적 협력 등을 담당하는 지휘자 및 관리자로 다음과 같은 역할을 수행한다.

㉠ 경호대상자 측의 수행원 특히 비서진, 행사주관부서 관계자, 의전관계자와의 협력한다.

㉡ 비서진, 행사주관부서 관계자, 의전관계자 등으로부터 세부행사일정, 경호대상자의 신상명세, 관련 의전정보, 기타 경호에 관련된 정보 등을 입수한다.

㉢ 행사주최 측의 관리와 언론보도문제, 경호대상자의 요구에 따른 대중 앞에서의 노출정도, 행사관련 비용문제, 그리고 기타 문제들을 행사관계자나 경호협력기관의 관련자와 협의한다.

㉣ 행사주최 측 관계자, 교통관련부서, 경찰 및 구 등과 적절한 연락 및 협력관계를 유지하고 협력한다.

---

100) SAC(Special Agent-In-Charge)은 '책임을 지닌 특수요원'이라는 의미로 우리말로는 선임요원 정도로 해석될 수 있다. 우리나라와는 경호조직체계가 전혀 다르기 때문에 일치하는 용어를 찾기는 매우 어려우며, 실질적으로 경호팀장과 SAC는 용어는 동일한 개념이라고 볼 수는 없지만 경호팀장의 개념으로 사용하기로 한다. 아울러 경호팀장이 반드시 경호조직의 최고책임자나 의사결정권자는 아니라는 점에 유의해야 한다. 물론 조직에 따라 경호팀장이 경호조직의 최고책임자일 수는 있지만 일반적으로는 실질적인 경호작용에 관련된 당해 업무를 책임지는 위치라고 볼 수 있다.

ⓜ 각종 위해첩보를 수집 · 평가 · 전파하며 이용 가능한 인력 및 장비의 사용에 대한 협력문제를 처리한다.

ⓑ 선발팀에 의해 작성된 경호계획서를 검토하고, 관련된 부서에 그 사본을 배포한다.

ⓢ 실시단계 간 행사 참가요소를 감독 · 안내 및 지도한다.

ⓞ 사후평가회의를 주관하고, 결과보고서 작성을 감독한다.

(2) 수행팀장

① 수행팀장의 개념

수행팀장은 경호대상자의 최근접에서 경호임무를 수행하는 근접경호원을 통솔하는 지휘자로 미국비밀경호국의 PSO(PSO : Personal Security Officer)와 유사한 개념이다. 수행팀장은 경호대상자의 근접경호에 대한 책임을 지며, 통상 경호대상자가 숙소를 떠날 때마다 경호대상자와 동행하며 수행한다. 일반적으로 수행팀장은 수행경호원과 경호대상자, 그리고 경호대상자의 수행원 간에 유일한 접촉점(Point of Contact) 역할을 수행한다. 일반적으로 미국비밀경호국의 개념을 기준으로 했을 때 PSO의 역할과 SAC의 역할은 한 사람이 겸임할 수도 있다. 수행팀장은 경호대상자를 최근접에서 수행하는 역할을 수행하기 때문에 경호대상자로부터의 신뢰관계가 매우 중요하다.

② 수행팀장의 역할

수행팀장은 해당 경호업무에 있어 수행경호원을 통솔하여 경호대상자를 수행 중 발생하는 모든 위해를 방지 및 제거하는데 필요한 수행팀의 지휘 · 감독 · 관리 · 통제 등을 담당하는 지휘자 역할을 수행한다. 구체적으로 다음과 같은 역할을 수행한다.

㉠ 경호대상자 및 그 수행원에게 향후 전개 예정인 경호대형과 경호대상자가 특별한 관심을 가져야 할 지역에 대한 간략한 브리핑을 실시한다.

㉡ 수행팀장은 임무 수행능력, 외모, 경계심, 신중성, 지능 등 여러 면에서 우수한 자질을 지니고 있어야 한다.

㉢ 경호임무 수행 중 발생하는 돌발사태시 예하의 근접경호원을 통솔하여 신속 · 정확하게 사태를 처리할 수 있어야 하며, 모든 형태의 경호작전과 의전지식, 각 인물정보, 행사일정에 정통하여야 한다.

㉣ 만약 경호팀장과 수행팀장이 구분되어 운영되는 경우 양자 간에 긴밀한 업무관계가 유지되어야 하며, 필요할 때마다 양자 간에 의사소통을 원활히 할 수 있는 사전준비가 되어 있어야 한다.

㉤ 일반적으로 경호임무의 전반적인 통제는 경호팀장이 맡고 수행팀장이 근접수행 경호에 대한 책임을 전담하여 수행하는 것이 바람직하다.

㉥ 행사장에 도착하게 되면 수행팀장은 선발팀(Advance Team)으로부터 경호배치 및 준비에 관한 정보, 행사 세부진행사항, 지도 및 요도, 참석인사의 명단, 전화번호 등을 제공받는다.

(3) 선발경호팀

① 선발팀의 개념

선발팀(Advance Team)은 경호대상자가 행사장에 도착하기 전에 현장답사를 실시하고 효과적인 경호협조 및 준비를 하는 경호요원이다. 선발팀에 속한 경호원들은 치밀한 계획이 가능하도록 경호업무의 전 단계에 걸쳐 정통해야 한다. 임무를 완수하기 위하여 선발팀은 각양각색의 사람과 여러 가지 경호정보에 접할 수 있어야 하며 전반적인 행사 일정의 사본이 제공되어야 한다. 이러한 정보는 관례적으로 경호팀장이나 주관부서에 의해 선발팀에게 제공되거나 선발팀이 계획수립단계에 참여할 때, 분석되어 진다. 내재적인 위해와 행사일정의 세부항목은 선발팀의 구성과 선발팀의 투입시기를 결정하는 요소가 된다.

② 선발팀의 역할

㉠ 선발팀은 경호팀장에게 위해상황 및 임무수행상태에 관한 최신자료를 제공한다.

㉡ 경호대상자와 함께 이동 중인 수행팀장과 지속적으로 접촉을 유지하고 행사일정 변동사항, 위해정보, 인물정보, 제복 또는 특수의복 착용, 지역별 세부일정, 기상정보 등의 정보를 수시로 상호교환하여야 한다.

㉢ 각 행사지역의 선발팀은 지역별 세부일정 사본과 지역의 위해정보 그리고 적절한 경호준비를 위하여 요구되는 기타 정보를 획득해야 한다.

㉣ 선발요원은 위해지역의 경계요소에 따라 임무를 수행하여야 한다.

㉤ 행사주관부서의 권한이나 의전과 조화를 이루어야 한다.

㉥ 모든 관계에서 권위의식을 피하고, 재치 있고 외교적 수완이 넘치는 자세를 견지해야 한다.

(4) 수행경호원

① 수행경호원의 개념

수행경호원(The Protective Detail)은 경호대상자의 최 근접에 위치하여 경호대상자에 가해지는 위협을 방지하고 제거하는 역할을 수행하는 경호원이다.

이는 미국의 특수요원(Special Agent)과 유사한 개념이다. 일반적인 근접경호팀은 보통 수행팀장을 포함 4명으로 구성된 경호대형을 운영하는 경우가 많다. 강화된 경호수준의 경우 대개 4인 1조의 예비경호팀을 추가적으로 투입한다.

② 수행경호원의 역할

㉠ 수행경호원은 상대적 위치를 수시로 바꾸어 가면서 항상 경호대상자와 근접해 있어야 한다.

㉡ 수행경호원은 위해기도자가 경호대상자와 수행경호원 사이에 끼어들어 올 수 없도록 해야 한다.

㉢ 경호대상자나 그의 소지품에 접근하려는 사람의 신분 및 직위와 본인여부를 사전에 점검해야 한다.

㉣ 수행경호원은 예상되는 손님, 방문객, 보도요원 및 경호대상자에게 서비스를 제공하는 종사원의 명단을 사전에 획득하고 필요시 이들의 신분을 즉각 확인 할 수 있도록 준비하고 있어야 한다.

㉤ 수행경호원과 숙소경비요원은 종사요원, 경호대상자와 친숙한 방문객, 수행원 그리고 경호대상자에 대한 방문가능성이 있는 고위인사들에 대한 사항을 신속히 숙지해야한다. 특히 경호대상자나 그의 비서관의 인가가 없는 사람들의 방문이 허용되어서는 안 된다.

㉥ 수행원들에 대한 안전도 2차적으로 고려해야 한다.

㉦ 경호대상자가 가족을 동반할 경우 가족(미성년자나 여성)에 대하여 경호나 에스코트를 제공한다.

㉧ 수행경호원은 인원의 한정성을 고려 대중의 자발적 협조를 이끌어 내도록 노력한다.

㉨ 특히 경호활동에 대한 우호적인 언론보도를 유도하도록 노력한다.

㉩ 경호문제와 관계없는 요구사항들은 해당 관리에게 요구하도록 유도하고 경호원은 대중(특히 언론)과 불필요한 대화를 삼가야만 한다.

(5) 숙소경호원(Residence Watch)

① 숙소경호원의 개념

숙소경호원은 경호대상자가 거주하는 숙소에 대한 경비업무를 담당하는 경호요원을 말한다. 숙소경호는 일반적으로 근접경호 개념보다는 경비요소가 강한 업무로 대개는 행사장경호에 준하여 업무가 수행되고 야간경계근무적인 특성이 포함된다는 업무적 특징이 있다.

② 숙소경호원의 역할

㉠ 24시간 경비체계를 수립한다.

㉡ 숙소를 출입하는 방문자에 대한 출입통제체계를 수립한다.

㉢ 건물관계자의 협조를 얻어 숙소 건물의 안전상태를 확인점검하고, 위험요소를 사전에 제거한다.

㉣ 돌발사태시 대피 및 화재시 피난대책 등을 강구한다.

㉤ 경호대상자 관련 음식 관련 안전대책을 강구하고 시행한다.

㉥ 건물의 다른 거주자에 대한 신원파악과 안전대책을 강구한다.

㉦ 다른 경호 관련 유관기관과의 통신망을 확보한다.

㉧ 도청 등에 대비한 점검과 안전대책을 수립한다.

(6) 수하물담당(Baggage Team)

① 수화물 담당경호원의 개념

수하물팀의 주된 목적은 경호대상자의 수행원이나 경호대상자 자신에게 속한 개인적, 공적 소유물에 대해 안전책임을 지는 역할로 물건에 대한 도난 및 절도를 방지하고, 경호대상자의 항공기 차량 또는 숙소 내로 외부의 물건이나 폭발물이 반입되는 것을 방지하는 것이다.

② 수화물팀 요원의 역할

㉠ 관련 요원은 수행원 전원의 명단을 수행단장으로부터 획득한다.

㉡ 모든 수하물에는 식별이 용이한 암호형 꼬리표(Color-Coded Tags)를 부착하고 고유식별번호를 부여한다. 수행원들은 분리된 유색 암호형 식별꼬리표(A Separate Color Coded Identification Tag)를 소지하게 된다.

㉢ 수하물 취급자(호텔종업원 또는 모집된 부관들로 구성)는 수하물팀 요원의 감독하에 수행원의 장비를 수집하게 되는데 이대 모든 품목에 대해 수량을 파악하여야 하고, 이러한 파악은 행사 후 복귀시까지 계속된다.

㉣ 수하물은 숙소에서 이동수단까지 에스코트 하에 수송한다. 이동수단에 탑재될 때에 두 번째의 수량파악을 실시한다.

㉤ 수행원들에게 할당된 방을 숙소경비원으로부터 확인하고 앞에서 언급된 수하물 취급 책임의 활동과정을 재개한다.

(7) 가족경호팀과 은밀경호팀

① 경호대상자뿐만 아니라 경호대상자의 가족에 대해서도 1~2명의 별도의 수행경호원을 붙이거나 거주지에 대해서 경비인력을 배치한다.

② 특정한 상황에서는 은밀하게 경호요원을 운용할 필요도 있는데 이때에는 경호원을 경호대상자의 수행원이나 행사관계자, 행사장의 종업원 등으로 가장하여 운영한다.

(8) VIP 운전자

① 경호팀의 운영에 있어 운송수단은 매우 중요하다. 물론 경우에 따라서는 경호원이 운전기사 역할까지도 수행하는데 이 경우 경호원은 근접경호기법뿐만 아니라 공격·방어 운전의 훈련을 받은 보디가드와 운전기사의 역할을 동시에 수행해야 한다. 따라서 경호원의 역할이 분산될 수밖에 없기 때문에 훈련을 받은 운전기사가 별도로 있는 것이 바람직하다.

② 전문 운전기사는 만약 대피가 필요할 경우 이에 재빨리 대응할 수 있고, 차량에 대한 직접적인 위해를 방어할 수 있도록 VIP차량에 대기할 수 있다.

③ 비교적 소규모의 경호팀을 운영하는 경우 VIP차량과 후미(예비)차량을 담당할 적어도 2명의 운전기사가 필요하고, 대규모의 경호팀을 운영하는 경우에는 VIP차량에 더하여 선도차량과 후미차량을 채용하고 있기 때문에 최소 3명의 운전기사와 차량의 유지와 정비를 위한 정비사 1명을 운용한다.

(9) 전문지원요원

① 전문지원요원은 자기탐지기 운영자, 훈련전문가, 정보관, 행정관, 기계경비전문가, 저격전문가, 폭발물전문가, 대도청전문가, 외국어전문가 등과 같이 각 분야에서의 전문가이다.

② 대규모의 경호팀을 운용하는 경우 경호업무 중 각 분야의 전문적이고 기술적인 업무를 처리하기 위해 전문화된 인력을 운용한다. 예를 들어 미국비밀경호국은 대통령, 부통령뿐만 아니라 특수한 환경에서의 다른 관료들의 경호업무에 배치된 CAT(count-assault team)를 보유하고 있다. 이 팀(부대)은 다른 경호요원 보다 중무장되어 있고, 준군사적인 전술로 훈련된 요원들이다. 이들은 중화기로 무장된 테러리스트에 의한 공격이 있는 경우 개입된다. CAT는 통상 모든 목표물을 감시하는 것이 가능하고 그들의 무기를 아주 재빨리 사용가능하도록 경호차량(Chevrolet Suburban)으로 대통령 경호차량대형 속에 포함되어 움직인다. 영국에서도 SAS(the Special Air Service)는 때때로 수도경찰청의 근접경호팀을 지원하기 위해 고도로 훈련되고 중무장된 요원

을 지원함으로써 CAT와 같은 기능을 수행한다. 몇몇의 제3세계 국가에서는 이들과 비슷한 팀이 무장 짚이나 다른 무장된 차량을 배치한 경호대형의 일부로서 대통령경호대에 배치되어 있다. 자등소총수와 저격조 1개조(2인)가 배치되어 좀 더 중무장된 테러리스트에 대응하기 위해 VIP 및 호위차량에 탑승한다.

③ 대규모 경호팀에서 또 다른 전문화된 부분은 대 저격팀이다. 특히 VIP가 노출되어 있는 동안 그들이 저격수를 찾을 수 있는 위치를 잡기 위해 훈련되어진 대 저격수전문가는 재빨리 목표를 획득하거나 관여하게 된다. 그들은 또한 의심이 가는 개개인에 대한 경고와 그들의 지점에서의 이동, VIP가 도착하기 전에 출입통제팀이 점검을 시행하는 것을 참작한다. 소규모 경호팀에서 이렇게 전문화된 대저격팀을 배치하지는 않지만 한 명 또는 두 명의 팀원이 이러한 미션을 수행할 수 있도록 하나 또는 두 개의 전술소총을 휴대하기도 한다.

④ 경호업무의 중요한 부분은 VIP거주지에 대한 상시적인 경비업무를 제공하는 것이다. 일반적으로 이것은 경호팀에게는 기본적이고 초기수준의 업무이다. 거주지에서 경비업무에 배치된 사람들은 출입문과 모니터침입감시시스템의 안전, 경계선에 대한 순시를 하여야 한다. 몇몇의 사례에서 그들은 훈련된 경비견과 함께 순찰을 수행한다. VIP가 거주하지 않을 때 경비팀은 비록 규모가 축소되더라도 있음직한 폭발물 또는 전자도청장치의 설치나 침입을 방지하는 임무는 남아 있어야 한다. 거주지경비에 배치된 이들은 전자경비와 같은 보통 전문화된 훈련을 받아야 하고 경비시스템의 업데이트에 대해 경비팀장에 자문을 한다.

⑤ 경호대상자가 그의 거주지에 머무를 때 경비팀이 거주지의 바깥쪽의 경비책임을 맡는 동안 대부분의 근접경호원들이 거주지의 내부에 대한 책임을 맡게 되는데 이 경우에도 근접경호원 중 몇 명은 적어도 거주지 경비팀의 증원에 배치된다.

(10) 경호원의 멀티업무

경호는 매우 전문성을 요하는 업무로 각 업무영역이 각 전문가에 의해서 분담처리 된다. 따라서 하나의 경호팀이 구성되면 대구모성을 지닐 수밖에 없다. 그렇다

하더라도 개개의 멤버들은 효과적인 경호업무를 수행하기 위해 2개 또는 그 이상의 기능을 수행하여야만 하는 경우가 많다. 특히 경호팀의 규모가 소규모로 구성될 경우 한 명의 경호원은 몇 가지의 멀티기능을 수행하여야 하는 경우가 빈번하다.

3) 경호CP의 운용[101)]

경호CP는 다른 기관과의 연락, 협조, 경호의 통합 지휘 등의 목적을 위해 설치되는 경호지휘본부로 경호실에서 운용하는 경호CP와 경찰에서 운용하는 경호CP가 있는데, 여기서는 경찰의 경호CP를 중심으로 기술하기로 한다.

(1) 설치

경호CP의 설치는 지휘・감독이 용이하고 통신수단이 양호한 장소에 설치한다.

(2) 임무

① 유・무선통신망을 확보하고, 경호경찰에 대한 내외곽 통합 지휘
② 타 기관과의 협조, 연락 임무
③ 경호실 경호CP와의 유기적인 협조
④ 경호진행사항에 대한 파악과 필요한 조치

(3) 편성

① 경호CP장 : 경비과장
② 요원 : 각 부서의 필수요원으로 충원

(4) 경호참모(경비과장)의 임무

① 경호경비계획수립
② 경호자원의 동원 및 배치
③ 경호관계 교양 및 훈련 실시
④ 청원경찰・특수경비원의 무기 및 탄약관리
⑤ 경호경비본부의 운용
⑥ 경호관계관회의
⑦ 상황유지 및 경과보고

---

101) 경찰대학, 앞의 책, pp.281~283 참조.

✐ 학습참고자료

※ 이상철 교수의 책임분장 분류방법

구분	업무
작전담당	○ 작전정보를 수집 · 분석 ○ 병력운용계획 수립 ○ 각 부서별 비상대책체제 구축 ○ 시간사용계획 ○ 관계관회의시 주요지침사항, 예상문제점, 참고사항(기상, 정 · 첩보) 등을 계획 ○ 임무별 진행사항을 점검, 통합 ○ 세부계획서를 작성
출입통제 담당	○ 행사참석대상, 성격분석 ○ 구역별 비표구분, 시차별 입장계획, 주차장 운용계획 ○ M · E, 비표 설치장소(안전, 질서고려) ○ 중간 집결지 운용 ○ 상주자 및 민원인 대책 ○ 야간근무자 등의 통제계획
안전대책 담당	○ 안전구역확보계획 검토 ○ 건물의 안전성 여부 확인 ○ 상황별 비상대피로 구상 ○ 행사장 취약시설물 파악 ○ 최기병원 선정 ○ 비상 및 일반예비대 운용방법 강구 ○ 직시건물, 공중감시 대책 등 강구
차량담당	○ 선발대 및 본대 사용차량을 출동인원에 근거하여 배정 ○ 이동수단별 인원, 코스, 휴게실 등을 계획
승하차 및 정문담당	○ 진입로 취약요소 파악 및 확보계획을 수립 ○ 주차차량 검측견 검색 후 근무자 배치 ○ 상가 및 건널목, 주유소(가스) 등 안전요원 배치 ○ 필수지역 교통근무자 배치(정복) ○ 정문 출입요소를 사전에 입수하여 근무계획을 수립 ○ 출입차량 검색 및 지정장소 안내 ○ 차단계획수립 ○ 민원 및 출입자 조치방법 강구 ○ 비상 및 일반 예비대 대기장소를 확인 ○ 통행인 순간 통제방법 강구(영접, 환송자 위치확인) ○ 직시건물, 본대 주차장, 하수구 맨홀 확보 ○ 안전구역 접근자 차단 및 위해요소 제거(투척지점, 군중지역, 통제대책 등)

구분	업무
행사장 내부담당	○ 경호대상자 동선 및 좌석 위치에 따른 비상대책을 강구 ○ 근무자 위치선정 (좌석 협조) 및 외부 영향지역에 대한 경비병력을 확인 ○ 각종 집기류를 최종 점검 ○ 행사장내 인·물적 접근통제 및 차단계획을 수립한다(진행순서, 시설물 보수 현황파악). ○ 정전 등 우발상황에 대비한 각 근무자 예행연습을 실시(필요시 방폭요, 역조명, 손전등 준비) ○ 행사장의 단일 출입 및 단상, 천장, 경호대상자 동선 등에 대한 안전도를 확인 ○ 행사장 좌석 배치가 초청자 구분에 따른 인원 비례여부 판단 ○ 초청좌석의 사복요원 배치 및 중첩된 감시 및 정확한 임무에 대한 교육을 실시 ○ 필요시 행사진행절차에 입각한 예행연습을 실시 ○ 접견 예상에 따른 대책 및 참석자 안내계획을 수립 ○ 행사장의 상·하층, 좌·우 사무실에 대한 검측 후 근무자를 확보 ○ 경호대상자의 휴게실 및 화장실의 위치를 파악
행사장 외부담당	○ 안전구역 내 단일 출입로를 설정 ○ 외곽 강제고지, 직시건물에 대한 안전 조치 ○ 취약요소 및 직시지점을 고려하여 단상을 설치 ○ 경호대상자 좌석과 참석자간의 거리를 유지 ○ 방탄막 설치 및 비상차량 운용계획을 수립 ○ 지하대피 시설을 점검 및 확보 ○ 단상, 전시물, 동선상 취약점에 대한 안전점검을 실시 ○ 경비 및 경계구역 내에 대한 안전조치를 강화 ○ 차량 및 공중 강습에 대한 대비책을 수립 ○ 순시·격려시 인공장벽을 고려하고 근무자 감시구역을 확보
보도담당	○ 행사성격에 맞는 통제 강도를 상의 ○ 결정된 보도요원 확인(근접, 원거리, 소속별) ○ 행사장공간 점검 ○ 보도요원 위장침투 차단 ○ 취약지역에 보도요원 행동반경, 가드레일 설치 등 비표담당자와 협조 ○ 장비 검색장소 선정 ○ 행사장별 취재계획을 수립 전파
행정담당	○ 출장여비 신청, 수령 ○ 각 대의 숙소, 식사장소를 선정 ○ 선발부의 방 배정 ○ 연락망 구성

자료 : 이상철, 경호방법론, pp.55~57.

8. 선발경호작용

선발경호(Protective Advance)는 사전예방경호작용 중 가장 핵심이 되는 경호활동으로 위준혁(1968)은 "일정규모의 경호대가 행사장에 사전파견되어 위해요소를 검색하여 피경호인이 행사장에 도착하기 전까지 이를 제거하고, 안전을 확보하여 행사가 끝날 때까지 계속되는 일련의 경호 활동"[102]으로 정의하고 있고 김봉의(1994)와 이상철(1988)은 '경호대상자가 도착하기 전에 현장조사를 실시하고 효과적인 경호협조와 경호준비를 하는 활동'으로 정의하고 있다.[103]

1) 선발팀의 임무 및 역할

(1) 선발팀의 일반적 임무[104]

① 행사에 관련된 주관부서, 경호에 관련된 정보기관, 경찰, 군 등과 효과적인 연락 및 협력체계 설정에 관한 사항[105]

② 출발 및 도착지점(승하차 지점)의 확인, 적절한 경호대책의 수립에 관한 사항

③ 경호대상자가 이동할 행차연도에 대한 검색, 경계, 교통통제에 관한 사항

④ 이동차량대형의 구성・속도・순서 등과 주차장에 관한 사항

⑤ 주 행차로, 예비행차로, 이들에 대한 교통조건 및 소요시간 등에 관한 사항

⑥ 경호대상자의 숙소에 종사하는 관리요원, 경비요원과의 업무협력

⑦ 경호대상자가 먹을 음식에 대한 검식, 서비스 종사자에 대한 신원확인, 유숙할 숙소에 대한 안전성 검사를 실시, 숙소의 경계범위 결정, 감시체계 구축, 숙소의 내부 및 주변에 대한 이동 통제체계 확립 등

⑧ 경호대상자가 사용하는 건물과 정원에 대한 안전검사를 하고 적절한 경계배치 실시

⑨ 경호대상자와 수행원의 소지품에 대한 수송 및 안전에 관한 사항과 소지품과 장비를 취급하는 경호요원에 대한 브리핑 실시

---

102) 위준혁, 앞의 논문, p.20.

103) 김봉의 외 1인, 앞의 책, p.76; 이상철, 앞의 책, p.49.

104) CID, 앞의 책, pp.29~30의 내용을 참고로 재정리함.

105) 미국비밀경호국의 경우 FBI지국, 국무성, CIA 등과 유기적인 협력체계를 이루고 있고, 우리나라 역시 경찰, 군, 지방정부 등과 협력체계를 구축하고 있다.

⑩ 경호대상자의 차량이나 기타 수송수단에 대한 안전검사를 실시, 운전기사나 승무원에게 브리핑 실시

⑪ 기동수단이 운용되지 않는 동안에는 이들 기동수단에 대해 경계를 실시

(2) 선발경호의 준비

선발경호의 준비단계는 경호활동의 성패를 좌우하는 경호활동의 제1단계로 행사의 성격, 규모, 특성 등을 검토・분석하고 문제점 및 취약성을 도출하는 단계이며, 세부적인 경호계획수립을 위해 현장답사 또는 관련부서와의 협조, 경호책임자에 의한 개인별 임무부여, 작전회의 실시로 상호 의견 교환 등을 포함하는 단계이다.[106)]

2) 각 사안별 임무[107)]

(1) 경호대상자가 공항이나 항공기 이용시 조치사항

① 대부분의 경호임무는 경호대상자와 수행원들이 비행장(또는 헬기장)에 도착 또는 이륙함으로써 시작되거나 종료된다. 도착 및 출발을 위한 준비를 함에 있어서 선발팀은 공항경비, 관제요원, 지상 조업요원, 공항관리자 또는 기타 관계자와 협력체계를 구축한다.

② 특히 항공기를 이용하여 출발시 공항에서 다음과 같은 사항을 체크하여야 한다.

㉠ 출발 및 도착 스케줄에 관한 사항

㉡ 경호대상자의 항공기를 위한 안전한 계류장의 선택

㉢ 경호대상자의 항공기에 대한 경계배치와 항공기에 접근할 지상 정비요원의 신원파악 및 통제

㉣ 이용차량에 대한 적절한 안전대책과 차량대형의 주차장내 위치선택

㉤ 공중 및 지상 교통통제의 필요성 여부결정

㉥ 경호CP의 준비

㉦ 보도 및 군중 통제대책 확립

㉧ 차량대형을 위한 공항경비 에스코트의 준비

㉨ 항공기를 이용할 때마다 항공기의 기종과 호수를 확인한다. 공항관계자와 협조하여 연료, 이동승강대(Boarding Ramps), 수화물취급장비, 지상전력공급장비(Ground Power Units), 항공기와의 통신수단 등에 대한 준비 및 확인점검

---

106) 이상철, 앞의 책, p.53 참조.

107) CID, 앞의 책, pp.30~34 내용을 토대로 재정리함.

㉫ 경호대상자가 다른 국가에 도착하거나 국제공항을 출발할 때에 세관의 통제를 받지 않고 신속하게 통과할 수 있도록 해당국 기관과 협력

㉬ 해당 항공기의 여객팀장(Passenger Manager)과 협조하여 수하물 취급을 용이하게 하고, 민항기 내에 수행원의 좌석을 확보하고(Black-Seating), 공항 내 또는 항공기 내의 VIP 라운지를 마련하고, 항공기에 동승할 다른 승객들에 관한 정보를 확보

(2) 경호대상자가 지방행차시 조치사항

① 가장 안전하고, 가장 편리한 이동로를 구상하여 두고, 혹시 발생할지 모르는 폭도, 시위, 교통혼잡 및 기타 장애요소를 그려하여 예비 행차로도 선정하여 둔다.

② 행차로와 가장 가까운 지점의 의료시설을 확인하고 선정하여 둔다.

③ 주행차로와 예비 행차로를 통과하기 전 24시간 전에 모든 지점을 한번 점검하고 경호대상자가 행차하기 직전에 최종점검을 한다.

④ 군중 및 교통통제소를 선정한다.

⑤ 행차로 답사간 행차로 상에 있는 이동로를 감제하는 건물 또는 구조물, 하수도, 배수로, 고가도로 및 육교, 인구과잉지역, 경사지, 선적 및 하적지역 등 취약지역이나 시설을 확인, 점검한다.

⑥ 차량대형의 이동을 감제할 수 있는 빌딩이 있는 경우 빌딩의 상근자들에 대한 조사, 빌딩의 출입통제, 범인의 공격에 효과적인 대응을 할 수 있도록 장비를 갖춘 경비요원에 의한 빌딩의 감시 등 적절한 조치를 취한다.

⑦ 적합한 행차로를 선택한 후 행사차량이 요구되는 안전과 통신장비를 갖춘 양호한 상태에 있는지, 파괴행위(Sabotage)의 위협으로부터 안전한지를 확인한다. 확인된 차량에 대한 안전유지와 해당 차량기사에 대한 신원확인과 관련교육이 이루어져야 한다.

(3) 경호대상자의 차량대형 이동에 대비한 조치사항

① 차량대형의 구성, 차량의 좌석배치에 관한 사항 등의 사전계획 및 점검. 이때 이러한 사항은 경호대상자의 비서진과 행사주관부서와의 협조 후에 경호팀장이나 수행팀장에 의해 결정된다.

② 차량대형을 구성하는 기본요소는 선도차(The Land Vehicle), 경호대상자차량,

예비차량(Chase Vehicle) 및 수행원차량 등이 있고, 수행원차량이 4대 이상이 되거나 위협상황 및 교통조건이 제기될 때는 경찰차량이 차량대형의 후미에 추가되도록 계획한다.

③ 차량대형이 2개 이상의 행정구역을 통과할 경우에는 관할 경찰차량이 선도차량 대열에 추가되어 앞에서 에스코트하도록 계획한다.

④ 수행팀장은 통상 경호대상자 차량의 앞좌석 오른편에 탑승하는 것을 원칙으로 하고, 여건상 경호대상자 차량 내에 탑승이 곤란할 경우에는 경호대상자 차량 바로 뒤에 있는 예비차량에 탑승하도록 계획한다.

⑤ 의사가 동행할 경우에는 통상 경호대상자 차량 바로 뒤에 있는 경호차에 동승하도록 계획한다.

⑥ 선도차량은 장애물, 공격, 무질서한 군중 또는 기타 장애요소를 발견하여 차량대형에 경고해 줄 수 있을 정도로 충분히 앞서서 기동하도록 계획한다.

⑦ 만약 기동 중 어떠한 상황이 발생하여 선도차량으로부터 경고를 받으면 본 차량대형은 경호팀장이나 수행팀장의 지시에 따라 사전에 선정된 예비행차로로 전환하도록 계획한다. 경호대상자가 만약 공격을 받아 부상을 당하거나 상해를 입는 사건이 발생하면 기사는 가장 빠른 지름길을 이용하여 가장 인접한 병원으로 주행할 수 있도록 사전에 미리 세팅을 한다. 따라서 선발팀은 이러한 상황하의 행차로를 고려하여 최기병원을 선정하고 모든 차량대형의 기사들에게 알려주는 체계를 갖추어야 한다.

⑧ 관련된 경호팀은 물론 모든 경찰과 경호경비요소들은 무선망에 네트워크화하도록 미리 조치하여 둔다.

⑨ 경호대상자가 이용하는 차량은 경호대상자 측과 협의하여 오픈카보다는 유개차(Closed Car)로 준비하며, 경호대상자에게 어떤 위협이 가중되는 상황이 발생한 경우에는 기만차량(Decoy Vehicles)과 기만행차로 또는 기타 방어전술을 적용할 수 있도록 미리 계획하여 둔다.

⑩ 별도로 수하물차(A Baggage Vehicle)를 운영하도록 하고, 통상 에스코트 차량을 동반하여 경호대상자의 방문지역을 도착 및 이탈할 경우 동시에 운용할 수 있도록 미리 조치하여 둔다. 이때 예비차량은 기본차량대형에는 포함시키지 않고 별도로 준비운용한다.

9. 경호안전대책작용

경호안전대책작용이란 행사지역 내외부에 위치한 인적·물적·지리적 취약요소에 대한 안전대책 강구, 행사장 내외곽 시설물에 대한 폭발물 탐지 제거 및 안전점검, 경호대상자에게 제공되어지는 각종 음식물에 대한 검식 등 안전을 도모하기 위한 제반활동을 말한다.[108] 이러한 안전대책작용에는 인적 위해요소의 배제활동, 물적 위해요소의 배제활동, 지리적 위해요소의 배제활동이 포함된다.[109]

※ 안전대책활동(작용)에 포함되는 주요 활동

① 안전점검 : 폭발물 등 각종 유해물을 탐지, 제거
② 안전검사 : 이용하는 기구, 시설 등의 안전상태 검사
③ 안전유지 : 안전점검 및 검사가 이루어진 상태를 관리, 통제
④ 안전검측 : 경호대상자에게 위해 여건을 제공할 수 있는 자연 및 인공물에 대하여 위해를 가할 수 없는 상태로 전환시키는 제반활동
⑤ 안전조치 : 경호행사시 경호대상자에게 위해를 줄 수 있는 위해물질을 안전하게 관리토록 하는 제반활동

1) 안전대책활동의 단계별 활동

구 분		포함요소
평상시 활동		① 입초, 순찰, 방범, 제반 조사활동, 교통정리 등의 경찰 기본업무 ② 요인의 행차 예상지역에 대하여 경비근무를 실시하는 청원경찰이나 경비원 등 준경찰요원의 관리감독 ③ 관내 주요 연도변이나 예상 행사장 주변의 공사현황 입회관리, 공사장 인부에 대한 비표발행과 거수자의 출입을 통제 작업일지 기록
행사전 활 동	1단계	㉠ 요인임석 행사계획을 인지한 때부터 안전활동에 착수 ㉡ D-1~D-2일부터 핵심지역 또는 주요 취약장소(행사장, 연도, 보고장, 오찬장,

108) 김두현, 앞의 책, p.285. 일반적으로 안전대책활동이 무엇인가에 대해서 기존의 관련학자나 관련기관에서 그 개념이나 정의, 그리고 범위가 일치되어 있지 못하고 다양하게 사용하고 있다. 혹자는 안전대책을 광의로 해석하여 경호구역 나에서의 경호대상자의 안전을 확보하는 모든 안전활동으로 이해 광의의 개념으로 접근하는기 하면 다른 쪽에서는 실무에서 사용하는 안전검측을 중심으로 협의로 이해하는 시각도 있다. 그러나 대체로 안전대책활동이 행사 당일의 경호실시 전에 이루어지는 사전적인 작용이라는 데에는 일치되는 것 같다(그러나 사전성에 중점이 두어져 있다고 경호실시 이후에는 단절적으로 종료된다는 뜻은 아니다).

109) 경찰대학, 앞의 책, pp.289~299.

구 분		포함요소
		요인휴게실, 현관, 정문, 기계실 등)에 안전검측을 실시하고 최고인원의 경찰력을 고정배치. ㉢ 안전유지가 된 행사장 근무직원에 반드시 신분증을 패용케 하고, 행사장의 출입자에게 주민등록증과 임시비표를 교환하고 연명부를 작성. ㉣ 행사장이나 작업장에서 일하는 인부에 대해서는 임시비표를 발급하여 주민등록증과 교환하여 교부하고 작업종료시에는 반환한다. ㉤ 작업장에서 경찰관이 입회하여 작업내용을 확인하고, 취약지 및 인근산악지역을 반복하여 수색한다.
	2단계	㉠ 1단계 안전유지활동을 강화, 필요시 M.E.(문형금속탐지기))를 설치 ㉡ 행사장의 통로의 단일화. ㉢ 야외 행사장의 경우는 요인이 통과하는 통로를 단일화시킬 수 있도록 경찰통제선(Police Line)을 설치. ㉣ 행사장, 연도 등 경호예상지역의 중요 취약장소에 안전확보 및 야간 기동순찰을 실시하는데, 1단계 실시지역 외에 내곽, 담장, 중요 취약개소에 고정초소를 설치, 순찰을 실시한다. ㉤ 임해지역의 경우 어선신고소에 병력을 보강하여 배치하고 선박에 대한 검문검색을 강화하며, 출입항 여객선에 대하여 보안요원을 탑승시켜 안전활동을 강화한다.
	3단계	㉠ 2단계 안전유지활동을 보강하여 실시하는바, 행사장의 전 취약개소의 연도에 대하여 대폭 증원하여 안전을 확보하고, 모든 인원은 M.E.를 반드시 통과하여 행사장으로 진입토록 한다. ㉡ 행사장의 내외곽에 지그재그 식으로 경계경찰력을 배치하여 불순분자의 접근을 완전히 봉쇄한다. ㉢ 임해지역의 경우 해군 및 해경과 협조하여 어선 및 여객선 통제 방안을 강구한다. ㉣ 요인탑승용 귀빈차량 및 특별열차에 대하여 안전을 확보한다.

2) 인적 위해요소의 배제활동

인적 위해요소라 함은 경호대상자에게 위해를 가할 소지가 있는 사람을 말하며, 경호첩보수집, 인적 위해분자의 동향감시, 접근차단, 행사동행・동참석자의 신원조사・확인 등이 배제활동에 포함된다.

(1) 신원조사 및 경계 대상자의 조사

초청인사, 행사장 상근자, 행사 종사자, 호텔투숙객 등에 대한 행사 전 신원조사의 완료, 신원특이자에 대해서는 사전 배제 또는 별도관리 조치한다. 이 중 강한 수준의 신원조사를 요하는 안전대책 경계인물로는 안전관리대상자, 일반요시찰인, 경호사범, 영웅주의자, 염세주의자, 전과자, 실업자, 파산자, 총기 및 폭발물 소지자 등이 해당되고, 단순히 경계를 요하는 경계인물로는 행사주체 및 종사원, 행사참석자, 건물주 및 투숙객 등이 있다.

(2) 비표관리

경호요원, 행사초청인사와 참석자 등에 대한 비표 발급, 허가되지 않은 자에 대한 접근통제 실시한다.

① 행사주관처와 협조하에 비표제작시 입회, 발급관리, 통제 실시한다.
② 비표의 종류는 적을수록 좋다.
③ 제작된 비표는 경호부서에서 검인하고, 원판은 안전하게 관리한다.
④ 비표운반시는 무장경찰관이 호송하고 보관시도 특별경계를 실시한다.
⑤ 비표분실사고 발생시는 즉각 보고하고, 여전비표를 무효화한다.
⑥ 경호근무자는 안전대책활동시부터 전원 비표를 패용한다.
⑦ 행사구분별 별도의 비표를 운용한다.
⑧ 비표는 수량을 정확하게 인수, 인계하여 분실 및 훼손을 방지한다.

3) 물적 취약요소의 배제

물적 취약요소란 경호대상지역 주변에 위치하던서 피경호자에게 직접 위해를 가할 수 있는 제반 위험물이나 경호대상자에 대한 위해의 원인을 제공할 수 있는 자연물 및 인공물을 말한다. 따라서 물적 취약요소배제활동은 경호행사 전에 경호대상지역 주변의 총기류 등 위험물에 대하여 관리를 철저히 함으로써 위해를 가할 수 없도록 하는 활동과, 피경호자에게 위해를 가할 수 있도록 여건을 제공할 수 있는 인근 및 자연물에 대하여 검측을 실시하여 위해를 가할 수 없는 여건으로 환원시키는 활동을 총괄하는 것이다.[110)]

(1) 안전조치 활동

안전조치활동이란 경호행사시 피경호자에게 직접적으로 위해를 줄 수 있는 위험물을 안전하게 관리토록 하는 제반활동을 말한다.

① 민간인 소유 총포·화약류 관리

경호활동에 가장 위협적인 요소 중 하나가 총기류이다. 총기류는 군이나 경찰 등 공적소유의 경우 그 통제가 보다 확실하지만 민간인이 소유하고 있는 사제총기류나 엽총, 공기총, 그리고 건설용 폭약 등은 그 관리에 어려움이

110) 경찰대학, 앞의 책, p.293.

따른다. 따라서 먼저 민간인이 보유하고 있는 사제총기류나 엽총, 공기총, 그리고 건설용 폭약 등에 대한 안전조치활동이 필요하다.

② 총기류의 안전조치 요령

㉠ 경호행사가 임박하면 개인소유의 총포는 경찰관서 무기고에 가영치하여 격납, 봉인하고 상품총기는 상점 내의 철제 캐비닛에 격납하여 이중시건장치로 시건하고 봉인한다.

㉡ 봉인 및 열쇠보관의 책임은 가영치 총기의 경우 경찰서 방범과장에게 있으며, 상품총기는 해당 파출소장이 봉인하고 열쇠관리를 한다. 이때 상품총기의 경우는 야간에 반드시 경비원이 숙직을 하여야 한다.

③ 화약류의 안전조치 요령

㉠ 경호행사가 임박하면 화약류 제조소, 판매소, 취급소에 있는 화약류를 봉인한다. 이때 반드시 경찰관이 배치되어 부정유출 및 여부를 감시한다.

㉡ 봉인 및 열쇠관리는 해당 지구대장이 책임을 진다.

㉢ 행사장 및 연도 변으로부터 일정한 근접지역에서는 일체 화약류 운반 및 사용을 금지하거나 경찰관이 입회한 후에 운반 및 사용토록 하여야 한다.

④ 경찰관의 무기 및 탄약 관리

㉠ 경찰관이 사용하는 총기류와 탄약류는 경찰기관장 책임 하에 '경찰관무기 탄약관리규정 및 동 지침'에 의거 안전관리에 철저를 기한다.

㉡ 안전조치구역(경호주관 경찰기관의 관내) 이내에서는 일일점검을 시행하고 안전관리에 철저를 기한다.

㉢ 행사장으로부터 일정한 거리 이내의 보안구역에서는 경호행사에 해서는 경찰기관의 장은 일일점검상황을 확인하고, 일체의 사격연습 등을 통제한다.

㉣ 경호 및 기본임무 수행에 필요한 최소의 무기를 제외하고는 무기고에 규정된 시기까지 격납, 봉인한다.

㉤ 무기고 열쇠의 관리책임은 지방경찰청 · 경찰서 · 대(隊)의 경우 주간에는 경무과장, 야간에는 상황실장에게 있으며, 지구대는 지구대장에게 있다. 다만, 타격대 무기고 열쇠는 주야간 상황실장이 보관한다.

⑤ 청원경찰 및 특수경비원 보유의 무기 · 탄약 관리

㉠ 청원경찰의 무기 탄약은 해당시설에 보관되어 있는바, 경호행사가 임박하면 무기고에 격납한 후 봉인한다. 단, 근무자용은 제외하나 행사장으로부터 일정한 거리 및 행사장 직시장소에 위치한 곳에서는 근무자용 무기도 회수하여 봉인한다.

㉡ 봉인은 시설의 책임관리자 입회하에 관할 지구대장 부책하에 실시한다.

㉢ 무기고 열쇠는 지구대장이 보관한다.

⑥ 경찰관리 예비군의 무기·탄약관리

㉠ 행사직전에는 행사장에서 근접한 지역의 무기는 무기고에 격납하여 봉인한다.

㉡ 무기고 및 초소경비 근무자용은 제외한다. 단, 근무자는 총기만 휴대하고 근무하고 실탄은 집중하여 지구대장 책임하에 별도로 보관한다.

㉢ 분산무기고는 봉인 후 기존 경비요원의 경비경찰관을 1명 배치하여 감독하도록 한다.

⑦ 기타

도시가스, 화공약품, 유류판매소 등에도 재고를 파악하고 계속해서 순찰을 실시하는 등 전반적인 안전조치를 강구한다.

(2) 안전검측활동

안전검측이란 행사장의 제반시설물에 대한 안전점검을 실시하여 경호대상자에 위해를 가할 가능성이 있는 모든 취약요소 및 위해물질을 사전에 탐지, 색출, 제거 및 안전 조치하여 위해를 가할 수 없는 상태로 전환시키는 활동을 말한다.[111]

① 안전검측의 기본원칙

㉠ 타 업무를 위해 검측에 예외를 인정하면 안 된다.

㉡ 안전검측은 경호계획에 의거 공식행사시 실시함을 원칙으로 하며 비공식 행사시는 비노출 검측활동을 실시할 수 있다.

㉢ 검측활동은 선발팀장의 지침에 따라 선 선발 개념으로 실시하고 세부 실시계획을 수립·시행한다.

㉣ 검측활동 중 행사보안 및 통신보안과 함께 경호대상자에 관하여는 최고도의 보안을 유지한다.

㉤ 검측활동시 인원 및 장소를 최대한 지원 받아 활용한다.

㉥ 검측활동 중 원격조정 장치에 의한 폭발물 등은 전자 검측장비를 최대한 활용한다.

② 안전검측의 기본요령[112]

㉠ 검측대상은 외부(옥외), 내부(실내), 공중지역, 연도로 구분 실시한다.

㉡ 검측은 책임구역을 구분하여 실시하되, 가까운 곳에서 먼 곳으로, 좌에서 우로, 밖에서 안으로 계속 중복하여 실시한다.

㉢ 검측의 순서는 회의실, 오찬장, 휴게실 등 경호대상자가 장시간 머물러 있는 곳

---

111) 김두현, 앞의 책, p.304; 경찰대학, 앞의 책, p.296; 이상철, 앞의 책, p.58.

112) 김명곤, 테러와 검측, 1995, p.205; 경찰대학, 앞의 책, pp.296~298; 이상철, 앞의 책, pp.58~59.

을 먼저 실시한 후 통로, 현관 등 경호대상자가 움직이는 경로를 순차적으로 실시한다.

㉣ 검측장비와 사람의 5관을 최대한 활용하여 실시한다.

㉤ 검측은 적의 입장에서 실시한다.

㉥ 전기제품 등의 분해한 후 확인한다.

㉦ 능선이나 곡각지점은 반복하여 확인한다.

㉧ 확인이 불가능한 물품은 원거리에 격리한다.

㉨ 검측을 할 때 위장을 해서 타인이 눈치 채지 못하도록 한다.

㉩ 통로보다는 양 측면, 아래보다는 높은 곳 의심나는 곳은 반복해서 실시한다.

㉪ 비금속 물체에서 금속반응을 확인한다(화분, 음식물, 녹지대 등).

㉫ 점검은 1, 2차 점검 후 경호인력이 배치 완료된 행사직전에 최종검색을 실시한다.

㉬ 인간의 위를 보지 않는 습성, 더러운 곳, 공기 탁한 곳 등을 싫어하는 습성을 고려하여 사각지점이 없도록 철저한 검색을 실시한다.

③ 내부구역검측요령

㉠ 방안의 소리에 주의

㉡ 방은 분할하여 검측

㉢ 높은 위치의 검측대상물에 유의

㉣ 벽에서부터 방 중앙으로 단계적 검측

㉤ 최근에 개보수한 지점에 유의

㉥ 방의 통로, 밀폐공간, 비트, 천장내부에 유의

㉦ 통로상의 장애물, 가구, 거울, 무대장치 등을 유의검측

㉧ 음향, 소음, 실내장식 형태 등에 유의 검측

㉨ 빈공간, 수리한 곳의 접합부분에 유의

㉩ 모든 가구는 이동하여 전기접촉 등을 여부검사

㉪ 전기기구는 분해하여 검측

④ 검측대상[113)]

㉠ 외부검측

외부검측은 밖에서 안으로 가까운 곳에서 먼 곳으로 확산하여 실시하고, 승하차지점 및 주변과 침투 가능한 창문, 출입구, 상하수도맨홀 등 개구부, 홈통, 테라스, 화단, 주차장, 자동차, 보도블록, 유류저장소, 낙엽이 쌓인 곳 등에 대한 안전조치를 실시한다.

113) 경찰대학, 앞의 책, pp.297~298; 이상철, 앞의 책, pp.59~60.

㉡ 내부검측

내부검측은 가장 위험한 지역인 주 통로 및 행사장, 주요 기계설비 장소에 대한 안전점검과 가장 취약한 지역인 대중에 개방된 장소를 아래층에서 위층으로 확산하여 검측을 실시한다. 그리고 설비지역(보일러, 변전실, 전기실, 위험물 저장소)에 대한 안전을 확보하도록 한다.

㉢ 공중(公衆)지역

출입구, 로비, 복도, 엘리베이터, 화장실, 계단, 휴게실, 등의 공중지역과 신문판매대, 청소도구함, 라디에이터, 소화전, 자동판매기, 개인사물 및 화물보관함, 오물수거장, 빈 상자, 포장용 자재 등의 공중에 개방되어 있는 곳은 다중접근 가능한 지역으로 사전 안전확보에 세심한 주의가 필요하다.

㉣ 방 검측

방 검측은 방의 크기에 따라 단계별 구획을 그어 검측(1단계 : 바닥, 2단계 : 벽, 3단계 : 천장면, 4단계 : 천장내부)을 실시하도록 하며, 특히 폭발물 설치에 대한 검색에 중점을 두고 실시하도록 한다.[114)]

㉤ 야외검측

기공식장, 준공식장, 벼 베기, 모내기, 식목행사 등과 같이 야외에서 이루어지는 행사에 대한 검측으로 행사장 주변에 경계울타리 설치를 통한 단일 통로화를 유도하고, 공사시작부터 안전을 유지하고 감독을 실시한다.

㉥ 기념식장

기념식장은 많은 사람이 모이는 곳으로 비상사태시 비상대피소를 설치하고, 식장의 각종 부착물과 시설물에 대한 안전검측을 실시한다.

㉦ 숙소검측

숙소는 극도의 보안을 유지하고 불필요인원을 통제하며 전기, 소방, 냉・난방, 소음 등에 대한 점검으로 최적상태를 유지하고, 가스・기름 등과 같은 위험물에 대한 안전대책을 강구한다.

㉧ 운동장검측

운동장은 넓은 범위에 다중이 운집한 곳으로 구역을 세분화하여 책임구역을 설정하고, 외 부, 내부, 소방, 직시고지 등에 대한 반복적인 검측과 출입자에 대한 단일통로화 및 반입물품에 대한 검색을 철저히 하도록 한다.

㉨ 차량검측

차량검측은 경로대상자의 차량뿐만 아니라 주변 지원차량과 일반차량에 대한

---

114) 이상철, 앞의 책, p.60.

출입통제 조치와 차량외부, 내부, 전기회로, 배터리 등에 대한 안전점검을 운전사 입회하에 철저히 하도록 한다.

ⓩ 연도검측

연도검측은 책임구역을 할당하여 반복하여 실시하며, 검측시 확인사항은 폭발물을 설치여부, 원격조정장비의 장치여부, 불순분자 은거여부 등이다. 연도검측의 대상은 교량, 암거, 주변능선, 곡각지, 맨홀, 전신주, 공사장, 위험물 저장소 등이다.

④ 검측조직 및 장비

안전검측반은 조장・폭발물처리반・소방・토목・전기・통신・가스안전요원・경찰서생활안전과요원 등으로 구성하고 검측 장비로는 랜턴, 확대경, 분해도구, 금속탐지기, 폭발물탐지기, X-Ray기 등을 활용한다.

(3) 검식활동

① 조리담당 종사자는 사전 신원조사를 실시하여, 신원특이자를 사전에 배제한다.

② 식재료는 반드시 신선도와 안전여부를 확인 점검하고 안전을 유지한다.

③ 각종 기물은 철저히 검색하고 사용 전에 열탕에 소독한다.

④ 주방 종사자는 위생검사를 실시하고 질병이 있는 환자는 사전에 배제한다.

⑤ 행사 당일에는 경호원이 주방에 입회하여 조리사에 대하여 동향을 감시한다.

⑥ 음식물은 전문요원에 의한 검사를 실시한다.

⑦ 음식물 운반시에도 근접감시를 실시한다.

4) 지리적 취약요소 배제활동

지리적취 약요소 배제라 함은 경호행사장 및 연도주변의 지리적 여건이 피경호자에게 위해를 가할 수 있는 근거를 제공하는 경우에 사전에 제거하는 것을 말한다.[115]

(1) 특별방범심방 실시

경찰의 외근근무활동 중에는 방범심방 업무가 있다 경호행사가 임박하게 되면 행사장 연도 주변에 위해요소를 제거하기 위해 특별방범심방을 별도로 실시한다.

---

115) 경찰대학, 앞의 책, p.299.

(2) 취약지역 수색

행사장 및 숙소가 직시, 감제되는 취약산악, 연도 양측이 직시되는 감제고지, 경호대상자가 사용하는 비행장이 직시되는 감제고지 등에 대하여 경호행사 임박시까지 지속적으로 수색한다.

제4절 근접경호작용(경호실시)

1. 근접경호작용의 의의

1) 의의

근접경호작용이란 행사시 각종의 위해로부터 경호대상자의 신변을 보호하기 위하여 기동간 및 행사장에서 실시하는 근접호위활동을 말하며[116] 수행경호란 용어로도 사용된다.[117]

2) 근접경호활동의 특성

근접경호의 특성 또는 근접경호원의 특수성[118]은 작용상 본질적으로 내재하는 특징을 말하는 것으로 일반적으로 노출성, 방벽성, 기만성, 기동성 및 유동성, 방벽성, 방호 및 대피성 등 6가지를 들고 있다.[119]

(1) 노출성

일반적으로 경호를 필요로 하는 대상자들은 대중들과의 접촉이 수반되는 대외활동을 빈번히 하며, 대중들에 공개된 행사장에 참석하는 경우가 많다. 따라서 경호활동 자체는 고도의 보안을 요하는 활동이지만 행사일정이나 장소, 기동 등이 시각적으로 노출된 상태에서 임무가 이루어지는 것이 대부분이다.

116) 김두현, 앞의 책, p.309; 이상철, 앞의 책, p.73.
117) 정태황, 『경호이론 및 실무』(서울: 도서출판 글힘, 2001), p.168.
118) 김두현, 앞의 책, p.309.
119) 염상국, 앞의 논문, p.16; 이진우, 「경호활동의 이론 및 실제에 관한 연구」, 연세대 교육대학원 석사논문, 1997, p.38.

(2) 방벽성

경호대상자가 노출된 상태에서의 근접경호활동은 일반대중이 느끼는 경호대상자에 대한 이미지도 고려해야 하기 때문에 지나친 접근차단이나 과도한 은닉보호는 곤란하다. 따라서 노출을 수반하는 상태에서의 최선의 보호는 경호원들의 인적 방벽에 의하거나 차량 등의 기동장비를 이용한 방벽구축이 가장 효과적이다.

(3) 기만성

경호활동에 있어 적이 경호대상자나 경호원들의 행동에 대해 자세한 정보를 갖지 못하게 하는 것은 성공적 경호활동을 위해 요구되는 요소 중 하나이다. 이를 위해 보안활동과 더불어 실제 근접경호에 있어서는 기만기법을 사용한다. 차량대형의 기만, 기동시간의 기만, 기동로 및 수단의 기만, 승하차 장소의 기만, 위장 경호대상자 및 경호원의 이용 등이 이러한 기만경호기법에 해당되며, 실제 적의 상황판단능력을 흐리게 하여 효과적인 경호활동을 가져오게 한다.

(4) 기동 및 유동성

근접경호는 주로 행사장 참석시, 도보나 차량에 의해 이동 중에 이루어진다. 따라서 행사성격이나 주변여건, 장비의 특성에 따라 경호활동 자체가 유동성, 기동성을 띠게 된다.

(5) 방호 및 대피성

근접경호수행 중 돌발사태가 발생하였을 때, 적의 공격에 대응하여 적을 제압하는 것을 우선시하기 보다는 반사적이고 신속하게 경호대상자를 방호(방벽)하고 대피하는 것이 더 효과적이다.

3) 근접경호원[120)]

(1) 근접경호원의 기본요건

① 단정한 용모와 언행

② 자신 있는 모습

③ 침착하고 냉정함을 잃지 않는 자세

④ 예리한 판단력과 신속, 과감한 대처능력

---

120) 염상국, 앞의 논문, pp.20~21의 내용을 토대로 재정리하였음.

⑤ 다양한 경험과 전문성
⑥ 철저한 보안의식
⑦ 중립적 태도

(2) 근접경호원의 기본적 임무

근접경호원은 경호대상자의 최근접에서 발생하는 각종의 위해요소를 차단하는 호위활동을 하는 경호원으로서 근접호위활동, 방호 및 대피임무, 협조자역할 등 크게 세 가지 범주의 임무를 핵심적으로 수행한다.[121]

① 근접호위임무

경호대상자를 최 근접에서 24시간 수행하면서 안전을 확보하는 활동으로 이동 간 호위와 정지 간 호위활동으로 구분하고, 이동 간 호위활동은 다시 도보이동간 호위와 기동수단 이용시 호위로 구분한다.

② 방호 및 대피임무

경호활동 중 발생하는 돌발상황에 대해 경호대상자를 안전하게 방호하는 상태에서 신속하게 현장을 이탈하여 안전한 곳으로 대피시키는 임무이다.

③ 조력자역할

경호대상자와 근접경호원은 24시간 같이 행동하는 경우가 많기 때문에 경호대상자 입장에서는 사적인 부분을 포함하여 많은 부분을 경호원에 의존하게 된다. 이 때문에 경호활동에 지장을 초래하지 않는 범위에서 근접경호원은 경호대상자의 활동을 다양하게 돕는 조력자 역할을 수행하게 된다.

4) 근접경호의 기본원칙 및 수행요령[122]

① 근접경호시 경호원 각각의 위치와 경호대형에 수시로 변화를 준다.
② 경호대상자와 군중 간에 틈을 주지 말고, 경호대상자 주위에서 경호활동 공간을 충분히 확보한다.
③ 경호대상자나 경호원의 소지품에 대한 확인되지 않은 일체의 접근을 차단한다.
④ 행사장이나 숙소의 종사요원, 경호대상자와 친숙한 방문자, 수행원과 수행

121) 염상국, 앞의 논문, pp.22~23 참조.
122) 이상철, 앞의 책, pp.74~75의 내용을 토대로 재정리하였음.

원이 접촉하리라 예상되는 저명인사들을 정확히 파악하고 익힐 수 있어야 한다.

⑤ 경호문제와 관련 없는 요구사항과 언론 및 대중과의 불필요한 접촉을 차단한다.

⑥ 평상시 책임구역에 따라 경계임무를 수행하고, 돌발사태 발생시 인적 방벽을 형성하여 경호대상자를 보호하고 안전하게 대피시킨다.

⑦ 경호대상자의 심리적 안정감을 고려 경호대상자의 시야범위에 위치한다.

⑧ 이동시에 이동 속도는 경호대상자의 건강상태, 신장, 보폭 등을 고려하여 정하고, 상황에 따라 속도를 조절할 때는 경호원 상호간에 연락하여 조절하도록 한다.

⑨ 타 지역으로 이동하기 전에 경호원은 이동로, 소요시간, 경호대형, 주위의 특이상황, 주의사항 및 경호대상자의 이동 위치를 사전에 경호대상자에게 알려 주어야 한다.

2. 근접경호방법

1) 사주경계

근접경호상의 사주경계란 경호원이 경호대상자의 호위활동을 수행하면서 자신의 책임구역에서 경호대상자 전・후・좌・우 전 방향을 감시하면서 적으로부터의 위해기도를 인지하기 위한 경계활동을 말한다.[123)]

(1) 사주경계의 대상[124)]

① 인적 경계대상

경호대상자 주변의 모든 사람이 해당. 이러한 인적 경계대상에는 경호대상자의 수행원이나 보도요원, 경찰근무자, 행사장의 직원, 노약자 등 신분이

---

123) 염상국, 앞의 논문, p.54; 염상국은 사주경계라는 용어는 원래 군에서 생겨난 용어이며 경호적 측면에서는 "경호원이 피경호인의 신변보호를 수행하기 위하여 자신의 근무위치에서 피경호인을 중심으로 360° 전 방향을 감시하면서 직접적인 위해기도나 자연발생적인 위해요인을 사전에 인지키 위한 제반 경계활동"이라고 하고 있다.

124) 여기서의 사주경계대상을 인적・물적・지리적으로 구분한 것은 염상국(1997)과 『경찰경비론』(1998)의 구분법에 따른 것이다.

확실하거나 약자의 경우도 모두 해당된다.

② 물적 경계대상

경호대상자 주변에 위치한 모든 시설물과 이용가능한 자연물, 경호대상자의 부주의로 위해가 올 수 있는 시설물 등이 모두 포함된다.

③ 지리적 경계대상

경호대상자에 대한 위해에 이용당하기 쉬운 자연물이나 시설물 등이 포함된다. 은폐, 엄폐물로 이용하기 쉬운 자연물이나 인공물, 감제고지, 건물의 후미진 곳이나 열려 있는 창문, 옥상 등이 포함된다.

(2) 사주경계요령[125]

① 항상 주위 사물에 대한 위기의식을 가지고 전체적인 상황에 어울리지 않는 부조화 상황에 주목한다.

② 시각의 한계를 고려하여 주위경계의 범위를 선정하고, 인접해 있는 경호원과 경계범위를 중복되게 실시한다.

③ 돌발상황을 제외하고는 고개를 좌우로 심하게 돌리거나 완전히 뒤돌아보는 등의 행위를 하지 않는다.

④ 경호대상자로부터 가까운 곳에서 먼 곳 순으로 좌우반복해서 실시하도록 한다.

⑤ 경호대상자 주위의 모든 사람의 눈과 손에 주목한다.

⑥ 복도의 좌우측, 문, 모퉁이, 창문 주위 등에 관심을 두고 경계한다.

⑦ 시각적으로 움직임과 정황들에 대해 머릿속으로 의문을 제기하고 정리・분석해 보도록 한다.

⑧ 주변상황과 어울리지 않는 행동과 복장을 한 사람에 대하여 주의한다.

⑨ 주정차가 금지된 도로상에 차를 주차해 둔 상태에서 경호대상자의 움직임을 관찰하는 자에 주목한다.

⑩ 어색한 표정과 몸짓 등을 행하는 사람에 주목한다.

2) 육감경호

근접경호원은 사주경계시에는 사람이 갖고 있는 오관과 육감을 최대한 활용하여

125) 염상국, 앞의 논문, pp.59~60; 이상철, 앞의 책, p.36의 내용을 토대로 재정리하였음.

경호활동을 하여야 한다는 것이다.

3) 도보이동간 경호방법

(1) 도보대형 형성시 고려사항[126)]

① 경호대상자의 취향

② 주변 감제건물의 취약도

③ 행사성격

④ 인적 취약요소와의 이격도

⑤ 물적 취약요소의 위치

⑥ 행사장 사전예방경호 수준

⑦ 행사장 참석자 인원수 및 성향

⑧ 근접경호팀의 규모

⑨ 행사장의 취약요소

⑩ 행사장의 안전도

(2) 도보이동간 경호요령

① 선정된 도보 이동시기 및 이동로는 수시로 변경한다.

② 경호대상자에 이르는 모든 접근로를 통제한다.

③ 근접경호원의 위치는 수시로 변화시킨다.

④ 도보이동간에는 경호대상자의 차량도 근접에서 주행한다.

⑤ 이동시는 최단거리 노선을 선택한다.

⑥ 도보대형은 장소와 상황에 따라 융통성 있게 변화시킨다.

(3) 경호대형의 종류[127)]

① 쐐기형 대형

㉠ 쐐기형 대형(wedge formation)은 3명의 경호원을 기본으로 운영하는 대형으로 1명의 경호원은 경호대상자의 전방에 위치하여 안내와 전방경계를 담당하고, 2명은 경호대상자의 후방 좌측과 후방 우측에 위치하여 경호대상자의 좌우방향

---

126) 김두현, 앞의 책, p.313; 염상국, 앞의 논문, pp.62~64; 이상철, 앞의 책, pp.88~89.

127) CID, 앞의 책, pp.40~42; 김두현, 앞의 책, p.291; 염상국, 앞의 논문, pp.65~68; 이상철, 앞의 책, pp.90~105.

과 후방의 경계 활동을 수행하면서 이동하는 대형이다.

㉡ 이 대형은 대중이 별로 없는 장소를 통과할 때나 인도와 좁은 통로를 이동할 때 주로 사용한다. 특히 한쪽에 인위적, 자연적 방벽이 있을 때 유용하다.

② 다이아몬드 대형

㉠ 다이아몬드 대형(또는 마름모 대형 : Diamonc Formation)은 군중이 밀집해 있는 통로, 혼잡한 복도 등에서 적합한 대형이다.

㉡ 경호대상자의 전후좌우 전 방향을 둘러싸고, 전방의 경호원은 이동로를 확보하는 동시에 전방 10시와 2시 방향의 취약요소를 경계하면서 방벽을 형성한 채 이동한다. 좌・우측방 경호원은 각자의 위치에서 약 120° 범위를 경계하면서 이동한다. 후방경호원은 경호대상자의 후미와 전방, 측방 경호원의 이동 중 경계 근무가 미치지 못하는 사각지점에 대한 공간을 경계하면서 이동한다.

③ 역삼각형 대형

㉠ 진행방향 전방에 위해가능성이 있는 경우 취하는 대형으로, 경호대상자를 도로와 경호원의 중앙부에 위치시키도록 한다.

㉡ 진행 방향의 전방에 오솔길, 곡각지, 통로 등과 같은 지리적 취약점이 있는 경우 좌우측방 경호원은 잠시 보행을 멈추고 안전을 확인한 후 진행하도록 한다.

㉢ 우측전방경호원은 전방 및 측방 경계업무를 수행하면서 보속을 유지하고 조절하는 임무를 수행하고 후방경호원이 팀장의 임무를 수행하게 된다.

④ 사다리형 대형

㉠ 경호대상자를 중심으로 4명의 경호원이 사다리 형태를 유지하며 이동하는 대형으로 진행방향을 중심으로 양쪽에 군중이 운집해 있는 도로의 중앙을 이동할 때 적합한 대형으로 전방을 열어주고 좌・우측방 경계를 강화해주는 대형이다.

㉡ 좌・우측방 경호원은 후방경호원의 위치보다 폭을 넓게 잡는데, 그것은 경호의 반경을 넓히고, 전방 경호원에 의해 후방근무자 전방의 시야방해를 줄이는데 목적이 있다.

㉢ 이 대형은 전방경호원의 폭이 너무 넓게 위치한 관계로, 전방에서 저격시 또는 위험물체 투척시 인적 방벽의 효과가 어렵다는 단점이 있다.

(4) 상황별 경호요령[128)]

① 악수시의 경호요령

㉠ 전방경호원은 악수를 하기 위해 대기하고 있는 사람들에 대한 이상 행동, 눈동

128) 이상철, 앞의 책, pp.90~105의 내용을 토대로 재정리 하였음.

자의 움직임, 손의 움직임 등을 감시하면서 만약의 사태에 대비한다.

㉡ 후방경호원은 경호대상자의 최근접에서 악수하는 자와 악수를 마친 자들에 대한 감시업무 수행하면서 돌발사태 발생시 방어와 대적업무를 수행하여야 한다.

㉢ 악수자의 후방에 위치한 경호원은 전체 군중의 행동과 손을 감시하면서, 위해상황이 발생되면 악수자를 즉시 경호대상자의 반대편으로 격리시키는 업무를 수행해야 한다.

② 계단 이동시의 경호요령

㉠ 계단이동시 경호대상자는 항상 계단의 중앙부에 위치하도록 한다.

㉡ 좌, 우측이 개방된 계단에서는 전방경호원이 계단의 안전여부와 속도를 조절하고, 좌·우측방 경호원은 개방된 쪽의 경계근무를 강화하면서 경호대상자에게 몸을 밀착시켜 방벽을 형성할 수 있도록 한다.

③ 에스컬레이터 이용시 경호요령

㉠ 에스컬레이터 이동시 에스컬레이터 위에서 걸음을 멈추지 않고 최대한 짧은 시간에 에스컬레이터를 벗어나도록 한다.

㉡ 전방경호원은 전방경계와 안내임무를 수행하며 측방과 후방경호원은 주위경계를 실시하면서 갑작스런 기계의 고장이나 경호대상자의 실수로 인한 넘어짐 등 돌발사태에 대비해야 한다.

④ 출입문 통과시 경호요령

㉠ 문을 통과할 때는 항상 전방경호원이 문의 안전여부를 확인하고, 미닫이문일 경우 안으로 들어가서 문을 잡고 있어야 하며, 여닫이문일 경우에는 바깥에서 문을 잡아 경호대상자가 안전하게 통과할 수 있도록 한다.

㉡ 경호대상자가 문을 통과하기 전에 좌측방 경호원이 먼저 문의 안전상태나 위해여부를 확인 한 후 경호대상자를 통과시키도록 한다.

㉢ 가능하면 회전문을 사용하지 않는 것이 좋으나, 부득이한 경우에는 경호원이 먼저 탑승하여 작동 여부와 내부 위해 요소에 대한 경계를 하고 경호대상자와 1칸의 간격으로 접근하여 들어와서 정상적 도보대형을 형성한 후 이동하도록 한다.

⑤ 엘리베이터 탑승시 경호요령

㉠ 엘리베이터를 탈 때는 내부, 내릴 때는 외부에 대한 안전도를 경호원이 먼저 확인하고 이상이 없을 시 경호대상자를 이동시켜야 한다.

㉡ 엘리베이터의 문이 열렸을 때 경호대상자가 외부인의 시야에 바로 노출되지 않는 내부 안쪽 모서리 부분에 탑승시킨 후 방벽을 형성한다.

⑥ 공중화장실 이용시 경호요령

㉠ 행사장이나 이동로 주변에 공중화장실을 사전에 파악해 두어야 하고, 되도록 공중화장실 이용의 경우 일반인들과는 격리된 곳을 선택한다.

㉡ 소변기를 사용할 경우는 문을 열었을 때 바로 경호대상자가 시야에 노출되지 않는 쪽을 사용하도록 하고, 대변기를 사용할 때에는 끝 쪽의 벽면이 붙어 있는 곳을 사용하지 않도록 한다.

4) 차량경호방법

(1) 차량경호시 고려사항[129)]

① 차량의 선택 : 차량 이동시 수행원의 요구에 맞는 차량 선택, 경호대상자 차량은 보수적 색상에 4도어로 한다.

② 행・환차로의 선택

③ 차량 대형의 결정

④ 주・예비도로의 선정

⑤ 대피장소 및 최기병원의 선정

⑥ 도로 및 교통상황의 사전점검 : 출발지점, 도착지점, 이동소요시간, 이동형태(대형), 주 이동로 및 우회도로(예비도로), 기상, 교통흐름(요일 및 시간대, 신호등 및 교통표지판 등

⑦ 취약요소 확인 : 터널 또는 철도건널목, 교차로 및 곡각지, 도로공사장, 시위 및 각종 행사 등

⑧ 돌발사태 대비책 강구: 돌발사태 발생에 대비하여 병원, 경찰서, 소방서, 안전대피 장소의 위치 및 연락망 강구

⑨ 항공, 열차, 선박이동시 관계자와의 협조체계 구축

⑩ 운전기사는 전담운전기사로 하고 때에 따라 사복의 무장경찰관이나 경호요원이 되도록 한다.

---

129) 김두현・정태황, 『경호운전』(서울: 도서출판 쟁기, 1996), p.168; 김두현, 앞의 책, p.314; 이상철, 앞의 책, p.109.

※ 학습참고자료
경호차량선정시 고려사항(정태황, 경호이론 및 실무, pp.283~284)

㉠ 충분한 기동성의 보유하여야 한다.
㉡ 경호대상자의 차량과 동일한 색상과 외형이 동일하고, 유리는 착색된 것이 좋다.
㉢ 특별한 외부부착물은 달지 않고, 안테나의 보이지 않는 것으로 한다.
㉣ 무기나 보호장구는 일반인이 볼 수 없도록 조치한다.
㉤ 통신장비가 구비되어야 하고 경호대상자가 탑승한 차량은 볼륨을 낮게 조정한다.
㉥ 방탄차량으로 하는 것이 효과적이다.

(2) 차량 경호방법

① 대형의 구성과 차량별 임무[130)]

㉠ 경호대상자 차량
ⓐ 최고 성능의 차량으로 선정한다.
ⓑ 선도차량과 일정간격을 유지하고, 이상유무를 무선통신으로 교신한다.
ⓒ 유사시 선도차량과 같은 방향으로 대피한다.

㉡ 선도경호차량
ⓐ 행・환차로를 안내하며, 행사시간에 맞는 주행속도를 조절한다.
ⓑ 전방에 나타나는 각종 상황에 대한 경계 업무를 수행한다.
ⓒ 비상사태에는 비상통로를 확보하면서 주행선을 이용하여 이동한다.
ⓓ 우발상황이 예측될시 무선으로 전파하여 대비하도록 한다.

㉢ 후미경호차량
ⓐ 기동간 경호대상자 차량의 방호업무와 경호지휘 임무를 수행하게 된다.
ⓑ 차선을 바꾸어가면서 후미에서 접근하는 차량을 통제하고 추월을 방지한다.

㉣ 경호대상자 예비차량
ⓐ 경호대상자 차량과 동일 색상과 차종을 선정하여 적을 기만할 때 사용한다.
ⓑ 유사시 경호대상자가 바꾸어 사용하게 된다.

㉥ 경호예비차량
ⓐ 기동간 차량고장 및 피습으로 인한 기존 업무 차량의 임무능력 상실시 사용한다.
ⓑ 대형의 후방을 방호하면서 우발상황에 대비한다.

② 일반적 경호운전요령[131)]

130) 김두현・정태황, 앞의 책, pp.159~163; 정태황, 앞의 책, pp.267~271; 이상철, 앞의 책, p.110.

㉠ 평상시보다 빠르게 운전한다.

㉡ 주차나 정차되어 있는 차량 가까이는 정지하지 않는다.

㉢ 되도록이면 중앙선에 붙어 주행하며, 경호차량과 보도 사이를 주행하는 차량에 주의를 기울인다.

㉣ 위해시도 가능지점에서 멀리 떨어져 주행하며, 필요시 경호대상자를 운전석 뒤에 앉게 한다.

㉤ 차량을 2~3대 운용하여 기만작전을 시도하는 것이 좋고, 경호대상자의 승하차 지점은 일반인들의 시선을 끌지 않는 곳으로 한다.

㉥ 차량의 위치는 항상 변화시켜 예측가능성을 주지 않는다.

㉦ 개활지를 주행할 때는 고도의 주의를 기울이고, 되도록 이런 장소를 피한다.

㉧ 선발차량을 운용하여 사전에 이동로를 점검한다.

③ 상황별 차량경호기법132)

㉠ 승차시 경호요령

ⓐ 차량은 안전점검 후 시동이 걸린 상태에서 대기한다.

ⓑ 경호대상자가 가장 쉽고 짧은 거리에서 차를 탈 수 있는 위치를 선정한다.

ⓒ 경호대상자가 차량에 탑승할 때는 내릴 때보다 신속히 한다.

㉡ 주행중 경호요령

ⓐ 경호대상자가 탑승하면 차문을 잠근다

ⓑ 차량은 앞 차와 일정한 거리를 유지하고 다른 차량이 차량대형으로 끼어들지 못할 정도의 간격을 유지하며, 안전하고 빠르게 운행되어야 한다.

ⓒ 교통상황 변화로 인해 차가 정지하더라도 언제라도 출발할 수 있도록 기어를 출발위치에 둔 상태를 유지한다.

ⓓ 차의 창문을 열 경우에는 최소한 5cm 이하로 연다.

ⓔ 관련요원들은 긴장감을 유지하고 운전에 방해되는 행위를 자제한다.

ⓕ 이동시 지름길을 사용하지 않고, 항상 다른 도로를 선택한다.

ⓖ 운전자는 후방거울을 잘 주시하여 미행여부 등 후방상황을 관찰하여야 한다.

ⓗ 경호대상자의 좌측 옆 좌석에 경호요원을 앉히는 것도 안전상 고려해 본다.

㉢ 하차지점 도착시 경호요령

ⓐ 하차지점에 도착하기 위한 접근로는 가능한 한 변경하는 것이 좋다.

ⓑ 입구가 의심스럽거나 많은 교통량으로 진입이 방해 받을 경우 그 장소를 빨

131) 정태황, 앞의 책, pp.283~284.
132) 김두현·정태황, 앞의 책, pp.169~172.

리 이탈할 준비를 하고 정지하거나 기다리지 않는다.

ⓒ 정차 후 운전석 옆에 탑승한 경호요원(보통 경호팀장)은 창문의 잠금장치를 풀고 차에서 내려, 경호대상자 탑승문 쪽으로 이동하여 안전을 확인한다. 이 때 다른 경호원은 경호대상자 탑승문 뒤쪽을 보강한다.

ⓓ 경호팀장은 준비가 완료되면 경호대상자차의 잠금장치를 풀고 경호대상자를 차에서 내리게 한 후 경호대상자가 신속하게 건물 안으로 이동할 수 있도록 한다.

ⓔ 운전자는 경호대상자가 건물 안으로 안전하게 도착할 때까지 운전석에 앉아 대기한다.

㉣ 주차시 경호요령

ⓐ 주차장소는 자주 변경하는 것이 좋으며, 특히 야간에는 밝은 곳에 주차한다.

ⓑ 주차시에는 차의 정면이 출입로를 향하게 하고 언제든지 출발할 수 있는 상태를 유지한다.

ⓒ 주차된 차량이나 차량대형을 감시할 때는 차안이 아닌 차 밖에서 감시한다.

ⓓ 차가 운행되지 않을 경우 항상 차문을 잠가야 하며, 주차 후 다시 차를 운행하기 전 차의 안전점검을 실시하여야 한다.

㉤ 경호대상자 차문 통제요령

ⓐ 일반적으로는 운전석 옆에 탑승한 경호요원(보통 경호팀장이나 수행팀장)이 경호대상자 차량의 차문 개폐 및 차문 잠금장치를 통제하게 된다.

ⓑ 경호대상자가 차량에 신속하게 탑승하기 위해 1명의 경호요원을 경호대상자 차량에 먼저 보내 경호대상자가 가까이 오면 차문을 열어주게 한다. 그러나 이러한 방법은 경호요원의 공백을 초래하게 되는 단점이 있다.

ⓒ 모든 경호요원이 경호대상자를 수행하여 차량이 있는 곳까지 간 다음 운전석 옆에 앉게 될 경호요원이 경호대상자의 차문을 열어주는 방법으로, 이는 경호요원을 효율적으로 운영하는 장점이 있으나, 다소 시간이 걸리고 요원들간의 협조가 필요하다.

ⓓ 운전요원이 차문을 열고 닫는 방법이 있으며, 이는 ① 위해 상황시 신속하게 차를 이동시킬 수 없고, ② 차량의 좌측경계에 공백이 발생하며, ③ 차문을 신속하게 잠글 수 없으며, ④ 시간이 많이 소비되는 경호상 취약점이 있으므로 권장할 만한 방법이 아니다.

㉥ 비상 상황시 경호요령

ⓐ 위해를 느끼게 되면 주저 없이 비상대응 행동을 실시해야 하며, 돌발사태시

신속한 의사결정과 대응행동이 이루어져야 한다.

ⓑ 의심스러울 경우 현 위치에 잠시 머무르거나 경찰서, 병원, 소방서 등 안전한 장소로 피한다.

ⓒ 위해에 직면했을 경우 현장을 신속하게 이탈하는 것이 최선의 방법이다.

④ 차량을 이용한 대응방법[133]

㉠ 위험지역으로부터 도피

ⓐ 일차적으로 차량을 활용하여 방어벽을 형성하고 해당 위험지역에서 최대한 신속하고 멀리 벗어난다.

ⓑ 총기로 위해자의 공격에 대응할 경우 차문을 방패로 활용한다.

㉡ 후방으로 도피

ⓐ 위해 상황이 발생한 후방지역으로 최대한 신속히 빠져나간다(최대 6m 이상).

ⓑ 차량이 정지했을 경우 위해자로부터 뒤쪽으로 도피할 길이 있다면 후진으로 가능한 한 신속히 뒤로 이동한다.

㉢ 정지상태에서 대응

ⓐ 위험지역에서 벗어날 수 없는 상황에서는 즉시 대응사격을 실시한다.

ⓑ 가능한 한 위해를 분산시킬 수 있는 모든 행동을 취한다.

ⓒ 사격이 진행 중일 경우 차량내부에서 머무르며 차 안에서의 대응 사격이 가능하면 그렇게 한다.

5) 경호기만

(1) 기만방법

① 일반인처럼 자연스러운 옷차림과 행동

② 의도하지 않은 방향으로 이동

③ 허위 흔적 표시

④ 기만장애물 및 경비시설 설치

⑤ 소음 및 광채 사용

⑥ 연막차장

(2) 기동대형 기만

① 위장 경호대상자 차량의 이용

133) 김두현 · 정태황, 앞의 책, pp.171~172; 이상철, 앞의 책, pp.116~117.

② 경호대상자 차량의 위치 변동
③ 다양한 대형의 변칙적 사용
④ 대중의 시야를 벗어났을 때 사용

(3) 복제경호원 운용

경호대상자와 닮은 경호요원을 이용 적의 이목을 분산시킨다.

3. 행사장 경호작용

1) 행사장 경호작용의 의의

(1) 행사장 경호의 개념

행사장 경호란 VIP가 참석하는 경축행사, 스포츠행사 등과 같이 대규모의 대중이 모이는 장소에서 이루어지는 행사나 고위회담과 같이 각국의 고위인사가 참여하는 회의 등에서 실시하는 경호작용을 말한다. 이러한 행사장 경호의 특성은 참석하는 경호대상자나 관련자의 개인적인 신변보호작용과 선발경호작용뿐만 아니라 행사가 개최되는 주변지역이나 해당 건물 및 시설에 대한 경비작용이 동시에 이루어져야 한다는 것이다. 이러한 행사장 경호나 회의장 경호작용의 경우 불순분자나 인가되지 않은 사람들에 대한 접근통제와 경비체계를 돌파하려는 시도에 대해서 즉각적이고 효과적으로 이를 적발하고 퇴치하는 방호체계를 갖추는 것이 핵심적인 요소이다.

(2) 예상되는 위해요소

행사장 경호시 예상되는 위해요소는 도보이동시나 숙소경호시 등과 약간의 차이는 있지만 경호계획시 수행되는 위해평가(분석)에서 고려되는 대부분의 위해요소가 고려되어야 한다. 다만 여기서는 행사장 경호시 중요시되는 위해요소를 인적인 요소와 물적인 요소, 그리고 자연적 위해요소로 구분하여 기술하고자 한다.

① 인적 위해요소

㉠ 암살시도(저격, 직접공격, 차량공격, 폭발물 공격, 납치시도, IED 공격, 독살 등)

※ IED(Improvised explosive device) : 급조폭발물

㉡ 명예훼손(언어적 폭력, 오물투척, 비방 전단지 등)

② 물적 위해요소

㉠ 시설붕괴(건물붕괴, 단상 및 연단 붕괴, 관중석 붕괴 등)

㉡ 시설안전 하자(엘리베이터, 에스컬레이터, 출입문, 간판 등의 파손 또는 고장)

㉢ 정전 및 감전사고, 화재사고, 추락사고, 차량사고 등

③ 자연적 위해요소

㉠ 지진, 홍수, 산사태, 태풍(허리케인), 폭설, 해일

㉡ 전염병

④ 건강상 요인

심장이상, 알레르기, 당뇨병, 식중독 등

(3) 행사장 경호시 고려사항

행사장 경호작용에 있어 다른 선발경호작용이나 근접경호작용 등과 별도의 행위로 이루어지거나 전혀 다른 원칙이 적용되는 것은 아니지만 특히 행사장이라는 성격이 나타내는 특성으로 인해 다음과 같은 점이 미리 고려되어야 한다.

① 회의장 경호의 경우

㉠ 회의참가자의 신원 및 지위

㉡ 회의장의 지리적 위치

㉢ 숙박시설, 회의실, 사무실, 통신설비, 보도 및 공공지역, 인근건물과의 근접정도 등을 포함한 행사장의 물리적 배치

㉣ 자원의 가용성(경찰, 군, 공무원 등)

㉤ 지역정세와 현재의 치안 및 질서상태

㉥ 참석한계에 대한 완전한 숙지상태

㉦ 권한의 위임

② 대중이 모이는 행사장인 경우

㉠ 행사의 성격

㉡ 참석대중의 규모와 성향

㉢ 숙박시설, 회의실, 사무실, 통신설비, 보도 및 공공지역, 인근건물과의 근접정도 등을 포함한 행사장의 물리적 배치

㉣ 동석하는 관계자의 신원 및 지위

㉤ 지역정세와 현재의 치안 및 질서상태

㉥ 참석한계에 대한 완전한 숙지상태

㉦ 권한의 위임

ⓞ 자원의 가용성(경찰, 군, 공무원 등)

ⓩ 비상시 대피게이트 및 동선

2) 행사장 경호인력의 편성 및 배치

(1) 기본적인 포함요소

① 통상적으로 행사장 경호팀의 편성은 거시적인 경호환경과 당해 행사일 전후의 위협수준정도, 행사에 참석하는 사람들의 성격과 규모, 가용할 수 있는 경호세력 등에 따라 달라진다. 행사장 경호시 고려해야 하는 경호세력의 편성요소는 일률적으로 정해진 것은 없지만 근접경호원이나 출입통제요원 등 전형적으로 운용하는 경호인력에 추가하여 고정초소, 순찰, 예비대 등이 고려한다.

② 경호CP의 운용

㉠ 경호CP의 위치는 행사장의 크기 및 형태에 따라 달라진다. 경호CP는 예하의 경호팀을 효율적으로 통제하여 경호목적을 성공적으로 달성시키는데 있다. 소규모 행사장에서 가장 합리적인 경호CP의 위치는 주 통로 부근이 된다. 대규모 행사장에서는 주요 건물들이 위치한 곳의 중간 부근에 설치하는 것이 바람직하다.

㉡ 경호CP는 행사장 경호와 관련된 모든 문제들을 통제하기 위한 거점이며, 경호경보 및 통신시스템을 위한 단말지점 및 감청지점으로써의 역할을 수행한다.

㉢ 소규모 경호조직에서 긴급한 경우를 제외하고는 경호경비요원은 소방임무나 기타 다른 임무를 부여해서는 안 된다. 또한 경호경비요원은 오직 경호임무만을 위하여 운용되어야 하며, 경호팀장 또는 공식적인 권한이 부여된 대리자의 지시 외에는 다른 기능이 부여되어서는 안 된다.

(2) 각 담당별 임무 및 경호요령[134)]

① 출입통제근무자

㉠ 입장자의 신분증과 초청장명단을 대조하여 신분을 확인한다.

㉡ 비표 착용자라도 거동수상자에 대해서는 검문검색을 실시하여 신원을 확인 후에 입장시키다.

㉢ 비표를 착용하지 않은 자는 지위고하와 면식여부를 불문하고 입장시키지 않는다.

㉣ 카메라, 금속류, 특히 위해가 될 만한 물건들은 입장자의 양해 후 물품 임시보관

134) 경찰대학, 앞의 책, pp.306~309.

소에 보관하고 번호표를 교부한 후 입장시킨다.

㉤ 보도요원의 카메라 등 휴대가 허용된 물품들도 전문적인 기술요원의 확인 후에 검색필 표찰을 부착하여 휴대하도록 한다.

㉥ 입장완료시간 초과 후에 도착한 참석자는 입장을 불허함이 원칙이며, 별도로 경호CP의 판단에 의하여 조치한다.

② 금속탐지기 운용요원

㉠ 출입문 금속탐지기(M.E.) 운용요원은 참석자 전원이 M.E.를 통과하여 입장하도록 통제한다.

㉡ 최초에 M.E.를 통과하여 입장한 사람일지라도 중간에 밖에 나갔다가 들어오는 사람은 다시 M.E.를 통과하여 입장하도록 한다.

㉢ M.E. 통과시는 1.5m 전방에 일단 정지시켜 보통속도로 한 사람씩 통과시킨다.

㉣ 휴대품은 휴대물품 보관소에 보관하도록 유도한다.

㉤ 본인이 휴대를 희망한 물품 중에서 휴대가 허용된 물품은 반드시 내용물을 확인 후에 휴대를 허용한다.

㉥ 신호음이 울린 입장자는 금속성소지품 소지 여부를 확인하고 재차 M.E.를 통과시켜 확인한다.

㉦ 여자입장자의 신체수색은 반드시 여경에 의하여 실시되도록 조치하여야 한다.

③ 행사장 내부 근무자

㉠ 입장자가 부착하고 있는 비표를 확인하고 의심이 가는 자에 대해서는 검문검색을 실시하여 정확한 신원을 확인한다.

㉡ 입장이 완료된 후에 복도, 계단, 화장실 등에 무단으로 배회하는 자가 없도록 통제한다.

㉢ 행사개시 10분 전부터는 일체의 개별행동을 통제하며 행사진행 중에는 입장자의 동향을 감시한다.

㉣ 행사진행 중에는 경호근무자도 개별행동을 금하고 식순에 따라 행동하면서 군중에 대한 동향을 감시하여야 한다.

㉤ 행사가 완전히 종료되어 참석자가 전부 퇴장한 후에 근무자도 철수한다.

④ 건물내부 근무자

㉠ 근무 담당구역을 정밀하게 검측하여 폭발물 등 물적 위해요소를 사전에 제거한다.

㉡ 경호대상자가 위치하는 방의 직상·하층은 공방을 유지하고 소음요소를 완전히 제거한다. 그리고 통로를 통제하여 비표를 패용하지 않은 자와 일반인들의 접근을 차단한다.

㉢ 안전검측이 이루어진 발전실, 변전실, 기계실 등에는 안전요원을 고정배치하고, 그 안전요원은 기계조작시에 반드시 입회하여 확인하며, 담당자가 기계를 조작할 필요가 있을 때는 사전 승인을 받도록 조치한다.

㉣ 화장실, 빈방, 창고, 계단 등 취약요소는 반드시 안전을 확보한다. 다만 여자화장실은 반드시 여경요원을 배치한다.

㉥ 비록 근무자 복장을 하였더라도 의심나는 사항이 발견되면 반드시 검문검색을 실시하여 신분을 확인한다.

⑤ 행사장 내·외곽 취약요소 근무자

㉠ 건물과 공공도로 사이의 정원이나 뜰 등의 담당구역을 정밀하게 수색하여 위해물질의 매설여부를 확인한다.

㉡ 해당 지역에서의 비표를 패용하지 않았거나 거동이 수상한 자는 검문검색을 실시하여 신분을 확인한다.

㉢ 사소한 사항이라도 특이사항이 발견될 경우에는 지휘관에게 보고 후 처리한다.

⑥ 초소 근무자

㉠ 책임구역을 명확하게 숙지하고 주의를 집중하여 담당구역을 경계한다.

㉡ 거동수상자를 발견하였을 때는 수하요령에 의하여 수하를 실시하되 항상 경계태세를 유지하여 유사시를 대비한다.

㉢ 인접 근무자와 상호 연락이 가능한 조치를 강구하고 상황발생시 즉시 전파하여 공동으로 대처할 수 있도록 조치한다.

㉣ 근무 중에는 흡연, 잡담을 금지하고 졸지 않도록 한다.

㉤ 암구호를 숙지하고 어떠한 상황 하에서도 근무지를 이탈하지 아니한다.

⑦ 헬기장 근무자

㉠ 행사장에 준하여 대비를 한다.

㉡ 주변에 직시되는 고층건물이나 감제고지에 대하여 감시체제를 유지한다.

㉢ 헬기장으로 통하는 통로는 헬기도착 직전부터 차단하여 일반인의 접근을 방지한다.

㉣ 헬기장 주변의 감제고지는 수색을 실시한 후 안전을 확보하여야 하며 반드시 소방차를 비상대기 시켜야 한다.

⑧ 구내 주차장 근무자

㉠ 행사장 경내의 주차차량은 반드시 보닛과 적재함 등을 검색하여 단전 여부를 확인한다.

㉡ 엔진은 반드시 끄도록 조치하고 요인이 체재 중에는 운전기사들을 일정한 장소

에 대기토록 조치한다.

㉢ 행사 중에는 운전 원들의 동향감시를 철저히 하여 위해요소를 제거한다.

3) 행사장 경호방법

(1) 경호경비구역의 설정

본래 3선 개념의 경호구역이나 경비구역은 경호경비활동상 출입인원이나 외부침투 기도자를 효과적으로 통제하기 위해 설정하여 운용되는데, 경호부문과 경비부문에서 사용하는 개념에 약간의 차이가 있다. 즉 경호부문에서는 3선 개념을 경호대상자의 위치하는 지점을 기준으로 1선(안전구역), 2선(경비구역), 3선(경계구역)식으로 설정하는데 비해 경비부문(특히 군이나 국가중요시설경비 등)에서는 핵심시설의 위치를 중심으로 3선(안전구역), 2선(경비구역) 1선(경계구역)으로 개념화하고 있다. 여기서는 경호부문의 3선 개념을 중심으로 기술하기로 한다.

① 제1선 : 안전구역 또는 내부경비

제1선은 최고의 안전을 담보하여야 하는 안전구역 또는 내부경비구역으로 주로 경호대상자가 위치하는 지역이다. 여기서는 근접경호원이나 내부담당 경호원에 의해 내부 출입인원이나 참석인원에 대한 완벽한 통제(비표확인·이동통제·신원확인 등), 경호대상자에 대한 직접적인 위해기도의 차단, 돌발사태에 대한 즉응적 대응 등이 이루어진다.

② 제2선 : 경비구역 또는 내곽경비

제2선은 경호대상자가 위치하고 있는 안전구역의 주변지역으로 일명 경비구역으로 지칭된다. 여기서는 근접경호원, 정복경찰관, 경비요원 등에 의해 안전구역으로 진입하려는 인적·물적 시도에 대해 출입통제, 불심검문, 돌발사태에 대비한 예비대, 소방차, 구급차 등의 대기, 비상통로의 확보유지, 행사장 부근 건물의 안전유지, 주최 측 요원 및 참석자에 대한 동정 감시, 교통통제 및 질서유지, 통신유지 활동 등이 이루어진다.

③ 제3선 : 경계구역 또는 외곽경비

제3선지역은 광의의 활동들이 이루어지는 경계지역이다. 여기서는 경찰, 군, 항만공무원 등 각 분야의 다양한 경호지원기관이나 인력들이 인적·물적·자연적 취약요소에 대한 첩보수집, 항만관리, 위험인물 파악, 위해요소의 사전제거 및 경계실시, 도보 및 기동순찰, 외부로부터 내부로의 불심자 접근차단, 위해기도자의 은닉처 수색 등의 활동을 수행한다.

(2) 물리적 방호체계 구축

① 물리적 방호시스템은 경호원이나 경호경찰 등 인적자원에 의한 위해기도자나 불순분자의 차단노력을 효과적으로 보완하여 방호성을 크게 증대시키는 경보장치나 차폐물과 같은 하드웨어적인 시스템을 말한다. 아울러 전자나 IT분야에 속하는 하드웨어적인 방호장치들을 적용하기 위해서는 동 분야의 전문지원요원이 필요하다는 점도 고려해야 한다. IT센서로 이루어진 경보시스템의 경우 효용성, 신뢰성, 가격, 정비 등의 요건에 따라서 장비의 선택도가 달라지며, 행사장의 상황 및 여건에 따라 결정하여야 한다.[135)]

② 경보시스템(Protection Alarms Systems)

㉠ 침입감지경보시스템

경호팀이 임무를 수행하는데 인적인 한계를 보완하여 방호활동의 시너지효과를 가져올 수 있는 수단이 침입감지경보시스템이다. 이 경보시스템은 지역 내로 침투를 기도하거나 침투하는 것, 탐지시스템을 기만하기 위한 탐지시스템을 조작하는 행위 등을 경호요원에게 경고해 주는 역할을 한다. 경보시스템 설치시에는 다음과 같은 점을 고려해야 한다.

ⓐ 행사장의 취약성
ⓑ 침입자의 인접 정도
ⓒ 행사장의 지형적인 위치와 행사장내에서 방호되어야 할 지역의 위치
ⓓ 건물의 구조
ⓔ 경호세력에 의한 반응시간

아울러 침입감지경보시스템을 선정할 때에는 다음과 같은 점을 고려해야 한다.

ⓐ 건물구조를 포함한 지역의 주변 환경, 내·외부의 소음, 기상조건 등
ⓑ 무선 및 전파 방해

경계지점에 대한 방호를 위한 주요수단은 인력경비원에 의해 수행되는 것이 기본적인 형태이지만 이것은 인간이 지니는 시력, 야간근무 등 본질적인 한계 때문에 많은 제약을 받는다. 따라서 이에 대한 보완장치로서 경계선침입감지시스템(Perimeter Intrusion Detection)이 운용된다. 이때에도 역시 장치를 사용할 것인지에 대한 결정은 방호지역의 취약성 및 민감도, 요구되는 방호 정도, 가용한

135) 일반적으로 경보시스템을 구성하는 센서는 광(빛), 온도, 압력, 자력, 가스에 의해 작동되는 5가지의 작동방식이 있다.

경계지원요소 등에 따라 달라진다.

㉡ 정문 방호장치

정문은 항상 시건장치, 간헐적인 순찰점검 또는 계속적인 경계를 제공하는 경계요원에 의해서 방호된다. 이 부분에 있어서도 역시 인력경비에 의해 야기되는 한계를 보완하기 위해 적절한 기계경비시스템이나 차폐시설 등에 의한 정문방호장치가 적용될 수 있다.

㉢ 건물의 출입구 방호장치

일반적으로 건물의 출입구 방호장치로는 전기기계식 장치나 회로차단식 장치가 적합하다.

㉣ 건물내부 방호장치

복도의 전략적 지점이나 방 등에 설치함으로써 인력경호경비원의 한계를 보완한다. 광효과를 이용한 감지기의 경우 매트릭스 형태로 설치하여 사각을 없애야 하고, 위해기도자의 이동 및 움직임을 탐지하기 위하여서는 초음파와 초단파를 이용한 감지기를 사용한다. 음향방식의 경보장치는 방호되는 구조물의 복도나 벽, 시일링 등에 대한 공격으로 발생되는 소리나 소리의 진동을 탐지하기 위해 사용될 수 있다.

③ 통신체계

통신체계는 행사장에 영향을 미치는 요소, 즉 중요성, 취약성, 규모, 위치, 전파의 수용성 및 기타요소들에 따라 그 규모와 형식이 달라지며, 통상 해당지역의 결정을 따른다. 경호팀은 외부로부터 직접 유입되는 전원과 보조전원공급체계를 갖는 자체 통신체계를 보유하고 있어야 한다.

④ CCTV

㉠ CCTV는 그 자체가 경보장치는 아니지만, 물리적인 경계수단으로 대단히 유용하며, 다른 정보수단을 보완하기 위하여 자주 사용된다. CCTV는 사각지대에 대한 직접적인 감시를 제공하기 위하여 취약지점들, 즉 사람이 배치되지 않는 정문, 엘리베이터, 복도, 출입문 등에 사용될 수 있다.

㉡ 정문 또는 출입문에 대한 통상적인 TV 운용방법은 모니터와 정문 또는 출입문 간의 2회선 통신체계와 전기식 시건장치를 포함한다. 특수 카메라가 조준된 출입문에 광전기식, 초음파식, 초단파식의 침투탐지장치 등이 연계되어 적용될 수도 있다.

⑤ 시건 장치

㉠ 자물쇠, 열쇠 및 조합식 시건장치 : 행사장과 인원 및 재산을 방호하는데 있어서

기본적인 안전장치 중 하나가 바로 자물쇠인데 행사가 이루어지지 않을 때는 모든 방과 건물을 시건한다. 그러나 자물쇠는 방호의 완전성보다는 시간의 지연성에 목적이 있다는 것을 유념하여야 한다.

㉡ 시건장치의 형식에는 일반자물쇠, 암호식자물쇠, 스마트카드식자물쇠 등 다양한 종류의 장치가 있는데 시설의 성격과 상황에 맞추어 적절한 것을 선택하여 사용한다.

㉢ 시건장치의 대출 및 통제는 엄격히 이루어져야 하는데 효과적인 통제를 위하여 정확한 기록이 유지되어야 하고, 주기적인 육안검사와 재고조사가 이루어져야 한다. 시건장치는 임무가 부여된 사람에 의해서만 다루어져야 한다. 열쇠를 분실하였을 때, 자물쇠의 문자조합을 알고 있던 요원이 임무가 변경되거나 해제되었을 때에는 시건장치를 즉시 바꾸어야 한다. 모든 열쇠에 대한 통제는 기록으로 유지되어야 하는데 열쇠 및 자물쇠의 총수량, 대출한 열쇠의 수량 및 대출자 인적사항, 자물쇠 및 열쇠, 조합형 시건장치 등의 위치를 나타내는 일련번호, 열쇠를 교체한 마지막 날짜 등은 반드시 기록되어 있어야 한다.

㉣ 열쇠 및 자물쇠의 관리를 시행할 때 다음과 같은 점이 고려되어야 한다.

ⓐ 관련시설로부터 경호CP에 제출되어야 하는 열쇠

ⓑ 식별을 용이하게 하기 위하여 열쇠에 하는 표식

ⓒ 인가된 열쇠소유자에 대한 식별

ⓓ 기록명부의 유지 등 열쇠의 대출 및 반납에 대한 통제방법

ⓔ 열쇠를 분실, 도난 또는 잘못 보관하였을 때의 조치사항

ⓕ 자물쇠 교체의 횟수 및 방법

ⓖ 경호감독관이 손쉽게 이용할 수 있는 비상키

ⓗ 필요하다고 생각되는 기타 통제

4) 출입자통제대책

(1) 참석자 통제의 일반요령

① 개별초청자의 경우 입장카드와 신분증을 대조한 후 문형 금속탐지기를 통과시켜 입장시킨다.

② 단체참석자는 중간집결지를 선정하고 여기에서 경찰관과 주최 측 안전요원이 초청장과 신분증을 대조한 후 비표를 교부한다.

③ 참석자들이 소지하고 있는 카메라, 금속류, 특히 위해가 될 만한 물건들은 양해 후 특별히 마련된 물품보관소에 보관한다.

④ 모든 참석자는 반드시 M.E.(문형 금속탐지기)를 통과시킨다.

⑤ 참석자는 혼란과 통제의 효율성을 위해 입장시에는 일렬로 입장케 하고 차량의 하차지점에서 출입문까지 정복차단조를 배치한다.

(2) 출입인원 식별 및 통제

① 출입인원에 대한 식별 및 통제체계는 입장자 명단, 인가인원 판별, 경호식별 배지 및 카드, 배지 교환절차 및 안내 등을 통해 인원통제소에서 출입자를 분류하고, 미인가된 자의 입장을 배제시켜 인가된 자의 입장을 용이하게 하기 위한 체계이다.

② 식별체계(Identification System)에 포함되는 요소

식별체계는 출입하는 모든 사람에 적용할 수 있어야 하는데 다음과 같은 사항들이 포함되어야 한다.

㉠ 식별카드와 배지가 요구되는 다양한 구역의 설정

㉡ 사용될 다양한 식별매체(비표)의 묘사, 식별매체(비표)를 소유한 사람에게 해당되는 인가 및 제한사항

㉢ 입 · 퇴장시, 행사간 식별방법

㉣ 언제, 어디서, 어떻게 배지를 패용해야 하는지에 대한 세부사항

㉤ 식별매체(비표)의 분실 및 훼손시 후속조치

③ 인원 식별방법

㉠ 단일카드 또는 배지시스템 : 단일카드나 배지시스템을 적용하면 구역별 입장의 허용은 숫자, 문자 또는 색깔로 나타낸다. 이 시스템은 비교적 완화된 경호수준에서 사용한다.

㉡ 카드 또는 배지 교환시스템

이것은 해당자의 사진이 부착된 두 개의 카드 또는 배지를 운용하는 시스템이며, 각기 다른 바탕의 색깔을 가지거나 두 개 중 하나는 교환하거나 행사장 내에서 패용한다.

㉢ 멀티카드나 배지시스템

이것은 카드 또는 배지 교환시스템보다 진전된 방법으로서 다양한 구역으로의 입장허용을 나타내기 위하여 식별 카드나 배지에 특별한 표식을 하는 것과는 달리 행사장 내의 각 구역 입구에서 교환이 이루어지는 점이 다르다. 구획별로 구분하여 교환요구사항을 통제하기 때문에 이 방법은 가장 안전하고 효과적인 시스템이다.

(3) 휴대품 및 물품 통제

① 포장물 통제(Package Control)

포장물 통제를 위한 제반시스템은 출입하는 사람들이 휴대한 휴대품이나 소유 물품에 대한 통제는 숨겨진 폭발물에 의한 폭발공격, 무기를 활용한 습격, 사보타주 행위, 간첩행위 등을 방지하거나 최소화하기 위해 필요한 통제장치이다.

② 행사장 내외로 물품이 이동하는 것을 통제하기 위해서는 통제체계가 사전에 갖추어져야 하고, X-레이 검색기와 같은 적절한 시스템이 활용되어야 한다. 인가된 소지품의 형태, 인가된 소지품의 이동을 허가받은 사람, 지정된 출입지점 등과 같은 제한사항이 행사장 경호계획에 포함되어야만 한다.

③ 사람들에 의해 운반되어지는 소지품 통제는 꼭 포장물에 국한해서는 안 되고 의복, 핸드백, 우산, 서류가방, 도시락 그리고 위해물질을 은닉시키는데 활용될 수 있는 모든 품목을 대상으로 한다.

④ 차량 등록

㉠ 개인소유 차량 : 행사장에 매일 또는 빈번히 방문하는 사람이나 배치된 요원, 종사요원들에 의해 행사장에서 운용되는 개인소유의 모든 차량은 소유권에 대한 증거와 등기면허, 명백한 운전면허 또는 허가증 등을 경호CP에 등록되어야만 한다.

㉡ 차량 출입카드 : 차량등록과 차량 출입카드 부착에 관한 계획을 수립하기 전에 적용가능한 법률에 의한 체크가 선행되어야 한다.

⑤ 차량주차통제

행사장을 방문하는 사람 소유의 개인차량은 행사장 경계선 외부에 설치된 주차장을 이용하도록 한다. 아울러 주차지역에 대한 출입문은 다른 곳과 분리되어야 한다. 모든 사람의 차량을 외부지역에 주차하는 것이 용이치 못한 경우에만 행사장 건물 고용원들에 대해서만은 제한 구역 내에 주차가 허용되어야 한다. 내곽에 주차가 불가피할 경우에는 중요시설이나 행사진행지역으로부터 이격된 곳에 주차장이 설치되어야 하며, 차량 탑승객은 행사장으로 입장하기 전에 보행자 문을 통과하여 지나가도록 별도의 울타리가 쳐져야 한다.

⑥ 폭발물 검측

숙소 및 회담장소지역에 대한 검측은 EOD 요원과 협력하여 이루어져야 하며, 가능하다면 기술적인 검측팀을 함께 운용한다. 폭발물 검측 후에는 엄격한 경계 및 출입통제가 유지되어야 한다.

4. 숙소경호작용

1) 숙소경호의 의의

(1) 숙소경호의 개념

숙소경호란 경호대상자가 평소에 거처하는 공관, 관저, 외지에서 머무는 장소(유숙지) 등을 중심으로 이루어지는 제반의 경호경비활동을 의미한다.[136] 숙소에 대한 경호는 근접경호요소 보다는 경비요소가 강하게 작용하고, 행사장 경호에 준하나 체류기간이 장기화된다는 점과 야간근무가 이루어진다는 점이 추가로 고려되어야 한다.

(2) 숙소경호시 고려사항

숙소 중 대표적인 것은 단독주택과 호텔, 사저 등이며, 이들 시설에 대해서는 3중경호개념과 경비개념이 적용된다.

① 플래시, 야광밴드, 신호봉 등 야간장비를 확보한다.

② 야음이 주는 경계효과의 감소를 고려하여 초소를 증가배치한다.

---

136) 숙소경비에서의 '숙소'의 개념범위에 대해서는 시각의 차이가 있다. 기존에 숙소의 개념범위는 먼저 경호대상자와 관련한 공관, 관저 등을 제외한 외부의 유숙지만을 숙소의 개념으로 하는 협의의 입장(경찰대학, 앞의 책, pp.310~313)과 공관, 관저, 외부의 유숙지(호텔, 외부 별장 등) 등을 모두 포함하여 경호대상자가 거주하거나 머무르는 장소를 숙소로 하는 광의의 입장으로 나누어진다. 일반적으로 우리나라의 공경호기관에서는 협의의 개념으로 접근하는 것이 일반적 추세이다. 그러나 숙소의 범위를 어떻게 설정하는가는 경호기관 입장에서는 실무적인 필요성에 의해 구분하는 문제이고 학문적으로는 시각의 차이이기 때문에 근본적인 차이는 될 수 없다. 본서에서는 학문적인 입장에서 광의의 숙소개념을 채용하여 숙소는 "공관, 관저, 외부의 유숙지(호텔, 외부 별장 등) 등을 모두 포함하여 경호대상자가 거주하거나 머무르는 장소"로 정의하고 여기에는 장기적이고 고정적으로 거주하면서 지속적인 통제가 이루어질 수 있는 관저 및 주거지와 일시적인 거주개념이 적용되는 유숙지(호텔 등) 개념이 구분되어 포함되는 것으로 하겠다. 아울러 이러한 시각은 최근에 민간경호가 꾸준히 발전하고 있는 상황에서 공경호와 민간경호를 모두 포괄할 수 있는 개념이 필요하다는 점도 고려해야만 한다.

③ 장시간 근무로 인한 피로를 고려하여 근무편성시 충분한 교대근무가 가능토록 추가인력을 확보한다.

④ 숙소가 호텔인 경우에는 일반인에게 경호보안이 노출되지 않도록 하고, 투숙객 및 출입자에게 불편을 주지 않도록 사전에 충분한 조치가 이루어져야 한다.

2) 숙소경호원의 임무 및 역할

㉠ 관할지역 경찰과 협조하여 24시간 경비체계를 수립하고, 방문자 통제체계를 확립하여 경호작전이 개시되는 날부터 방문자 기록부와 상황일지를 작성한다.

㉡ 출입이 인가된 접견자 명단을 획득하고 적절한 식별체계를 강구한다.

㉢ 피경호인의 숙소로 고려되고 있는 건물의 평면도를 확보한다.

㉣ 수행원의 숙소를 선정할 경우 인접해 있는 건물이나 아파트 지역통제, 프라이버시, 편리정도, 소방 및 의무지원의 가용성 등을 고려한다.

㉤ 건물 관리인과 함께 건물을 점검한다. 출입구, 차량 진입구, 주차시설, 로비의 형태, 엘리베이터의 위치(동력실, 통제실 포함), 계단, 복도, 공기조화시설 및 전기시스템 등에 대해 점검한다.

㉥ 숙소에 대해서는 모든 버튼을 눌러보고, 모든 체인을 당겨보고, 모든 종류의 비품을 힘껏 눌러보고, 방안의 모든 품목들을 이동시켜 보고, 모든 창문과 문을 열고 닫아보며, 모든 시건장치를 열고 닫아보는 등 정밀점검을 실시한다. 경호대상자가 머무는 방의 모든 표면은 촉각을 통한 더듬거림으로 점검이 이루어져야 하고, 노출된 모든 선(Wire)은 그 근원을 찾아가 안전여부를 확인하며, 냉장고는 비우고 나서 다시 채우며, 방안의 모든 음식물과 음료수는 신뢰성 있는 출처로부터 획득된 것인가를 확인하여 처리하여야 한다. 만일 필요하다고 생각되면 폭발물처리반 등의 기술지원 하에 검사를 시행한다.

㉦ 민방위대피소와 화재 피난장치, 소방장비 등을 선정하고 필요하다면 소방대책을 강구한다.

㉧ 연회 및 리셉션장, 주방 및 식재료 저장지역에 대한 합동조사를 실시하고,

식재료 취급자와 모든 종사요원 등에 대해서는 지역경찰이나 유관기관과 협조하여 신원조회를 실시한다.

ⓩ 경호CP를 설치하기 위한 지역을 선정하고, 경찰 유・무선망을 포함한 통신망을 준비한다.

ⓧ 수행원에게 보내진 소포에 대한 검사와 확인된 소포를 특정한 수행원에게 전달해 주는 체계를 갖춘다.

ⓚ 경호대상자가 유숙하는 아파트의 상, 하층과 인접한 방에 믿을 만한 사람들이 투숙하고 있는가를 확인하고 필요하다고 생각되면 신원조회를 실시한다.

ⓣ 계획되지 않은 행차나 비상시 기동을 위해 수행팀장이 언제든지 이용할 기사가 가용한지를 확인하고 대비하여 둔다.

ⓟ 필요하다면 통제 및 출입제한지역을 설정하고 경호경비원을 배치한다.

ⓗ 필요하다면 도청방지전문가와 협조하여 도청장치에 대한 검색을 실시한다.

3) 단독주택의 경호근무요령

숙소경호근무에는 단독주택과 호텔의 경우를 고려할 수 있는데 단독주택의 경우는 행사장의 경우와 거의 동일한 요령으로 근무가 이루어지고, 야간근무를 하게 되므로 충분한 야간장비를 구비해야 한다.

4) 호텔 경호근무요령

(1) 기본적인 고려사항

호텔의 경우는 일반인에게 공개되어 있는 장소이며 더욱이 외국인들의 출입도 매우 빈번하기 때문에 특별한 조치가 필요하다

① 건물의 설계도나 평면도를 사전에 확보한다.

② 수행원을 위한 숙소를 선정한다. 인접한 건물 및 객실, 지역통제, 프라이버시, 커튼 폐쇄 및 창문차양(Window Shades) 등을 고려한다.

③ 시설배치를 잘 알고 있는 사람과 협력하여 출입구, 차량출입구, 로비, 엘리베이터, 계단, 복도, 난방시스템, 공조시설, 소방시설, 전기시스템 등에 대해 정밀조사한다.

④ 연회 및 리셉션 장소, 주방 등에 대해 안전점검을 실시한다.

⑤ 호텔종업원 등 서비스, 음식, 청소 등에 관련된 종사원들의 신원조사 및 안전교육 등 안전대책을 시행한다.

⑥ 평상시나 비상시에 경호대상자 관련자나 경호관련기관에 직접 연결가능한 보안전화 등 통신대책을 강구한다.

⑦ 경호팀의 지정, 제한구역에 대한 검문소 및 바리케이드 설치 등과 같은 모든 경호요소를 통합하여 운영할 수 있는 체계를 갖춘다.

⑧ 수행원에게 보내지는 소포에 대해 검사를 하며, 전화가 오는 곳이나 방문객에 대해서도 심사를 실시한다.

⑨ 소방대책에 대하여 합동점검을 실시한다.

(2) 기본 근무방침

① 호텔 경호 근무시는 경호대상자가 체재하고 있는 경우와 출입시로 구분하여 경호인력을 효율적으로 운용한다.

② 경호대상자가 체재 중일 때는 호텔의 평온을 유지하고 비노출로 은밀하게 제1선을 위주로 근무를 한다.

③ 출입시는 정문, 승하차장, 현관, 로비, 1층 승강기, 경호대상자 투숙층 및 직상 · 직하층, 옥상 등 경호대상자에게 접근이 가능한 지역 위주로 경호인력을 증가하여 운용한다.

④ 비상사태가 발생하였을 경우에는 호텔 내의 모든 사람의 유동을 완전히 통제한 후 경호CP의 통제에 따라 조치한다.

⑤ 경호에 특별한 주의를 하되 이용객들에게 불편을 주는 일이 없도록 최대한 유의 한다.

⑥ 경호대상자가 출입시에는 근거리에서 직접 위해를 가할 수 있는 요인에 유의해서 경계를 강화하여야 한다.

(3) 공간별 세부근무 요령

① 객실층 근무의 경우

㉠ 요인이 호텔에 체재시 근무자는 투숙객이나 종업원으로 위장하여 투숙자 현황을 파악하며 출입상황, 유동인원에 대한 감시활동을 한다. 경호CP의 지시가 있거나 필요한 경우에는 종업원을 가장하여 객실을 검색할 수 있다.

㉡ 요인과 그 일행의 전용층 및 상 · 하층으로 이르는 통로에 대하여 외부인 출입을

통제한다.

㉢ 각층에 설치된 비상통로와 소화전 등의 안전여부를 확인한다.

㉣ 옥상은 수색한 후 출입문을 잠그고 열쇠는 별도 보관한다.

㉤ 식당, 화장실 등 다중이 출입하는 곳은 시설주와 협조하여 종업원들로 하여금 확인토록 하되 근무자들도 배치하여 중복확인이 이루어질 수 있도록 한다.

② 안내대(Front Desk) 근무

㉠ 경호근무자가 종업원으로 위장하여 투숙객에 대한 최초 투숙단계에서부터 인상착의 등의 동향을 파악한다.

㉡ 요인이 투숙한 객실의 안전을 위하여 일반투숙자들의 객실을 조정한다.

㉢ 투숙객의 화물을 조사하기 위하여 필요할 때는 화물운반 종사원으로 위장하여 화물에 대한 검색을 실시한다.

㉣ 요인 출입시에는 1층 로비나 현관 통로에 위치하여 경계근무를 실시한다.

③ 식당, Coffee Shop, Lounge 등 위락시설 근무

㉠ 요인이 체재시에는 종업원이나 고객으로 위장하여 시설 내에서 자연스럽게 행동하면서 거동수상자에 대한 감시활동을 실시한다.

㉡ 요인이 이동할 경우에는 이동하는 통로 쪽으로 접근하여 시설내의 사람들을 감시한다.

㉢ 비상시에는 위락시설 내의 사람들이 유동하지 못하도록 통제하고, 경호CP의 지시에 따라 행동한다.

④ 지하층 근무

㉠ 지하의 상가 등 통로상에 유동하는 통행인에 대한 동향을 감시한다.

㉡ 기계실, 변전실 등 취약시설에는 관리자와 협조하여 관계자 외에는 출입을 통제한다.

㉢ 비상계단이나 승강기 등 상층으로 통하는 모든 출입통로를 통제한다.

⑤ 승강기 근무

㉠ 요인 전용의 승강기에 대하여 안전검측을 실시하고 시설주와 협조하여 사용을 통제한다.

㉡ 요인이 투숙하는 층에는 다른 승강기가 멈추지 않도록 시설주와 협조하여 기계를 조작하여야 한다.

㉢ 승강기에 동승하여 인원 및 화물에 대하여 점검한다.

5) 사저(Private Residences)

① 숙소의 관리자와 협력하여 건물 및 부대시설, 정원 등을 조사한다.
② 이웃에 대하여 되도록 은밀하고 신중하게 안전활동을 실시한다.
③ 지역경찰에 의한 체크를 위하여 고용원 및 식재료 공급자의 명단을 입수한다.
④ 음식물, 편의시설 및 통신 등에 대한 준비를 검토한다.
⑤ 지역경찰 및 경호원들을 지원하기 위한 포스트(Post)를 지정한다.

5. 연도경호

1) 연도경호의 개념

연도경호란 경호개상자가 행・환차할 것으로 예측되는 주・예비 연도에 대한 제반 위해 요소를 사전배제하는 활동을 말한다. 경호규정상 연도경호에는 육로경호와 철로경호로 구분하나. 통상 육로경호를 연도경호라 한다.

연도경호는 도로의 취약성 및 많은 군중의 집결, 교통관리 등으로 인해 다른 경호근무에 비하여 상당한 주의를 필요로 한다.

2) 연도경호의 취약성

(1) 고정된 연도의 취약성

연도는 주・예비도로를 선택하여 이용하지만 요인통과에 대한 예측을 쉽게 할 수 있어 일반시민과 함께 위해기도자의 은신, 접근이 용이하다. 또한 도로의 곡각지와 같은 일정한 장소 또는 근접한 고층건물에서 고성능화기를 조준하여 위해할 위험성이 크다.

(2) 폭발물 사용의 용이성

연도에는 하수구, 가로수, 공중전화박스, 전신주, 교량, 육교, 지하도, 터널, 고층건물 등 각종 물적 취약요소가 산재되어 있으므로, 폭발물 사용가능성과 원격조종장치의 가설이 용이하다.

(3) 반대방향 차량의 위해가능성

행・환차시 반대방향에서 돌진하는 차량이나 이면도로의 골목길에서 튀어나오는 차량 또는 사거리에 정차하고 있던 차량 등에 의한 위해가능성이 아주 높다. 따라서 최근 발생한 중동국가에서의 자살특공대 차량에 의한 테러와 같은 경우에 대한 연도경호 측면에서의 대책을 세워야 한다.

3) 연도경호 근무요령[137)]

(1) 정복근무자

정복근무자는 복장이 나타낼 수 있는 권위를 이용하여 군중을 정리하고 불순분자의 접근을 배제하며 경호근무에 대한 피경호자의 신뢰감을 우발시킬 수 있도록 근무에 임하여야 한다.

① 용모와 복장을 단정히 하고 근무에 임한다.

② 경호책임기관에서 지정한 간부급 이상은 권총과 실탄을 휴대하고 일반 경호경찰관은 비무장으로 경찰 기본장비만 휴대하고 근무에 임한다.

③ 담당구역 내에서 고정 또는 유동근무로서 연도에 운집한 군중을 정리하고 거동수상자를 감시한다.

④ 피경호자의 행차를 전후하여 골목에서 진입을 기도하는 차량이나 사람, 경사진 골목에서 굴러 나오는 드럼통 등 연도로 진입 가능한 인원 및 물체를 신속하고도 유연하게 제지한다.

⑤ 근무중 거동수상자 발견시는 주변에 인지되지 않도록 조용하면서도 신속하게 이면으로 인도하여 검문검색을 실시하여야 하며 근무지를 이탈하기 어려운 상황에서는 인근 사복근무자에게 은밀하게 인계하여 검문토록 조치하여야 한다.

⑥ 장시간 서성이는 자, 버스가 수없이 지나가도 타지는 않고 정류장에서 무료하게 기다리는 자, 행동이 불안하고 초조하며 남의 눈을 피하려 하는 자, 소지품을 들고 주위를 왔다 갔다 하는 자 등은 반드시 불심검문을 실시하여 신분을 확인한다.

⑦ 일반군중들에게는 경호의 목적상 필요 없이 불안감을 주거나 위화감이 생기지 않도록 검문검색에 신중을 기하여야 한다.

---

137) 경찰대학, 앞의 책, pp.315~320; 경찰종합학교, 앞의 책, pp.191~195; 이상철, 앞의 책, pp. 121~124.

⑧ 근무 담당구역 내의 화분대, 맨홀, 공중전화박스 등의 취약요소를 확인하고 위해여부를 판단하여 안전조치를 실시한다.

(2) 사복근무자

사복근무자는 원칙적으로 비노출 은밀경호를 실시한다. 따라서 사복근무자는 주위환경에 맞는 복장을 착용하고 군중 속에 연도경호의 안전을 도모하기 위하여 인적 위해요소 및 물적 취약요소에 대한 감시활동을 실시한다.

① 복장은 주위환경에 맞도록 착용하고, 무기 및 휴대장비는 정복과 동일하다.

② 경호책임구역 내에서 유동근무를 계속하며 신원불심자에 대한 검문검색으로 불순분자의 색출한다.

③ 정신이상자, 주취자 등의 조기발견에 의한 사전제거, 물적 취약요소의 파악에 의한 안전점검 실시, 취약건물 등의 봉쇄에 의한 안전한 상태 유지, 경호제대에 돌발적으로 접근을 시도하는 사람이 있을 때는 신속하면서도 유연하게 제거하는 등의 경호안전활동을 실시한다.

(3) 육교 근무자

① 육교의 난간과 계단을 점검하여 불안전 여부를 확인한다.

② 육교의 위해물 배치 및 부착여부를 확인한다.

③ 통행인과 동일행동으로 왕래하면서 감시활동한다.

④ 정신착난자 투신 또는 불순물 투기에 주의한다.

⑤ 육교 위에서 통행인이 밑을 내려다보지 않도록 자연스럽게 유도한다.

⑥ 입구주변에 운집되는 운행인은 자연스런 상태로 대기토록 유도한다.

(4) 교량 근무자

① 교량 양측과 상하에 엄한 안전점검을 실시하고 위해물질의 설치, 매설 부착여부를 치밀하게 조사한다.

② 인도가 분리되지 않은 교량은 통행인을 통제하고 인도가 분리된 교량은 통행을 허용하되 동행하면서 감시한다.

③ 교량 밑이나 주변에서 배회하는 자에 대한 검문을 철저히 한다.

(5) 터널근무자

① 터널 내・외부에 대한 안전점검을 실시하고 위험물질 설치여부를 확인한

다. 특히 터널의 외부에 대하여는 정밀 수석을 실시하여 안전을 확보하여야 한다.

② 경호제대 통과 직전에는 터널입구의 좌・우측에 위치하여 차량 및 통행인을 통제한다.

③ 터널입구와 출구를 직시감제할 수 있는 지역에 대한 안전을 확보하여야 한다.

(6) 고층건물봉쇄 근무자

고층건물의 취약성은 건물 내에서 행사장・숙소 및 연도를 직시감제함으로써 위해행위를 할 수 있다는 데 중점을 둔다. 따라서 근무자는 인적 위해요소의 접근을 방지하거나 물적 취약요소의 설치 은닉여부를 확인하여 제거하여야 한다.

① 건물내부구조를 확인하여 은폐된 지점을 조사한다.

② 사용하는 내부 구조물은 사용자 및 관리책임자와 협조하여 통제를 철저히 한다.

③ 사용하지 않는 내부구조물에 대하여 시건장치를 확인하며 내부에 위험물 등의 은닉여부를 확인하고 통제를 철저히 한다.

④ 건물내부의 화분이나 기타 투척 가능한 물건 등은 사전에 협조하여 제거조치한다.

⑤ 세탁물이나 커튼 등 시계장애물은 사전에 제거토록 조치한다.

⑥ 건물관리자와 내부에 상주하는 인원들과 협조하여 거동수상자 발견시에 신고할 수 있도록 조치한다.

⑦ 피경호자를 볼 수 있는 방향의 창문은 완전히 봉쇄하고 창문에서 외부 쪽으로 쳐다보지 못하도록 통제한다.

⑧ 구간 근무책임자와 연락수단을 강구하여 수시 변동되는 상황에 따라 보고 및 지시를 받을 수 있는 체제를 갖춘다.

(7) 감시조

감시조는 고층건물이나 행사장 옥상에 위치하여 시계 내의 취약요소를 감시함으로써 위험요소를 사전에 발견, 예방하는 근무로서 관찰하는 요원, 이상유무 발견시 보고하는 요원 그리고 암살범이나 테러분자 등의 인적 위해분자가 위해활동을 할 경우 저격할 수 있는 저격요원으로 편성한다.

① 관찰수는 망원경이나 쌍안경 등 원거리 감시장비를 휴대하여 주변의 감시

거리 이내 지역을 계속적으로 감시함으로써 위해요소를 발견하는 임무를 수행한다.

② 위해요소 발견시 상황이 급박할 경우에는 저격수로 하여금 저격할 수 있도록 조치를 한 후에 보고를 실시하며 시간적 여유가 있는 상황에서는 연락수로 하여금 보고케 하여 지시를 받아 조치를 해야 한다.

③ 저격수는 원거리를 정밀하게 사격할 수 있는 특수제작된 총을 휴대하고 인적 위해분자의 위해활동 발견시 상황에 따라 저격임무를 수행한다.

④ 연락수는 책임간부와 무선통신망을 구성하여 거동수상자, 위해 및 특이사항 발견시 즉시 보고하고 지시에 따라 조치를 한다.

⑤ 감시요령은 근거리에서 원거리로 좌에서 우로 또 우에서 좌로 중첩되게 관측하되 계속 반복하여 전 지역을 빠짐없이 감시하여야 한다.

(8) 비상대기조

비상대기조는 경호행사 도중 예기치 못한 돌발사태나 비상사태가 발생하였을 때를 대비하기 위하여 편성 운용한다. 이러한 비상대기조의 임무는 갑자기 연도주변에서 집단사태가 발생한다든지, 피경호자에게 위해를 가하기 위한 상황이 발생하는 등의 돌발사태가 발생하였을 때 즉시 현장으로 출동하여 사태를 진압하는 것이다.

① 편성인원은 통상 분대규모로서 지휘자와 조원으로 구성되며 지휘자는 임무수행시 조원들을 지휘하여 주어진 임무를 수행한다. 지휘자는 경호지휘관의 지시를 받기 위하여 반드시 통신망을 구성하여야 한다.

② 개인장비로는 전원 소총을 휴대하고 실탄은 지휘자가 통합보관하며 유사시 사용하도록 한다. 신속한 출동을 위하여 전원 차량에 승차대기 한다.

③ 배치장소는 연도구간의 중앙에 교통이 편리한 곳을 선정하여 신속한 출동이 가능하도록 배치하되 비노출로 대기한다.

(9) 기동예비대

기동예비대라 함은 경호계획에 의하여 경호를 실시하는 과정에서 상황의 변동에 따라 병력이 추가로 더 필요하게 되거나 새로운 임무를 수행해야 할 경우에 대비하여 준비를 하는 부대로서 비상대기조와 유사한 내용의 임무를 수행할 수도 있는 것이다.

가용병력에 따라서 변동될 수 있으나 통상병력규모는 소대규모이며 이동할 수 있는 차량, 지시를 받고 보고할 수 있는 통신망 구축 등의 조치를 강구해야 하며 경호본부와 근접한 곳에서 대기하다가 상황에 따라 임무를 부여받고 수행한다.

6. 돌발사태의 대응

1) 돌발사태의 의의

(1) 돌발사태의 개념

돌발사태란 어떠한 일이 예기치 못하게 발생하는 것을 의미하며 경호수행 도중 갑작스럽게 발생되는 각종의 위해 상황들, 즉 직접적인 위해공격, 군중의 혼란상황, 예기치 못한 교통사고, 화재사고 등을 말한다.[138)]

(2) 돌발사태의 특성[139)]

① 사전예측의 불가능성(비예측성)

② 극도의 혼란상태 야기(무질서 · 대혼란)

③ 즉응적 대응의 요구

④ 자기보호본능의 발동

2) 돌발사태시 대응방법

(1) 돌발사태의 대응순서

돌발사태가 발생하면 경호요원들은 상황 인지 후 경고 - 방벽형성 - 방호 및 대피 - 대적 및 제압의 순서에 의해 신속히 상황에 대처한다. 여기서 돌발사태에 대응하는 경호원은 공격 및 제압의 방법보다는 방어적 대응방법을 우선적으로 작용하여 1차적인 직접위해를 회피하고 현장을 신속히 이탈하여야 한다.[140)]

① 육성경고(Sound-Off)

무기에 의한 공격이 가해지면 이를 인지한 최초 인지자는 언어상의 경고를 신속히 전파한다. 경고는 통상 “뒤에 화기!(Weapon Rear)”, “앞에 물체!(Object

---

138) 염상국(1997)은 돌발사태에 대한 대응을 ‘비상사태’라는 용어로 사용하고 있고, 양재열(1995)과 이상철(1998)은 ‘우발상황’이라는 용어를 사용하고 있다.

139) 염상국, 앞의 논문, pp.69~70; 앞의 책, p.135.

140) CID, 앞의 책, pp.47~48; 양재열, 앞의 논문, pp.70~80.

Front)" 등과 같은 지향성 용어로 하는 것이 일반적이며, 다음과 같이 세 가지 기본경고로 표현된다.

○ 총기(Gun) : 이 경고는 총기의 출현이 발견되었을 때 이루어진다.

○ 무기(Weapon) : 이 경고는 칼이나 곤봉, 병 등 공격자가 소유하고 있는 잠재적인 무기에 대해서 사용된다.

○ 물체(Object) : 이 경고는 공중에서 날아오는 물체에 대하여 사용되는데 일반적으로 손, 몸 또는 발로써 던져진 물체를 막아내고 되도록 그 물체를 곤봉 등을 이용 아래 방향으로 또는 멀리 쳐낸다.

② 엄호(Cover)

엄호는 세 가지의 형태로 이루어지는데 첫째는 근접대형을 형성하고 있는 경호원들이 수행팀장의 지시에 따라 긴급대형으로 대형을 변경함으로써 경호대상자를 엄호(Cover)한다. 둘째는 방어임무가 부여된 경호원은 손이 미칠 수 있는 거리 내의 무기에 대하여 대응하는 것을 제외하고는 그 위치를 떠나서는 안 되며 취약한 공백을 형성해서도 안 된다. 이러한 상황이 발생하면 남아 있는 경호원들이 상대적인 위치를 조정함으로써 대형 내의 공백을 엄호(Cover)한다. 셋째는 위기에 처한 경호원을 돕기 위하여 대형을 이탈해서도 안 된다.

③ 이탈(Evacuate)

공격이 진행되고 있는 위험지역으로부터 경호대상자를 대피시키는 과정이다.

(2) 대응원칙 및 요령[141)]

① 촉수거리 원칙

촉수거리원칙(Arms Reach Principle)은 무기를 소지한 공격자가 손이 미칠 수 있을 정도의 가까운 거리에 있다면 공격자와 가장 가까이 위치하고 있는 경호원이 가장 신속히 대응한다는 원칙이다. 그러나 그 거리가 그 이상이 된다면 경호원들은 긴급경호대형인 방어적 원형대형 등을 이용하여 경호대상자를 보호하는데 중점을 두고 수행팀장의 지시에 따라 다른 적절한 행동을 취한다.

② 체위확장의 원칙

141) CID, 앞의 책, pp.45~46; 양재열, 앞의 논문, pp.88~97; 이상철, 『경호현장운용론』(인천: 진영사, 2008), pp.265~271.

체위확장의 원칙(body Expand principle)이란 돌발사태발생시 경호원 자신의 몸을 은폐하거나 엄폐하지 않고 최대한 노출·확장시켜 경호대상자에 대한 방호효과를 극대화 하면서 공격방향으로 대응하여야 한다는 원칙이다.

③ 공격자 제압요령

공격자의 무기에 대응할 때에는 경호대상자를 등지고 자신의 몸으로 경호대상자를 방호해야 한다. 가능하다면 범인의 무기(특히 권총인 경우에)를 움켜잡고 아래 또는 옆으로 힘을 가해 경호대상자에게 지향된 총구의 방향을 바꾸도록 해야 한다. 경호대상자가 현장을 이탈할 때까지의 이와 같은 행동이 범인에 대한 무장해제 조치보다도 으선적으로 한다. 일반적으로 평범한 사람에게 있어서 치명적인 부위(Vital Target Area)는 머리끝에서 낭심까지 가로 15인치, 세로 31인치가 해당되는데 만일 범인의 무기가 수행경호원의 손이 미칠 수 있는 지근거리에 나타나면 아래 또는 옆으로 힘이 가해 이러한 치명부위에 공격이 가해지는 것을 방지하도록 한다.

□ 공격자의 총구방향을 아래쪽으로 눌러야 하는 이유
○ 위로 제치는 경우보다 공격자에게 있어서는 근육의 저항력이 약하며
○ 경호대상자의 머리 쪽에 가해되는 가능성을 최소화할 수 있고
○ 경호요원이 공격자의 팔과 무기를 통제라기 훨씬 용이하기 때문
□ 총구방향을 옆으로 비껴야 하는 이유
○ 치명적인 부위에 지향되는 것을 보다 빨리 피할 수 있으며
○ 치명적인 부위에 있어서 가로가 세로보다 그 폭이 훨씬 좁기 때문
공격무기가 38구경 리볼버 종류의 경우 경호원은 권총의 실린더 부분을 꽉 움켜쥐어 실린더가 돌아가는 것을 막아서 사격이 불가능하도록 한다.

③ 공격이 진행되는 동안 경호팀은 적들이 좀 더 용이한 공격여건을 조성하기 위하여 경호원의 주의를 먼 곳으로 전환시키기 위해 시도하는 위기조성 계략이나 양동전술에 대비하여야 한다.

④ 수행경호원은 반지, 시계 또는 기타 보석 장식류를 착용하지 말아야 한다. 군중으로 혼잡한 상황 하에서는 쉽사리 손을 잡힐 수 있고, 분실, 도난을 당하기 쉽다. 특히 통로개척을 해야 하는 상황 하에서는 더욱 그렇다. 또한 군중으로 혼잡한 상황 하에서는 경호원들의 화기 및 장비(무전기, 수갑 등)를 보호하는데 특별한 경각심이 요구된다.

⑤ 경호원들은 근무복, 예복 또는 캐주얼 복장 등을 망라하여 경호대상자가 착용한 의복의 종류와 조화될 수 있는 복장을 착용해야 한다. 또한 경호원들은 악천후에 대비한 복장이나 도구가 준비가 되어 있어야 하는데, 경호원은 악천후시 경호대상자가 비행기 또는 차량으로부터 하차하여 이동할 때 사용할 수 있도록 우산과 같은 도구를 미리 준비하여야 한다. 착용할 신발도 중요한 고려사항 인데 가죽창의 신발은 고무창의 신발보다 수축이 적다는 점을 고려하여야 한다.

(3) 돌발사태시의 긴급경호대형[142)]

① 긴급경호대형의 개념

긴급경호대형(Emergency Formations)은 경호실시 중에 발생하는 예기치 못했던 돌발사태에 대응하여 신속히 취해지는 경호대형으로 일반적으로 도보이동 중이나 행사 중 취하는 경호대형과는 차이를 지닌다.

돌발사태가 발생되면 경호대상자나 경호대형 그 자체에 직접적인 공격이 가해지기 때문에 우선적으로 경호대상자에 직접적인 위해가 미치지 못하도록 반사적으로 인적 방벽을 형성하는 것이 중요하다. 이때 가장 가까운 지점에 있던 경호원이 인적 방벽을 형성하고, 다른 경호원들은 이러한 대응행동을 취하는 경호원에 의해 발생된 공백을 메우기 위해 최초위치를 조정해야 한다.

경호원이 위협요소에 대응을 하거나 다른 경호원을 지원하기 위해 경호대상자가 보호되지 않은 채 홀로 남아 있는 상황이 있어서는 절대 안 된다. 직접적으로 대응하는 경호원은 물론 주변의 정복경찰관이나 주변에 배치된 경호원들은 경호대상자가 위험스런 현장을 즉각 이탈할 수 있도록 지원하는 체계를 사전에 갖추고 있어야 한다.

② 함몰형 대형

함몰형 대형(Cave-in Formation)은 경호대상자에 대한 공격징후가 현저하고 특히 공격의 방법이 수류탄과 같은 폭발물에 의한 것이라고 판단되는 경우 경호대상자의 신체를 공격수단으로부터 우선적으로 보호하고자 하는 방어

142) CID, 앞의 책, pp.43~44; 염상국, 앞의 논문, pp.72~74; 이상철, 앞의 책(경호현장운용론), pp.260~262

적 대형이다. 이 대형은 경호원들이 자신들의 몸으로 경호대상자를 외부에서 보이지 않을 정도로 감싸 덮어버리는 형터의 대형으로 이때 내부의 경호대상자는 상황 이후 바로 이탈이 가능하도록 대형 내에서 약간 쪼그려 앉은 자세를 취한다.

③ 방어적 원형대형

방어적 원형대형(Defensive Circle Formation)은 직접적인 위협상황 하에서는 경호대상자의 대피를 우선적으로 고려한 대형으로 군중 속에 있던 경호대상자가 빠져 나오는데 가장 좋은 긴급대형이다.

이 경호대형은 상황이 발생되면 순간적으로 경호원들이 각자의 등을 안쪽 방향(경호대상자 쪽)으로 하고 옆의 경호원과 팔짱을 낀 채 원형스크럼을 유지하여 이동하는 경호대형이다. 이때 경호대상자는 외부공격으로부터 최대한 작은 표적면적을 유지하도록 무릎을 구부려서 자세를 낮추도록 해야하고 하고, 이동시 경호원들은 이동할 방향에 있는 2명의 경호원으로 하여금 등을 들이대도록 하여 이동하고, 이동방향의 두 경호원은 엉덩이와 등을 이용하여 군중들을 밀고 나아가며, 측면의 드 경호원은 이동방향의 두 경호원을 밀어 주면서 균형을 유지하도록 도와준다. 후미의 경호원은 경호대상자가 대형 밖으로 밀려나지 않도록 힘을 유지한다.

이 대형 하에서는 원형대형의 견고성을 유지하는 것이 중요하며, 경호대상자에 대한 형식적인 의례는 무시한다. 이 경호대형의 목표는 오로지 경호원의 신체를 하나의 완충장치로 이용하여 위해자의 공격행위로부터 경호대상자를 방호하는데 있다.

제5절 경비작용

1. 공경비의 개념

1) 공경비

(1) 광의의 개념

법집행과 관련한 강제권(경찰, 검찰, 법무부, 국정원, 보건복지부, 산림청 등)을 갖고 개인의 생명과 재산 보호, 사회질서유지, 국가체제유지에 관련된 업무를 수행하는 제반활동들을 말한다.

(2) 협의의 개념

일반적으로 경찰에서 수행하는 경찰경비 활동을 말한다.

(3) 경호상의 경비범위

특정지역(경호대상자와 관련된)에 대한 경비, 순찰, 방비행위를 말한다.

2) 국가원수 공관 및 숙소 경비

① 경비배치의 내부, 내곽, 외곽 구분 실시
② 출입통제반 설치
③ 면담요청자, 종업원, 투숙객관리
④ 비상구, 비상통로 등 확보
⑤ 주차장 질서유지와 경계
⑥ 도보순찰조와 기동순찰조
⑦ 안전조사 및 위해요소 봉쇄 등

3) 경찰경비작용

(1) 경비경찰의 개념

경비경찰이란 국가비상사태 또는 긴급사태 등 경비사태가 발생하거나 발생 우려가 있을 때 각종의 위해를 조직적인 경비경찰의 부대작용으로서 예방, 경계, 진압하는 임무를 수행하는 경찰활동을 말한다.

(2) 경비경찰의 특징[143)]

① 처리기한이 없는 경찰업무이다.

② 조직적인 부대활동이다.

③ 하향적 명령계통

④ 복합적 기능 수행

(3) 경비수단의 원칙[144)]

① 균형의 원칙 : 적은 경비력의 투입으로 최대의 경비효과를 산출

② 위치의 원칙 : 적보다 유리한 위치 점유

③ 적시성의 원칙 : 상대방의 허약한 시점을 선택, 집중적인 공세

④ 안전의 원칙 : 인명피해의 최소화

(4) 경비경찰의 유형

① 치안경비 : 범죄와 관련한 소요사태 등

② 재해경비 : 홍수, 태풍 등

③ 혼잡경비 : 행사장 등의 질서유지

④ 경호경비 : 신변보호

⑤ 시설경비 : 일정한 시설의 보호

⑥ 특수경비 : 테러, 인질 등

⑦ 비상경비 : 비상사태시

※ 비상사태의 종류

ⓐ 갑종사태 : 전쟁수준의 적침투 사태의 발생, 극도의 사회적 혼란으로 계엄의 선포(계엄사령관 관장, 책임)

ⓑ 을종사태 : 각 지역으로 무장공비의 전반적인 침투가 행하여질 때로 경찰력만으로는 감당키 어려워 군이 투입되는 경우(국방부장관 관장, 책임)

ⓒ 병종사태 : 일단의 무장공비의 침투가 예상되거나 또는 부분적인 기습, 파괴, 살상 등이 발생, 경찰력만으로 수습이 가능하거나 소수의 군병력만으로 진압이 가능한 경우

143) 경찰대학, 앞의 책, pp.6~9.

144) 김봉의 외 1인, 앞의 책, pp.26~27; 김두현, 앞의 책, p.331; 경찰대학, 앞의 책, pp.146~147.

(5) 경찰경호활동

① 경호경찰관의 임무

㉠ 환송영 군중을 질서 있게 정리, 감시

㉮ 대상별 정리요령

ⓐ 환송영 군중의 정리

ⓑ 분산유도

ⓒ 취약지점의 원천적 봉쇄

ⓓ 교차로 등의 정리

ⓔ 버스정류장의 통제

㉯ 활동별 요령

ⓐ 군중동태의 관찰 철저

ⓑ 검문검색 강화

㉡ 사전에 교량 등 취약지역 안전검색 및 안전유지

㉮ 연도변 좌우 50m 특별방범심방

㉯ 숙소 및 행사장 반경 600m 특별방범심방

㉢ 책임지역 내 돌발사태시 즉응대처(선조치 후 보고)

㉣ 적절한 출입자 통제로 불순자 색출 전력

㉤ 경호보안 철저

㉥ 검문검색 철저

② 경호경찰관의 정신자세

㉠ 경호의 특수성과 중요성에 대한 인식

㉡ 주도면밀한 주의력 배양 및 불굴의 정신함양

㉢ 경호원 상호간의 유기적 협조

㉣ 품위유지

㉤ 경호기술의 숙달 및 관계법령의 숙지

2. 민간경비작용

1) 민간경비의 의의[145)]

(1) 민간경비의 개념

① 실질적 개념

○ 실질적 의미의 민간경비는 국민의 생명과 신체, 그리고 재산보호, 질서유지를 위한 일체의 활동을 의미한다.

○ 이러한 범위에서는 경찰이 수행하는 경비활동과 본질적으로 차이가 없다. 다만 주체 면에서 민간과 국가라는 차이만 있을 뿐이다.

② 형식적 개념

○ 형식적 의미의 민간경비는 실정법인 경비업법에 규정하는 업무를 수행하고, 이 법상 인정된 법인에 의해 수행되는 활동을 말한다.

○ 이때에는 경찰과 민간경비는 명확히 구별되며, 실질적 의미의 민간경비활동과 일치되지 않는 면도 많다.

③ 민간경비의 개념정의

○ 민간경비란 법인이나 경비원이 민간인 신분으로 고객(client)의 요청에 의하여 범죄예방을 위한 상품으로 고객으로부터 받은 보수만큼 안전에 대한 경비서비스를 제공하는 것이 있다.

○ 즉 민간경비는 ① 특정의뢰자(specific client)와 영리성, ② 강제권의 미보유, ③ 범죄예방을 그 핵심내용으로 한다.

(2) 민간경비와 공경비의 상호비교

구분	공경비	민간경비	상호관계
주체	국가	법인(경비회사)	
대상영역	불특정 일반국민	용역의뢰인 및 단체	공권력보조관계 ↓ 상호보완관계
경비부담	국가	용역의뢰자	
보호이익	불특정 일반국민	용역의뢰자(제한적일반인)	
강제권 여부	보유	미보유	
역할범위	범죄예방/법집행	범죄예방	

145) 김계원 · 서진석, 앞의 책, pp.16~18.

(3) 민간경비와 경호작용

① 현재 전국의 등록된 민간경비업체는 2015년 말 기준 4,449개이고, 경비원수는 153천 명에 달하고 있다. 전국의 국가중요시설뿐만 아니라 일반 국민의 생활공간인 건물의 대부분은 민간경비에 의해 범죄예방 등의 경비활동이 이루어지고 있다.

〈표〉 민간경비업체 현황(2015년 12월 기준, 개)

구분	업체 수	업종 계	시설경비	호송경비	신변보호	기계경비	특수경비
'15년	4,449	5,203	4,338	38	540	146	141

※ 1개 업체가 2개 이상의 업종 영업 가능

〈표〉 경비원 현황

연 도	'11년	'12년	'13년	'14년	'15년
경비원 수	146,286	150,030	151,739	150,543	153,767

※ 경비원 현황(명) 경비업체 현황(개)

② 따라서 대통령경호나 주요인사에 대한 경호업무 수행에 있어 점차 경호협력기관으로서 민간경비는 매우 중요한 위치를 차지하고 있고, 정치인, 주요 경제인사 등과 같은 민간인의 경호 분야에서는 중추적인 역할을 수행하고 있다.

③ 민간경비의 역할은 공경호 분야와 민간경호 분야에서 약간의 차이를 보이는데 대통령경호와 같은 공경호 작용에 있어서 민간경비는 주로 2선에서의 안전대책을 요하는 중요시설경비의 보조적 역할과 일부 전문기술을 요하는 분야에서의 민간전문가로의 참여 형태로 이루어지고 있다. 미국비밀경호국의 경호에 있어 선발팀의 일부는 민간전문가로 구성되어 운영되고 있는 것으로 알려져 있다. 물론 민간경호 분야에 있어 민간경비는 신변보호경비라는 업무영역으로 중추적인 역할을 담당하고 있는데 국가적인 주요 스포츠 행사나 정치인의 방문, 대규모 콘서트 등에서 관련 인사에 대한 경호업무를 담당하고 있다.

2) 민간경비의 역할과 임무영역

(1) 일반적 역할

① 시설경비업무 : 도난방지 및 시설보호를 위한 경비활동
② 혼잡방지를 위한 질서유지업무 : 질서유지를 위한 군중 및 차량통제활동
③ 신변보호업무
④ 호송경비업무 : 귀중품 등 가치 있는 물건의 이동 중 안전유지활동
⑤ 화재예방 및 통제업무
⑥ 비상 및 재난통제업무
⑦ 정보조사 및 탐정업무

(2) 실정법상 임무범위(경비업법 제2조)

① 시설경비업무
② 호송경비업무
③ 신변보호업무
④ 기계경비업무
⑤ 특수경비업무(2001.4.6 개정)

3) 시설경비작용[146]

시설경비서비스는 가장 보편적이고 고전적인 형태의 경비서비스로 경비서비스의 기본이 되는 경비형태이다. 일반적으로 시설경비활동은 대상 시설물에 대한 외부침입의 방비와 내부인에 의한 범죄행위 방지, 그리고 시설물의 화재예방과 시설관리, 출입인원에 대한 통제 및 안내서비스 등이 주 업무이다.

(1) 시설경비시 고려사항

기본 원칙	○ 시설경비계획에 의한 경비 ○ 경비위해요소의 사전확인 · 숙지 ○ 적절한 방호시설물의 이용 ○ 신속한 경보전달

146) 김계원 · 서진석, 앞의 책, pp.118~125.

고려 사항	○ 시설물의 특성 및 구조 – 예 : 시설물의 구조 · 건축양식 · 오래된 건물과 최신 건물 여부 · 사용건축재료 · 지상 및 지하 · 단층 및 고층 등 ○ 시설물의 용도 및 내부 귀중품 – 예 : 주거용건물 · 공장건물 · 상가건물 · 금융시설 · 학교건물 ○ 시설물 내부구성원의 업무형태 및 행태 ○ 시설물출입 인원의 특성 ○ 시설물 주위환경

(2) 시설경비원

기본 임무	○ 시설물을 출입하는 사람 및 차량의 안내 및 통제 ○ 시설물내의 주차장 정리 ○ 시설물의 방범상 취약지역의 순회, 점검 ○ 내부구성원 범죄에 대한 대처 ○ 시설물내의 화재예방 조치
기본 자세	○ 경비업무의 사회적 사명 인식 ○ 정확한 역할인식 ○ 담당 경비업무의 내용 및 절차 숙지 ○ 기밀의 유지 ○ 강한 책임감 ○ 직무상의 지식 · 기능의 연마 ○ 관련법규의 숙지 · 준수 ○ 단정한 복장 · 몸가짐 ○ 예의바른 행동과 말투 ○ 호신용구의 적정 휴대 ○ 적절한 건강관리
기본 장구	○ 일반경비원 경봉, 호루라기, 분사기 ○ 청원경찰, 특수경비원 경봉, 호루라기, 분사기, 총기

(3) 시설물 외곽경비활동

외곽경비의 근본목적은 대상시설물에 대한 외부로부터의 범죄의도를 가진 자의 접근을 제지하여 내부의 시설 · 물건 및 사람을 보호하기 위한 것이다. 이때 가장 우선적으로 고려되는 것이 대상시설물의 폭넓은 위해조사분석을 토대로 한 시설물에 대한 물리적인 보호라 할 수 있다.

이러한 시설물외곽경비 요소로는 외곽방호시설물 활용, 출입구통제, 건물자체경비, 시설물내부구역경비 등이 있다.

① 외곽 방호시설물의 이용

외부 침입자에 대한 경비는 대개 시설물의 경계지역에서부터 시작되는데, 시설물의 경계지역은 시설물 자체의 특성과 위치에 의해 결정된다. 따라서 이의 정확한 파악과 이용은 외곽경비에서 대우 중요하다. 방호시설물은 경비대상시설물의 외부위협을 효과적으로 차단하기 위한 자연물 또는 인공적 구조물로 이의 적절한 이용은 효율적인 경비의 전제가 될 수 있다. 방호시설물의 대표적인 것이 장벽으로 외부침입데 대한 가장 일선의 차단물로서 자연적 장벽과 인공적 장벽이 있다.

② 출입구 통제

출입구는 시설물을 출입하기 위해서 일반적으로 거쳐야 하는 최초의 통로이다. 통상적으로 외부로부터의 침입은 이러한 출입구를 통할 수밖에 없다. 출입구는 건물의 구조에 따라 두 가지로 나누어 볼 수 있는데 하나는 건물과 외부환경 사이에 내부구역(일반적으로 정원, 마당, 주차장 등)이 존재하는 경우 출입구는 외곽출입구와 건물출입구의 2중의 출입구가 있고, 내부구역이 없이 외부환경과 건물이 직접경계를 이루고 있는 경우 건물출입구 하나만 존재한다. 경비요소로는 ① 외곽정문, ② 외곽후문, ③ 건물정문, ④ 건물후문, ⑤ 지하주차장입출구, ⑥ 상하수도인입구, ⑦ 건물창문, ⑧ 건물로 연결된 배수시설, ⑨ 배기시설, ⑩ 쓰리기 투하구, ⑪ 옥상출입문, ⑫ 건물외벽시설물, ⑬ 주차용 엘리베이터 등이 있다.

③ 내부구역경비 활동

시설경비상의 내부구역이란 외부환경과의 경계지점인 담이나 화단 등에서 본 건물 사이의 구역으로 주로 정원이나 주차장, 물품들을 적치하는 빈 공간 등으로 이루어진다.

경비상 이 지역은 외부환경과 본 건물 사이의 완충지대로 물품들을 적치되어 있는 경우 이에 대한 경비활동이 요구되며, 이 지역의 적절한 경비조치는 본 건물을 외부침입으로부터 보호하는데 매우 유용하게 작용된다. 평상시에는 주차공간으로 이용되는 경우가 닳으므로 이의 적절한 관리 또한 경비요소 중 하나이다. 경비요소로는 내부구역내의 조명, 보안등 상태, 주차장 통제, 인접건물과의 거리, 접근 가능성, 적치된 물품 여부, 경비초소로부터의 사각지대 여부 등이 있다.

(4) 시설물 내부경비 활동

시설물내부경비란 건물자체에 대한 경비로 건물에 대한 출입통제, 출입문·창문에 대한 보호조치, 건물내부의 서류 및 물품에 대한 보호조치 등이 포함된다.

① 출입통제

출입문은 건물내부로 들어오는 가장 보편적인 통로로, 평상시의 출입자에 대한 통제와 출입문의 물리적 안전성 확보·시건 여부의 확인점검 등이 중요하다. 경비요소로는 사람 및 소화물의 출입통제, 출입차량의 통제, 출입문의 물리적 안전성, 출입문의 시건상태 점검 및 확인, 중요도에 따른 출입구역의 구분, 비상구의 확인 및 구별 시설 등이 있다.

② 창문보호

범법의도를 가진 대부분의 침입자들이 건물내부로 들어오기 위해 가장 쉽게 이용하는 통로가 창문이다. 이러한 창문에 대해서는 창문의 물리적 파괴로부터 보호될 수 있는 물리적 대책과 정기적인 확인·점검이 필요하다. 경비요소로는 창문의 물리적 내구성, 창문의 잠금장치, 경보시스템 등이 있다.

③ 내부서류 및 물품 보호조치

안전설비는 그 사업장의 규모나 보호해야 할 물품의 특성에 따라 달라진다. 문서종류의 경우에는 일반적으로 화재예방과 절도방지의 두 가지 목적을 위해 안전장치가 설치된다. 그러나 이 두 가지를 완벽하게 만족시킨다는 것은 사실상 어려운 일이기 때문에 양자 가운데에서 가장 중요하다고 생각이 되는 부분에 보다 집중하는 방식을 채택한다. 그리고 해당 경비원이나 관리인에게 개개의 안전장치를 제대로 사용할 수 있는 방법을 제시해야 함은 물론이고 사용방법이나 기술에 대한 평가를 내림으로써 활용기술과 분야를 보다 넓히도록 해야 한다. 경비요소로는 서류함의 안전, 금고의 안전, 문서고의 안전, 중요물품 보관실의 안전 등이 있다.

제6절 사후(事後)평가활동

1. 경호평가활동

경호활동은 수많은 자원과 조직, 그리고 다양한 요소들이 복합적으로 이루어지는 복합적 활동이다. 어떠한 행사에 임하여 경호수행상황이 모두 계획된 대로 이루어지지는 않는다. 그런데 이러한 계획과의 괴리현상의 고착화는 다음 경호활동에 치명적인 영향을 미치는 경우가 있다. 따라서 경호종료 후 수행상 나타난 잘잘못에 대한 평가활동이 요구된다.

2. 보고서 작성

평가활동에 부수하여 보고서작성이 수반된다. 보고서는 각 임무별 담당자들이 경호임무수행간의 모든 사항에 관하여 육하원칙에 의거 작성된다.

기출 및 적중 예상문제

제1절 경호작용의 의의

경호작용의 개념/경호작용의 구성체계/경호작용의 구성요소/경호작용의 절차(단계)

01. 다음 중 경호작용의 기본적인 고려요소의 내용으로 옳지 않은 것은?

① 계획수립 ② 책 임
③ 자 원 ④ 위해분석

해설 일반적으로 경호작용의 기본요소로는 계획, 책임, 자원, 보안 등을 들고 있다.

02. 경호작용에 관한 설명으로 틀린 것은?

① 안전대책작용은 행사지역 내·외부의 취약요소에 대한 안전대책을 강구하고, 안전점검, 검측작용 등 통합적인 안전작용을 말한다.
② 경호와 관련된 인원, 문서, 시설, 지역, 통신 등에 대해 위해기도자로부터 완벽한 보호대책을 수립하여 보안을 유지해 나가는 것을 경호정보작용이라고 한다.
③ 안전조치는 경호행사시 경호대상자에게 위해를 줄 수 있는 위해물질을 안전하게 관리하는 것을 말한다.
④ 안전조치가 이루어진 상태를 계속 유지하기 위하여 통제작용을 하는 것을 안전유지라고 한다.

해설 ②번 예문은 경호보안작용에 대한 설명이다.

03. 다음 중 경호임무수행의 기본적인 절차에 포함해야 하는 요소가 아닌 것은?

① 행사일정 ② 협조체제 구축
③ 위해분석 ④ 경호대상자의 인적사항

정답 01. ④ 02. ②

해설 경호임무상 포함요소로는 통상임무수행, 행사일정, 포괄적 계획, 협조체제 및 연락체제 구축, 정보수집 및 위해분석, 경호실시, 경호평가, 보고서 등이 있다.

04. 다음 중 경호활동시 기본적으로 고려되어야 하는 사항이 아닌 것은?

① 사전계획 ② 책임분배
③ 자원동원 ④ 소요경비

해설 경호활동시 반드시 고려되어야 하는 사항으로는 ① 사전계획, ② 책임분배, ③ 자원동원, ④ 보안 등이 있다.

05. 경호활동시 고려사항 중 경호기관의 통합성의 특성으로 인해 고려되는 요소는 무엇인가?

① 사전계획 ② 자원동원
③ 보안유지 ④ 책임분배

해설 경호활동은 각자 담당하는 여러 분야의 경호원들이 통일된 지휘 아래 톱니바퀴처럼 움직여야 하는 업무의 성격과 여러 기관들이 참여하고 이들 기관의 유기적인 협조체제가 요구되는 활동이므로 책임의 중첩이나 갈등이 표출될 수 있는 스지가 매우 크다. 때문에 미리 책임의 적절한 분배가 이루어져야 한다.

06. 경호임무 수행절차로서 가장 적절치 못한 것은?

① 행사일정→계획수립→경호실시→경호평가
② 행사일정→연락 및 협조→위해분석→경호실시
③ 행사일정→계획수립→경호평가→경호실시
④ 행사일정→위해분석→계획수립→경호실시

해설 김두현(2006)과 김계원(2010)의 분류방식을 기준으로 출제된 것으로 일반적으로 경호작용의 수행단계를 행사일정, 연락 및 협조체계구축, 정보수집 및 위해평가(분석), 세부계획수립, 경호실시, 경호평가, 보고서작성 등으 순으로 분류하고 있다(김두현(2006), 김계원(2010) 등).

정답 03. ④ 04. ④ 05. ④ 06. ③

07. 다음 중 경호임무의 수행절차가 맞는 것은?

① 경호형성작용 - 경호평가작용 - 경호실시작용 - 사전예방경호작용
② 경호준비작용 - 사전예방경호작용 - 경호평가작용 - 경호실시작용
③ 경호형성작용 - 사전예방경호작용 - 경호실시작용 - 경호평가작용
④ 경호평가작용 - 경호실시작용 - 사전예방경호작용 - 경호평가작용

해설 김계원(2010)의 분류방식을 기준으로 출제된 문제로 김계원은 경호작용의 수행단계를 4단계로 구분하고 다음과 같이 경호형성 및 준비작용 - 사전예방경호작용 - 경호실시작용 - 경호평가작용 등 4단계로 이루어진다고 하고 있다. 여기서 경호형성 및 준비작용에는 행사일정 및 연락, 협조체계구축이 포함되고, 사전예방경호작용에는 경호보안, 경호정보, 위해평가, 경호계획수립, 경호팀의 편성 및 배치, 선발경호, 안전대책작용 등이 포함되고, 경호실시작용에는 근접경호, 행사장경호, 숙소경호, 돌발사태대응, 경비작용 등이 포함된다. 경호평가작용에는 경호평가와 보고서작성이 포함된다고 하고 있다.

08. 경호임무 수행절차에 관한 설명으로 틀린 것은?

① 경호대상자가 행사장에 도착한 후부터 행사시작 전까지의 경호활동은 준비단계이다.
② 계획단계는 경호임무 수령 후부터 선발대가 행사장에 도착하기 전의 경호활동이다.
③ 경호행사 종료부터 철수 및 결과를 보고하는 단계는 평가단계이다.
④ 경호대상자가 집무실을 출발해서 행사장에 도착하여 행사를 진행한 후 출발지까지 복귀하는 단계는 행사실시단계이다.

해설 이상철(2008)의 분류방식을 기준하여 출제된 문제로 이상철은 경호작용의 수행단계를 계획단계, 준비단계, 행사단계, 결산단계 등 4단계로 분류하여 제시하고 있다(이상철, 경호현장운용론(인천: 진영사, 2008)). 여기서 계획단계는 경호임무수향 후에서 선발대 행사장 도착전의 경호활동을 말하고, 준비단계는 경호원이 행사장에 도착한 후에서 행사시작전까지의 경호활동을, 행사단계는 경호대상자가 직무실을 출발해서 행사장에 도착하여 행사를 진행한 후 출발지까지 복귀하는 때까지, 결산단계는 경호행사 종료시부터 철수 및 결과보고시까지를 의미한다.

09. 다음 중 경호임무의 수행단계를 올바르게 기술한 것은?

① 위해분석－협조체제의 구축－경호실시－경호평가
② 정보수집－경호계획수립－경호평가－경호실시
③ 행사일정－정보수집－위해분석－경호실시
④ 경호실시－위해분석－경호평가－보고서

정답 07. ③ 08. ①

해설 통상적으로 경호임무는 통상임무수행-행사일정-포괄적 계획-협조체제 및 연락체제 구축-정보수집 및 위해분석-경호실시-경호평가-보고서 등의 순서에 의해 이루어진다.

10. 다음 중 경호대상자와 관련한 행사일정이 잡혀진 후 이를 토대로 경호의 목적과 기본적인 방향, 선발경호에 대한 사항, 관련기관과의 협조체제 구축 등에 관한 사항 등이 정해지는 단계는 어느 단계인가?

① 행사일정단계 ② 포괄적 경호계획단계
③ 위해분석단계 ④ 경호계획2단계

해설 포괄적 경호계획에 관한 설명이다. 경호계획은 보통 2단계로 이루어진다. 포괄적 경호계획은 행사일정이 잡히고 이것이 입수된 후 이루어지는 계획으로 경호의 목적과 전체적인 방향, 선발경호의 여부, 방법, 인원수, 관련기관과의 협조체제 구축에 관한 사항, 정보수집과 보안에 관련한 사항 등이 결정되는 단계이다. 경호계획 2단계는 세부적 계획이 수립되는 단계로 선발경호작용에 의해 각종의 정보가 수집되고 위해분석이 이루어진 후 구체적으로 경호활동을 어떻게 수행할 것인가에 관련한 것으로 경호방법, 경호인원, 지휘체계, 기타 세부적 내용들이 확정되는 단계이다.

제2절 경호준비 및 형성작용

행사일정 및 임무수령/ 연락 및 협조체계 구축

11. 다음의 설명은 경호작용 중 어느 단계에 대한 설명인가?

경호작용은 경호대상자가 참석하는 행사일정이 관련기관에 의해 정해지고 합의됨으로써 형성되며, 구체적으로는 관련 경호기관에 이에 대한 사항이 통보됨으로써 시작된다고 할 수 있다.

① 경호형성단계 ② 경호실시단계
③ 경호평가단계 ④ 사전예방경호단계

해설 경호형성 및 준비단계에 대한 설명이다. 경호작용의 형성(initiative)은 행사일정 및 임무수령에 의해 이루어지며, 연락 및 협조체계 구축, 기초적인 준비계획 등에 의해 시작된다.

정답 09. ③ 10. ② 11. ①

12. 다음 중 행사일정 및 임무 수령시 포함되어지는 내용이 아닌 것은?

① 출발 및 도착 일시, 지역(도착공항 등)에 관한 사항
② 공식 및 비공식 수행원에 관한 사항
③ 경호대상자의 신상에 관한 사항
④ 경호팀의 규모 및 형태

해설 경호팀의 규모 및 형태는 본격적인 경호작용이 시작되고 세부경호계획이 수립되는 단계에서 이루어지는 것이다.

13. 다음 중 행사일정 및 임무 수령시 포함되어지는 내용이 아닌 것은?

① 경호의전에 관한 사항
② 방문지역이나 국가의 특성(기후, 지리, 치안 등)에 관한 사항
③ 돌발사태시 경호대상자의 최기병원의 위치
④ 방문지에서 경호대상자와 접촉하게 되는 의전관련자, 관료, 기업인 등에 관한 사항

해설 돌발사태시 경호대상자의 최기병원의 위치는 선발경호단계에서 고려되는 사항이며, 위의 예문의 내용 이외에도 방문지역에서 수행원 등이 숙박할 숙박시설의 명칭과 위치 등에 관한 사항, 이동수단 및 방법에 관한 사항, 경호대상자가 참석해야 할 모든 행사와 활동범위에 관한 사항, 방문단과 함께 움직이는 취재진에 관한 사항, 관련 소요비용에 관한 사항, 경호안전에 영향을 줄 수 있는 행사주최나 방문국의 요구사항 등이 포함된다.

14. 다음 중 행사일정 및 임무 수령에 관련한 설명으로 적절하지 못한 것은?

① 보통 대통령, 국왕, 수상 등과 같이 국빈급 인사가 참여하는 행사의 경우 국내행사인 경우 우리나라의 행정안전부나 외국의 내무부(성) 등과 같은 유관기관에서 주도한다.
② 국외 관련 국가적 행사인 경우 외교관련 부서에서 주도적으로 이루어진다.
③ 행사가 개최되는 지역이나 국가, 방문기간, 일자 등에 관하여 해당 지역자치정부나 방문국 정부 관련부처와 협의하여 결정하게 된다.
④ 경호기관은 행사일정에 관련된 사항은 보안상 자체적으로 결정하여 진행한다.

해설 일반적으로 경호대상자와 관련된 행사일정은 경호대상자의 관련 부처나 행사주관부서(기관)으로부터 획득하게 된다.

정답 12. ④ 13. ③ 14. ④

15. **다음 중 경호업무 수행시 유관기관 간의 연락 및 협조체제 구축에 대한 설명으로 적절하지 못한 것은?**

① 행사일정이 정해지고 임무가 수령되면 다음으로 관련 행사관계자나 경호기관간의 연락 및 협조체계가 구축된다.

② 보안상 연락 및 협조체제 구축은 경호기관에 의해 일방향으로 이루어지는 것이 효과적이다.

③ 경호활동상의 협력성의 원칙이나 체계통일성의 원칙 등은 연락 및 협조체제 구축과도 밀접하게 관련된다.

④ 경호활동은 모태가 되는 주된 행사의 일환으로 이루어지는 것으로 성격이 상이한 행사관련 기관이나 조직들과의 원활한 연락과 협조는 성공적인 경호에 매우 중요한 요소이다.

해설 연락 및 협조체제 구축은 성공적인 행사의 진행과 그 가운데서의 경호대상자의 안전을 확보하기 위해 관련 기관 간에 유기적으로 이루어지는 협력활동의 첫 번째 요소로 상호기관간의 쌍방향적으로 이루어져야 한다.

16. **다음 중 연락 및 협조체제 구축시 포함되어야 하는 요소로 적절하지 못한 것은?**

① 경호대상자에 대한 세부적인 인적사항

② 경호대상자의 행사참석범위, 행사의 구체적인 성격 등

③ 기후변화 등의 악천후시를 고려한 행사스케줄과 행사관계자의 시간계획에 관한 사항

④ 경호대상자와 수행원의 편의시설(휴게실, 화장실, 분장실 등)

해설 경호대상자에 대한 세부적인 인적사항은 본격적인 경호작용에 들어가서 필요한 요소이고, 예문의 내용 이외에 행사시 경호대상자가 관여하는 선물증정식 등에 관한 사항, 취재진의 인가 및 통제상황에 관한 사항, 모든 행사장소와 행사에 참석하는 손님, 진행요원, 관련 공무원, 행사위원 등의 명단, 기타 행사참석에 영향을 줄 수 있는 요인 등이 연락 및 협조체제 구축시 포함되어야 하는 요소들이다.

정답 15. ② 16. ①

제3절 사전예방경호작용

개관/ 경호보안작용/ 경호정보작용/ 위해평가/ 경호수준결정/ 경호계획수립/ 경호팀의 편성 및 배치/ 선발경호/ 안전대책작용

17. 다음의 경호작용 중 사전예방경호작용에 포함되지 않는 것은?

① 호위 작용
② 경호준비작용
③ 경호정보작용
④ 안전대책작용

해설 사전예방경호작용이란 경호대상자가 당해 지역에 도착하기 전에 임시로 편성된 경호선발대가 행사지역에 파견되어 경호관련 정보수집활동, 인적 · 물적 · 지리적 취약요소에 대한 대책, 행사장 안전활동 및 검측 등 제반의 안전조치를 강구함으로써 행사 당일의 경호대상자에 대한 신변안전을 도모하려는 경호작용을 말한다. 호위작용은 경호실시단계의 활동이다.

18. 사전 예방경호에 해당하지 않는 것은?

① 경호안전작용
② 검측작용
③ 경호보안작용
④ 호위작용

해설 호위작용은 근접경호작용을 말하는 것으로 경호실시작용단계에서 이루어지는 요소이다.

19. 다음 중 사전예방경호활동에 포함되는 기본적 활동이 아닌 것은?

① 경호협조체제 구축
② 경호정보작용
③ 경호안전대책작용
④ 경호평가작용

해설 사전예방경호란 경호대상자가 당해 지역에 도착하기 전에 임시로 편성된 경호선발대가 행사지역에 파견되어 경호관련 정보수집활동, 인적 · 물적 · 지리적 취약요소에 대한 대책, 행사장 안전활동 및 검측 등 제반의 안전조치를 강구함으로써 행사 당일의 경호대상자에 대한 신변안전을 도모하려는 경호작용을 말한다. 이러한 사전예방경호활동에는 경호협조체제의 구축과 경호안전작용을 포함하고 경호안전작용은 다시 경호정보작용, 경호보안작용, 안전대책작용을 포함한다.

정답 17. ① 18. ④ 19. ④

20. 다음의 내용에서 보안의 특성에 포함되지 않는 것은?

① 업적의 무형성　　② 사고의 무형성

③ 사고시 원상회복의 곤란　　④ 정신적 · 지적성격의 불필요성

21. 다음 중 경호보안에 대한 설명으로 틀린 것은?

① 경호보안이란 경호현상에 관련되어 보안이 필요하다고 인정된 비밀이나 인원, 문서, 자재, 시설 및 지역을 경호위해 기도자나 비인가자로부터 보호하기 위한 사후적 경호활동이다.

② 경호보안활동에는 경호안전을 해할 수 있는 경호위해 기도자에 대하여 이를 경계 · 순찰 · 방비하는 활동도 포함된다.

③ 경호보안활동에는 경호안전을 해할 수 있는 경호위해 기도자를 탐지 · 조사 · 체포 · 제재하는 등의 활동도 포함된다.

④ 경호보안활동에는 경호안전을 위해 경호주체와 관련되어 보호하여야만 하는 비밀이나 인원, 문서, 자재, 시설 및 지역을 보호하는 활동도 포함된다.

해설 경호보안이란 경호현상에 관련되어 보안이 필요하다고 인정된 비밀이나 인원, 문서, 자재, 시설 및 지역을 경호위해 기도자나 비인가자로부터 보호하기 위한 사전예방적 경호활동이라 할 수 있다.

22. 다음 중 경호보안에 대한 설명으로 틀린 것은?

① 인원 – 보안목적과 관련되었다고 판단되는 모든 사람

② 문서 및 자재 – 내용의 중요성과 가치의 정도에 따라 각 등급으로 분류되어진 문서 및 자재

③ 시설 – 보안목적과 관련한 중요시설로 특히 보호가 요청되는 시설

④ 지역 – 보안목적상 특히 보호를 요하는 지역

해설 인원 – 보안목적과 관련한 중요인물로 특히 보호가 요구되는 사람을 말한다.

23. 다음 중 경호보안의 원칙에 대한 설명으로 틀린 것은?

① 알 사람만 알아야할 원칙 : 비밀을 전달할 때 꼭 필요한 사람에게만 전달되

정답 20. ④　21. ①　22. ①

어야 한다는 원칙

② 부분화의 원칙 : 내용과 가치의 정도에 따라 다른 비밀과 관련되지 않게 독립시키거나 부분적으로 있게 하여야 한다는 원칙

③ 보안과 능률의 원칙 : 보안과 능률은 서로 상반되는 성질을 지니고 있음으로 양자의 균형이 유지되도록 하여야 한다는 원칙

④ 통합보관의 원칙 : 보안의 효율성을 위해 관련 비밀은 통합하여 보관하여야 한다는 원칙

해설 보안의 대상인 비밀은 내용과 가치의 정도에 따라 다른 비밀과 관련되지 않게 독립시키거나 부분적으로 있게 하여야 한다.

24. **경호보안의 대상이 되는 비밀서류를 분류할 때 따라야 하는 원칙으로 틀린 것은?**

① 과도분류 및 과소분류 금지의 원칙
② 독립적 분류의 원칙
③ 외국 또는 국제기구의 비밀존중원칙
④ 최고등급 분류의 원칙

해설 비밀분류시 적용되는 일반적인 원칙으로는 과도분류 및 과소분류 금지의 원칙, 독립적 분류의 원칙, 외국 또는 국제기구의 비밀존중원칙 등이 있다.

25. **다음은 경호보안의 대상이 되는 비밀서류를 분류할 때 따라야 하는 원칙을 설명한 것이다. 틀린 것은?**

① 경호상 비밀은 적절히 보호할 수 있는 최저등급으로 분류하되 과도 또는 과소하게 분류해서는 안 된다.

② 경호상 비밀은 그 자체의 내용과 가치의 정도에 따라 다른 비밀과 관련되지 않게 독립적으로 분류하여야 한다.

③ 경호상 외국 또는 국제기구로부터 접수한 비밀은 그 발행기관이 필요로 하는 정도로 보호할 수 있도록 분류하여야 한다.

④ 경호상 비밀은 항상 최고로 보호할 수 있는 최고등급으로만 분류하되, 과소하게 분류하는 것은 가능하지만 과도하게 분류해서는 안 된다.

해설 경호상 관련비밀이라고 해도 사안에 따라 적절히 보호할 수 있는 최저등급으로 분류하되 과도 또는 과소하게 분류해서는 안 된다.

정답 23. ④ 24. ④ 25. ④

26. **다음 중 일반적으로 비밀을 수발시 유의사항으로 거리가 먼 것은?**

① 비밀수발시에는 별지서식에 의한 봉투로 포장하여야 한다. 다만 Ⅲ급 비밀을 등기우편으로 발송할 때에는 Ⅰ급 내지 Ⅱ급 비밀에 준하여 2중봉투를 사용하여야 한다.

② 동일기관 내에서의 비밀수발 또는 전파절차는 국정원장이 정하는 바에 따른다.

③ 다른 기관으로부터 접수한 비밀은 발행기관의 승인 없이 재차 다른 기관으로 발송할 수 없다. 다만 비밀을 이첩 시달하는 경우에는 예외로 한다.

④ 문서 이외의 문서자재는 내용이 노출되지 않도록 이에 준하여 완전히 포장한다.

해설 동일기관 내에서의 비밀수발 또는 전파절차는 그 기관의 장이 정한다.

27. **경호실시단계에서의 보안대책으로 바르지 못한 것은?**

① 고층건물 봉쇄시 요인경호 이유 표현

② 경호행사시 무전기는 비노출로 리시버를 사용한다.

③ 행사전지역 내 경광등, 비상라이트 점등 금지

④ 행차전후 엄지손가락에 의한 요인임석 여부 신호행위 금지

해설 고층건물 봉쇄시에는 보안상의 이유로 요인경호 이유를 표현하지 않는다.

28. **경호수행상 요구되는 경호보안에 관한 설명이다. 가장 관련이 적은 것은?**

① 경호경비병력과 장비 등이 부득이 노출될 때에는 타 임무로 위장한다.

② 경호보안이란 불순분자 등 위해 기도자로부터의 접근기회 봉쇄. 차단, 피경호의 신변을 안전하게 보호하는 것이다.

③ 행사목적, 일정, 행차코스 등에 대한 보안을 자체보안이라 한다.

④ 도로정비, 청소, 특별방범 심방, 총포화학류 임시영치 등은 준비과정에서의 보안이라 한다.

해설

정답 26. ② 27. ① 28. ④

29. **경호준비과정에서 보안준수사항으로 바르지 못한 것은?**

① 경호관련 서류 무단복제 금지
② 전화를 이용한 기관간 협조 금지
③ 사전현장답사는 아주 은밀히 실시
④ 경호관련사항 중 일정사항은 A급 비밀이상으로 처리

해설 2급 비밀사항에 해당된다.

30. **다음 중 경호정보활동(작용)에 해당하는 것은?**

① 경호와 관련된 문서 등에 대하여 불순분자로부터의 보호대책 업무
② 경호행사 지역에 대한 인적・물적・지리적 취약요소에 대한 안전대책업무
③ 행사시 신변보호를 위한 기동간, 행사장에서의 근접호위 업무
④ 경호대상자 신변안전을 위해하는 인적・물적・지리적 취약요소에 대한 사전수집분석업무

해설

31. **다음 중 경호 정보작용을 설명한 내용으로 적절한 것은?**

① 경호와 관련된 인원, 문서, 시설, 지역, 자재 등에 대한 보도대책을 수립하여 보안을 유지해 나가는 작용이다.
② 경호작용의 원칙적 사전지식을 생산 및 제공하는 작용이다. 이러한 업무는 정확성, 적시성, 완전성의 요건을 구비해야 한다.
③ 경호 대상지역 내・외부의 인적, 물적, 지리적 취약요소에 대한 안전대책강구 등의 안전작용을 말한다.
④ 경호행사시 경호대상자에게 위해를 줄 수 있는 위해물질을 안전하게 관리하는 작용이다.

해설 ①은 경호보안작용, ③, ④는 안전대책작용에 대한 설명이다.

정답 29. ④ 30. ④ 31. ②

32. 다음 중 정보와 첩보작용에 대한 차이를 설명한 것 중 틀린 것은?

① 정확성 면에서 정보는 객관적으로 평가된 정확한 지식이고, 첩보는 부정확한 견문지식이다.

② 완전성 면에서 정보는 기초적, 단편적, 불규칙적이고 미확인된 지식이고, 첩보는 특정한 사용목적에 맞추어 평가, 분석, 종합, 해석된 완전한 지식이다.

③ 적시성 면에서 정보는 사용자가 필요로 하는 적시에 공급되어야 하는 성격이 강하고, 첩보는 시간에 구애받지 않고 과거와 현재의 것을 불문한다.

④ 사용자목적성 면에서 정보는 사용자 목적에 맞추어 작성된 지식이고, 첩보는 사물에 대한 보고들은 상태 그 자체에 대한 묘사로 목적성이 없다.

해설 완전성 면에서 첩보는 기초적, 단편적, 불규칙적이고 미확인된 지식이고, 정보는 특정한 사용목적에 맞추어 평가, 분석, 종합, 해석된 완전한 지식이다.

33. 경호정보판단서 작성 시 판단요소에 관한 설명으로 틀린 것은?

① 수집된 위해첩보의 분석과정에서 정보판단의 용이성을 고려하여 위해의 가설은 하나로 압축되어야 한다.

② 설정된 위해가설은 검증의 절차를 거치는 것이 좋으며, 그 방법으로는 답사와 동향감시, 면담 등이 있다.

③ 위해첩보의 과장된 평가 및 판단서의 작성은 경호비용을 증대시킬 우려가 있다.

④ 경호정보판단서는 정보분석의 결론으로서 사건의 발생가능성을 유추하고, 경호대응방안을 포함해야 한다.

34. 다음 중 경호정보업무에서 갖추어야 할 요건과 거리가 먼 것은?

① 정확성　　② 주체성
③ 적시성　　④ 완전성

35. 다음 중 경호정보의 일반적 특성에 해당되지 않는 것은?

① 가치성　　② 변화성
③ 통합성　　④ 필요성 및 목적성

정답 32. ② 33. ① 34. ②

해설 경호정보의 일반적 특성으로는 가치성(정확성, 완전성, 적시성), 변화성, 필요성 및 목적성, 특수처리된 지식 등이 있다.

36. 다음 중 경호정보의 일반적 특성에 대한 설명으로 틀린 것은?

① 정보란 사용자가 추구하는 가치의 달성을 위한 정책의 수립과 수행에 있어 이용가능한 사전지식으로써 그 존재가치가 있는 것이기 때문에 정확해야 한다.
② 정보는 선별적 가치를 지니고 있기 때문에 정보의 가치는 사용자의 필요성과 용도에 따라 달라진다.
③ 정보는 어느 시점에서 가치가 있는 정보도 시간이 지남에 따라 가치가 없어지거나 약해지는 경우가 없다.
④ 정보는 반드시 사용자에게 필요한 지식이어야 한다.

해설 정보는 일반 지식보다 시간에 따른 가치의 변화성이 심한데 어느 시점에서 가치가 있는 정보도 시간이 지남에 따라 가치가 없어지거나 약해지는 경우가 많다.

37. 다음 중 경호정보를 분류할 때 인적 정보에 해당되지 않는 것은?

① 경호주체 및 지원 관련자 정보　② 행사관련자 정보
③ 잠재적 위해자 관련 정보　④ 해당지역 국민의 인식 정보

해설 해당지역 국민의 인식 정보는 물적 정보에 해당된다.

38. 다음 중 경호정보를 분류할 때 물적 정보에 대한 설명으로 올바르지 못한 것은?

① 자연적 취약지 정보 – 주변건물의 간판, 엘리베이터, 계단, 출입문 등
② 이용시설물 정보 – 유숙지(호텔, 공관 등), 휴양시설, 최기병원, 이용할 운송수단
③ 인공적 취약물 정보 – 주변의 총포상, 화약물취급소, 무기고, 탄약고 등
④ 행사대상지역의 광역정보 – 정치·사회환경, 경제환경, 치안환경, 대국민 인식 등

정답 35. ③ 36. ③ 37. ④

해설 자연적 취약지 정보 – 은닉(비트) 가능지역, 홍수 산사태 가능지역 등이고, 주변건물의 간판, 엘리베이터, 계단, 출입문 등은 이용시설물 관련정보이다.

39. 다음 중 일반적인 정보순환과정의 순서로 올바른 것은?

① 정보요구단계－정보배포단계－정보생산단계－정보수집단계
② 정보요구단계－정보수집단계－정보생산단계－정보배포단계
③ 정보생산단계－정보수집단계－정보요구단계－정보배포단계
④ 정보생산단계－정보요구단계－정보수집단계－정보배포단계

해설 정보순환과정은 정보요구단계–정보수집단계–정코생산단계–정보배포단계로 이루어진다.

40. 다음은 정보순환과정 중 어느 단계에 대한 설명인가?

정보요구자 측에서의 주도면밀한 계획과 수집범위의 적절성, 수집활동에 대한 적절한 감독 등이 요구되며, 특히 국가기밀정보나 기업의 기밀정보 등과 관련해서는 철저한 보안대책과 함께 고려가 되어야 한다.

① 정보요구단계
② 정보수집단계
③ 정보생산단계
④ 정보배포단계

해설 정보요구단계에 대한 설명이다.

41. 다음 중 일반적인 정보요구방법이 아닌 것은?

① 국가정보목표우선순위(PNIO)
② 정보의 기본요소 요청(EEI)
③ 정보의 특수요소 요청(SRI)
④ 정보의 고유요소 요청(CEI)

해설 정보요구방법에는 ①, ②, ③ 이외에 OIR, NEI 등이 있다.

42. 다음은 정보요구방법 중 무엇에 대한 설명인가?

일반적인 내용의 첩보를 요구하는 것이 아니라 어떤 돌발사항에 대하여 필요한 한도 내에서 단편적이고 지역적인 특수사건을 단기에 해결하기 위해 필요한 경우에 요구하는 요구방법이다.

정답 38. ① 39. ② 40. ① 41. ④

① 국가정보목표우선순위(PNIO)
② 정보의 기본요소 요청(EEI)
③ 정보의 특수요소 요청(SRI)
④ 기타 정보의 요청OIR

해설 정보의 특수요소 요청(SRI)에 대한 설명이다.

43. 다음은 정보요구방법 중 무엇에 대한 설명인가?

국가안전보장이나 정책에 관련되어 정부에서 기획된 연간기본정책을 수행함에 있어 필요로 하는 자료를 목표로 하여 선정하는 한 국가의 1년간의 기본정보운용지침을 말한다.

① 국가정보목표우선순위(PNIO)
② 정보의 기본요소 요청(EEI)
③ 정보의 특수요소 요청(SRI)
④ 기타 정보의 요청OIR

해설 국가정보목표우선순위(PNIO)에 대한 설명이다.

44. 경호첩보의 수집단계에서 첩보수집요원이 가져야 하는 기본적인 자세로 잘못된 것은?

① 정보의 배경을 분석한다.
② 다각적이고 종합적인 시각을 갖는다
③ 공개정보는 무시한다.
④ 선입관을 갖지 않는다.

해설 경호첩보의 수집단계에서 첩보수집요원이 가져야 하는 기본적인 자세로는 다음과 같은 점이 있다.
① 목적의식을 갖는다.
② 정보의 배경을 분석한다.
③ 다각적이고 종합적인 시각을 갖는다.
④ 공개정보를 중시한다.
⑤ 선입관을 갖지 않는다.
⑥ 우선순위를 정한다.

45. 다음 중 경호정보를 수집할 때 우선순위를 선정시 고려사항으로 거리가 먼 것은?

① 고이용성의 원칙
② 통일성의 원칙
③ 긴급성의 원칙
④ 수집가능성의 원칙

해설 ①, ③, ④ 이외에 참신성의 원칙과 경제성의 원칙이 있다.

정답 42. ③ 43. ① 44. ③ 45. ②

46. 다음 중 경호정보를 생산할 때 일반적으로 지켜야 하는 원칙으로 거리가 먼 것은?

① 개념정의를 명백히 한다.

② 각 내용의 출처를 명확히 한다.

③ 단순한 사실들이 지니는 의미는 무시한다.

④ 진술의 신뢰성이나 평가자료의 계량성 등을 통해 전체적인 정보의 신뢰성을 높인다.

해설 단순한 사실들이 지니는 의미를 무시하여서는 안 되고, 그 의미에 초점을 맞춘다.

※ 정보생산의 기본원칙
㉠ 개념정의의 원칙 : 개념정의를 명백히 한다.
㉡ 출처규명의 원칙 : 각 내용의 출처는 명확히 한다.
㉢ 의미 중요성의 원칙 : 단순한 사실들이 지니는 의미에 초점을 맞춘다.
㉣ 정신적 배경의 원칙 : 건전한 정보평가의 원천으로 평가자의 정신적 배경에 주목한다.
㉤ 경향의 원칙 : 사실 속에 나타나는 역사성이나 운동의 방향과 유형에 초점을 맞춘다.
㉥ 정확도의 원칙 : 진술의 신뢰성이나 평가자료의 계량성 등을 통해 전체적인 정보의 신뢰성을 높인다.

47. 다음 중 경호 위해평가(threat assessment)에 대한 설명으로 잘못된 것은?

① 경호대상자에게 발생가능한 모든 위협 또는 위험요인을 찾아내고 이를 분석하여 위협 또는 위험 정도를 구체화하는 과정이다.

② 경호대상자에 임박한 위험 가능성에 대한 정확한 판단을 이끌어내고, 요구된 경호수준을 결정하게 함으로써 모든 관련자들의 안전을 보장하는데 결정적인 역할을 한다.

③ 경호팀이 경호대상자에 발생 가능한 위협요소들이 회피되어질 수 있는 것인지 아니면 없는 것인지를 판단하고, 이에 대한 구체적인 대응계획을 수립하는 데 결정적인 역할을 한다.

④ 위해평가는 경호실시작용이 종료된 후에 실시하는 것으로 다음 경호활동에 중요한 자료를 제공해 준다.

해설 위해평가는 다른 용어로 위협평가라고도 하는데 이는 통상 도괄적인 경호계획이 수립되고 이에 의거 설발경호활동과 더불어 관련정보를 수집한 후 이를 토대로 진행하는 본격적인 경호실시작용 전에 수행하는 사전예방경호활동 중의 하나이다.

정답 46. ③ 47. ④

48. **다음 중 경호 위해평가(threat assessment)를 하는 목적으로 가장 거리가 먼 것은?**

① 경호자원을 가장 효과적으로 배치하는 것을 가능하게 하여준다.
② 경호실시가 잘되었는지를 판단하는 직접적 자료로 사용된다.
③ 경호수준을 결정하는 자료로 이용된다.
④ 구체적인 경호계획을 수립하는데 가장 중요한 자료로 사용된다.

해설 위해평가는 경호실시 전에 수행하는 것으로 경호실시의 성공여부를 판단하는 직접적인 자료는 아니다. 경호실시가 잘되었는지를 판단하는 직접적인 자료는 경호활동평가서이다.

49. **경호작전시 위협분석(threat assessment)을 하는 목적이 아닌 것은?**

① 항상 가용한 최고의 경호수준을 유지하기 위해
② 경제성을 도모하기 위해
③ 행사성격에 맞는 경호수준을 결정하기 위해
④ 합리적인 경호작전요소를 결정하기 위해

해설

50. **다음 중 경호위해평가에서 테러리스트, 암살자 또는 납치범에 의한 공격으로 인한 잠재적인 위험성을 나타내는 수준은 어디에 해당되는가?**

① 위협수준 Ⅰ　　② 위협수준 Ⅱ
③ 위협수준 Ⅲ　　④ 위협수준 Ⅳ

해설 위협수준 Ⅱ에 대한 설명이다. Leroy Thompson의 분류에 따를 때 위협수준은 다음과 같이 분류할 수 있다.
① 위협수준 Ⅰ : 광적인 암살자에 의한 공격을 예상해서 표시한 수준
② 위협수준 Ⅱ : 테러리스트, 암살자 또는 납치범에 의한 공격으로 인한 잠재적인 위험성을 나타내는 수준
③ 위협수준 Ⅲ : 경호대상자의 지위로 인해 항상 야기되는 암살이나 납치 등의 가능성을 나타내는 수준
④ 위협수준 Ⅳ : 경호대상자의 낮은 지위(정부직책으로부터 퇴직 등)로 인해 공격 가능성이 낮아진 상태, 그러나 경계필요성은 아직 남아 있는 상태

정답 48. ② 49. ① 50. ②

51. 다음 중 위협수준 중 다음의 예문에 해당하는 것은 무엇인가?

경호대상자의 낮은 지위(정부직책으로부터 퇴직 등)로 인해 공격 가능성이 낮아진 상태, 그러나 경계필요성은 아직 남아 있는 상태

① 위협수준 Ⅰ　② 위협수준 Ⅱ
③ 위협수준 Ⅲ　④ 위협수준 Ⅳ

해설 앞의 문제 43의 해설 참조

52. 다음 중 위협의 구체적인 분류유형에 해당되지 않는 것은?

① 개인특성에 따른 분류　② 경호대상자의 지위에 따른 분류
③ 위협의 양태(樣態)에 따른 분류　④ 위해자의 동기에 따른 분류

해설 경호대상자에 미치는 위협의 분류는 개인특성에 따른 분류, 경호대상자의 지위에 따른 분류, 위협의 양태(樣態)에 따른 분류 등이 있다.

53. 다음 중 위협의 구체적인 분류유형 중 개인적 특성에 기인하는 위협이 아닌 것은?

① 건강 및 사회적 지위　② 명성 및 공적인 지명도
③ 언어폭행　④ 특정지역에의 여행(특히 해외여행)

해설 언어폭행은 위협의 양태에 따른 분류에 해당되는 요인이다.

54. 다음의 위협의 유형 중 성격이 다른 하나는 무엇인가??

① 납 치　② 차량공격
③ 언어폭행　④ 특정지역에의 여행(특히 해외여행)

해설 특정지역에의 여행(특히 해외여행)은 경호대상자의 개인적 특성에 기인한 위협유형이고 나머지는 위협의 양태에 따라 분류되는 위협유형이다.

정답 51. ④ 52. ④ 53. ③ 54. ④

55. 다음의 위협 유형 중 잠재적 공격자에 의한 위협유형이라고 볼 수 없는 것은?

① 미친 사람 ② 집착증이 있는 사람(스토커)
③ 경호대상자의 수행원 ④ 개인적 복수심에 불타는 사람

해설 대표적으로 들고 있는 잠재적 공격자로는 다음과 같은 사람들이 있다.
① 미친 사람
② 집착증이 있는 사람(스토커)
③ 불만을 가진 구직자
④ 개인적 복수심에 불타는 사람
⑤ 범죄자
⑥ 테러리스트
⑦ 전문암살자
⑧ 외국정보기관이나 특수부대
⑨ 경제적 이득을 목적으로 하는 납치자나 경호대상자를 인질로 잡으려는 사람

56. 다음 중 경호대상자의 건강상의 요인에 의한 위협요인으로 틀린 것은?

① 심장이상 ② 알코올중독
③ 당뇨병 ④ 이전 부상

해설 경호대상자의 건강상의 요인에 의한 위협요인으로는 다음과 같은 요인이 있다.
① 심장이상
② 알레르기
③ 당뇨병
④ 이전 부상

57. 다음 중 경호대상자의 대외적인 주요한 평판으로 인해 야기되는 위협요인이 아닌 것은?

① 성적인 요인 – 극단적 수준의 결혼생활, 매춘, 동성애 등
② 범죄나 도박과의 접촉여부
③ 정치적인 신념
④ 언론에 발표되어 문제를 불러일으킬만한 언급

해설 경호대상자의 대외적인 주요한 평판으로 인해 야기되는 위협요인으로는 다음과 같은 요인이 있다.
① 성적인 요인–극단적인–결혼생활, 매춘, 동성애 등
② 범죄나 도박과의 접촉여부
③ 알코올중독
④ 언론에 발표되어 문제를 불러일으킬 만한 언급

정답 55. ③ 56. ② 57. ③

58. 다음의 경호상 위협요인 중 경호대상자의 취미활동이나 스포츠활동 등과 같은 일상적인 생활에 기인한 위협요인이 아닌 것은?

① 스키활동으로 인한 위험성　　② 승마활동으로 인한 위험성
③ 스쿠버다이빙 활동에 기인한 위험성　　④ 도박활동에 의한 위험성

해설 도박활동에 의한 위험성은 경호대상자의 대외적 평판에 의한 위협요인이다.

59. 다음 중 경호대상자의 일상적인 활동 공간이나 시설에 기인한 위협요인이 아닌 것은?

① 화 재　　② 전기감전
③ 자동차사고　　④ 심장발작

해설 심장발작은 경호대상자의 건강상의 요인이다.

60. 다음 중 위협평가에 대한 설명으로 잘못된 것은?

① 경호대상자가 소속된 국가와 적대적인 외고관계에 있는 국가, 전쟁 중에 있는 국가, 파병대상국가, 민족주의적 · 종교적 · 문화적 · 경제적인 갈등이 있는 국가 등은 매우 높은 위협요인이 상존하게 된다.
② 일반적으로 해당 국가나 지역의 일반적 치안상태 및 범죄수준을 제외하고 테러리스트 또는 반군활동 수준, 민족주의적 · 종교적 · 문화적 · 경제적인 갈등 등에 초점을 맞추어야 한다.
③ 테러리스트 또는 반군활동 수준, 방문국이나 지역에서의 경호대상자의 모국에 대한 인식, 과거에 경호대상자가 속한 국가의 국민에 의해 이루어졌던 테러리즘 관련 경력 등을 평가해야만 한다.
④ 대상국가에서 이루어졌던 과거의 테러리즘이나 해외국민 관련 범죄수법, 즉 폭탄, 저격, 매복공격 등 테러수법(기법)에 유의하여야만 한다.

해설 일반적으로 해당 국가나 지역의 테러리스트 또는 반군활동 수준, 민족주의적 · 종교적 · 문화적 · 경제적인 갈등 등뿐만 아니라 일반적 치안상태 및 범죄수준 등도 고려해야 한다.

61. 다음 중 구체적인 위협평가를 위한 경비조사에 대한 설명으로 틀린 것은?

① 경비조사는 경호원들이 경호대상자가 그들의 시간 중 대부분을 보내는 거주

정답 58. ④ 59. ④ 60. ②

지, 사무실, 그리고 기타 장소에서 발생 가능한 안전 및 건강상의 잠재적 위험성을 주의 깊게 조사하는 것이다.
② 경비조사 과정을 효율적으로 진행하기 위해 경호대상자는 그들과 함께 숨김 없는 대화를 할 수 있게 경비/경호팀장을 신임하여야만 한다.
③ 경호팀장은 인적사항에 대한 정보들이 발생가능한 위협요소에 대한 효율적인 평가를 위해 왜 필요한지에 대해 경호대상자에게 설명하여야만 한다.
④ 경비조사는 주로 경호대상자 자신에 대한 사항을 중점으로 하는 것으로 가족들에 대한 인터뷰 등은 포함되지 않는 것이 원칙이다.

해설 가족들에 대한 인터뷰는 그들이 특별한 위험에 대해 인지하고 있는지 또는 그들의 일상생활의 위험성이 증가하는 국면인지를 결정하는데 중요한 요소이다.

62. **다음 중 구체적인 위협평가를 위한 경비조사 내용이라고 볼 수 없는 것은?**
① 인간관계, 정치적・사업적 관계, 교우관계, 애인이나 알려진 적
② 향후 대권 등 정치적인 직책에 대한 가능성
③ 개인적 버릇(경호대상자를 불쾌하게 하거나, 논쟁을 불러일으키거나 적을 쉽게 만드는 등의)
④ 출생지, 현재 거주지, 일터, 빈번하게 방문하는 장소

해설 ①, ③, ④ 이외에 물의를 불러일으킬 수 있는 믿음(종교), 인종적 또는 정치적 견해, 군생활이나 정치적 직책과 같은 과거의 태도(방식), 알코올이용 또는 위험유발, 추문과 같은 일상생활의 양태 등이 포함될 내용이다.

63. **다음 중 위해평가를 토대로 경호계획수립시 적용하는 경호수준에 대한 설명으로 틀린 것은?**
① 경호수준을 결정하는 문제는 경호주체 입장에서는 위협평가가 객관적이고 정확히 이루어졌는가라는 문제를 제외하고도 많은 어려움을 갖게 된다.
② 경호대상자가 정부의 정치적 성격을 띤 VIP인 경우라도 경호수준을 결정할 때에는 경호대상자의 의지는 무시하고 성공적인 경호수행에 초점을 두고 종합적인 경호노력을 기울여야 한다.
③ 경호대상자가 상당한 위험가능성이 예상된다 할지라도 실제 경호계획에서는

정답 61. ④ 62. ②

경호대상자의 일상생활과 균형을 맞춘 경호수준의 결정이 필요하다.

④ 대중적인 접촉과 지지를 필요로 하는 정치지도자의 경우 일반대중들과 격리가 필요한 경호수준을 수용하는 데에는 매우 소극적이다.

해설 경호대상자가 정부의 정치적 성격을 띤 VIP인 경우에 이들 고위인사의 의지와 유리된 채 일방적으로 진행되는 종합적인 경호노력을 기울일 수는 없다.

64. 다음 중 경호수준을 결정할 때 경호수준의 분류에 해당되지 않는 것은?

① 특급 수준의 경호 ② 최고 수준의 경호
③ 중간 수준의 경호 ④ 최소 수준의 경호

해설 경호수준은 최고 수준의 경호, 중간 수준의 경호, 최소 수준의 경호로 분류할 수 있다.

65. 일상생활과 균형된 경호원칙을 설명한 내용 중 틀린 것은?

① 면밀한 위해평가 작업 중 하나는 경호대상자가 경호와 일상생활 간에 어느 정도의 균형을 맞추어야만 하는가에 대한 판단기준을 제시하여주는 것이다.

② 일반적으로 최고의 위협수준의 경우 경호대상자의 일상생활의 대부분을 희생하여야만 한다.

③ 위해평가는 또한 위험을 제거하거나 낮추는 것, 그리고 지속적으로 남아 있는 위협이 무엇인지를 판단하고 결정하는데 도움을 준다.

④ 경호대상자의 안전을 위해서는 경호대상자의 일상생활은 희생시키더라도 어쩔 수 없는 것이다.

해설 경호대상자의 안전만을 위해 그의 일상생활을 모두 희생시킨다면 그것이 과연 적절한 경호인가를 생각해야만 한다. 즉 경호팀은 정확한 위해평가를 기초로 경호대상자의 일상생활을 최대한 보장하는 범위 내에서 최적의 경호를 제공할 수 있어야 한다.

66. 다음 중 경호수준에 대한 내용이 올바르게 연결되어 있는 것은?

① 최고수준경호(maximum level) – 테러리스트의 직접적 공격대상이 되어 있는 경우

정답 63. ② 64. ① 65. ④

② 중간수준경호(medium level) – 최고위층 VIP에 적용되어지는 것이 보통이며, 다른 국가와 전쟁 중에 있는 경우
③ 최소수준경호(low level) – 테러리스트의 위협에 직면한 국가 등에서 정부의 고위관료 중 비교적 낮은 직급의 인사나 재벌기업의 오너 등에 적용되는 수준
④ 중간수준경호(medium level) – 경호위협평가결과 위협요인이 직접적이지 않고 경호인력 운용상의 한계가 있는 경우에 최소인력으로 운용하는 경호수준

해설 경호수준은 최고수준, 중간수준, 최소수준 등으로 구분하여 볼 수 있는데, 각각의 경호수준별 기준은 다음과 같다.
① 최고수준(maximum level)의 경호 : 최고수준의 경호는 대개는 최고위층 VIP에 적용되어지는 것이 보통이며, 다른 국가와 전쟁 중에 있는 경우, 테러리스트의 직접적 공격대상이 되어 있는 경우 등 매우 위협수준이 높은 경우에 적용한다.
② 중간수준(medium level)의 경호 : 테러리스트의 위협에 직면한 국가 등에서 정부의 고위관료 중 비교적 낮은 직급의 인사나 재벌기업의 오너 등과 같이 극히 부유하고 영향력 있는 기업인에 적용된다.
③ 최소수준(low level)의 경호 : 위협평가결과 위협요인이 직접적이지 않고 경호인력 운용상의 한계가 있는 경우에 최소인력으로 운용하는 경호수준이다. 테러리스트의 위협에 직면한 국가 등에 속한 주요 인사라고 할지라도, 정치적인 목적이나 비용상의 한계 등에 따라 종종 운용되는 경우가 많다.

67. 다음의 경호수준 중 어느 수준에 해당되는 내용인가?

> 75~100명의 인력이나 그 이상의 인력이 경호대상자나 그 가족의 경호를 위해 투입되고, 조직구성 면에서 경호팀은 1개 교대조당 4명을 한 조로 하여 모두 2~3개 팀으로 구성되며, 통상적으로 지휘자(팀장), VIP운전기사, 저격수, 선발경호원, 전자경비전문가, 정보/위협평가(분석)관, VIP 거주지 경비원, 그리고 행정관(요원), 경비팀장, 경비지원팀장 등 다양한 지원요원들이 포함된다.

① 최고수준경호(maximum level)
② 중간수준경호(medium level)
③ 최소수준경호(low level)
④ 특별수준경호(special level)

해설 예문은 최고수준경호에 대한 설명이다.

68. 다음 중 최소수준경호에 대한 설명으로 틀린 것은?

① 최소수준의 경호의 경우 대개 1~5명 정도의 수행경호원을 중심으로 경호팀을 운용하게 된다.

정답 66. ① 67. ①

② 최소수준경호의 장점은 지원인력의 운용에 탄력이 있고, 위해자의 급습이 이루어졌을 때 총기류의 사용이 용이하다.

③ 실제 상당수의 경호대상자들이 최고수준의 대규모 경호팀보다 이러한 최소수준의 경호팀을 선호하기도 하는데 이 경우 그들은 경호팀을 좀 더 신뢰할 수 있고, 좀 더 가까운 접촉관계를 유지할 수 있으며, 여행이나 일정 중에 좀 더 많은 시간을 유연하게 활용할 수 있다는 장점이 있다.

④ 최소수준경호의 단점은 최소수준의 경호의 경우 경호원 인원의 제한으로 인해 경호상 한 사람이 수행할 수 있는 임무범위에 한계가 있다는 것이며, 1인이 여러 가지 임무를 수행하여야 할 상황이 많기 때문에 경호상의 허점이 노정될 수 있다는 점이다.

해설 최소수준경호의 경우 지원인력의 운용이 불가능하고, 위해자의 급습이 이루어졌을 때 총기류의 사용이 어렵게 된다.

69. 다음 중 중간수준경호에 대한 설명으로 틀린 것은?

① 테러리스트의 위협에 직면한 국가 등에서 정부의 고위관료 중 비교적 낮은 직급의 인사나 재벌기업의 오너 등과 같이 극히 부유하고 영향력 있는 기업인에 적용된다.

② 적합한 경호수준은 15~20명의 인력으로 편성된 규모이며, 대부분의 경호팀은 경호원 4명과 팀장 1명으로 구성된 5명의 경호인력으로 운용하는 것이 일반적이다.

③ 경호대상자가 경호팀을 좀 더 신뢰할 수 있고, 좀 더 가까운 접촉관계를 유지할 수 있으며, 여행이나 일정 중에 좀 더 많은 시간을 유연하게 활용할 수 있다는 장점이 있다.

④ 여기에는 숙련된 2명의 운전기사가 포함되어져야 하는데, 이 중 한 명은 경호대상자와 가족, 그리고 경호팀장과 스텝용 차량의 운전기사이고 또 한명은 나머지 경호인력을 수송할 운전기사이다.

해설 경호대상자가 경호팀을 좀 더 신뢰할 수 있고, 좀 더 가까운 접촉관계를 유지할 수 있으며, 여행이나 일정 중에 좀 더 많은 시간을 유연하게 활용할 수 있다는 장점이 있는 것은 최소수준경호의 경우이다.

정답 68. ② 69. ③

70. 다음 중 경호계획수립시 고려해야 하는 사항으로 거리가 먼 것은?

① 경호에 관련된 경호법규, 업무지침, 지시 등을 완전히 숙지하고 시달된 경호근무요령과 부여된 책임 등을 충분히 습득한 후 경호계획을 수립한다.

② 세부적인 경호계획은 사전현지답사 이후에 수립되는 것이 원칙인데, 주어진 지침에 따라 각 부문의 충분한 관련 정보를 수집하고 이를 분석한 후 그 결과를 반영하여 계획을 수립한다.

③ 다른 기관과 협력관계를 구축하여 수행하는 경우에도 보안문제를 고려하여 타 기관과의 합동답사보다는 단독적인 답사활동을 진행하는 것이 바람직하다.

④ 내부적으로도 각 경호계층과 요원의 책임구역과 책임자를 명확히 구분하여 경호자원의 소요판단을 구체적으로 산출한다.

해설 다른 기관과 협력관계를 구축하여 수행하는 경우 타 기관과의 합동답사를 통해 각각의 책임한계를 명확히 하여 반영한다.

71. 다음 중 경호계획수립시 고려사항으로 잘못된 것은?

① 관계자 회의를 사전에 개최하여 문제점 검토 후 실정에 맞고 실시 가능한 계획을 수립하도록 하고, 계획의 실천 추진사항을 지속적으로 확인 · 점검한다.

② 행사계획의 변경이나 만일의 사태에 대비한 예비경호인력을 충분히 확보한다.

③ 경호인력에 대한 교양과 예행연습계획을 수립하여 실제상황에 혼선이 일어나지 않도록 미리 대비한다.

④ 경호계획에는 경호대상자의 일상생활과의 균형보다는 경호대상자의 안전에 모든 초점을 맞춘다.

해설 경호계획에는 경호대상자의 일상생활과 경호작용과의 적절한 균형에 대한 고려가 있어야 한다.

72. 다음 중 위해 가능성과 그 정도, 구체적인 위해(위협) 형태, 수준 등을 분석 등의 행위가 이루어지는 과정은 어느 단계인가?

① 경호목표의 설정단계　　② 경호위해의 평가단계
③ 대안작성 및 비교검토 단계　　④ 계획전제의 검토단계

해설 경호위해평가단계이다.

정답 70. ③ 71. ④ 72. ②

73. 경호기본계획을 작성할 때 기본사항과는 별도로 작성해야 하는 것은?

① 지휘 및 통신　　② 행정 및 보급
③ 목적, 방침, 시행계획　　④ 경호 현황 및 도면

해설 경호 현황 및 도면은 기본적인 경호기본계획의 내용과는 별도로 부록으로 첨부된다.

74. 경찰의 경호경비 계획수립시 근거로 하는 근거규정으로 가장 알맞은 것은?

① 경찰관 직무집행법　　② 경호규칙
③ 대통령 등의 경호에 관한 법률　　④ 안전대책법

해설

75. 경호계획 수립시 검토하여야 할 내용과 가장 거리가 먼 것은?

① 경호원의 수송, 급식 및 숙소에 관한 계획을 수립한다.
② 책임구역과 책임자를 융통성 있게 계획한다.
③ 사전 현지답사 및 안전검측 계획을 수립한다.
④ 상황에 따른 예행연습 실시계획을 세운다.

해설

76. 경호경비계획 수립시 유의사항으로 바르지 못한 것은?

① 행차지역, 장소에 대한 사전 현지답사를 실시하여 실정에 맞는 완벽한 계획을 수립한다.
② 경호병력 및 각종 경호장비의 소요판단을 정확히 한다.
③ 병력수송, 급식, 숙영 대책을 강구한다.
④ 인적 위해대상자를 격리시킨다.

해설 인적 위해대상자를 격리시키는 등의 활동은 안전대책활동이나 경호실시활동 단계에서 시행할 사항이다. 다만 인적 위해대상자의 격리와 관련한 계획수립은 경호경비계획수립시의 내용에 포함된다.

정답 73. ④ 74. ② 75. ② 76. ④

77. 경호임무 수행에 따른 단계별 임무절차에서 계획단계의 설명으로 틀린 것은?

① 경호행사 전반에 대한 상황의 판단
② 행사장에 대한 인적·물적·지리적 정보수집과 분석
③ 경호임무의 계획과 실행 간의 문제점 분석
④ 행사장의 사전 현장답사에 의한 안전 확보의 실시

해설

78. 다음 중 경호대상자에 대한 구체적인 세부경호계획 수립시의 참고사항에 포함되지 않는 것은 어느 것인가?

① 경호대상자의 신상파악 ② 경호의전
③ 경호대상자의 불안요소 ④ 경호대상자의 상황 및 실태

해설

79. 다음의 위해요소 중 위해자에 이용될 수 있는 자연물은 어디에 해당하는가?

① 물적 위해요소 ② 자연적 위해요소
③ 인적 위해요소 ④ 인공적 위해요소

해설 ㉠ 인적 위해요소 : 시국불만자. 신원 특히 교포 및 외국인, 일반요시찰인, 피보안처분자, 공격형정신병자
㉡ 물적 위해요소 : 직접적으로 위해가 될 수 있는 자연물 및 인공물, 위해자에 의해 이용될 수 있는 자연물 및 인공물 등

80. 경호의 위해 및 취약요소별로 잘못 연결된 것은?

① 인적 위해요소-시국불만자, 정신병자 등 모든 국민
② 물적 취약요소-직접 위해를 가할 수 있는 인공물
③ 물적 취약요소-위해를 가할 수 있도록 여건을 제공할 수 있는 자연물
④ 지리적 취약요소-위해를 가할 수 있는 근거를 제공하는 행사장 및 연도주변의 지리적 여건

정답 77. ③ 78. ② 79. ①

해설 시국불만자, 정신병자 등이 인적 위해요소로 분류되어 주시되는 것은 맞지만 모든 국민이 인적 위해요소에 해당되는 것은 아니다.

81. 경호인력 배치시 고려할 사항으로 틀린 것은?

① 주변환경을 고려하여 취약하다고 판단되는 곳은 인력을 중점적으로 배치한다.

② 특별히 통제해야 할 곳은 전체 구간이 통제되도록 배치하여야 한다.

③ 피경호자를 직시할 수 있는 고층건물은 완전히 장악해야 한다.

④ 의심스럽거나 견제해야 할 요소가 많은 곳만 중점 배치하여 취약성을 제거한다.

해설

82. 다음 중 미국비밀경호국의 경호요원의 유형이 아닌 것은?

① 특수요원(Special Agent)

② 제복경호원(Uniformed Officer)

③ 감독요원(Supervisor Officer)

④ 기계경비전문가(Physical Security Specialist)

해설 미국비밀경호국은 ① 특수요원(Special Agent), ② 제복경호원(Uniformed Officer), ③ 전문요원(Professional Positions), ④ 행정요원(Administrative Positions), ⑤ 기술요원(Technical Positions), ⑥ 사무보조원(Clerical Support Positions), ⑦ 기계경비전문가(Physical Security Specialist), ⑧ 기타 협력교육생 및 인턴 등의 인력유형으로 구성되어 있다.

83. 다음 중 경호팀장의 역할이라고 보기 어려운 것은?

① 경호대상자 측의 수행원 특히 비서진, 행사주관부서 관계자, 의전관계자와의 협력한다.

② 비서진, 행사주관부서 관계자, 의전관계자 등으로부터 세부행사일정, 경호대상자의 신상명세, 관련 의전정보, 기타 경호에 관련된 정보 등을 입수한다.

③ 행사주최 측의 관리와 언론보도문제, 경호대상자의 요구에 따른 대중 앞에서의 노출정도, 행사관련 비용문제, 그리그 기타 문제들을 행사관계자나 경

정답 80. ① 81. ④ 82. ③

호협력기관의 관련자와 협의한다.

④ 경호임무 수행 중 발생하는 돌발사태시 예하의 근접경호원을 통솔하여 신속·정확하게 사태를 처리할 수 있어야 한다.

해설 주로 수행팀장이 하는 업무이다. 다만 경호팀장과 수행팀장이 동일한 사람이 겸하여 수행하는 경우에는 명확히 구별이 되지는 않는다.

84. 다음 중 경호팀장의 역할이라고 보기 어려운 것은?

① 위해기도자가 경호대상자와 수행경호원 사이에 끼어들어 올 수 없도록 해야 한다.

② 각종 위해첩보를 수집·평가·전파하며 이용 가능한 인력 및 장비의 사용에 대한 협력문제를 처리한다.

③ 선발팀에 의해 작성된 경호계획서를 검토하고, 관련된 부서에 그 사본을 배포한다.

④ 행사주최 측 관계자, 교통관련부서, 경찰 및 군 등과 적절한 연락 및 협력관계를 유지하고 협력한다.

해설 위해기도자가 경호대상자와 수행경호원 사이에 끼어들어 올 수 없도록 해야 하는 업무는 주로 수행경호원이 수행한다.

85. 다음 중 선발경호팀의 역할이라고 볼 수 없는 것은?

① 선발팀은 경호팀장에게 위해상황 및 임무수행상태에 관한 최신자료를 제공한다.

② 경호대상자와 함께 이동 중인 수행팀장과 지속적으로 접촉을 유지하고 행사일정 변동사항, 위해정보, 인물정보, 제복 또는 특수의복 착용, 지역별 세부일정, 기상정보 등의 정보를 수시로 상호교환하여야 한다.

③ 각 행사지역의 선발팀은 지역별 세부일정 사본과 지역의 위해정보 그리고 적절한 경호준비를 위하여 요구되는 기타 정보를 획득해야 한다.

④ 경호대상자나 그의 소지품에 접근하려는 사람의 신분 및 직위와 본인여부를 사전에 점검해야 한다.

해설 예문은 수행경호원이 수행하여야 하는 업무이다.

정답 83. ④ 84. ① 85. ④

86. **다음 중 숙소담당 경호원의 역할이 아닌 것은?**

① 출입하는 방문자에 대한 출입통제체계를 수립한다.

② 모든 수하물에는 식별이 용이한 암호형 꼬리표(Color-Coded Tags)를 부착하고 고유식별번호를 부여한다.

③ 돌발사태시 대피 및 화재시 피난대책 등을 강구한다.

④ 도청 등에 대비한 점검과 안전대책을 수립한다.

해설 수화물담당 요원의 임무이다.

87. **다음 중 수화물팀 요원의 역할이 아닌 것은?**

① 수화물과 관련 수행원들은 분리된 유색 암호형 식별꼬리표(A Separate Color Coded Identification Tag)를 소지하게 된다.

② 수하물 취급자(호텔종업원 또는 모집된 부관들로 구성)는 수하물팀 요원의 감독 하에 수행원의 장비를 수집하게 되는데 이때 모든 품목에 대해 수량을 파악하여야 하는데 이러한 파악은 행사실시 전까지만 수행하고 행사가 시작되면 바로 종료한다.

③ 수하물은 숙소에서 이동수단까지 에스코트 하에 수송한다. 이동수단에 탑재될 때에 두 번째의 수량파악을 실시한다.

④ 수행원들에게 할당된 방을 숙소경비원으로부터 확인하고 앞에서 언급된 수하물취급 책임의 활동과정을 재개한다.

해설 수하물 취급자(호텔종업원 또는 모집된 부관들로 구성)는 수하물팀 요원의 감독 하에 수행원의 장비를 수집하게 되는데 이때 모든 품목에 대해 수량을 파악하여야 하고, 이러한 파악은 행사 후 복귀시까지 계속된다.

88. **다음은 경호팀의 편성상 어느 요원의 임무를 설명한 것인가?**

특정한 상황에서 경호원을 경호대상자의 수행원이나 행사관계자, 행사장의 종업원 등으로 가장하여 운영한다.

① 가족경호팀　　② 은밀경호팀

③ 수행경호팀　　④ 숙소경호팀

정답 86. ② 87. ②

해설 은밀경호팀은 특정한 상황에서는 은밀하게 경호요원을 운용할 필요도 있는데 이때에는 경호원을 경호대상자의 수행원이나 행사관계자, 행사장의 종업원 등으로 가장하여 운영한다.

89. 다음 중 경호작용에 투입되는 전문지원요원이라고 볼 수 없는 것은?

① 자기탐지기 운영자
② 훈련전문가
③ 행정전문가
④ 기계경비전문가

해설 성공적인 경호작용을 위해서는 자기탐지기 운영자, 훈련전문가, 정보관, 행정관, 기계경비전문가, 저격전문가, 폭발물전문가, 대도청전문가, 외국어전문가 등과 같이 각 분야에서의 전문가가 참여하게 된다.

90. 경호작전 지휘소(Command Post : CP)의 설치 목적과 가장 거리가 먼 것은?

① 경호통신 시스템의 관리 및 유지를 위하여
② 경호작전요소의 통합지휘를 위하여
③ 경호정보의 수집과 배포를 위하여
④ 피경호인의 세부적인 동향을 파악하기 위하여

해설

91. 다음 중 경호지휘본부의 설치목적과 가장 거리가 먼 것은?

① 수집된 정보 및 첩보물 배포
② 경호대상자의 동향파악
③ 경호준비에 있어서 지휘통솔을 일원화한다.
④ 타 기관과의 협조 및 연락임무를 수행하고 유무선 통신망을 구축한다

해설

92. 다음은 경호원의 업무분담 중 무엇에 관한 설명인가?

안전구역 확보계획 검토, 건물의 안전성 여부, 상황별 비상대피로 구상, 행사장 취약시설물, 직시건물, 공중감시 대책 등 사실적 관계 확인 등

정답 88. ② 89. ③ 90. ④ 91. ②

① 작전담당
② 출입통제 담당
③ 안전대책 담당
④ 행사장 내부담당

해설

93. 다음 중 경호원의 분야별 업무담당 연결이 틀린 것은?

① 작전 담당 - 작전정보 수집 및 분석, 통합세부계획서 작성
② 차량 담당 - 건물 안전성 여부 확인, 최기병원 선정
③ 행사장 내부 담당 - 경호대상자 동선 및 좌석 위치 강구, 초청좌석 사복요원 배치
④ 행사장 외부 담당 - 안전구역 내 단일 출입로 선정, 경비 및 경계구역 내 안전조치 강화

해설

94. 경호작용시 선발팀의 일반적 임무라고 할 수 없는 것은?

① 경호에 관련된 정보기관, 경찰, 군 등과 효과적인 연락 및 협력체계를 설정한다.
② 출발 및 도착지점(승하차 지점)을 확인하고, 적절한 경호대책을 수립하고 관계자들과 협력체계를 구축한다.
③ 행차연도에 대한 검색을 실시하고, 경계 및 교통통제소를 설치하고, 이동차량대형의 구성, 속도, 순서 등을 결정하고, 안전성이 보장된 이용가능한 주차장이 있는지 확인한다.
④ 돌발사태시 경호대상자 주거지에서의 대피 및 화재시 피난대책 등을 강구한다.

해설 돌발사태시 대피 및 화재시 피난대책 등의 강구는 주로 숙소경호원이 할 일이다.

95. 경호작용시 선발팀의 일반적 임무라고 할 수 없는 것은?

① 경호대상자가 먹을 음식에 대한 검식, 서비스 종사자에 대한 신원확인, 유숙할 숙소에 대한 안전성 검사를 실시한다.

정답 92. ③ 93. ② 94. ④

② 비서진, 행사주관부서 관계자, 의전관계자 등으로부터 세부행사일정, 경호대상자의 신상명세, 관련 의전정보, 기타 경호에 관련된 정보 등을 입수한다.
③ 경호대상자와 수행원의 소지품에 대한 수송 및 안전을 확보하고, 소지품과 장비를 취급하는 경호요원에 대한 브리핑도 실시한다.
④ 경호대상자의 차량이나 기타 수송수단에 대한 안전검사를 실시하고, 운전기사나 승무원에게 브리핑을 해준다.

해설 비서진, 행사주관부서 관계자, 의전관계자 등으로부터 세부행사일정, 경호대상자의 신상명세, 관련 의전정보, 기타 경호에 관련된 정보 등을 입수하는 임무는 경호팀장의 임무이다.

96. 다음 중 경호대상자가 지방행차시 수행하여야 하는 선발팀의 임무로 적절하지 않은 것은?
① 폭도, 시위, 교통혼잡 및 기타 장애요소가 있을 경우에 이용할 예비행차로도 선정하고 가장 가까운 지점의 의료시설을 확인하고 선정한다.
② 주행차로와 예비 행차로를 통과하기 최소한 48시간 전에 한 번 점검하고 경호대상자가 행차하기 24시간 전에 최종점검을 한다.
③ 행차로 답사 간 행차로 상의 있는 이동로를 감제하는 건물 또는 구조물, 하수도, 배수로, 고가도로 및 육교, 인구과잉지역, 경사지, 선적 및 하적지역 등 취약지역이나 시설을 확인, 점검한다.
④ 차량대형의 이동을 감지할 수 있는 빌딩이 있는 경우 빌딩의 상근자들에 대한 조사, 빌딩의 출입통제, 범인의 공격에 효과적인 대응을 할 수 있도록 장비를 갖춘 경비요원에 의한 빌딩의 감시 등 적절한 조치를 취한다.

해설 주행차로와 예비 행차로를 통과하기 최소한 전 24시간 전에 한번 점검하고 경호대상자가 행차하기 직전에 최종점검을 한다.

97. 선발경호의 임무로 적절하지 않은 것은?
① 인적 · 물적 · 지리적 위해요소 제거
② 주요 지점 확보에 의한 예방경호
③ 행사 전 주변 상황통제
④ 우발상황시 경호대상자 대피

해설

정답 95. ② 96. ② 97. ④

98. 경호행사장 현장답사에 관한 업무내용과 가장 관계가 없는 것은?

① 경호행사 종료 후 결과보고서를 작성하기 의한 참고자료로 활용하기 위한 목적으로 실시한다.

② 행사장까지의 기동수단과 시간을 선정한다.

③ 진입로, 주 통로, 주차장 등을 고려하여 승·하차 지점을 판단한다.

④ 경호조치를 위한 취약요소를 분석하고 소요인원 운용규모를 판단한다.

해설

99. 다음 중 선발경호활동의 준비단계에 대한 설명으로 틀린 것은?

① 선발경호의 준비단계는 경호활동의 성패를 좌우하는 경호활동의 제1단계이다.

② 행사의 성격, 규모, 특성 등을 검토·분석하고 문제점 및 취약성을 도출하는 단계이다.

③ 세부적인 경호계획수립을 위해 현장답사를 준비하고 이루어지는 단계이다.

④ 경호조치를 위한 취약요소 분석, 병력운용 규모판단 등이 포함되는 단계이다.

해설 설문의 경호조치를 위한 취약요소 분석, 병력운용 규모판단 등은 현장답사에서 이루어지는 활동이다. 준비단계에서는 관련부서와의 협조 경호책임자에 의한 개인별 임무부여, 작전회의 실시로 상호 의견의 교환 등을 포함된다.

100. 다음은 현장답사 경호활동에 대한 설명이다. 잘못된 것은?

① 준비사항으로 답사계획서, 지도, 사진기 VTR이 있다.

② 경호조치를 위한 취약요소 분석, 병력운용 규모판단, 헬기장 선정 등이 포함된다.

③ 행사의 성격, 규모, 특성 등을 검토·분석이 포함된다.

④ 기동수단 및 거리산정, 행사장의 승하차 지점, 직시고지, 건물 등의 경호환경 및 주변상황 등의 조사가 포함된다.

해설 행사의 성격, 규모, 특성 등을 검토·분석 등은 준비단계에서 할 일이다.

정답 98. ① 99. ④ 100. ③

101. **선발경호활동 중 현장답사시 고려사항으로 틀린 것은?**

① 주최 측과 협조하여 행사의 전 계획서를 확보한다.
② 구체적인 경호방법을 어떻게 할 것인지를 결정한다.
③ 취약요소를 분석하고 안전대책에 대한 판단기준을 설정한다.
④ 출입과 통제범위 및 병력동원 범위를 판단한다.

해설 구체적인 경호방법을 어떻게 할 것인지를 경정하는 것은 경호계획 2단계에서 할 일이다.

102. **선발경호요원의 임무 중 비상 및 일반예비대 운용방법, 직시건물, 공중감시대책 등의 임무를 수행하는 요원은?**

① 안전대책담당요원　　② 출입통제담당요원
③ 작전담당요원　　④ 차량담당요원

해설 예문은 안전대책담당요원의 임무를 설명한 것이다. 안전대책담당요원은 이외에도 안전구역확보계획 검토, 건물의 안전성 여부, 상황별 비상대피로 구상, 행사장 취약시설물, 최기병원 선정 등의 임무를 수행한다.

103. **선발경호(Advance security)의 개념에 대한 설명으로 틀린 것은?**

① 선발경호는 예방적 작전요소만을 포함한다.
② 선발경호는 예방적 경호요소를 포함하며 완벽한 근접경호를 위한 준비활동으로 볼 수 있다.
③ 선발경호는 각종 사고의 가능성을 최소화하는 노력을 의미한다.
④ 선발경호는 준비단계, 실시단계, 평가 및 자료보존단계로 구분된다.

해설

104. **다음 중 선발경호팀의 업무범위가 아닌 것은?**

① 행사장 안전점검　　② 경호관련 유관기관의 통합지휘
③ 차량점검 및 차량대형 결정　　④ 출입자 통제

해설 유·무선통신망을 확보하고, 경호유관 기관에 대한 통합지휘는 경호지휘소에서 할 일이다.

정답 101. ② 102. ① 103. ① 104. ②

105. 선발경호시 참석대상, 성격분석, 시차별 입장계획, 주차장 운용계획, 금속탐지기, 비표 설치장소(안전, 질서고려), 중간 집결지 운용 등을 담당하는 부서는?

① 작전담당 ② 행정담당
③ 출입통제담당 ④ 주 행사장 담당

해설

106. 선발경호의 임무에 대한 설명으로 틀린 것은?

① 효과적인 경호협조 및 경호준비를 하는 것을 의미한다.
② 기동간 및 행사장에서 이루어지는 호위활동이다.
③ 기동수단 및 승하차 지점을 판단한다.
④ 행사장의 취약요소를 분석하고 안전대책 판단기준을 설정한다.

해설

107. 경호행사장 현장답사시 고려사항이 아닌 것은?

① 행사장과 그 주변은 물론 교통과 관련된 시설이나 행·환차 코스가 포함되어야 한다.
② 대규모 행사가 예상되는 장소라면 지역의 집회나 공연관련 관계법, 조례 등을 살펴보고 관계기관에 신고한다.
③ 주최 측과 협조하여 행사의전계획서를 확보하고 행사장의 기상, 특성, 구조, 시설 등에 대한 여건을 판단한다.
④ 행사장에 CP를 설치하고 미리 유·무선망 설치를 완료한다.

해설 지역의 집회나 공연관련 관계법, 조례 등을 살펴보고 관계기관에 신고 등에 관한 제반 조치는 행사 주최 측에서 할 일이다.

108. 다음 중 선발경호활동에 해당되지 않는 것은?

① 안전검측활동 ② 지리적 취약요소의 배제
③ 호위활동 ④ 인적 취약요소의 배제

정답 105. ③ 106. ② 107. ②

해설

109. 다음 중 경호안전의 3대원칙에 해당하지 않는 것은?

① 안전점검 ② 안전검사
③ 안전유지 ④ 안전대책

해설

110. 경호의 실시에서 안전대책의 범주로 볼 수 없는 내용은?

① 피경호자에게 제공되는 음식재료에 대한 검색
② 행사지역 내외곽의 인적 · 물적 · 지리적인 취약요소에 대한 안전대책 강구
③ 행사장 내외곽 시설물에서 폭발물 탐지 · 제거에 대한 안전대책 강구
④ 각종 위해로부터 경호대상자의 신변을 보호하기 위해 기동간 및 행사장에서의 완벽한 근접경호

해설

111. 다음 중 사전예방경호작용의 구분 중 안전대책작용에 포함되지 않는 것은?

① 경호정보작용 ② 경호안전검사
③ 경호안전점검 ④ 경호안전유지

해설

112. 다음 설명 중 사전예방경호의 작용과 거리가 먼 것은?

① 사전예방경호란 경호대상자가 도착하기 전에 실시하는 활동을 말한다.
② 사전예방경호란 임시로 편성된 경호단위를 사전에 파견하여 제반취약 요소에 대한 안전조치를 강구하는 것을 말한다.
③ 경호의 사전안전작용은 경호정보작용, 안전대책작용, 근접경호작용으로 구

정답 108. ③ 109. ④ 110. ④ 111. ①

분한다.

④ 사전예방경호의 활동은 경호의 협조와 경호의 안전작용을 주로 실시한다.

해설 근접경호작용은 경호실시단계이다.

113. **다음은 사전예방경호활동에 대한 설명이다. 잘못된 것은?**

① 경호대상자는 신변의 안전을 위협하는 인적・물적・지리적 위해요소를 사전수집・분석・예고하는 활동도 포함된다.

② 경호와 관련된 인원, 문서, 시설, 지역, 자재, 통신, 특히 피경호자의 신변을 불순분자로부터의 완벽하게 차단하는 활동도 포함한다.

③ 사전예방경호활동에는 인적・물적・지리적 취약요소에 대한 대책이 핵심이 된다.

④ 경호대상자에게 위해여건을 제공할 수 있는 자연 및 인공물에 대하여 위해를 가할 수 없는 상태로 전환시키는 안전점검활동을 포함하지 않는다.

해설 경호대상자에게 위해여건을 제공할 수 있는 자연 및 인공물에 대하여 위해를 가할 수 없는 상태로 전환시키는 활동은 안전검측활동을 사전예방경호활동의 핵심이 된다.

114. **다음 중 경호안전작용에 포함되지 않는 것은?**

① 경호협조체제구축　　② 경호정보활동

③ 경호보안활동　　④ 안전검측활동

해설 사전예방경호활동은 크게 경호협조체제의 구축과 경호안전작용으로 구분되고, 경호안전작용은 경호정보활동, 경호보안활동, 안전대책활동을 포함한다.

115. **다음 중 경찰이 수행하는 경호상의 안전활동에 대한 설명으로 잘못된 것은?**

① 안전활동이란 경호행사의 준비 또는 진행 중에 행사장, 숙소, 연도 등의 인적・물적・지리적 취약대상에 대하여 제반 위해요소를 제거하기 위하여 실시하는 예방활동을 말한다.

② 평상시의 안전활동과 행사 전의 안전활동으로 구분된다.

③ 요인의 행차 예상지역에 대하여 경비근무를 실시하는 청원경찰이나 경비원

정답 112. ③　113. ④　114. ①

등 준 경찰요원의 관리감독은 행사 전에 임박해서 수행하는 안전활동이다.

④ 행사장의 내외곽에 지그재그식으로 경계경찰력을 배치하여 불순분자의 접근을 완전히 봉쇄하는 것은 행사 전 3단계에서 이루어지는 안전활동이다.

해설 요인의 행차 예상지역에 대하여 경비근무를 실시하는 청원경찰이나 경비원 등 준경찰요원의 관리감독은 평상시에 수행하는 안전활동이다.

116. **다음 중 인적 위해요소의 배제활동, 물적 위해요소의 배제활동, 지리적 위해요소의 배제활동 등을 수행하는 활동을 무엇이라고 하는가?**

① 안전검사활동 ② 안전대책활동

③ 안전점검활동 ④ 안전유지활동

해설 안전대책활동을 의미한다. 안전대책활동과 관련한 제반 활동들로는 ㉠ 안전점검 : 폭발물 등 각종 유해물을 탐지, 제거, ㉡ 안전검사 : 이용하는 기구, 시설 등의 안전상태 검사, ㉢ 안전유지 : 안전점검 및 검사가 이루어진 상태를 관리 · 통제, ㉣ 안전검측 : 경호대상자에게 위해여건을 제공할 수 있는 자연 및 인공물에 대하여 위해를 가할 수 없는 상태로 전환시키는 제반활동, ㉤ 안전조치 : 경호행사시 경호대상자에게 위해를 줄 수 있는 위해물질을 안전하게 관리토록 하는 제반 활동 등이 있다.

117. **다음 중 안전대책활동의 단계 중 평상시 안전활동에 속하지 않는 것은?**

① 야외 행사장의 경우는 요인이 통과하는 통로를 단일화 시킬 수 있도록 경찰통제선(Police Line)을 설치

② 입초, 순찰, 방범, 제반조사활동, 교통정리 등의 경찰 기본업무

③ 요인의 행차 예상지역에 대하여 경비근무를 실시하는 청원경찰이나 경비원 등 준경찰요원의 관리감독

④ 관내 주요 연도변이나 예상 행사장 주변의 공사현황 입회관리, 공사장 인부에 대한 비표발행과 거수자의 출입을 통제, 작업일지 기록

해설 야외 행사장의 경우는 요인이 통과하는 통로를 단일화시킬 수 있도록 경찰통제선(Police Line)을 설치는 행사 전 안전활동 중 제2단계에서 수행하는 활동이다.

정답 115. ③ 116. ② 117. ①

118. 다음 중 인적 위해요소의 배제활동에 포함되지 않는 것은?

① 인적 위해분자의 동향감시
② 인적 위해분자의 접근차단
③ 행사동행 · 동참석자의 신원조사 · 확인
④ 행사장의 참석자에 대한 이상행동감시

해설 인적 위해요소라 함은 피경호자에게 위해를 가할 소지가 있는 사람을 말하며, 경호첩보 수집, 인적 위해분자의 동향감시, 접근차단, 행사동행 · 동참석자의 신원조사 · 확인 등이 배제활동에 포함된다.

119. 다음 중 경찰의 신원조사 대상자에 속하지 않는 것은?

① 초청인사 ② 행사장 상근자
③ 당해 지역의 정신병자 ④ 호텔투숙객

해설 경찰의 신원조사 대상자로는 초청인사, 행사장 상근자, 행사종사자, 호텔투숙객 등이 있고, 이들에 대해서는 행사 전 신원조사의 완료, 신원특이자에 대해서는 사전 배제 또는 별도 관리조치하여야 한다.

120. 다음 중 행사장 출입과 관련한 비표관리에 대한 설명으로 잘못된 것은?

① 경호요원을 제외하고 행사초청인사와 참석자 등 모두에 비표를 발급한다.
② 허가되지 않은 자에 대해서는 철저히 접근통제를 실시한다.
③ 비표의 종류는 적을수록 좋다.
④ 제작된 비표는 경호부서에 검인하고, 원판은 안전하게 관리한다.

해설 비표발급에는 경호원이라고 예외를 두지 않고 모두 발급한다.

121. 다음 중 비표발급업무에 대한 설명으로 잘못된 것은?

① 비표 운반시는 민간경비원을 전담시켜 호송하고 보관시도 특별경계를 실시한다.
② 비표 분실사고 발생시는 즉각 보고하고, 이전비표를 무효화한다.
③ 경호근무자는 안전대책 활동시부터 전원 비표를 패용한다.
④ 행사구분별 별도의 비표를 운용한다.

해설 비표 운반시에는 경찰관이 직접 운반하거나 반드시 동행하여 실시한다.

정답 118. ④ 119. ③ 120. ① 121. ①

122. 경호활동시 비표관리는 안전대책 중 어디에 해당하는가?

① 물적 취약요소의 배제 ② 지리적 취약요소의 배제
③ 경호보안 유지 ④ 인적 위해요소의 배제

해설

123. 경호상의 안전대책 중 인적 위해대상자의 배제와 관련이 적은 것은?

① 요시찰인 및 우범자 동태 파악
② 참석예정자, 행사종사자 신원파악
③ 특별방범심방 실시
④ 경호와 관련된 첩보·정보수집의 강화

해설 특별방범심방은 지리적 위해요소배제에 해당한다.

124. 경호임무시 경계해야 할 사람 중 안전대책경계인물에 속하는 것은?

① 염세주의자 ② 행사주체 및 종사원
③ 행사참석자 ④ 건물주 및 투숙객

해설 인적 위해대상은 안전대책경계인물과 경계인물로 위해의 정도에 따라 나누어 볼 수 있는데 이중 안전대책경계인물에는 안전관리대상자, 일반요시찰인, 경호사범, 영웅주의자, 염세주의자, 전과자, 실업자, 파산자, 총기 및 폭발물 소지자 등이 해당되고, 경계인물에는 행사주체 및 종사원, 행사참석자, 건물주 및 투숙객 등이 속한다.

125. 다음 중 안전대책활동 중 물적 취약요소에 대한 설명으로 부적당한 것은?

① 물적 취약요소란 경호대상지역 주변에 위치하면서 피경호자에게 직접 위해를 가할 수 있는 제반위험물이 포함된다.
② 경호대상자에 대한 위해의 원인을 제공할 수 있는 자연물 및 인공물도 포함된다.
③ 경호행사가 전에 경호대상지역 주변의 총기류 등 위험물에 대하여 관리를 철저히 함으로써 위해를 가할 수 없도록 하는 활동이 포함된다.
④ 경호행사가 임박하게 되면 행사장 연도 주변의 위해요소를 제거하기 위해

정답 122. ④ 123. ③ 124. ①

특별방범심방이 포함된다.

해설 특별방범심방활동은 지리적 취약요소의 배제활동에 속한다. ①②③ 외에 피경호자에게 위해를 가할 수 있도록 여건을 제공할 수 있는 인근 및 자연물에 대한 안전검측활동도 물적 위해요소배제활동의 핵심이 된다.

126. **다음 중 물적 취약요소의 배제활동에 속하지 않는 것은?**

① 안전검측활동
② 민간인 소유 총포·화약류 관리
③ 화약류의 안전조치
④ 투숙객의 대한 신원조사

해설 투숙객에 대한 신원조사는 인적 위해요소의 배제활동에 속한다.

127. **다음 중 사전예방경호활동으로서의 안전조치활동에 속하지 않는 것은?**

① 사제총기류나 엽총, 공기총, 그리고 건설용 폭약 등에 대한 안전조치
② 경찰관휴대 총기의 경우에는 경호 및 기본임무 수행을 위해 모든 경찰관의 개인 휴대를 원칙으로 하되, 책임자가 항상 세밀한 관리를 한다.
③ 예비군의 분산무기고는 봉인 후 기존 경비원외 경비경찰관 1명을 배치하여 감독하도록 한다.
④ 경호행사가 임박하면 개인소유의 총포는 경찰관서 무기고에 가영치하여 격납·봉인하고 상품총기는 상점 내의 철제 캐비닛에 격납하여 이중시건장치로 시건하고 봉인한다.

해설 경호 및 기본임무 수행에 필요한 최소의 무기를 제외하고는 무기고에 규정된 시기까지 격납, 봉인한다.

128. **다음 중 경호행사시 피경호자에게 직접적으로 위해를 줄 수 있는 민간소유 총포류에 대한 관리지침으로 잘못된 것은?**

① 민간인이 보유하고 있는 사제총기류나 엽총, 공기총, 그리고 건설용 폭약 등에 대한 안전조치를 한다.
② 경호행사가 임박하면 개인소유의 총포는 경찰관서 무기고에 가영치하여 격납, 봉인하고 상품총기는 상점 내의 철제 캐비닛에 격납하여 이중시건장치

정답 125. ④ 126. ④ 127. ②

로 시건하고 봉인한다.

③ 봉인 및 열쇠보관의 책임은 가영치 총기의 경우 지방경찰청장에게 있으며, 상품총기는 해당 경찰서장이 봉인하고 열쇠관리를 한다.

④ 상품총기의 경우는 야간에 반드시 경비원이 숙직을 하여야 한다.

해설 봉인 및 열쇠보관의 책임은 가영치 총기의 경우 관할 경찰서 생활안전과장에게 있으며, 상품총기는 해당 지구대장이 봉인하고 열쇠관리를 한다. 이때 상품총기의 경우는 야간에 반드시 경비원이 숙직을 하여야 한다.

129. 다음 중 경호행사시 피경호자에게 직접적으로 위해를 줄 수 있는 화약류의 관리에 대한 설명으로 틀린 것은?

① 경호행사가 임박하면 화약류 제조소, 판매소, 취급소에 있는 화약류를 봉인한다.

② 봉인 및 열쇠관리는 해당 경찰서장이 책임을 진다.

③ 행사장 및 연도변으로부터 일정한 근접지역에서는 일체 화약류 운반 및 사용을 금지하거나 경찰관이 입회한 후에 운반 및 사용토록 하여야 한다.

④ 경호행사가 임박하여 봉인을 실시한 화약류 제조소, 판매소, 취급소에는 경찰관을 배치한다.

해설 봉인 및 열쇠관리는 해당 지구대장이 책임을 진다.

130. 다음 중 경호활동시 경찰관의 무기 및 탄약 관리에 대한 설명으로 틀린 것은?

① 안전조치구역(경호주관 경찰기관의 관내) 이내에서는 일일점검을 시행하고 안전관리에 철저를 기한다.

② 행사장으로부터 일정한 거리 이내의 보호구역에서의 경호행사에 대해서는 경찰기관의 장은 일일점검사항을 확인하고, 일체의 사격을 통제한다.

③ 경호 및 기본임무 수행에 필요한 최소의 무기를 제외하고는 무기고에 규정된 기기까지 격납・봉인한다.

④ 무기고 열쇠의 관리책임은 지방경찰청・경찰서・대(隊)의 경우 주간에는 생활안전과장, 야간에는 상황실장에게 있으며, 지구대는 지구대장에게 있다. 다만, 타격대 무기고 열쇠는 주야간 생활안전과장이 보관한다.

정답 128. ③ 129. ②

해설 무기고열쇠의 관리책임은 지방경찰청・경찰서・대(隊)의 경우 주간에는 경무과장, 야간에는 상황실장에게 있으며, 지구대는 지구대장에게 있다. 다만, 타격대 무기고 열쇠는 주야간 상황실장이 보관한다.

131. 다음 중 경호활동시 청원경찰 및 특수경비원 보유의 무기・탄약 관리에 대한 설명으로 틀린 것은?

① 청원경찰의 무기 탄약은 경호행사가 임박하면 예외 없이 무기고에 격납한 후 봉인한다.
② 무기고 열쇠는 지구대장이 보관한다.
③ 봉인은 시설의 책임관리자 입회하에 관할 지구대장 부책하에 실시한다.
④ 행사장으로부터 일정한 거리 및 행사장 직시장소에 위치한 곳에서는 근무자용 무기도 회수하여 봉인한다.

해설 청원경찰의 무기 탄약은 경호행사가 임박하면 무기고에 격납한 후 봉인한다. 단, 근무자용은 제외하나 행사장으로부터 일정한 거리 및 행사장 직시장소에 위치한 곳에서는 근무자용 무기도 회수하여 봉인한다.

132. 다음 중 경호활동시 경찰관리 예비군의 무기・탄약관리에 대한 설명으로 틀린 것은?

① 행사 직전에는 행사장에서 근접한 지역의 무기는 무기고에 격납하여 봉인한다.
② 무기고 및 초소경비 근무자용은 제외한다.
③ 근무자는 총기만 휴대하고 근무하고 실탄은 집중하여 관할 지구대장 책임하에 별도로 보관한다.
④ 분산무기고는 봉인 후 기존 경비요원만 증강 배치한다.

해설 분산무기고는 봉인 후 기존 경비요원 외 경비경찰관을 1명 배치한다.

133. 다음 중 행사장의 제반 시설물에 대한 안전점검을 실시하여 경호대상자에 위해를 가할 가능성이 있는 모든 취약요소 및 위해물질을 사전에 탐지, 색출, 제거 및 안전조치하여 위해를 가할 수 없는 상태로 전환시키는 활동은 무엇인가?

① 경호보안활동　　② 안전검사활동

정답 130. ④　131. ①　132. ④

③ 안전검측활동 ④ 안전유지활동

해설 안전검측활동을 말한다.

134. **경호행사장 폭발물 검측시 유의사항이 아닌 것은?**

① 비금속 물체에서 금속반응을 확인한다.
② 적의 입장에서 폭발물 설치 가능한 곳을 의심하여 검색한다.
③ 5관을 최대한 이용하고, 전자장비의 사용을 지양한다.
④ 확인 불가능한 물건은 현장에서 제거하고, 선을 끝까지 추적하여 제거한다.

해설 인간의 오감뿐만 아니라 정밀전자장비 등을 최대한 활용한다.

135. **검측(Technical security)에 대한 설명으로 올바른 것은?**

① 폭발물 탐지에는 잘 훈련된 탐지견의 후각이 정밀과학 기자재를 보다 효율적일 수 있다는 점도 고려한다.
② 분해가 어려운 전자제품 등의 검측에는 X-Ray 투시가 가장 정확하다.
③ 숙련된 검측 전문가의 관능검사가 가장 정확하다.
④ 차량검측시에는 시동을 걸기 전에 차량의 문을 열어 육안검측을 먼저 한다.

해설 차량검측시 차량문을 열기 전에 부비트랩 등의 설치여부를 먼저 확인해야 한다.

136. **경호임무 수행에 따른 안전검측시 폭발물 발견에 따른 조치요령과 관계가 먼 것은?**

① 손으로 접촉하는 것을 엄금하고 관계기관에 즉시 신고한다.
② 건물 내부의 출입을 금지시킨다.
③ 출입문, 창문은 모두 닫아 잠근다.
④ 비파편성, 비금속성 물질로 방벽을 설치한다.

해설 상왕에 따라 출입문과 창문을 열어 놓는다.

정답 133. ③ 134. ③ 135. ① 136. ③

137. **검측의 원칙 및 방법에 관한 설명으로 맞는 것은?**

① 내부검측시 위층에서 아래층으로 확산하여 실시한다.
② 검측시 경호요원의 오감은 무시하고 장비만 이용하도록 한다.
③ 검측은 먼 곳에서 가까운 곳으로 실시한다.
④ 외부검측시 침투 가능한 창문, 출입구, 개구부 등에 안전조치를 실시한다.

해설 보통은 내부검측시 아래층으로부터 위층으로 확산하여 실시하고, 가까운 곳에서 먼 곳으로 확산·실시한다.

138. **다음은 검측의 기본적인 지침을 설명한 것이다. 적당하지 않은 것은?**

① 타 업무를 위해 검측에 예외를 인정하면 안 된다.
② 안전검측은 경호계획에 의거 공식행사시 실시함을 원칙으로 하며 비공식 행사시는 비노출 검측활동을 실시할 수 있다.
③ 검측활동은 경호 선발대장의 지침에 따라 선 선발개념으로 실시하고 세부 실시계획을 수립·시행한다.
④ 검측의 순서는 통로, 현관 등 입구로부터 시작하여 회의실, 오찬장, 휴게실 등 경호대상자가 장시간 머물러 있는 곳으로 확대하여 실시한다.

해설 검측의 순서는 회의실, 오찬장, 휴게실 등 경호대상자가 장시간 머물러 있는 곳을 먼저 실시한 후 통로, 현관 등 경호대산자가 움직이는 경로를 순차적으로 실시한다.

139. **다음 중 검측방법 및 실시요령으로 틀린 것은?**

① 양탄자 등은 뒤집어서 전선, 플라스틱 폭약 등의 유무를 검측한다.
② 사진틀, 그림 등은 내부의 공간여부, 부착상태 및 뒷면을 검측한다.
③ 행사직전 반입되는 물품 등은 쉽게 소형 폭발물의 은폐가 가능하므로 계속적인 검측을 실시한다.
④ 방을 검측할 때에는 천장내부 → 천장면 → 벽 → 바닥순으로 한다.

해설 방검측은 통상적으로 바닥 → 벽 → 천장 → 천장내부 순으로 실시한다.

정답 137. ④ 138. ④ 139. ④

140. 안전대책활동에 대한 설명으로 틀린 것은?

① 안전점검은 폭발물 등 각종 유해물을 탐지 제거하는 것이고 안전검사는 이용하는 기구시설의 안전상태를 검사하는 것이며, 안전점검과 안전검사가 이루어진 상태를 계속 유지하기 위해 통제하는 것을 안전유지라고 한다.

② 공격성 정신질환자, 시국 불만자 등 인적 위해분자의 행동을 감시하거나 VIP에 대한 접근을 차단하는 등 경호대상자의 안전을 도모하는 것은 인적 위해요소 배제작용이다.

③ 특별호구조사 실시, 위해광고물 일제정비 등 취약요인을 사건 제거하는 활동을 통해 VIP의 안전을 도모하는 것을 물적 위해요인 배제작용이라고 한다.

④ VIP 음식에 대한 독극물 투여 등에 대비한 검식활동은 안전대책활동에 포함된다.

해설 지문 ③의 특별호구조사 등은 특별방범심방에 해당하는 것으로 지리적 위해요소 배제활동에 속한다.

141. 다음 중 안전검측의 기본지침으로 적절하지 않는 것은?

① 검측활동 중 행사보안 및 통신보안과 함께 경호대상자에 관하여는 최고도의 보안을 유지한다.

② 검측활동시 인원 및 장소를 최대한 지원받아 활용한다.

③ 검측의 순서는 통로, 현관 등 경호대상자가 움직이는 장소를 우선하고 회의실, 오찬장, 휴게실 등 경호대상자가 장시간 머물러 있는 곳은 나중에 실시한다.

④ 검측활동 중 원격조정장치에 의한 폭발물 등은 전자검측장비를 이용한다.

해설

142. 다음은 검측의 기본적 요령을 기술한 것이다. 적당하지 않은 것은?

① 검측대상으로는 외부(옥외), 내부(실내), 공중지역, 연도로 구분 실시한다.

② 검측은 책임구역을 구분실시 하되, 먼 곳에서 가까운 곳으로 우에서 좌로, 안에서 밖으로 계속 중복 실시한다.

③ 검측은 피경호자가 오래 머무는 곳부터 실시한 후 통로, 피경호자가 움직이

정답 140. ③ 141. ③

는 경로를 순차적으로 실시한다.
④ 검측장비 활용 및 5관을 최대한 활용한다.

해설 검측은 책임구역을 구분실시 하되, 가까운 곳에서 먼 곳으로, 좌에서 우로, 밖에서 안으로 계속 중복실시 한다.

143. 다음 중 경찰의 안전검측반 운용시 포함되지 않는 사람은?

① 폭발물처리반
② 소방요원
③ 토목요원
④ 경찰서작전과요원

해설 경찰의 안전검측반은 조장 · 폭발물처리반 · 소방 · 토목 · 전기 · 통신 · 가스안전요원 · 경찰서 생활안전과 요원으로 이루어진다.

144. 다음은 검측의 기본적 요령을 기술한 것이다. 틀린 것은?

① 검측은 적의 입장에서 실시한다.
② 전기제품 등을 분해 · 확인한다.
③ 능선이나 곡각지점은 반복해서 확인한다.
④ 검측을 실시할 때에는 협조를 위해 명확히 취지를 밝히고 실시한다.

해설 검측을 실시할 때에는 위장을 해서 타인이 눈치 채지 못하도록 한다.

145. 다음 중 안전대책요원들이 수행하는 내부구역 검측요령으로 틀린 것은?

① 방안의 소리에 주의를 기울인다.
② 방은 분할하여 검측한다.
③ 높은 위치의 검측대상물에 유의한다.
④ 중앙에서부터 벽으로 단계적으로 검측한다.

해설

146. 다음은 검측의 기본적 요령을 기술한 것이다. 틀린 것은?

정답 142. ② 143. ④ 144. ④ 145. ④

① 검측은 통로를 주로 하고, 높은 곳보다는 낮은 곳, 의심나는 곳은 반복해서 실시한다.
② 화분, 음식물 등 비금속 물체에서 금속반응을 확인한다.
③ 점검은 1, 2차 점검 후 경호원이 배치 완료된 행사직전에 최종검색을 실시한다.
④ 테러범은 인간의 위를 보지 않는 습성, 더러운 곳, 공기 탁한 곳 등 싫어하는 습성을 이용한다는 것을 명심하여 사각지점이 없도록 철저한 검색을 실시한다.

해설 검측은 통로보다는 양 측면, 아래보다는 높은 곳 의심나는 곳은 반복해서 실시한다.

147. 다음 중 경호위해요소 발견을 위한 검측요령 중 올바른 것은?
① 전기제품은 외관상 이상유무만 확인한다.
② 먼 곳에서 가까운 곳으로 확인한다.
③ 전선은 육안으로 확인하고 피복이 벗겨진 것은 그냥 넘어간다.
④ 하부에서 상부로 실시한다.

해설

148. 다음은 검측의 기본적 요령을 기술한 것이다. 적당하지 않은 것은?
① 검측 대상으로는 외부(옥외), 내부(실내), 공중지역, 연도로 구분 실시한다.
② 검측은 책임구역을 구분실시 하되, 우에서 좌로, 안에서 밖으로 계속 중복 실시한다.
③ 검측은 피경호자가 오래 머무는 곳부터 실시한 후 통로, 피경호자가 움직이는 경로를 순차적으로 실시한다.
④ 검측장비 활용 및 5관을 최대한 활용한다.

해설

149. 다음은 안전검측의 기본적 요령을 기술한 것이다. 틀린 것은?
① 최근의 개보수 현황을 파악하여 확인하고 점검한다.

정답 146. ① 147. ④ 148. ②

② 벽 내부, 전자통신장비 등은 두드려서 점검을 실시한다.
③ 양탄자 뒤집어 보아 전선, 플라스틱 폭약 등 유무를 검측한다.
④ 가능하면 모든 가구를 이동시켜 검사하며, 소파, 의자, 침구 등 내부공간을 촉수로 눌러보고 탐침을 찔러보고 필요시 뜯어 세밀히 점검한다.

해설 벽 내부, 전자통신장비 등은 청진기, 파이버스코프 장치로 점검을 실시한다.

150. **다음의 안전검측의 실시대상 중 승하차지점 및 주변과 침투 가능한 창문, 출입구, 상하수도맨홀 등 개구부, 홈통, 테라스 등에 대한 검측 유형은 무엇인가?**

① 내부검측
② 외부검측
③ 공중기역검측
④ 방검측

해설 외부검측에 해당된다.

151. **다음 중 내부구역검측요령으로 틀린 것은?**

① 방안의 소리에 주의를 기울인다.
② 방은 분할하여 검측한다.
③ 높은 위치의 검측대상물에 유의한다.
④ 중앙에서부터 벽으로 단계적 검측한다.

해설 벽에서부터 방 중앙으로 단계적으로 검측한다.

152. **다음은 내부검측에 대한 설명이다. 해당하지 않는 것은?**

① 최근에 개보수한 지점에 유의한다.
② 청소도구함, 라디에이터, 소화전에 유의한다.
③ 통로상의 장애물, 가구, 거울, 무대장치 등을 유의하여 검측한다.
④ 음향, 소음, 실내장식 형태 등에 유의하여 검측한다.

해설 청소도구함, 라디에이터, 소화전은 공중(대중이 모이는)지역검측사항에 해당된다.

정답 149. ② 150. ② 151. ④ 152. ②

153. **경호안전대책을 위한 분야별 안전검측 내용으로 적절하지 못한 것은?**

① 숙소는 극도로 보안을 유지하고 불필요한 인원을 통제하며 전기, 소방, 소음 등에서도 최적상태를 유지한다.

② 운동장은 사람이 모이므로 비상사태시 대피로를 설치하고 행사장의 각종 부착물과 시설물에 대한 안전조치를 강구한다.

③ 기념식장은 구역을 세분화하여 책임구역을 설정하고 출입자에 대해 가능하면 여러 통로로 출입시켜 혼잡을 피하도록 한다.

④ 차량검측은 경호차량뿐만 아니라 지원차량과 일반차종에 대한 출입통제와 안전점검을 운전사 입회하에 철저히 실시한다.

해설 행사장 출입구는 단일화하는 것이 원칙이다.

154. **다음 중 출입구, 로비, 복도, 엘리베이터, 화장실, 계단, 휴게실 등의 검측과 관련 있는 검측유형은?**

① 공중지역검측 ② 외부검측
③ 내부검측 ④ 숙소검측

해설 공중지역검측에 해당된다

155. **다음 중 야외검측의 대상이 아닌 것은?**

① 기공식장, 준공식장 ② 벼 베기, 모내기
③ 식목행사 ④ 불순분자의 은거여부

해설 불순분자의 은거여부는 연도검측의 대상이 된다.

156. **다음 중 검식활동의 요령으로 틀린 것은?**

① 조리를 담당하는 종사자는 사전 신원조사를 실시하여, 신원특이자를 사전에 배제한다.

② 식재료는 반드시 신선도와 안전여부를 확인 점검하고 안전을 유지한다.

정답 153. ③ 154. ① 155. ④

③ 음식물 운반시를 제외하고는 모든 과정에 근접감시를 실시한다.
④ 주방 종사자는 위생검사를 실시하고 질병이 있는 환자는 사전에 배제한다.

해설 음식물은 전문요원에 의한 검사를 실시하고, 음식물 운반시에도 근접감시를 실시한다.

157. 다음 중 경호행사장 및 연도주변의 지리적 여건이 피경호자에게 위해를 가할 수 있는 근거를 제공하는 경우에 사전에 제거하는 것은 어떤 활동에 해당하는가?

① 인적 위해요소의 배제활동 ② 물적 취약요소의 배제활동
③ 지리적 취약요소의 배제활동 ④ 안전점검활동

해설 지리적 취약요소의 배제활동에 해당한다.

158. 다음 중 지리적 취약요소의 배제활동에 포함되지 않는 요소는?

① 특별방범심방 ② 연도주변지역 점검
③ 숙소주변 감제고지의 수색 ④ 주변신문판매대의 안전조치

해설 주변신문판매대의 안전조치는 물적 취약요소의 배제활동에 속한다.

제5절 경호실시작용

근접경호작용/ 행사장경호작용/ 숙소경호작용/ 돌발사태대응/ 경비작용

159. 다음 중 경호대상자의 최 근접에서 수행하는 경호활동과 가장 거리가 먼 것은?

① 호위활동 ② 경비활동
③ 근접경호활동 ④ 수행경호활동

해설 경비활동은 궁극적으로는 모든 영역을 포함하지만 제2선에 걸친 경호활동인 중심영역이라 할 수 있으며, 호위활동, 근접경호활동, 수행경호활동은 제1선에서 이루어지는 직접적 위해 차단활동이다.

정답 156. ③ 157. ③ 158. ④ 159. ②

160. 다음 중 근접경호활동의 특성에 해당되지 않는 것은?

① 노출성 ② 방벽성

③ 기만성 ④ 고정성

해설 근접경호활동의 특성으로는 노출성, 방벽성, 기만성, 기동성 및 유동성, 방호 및 대피성 등 6가지를 들고 있다.

161. 근접경호활동의 특성 중 경호활동이 행사일정이나 장소, 기동 등이 시각적으로 노출된 상태에서 이루어지는 것과 관련된 특성은 무엇인가?

① 노출성 ② 방벽성

③ 기만성 ④ 대피성

해설 노출성을 의미한다.

162. 다음 중 근접경호의 특성이 아닌 것은?

① 방벽성 ② 기동 및 유동성

③ 방호 및 대피성 ④ 비노출성

해설

163. 경호원의 임무 수행시 유의 사항과 가장 거리가 먼 것은?

① 경호원들이 다음 행동을 예측하기 위해 경호대상자의 습관화된 행동, 시간, 장소 등을 변경시키지 말아야 한다.

② 권위주의를 배제하고 의전과 예절에 입각한 친절하고도 겸손한 경호자세를 견지해야 한다.

③ 경호대상자가 정상적인 업무를 수행할 수 있도록 보장하고, 가능한 한 사생활을 침해하지 않도록 해야 한다.

④ 감시와 검색업무를 강화하되, 과도하고 불필요한 통제로 인하여 경호대상자의 명예를 실추시키지 않도록 해야 한다.

해설

정답 160. ④ 161. ① 162. ④ 163. ①

164. 경호활동시 수반되는 경호원들의 인적 방벽 형성이나 차량 등의 기동장비를 이용한 방벽 구축과 관련한 특성은 무엇인가?

① 기동성 ② 방벽성
③ 기만성 ④ 대피성

해설 방벽성이 이에 해당된다.

165. 복제경호원의 운영과 가장 밀접히 관련된 특성은 무엇인가?

① 유동성 ② 노출성
③ 기만성 ④ 대피성

해설 기만성이 이에 해당한다.

166. 다음은 근접경호활동의 대한 설명이다. 잘못된 것은?

① 일반적으로 경호대상자들은 대중들과의 접촉이 수반되는 대외활동을 빈번히 하며, 대중들에 공개된 행사장에 참석하는 경우가 많다. 따라서 경호활동은 행사일정이나 장소, 기동 등이 시각적으르 노출된 상태에서 임무가 이루어지는 것이 대부분이다.
② 노출을 수반하는 상태에서의 최선의 보호는 경호원들의 인적 방벽에 의하거나 차량 등의 기동장비를 이용한 방벽구축이 가장 효과적이다.
③ 차량대형의 기만, 기동시간의 기만, 기동로 및 수단의 기만, 승하차 장소의 기만, 위장 경호대상자 및 경호원의 이용 등은 경호활동을 효과적으로 이끈다.
④ 근접경호는 주로 행사장 참석시, 도보나 차량에 의해 이동 중에 이루어진다. 따라서 행사성격이나 주변여건, 장비의 특성이 따라 경호활동 자체가 고정성, 대피성을 띠게 된다.

해설 근접경호는 주로 행사장 참석시, 도보나 차량에 의해 이동 중에 이루어진다. 따라서 행사성격이나 주변여건, 장비의 특성에 따라 경호활동은 기동성, 유동성을 띠게 된다.

정답 164. ② 165. ③ 166. ④

167. 다음 중 근접경호의 기본적인 활동원칙으로 틀린 것은?

① 근접경호시 위치를 수시로 바꿀 것
② 경호대상자와 군중 간에 틈을 주지 말 것
③ 경호대상자나 경호원의 소지품에 대한 접근을 차단할 것
④ 언론 및 대중과의 친밀한 접촉을 유지할 것

해설 언론 및 대중과의 불필요한 접촉은 원천적으로 차단하여야 한다. 근접경호활동시 따라야 할 기본적인 원칙으로는 다음과 같은 것들이 있다.
㉠ 근접경호시 위치를 수시로 바꿀 것
㉡ 경호대상자와 군중 간에 틈을 주지 말 것
㉢ 경호대상자나 경호원의 소지품에 대한 접근을 차단할 것
㉣ 행사장이나 숙소의 종사요원, 경호대상자와 친숙한 방문자, 수행원과 수행원이 접촉하리라 예상되는 저명인사들을 정확히 파악하고 익힐 수 있어야 한다.
㉤ 경호문제와 관련 없는 요구사항은 차단할 것
㉥ 언론 및 대중과의 불필요한 접촉을 차단할 것

168. 근접경호원의 임무수행방법으로 틀린 것은?

① 경호대상자의 건강상태, 주위 상황, 위험도 등에 따라 이동속도를 적절하게 조절하고, 이동 전에 경호대상자에게 이동로, 이동시간, 경호대형 및 경호대상자의 위치 등은 보안을 위해 알려주지 않도록 한다.
② 경호대상자가 대중의 가운데 있을 때, 군중 속을 통과하여 걸을 때, 건물 내로 들어갈 때, 공공행사에 참석할 때, 승·하차할 때 특히 위험하다는 것을 염두에 둔다.
③ 이동 중 경호원 상호간에 적절한 수신호나 무선으로 주위 상황과 경호대상자의 상태 등을 연락할 수 있도록 한다.
④ 이동 중 무기 또는 위해기도자가 시야에 나타나면 위해요인과 경호대상자 사이로 움직여 시야를 차단하고 무기제압시에는 총구의 방향에 주의하여 경호대상자 방향으로 향하지 않도록 한다.

해설

169. 근접경호작용에 대한 설명으로 맞는 것은?

① 경호대상자의 차량기사는 사전 신원이 확인된 자로서 사복의 무장경찰관이

정답 167. ④ 168. ①

나 경호요원이어야 한다.

② 도보이동간 경호시 가능하다면 최초 결정된 이동시기 및 이동로를 고수한다.

③ 경호대상자가 이동시에는 위험에 노출되는 정도를 최소화하기 위하여 지그재그식으로 이동, 적을 기만한다.

④ 경호대상자의 차량은 유사시 신속한 식별을 위하여 가능하면 다른 차량과 구별되는 특이한 색상으로 한다.

해설

170. 근접경호기법에 관한 설명으로 옳은 것은?

① 기동 간 경호기만은 경호대상자가 오로지 도보수단을 이용하여 이동할 때 실시하는 경호기법이다.

② 복제경호요원 운용은 경호대상자의 얼굴을 닮은 사람을 경호요원 또는 비서관으로 임용하여 경호대상자의 눈을 기만하는 방법이다.

③ 육감경호는 위험을 예상하는 능력과 이 위험을 진압하기 위한 재빠른 조치를 취할 시점을 알아채는 능력이다.

④ 기동대형 기만은 적을 기만함으로써 위해기도자의 공격을 증가시켜서 위해기도가 실패하도록 유도하는 방법이다.

해설

171. 근접경호요원의 임무수행방법으로 적합한 내용은?

① 출입문을 통과할 때는 경호대상자의 안전을 위하여 경호원보다 우선하여 통과시킨다.

② 경호원은 경호대상자의 활동범위 보장을 위해 항상 원거리에서 이동해야 한다.

③ 위해상황 시 제2공격을 방지하기 위해 대피보다 범인 제압을 우선한다.

④ 근접도보대형의 이동속도는 경호대상자의 건강상태, 신장, 보폭 등을 고려하여 정한다.

해설

정답 169. ① 170. ③ 171. ④

172. 근접경호업무의 특성으로 틀린 것은

① 비상사태 시 범인을 대적하며 제압하는 것보다 제2공격으로부터의 보호를 위해 방어 및 대피성이 요구된다.

② 기도수단 및 도보대형에 의한 시각적 노출과 각종 매스컴에 의해 행사내용이 알려지는 노출성이 있다.

③ 인적 방벽과 방탄복 및 기동수단에 의한 외부공격으로부터 방벽성이 요구된다.

④ 행사의 성격과 주변환경, 공격의 유형에 따른 피해를 최소화하기 위해 고정성이 요구된다.

해설

173. 다음 중 근접경호원의 임무가 아닌 것은?

① 경호원은 각자 책임구역을 명확히 하고 행사장의 취약요소 및 위해물질을 탐지, 색출, 제거 및 안전조치를 취해야한다.

② 경호원은 항상 경호대상자의 근접에서 경호활동을 해야 한다.

③ 경호원 각자 책임구역에 대한 사주경계를 실시해야 한다.

④ 경호대상자 주위의 모든 사람들의 손을 주의해서 관찰하고 흉기를 소지하고 있다는 가정 하에 대비책을 강구하여야 한다.

해설

174. 경호임무수행 중 근접경호업무의 특성으로 적합하지 않는 것은?

① 우발상황 시 범인을 제압하는 것보다 경호대상자의 안전을 위한 방호 및 대피성이 우선된다.

② 인적 방벽효과와 방탄복 및 기동수단에 의한 외부공격으로부터 방벽성이 요구된다.

③ 기동수단 및 도보대형에 의한 시각적 노출과 각종 매스컴에 의해 행사내용이 알려지는 노출성이 있다.

④ 행사의 성격이 위해요소를 최소화하기 위해 정적상태가 요구되는 고정성의 특성이 있다.

해설

정답 172. ④ 173. ① 174. ④

175. 경호원의 활동수칙에 관한 설명으로 틀린 것은?

① 위해기도자의 입장에서 경호상 취약성을 분석하여 사전에 차단할 수 있는 예방경호에 총력을 기울여야 한다.

② 경호대상자를 안전하게 보호해야 하며, 위해기도자와 타협적인 행동을 하지 말아야 한다.

③ 가능하면 경호대상자의 사생활을 침해하지 않도록 하는 것이 좋다.

④ 경호원은 친절한 경호서비스를 제공해야 하며, 권위주의적인 자세를 견지해야 한다.

해설

176. 다음 중 근접경호의 기본적 요령으로 틀린 것은?

① 근접경호시 경호원은 위치를 변화시키지 말고 고수할 것

② 행사장, 숙소의 종사원, 경호대상자와 친숙한 방문자 등은 미리 정확히 파악하고 있을 것

③ 경호문제와 관련 없는 요구사항은 차단할 것

④ 언론 및 대중과의 불필요한 접촉을 차단할 것

해설 근접경호시 경호원은 위치를 수시로 변화시켜야 한다.

177. 근접경호원이 갖추어야 하는 기본요건과 가장 거리가 먼 것은?

① 단정한 외모 ② 예리한 판단력

③ 신속, 과감한 대처능력 ④ 고학력

해설 근접경호원은 ㉠ 단정한 외모, ㉡ 자신 있는 모습, ㉢ 예리한 판단력, ㉣ 신속, 과감한 대처능력, ㉤ 다양한 경험 등이 요구된다.

178. 다음은 근접경호원들의 기본임무와 근무원칙을 설명한 것이다. 적당하지 않은 것은?

① 경호대상자 주위에서 경호활동 공간의 확보하되, 일반인에게 불편을 초래치 말아야 한다.

정답 175. ④ 176. ① 177. ④

② 책임구역에 따라 경계와 돌발적 상황시 인적 방벽으로 경호대상자를 보호하고 안전하게 대피시킨다.
③ 경호대상자 주위의 모든 사람들을 주의 깊게 관찰하여야 한다.
④ 경호대상자의 심리적 안정감을 고려 경호대상자의 눈에 띄지 않는 것이 좋다.

해설 경호대상자의 심리적 안정감을 고려 경호대상자의 시야범위에 위치하여야 한다.

179. **다음은 근접경호시 따라야 할 근무원칙을 설명한 것이다. 틀린 것은?**
① 복도, 도로, 계단 등을 수행할 때 경호대상자를 공간의 중간으로 유도하여 위해 발생시 여유공간을 확보한다.
② 도보 이동 중에는 위해자의 공격가능성과 피해정도는 최소화하기 위하여 이동속도를 가능한 한 느리게 하여야 한다.
③ 문을 통과할 경우에는 항상 경호원이 먼저 통과하여 안전을 확인한 후 경호대상자를 통과시켜야 한다.
④ 경호원이 사전에 점검하지 않은 지역이나 장소에는 경호대상자가 절대 접근하지 않도록 한다.

해설 도보 이동 중에는 위해자의 공격가능성과 피해정도는 최소화하기 위하여 이동속도를 가능한 한 빠르게 하는 것이 원칙이다.

180. **근접경호원의 임무수행 내용으로 가장 부적합한 것은?**
① 우발적 공격을 당했을 때에는 대적 및 제압보다 경호대상자를 방호하여 안전한 곳으로 대피시키는 것을 우선으로 해야 한다.
② 항상 경호대상자 주위의 모든 사람들의 손을 주의해서 관찰하여야 한다.
③ 위해자의 공격가능시간을 줄이고 공격시 피해정도를 최소화하기 위하여 이동속도를 천천히 해야 한다.
④ 이동속도는 경호대상자의 건강상태, 신장, 보폭 등을 고려하여 정하도록 한다.

해설

정답 178. ④ 179. ② 180. ③

181. 도보이동간 근접경호시 경호원의 근무방법으로 적절치 않은 것은?

① 도보이동시에는 위험에 노출되는 정도를 최소화하기 위하여 단거리 직선통로를 피하는 것이 좋다.

② 이동속도와 경호원의 보폭은 경호대상자의 건강상태와 주위상황에 따라 적절히 조절한다.

③ 돌발사태에 대비하여 이동에 따른 주통로와 예비통로 및 비상 대피로를 적절히 선정해 두는 것이 좋다.

④ 이동 전에 경호대상자에게 이동로, 이동시간 및 이동 중 발생될 수 있는 특이사항을 사전에 알려준다.

해설

182. 근접경호임무 수행시 도보대형이동을 가능한 한 지양해야 하는 사유로 적당하지 않은 것은?

① 이동속도가 느려 범인에게 위해 시간을 제공해 준다.

② 외부노출이 심해 범인으로부터 관찰이 용이하다.

③ 범인의 공격과 위해 정도를 파악하기 힘들다.

④ 방호벽 효과가 부족하다.

해설

183. 다음 중 근접수행 경호의 기본적 근무요령으로 가장 거리가 먼 것은?

① 근접경호요원은 상대적 위치를 수시로 변화한다.

② 경호대상자에게 접근하려는 사람의 신분 및 직위와 본인여부를 사전에 점검하여야 한다.

③ 경호요원은 언론 등 대중과의 불필요한 대화도 때로는 필요하다.

④ 경호대상자나 그의 비서관들의 인가 없이 낯선 사람들의 방문이 허용되어서는 아니 된다.

해설

정답 181. ① 182. ④ 183. ③

184. 다음은 근접경호원의 경호요령을 설명한 것이다. 틀린 것은?

① 곡각지나 보이지 않는 공간을 통과할 때에는 경호대상자부터 신속하게 통과하도록 하여야 한다.

② 이동속도는 경호대상자의 건강상태, 신장, 보폭 등을 고려하여 정하고, 상황에 따라 속도를 조절할 때에는 경호원 상호간에 연락하여 조절하도록 한다.

③ 타 지역으로 이동 전에 경호원은 이동로, 소요시간, 경호대형, 주위의 특이사항, 주의사항 및 경호대상자의 이동위치를 사전에 경호대상자에게 알려주어야 한다.

④ 경호대장자가 이동시에는 항상 좌측전방 경호원의 뒤쪽에서 이동할 수 있도록 사전에 알려주어야 하고, 좌측전방 경호원은 경호대상자의 시야를 가리지 않도록 한다.

해설 곡각지나 보이지 않는 공간을 통과할 때에는 경호원이 먼저 전방의 안전을 확인한 후에 경호대상자를 신속하게 통과하도록 하여야 한다.

185. 경호임무 수행시 주위 경계를 위한 관찰방법으로 적합하지 않은 내용은?

① 항상 주위 사물에 대한 위기의식을 가지고 전체적인 분위기에 어울리지 않은 상황을 찾아야 한다.

② 인접해 있는 경호원과 경계범위가 중복되지 않게 해야 한다.

③ 시각적으로 움직임과 상황들에 대해 의문을 제기하고 정리・분석해 보도록 한다.

④ 경호대상자 주위의 모든 사람들이 눈과 손을 감시한다.

해설

186. 근접경호시 사주경계요령으로 틀린 것은?

① 인접해 있는 경호원과 경계범위는 중복되지 않게 명확히 구분한다.

② 시각의 한계를 고려하여 사주경계의 범위를 선정한다.

③ 위해자는 심리적으로 대중들 가운데 둘째 열에 위치하는 경우가 많다는 것

정답 184. ① 185. ②

을 참고한다.

④ 복도의 좌우측 문, 모퉁이, 창문주위 등에 관심을 두고 경계한다.

해설

187. 다음 중 근접경호원의 사주경계활동에 대한 설명으로 잘못된 것은?

① 사주경계란 근접경호원이 자신의 책임구역에서 경호대상자를 중심으로 360° 전 방향을 감시하면서 적으로부터의 위해기도를 인지하기 위한 경계활동을 말한다.

② 인적 경계대상으로는 경호대상자의 수행원이나 보도요원, 경찰근무자 등 신분이 확실한 사람들을 제외한 행사장의 직원, 특이행동자 등 모두 해당된다.

③ 경호대상자 주변에 위치한 모든 시설물과 이용가능한 자연물, 경호대상자의 부주의로 위해가 올 수 있는 시설물 등이 모두 포함된다.

④ 경호대상자에 대한 위해에 이용당하기 쉬운 자연물이나 시설물 등이 포함된다. 은폐, 엄폐물로 이용하기 쉬운 자연물이나 인공물, 감제고지, 건물의 후미진 곳이나 열려 있는 창문, 옥상 등이 포함된다.

해설 인적 경계대상으로는 경호대상자의 수행원이나 보도요원, 경찰근무자, 행사장의 직원, 노약자 등 신분이 확실하거나 약자의 경우도 모두 해당된다.

188. 다음 중 근접경호원의 사주경계요령에 대한 설명으로 잘못된 것은?

① 전체적인 상황에 어울리지 않는 부조화 상황을 찾아야 한다.

② 시각의 한계를 염두에 두고 주위경계의 범위를 선정해야 한다.

③ 우발상황을 제외하고는 고개를 좌우로 심하게 돌리거나 완전히 뒤돌아보는 것을 지양해야 한다.

④ 경호대상자로부터 먼 곳에서 가까운 곳으로 좌우 반복해서 실시하도록 한다.

해설 경호대상자로부터 가까운 곳에서 먼 순으로 좌우 반복해서 실시하도록 한다.

189. 다음 중 근접경호원의 주위경계요령에 대한 설명으로 잘못된 것은?

정답 186. ① 187. ② 188. ④

① 인접해 있는 경호원과 경계범위를 중복되게 실시한다.
② 복도를 좌우측, 문, 모퉁이, 창문 주위 등에 관심을 두고 경계한다.
③ 위해를 가하려는 자는 심리적으로 대중들의 맨 뒤에 있는 경우가 많다는 것을 고려한다.
④ 위해자는 대개 목표를 집중하여 주시하며 무표정하고 몸을 움직이지 않는다는 것을 고려한다.

해설 위해를 가하려는 자는 심리적으로 대중들 가운데서 둘째 열에 위치하는 경우가 많다는 것을 고려한다.

190. **다음 중 근접경호원이 주위경계의 대상으로 하여야 하는 것과 거리가 먼 것은?**
① 더운 날씨에 코트를 입거나, 추운 날씨에도 옷을 단추를 풀고 있는 사람
② 주변상황과 어울리지 않는 행동과 복장을 한 사람
③ 주정차가 되지 않는 도로상에 차를 주차해 둔 상태에서 경호대상자의 움직이는 상태를 관찰하는 자
④ 주위 사람과 필요 이상으로 잡담을 하는 자

해설 주위 사람과 필요 이상으로 잡담을 하는 자는 해당되지 않는다.

191. **다음 중 근접경호원이 사주경계시 사람이 갖고 있는 오관과 육감을 최대한 활용하여 경호활동을 하는 것과 관련된 것은?**
① 육감경호 ② 기만경호
③ 근접경호 ④ 민간경호

해설 육감경호의 방법이다.

192. **다음 중 도보이동간의 경호시 고려하여야 하는 사항이 아닌 것은?**
① 경호대상자의 취향 ② 주변 감제건물의 취약도
③ 행사성격 ④ 지리적 취약요소와의 이격도

해설 인적 취약요소와의 이격도이다.

정답 189. ③ 190. ④ 191. ① 192. ④

193. 근접경호를 실시함에 있어서 도보이동간 대형인 "다이아몬드형"은 어떠한 곳에서 사용하여야 하는가?

① 개활지 도보이동시 ② 군중의 밀집지역 통로
③ 자전거도로 ④ 사람이 많지 않은 통로

해설

194. 경호임무 중 방호 및 대피대형을 형성할 때 고려해야 될 사항과 가장 거리가 먼 것은?

① 경호대상자와 경호원 및 위해 기도자와의 거리
② 주위상황과 군중의 성격
③ 공격의 종류
④ 경호대상자의 성격

해설

195. 다음 중 경호행사시 경호대상자의 진행방향을 중심으로 도로 양쪽에 운집한 경호에 적합한 경호대형은?

① 사다리 대형 ② 마름모대형
③ 삼각형대형 ④ 쐐기형대형

해설

196. 다음 중 도보경호대형 형성시 고려사항으로 거리가 먼 것은?

① 물적 취약요소의 위치 ② 행사장의 공간적 규모
③ 행사장 참석자의 인원수 및 성향 ④ 근접경호원 수

해설 행사장의 공간적 규모는 고려사항에 포함되지 않는다.

정답 193. ② 194. ④ 195. ① 196. ②

197. **다음은 근접경호원이 도보이동 간 지켜야 할 경호원칙이다. 맞지 않는 것은?**

① 선정된 도보 이동시기 및 이동로의 변경
② 경호대상로에 이르는 모든 접근로의 통제
③ 근접경호원 위치의 고수
④ 도보이동간의 경호대상자 차량도 근접에서 주행

해설 근접경호원은 자신들의 위치를 수시로 변화시켜야 한다.

198. **다음은 도보이동간의 근접경호요령으로 맞지 않는 것은?**

① 이동시는 위해가능성을 최소화하기 위해 우회하는 장거리 노선을 선택
② 도보대형은 장소와 상황에 따라 융통성 있게 변화시킨다.
③ 근접경호원은 자신들의 위치를 수시로 변화
④ 선정된 도보 이동시기 및 이동로의 변경

해설 이동시는 최단거리 노선을 선택한다.

199. **근접 도보경호대형 형성에 따른 이동시 경호원의 근무방법으로 옳지 않는 것은?**

① 이동전 피경호인에게 이동로, 경호대형 및 특이사항을 사전에 알려주도록 한다.
② 복도, 도로, 계단 등을 이동할 때는 위해시 방어와 대피를 위한 여유공간 확보를 위해 통로의 측면으로 이동한다.
③ 이동시 위험에 노출되는 정도를 최소화하기 위해 단거리 직선통로를 이용한다.
④ 이동에 따른 주 통로, 예비통로와 비상 대피로를 적절히 선정해 두는 것이 좋다.

해설

200. **근접도보경호의 운용에 관한 설명으로 틀린 것은?**

① 오각형 대형은 군중 등을 통과하여 이동할 때 적합한 대형으로 정면방어 및

정답 197. ③ 198. ① 199. ②

시야나 화력은 일렬대형보다 좋다.
② 쐐기대형은 큰 위험한 상황에서 적당한 대형으로 무장한 위해자와 직면했을 때 적당한 대형이다.
③ 박스대형은 위해자가 정면에서 공격해 올 때 다이아몬드대형보다 대응이 빠르지만 경호대상자의 방어에는 느리다.
④ 횡대형은 좁은 통로에서 빠르게 이동하는 것이 적절하며 정면방어에 좋다.

해설

201. 근접경호시 경호요원의 임무수행 방법으로 옳지 않는 것은?

① 근접도보대형의 이동속도는 피경호인의 건강상태, 신장, 보폭 등을 고려하여 정한다
② 문을 통과할 때는 안전을 위하여 피경호인이 경호원보다 먼저 통과하도록 한다.
③ 공격이 있을 경우 경호원은 공격자와 경호대상자의 일직선상의 중간에 위치하도록 한다.
④ 위해상황시 제2공격을 방지하기 위해 범인 제압보다 방어와 대피를 우선한다.

해설

202. 도보이동간 근접경호에 대한 설명으로 틀린 것은?

① 가능하다면 사전 선정된 도보이동 시기 및 이동로는 변경되어야 한다.
② 근접경호원은 경호대상자에게 이르는 모든 접근로를 차단하기 위하여 분산되어서는 안 된다.
③ 대부분의 경우 도보이동으로 군중이 모여 있는 곳을 통과할 때가 가장 취약하다고 할 수 있다.
④ 이동시에는 위험에 노출되는 정도를 최소화하기 위하여 단거리 직선통로를 이용해야 한다.

해설

정답 200. ④ 201. ② 202. ②

203. 도보대형 형성 시 고려해야 할 사항 중 적절하지 않은 것은?

① 인적 취약요소와의 이격도 ② 주변 감제건물의 안전도
③ 물적 취약요소의 위치 ④ 행사장 참석자의 성향 및 인원수

해설

204. 도보이동간의 도보대형 중 대중이 별로 없는 장소 통과시, 인도와 좋은 통로 이동시 사용하는 대형은 무엇인가?

① 다이아몬드 대형 ② 쐐기형 대형
③ 역삼각형 대형 ④ 마름모 대형

해설 쐐기형이 해당한다. 쐐기형 대형은 삼각대형의 변형으로 3명의 경호원이 1명은 대상자의 전방에 위치안내와 전방경계, 2명은 대상자의 후방좌측과 후방우측에 위치 좌우, 후방의 경계활동을 수행하면서 이동하는 대형이다.

205. 도보이동 간의 경호대형 중 진행방향의 전방에 오솔길, 곡각지, 통로 등과 같은 지리적 취약점이 있는 경우 사용하는 대형은 무엇인가?

① 다이아몬드 대형 ② 쐐기형 대형
③ 역삼각형 대형 ④ 마름모 대형

해설 역삼각형 대형은 진행방향 전방에 위해가능성이 있는 경우 취하는 대형으로 경호대상자를 도로와 경호원의 중앙부에 위치시키도록 한다. 우측전방경호원은 전방 및 측방 경계업무를 수행하면서 보속을 유지하고 조절하는 임무를 수행하고 후방경호원이 팀장의 임무를 수행하게 된다.

206. 도보이동간의 경호대형 중 진행방향을 중심으로 양쪽에 군중이 운집해 있는 도로의 중앙을 이동할 때 적합한 대형으로 전방을 열어주고 좌·우측방 경계를 강화해 주는 대형은 무엇인가?

① 다이아몬드 대형 ② 사다리형 대형
③ 역삼각형 대형 ④ 2인 대형

정답 203. ② 204. ② 205. ③

해설 사다리형 대형은 경호대상자를 중심으로 4명의 경호원이 사다리 형태를 유지하며 이동하는 대형으로 진행방향을 중심으로 양쪽에 군중이 운집해 있는 도로의 중앙을 이동할 때 적합한 대형으로 전방을 열어주고 좌·우측방 경계를 강화해 주는 대형이다. 그러나 이 대형은 전방경호원의 폭이 너무 넓게 위치한 관계로, 전방에서 저격시 또는 위험물체 투척이 체위확장에 의한 인적 방벽의 효과가 이루어지지 않는 것이 단점이다.

207. **경호대상자가 일반대중들과 악수시 경호대형과 경호요령으로 잘못된 것은?**

① 악수행위시에는 신체적 접촉을 하는 관계로 위해의 기회가 가장 많이 노출되므로 경호원은 최근접에서 경계근무를 강화해야 한다.

② 전방경호원은 악수를 하기 위해 대기하고 있는 사람들에 대한 수상한 행동, 눈빛 손을 감시하면서 만약의 사태에 대비한다.

③ 후방경호원은 경호대상자의 최근접에서 악수하는 자와 악수를 마친 자들에 대한 경계근무를 수행하면서 우발상황 발생시 방어와 대적업무를 수행하여야 한다.

④ 경호대상자의 좌측에 위치한 경호원은 위해상황이 발생되면 악수자를 즉시 경호대상자의 반대편으로 격리시키는 업무를 수행해야 한다.

해설 전체 군중의 행동과 손을 감시하면서, 위해상황이 발생되면 악수자를 즉시 경호대상자의 반대편으로 격리시키는 업무를 수행하는 것은 악수자의 후방에 위치한 경호원이다.

208. **다음 중 군중이 밀집해 있는 통로, 혼잡한 복도 등에서 적합한 대형은 무엇인가?**

① 다이아몬드형 대형
② 쐐기형 대형
③ 역삼각형 대형
④ 2인 대형

해설 다이아몬드 대형은 경호대상자의 전후좌우 전 방향에 대해 둘러싸고, 각각의 경호원에게는 기동로에 대해 전 방향을 경계를 할 수 있도록 책임구역이 부여된다. 전방의 경호원은 이동로를 확보하는 동시에 전방의 취약요소를 경계하고 상체를 편 상태로 방벽을 형성하며, 10시와 2시 방향을 경계한다. 좌·우측방 경호원은 상체를 약간씩 좌우로 돌리면서 각각의 위치에서 담당구역을 경계하면서 이동한다. 후방경호원은 경호대상자의 후미와 전방, 측방 경호원의 이동 중 경계근무가 미치지 못하는 사각지점에 대한 공간을 고개만 돌리면서 경계하면서 이동한다.

정답 206. ② 207. ④ 208. ①

209. 출입문 통과시 근접경호원의 임무내용으로 가장 부적절한 것은?

① 경호대상자가 문을 통과하기 전에 경호원은 내·외부의 안전도를 확인한 후 경호대상자를 통과시킨다.

② 경호대상자 통과 전 내부 일체 공간에 대한 위해자 은신여부, 내부 참석인원, 독극물냄새, 시설상의 문제점을 확인한다.

③ 출입문이 자동일 경우 전방 경호원이 문의 정상 작동여부를 확인하고, 경호대상자가 통과할 때 문이 닫히지 않도록 주의한다.

④ 회전문 사용시에는 안전을 위하여 경호원은 경호대상자와 동일 칸에 들어가서 이동한다.

해설

210. 경호차량 운전요원 준수사항으로 가장 적합하지 않은 내용은?

① 긴급사태에 대비하여 소화기와 구급약품 등을 비치하여야 한다.

② 운전 전 모든 기계의 정상작동 유무를 파악하도록 한다.

③ 위험한 차량의 추적이 있을 경우에는 정차하여 확인하도록 한다.

④ 신호대기 때나 회전시에는 좌·우 차량을 경계하여야 한다.

해설

211. 경호임무 수행시 엘리베이터 이용에 따른 경호원의 임무수행 내용으로 부적절한 것은?

① 사전에 이동층 표시등, 문의 작동속도, 비상시 작동버튼, 창문의 유무를 조사해 둔다.

② 엘리베이터를 탈 때에는 내부, 내릴 때에는 외부의 안전을 확인 후 경호대상자를 이동시킨다.

③ 지정한 층에 도착하여 문이 열렸을 때에는 경호대상자가 가장 빨리 내릴 수 있도록 문 앞쪽에 탑승시키도록 한다.

④ 엘리베이터 문이 열렸을 때 외부인의 시야에 노출되지 않는 안쪽 모서리 부분에 탑승시킨 후 이동하도록 한다.

해설

정답 209. ④ 210. ③ 211. ③

212. 경호임무 수행 중 경호대상자가 차량에서 하차시 경호원 임무내용으로 가장 부적절한 것은?

① 하차지점에 도착하면 주위상황을 경계하고 위험상황이 전개되면 즉시 현장을 이탈하도록 해야 한다.

② 비상사태시 차량을 급히 출발시킬 수 있도록 여유공간을 확보하면서 정차하여야 한다.

③ 경호대상자가 하차하여 안전하게 건물 내로 들어갈 때까지 차량은 시동을 건 채 대기시키도록 한다.

④ 경호대상자의 하차지점을 가능한 출입문과 먼 곳을 선정하도록 한다.

해설

213. 경호대상자가 계단이동시 경호요령으로 틀린 것은?

① 좌, 우측이 개방된 계단에서는 전방경호원이 계단의 안전여부와 속도를 조절하고, 좌·우측방 경호원은 개방된 쪽의 경계근무를 강화하면서 경호대상자에게 몸을 밀착시켜 방벽을 형성할 수 있도록 한다.

② 최근접 경호원은 경호대상자가 계단에 걸려 넘어지는 일이 없도록 경계임무와 함께 대상자의 신체에 대한 세심한 주의를 기울이고, 상황에 따라 부축하며 안전하게 계단을 오르내리도록 한다.

③ 일반 도보대형과 동일한 대형을 취하되 경호대상자는 항상 계단의 가장자리에 위치하도록 한다.

④ 계단을 올라갈 때 전방경호원은 계단이 끝나는 지점에서 평지에 대한 경계와 감시를 하고 안전이 확인된 후에 경호대상자가 올라오게 한다.

해설 계단이동시에는 일반도보대형과 동일한 대형을 취하되, 경호대상자는 항상 계단의 중앙부에 위치하도록 한다.

214. 다음 중 경호대상자가 에스컬레이터를 이용시 경호요령으로 잘못된 것은?

① 전방경호원은 전방경계와 안내임무를 수행하며 측방과 후방경호원은 주위경계를 실시하면서 갑작스런 기계의 고장이나 경호대상자의 실수로 인한 신체적 변화에 대비한다.

정답 212. ④ 213. ③

② 노약자의 경우 에스컬레이터의 손잡이를 잡게 하거나, 측근경호원이 부축하여 이동할 수 있도록 배려한다.
③ 에스컬레이터는 사방이 노출되어 있으며, 이동속도가 느리기 때문에 가능하면 사용하지 않고 계단이나 엘리베이터를 이용하는 것이 안전하다.
④ 에스컬레이터로 이동할 때에는 계단이동시 도보대형과 동일하나 정지상태에서 방벽을 형성하고 천천히 에스컬레이터를 벗어난다.

해설 에스컬레이터로 이동할 때에는 계단이동시 도보대형과 동일하나, 에스컬레이터에서도 걸음을 멈추지 않고 최대한 짧은 시간에 에스컬레이터를 벗어나도록 한다.

215. **다음은 경호대상자가 출입문을 통과할 때의 경호요령이다. 틀린 것은?**
① 문을 통과할 때에는 항상 전방경호원이 문의 상태를 파악하고, 미는 문일 경우 안으로 들어가서 문을 잡고 있어야 하며, 당기는 문일 경우에는 바깥에서 문을 잡아 경호대상자가 안전하게 통과할 수 있도록 한다.
② 경호대상자가 문을 통과하기 전에 좌측방 경호원이 먼저 문을 통과하여 들어갈 때에는 내부, 나올 때에는 외부에 대한 안전도를 확인한 후 경호대상자를 통과시키도록 한다.
③ 경호대상자가 내부에 머물시, 동석 이외의 경호원 불순분자가 내부로 침입하지 않도록 외부에서 출입문에 대한 통제근무와 외부상황에 대한 경계업무를 수행하도록 한다.
④ 회전문을 사용할 때에는 신속히 경호대상자를 먼저 탑승하도록 하고, 경호원이 1칸의 간격으로 접근하여 들어와서 정상적 도보대형을 형성한 후 이동하도록 한다.

해설 회전문을 사용할 때에는 경호원이 먼저 탑승하여 작동 여부와 내부 위해요소가 있는가를 확인한 수 경호대상자와 1칸의 간격으로 접근하여 들어와서 정상적 도보대형을 형성할 수 이동하도록 한다.

216. **다음 중 기동간의 차량경호시 고려사항이 아닌 것은?**
① 차량의 선택 ② 행, 환차로의 선택
③ 차량 대형의 결정 ④ 체류할 호텔의 위치

정답 214. ④ 215. ④

해설 체류할 호텔의 위치는 고려대상이 아니다

217. 다음은 엘리베이터 탑승시의 경호요령이다. 맞지 않는 것은?

① 경호대상자는 엘리베이터 문의 개방시 외부연의 시야에 노출되지 않는 지역에 위치시킨다.
② 엘리베이터를 탈 때에는 경호대상자가 먼저 타고, 내릴 때에는 나중에 내린다.
③ 가능한 일반인과는 별도의 전용 엘리베이터를 선정해 놓는 것이 안전하다.
④ 문이 열렸을 때 전방경호원이 내부를 점검하고 목표 층을 누르면 경호대상자를 내부 안쪽 모서리 부분에 탑승시킨 후 방벽을 형성하고 경계임무를 수행하도록 한다.

해설 엘리베이터를 탈 때에는 내부, 내릴 때에는 외부에 대한 안전도는 경호원이 먼저 확인하고 이상이 없을 때 경호대상자를 이동시켜야 한다.

218. 경호대상자의 공중화장실 이용시 경호요령으로 잘못된 것은?

① 경호대상자가 소변기를 사용할 때 개방된 문에서 시야에 바로 노출되지 않도록 위치한다.
② 일반인 화장실 사용의 경우 일반인들의 화장실 이용에 불편을 주지 않도록 유의하면서, 세면기 앞쪽과 화장실 측면에서 경계임무를 수행하도록 한다.
③ 대변기를 사용할 때는 끝 쪽의 벽면에 위치한 곳을 사용하는 것이 좋다.
④ 화장실을 나갈 때에도 외부경계에 의한 안건을 확인한 후 이상이 없을 때 정상적인 도보대형을 형성하고 이동하도록 한다.

해설 대변기를 사용할 때에는 맨 끝 쪽 벽면에 위치한 곳은 피하는 것이 좋다.

219. 다음 중 차량경호시 고려사항으로 틀린 것은?

① 주, 예비도로의 선정
② 이동시간
③ 교통상황의 사전점검
④ 돌발사태 대비책 강구

정답 216. ④ 217. ② 218. ③

해설 이동시간은 고려사항에 포함되지 않는다.

220. **다음 중 경호차량 선택시 고려사항에 해당되지 않는 것은?**

① 특별한 외부부착물은 달지 않고, 안테나는 보이지 않는 것으로 한다.
② 무기나 보호장구는 일반인이 볼 수 없도록 조치한다.
③ 충분한 기동성을 보유하여야 한다.
④ 경호대상자의 차량과 구별되어야 하고 유리는 착색된 것이 좋다.

해설 경호대상자의 차량과 동일한 색상과 외형을 갖추고, 유리는 착색된 것이 좋다.

221. **승차와 하차의 경호방법으로 틀린 것은?**

① 하차지점의 상황을 경계하면서 서행으로 접근하도록 한다.
② 승하차시는 경계임무를 수행하면서 하차 시보다 좀 더 천천히 이동한다.
③ 하차시 운전사는 시동을 건 상태에서 경호대상자가 건물 내로 들어갈 때까지 차내에서 대기한다.
④ 비상시 차량을 급히 출발시킬 수 있는 여유 공간을 확보하고 정차한다.

해설

222. **경호차량의 주차시 경호차량 운전요원의 준수사항으로 틀린 것은?**

① 주차장소는 가능한 한 자주 변경하여 계획된 위해상황과 불심분자의 관찰로부터 벗어나게 한다.
② 야간 주차시에는 어두운 곳에 주차하도록 한다.
③ 차의 정면이 출입로를 향하게 한다.
④ 출발 전에 수시로 차의 상태를 점검한다.

해설

정답 219. ② 220. ④ 221. ② 222. ②

223. 차량기동 간 근접경호 활동시 우선적인 고려사항이 아닌 것은?

① 차량대형 및 차종 선택
② 행 · 환차로의 선택
③ 수행원을 위한 차량의 수 및 의전절차
④ 기동 간 비상대피로 및 대피소

해설

224. 차량검색에 대한 설명으로 틀린 것은?

① 경호대상차량의 안전대책으로 무선원격 시동장치를 사용하도록 한다.
② 트렁크를 열되 5cm 이상 열지 않도록 한다.
③ 경호대상차량은 반드시 휠캡을 사용하도록 한다.
④ hood 전제에 걸쳐 틈에 무엇이 있는가를 확인하기 위해 "WIP(Wire Indication Pin)" 기법을 쓰도록 한다.

해설

225. 다음 중 경호차량 운전요원의 준수사항으로 적절하지 않은 것은?

① 신호대기 때나 회전시에는 좌 · 우차량을 경계하며 운행한다.
② 위험한 차량의 추적이 있을 경우 정차하여 검문 · 검색한다.
③ 긴급사태에 대비하여 소화기와 구급약품 등을 준비한다.
④ 주차 시에는 차량의 정면이 출입구로 향하게 하여 신속히 출발할 수 있는 상태를 유지한다.

해설

226. 경호운전기법에 관한 설명으로 틀린 것은?

① 가능하면 이동로를 수시로 변경하고 빠른 속도로 운전한다.
② 가능하면 어두운 시간대에 운전한다.

정답 223. ③ 224. ③ 225. ②

③ 적색 신호등으로 차가 정지했을 경우 변속기를 출발상태에 위치시킨다.
④ 사고와 같은 비정상적인 상황을 피한다.

해설

227. **다음은 차량경호의 방법이다. 경호대상자 차량이 취하여야 할 경호방법으로 틀린 것은?**
① 경호대상자의 차량은 최고 성능의 차량으로 선정한다.
② 선도차량과 일정간격을 유지하고, 지속적으로 이상 유무를 무선통신으로 교신한다.
③ 유사시 선도차량과는 반대방향으로 신속히 대피한다.
④ 경호차량과 색상이나 외형이 동일한 것을 사용하는 것이 좋다.

해설 유사시에는 선도차량과 동일한 방향으로 신속히 대피한다.

228. **차량경호의 방법 중 선도 및 후미의 경호차량이 취하여야 할 경호방법으로 틀린 것은?**
① 선도차량은 기동간 경호대상자 차량의 방호업무와 경호지휘 임무를 수행하게 된다.
② 후미경호차량은 차선을 바꾸어가면서 후미에서 접근하는 차량을 통제하고 추월을 방지한다.
③ 선도차량은 행·환차로 안내하며, 행사시간에 맞는 주행속도를 조절한다.
④ 선도차량 전방에 나타나는 각종 상황에 대한 경계업무를 수행한다.

해설 기동간 경호대상자 차량의 방호업무와 경호지휘 임무를 수행하는 것은 후미경호차량이다.

229. **차량경호의 경호운전요령으로 틀린 것은?**
① 차량을 2~3대 운용하여 기만작전을 시도한다.
② 경호대상자의 승하차 지점은 일반인들의 시선을 끌지 않는 곳으로 한다.
③ 각 차량의 위치는 항상 고정적으로 하여 방벽효과를 이용한다.
④ 개활지를 주행할 때에는 고도의 주의를 기울이고, 되도록 이런 장소를 피한다.

정답 226. ② 227. ③ 228. ①

해설 각 차량의 위치는 항상 변화시켜 예측가능성을 주지 않는다.

230. 차량경호의 방법 중 일반적인 경호운전요령으로 틀린 것은?

① 되도록 중앙선에서 멀리 떨어져 주행하며, 경호차량과 보도 사이를 주행하는 차량에 주의를 기울인다.
② 필요시 경호대상자를 운전석 뒤에 앉게 한다.
③ 평상시보다 빠르게 운전한다.
④ 주차나 정차되어 있는 차량 가까이는 가지 않는다.

해설 되도록이면 보도에서 떨어져 중앙선에 붙어 주행하며, 경호차량과 보도 사이를 주행하는 차량에 주의를 기울인다.

231. 다음 중 회전시 경호운전방법에 대한 설명으로 틀린 것은?

① 경호대상자의 차량은 선도차량과 일정 간격을 유지하면서 좌・우회전시 각각 선도차량의 후미 우측 또는 좌측 차선을 이용하여 회전한다.
② 후미 경호차량은 좌회전시는 경호대상자 차량에 우측 후미차선을, 우회전시는 좌측후미차선을 이용하여 회전하면서 접근 차량에 대한 방호임무를 수행하면서 회전한다.
③ 회전에 진입하기 전에 충분히 감속하여 속도를 조절하고 직선에 가까운 코스를 유지하도록 한다.
④ 후미차량은 중앙선에 접근하여 회전하면서 반대방향의 과속차량에 대한 견제임무를 수행한다.

해설 선도차량은 중앙선에 접근하여 회전하면서 반대방향의 과속차량에 대한 견제임무를 수행하면서, 경호대상자의 차량과 간격을 유지하면서 속도를 조절한다.

232. 차량대형이 신호등에 대기시 경호운전방법으로 틀린 것은?

① 선도차량은 대형 전체가 통과할 수 있는지를 판단하고 대형전체가 통과하지 못할 때에는 차선의 보도 쪽 맨 가장자리에 접근해서 정차를 한다.

정답 229. ③ 230. ① 231. ④

② 경호대상자 차량은 선도차량과 2~3m의 간격을 유지시킨 상태에서 경도경호차량 우측의 1차로에 정차한다.

③ 후미경호차량은 경호대상자의 우측 2차로에 정차하여 경호대상자 차량의 노출을 방지하면서 방호임무를 수행한다.

④ 정차시 각 차량간에 미리 연락을 취하여 서로간의 행동을 미리 예측한다.

해설 선도차량은 대형 전체가 통화하지 못할 때에는 중앙선에 접근해서 정차를 한다.

233. 다음 중 경호운전방법에 대한 설명으로 잘못된 것은?

① 톨게이트를 통과할 때에는 선도경호차량은 좌측 게이트를 이용하여 진입하면서 이상 유무를 파악하고, 경호대상자 차량은 선도경호차량 후미를 따라 신속하게 통과하도록 한다.

② 톨게이트 통과시 후미경호차량은 경호대상자차량 통과 게이트의 우측게이트를 이용하여 통과한 후 신속히 본 대형을 갖추도록 한다.

③ 교차로 통과시에는 신호기의 신호체계에 따라 서서히 진입하고, 교차로를 빠져나온 후에는 좌·우 안전을 확인하고 속도를 높여서 통과하도록 한다.

④ 교차로 통과시 2대가 동시에 통과할 때에는 좌측도로에 위치하고 있는 차, 교차폭이 다른 경우에는 폭이 좁은 도로에 있는 차가 우선한다.

해설 교차로 통과시 제일 먼저 진입한 차, 2대가 동시에 통과할 때에는 우측도로에 위치하고 있는 차, 교차폭이 다른 경우에는 폭이 넓은 도로에 있는 차가 우선하며, 직진 차나 우회전 차의 순으로 순서를 지켜 통과한다.

234. 다음 중 경호운전방법에 대한 설명으로 잘못된 것은?

① 오르막에서는 무리한 앞지르기를 지양하고, 올라가는 차, 짐을 실지 않은 차 우선의 순서로 운행한다.

② 내리막길에서는 브레이크의 과다사용으로 인한 브레이크 파열가능성을 고려 엔진브레이크도 사용하도록 한다.

③ 안개가 낀 날은 차폭등이나 안개등을 켜서 자기 차의 존재를 상호간에 알리도록 한다.

④ 안개가 낀 날은 앞차의 미등이나 차선, 가드레일 등으로 기준으로 삼고 안

정답 232. ① 233. ④

전거리를 유지한다.

해설 오르막에서는 무리한 앞지르기를 지양하고, 내려가는 차에 우선통행권이 있고, 빈차는 사람과 물건을 실은 차에게 양보하여야 한다.

235. 다음 중 여러 가지 상황에서의 경호운전방법에 대한 설명이다. 잘못된 것은?

① 비가 오는 날은 와이퍼의 작동범위에 의한 제약, 실내의 온도차로 인한 김서림 등의 장애요인을 고려한다.

② 평상시의 2배 이상의 안전거리를 유지하도록 하고, 올라갈 때에는 내려갈 때보다 1단 저속기어를 사용하여야 한다.

③ 타이어와 노면 간에 수막이 생겨 노면이 미끄러져 정지거리가 길어지므로 급회전이나 급브레이크를 금지하여야 한다.

④ 스노타이어, 체인을 장착하고 모래주머니와 삽을 준비하고 급핸들, 급브레이크, 급차선변경, 급회전 등을 금지해야 한다.

해설 평상시의 3배 이상의 안전거리를 유지하도록 하고, 내려갈 때에는 올라갈 때보다 1단 저속기어를 사용하여야 한다.

236. 건널목 통과시의 경호운전방법으로 잘못된 것은?

① 선도차량은 일시 정차하여 좌·우 확인 후 전 차량이 동시에 통과가 가능하다고 판단될시 무선통신 후 통과한다.

② 정차시 경호대상자 차량은 선도차량의 좌측 후미에, 후미차량은 경호대상자 좌측 후미에서 방호대형을 형성하여 통과하도록 한다.

③ 건너편의 교통이 복잡하여 건널목을 빠져나가지 못할 경우는 정지하고 안전을 확인 한 후 통과시켜야 한다.

④ 눈과 귀로 주위의 안전을 확인하고 변속기 조작은 금지하고 출발시에는 저속기어 상태로 출발한다.

해설 정차시 경호대상자 차량은 선도차량의 우측 후미에, 후미차량은 경호대상자 우측 후미에서 방호대형을 형성하여 통과하도록 한다.

정답 234. ① 235. ② 236. ②

237. **다음은 야간에 차량으로 이동시의 차량경호요령이다. 틀린 것은?**

① 대형차의 전조등, 가로등의 불빛 등에 주의해야 한다.
② 정신적 · 신체적 기능의 저하에 따른 컨디션 난조 등을 고려해야 한다.
③ 차량속도를 감속시킨 상태에서 보도 쪽 차선은 피하여 1차선 쪽으로 운행해야한다.
④ 눈의 주의점을 우측으로 하여 고정 표지판, 주위 건물, 교통표지판 등을 관찰하면서 운행한다.

해설 차량속도를 감속시킨 상태에서 1차선은 피하여 운행한다.

238. **터널 통과시의 경호운전방법으로 잘못된 것은?**

① 창문을 닫고 앞지르기와 차선 변경을 하지 말며, 선도차량과의 간격을 유리하면서 일정한 속도로 주행한다.
② 밝은 곳에서 갑자기 어두운 곳으로 들어갈 경우 시력의 적응시간이 필요하다는 것을 고려하여 차간 거리를 유지하면서 차폭등을 켜도록 한다.
③ 차선 폭이 좁게 느껴져서 중앙선을 침범하면 상대편 차와 충돌위험이 있으므로 유의하여야 한다.
④ 돌발사태 발생시 대피로가 없으므로 상황판단을 신속히 하여야 하며, 선도차량을 이용 신속히 터널을 빠져나가도록 한다.

해설 돌발사태 발생시 대피로가 없으므로 상황판단을 신속히 하여야 하며, 후미차량을 이용 후진하여 신속히 터널을 빠져나가도록 한다.

239. **경호대상자가 차량에 승차시 경호요령으로 잘못된 것은?**

① 경호대상자가 가장 쉽고 짧은 거리에서 차를 탈 수 있는 위치를 선정한다.
② 경호대상자가 차량에 탑승할 때에는 내릴 때보다 속도를 늦추어서 탄다.
③ 차량은 시동이 걸린 상태에서 경호대상자가 탈 수 있도록 한다.
④ 모든 경호원들은 사주경계를 철저히 한다.

해설 경호대상자가 차량에 탑승할 때에는 내릴 때보다 신속하게 승차한다.

정답 237. ③ 238. ④ 239. ②

240. **경호대상자가 차량에서 하차할 때의 경호요령으로 잘못된 것은?**

① 하차지점에 도착하기 위한 접근로는 가능한 한 변경하는 것이 좋다.
② 입구 쪽이 교통량이 많아 진입이 지연된 경우 그 장소를 빨리 이탈할 준비를 하고 정지하거나 기다리지 않는다.
③ 정차 후 운전석 옆에 탑승한 경호요원이 창문의 잠금장치를 풀고 차에서 내려, 경호대상자 탑승문 쪽으로 이동하여 안전을 확인한다.
④ 운전자는 신속히 내려 경호대상자의 하차를 돕는다.

해설 운전자는 경호대상자가 건물 안으로 안전하게 도착할 때까지 운전석에 앉아 대기한다.

241. **경호대형의 이동간 경호요령으로 잘못된 것은?**

① 차의 창문을 열 경우에는 최소한 5cm 이하로 한다.
② 교통상황 변화로 인해 차가 정지하더라도 언제라도 출발할 수 있도록 기어를 출발위치에 둔 상태로 유지한다.
③ 이동시 되도록 지름길을 사용하여 신속이 이동한다.
④ 차량은 앞 차와 일정한 거리를 유지하고 다른 차량이 차량대형으로 끼어들지 못할 정도의 간격을 유지하며, 안전하고 빠르게 운행되어야 한다.

해설 이동시 지름길을 사용하지 말고, 항상 검증된 예비로를 선택한다.

242. **경호대형이 주차할 때의 경호요령으로 틀린 것은?**

① 주차된 차량이나 차량대형을 감시할 때에는 차안이 아닌 차 밖에서 감시한다.
② 차가 운행되지 않을 경우 항상 차문을 잠가야 하며, 주차 후 다시 차를 운행하기 전의 안전점검을 실시하여야 한다.
③ 주차장소는 자주 변경하는 것이 좋으며, 야간에는 적의 시야의 방해를 위해 어두운 곳에 주차한다.
④ 주차시에는 차의 정면이 출입로를 향하게 하고 언제든지 출발할 수 있는 상태를 유지한다.

해설 주차장소는 자주 변경하는 것이 좋으며, 특히 야간에는 밝은 곳에 주차한다.

정답 240. ④ 241. ③ 242. ③

243. 돌발사태가 발생하여 위험지역으로부터 도피를 할 경우의 경호요령으로 잘못된 것은?

① 일차적으로 차량자체로 방어역할을 수행하게 되며, 가능한 그 위험지역에서 빨리 멀리 벗어난다.

② 총기로 위해자의 공격에 대응할 경우 차문을 방패로 활용한다.

③ 통상적으로 목표물로부터 반경 6m 이내의 지역이 가장 위험함으로 차량은 최소 6m 밖으로 이동해야 한다.

④ 차량이 정지했을 경우 위해자로부터 되도록이면 정면돌파하여 신속히 그 지역을 벗어난다.

해설 차량이 정지했을 경우 위해자로부터 뒤쪽으로 도피할 길이 있다면 후진으로 가능한 한 신속히 뒤로 이동한다.

244. 다음 중 경호기만의 방법이라고 볼 수 없는 것은?

① 복제경호원의 활용　② 위장 경호대상자 차량의 이용

③ 승하차지점의 불시 변경　④ 고급대형차량의 이용

해설 고급대형차량의 이용은 경호기만이라고 볼 수 없다. 일반적인 경호기만방법으로는 복제경호원의 활용, 위장 경호대상자 차량의 이용, 승하차지점의 불시 변경, 차량의 위치 변동, 다양한 대형의 변칙적 사용, 일반인처럼 자연스러운 옷차림과 행동, 허위 흔적 표시, 기만장애물 및 경비시설 설치, 소음 및 광채사용, 연막차장 등이 있다.

245. 기만경호에 대한 설명으로 틀린 것은?

① 범인의 심리적 상태를 이용하여 시간을 앞당긴 기동 및 도착이 효과적이다.

② 반드시 공식행사에서는 사용해야 한다.

③ 서로 다른 기동수단과 기동로를 선정하였다가 상황을 파악하여 한 가지를 선택하도록 한다.

④ 경호대상자와 유사하게 닮은 경호원을 선발하여 근접경호요원으로 배치시킨다.

해설

246. 다음은 행사장경호에 관한 설명이다. 경비구역의 설정 중 비표확인, 통로통제의 업

정답 243. ④ 244. ④ 245. ②

무가 이루어지는 지역은 어디인가?

① 안전구역 ② 내곽경비구역
③ 외곽경비구역 ④ 경계지역

해설 비표확인, 통로통제, 신분확인 등의 업무가 이루어지는 곳은 제1선에 해당하는 안전구역이다.

247. 행사장경호업무 중 돌발사태에 대한 대비, 예비대의 운용, 비상통로의 확보, 구급차, 소방차의 확보 등의 업무가 이루어지는 지역은 어디인가?

① 안전구역 ② 내곽경비구역
③ 외곽경비구역 ④ 경계지역

해설 제2선의 내곽경비 또는 경비지역이라 하며, 돌발사태에 대한 대비, 예비대의 운용, 비상통로의 확보, 구급차·소방차의 확보, 행사장 부근 건물의 안전우비, 주최 측 요원 및 참석자에 대한 동정 감시, 교통질서정리, 관찰, 통신활동 등이 이루어지는 지역이다.

248. 다음은 무엇에 대한 설명인가?

행사장을 직시할 수 있는 고층건물 및 감제고지에 대하여 안전을 확보하고 우발사태에 대비한 대비책을 강구해야 하는 지역

① 안전구역 ② 경계구역
③ 경비구역 ④ 작전구역

해설

249. 행사장경호업무 중 첩보수집, 위험인물 파악, 위해요소의 사전제거 및 경계실시, 도보 및 기동순찰, 외부로부터 내부로의 불심자 접근차단 등의 업무가 이루어지는 지역은?

① 안전구역 ② 내곽경비구역
③ 외곽경비구역 ④ 경계지역

해설 제3선에 해당하는 외곽경비지역 또는 경계지역을 말하며, 인적·물적·자연적 취약요소에 대한 첩보수집, 항만관리, 위험인물 파악, 위해요소의 사전제거 및 경계실시 지역, 도보 및 기동순찰, 외부로부터 내부로의 불심자 접근 차단 등의 업무가 이루어진다.

정답 246. ① 247. ② 248. ② 249. ③

250. **다음 중 특히 행사장 경호시 예상되는 위해요인이 아닌 것은?**

① 인적 위해요소로 암살시도(저격, 직접공격, 차량폭탄, 폭발물 공격, 납치시도, 독살 등), 명예훼손(언어적 폭력, 오물투척, 비방 전단지 등) 등이 대표적이다.

② 물적 위해요소로는 반대편차선의 차량공격, IED 공격, 도로매설폭탄공격 등이 대표적이다.

③ 자연적 위해요소로는 지진, 홍수, 산사태, 태풍(허리케인), 폭설, 해일, 전염병 등이 있다.

④ 건강상 요인으로는 심장이상, 알레르기, 당뇨병, 식중독 등이 대표적이다.

해설 반대편차선의 차량공격, IED 공격, 도로매설폭탄공격 등은 주로 도로이동시, 즉 연도경호시 발생 가능성이 큰 공격형태이다. 행사장경호시의 물적 위해요소로는 시설붕괴(건물붕괴, 단상 및 연단 붕괴, 관중석 붕괴 등), 시설안전상의 하자(엘리베이터, 에스컬레이터, 출입문, 간판 등의 파손 또는 고장), 정전 및 감전사고, 화재사고, 추락사고, 차량사고 등이 있다.

251. **경호행사시 경호근무자 비표의 운영에 관한 설명으로 맞는 것은?**

① 비표 분실사고 발생시 즉각 보고하고 전체 비표를 무효화하며 새로운 비표를 해당자 전원에게 지급한다.

② 비표의 종류는 다양할수록 좋으나 행사시는 구분 없이 전체가 통일되어야 한다.

③ 비표는 근무관련 교양시작 전에 배부하고 경호 종료 후 상황을 보면서 반납한다.

④ 경호근무자의 경호안전 활동시는 비표 운영을 하지 않는 것이 바람직하다.

해설

252. **다음의 행사장 경호 중 회의장 경호시 고려사항으로 가장 거리가 먼 것은?**

① 회의참가자의 신원 및 지위

② 회의장의 지리적 위치

③ 숙박시설, 회의실, 사무실, 통신설비, 보도 및 공공지역, 인근건물과의 근접정도 등을 포함한 행사장의 물리적 배치

④ 경호대상자의 취향

해설

정답 250. ② 251. ① 252. ④

253. 다음의 대중이 많이 모이는 행사장 경호시 고려사항으로 가장 거리가 먼 것은?

① 경호팀의 편성 및 규모 ② 참석대중의 규모와 성향
③ 비상시 대피게이트 및 동선 ④ 동석하는 관계자의 신원 및 지위

해설 대중이 많이 모이는 행사장 경호시 고려사항으로는 다음과 같은 사항이 있다.
㉠ 행사의 성격
㉡ 참석대중의 규모와 성향
㉢ 숙박시설, 회의실, 사무실, 통신설비, 보도 및 공공지역, 인근건물과의 근접정도 등을 포함한 행사장의 물리적 배치
㉣ 동석하는 관계자의 신원 및 지위
㉤ 지역정세와 현재의 치안 및 질서상태
㉥ 참석한계에 대한 완전한 숙지상태

254. 경호 행사장 출입자의 통제와 관리를 위한 담당 경호원의 임무로 틀린 것은?

① 행사 참석자가 소지한 위해 물품 등을 물품보관소에 보관한다.
② 승차입장 차량과 승차자를 확인하고, 주차관리 계획을 수립한다.
③ 행사장 내외곽 시설물에 대한 폭발물의 탐지와 안전점검을 실시한다.
④ 행사 주최 측과 협조하여 출입증을 발급한다.

해설

255. 행사장 출입자 통제 대책에 대한 설명으로 맞는 것은?

① 모든 참석자는 행사시각 15분 전까지 입장을 완료하도록 하며 지연 참석자는 출입을 허용하지 않는다.
② 모든 출입요소는 지정된 출입통로를 사용하여야 하며 기타 통로는 폐쇄한다.
③ 만년필, 책, 카메라, 우산은 행사장 반입을 금지한다.
④ 모든 출입요소는 지정된 출입통로를 사용하여야 하며 기타 통로도 개방한다.

해설

256. 행사장 내부담당 경호원의 임무내용이 아닌 것은?

① 행사장내 인·물적 접근 통제 계획을 수립한다.

정답 253. ① 254. ③ 255. ②

② 행사장의 단일 출입 및 단상, 천장, 피경호인의 동선에 대한 안전도를 확인한다.
③ 경비 및 경계구역에 대한 안전조치를 강화한다.
④ 피경호인의 휴게실 및 화장실의 위치를 파악한다.

해설

257. 행사장 경호업무에 대한 설명으로 틀린 것은?
① 정문에는 차량출입문과 도보출입문을 통합하여 입장토록 한다.
② 입장비표를 부착하지 않은 자는 어떤 경우에도 입장을 금지시킨다.
③ 행사진행시 묵념을 할 때에도 군중경계에 전념한다.
④ 행사장 주변 취약요소 건물을 감시할 수 있는 위치를 선정하여 감시조를 운용한다.

해설

258. 경호임무 수행시 행사장 내부 담당 경호원의 임무내용이 아닌 것은?
① 행사장 상·하층, 좌·우 인접 사무실에 대한 검측 후 근무자를 확보한다.
② 행사장의 단일 출입 및 단상, 천장, 피경호인의 동선에 대한 안전도를 확인한다.
③ 피경호인 접견자에 대한 안전대책 및 참석자 안내계획을 수립한다.
④ 행사장 승·하차 지점과 경비구역의 검문검색을 강화한다.

해설

259. 다음 중 출입자 통제대책에 대한 설명 중 맞는 것은?
① 행사장내 모든 출입자와 반입물품은 지정된 통로만을 사용하여야 하며 기타 통로는 자유롭게 출입을 허용해야 한다.
② 안전구역 설정권 내에 출입하는 시차입장계획, 안내계획, 주차관리계획을 세우고 출입통로를 지정하여 실시해야 한다.

정답 256. ③ 257. ① 258. ④

③ 행사가 대규모일 때에는 참석대상이나 좌석별 출입통로를 선정할 필요가 없고 출입을 자유롭게 허용해야 한다.
④ 행사장 출입관리는 면밀하게 실시하여야 하며 안전검색을 철저히 하기 위하여 기본예절을 지킬 필요는 없다.

해설

260. 다음 중 경호행사 시 주 행사장 담당 경호원의 업무수행 내용과 거리가 먼 것은?
① 행사장내 접근 통제 및 차단계획을 수립한다.
② 경비 및 경계구역에 대한 안전조치를 강화한다.
③ 각종 집기류를 최종 점검한다.
④ 행사장의 단일 출입 및 경호대상자의 동선에 대한 안전도를 확인한다.

해설

261. 출입자 통제대책에 관한 설명으로 틀린 것은?
① 일반참석자는 행사시작 전 미리 입장토록 하여 경호대상자의 입장시간과 시차를 두며, 지연참석자에 대해서는 검색 후 별도의 지정된 통로로 출입을 허용한다.
② 출입증 배부장소의 안내요원은 가능하면 참석자를 식별할 수 있는 각 부서별 실무자로 선발하고, 출입증은 전 참가자가 운용할 수 있도록 한다.
③ 주최 측은 효율적인 주차관리를 위해 승차입장카드에 대상별 주차지역을 사전에 지정하여야 하며, 주차지역별로 안내요원을 배치한다.
④ 참석자 출입통로는 행사장 구조상의 모든 출입문을 이용하여 참석자 입장시 불편요소를 최소화 한다.

해설

262. 행사장경호업무 중 참석자 통제대책에 관한 설명으로 틀린 것은?
① 개별초청자는 입장카드와 신분증을 대조한 후 문형 금속탐지기를 통과시켜

정답 259. ② 260. ③ 261. ④

입장시킨다.

② 단체참석자는 혼란을 피하기 위해 주최 측 안전요원의 책임하에 미리 비표를 교부하여 입장시킨다.

③ 참석자들이 소지하고 있는 카메라, 금속류, 특히 위해가 될 만한 물건들은 양해 후 특별히 마련된 물품보관소에 보관한다.

④ 참석자는 혼란방지와 통제의 효율성을 위해 입장시에는 일렬로 입장케 하고 차량의 하차지점에서 출입문까지 정복차단조를 배치한다.

해설 단체참석자는 중간집결지는 선정하고 여기에서 경찰관과 주최 측 안전요원이 초청장과 신분증을 대조한 후 비표를 교부한다.

263. **다음 중 행사장경호활동 중 출입통제요령에 대한 설명으로 잘못된 것은?**

① 비표 비착용자는 지위고하를 불문하고 입장을 불허한다.

② 보도요원의 카메라 등도 전문기술요원의 확인 후 검색필 표찰을 부착한다.

③ 비표착용자를 제외한 거동수상자에 대해서는 검문·검색 실시, 신원을 확인 후에 입장시킨다.

④ 입장완료시간 초과 후에 도착한 참석자는 입장을 불허함이 원칙이다.

해설 비표착용자라도 거동수상자에 대해서는 검문·검색 실시, 신원을 확인 후에 입장시킨다.

264. **행사장 경호활동시 금속탐지기의 운용요령에 대한 설명으로 잘못된 것은?**

① M.E. 통과시는 사람들을 일렬종대로 하여 끊김 없이 신속하게 입장시킨다.

② 휴대품은 휴대물품 보관소에 보관시킨다.

③ 참석자 전원이 M.E.를 통과하여 입장하도록 통제한다.

④ 최초에 M.E.를 통과하여 입장한 사람일지라도 중간에 밖에 나갔다가 들어오는 사람은 다시 M.E.를 통과하여 입장하도록 한다.

해설 M.E. 통과시는 1.5m 전방에 일단 정지시켜 보통속도로 한 사람씩 통과시킨다.

정답 262. ② 263. ③ 264. ①

265. 행사장 경호활동시 금속탐지기 운용요원의 업무에 대한 설명으로 잘못된 것은?

① 휴대가 허용된 물품이라도 반드시 내용물을 확인 후에 휴대를 허용한다.

② 신호음이 울린 입장자는 금속성소지품의 소지 여부를 눈으로 확인하고 바로 입장시킨다.

③ 여자입장자의 신체수색은 반드시 여경에 의하여 실시하도록 조치하여야 한다.

④ 최초에 M.E.를 통과하여 입장한 사람일지라도 중간에 밖에 나갔다가 들어오는 사람은 다시 M.E.를 통과하여 입장하도록 한다.

해설 신호음이 울린 입장자는 금속성소지품의 소지 여부를 정밀 확인하고 재차 M.E.를 통과시켜 확인한다.

266. 행사장 출입자 통제방침으로 가장 부적당한 내용은?

① 행사장 내 모든 출입요소에 대해서는 인가된 인원의 본인여부 및 인가차량 여부를 확인하여야 한다.

② 출입자들의 물품관리소를 운용하여 위해가능 물품을 보관하도록 하되, 가능하면 분실을 고려하여 출입자가 직접 소지하도록 한다.

③ 참석대상별 또는 좌석별 구분에 따라 출입통로를 선정하도록 한다.

④ 주차관리는 참석자들이 불편을 최소화하고 질서유지를 위하여 행사장 인접지역에 참석대상별로 구분 운용한다.

해설

267. 행사장에서 검색장비 설치시에 유의사항으로 틀린 것은?

① 조립식 제품의 검측장비에 힘을 가하거나 충격을 주지 않는다.

② 고압 전류가 흐르는 장소는 피해서 설치한다.

③ 전압 변동이 심한 지역을 피해서 설치한다.

④ 금속탐지기를 2대 이상 설치, 운용시에는 최소한 1m 이상 이격시켜야 한다.

해설

정답 265. ② 266. ② 267. ④

268. **행사장경호시 물리적 방호체계 구축 및 운용과 관련한 설명으로 틀린 것은?**

① 물리적 방호시스템은 경호원이나 경호경찰 등 인적자원에 의한 위해기도자나 불순분자의 차단노력을 효과적으로 보완하여 방호성을 크게 증대시키는 경보장치나 차폐물과 같은 하드웨어적인 시스템을 말한다.

② 물리적 방호시스템을 운용시 보안을 위해 경호원이 운용방법을 숙지하여 자체적으로 운용하도록 하여야 한다.

③ IT센서로 이루어진 경보시스템의 경우 효용성, 신뢰성, 가격, 정비 등의 요건에 따라서 장비의 선택도가 달라지며, 행사장의 상황 및 여건에 따라 결정하여야 한다.

④ 경호팀이 임무를 수행하는데 인적인 한계를 보완하여 방호활동의 시너지효과를 가져올 수 있는 수단이 침입감지경보시스템이다.

해설 물리적 방호시스템을 운용하기 위해서는 전자나 IT분야에 속하는 동 분야의 전문지원요원이 필요하다는 점도 고려해야 한다.

269. **다음 중 행사장 경호시 운용하는 침입감지경보시스템에 대한 설명으로 틀린 것은?**

① 경호팀이 임무를 수행하는데 인적인 한계를 보완하여 방호활동의 시너지효과를 가져올 수 있다.

② 경보시스템은 지역 내로 침투를 기도하거나 침투하는 것에 대한 탐지가 주된 역할이다.

③ 탐지시스템을 기만하기 위한 탐지시스템을 조작하는 행위 등을 경호요원에게 경고해 주는 역할도 한다.

④ 건물외벽이나 담, 외곽의 철조망 지대 등에 설치하여 운용할 경우 전자적인 특성상 오경보 등의 문제가 없어 효과 크다.

해설 IT기술을 적용한 감지장치의 단점 중에 하나가 오경보문제이다. 일반적으로 감지센서를 응용한 기계경비시스템의 경우 약 95%가 오경보라는 통계도 있을 정도로 침입감지시스템을 운용시 이러한 문제를 충분히 고려해야만 한다.

270. **경보시스템 설치시에 일반적으로 고려해야 하는 사항으로 틀린 것은?**

① 행사장의 취약성

정답 268. ② 269. ④

② 침입자의 인접 정도
③ 행사장의 지형적인 위치와 행사장 내에서 방호되어야 할 지역의 위치
④ 건물의 물리적 강도

해설 건물의 구조는 고려해야 하지만 강도는 특별히 고려해야 하는 사항이라고 볼 수 없다.

271. **다음 중 행사장경호시의 방호체계 구축에 대한 설명으로 틀린 것은?**

① 침입감지경보시스템을 선정할 때에는 건물구조를 포함한 지역의 주변 환경, 내·외부의 소음, 기상조건 등을 충분히 고려해야 한다.
② 경보 및 통신시스템은 다른 경호체계와의 독립적으로 운용하여야 한다.
③ 경계선침입감지시스템은 방호지역의 취약성 및 민감도, 요구되는 방호 정도, 가용한 경계지원요소 등에 따라 달라진다.
④ 경보시스템 설치시 광 효과를 이용한 감지기의 경우 매트릭스 형태로 설치하여 사각을 없애야 하고, 위해기도자의 이동 및 움직임을 탐지하기 위하여서는 초음파와 초단파를 이용한 감지기를 사용한다.

해설 경보 및 통신시스템은 종합적인 경호체계에 밀접하게 통합되어야 한다.

272. **다음 중 행사장경호시의 방호체계 구축에 이용되는 CCTV에 대한 설명으로 틀린 것은?**

① CCTV는 그 자체가 경보장치는 아니지만, 물리적인 경계수단으로 대단히 유용하다.
② CCTV는 일반적으로 다른 감지센서나 장치, 정보수단과 독립적으로 운용할 때에도 효과적이라는 장점이 있다.
③ CCTV는 사각지대에 대한 직접적인 감시를 제공하기 위하여 취약지점들, 즉 사람이 배치되지 않는 정문, 엘리베이터, 복도, 출입문 등에 사용될 수 있다.
④ 특수 카메라가 조준된 출입문에 광전기식, 초음파식, 초단파식의 침투탐지장치 등이 연계되어 적용될 수도 있다.

해설 CCTV는 일반적으로 다른 감지센서나 장치, 정보수단과 연계하여 운용될 때 효과가 크다.

정답 270. ④ 271. ② 272. ②

273. **행사장경호의 방호체계 구축시 사용하는 시건장치에 대한 설명으로 틀린 것은?**

① 행사장과 인원 및 재산을 방호하는데 있어서 기본적인 안전장치 중 하나가 바로 자물쇠인데 자물쇠는 방호의 완전성을 확보하는 중요한 수단이다.

② 시건장치의 형식에는 일반자물쇠, 암호식자물쇠, 스마트카드식자물쇠 등 다양한 종류의 장치가 있는데 시설의 성격과 상황에 맞추어 적절한 것을 선택하여 사용한다.

③ 시건장치의 대출 및 통제는 엄격히 이루어져야 하는데 효과적인 통제를 위하여 정확한 기록이 유지되어야 하고, 주기적인 육안검사와 재고조사가 이루어져야 한다.

④ 시건장치는 임무가 부여된 사람에 의해서만 다루어져야 한다. 열쇠를 분실하였을 때, 자물쇠의 문자조합을 알고 있던 요원이 임무가 변경되거나 해제되었을 때에는 시건장치를 즉시 바꾸어야 한다.

해설 행사장과 인원 및 재산을 방호하는데 있어서 기본적인 안전장치 중 하나가 바로 자물쇠인데 행사가 이루어지지 않을 때는 모든 방과 건물을 시건한다. 그러나 자물쇠는 방호의 완전성보다는 시간의 지연성에 목적이 있다는 것을 유념하여야 한다.

274. **행사장경호의 시건장치의 관리시 고려해야 하는 사항으로 틀린 것은?**

① 관련시설로부터 경호CP에 제출되어야 하는 열쇠를 명확히 체크한다.

② 보안을 위해 열쇠에는 어떠한 표식도 해서는 안 된다.

③ 인가된 열쇠소유자에 대한 식별을 할 수 있는 체계를 갖추어야 한다.

④ 열쇠를 분실, 도난 또는 잘못 보관하였을 때의 조치사항에 대해 명확히 대비되어 있어야 한다.

해설 보안에 신경을 쓰면서 각 용도에 따른 열쇠나 자물쇠의 식별을 용이하게 하기 위하여 열쇠에 적절한 식별표식을 한다.

275. **다음 중 행사장내부담당요원의 임무내용이 아닌 것은?**

① 경호대상자 동선 및 좌석위치에 다른 비상대책을 강구

② 근무자 위치선정(좌석 협조) 및 외부 영향지역에 대한 경비병력을 확인

③ 행사장내 인적·물적 접근통제 및 차단계획을 수립한다(진행순서, 시설물 보수 현황파악)

정답 273. ① 274. ②

④ 취약요소 및 직지시점을 고려하여 단상을 설치

해설 취약요소 및 직지시점을 고려하여 단상을 설치업무는 행사장 외부담당요원의 임무이다. 행사장 내부담당요원은 ①, ②, ③ 외에도 다음과 같은 업무를 수행한다.

- 정전 등 우발상황에 대비한 각 근무자 예행연습을 실시(필요시 방폭요, 역조명, 손전등 준비)
- 행사장의 단일 출입 및 단상, 천장, 경호대상자 동선 등에 대한 안전드를 확인
- 행사장 좌석 배치가 초청자 구분에 따른 인원 비례여부에 판단
- 초청좌석의 사복요원 배치 및 중첩된 감시 및 정확한 임무에 대한 교육을 실시
- 필요시 행사진행절차에 입각한 예행연습을 실시
- 접견 예상에 따른 대책 및 참석자 안내계획을 수립
- 행사장의 상·하층, 좌·우 사무실에 대한 검측 후 근무자를 확보
- 경호대상자의 휴게실 및 화장실의 위치를 파악

276. **차량 및 공중 강습에 대한 대비책을 수립하는 업무를 수행하는 경호요원은?**

① 행사장 내부담당요원　② 행사장 외부담당요원
③ 작전담당요원　④ 출입통제담당요원

해설 행사장 외부담당요원의 업무에 해당된다.

277. **경호행사장 내부담당 경호원의 임무라고 볼 수 없는 것은?**

① 경호대상자의 동선 및 좌석위치에 따른 비상대책을 강구한다.
② 행사장 내 인적·물적 위해요소 차단계획을 수립한다.
③ 경호대상자의 휴게실 및 화장실 위치를 파악한다.
④ 경호대상자와 참석자간 거리를 최소화한다.

해설

278. **다음 중 행사장 출입자 통제대책으로 가장 적절하지 않은 것은?**

① 불순불자의 침투방지 및 검문·검색 실시
② 인원 및 차량에 대한 비표확인
③ 행사장 경호원이 출입차량을 대리운전한다.
④ 물품보관소를 운영하여 위험물품을 일시 보관토록 조치한다.

해설

정답 275. ④ 276. ② 277. ④ 278. ③

279. 다음 중 행사장 경호시 제2선(내곽경비)에서 필요한 것은?

① 소방차 및 구급차 확보　　② 도보순찰조 운영
③ 기동순찰조 운영　　④ 별도의 감시조 운영

해설

280. 행사장내부의 근무요령으로 틀린 것은?

① 입장이 완료된 후에 복도, 계단, 화장실 등에 무단으로 배회하는 자가 없도록 통제한다.
② 행사진행 중에는 경호근무자도 개별행동을 금하고 식순에 따라 행동하면서 군중에 대한 동향을 감시한다.
③ 행사가 완전히 종료되어 참석자가 전부 퇴장한 후에 근무자도 철수한다.
④ 행사개시 1시간 전부터는 일체의 개별행동을 통제하며 행사진행 중에는 입장자의 동향을 감시한다.

해설 행사개시 10분 전부터는 일체의 개별행동을 통제하며 행사진행 중에는 입장자의 동향을 감시한다.

281. 행사장 외부에 경호근무요령을 설명한 것이다. 잘못된 것은?

① 초소근무자는 암구호를 숙지하고 어떠한 상황하에서도 근무지를 이탈하지 아니한다.
② 헬기장근무자는 주변에 직시되는 고층건물이나 감제고지에 대하여 감시해제를 유지한다.
③ 주차장근무자는 주차해 있는 차량 등에 대해 엔진은 반드시 끄도록 조치하고, 요인이 체제 중에는 운전기사들을 차내에서 대기토록 조치한다.
④ 행사 중에는 운전기사들의 동향감시를 철저히 하여 위해요소를 제거한다.

해설 주차장근무자는 주차해 있는 차량 등에 대해 엔진은 반드시 끄도록 조치하고, 요인이 체재 중에는 운전기사들을 일정한 장소에 대기토록 조치한다.

정답 279. ① 280. ④ 281. ③

282. **행사건물 내부근무자의 경호근무요령으로 잘못된 것은?**

① 발전실, 변전실, 기계실 등에는 안전요원을 고정배치하며, 기계조작시에 반드시 입회하여 확인한다.

② 담당구역을 정밀하게 수색하여 위해물질의 매설여부를 확인한다.

③ 요인이 위치하는 방의 직상·하층은 빈방을 유지하고, 소음요소를 완전히 제거한다.

④ 화장실, 빈방, 창고, 계단 등의 안전을 확보하고, 여자화장실은 반드시 여경요원을 배치한다.

해설 담당구역을 정밀하게 수색하여 위해물질의 매설여부를 확인하는 임무는 내·외곽 취약요소 근무자의 업무이며, 건물 내부근무자는 담당구역을 정밀하게 검측하여 폭발물 등 물적 위해요소를 사전에 제거하는 임무를 수행한다.

283. **다음 중 숙소경호원의 임무에 대한 설명으로 잘못된 것은?**

① 관할지역 경찰과 협조하여 24시간 경비체계를 수립하고, 방문자 통제체계를 확립하여 경호작전이 개시되는 날부터 방문자 기록부와 상황일지를 작성한다.

② 출입이 인가된 접견자 명단을 획득하고 적절한 식별체계를 강구한다.

③ 돌발사태시 대피할 대피로와 이용할 헬기장을 선정하고 안전을 유지한다.

④ 건물 관리인과 함께 건물을 점검한다. 출입구, 차량 진입구, 주차시설, 로비의 형태, 엘리베이터의 위치(동력실, 통제실 포함), 계단, 복도, 공기정화시설 및 전기시스템 등에 대해 점검한다.

해설 돌발사태시 대피할 대피로와 이용할 헬기장을 선정하고 안전을 유지하는 임무는 선발경호팀이나 경찰의 협조하에 외부담당 경호원에 의해 수행된다.

284. **다음 중 숙소경호원의 임무에 대한 설명으로 잘못된 것은?**

① 방안의 모든 종류의 비품을 힘껏 눌러보고, 모든 품목들을 이동시켜 보고, 모든 창문과 문을 열고 닫아보며, 모든 시건장치를 열고 닫아보는 등 정밀점검을 실시한다.

② 경호대상자가 머무는 방의 모든 표면은 시각관찰을 통해 정밀점검이 이루어

정답 282. ② 283. ③

져야 하고, 노출된 모든 선(Wire)은 보이지 않도록 감춘다.

③ 냉장고는 비우고 나서 다시 채우며, 방안의 모든 음식물과 음료수는 신뢰성 있는 출처로부터 획득된 것인가를 확인하여 처리하여야 한다.

④ 민방위대피소와 화재 피난장치, 소방장비 등을 선정하고 필요하다면 소방대책을 강구한다.

해설 경호대상자가 머무는 방의 모든 표면은 촉각을 통한 더듬거림으로 점검이 이루어져야 하고, 노출된 모든 선(Wire)은 그 근원을 찾아가 안전여부를 확인한다.

285. **다음은 경호대상자가 체류하는 숙소경호에 대한 설명이다. 적당하지 않은 것은?**

① 숙소경호란 경호대상자가 평소에 거처하는 공관이나 관저가 아닌 외지에서 머무는 장소를 중심으로 이루어지는 제반의 경호활동을 의미한다.

② 숙소는 단독주택과 호텔로 구분되며 주로 호위개념이 적용된다.

③ 야음이 주는 경계효과의 감소를 고려하여 초소를 증강 배치한다.

④ 숙소가 호텔인 경우에는 일반인에게 경호보안이 노출되지 않도록 하고, 투숙객 및 출입자에게 불편을 주지 않도록 사전에 충분한 조치가 이루어져야 한다.

해설 숙소는 단독주택과 호텔로 구분되며 3중 경호개념과 경비개념이 적용된다.

286. **숙소경호에 대한 설명으로 틀린 것은?**

① 숙소의 시설물에는 많은 위험요소가 내포되어 있으나 지역 내 출입하는 인원의 통제는 용이하다.

② 근무요령은 평시, 입출시, 비상시로 구분하여 운용한다.

③ 경비배치는 내부, 내곽, 외곽으로 실시하고 외곽은 1, 2, 3선으로 경계망을 구성한다.

④ 수림지역 및 제반 감제고지 고층건물에 대한 접근로 봉쇄 및 안전확보를 한다.

해설

정답 284. ② 285. ② 286. ①

287. **숙소경호에 대한 설명으로 틀린 것은?**

① 숙소경호의 특징은 혼잡성, 고정성, 보안성 취약, 방어개념의 미흡 등이 있다.

② 지리적 취약요소란 행사에 위협을 미치는데 이용될 수 있는 제반시설 및 물자를 의미한다.

③ 수림지역 및 제반 감제고지 고층건물에 대한 접근로 봉쇄 및 안전확보를 한다.

④ 숙소 주변의 거주민 외에 유동인원에 대한 검색을 강화해야 한다.

해설

288. **경호대상자가 숙소나 그 외 지역에서 유숙하기 위하여 머물고 있을 때 실시되는 숙소경호의 특징이 아닌 것은?**

① 보안성이 취약하다.

② 동일한 장소에 경호대상자가 장시간 체류하게 되므로 고정성이 있다.

③ 숙소의 종류 및 시설물들이 복잡하고 많은 위험요소가 내포되어 있어 취약성이 있다.

④ 자택을 제외한 지방숙소, 호텔, 해외 행사시 유숙시 등은 경호적 방어환경이 뛰어나다.

해설

289. **다음 중 숙소경호 업무의 영역이라고 볼 수 없는 것은?**

① 교통 상황 및 주차장 관리

② 순찰을 통한 시설물 안전 점검 및 각종 사고 예방

③ 출입자 통제 및 방문자 처리

④ 차량 출입 통제 및 반입 물품 검색

해설

290. **경호대상자가 호텔에 체류하는 경우 경호요령으로 틀린 것은?**

① 경호대상자가 체재중일 때는 호텔의 평온을 유지하고 비노출로 은밀하게 제

정답 287. ② 288. ④ 289. ①

2선을 위주로 근무를 한다.

② 출입시는 정문, 승하차장, 현관, 로비, 1층 승강기, 요인투숙층 및 직상·하층, 옥상 등 요인에게 접근이 가능한 지역 위주로 경찰력을 증가하여 운용한다.

③ 비상사태가 발생하였을 경우에는 호텔 내의 모든 사람의 유동을 완전히 통제한 후 경호실의 통제에 따라 조치하여야 한다.

④ 종업원들에 대한 신원을 철저히 파악하고 동향을 철저히 내사하여야 한다.

해설 경호대상자가 체재중일 때는 비노출로 은밀하게 제1선의 안전구역을 위주로 근무를 한다.

291. 경호대상자가 호텔에 체류하는 경우 객실층 근무자의 경호근무요령으로 잘못된 것은?

① 각층에 설치된 비상통로와 소화전 등의 안전여부를 확인한다.

② 옥상은 수색한 후 출입문을 잠그고 열쇠는 별도 보관한다.

③ 식당, 화장실 등 다중이 출입하는 곳은 시설주에 의해 확인·점검토록 한다.

④ 투숙객이나 종업원으로 위장하여 투숙자 현황을 파악하며 출입상황, 유동인원에 대한 감시활동을 한다.

해설 식당, 화장실 등 다중이 출입하는 곳은 시설주의와 협조하여 종업원들로 하여금 확인토록 하고, 근무자들을 별도로 배치하여 중복확인이 이루어질 수 있도록 한다.

292. 경호대상자가 호텔에 체류하는 경우 안내데스크 근무자의 경호근무요령으로 잘못된 것은?

① 요인이 투숙한 객실의 안전을 위하여 일반투숙자들의 객실을 조정한다.

② 화물운반 종사원으로 위장하여 화물에 대한 검색을 실시한다.

③ 요인 출입시에는 1층 로비나 현관 통로에 위치하여 경계근무를 실시한다.

④ 비상계단이나 승강기 등 상층으로 통하는 모든 출입통로를 통제한다.

해설 비상계단이나 승강기 등 상층으로 통하는 모든 출입통로를 통제업무는 지하근무자의 업무에 속한다.

정답 290. ① 291. ③ 292. ④

293. 경호대상자가 호텔에 체류하는 경우 승강기근무요원의 근무요령으로 틀린 것은?

① 기계실, 변전실 등 취약시설에는 관리자와 협조하여 관계자 외에는 출입을 통제한다.

② 요인 전용의 승강기에 대하여 안전검측을 실시하고 시설주와 협조하여 사용을 통제한다.

③ 요인이 투숙하는 층에는 다른 승강기가 멈추지 않도록 시설주와 협조하여 기계를 조작한다.

④ 승강기에 동승하여 인원 및 화물에 대하여 점검한다.

해설 기계실, 변전실 등 취약시설에는 관리자와 협조하여 관계자 외에는 출입을 통제하는 업무는 지하층근무자의 업무이다.

294. 숙소경호 근무지침을 적당하지 않은 내용은?

① 종업원 및 일반고객에 대한 통제는 무조건 지양한다.

② 유사시에 대비하여 비상대피로 확보한다.

③ 주변 직시건물에 대한 안전조사를 실시한다.

④ 도난과 화재사고 방지에 노력한다.

해설

295. 다음은 경호대상자에 사저(私邸)경호에 대한 설명이다. 틀린 것은?

① 숙소의 관리자와 협력하여 건물 및 부대시설, 정원 등을 조사한다.

② 사저의 이웃들과 최대한 협력하여 공개적으로 안전활동을 실시한다.

③ 지역경찰에 의한 체크를 위하여 고용원 및 식재료 공급자의 명단을 입수한다.

④ 음식물, 편의시설 및 통신 등에 대한 준비를 검토한다.

해설 사저의 이웃들에 대하여 되도록 은밀하고 신중하게 안전활동을 실시한다.

296. 연도경호는 다른 경호형태와 구별되는 몇 가지 취약성을 띠고 있다. 이에 해당하지 않는 것은?

① 폭발물 사용의 용이성 ② 고정된 연도에서 오는 취약성

③ 반대방향 차량의 위해가능성 ④ 위해자의 행동반경의 제약성

정답 293. ① 294. ① 295. ②

해설 오히려 위해자의 행동반경이 숙소경호형태나 행사장경호시보다 넓은 특징을 갖는다.

297. 다음은 연도경호에 대한 설명이다. 적당하지 않은 것은?

① 경호대상자가 행・환차할 것으로 예측되는 주・예비 연도에 대한 제반 위해요소를 사전 배제하는 활동을 말한다.

② 도로의 취약성 및 많은 군중의 집경, 교통관리 등으로 인해 다른 경호근무에 비하여 상당한 주의를 필요로 한다.

③ 취임식, 외국원수 환・송영 등 완전 공개된 행사의 행・환차시에 하는 경호는 완전공식(A형)경호이다.

④ 일정에 의한 공식행사장 행・환차시에 하는 경호로서 정례회의 참석, 경제동향보고, 각종 기념식 등의 행・환차는 공식(B형)경호에 해당한다.

해설 일정에 의한 공식행사・환차시의 경호는 준공식(C형)경호이다.

※ 연도경호의 종류

㉠ 완전공식(A형)경호 : 취임식, 외국원수 환・송영 등 완전 공개된 행사의 행・환차시에 하는 경호이다.

㉡ 공식(B형)경호 : 국경일 등 공식행사장의 행・환차시에 하는 경호이다.

㉢ 준공식(C형)경호 : 일정에 의한 공시행사장 행・환차시에 하는 경호로서 정례회의 참석, 경제동향보고, 각종 기념식 등의 행・환차가 그 예이다.

㉣ 완전비공식(880)경호 : 민간시찰, 사저 행차시 등에 하는 경호이다.

298. 다음 중 연도경호에 임하는 정복근무요원의 업무가 아닌 것은?

① 담당구역 내에서 고정 또는 유동근무로서 연도에 운집한 군중을 정리하고 거동수상자를 감시한다.

② 피경호자의 행차를 전후하여 골목에서 진입을 기도하는 차량이나 사람을 제지

③ 장시간 서성이는 자 등 거동수상자에 대해 불심검문을 실시하여 신분을 확인한다.

④ 취약건물 등의 봉쇄에 의한 안전한 상태 유지, 경호제대에 돌발적으로 접근시도자에 대한 신속하면서도 유연하게 제거

해설 취약건물 등의 봉쇄에 의한 안전한 상태 유지, 경호제대에 돌발적으로 접근시도자에 대한 신속하면서도 유연하게 제거하는 활동은 사복근무자의 업무이다.

정답 296. ④ 297. ④ 298. ④

299. **다음은 연도경호시 경호요령을 기술한 것이다. 타당하지 않은 것은?**

① 정복근무요원은 담당구역 내에서 고정 또는 유동근무로서 연도에 운집한 군중을 정리하고 거동수상자를 감시한다.

② 감시요원은 경호책임구역 내에서 유동근무를 계속하며 신원불심자에 대한 검문・검색으로 불순분자를 색출한다.

③ 터널근무요원은 터널 내・외부에 대한 안전점검을 실시하고 위험물질 설치 여부를 확인한다.

④ 고층건물봉쇄 근무요원은 피경호자를 볼 수 있는 방향의 창문은 완전히 봉쇄하고 창문에서 외부 쪽으로 쳐다보지 못하도록 통제한다.

해설 경호책임구역 내에서 유동근무를 계속하며 신원불심자에 대한 검문・검색으로 불순분자의 색출하는 업무는 사복근무요원이 하는 일이다.

300. **다음 중 연도경호업무수행과 관련한 설명 중 타당하지 않은 것은?**

① 고층건물봉쇄근무요원은 건물 내부의 화분이나 기타 투척 가능한 물건 등은 사전에 협조하여 제거 조치한다.

② 관찰요원은 망원경이나 쌍안경 등 원거리 감시장비를 휴대하여 주변의 감시거리 이내 지역을 계속적으로 감시함으로써 위해요소를 발견하는 임무를 수행한다.

③ 비상대기조는 연도구간의 중앙에 교통이 편리한 곳을 선정하여 신속한 출동이 가능하도록 배치하되 비노출로 대기한다.

④ 상황의 변동에 따라 병력이 추가로 더 필요하게 되거나 새로운 임무를 수행해야 할 경우에 대비하여 준비를 하는 부대는 비상대기조로 통상 소대단위로 편성한다.

해설 상황의 변동에 따라 병력이 추가로 더 필요하게 되거나 새로운 임무를 수행해야 할 경우에 대비하여 준비를 하는 부대는 기동예비대이고 통상 소대단위로 편성한다.

301. **고층건물이나 행사장 옥상에 위치하여 시계내의 취약요소를 감시함으로써 위험요소를 사전에 발견, 예방하는 역할을 수행하는 요원은?**

① 감시요원　　② 고층건물봉쇄요원

정답 299. ② 300. ④

③ 사복근무요원 ④ 육교근무요원

해설 감시요원의 역할이다. 통상적으로 감시조는 관찰수, 연락수, 저격수로 편성된다.

302. **통상적으로 비상대기조의 편성단위는 무엇인가?**

① 분대단위 ② 소대단위
③ 중대단위 ④ 지역대단위

해설 통상적으로 비상대기조는 분대단위로 편성되고, 기동예비대는 소대단위로 편성된다.

303. **다음 중 돌발사태의 특성에 해당하지 않는 것은?**

① 사전예측의 불가능성 ② 극도의 혼란상태 야기
③ 계획적 대응의 요구 ④ 자기보호본능의 발동

해설 계획적 대응에 아니라 즉응적 대응의 요구이다.

304. **경호수행 중 발생하는 돌발사태의 대응순서로 올바른 것은?**

① 경고 → 방벽 → 대피 → 제압
② 방벽 → 경고 → 방호 → 대적
③ 대적 → 방벽 → 대피 → 제압
④ 경고 → 대적 → 대피 → 방벽

해설 돌발사태의 대응순서는 ㉠ 인지 → ㉡ 경고 → ㉢ 방벽형성 → ㉣ 방호 및 대피 → ㉤ 대적 및 제압의 순이다.

305. **경호행사 중에 위험한 돌발사태시의 긴급조치로 맞는 것은?**

① 대피 → 방호 → 제압 ② 방호 → 대피 → 제압
③ 방호 → 제압 → 대피 ④ 제압 → 방호 → 대피

해설

정답 301. ① 302. ① 303. ③ 304. ① 305. ②

306. **경호활동시 범인공격에 따른 우발상황 발생시 대응조치방법에 대한 설명으로 틀린 것은?**

① 범인 공격의 유형과 성격에 따라 방호 및 대피 대형을 형성해야 한다.
② 행사장 주위상황과 참석자의 성격과 수를 고려하여야 한다.
③ 대응절차는 공격인지, 대적 및 제압, 경고방어, 대피순서로 한다.
④ 방어와 대피를 위한 소요시간을 판단해야 한다.

해설

307. **경호행사시 돌발사태 조치방법으로 틀린 것은?**

① 우선 육성이나 무전기로 전 경호요원에게 상황을 통보하여 경고한다.
② 근접경호요원은 자기희생의 원칙에 따라 경호대상자 주변에 방벽을 형성한다.
③ 근접경호요원은 최단시간 내에 가용한 무기를 동원하여 우선적으로 적을 제압하여 사태를 진정시킨다.
④ 근접경호요원 이외의 경호요원들은 자기담당구역 책임의 원칙에 따라 맡은 지역에서 계속 임무를 수행한다.

해설

308. **경호업무 수행 중 돌발상황의 대응방법으로 틀린 것은?**

① 돌발상황시 인지－경고－방벽형성－방호 및 대피－대적 및 제압의 순으로 행동한다.
② 불필요한 출입자의 통제가 용이한 장소를 사전에 확보해 두는 것이 좋다.
③ 경호대상자를 잠시 대피시킬 수 있는 장소보다는 시간이 지체되더라고 안전한 장소를 확보한다.
④ 경호대상자의 노출을 최소화 하고 근접경호원은 물리적 방벽을 형성한다.

해설

정답 306. ③ 307. ③ 308. ③

309. **돌발사태 발생시 근접 경호원의 조치 사항 중 틀린 것은?**

① 경호대상자를 안전하게 현장 이탈시킨다.
② 적을 발견하면 경고하고 대적한다.
③ 근접경호원은 적의 양동작전에 구애됨이 없이 경호 대상자만 대피시켜야 한다.
④ 대피는 적 공격의 반대 방향이나, 비상구 쪽으로 대피한다.

해설

310. **경호임무 수행 중 위해자의 공격에 따른 상황대처 시 우선적으로 고려해야 할 내용으로 거리가 먼 것은?**

① 공격의 종류와 성격
② 주위상황과 군중의 성격과 수
③ 범인 대적 및 체포의 방안 검토
④ 경호대상자와 범인과의 거리

해설

311. **경호임무 수행시 돌발사태가 발생하였을 때 범인의 대적 및 제압에 관한 설명으로 틀린 것은?**

① 공격방향 전환시 범인보다 경호대상자의 방향을 전환시키는 것이 효과적이다.
② 대적과 제압시 주위의 환경, 공격의 방향과 방법, 범인의 공격기술 능력을 순간적으로 파악해야 한다.
③ 범인의 저항을 최소화하기 위하여 몸 전체를 최대한 밀착시켜 범인의 행동 반경을 최소화해야 한다.
④ 완전히 제압된 범인은 현장에서 이동시켜 주변의 질서를 유지시킨다.

해설

정답 309. ③ 310. ③ 311. ①

312. **돌발사태 발생시 방호 및 대피에 관한 설명으로 맞는 것은?**

① 함몰형 대형은 위해의 징후가 현저하거나 직접적인 위해가 가해졌을 때 형성하는 것이 좋다.

② 방어적 원형대형은 수류탄, 폭발물 등에 의한 공격을 받았을 때 사용되는 방호대형이다.

③ 대피시 경호대상자의 대피도 중요하지만, 부상당한 동료의 처리와 도주범인 추적 및 체포로 제2범행을 방지한다.

④ 대피시에는 경호대상자에게 신체적 무리가 뒤따르고 예의를 무시하더라도 신속하고 과감하게 행동해야 한다.

해설

313. **우발상황 발생시 비상대피소의 선정 방법으로 틀린 것은?**

① 상황이 길어질 경우를 고려하여 잠시 동안 머물러 있을 수 있는 장소를 선정해야 한다.

② 경호대상자의 노출을 최소화하고 30초 이내의 시간이 소요되는 장소를 선정해야 한다.

③ 불필요한 출입자를 통제하기 용이한 장소로 사전에 확보해 두는 것이 좋다.

④ 경호대상자를 잠시 대피시킬 수 있는 장소보다는 시간이 많이 소요되더라도 안전한 장소를 선정하는 것이 좋다.

해설

314. **돌발사태시 대응방법에 대한 설명으로 틀린 것은?**

① 전방에서 위해가 발생하면 제일 가까운 곳에 있는 근접경호원은 체위를 최대한 확장시켜 물리적 방벽을 형성해야 한다.

② 함몰형 대형은 폭발성 화기에 의한 공격을 받았을 때 사용되는 방호대형이다.

③ 방어적 원형대형은 위해의 징후가 현저할 때 형성하는 방어대형이다.

④ 대피하는 경우 측방경호원은 대피로를 결정하고 진로를 개척해야한다.

해설

정답 312. ④ 313. ④ 314. ④

315. 돌발사태에 대한 경호요원들의 올바른 대응순서는?

① 경고－방벽형성－인지－방호 및 대피－대적 및 제압
② 경고－인지－방벽형성－방호 및 대피－대적 및 제압
③ 인지－경고－방벽형성－방호 및 대피－대적 및 제압
④ 인지－경고－방벽형성－대적 및 제압－방호 및 대피

해설

316. 다음 중 경호행사 중에 발생한 돌발사태의 조치요령으로 잘못된 것은?

① 육성이나 무전기로 전 경호원에게 상황을 전파한다.
② 경호대상자를 신속하게 현장에서 이탈 대치시킨다.
③ 근접요원은 범인에게 총격으로 제압, 보복공격을 한다.
④ 근접요원은 책임구역을 지속적으로 완벽하게 수행한다.

해설

317. 경호임무 수행시 우발상황 발생에 따른 범인대적과 제압시 주의사항이 아닌 것은?

① 공격과 위해의 정도 인지
② 무기의 종류와 무관
③ 공격의 방향과 방법 인지
④ 범인의 무기제압으로 제2공격 방지

해설

318. 경호임무수행 중 돌발상황 발생으로 인한 '대피'시 유의사항으로 적합하지 않은 것은?

① 제2의 범인에 의한 양동작전에 대비하여야 한다.
② 대피로는 공격의 반대방향이나 비상구가 있는 쪽이 좋다.
③ 경호대상자의 신체적 무리가 따르지 않도록 예의를 갖춘다.
④ 사전에 비상대치용 차량을 준비한다.

해설

정답 315. ③ 316. ③ 317. ② 318. ③

319. **경비경찰활동의 특성이 아닌 것은?**

① 통상 처리의 신속을 요하므로 처리기한이 없다.
② 조직적인 부대활동이므로 상향적인 보고가 철저히 이루어져야 한다.
③ 사회 공공의 안녕 및 질서의 유지를 목적으로 한다.
④ 범죄의 예방·경계·진압 등의 복합적인 기능을 수행한다.

해설 조직적인 부대활동이므로 하향적인 지휘·명령이 철저히 이루어져야 한다.
※ 경비경찰활동의 특성
▸ 경비경찰은 돌발적인 비상 긴급사태를 대상으로 하므로 항상 즉각적인 대응과 신속한 처리를 요하므로 처리기한이 없다.
▸ 조직적인 부대활동에 의하여 수행되어야 하므로 지휘·명령에 의하여 하향적으로 이루어져야 한다.
▸ 사회 공공의 안녕 및 질서의 유지를 목적으로 한다.
▸ 범죄의 예방·경계·진압 등의 복합적인 기능을 수행한다.

320. **경비수단의 원칙 중 "한정된 경비력을 가지고 최대의 효과를 발휘할 수 있도록 상황과 대상에 따라서 유효적절하게 인력을 배치, 실력행사를 한다"에 해당하는 것은?**

① 위치의 원칙 ② 균형의 원칙
③ 안전의 원칙 ④ 시점의 원칙

해설

321. **국가 보안목표시설의 분류기준에 대한 설명으로 틀린 것은?**

① 청와대, 국회의사당 등은 "가"급에 속한다.
② 경찰청, 대검찰청 등은 "가"급에 속한다.
③ 정부종합청사, 국방부 등은 "가"급에 속한다
④ 국가 중요산업시설로서 파괴시 대체가 불가능한 시설은 "나"급에 속한다.

해설

322. **경비의 분류 중 경계대상에 의한 분류에서 시설의 재산, 문서에 대한 비인가자의 접근을 방지하고 간첩, 태업, 절도 기타 침해행위에 대한 예방, 경계, 진압하는 경비는?**

① 치안경비 ② 재해경비

정답 319. ② 320. ② 321. ②

③ 혼잡경비　　④ 중요시설경비

해설

323. 다음 중 경비경찰의 대상이 되는 경비범죄의 특질로 부적합한 것은?

① 전국적으로 파급성이 강하다.
② 군중심리의 영향을 받는다.
③ 비확신의 생각으로 임한다.
④ 조직을 기초로 하여 강행하는 경우가 많다.

해설 확신범적인 생각으로 임한다.
경비범죄의 특질
▸ 조직적이며 계획적이다.
▸ 정책대립 내지 세력간의 충돌이다.
▸ 군중심리의 영향이 다대하다.
▸ 확신범적 성격을 갖는다.
▸ 전국적인 파급성을 갖는다.

324. 다음의 내용 중에서 경비경찰의 개념에 가장 맞는 것은?

① 경비경찰의 작용은 복합적인 기능이 없는 것이 특색이다.
② 개인적 또는 단체적 불법활동을 예방・경계・진압하는 것을 주 임무로 한다.
③ 경비경찰은 일정기간의 조직적인 활동이다.
④ 경비경찰의 특징은 조직적 부대활동이며 상향적인 지휘를 갖는다.

해설

325. 다음 중 경비경찰의 상대방의 허약한 시점을 포착하여 집중적으로 강력한 실력행사를 하는 것을 뜻하는 경비원칙은?

① 균형의 원칙　　② 적시성의 원칙
③ 안전의 원칙　　④ 위치의 원칙

해설

정답 322. ④ 323. ③ 324. ② 325. ②

326. 다음 중 민간경비의 주요 임무는 어느 것인가?

① 법 집행 ② 수사활동
③ 범인체포 ④ 고객의 생명 및 재산보호

해설

327. 다음 중 경비수단의 종류 중 간접적인 실력행사에 해당하는 사항은?

① 체 포 ② 제 지
③ 경 고 ④ 정보수집

해설

328. 공공의 안녕과 질서를 문란케 하는 경비사태에 대한 경비부대 활동으로서 예방경계 진압하는 작용을 하는 경비형태를 무슨 경비라고 하는가?

① 혼잡경비 ② 특수경비
③ 재해경비 ④ 치안경비

해설

329. 다음의 내용에서 경비수단의 원칙에 대한 설명으로 적절하지 못한 것은?

① 균형의 원칙 : 많은 경찰력으로 최소한의 효과를 생각하여 유효적절하게 인원을 배치하는 것
② 위치의 원칙 : 경비상황시에 대비하여 유리한 지점과 위치를 신속하게 확보 유지하는 것
③ 적시성의 원칙 : 상대방의 허점에 대하여 총력적으로 강력한 실력행사를 시행하는 것
④ 안전의 원칙 : 시민의 안전과 경비에 동원된 경력에 대하여 안전하게 임무를 완료하는 것

해설

정답 326. ④ 327. ③ 328. ④ 329. ①

330. 개인적이거나 집단적인 불법행위로 발생되는 경비경찰의 대상으로 관련이 적은 것은?

① 특수경비 ② 재해경비
③ 경호경비 ④ 중요시설경비

해설 경비경찰의 대상

개인적 · 단체적 불법행위	치안경비 · 특수경비 · 경호경비 · 중요시설경비
인위적 · 자연적인 혼잡 · 재해	혼잡경비 · 재해경비

331. 다음 중 경비수단의 원칙에 해당하지 않는 것은?

① 합리의 원칙 ② 균형의 원칙
③ 위치의 원칙 ④ 시점의 원칙

해설 경비수단의 원칙

균형의 원칙	경비수단으로 경비력을 실력행사 할 때에는 한정된 경력의 투입으로 최대한의 효과를 얻을 수 있도록 경력의 운용을 균형 있게 하여야 한다.
위치의 원칙	사태진압시의 실력행사시에 있어서 가장 유리한 지형 · 지물 · 위치 등을 신속히 확보하어야 한다.
시점의 원칙	경비실시에 있어서는 상대방의 저항력이 가장 허약한 시점을 포착하여 집중적이고 강력한 실력행사를 하여야 한다(적시타의 묘).
안전의 원칙	인명피해를 최소화해야한다.

332. 경비수단의 원칙 중 경비력의 최대효과를 위한 유효 적절한 배치원칙은?

① 균형의 원칙 ② 합리의 원칙
③ 위치확보의 원칙 ④ 시점의 원칙

해설 균형의 원칙이란 경비수단으로 경비력을 실력행사할 때에는 한정된 경력의 투입으로 최대한의 효과를 얻을 수 있도록 경력의 운용을 균형 있게 하여야 한다.

333. 경비수단의 원칙 중 상대방의 힘이 가장 허약한 때는 포착하여 집중적이고 강력한 실력을 행사하는 것은?

① 균형의 원칙 ② 위치의 원칙

정답 330. ② 331. ① 332. ①

③ 시점의 원칙 ④ 예방의 원칙

해설 설문은 시점파악의 원칙에 대한 설명이다.

334. 경비경찰 개념의 본질적 내용을 적절히 지적한 것은?

① 공공의 안녕 · 질서의 유지를 목적으로 하는 경찰활동이다.
② 경비경찰은 사전적 개념이므로 진압활동은 포함되지 않는다.
③ 국가시설의 파괴를 예방 · 경계하는 경찰활등이다.
④ 자연적인 재해에 대비하는 특수한 경찰활동이다.

해설 경비경찰이라 함은 국가비상사태 또는 긴급 중요사태 등 경비사태가 발생하거나 발생할 우려가 있을 때, 공공의 안녕 · 질서를 해치는 개인적 · 집단적인 불법행위나 인위적이거나 자연적인 혼잡 · 재해 등을 조직적인 부대활동으로써 예방 · 경계 · 진압하는 경찰활동을 말한다.

335. 다음은 경비경찰의 대상이다. 성격이 다른 것은?

① 치안경비 ② 경호경비
③ 특수경비 ④ 혼잡경비

해설 혼잡경비는 인위적이거나 자연적인 혼잡 · 재해데 대한 대응경비 형태이고, 나머지는 개인적 · 단체적 불법행위에 대한 대응형태이다.

336. 다음 중 경비경찰의 대상이 되는 군중심리의 일반적인 특징에 해당하지 않는 것은?

① 신중성과 피암시성 ② 충동성과 변이성
③ 과장성과 단순성 ④ 편협성과 전황성

해설 군중심리는 신중성이 아니라 輕信性을 특징으르 한다.

337. 치안경비활동과 관련한 내용이 아닌 것은?

① 공안을 해하는 다중범죄에 대하여 실시된다.
② 인질난동 · 살상 등의 사회이목을 집중시키는 중요사건에 의해서도 발생된다.

정답 333. ③ 334. ① 335. ④ 336. ①

③ 시기를 놓치지 않고 적절한 조치를 하여야 한다.
④ 진압한 후에도 사태악화의 예방조치를 하여야 한다.

해설 특수경비에 관한 내용이다.

338. 다음 중 경비경찰 조직의 원칙이 아닌 것은?
① 부대단위 활동의 원칙
② 지휘 단일성의 원칙
③ 조직보안 엄수의 원칙
④ 체계 통일성의 원칙

해설 조직보안엄수의 원칙 대신에 경비경찰은 그 업무수행 과정에서 국민의 생명・신체와 재산의 안전에 직결된 사항을 다루므로 국민 및 유관기관과의 협력을 이루어야 효과적인 목적달성이 가능하다는 치안협력성의 원칙이 들어가야 한다.

※ 경비경찰의 조직원칙
1. 부대단위 활동의 원칙
2. 지휘단일성의 원칙
3. 치안협력성의 원칙
4. 체계통일성의 원칙

339. 경비수단에 대한 설명으로 잘못된 것은?
① 경비수단은 경비경찰의 사명과 목적이 사회공공의 안녕과 질서유지에 있으므로 경비사태의 발생시 신속한 진압 및 질서회복을 꾀하고자 하는 조직적이고 집단적인 실력행사를 말한다.
② 경비사태 진압을 위한 경고・제지・체포 등의 수단의 근거는 모두 경찰관직무집행법에 있다.
③ 경고는 간접적인 실력행사이다.
④ 직접적 실력행사인 제지의 근거는 경찰관직무집행법, 체포의 근거는 형사소송법에 근거한다.

해설 체포의 근거는 형사소송법 제212조(현행범인의 체포) 현행범인은 누구나 영장 없이 체포할 수 있다고 규정되어 있으므로 잘못된 질문이다.

340. 다음 중 경호인력 배치시 고려해야 할 사항으로 타당하지 않은 것은?
① 주위의 여건으로 보아 취약하다고 판단되는 곳은 중점적으로 배치해야 한다.

정답 337. ② 338. ③ 339. ②

② 피경호자가 직시될 수 있는 고층건물 등을 완전히 장악할 수 있도록 배치한다.
③ 통제해야 할 곳은 가장 중요한 곳만 통제될 수 있도록 배치해야 한다.
④ 의심스러운 곳이나 견제해야 할 요소가 많은 곳은 중첩배치해야 한다.

해설 통제해야 할 곳은 견제해야 할 요소가 많은 곳은 중첩배치해야 한다.

341. 다음은 경호경찰관의 군중정리요령을 서술한 것이다. 대상별 요령이 아닌 것은?

① 환송・환영 군중의 정리　② 분산유도
③ 취약지점에 대한 원천적 봉쇄조치　④ 검문・검색

해설 활동별 요령에 속한다.
※ 군중정리 요형

대상별 요령	활동별 요령
▸ 환송・환영 군중의 정리 ▸ 분산유도 ▸ 취약지점에 대하여는 원천적 봉쇄조치 ▸ 교차로 등의 정리 ▸ 버스정류장의 통제	▸ 군중동태의 관찰 철저 ▸ 검문・검색 강화

342. 다음은 행사장경비 요령에 관한 서술이다. 적당한 것은?

피경호자의 신변에 직・간접적으로 결정적 위해를 줄 수 있는 지역으로 완벽한 통제 실시지역

① 제1선(안전구역 : 내부)　② 제2선(경비구역 : 내곽)
③ 제3선(경계구역 : 외곽)　④ 제4선(경고구역 : 외곽)

해설 설문은 제1선 안전구역에 대한 개념을 나타낸 것이다.

343. 열차경호에서 열차 내 경호를 할 수 있는 직급은?

① 순경 이상　② 경장 이상
③ 경사 이상　④ 경위 이상

해설 열차 내 경호는 경위급 이상의 간부를 배치하여 경호한다.

정답 340. ③ 341. ④ 342. ① 343. ④

344. 경호경비활동시 교통관리의 3대원칙에 해당하지 않는 것은?

① 지정속도관리 ② 예비로의 확보

③ 신호개방 또는 순간통제시점 ④ 경호교통관리가 필요한 주요지점 확보

해설 경호교통관리의 3대원칙으로는 지정속도관리, 신호개방 또는 순간통제시점, 경호교통관리 필요한 주요지점 확보이다.

345. 경호경비활동시 교통관리에 대한 설명으로 타당하지 않은 것은?

① 행차제대는 신호기에 의해서 진행되도록 유지해야 한다.

② 통제시간을 최소한으로 조정해야 한다.

③ 위험물 적재차량이나 대형차량은 원거리에서 우회조치하도록 한다.

④ 교통통제는 과잉통제를 지양, 시민의 불편을 최소화한다.

해설 행차제대는 기준에 의한 차선확보가 신호기 개방으로 정차 없이 소통이 유지되어야 한다.

346. 경호행사에 있어서 연도(沿道) 교통통제에 대한 설명으로 타당하지 않은 것은?

① 피경호자 탑승차량 제대의 진행방향으로 진입하거나 또는 우회하려는 제 차량을 차단한다.

② 노폭이 넓은 차도에서는 상황에 따라 2개 이상 차선을 확보하여 차단한다.

③ 돌출차량 발생시에는 그 앞을 막아서는 등의 조치를 통해 저지해야 하지만 충돌을 해서 멈추게 해서는 안 된다.

④ 하위차선과 반대방향의 차선은 가급적 정상소통으로 민원을 해소한다.

해설 돌출차량 발생시에는 충돌을 해서라도 제지해야 한다.

347. 완벽한 경호경비대책으로서 고려할 사항이 아닌 것은?

① 모든 경찰업무와 경호경비를 연계할 것

② 공격수단의 다양화 · 정밀화에 따른 경호경비 기술의 개발에 만전을 기할 것

③ 그때그때 상황에 따른 독특한 경호안전활동을 전개할 것

④ 민주적인 경호경비활동을 수행함으로써 국민일반의 연대감을 획득하는 경호체계를 확립할 것

정답 344. ② 345. ① 346. ③

해설 완벽한 경호대책으로서 고려할 사항은 갑 · 을 · 병 · 정 외에도 1) 연중계획에 따른 경호안전활동을 전개할 것, 2) 경호장비의 보강과 경호교육의 내실화를 꾀할 것 등이 있다.

348. 다음 중 경호임무에 임하는 경호경찰관의 임무 중 바르지 못한 것은?

① 환 · 송영 군중을 질서 있게 정리 · 감시
② 사전에 교량 등 취약지역 안전검색 및 안전유지
③ 책임지역 내 돌발사태시 즉응대처
④ 대통령에 대한 호위업무

해설 대통령경호실 경호원의 임무이다. ①②③ 외에 적절한 출입자 통제로 불순분자 색출, 경호보안 철저, 검문 · 검색 철저 등이 있다.

349. 다음 중 사전에 교량 등 취약지역 안전검색 및 안전유지를 실시할 경우 특별방범심방의 범위는?

① 연도변 좌우 50m　　② 연도변 좌우 100m
③ 행사장 반경 300m　　④ 숙소반경 300m

해설 특별방범심방의 범위는 연도변 좌우 50m와 숙소 및 반경 600m이다.

350. 민간경비와 공경비(경찰)에 대한 설명으로 올바른 것은?

① 양자는 상호 독립적 · 보완적 관계에서 공권력의 보조관계로 발전하고 있다.
② 민간경비의 대상은 주로 불특정 다수의 시민들이다.
③ 민간경비의 가장 중심적인 임무영역은 법집행이다.
④ 민간경비와 공경비의 가장 큰 차이는 강제력 보유 여부에 있다.

해설 민간경비와 공경비(경찰)는 본질적으로 국민의 생명과 재산보호, 사회질서유지활동을 수행한다는 면에서는 같지만 다음과 같은 차이가 있다.

구 분	공경비	민간경비	상호관계
대상영역	불특정 일반국민	용역의뢰인 및 단체	공권력보조관계 ↓ 상호보완관계
경비부담	국 가	용역의뢰자	
보호이익	불특정 일반국민	용역의뢰자(제한적일반인)	
강제권 여부	보 유	미보유	
역할범위	범죄예방/법집행	범죄예방	

정답 347. ③　348. ④　349. ①

351. 다음 중 민간경비가 담당하는 역할 중 가장 본질적인 것은?

① 범죄증거수집
② 범죄예방
③ 범인체포
④ 대민봉사

해설 민간경비는 공경비와는 달리 강제력을 보유하지 못하고 일반 사인의 입장에서 임무를 수행하기 때문에 그 활동의 성격이 극히 제한적이다. 따라서 범인체포나 증거수집 등의 법집행업무는 민간경비의 영역이 아니며, 영리를 추구한다는 면에서 봉사활동과도 차이가 있다.

352. 다음 중 실정법상 민간경비의 임무라고 볼 수 없는 것은?

① 특수경비업무
② 기계경비업무
③ 신변보호업무
④ 화재진압업무

해설 민간경비의 근거법인 경비업법 제2조에서 시설경비업무, 호송경비업무, 신변보호업무, 기계경비업무, 특수경비업무 등 5개의 임무영역을 규정하고 있다. 이 중 특수경비업무는 최근(2001.4.6) 청원경찰이 담당하던 주요시설경비를 민간경비원들도 담당할 수 있도록 특수경비원제도가 신설되면서 새롭게 규정된 임무이다. 화재진압업무는 실제로 경비근무 중 화재예방이나 진압활동을 수행하는 것이 임무에 포함되기는 하지만 실정법상 소방공무원의 임무이다

353. 다음 중 민간경비에 대한 설명으로 틀린 것은?

① 민간경비원은 신분상 경찰과 동일하게 취급된다.
② 특정의뢰자는 민간경비와 공경비를 구별하는 기준이 될 수 있다.
③ 광의로는 민간경비에 방재활동이나 방화활동도 포함된다.
④ 민간경비는 강제력을 그 수단으로 하지 않는다.

해설 민간경비원은 신분상 일반사인에 불과하다. 따라서 민간경비활동은 강제력을 그 수단으로 하지 않으며, 사람을 구금하거나 불심검문 등을 강제적으로 행하지 못한다.

정답 350. ④ 351. ② 352. ④

354. 민간경비가 수행하는 역할 중 틀린 것은?

① 외부 위협이나 재해로부터 공항이나 항공기의 보호
② 경비대상이나 건물의 화재예방과 점검
③ 경비대상 건물 내에서 발생한 범죄의 수사
④ 의뢰된 특정인에 대한 신변보호

해설 ①의 공항이나 항공경비는 과거 청원경찰의 업무로 경비업법상 민간경비의 임무로 포함되지 않았으나, 2001.4.6 개정법에서 임무범위에 포함되었다. ③의 범죄수사는 민간경비의 영역이 아니며 경찰이 담당할 일이다.

355. A. J. Bilek이 제시한 민간경비원의 일반적인 지위에 포함되지 않는 것은?

① 민간이 신분의 경비원
② 특별권한을 보유한 경비원
③ 경찰관 신분의 경비원
④ 법집행관으로서의 경비원

해설 A. J. Bilek이 제시한 민간경비원의 일반적인 지위는 ①, ②, ③이 있다.

356. 민간경비원과 경찰과의 법적 지위를 비교한 것 중 틀린 것은?

① 증거능력 면에서 경비원에 의한 증거는 원칙적으로 인정되지 않는다.
② 민간경비원은 원칙적으로 범인에 대한 체포권한이 없다.
③ 민간경비원은 상황에 따라 정당방위가 인정될 수 있을 뿐이다.
④ 경비임무는 수행에 있어 강제력을 행사한다는 면에서는 경찰과 민간경비원은 차이가 없다.

해설 경찰과 민간경비원이 구별되는 성질 중 대표적인 것이 강제력의 보유 여부이다.

정답 353. ① 354. ③ 355. ④ 356. ④

357. 다음 중 공항, 항공기, 발전소 등의 경비업무를 수행하는 자를 무엇이라 하는가?

① 일반경비원 ② 특수경비원
③ 경비지도사 ④ 기계경비원

해설 경비업법 제2조의3. 개정 경비업법(2001.4.6)의 규정상 경비원에는 경비업의 허가를 받은 법인이 채용한 고용인으로서 시설경비업무와 기계경비업무에 종사하는 경비원인 일반경비원과 설문과 같은 업무를 수행하는 특수경비원이 있다.

358. 다음은 경비원의 교육에 관한 사항이다. 맞는 것은?

① 일반경비원 신임교육은 경비 협회만이 할 수 있다.
② 일반경비원의 신임교육은 경찰교육기관에만 위탁할 수 있다.
③ 경비업자는 신규채용된 경비원에 대하여 근무배치 후 2월내에 신임교육을 받게 하여야 한다.
④ 일반경비원의 직무교육은 경비업자가 교육계획을 수립하여 매월 6시간 이상 실시한다.

해설 경비업법 제13조(경비원의 교육 등), 동법 시행령 제18조 제3항(신임교육 실시기관 또는 단체는 경비협회, 경찰교육기관, 경찰청장이 지정하여 고시하는 기관 또는 단체이다).

359. 다음 중 청원경찰에 대한 설명으로 잘못된 것은?

① 청원경찰은 청원주와 관할경찰서장의 감독을 받아 직무를 행한다.
② 청원경찰은 그 경비구역 안에 한하여 경비목적을 위하여 필요한 범위 안에서 청원경찰법에 의한 경찰관의 직무를 행한다.
③ 청원경찰여비는 청원주가 부담한다.
④ 청원경찰이 직무를 수행함에 있어 직권을 남용하여 국민에게 해를 끼친 경우에는 6월 이하의 징역이나 금고에 처한다.

해설 청원경찰법 제3조. 필요한 범위 안에서 경찰관 직무집행법에 의한 경찰관의 직무를 행한다. ①은 법 제3조, ③은 법 제6조, ④는 법 제10조.

정답 357. ② 357. ③ 359. ②

360. 다음 중 청원경찰의 무기 및 탄약관리와 관련한 설명으로 잘못된 것은?

① 탄약고는 무기고와 떨어져 설치하여야 하며 그 위치는 사무실이나 기타 다수인을 수용하거나 내왕하는 시설로부터 격리하여야 한다.
② 청원주는 경찰청장이 정하는 바에 의하여 매월 무기 및 탄약의 관리실태를 파악하여 다음날 3일까지 관할 경찰서장에게 통보하여야 한다.
③ 탄약의 출납은 소총에 있어서는 1정당 15발 이내, 권총에 있어서는 1정당 7발 이내로 하여야 한다.
④ 청원경찰에게 지급한 무기 및 탄약의 손질은 매주 3회 이상 실시하여야 한다.

해설 청원경찰법 시행규칙 제8조 제2항 3호. 매주 1회 이상 손질한다. ①은 시행규칙 제8조 제1항 4호, ②는 시행규칙 제8조 제1항 6호, ③은 시행규칙 제3조 제2항 2조.

361. 다음 중 청원경찰의 교육과 관련하여 맞지 않는 것은?

① 청원경찰의 교육기관은 2주간이다.
② 청원주는 청원경찰로 임용된 자에 대하여 경비구역에 배치하기 전 경찰교육기관에서 직무상 필요한 교육을 받게 하여야 한다.
③ 경찰관에서 퇴직한 자가 퇴직한 날로부터 3년 이내에 청원경찰로 임용된 때에는 교육을 면제할 수 있다.
④ 직무교육은 청원주가 매월 6시간 이상 실시하여야 한다.

해설 청원경찰법시행규칙 제6조. 매월 4시간 이상이다. ①은 시행규칙 제5조, ②는 시행령 제7조 제1항, ③은 시행령 제7조 제2항.

362. 다음의 민간경비원의 경비활동 중 시설물의 방범, 화재예방, 출입인 통제 등의 업무와 관련 있는 업무는?

① 화재경비활동
② 방범활동
③ 시설경비활동
④ 특수경비활동

해설 설문은 시설경비활동에 대한 설명이다. 시설경비는 민간경비활동 중에 가장 기본이 되는 경비형태로 인간의 주거와 사회활동의 기본이 되는 오피스나 사업장, 유흥공간, 공공시설 등 각종 시설에 대한 외부로부터의 침입, 내부절도, 화재, 자연재해 등을 예방, 차단하고 출입인에 대한 편의 도모, 내부규칙의 성실한 이행의 계도 등의 활동으로 이루어진다.

정답 360. ④ 361. ④ 362. ③

363. 다음 중 시설경비활동의 목표로 잘못된 것은?

① 자연재해의 예방 및 대처
② 화재예방
③ 대상조직의 규칙 이행
④ 침입자의 체포 및 증거채취

해설 설문은 시설경비활동의 목표에 대한 설명으로 ④의 경우 법집행에 관련된 성질로 원칙적으로 경찰이 수행하여야 할 것이며, 민간경비원의 활동대상은 아니다. 단, 실무적으로 침입하는 자에 대한 방어차원의 체포나 인멸되기 쉬운 증거의 확보 등은 형소법상의 현행범체포규정에 의거 누구나 할 수 있는 것이므로 시설경비의 목표로서의 차원과는 별도의 사항이다. 시설경비의 목표는 설문의 ①, ②, ③ 외에 방범, 내외방문자의 편의 도모 등이 있다.

364. 시설경비시 경비계획자가 책임자가 고려해야 할 사항이 아닌 것은?

① 시설물의 특성 및 구조
② 시설물의 사용용도 및 내부귀중품의 여부
③ 시설물 출입자들의 특성
④ 경영책임자의 취미

해설 시설경비활동에 있어 사전에 위해요소를 파악하고 이를 모두 고려하여 대비하는 것은 매우 중요하다. 민간경비의 성격자체가 범죄예방이라는 측면도 있지만, 경비주체 입장에서 대상조직의 취약요소를 미리 파악하고 침입자나 위해자의 가능성을 미리 예측하여 그 부분을 집중적으로 대비한다든지, 경비원이 항상 예측가능성을 갖고 경비활동을 하는 경우 인명피해의 감소나 경비의 효율성 면에서 장점을 갖게 된다.

365. 다음 중 시설경비활동시 고려해야 할 사항으로 거리가 먼 것은?

① 시설물의 건축양식
② 주변도로의 정체상황
③ 시설물이 주거용인지 사무실용인지의 사항
④ 내부구성원의 업무형태 및 형태

해설 주변보도의 정체성을 간접적으로는 고려해야 할 사항이기는 하지만, 시설경비활동에 있어 직접적으로 고려해야 할 사항이라고 보기는 어렵다.

정답 363. ④ 364. ④ 365. ②

366. 다음 중 시설경비원의 기본적인 임무가 아닌 것은?

① 시설 내 사고발생으로 인한 부상자로 치료
② 사고발생시 경찰 및 소방기관에의 경보전달
③ 시설물 내의 주차장 정리
④ 방범취약지역의 순회, 점검

해설 시설 내 사고발생으로 인한 부상자의 치료행위는 매우 위험한 행위이다. 경비원은 치료 전문가가 아니기 때문에 부상자의 상태를 정확히 파악할 수 없고, 상태를 더 악화시킬 수 있기 때문에 치료행위를 해서는 안 된다. 이 경우 경비원은 심장마비, 출혈이 심하거나 육안으로 골절이 명확한 경우 등 극히 제한된 상황에서 응급처지를 실시하고, 되도록 환자를 움직임 없이 119나 112 등의 신속한 신고가 더 바람직하다.

367. 시설경비원이 필수적으로 숙지하여야 할 사항이 아닌 것은?

① 신고요령 ② 현장보전요령
③ 총기사용요령 ④ 피난유도요령

해설 총기사용요령은 개정 경비업법에서 신설된 국가중요시설을 경비하는 특수경비원들에게는 필수적인 사항이지만 일반시설경비원들이 총기사용요령을 숙지할 필요성은 덜하다. 대신에 ①, ②, ④와 구급법, 경봉이나 가스총 사용요령, 화재대응방법 등은 필수적으로 숙지할 사항들이다.

368. 다음 중 민간경비원이 가져야 할 기본적인 마음자세로 적당하지 않은 것은?

① 관련법규의 숙지 및 준수
② 적절한 건강관리
③ 경비업무의 사회적 사명감 인식
④ 경비업자에 대한 무조건 복종

해설 경비업법 제7조 제5항 경비업자가 경비업 외의 업무에 경비원을 종사하게 하여서는 아니된다고 하는 규정에서 볼 수 있듯이 경비원은 의법한 행동을 강요 받을 경우 거부할 수 있다.

정답 366. ① 367. ③ 368. ④

369. 다음 중 시설물의 외곽경비요소에 포함되지 않는 것은?

① 출입구통제 ② 방호시설물
③ 창문의 잠금장치 ④ 내부주차장통제

해설 창문의 잠금장치는 시설물 내부경비요소에 포함된다. 외곽경비요소로는 출입구통제, 외곽방호시설물, 시설물 내부구역경비가 있다.

370. 다음의 방호시설물 중 자연적 방벽에 해당되지 않는 것은?

① 암 벽 ② 강
③ 무성한 수풀 ④ 방 책

해설 방책은 인공적 방호물에 속한다. 방호시설물은 일반적으로 자연적 장벽과 인공적 장벽으로 나누어 볼 수 있는데, 자연적 방벽은 침입의 방호에 이용될 수 있는 모든 자연물로서 강・절벽・협곡・무성한 수풀지역・암벽 등이 대표적이다.

371. 다음의 방호물 중 인공적 장벽에 해당되지 않는 것은?

① 울타리 ② 가시덤불
③ 차폐물 ④ 망 루

해설 가시덤불은 자연적 장벽에 해당한다. 인공적 장벽은 침입방호를 위해 사람이 인위적으로 설치한 방벽으로 울타리, 철책, 철조망, 담, 초소, 망루, 문, 방책, 차폐물, 경보장치, 방호벽 등이 있다.

372. 외곽경비요소로서의 출입구경비에 포함되지 않는 요소는?

① 외곽 정문 ② 상하수도 인입구
③ 적치된 물품 ④ 지하주차장 출입구

해설 적치된 물품은 내부구역경비의 요소이다. 출입구는 시설물로 들어가기 위해 반드시 거쳐야 하는 통로로 통상적으로 외부로부터의 침입은 이러한 출입구를 통할 수밖에 없다. 따라서 출입구에 대한 경비가 하나의 요소로서 신중히 검토되고 이루어져야 한다.

정답 369. ③ 370. ④ 371. ② 372. ③

373. 다음 중 내부구역경비에 대한 설명이다. 적절하지 못한 것은?

① 경비상의 내부구역이란 외부환경과 본 건물 사이의 완충지대로 물품의 적치 구역도 포함된다.

② 내부주차장도 포함된다.

③ 인접건물과의 거리나 접근가능성도 고려대상이다.

④ 출입차량에 대한 통제도 포함요소이다.

해설 출입차량에 대한 통제는 경비상 출입통제요소에 속한다.

374. 출입통제업무를 수행할 때 필요한 경비요령으로 부적당한 것은?

① 출입차량에 대한 방문스티커 발부

② 내부직원과 외부방문객을 구별할 수 있는 체제구축

③ 모든 출입인을 잠재적 절도자로 보고 엄격히 통제

④ 출입문을 구역에 따라 등급화

해설 모든 출입인이 잠재적인 절도자라는 관점은 경비상 필요한 측면이기는 하지만 일반인의 출입이 잦은 시설물에서 이러한 관점만을 갖고 출입인을 엄격히 통제하는 것은 바람직하지 못하다. 사람들과의 접촉이 많은 장소에 근무하는 경비원은 우선 친절하고 상냥한 태도를 견지하고, 상대방이 인식하지 못하는 가운데 감시나 통제임무를 수행하여야 한다.

정답 373. ④ 374. ③

제 4 장

경호장비론

제 4 장 경호장비론

제1절 서설

경호장비는 경호상 필요한 호신장비, 검색장비, 기동장비 통신장비, 감시장비, 방호장비 등 경호상 필수적으로 필요한 자원을 말한다.

제2절 경호원 복제

1. 공경호원

1) 대통령경호실 경호원(대통령 등의 경호에 관한 법률 시행령 제34조)

① 실장은 필요하다고 인정하는 경우 직원에게 제복을 지급할 수 있다.
② 직원의 복제에 관하여 필요한 사항은 실장이 정한다.

2) 경호경찰

대통령경호실에 파견된 경호경찰의 복제에 관해서는 "경찰복제에 관한 규칙 제11조(대통령경호실에서 근무하는 경찰공무원의 복식)에 따라 대통령 경호실에서 근무하는 경찰공무원의 복식에 관하여는 「대통령 등의 경호에 관한 법률 시행령」 제34조 제2항에 따른다."에 의거 경호실장이 정한다.

2. 민간경비(경호)원

① 경찰, 군인 등과 구별이 가능한 복제로 할 것

② 형식, 색상 등을 구별할 수 있는 사진을 경비업자의 주사무소를 관할하는 지방경찰청장에게 제출한 후 착용.

③ 다만, 경비업자는 경비원으로 하여금 근무지역 및 내용에 따라 사복을 착용케 할 수 있다.

제3절 경호장비

1. 경비(검색)장비

경호활동상의 경비장비란 통상적으로 행사장 출입자에 대한 신원확인이나 폭발물탐지 등에 사용되는 검색장비를 말한다. 이러한 검색장비로는 폭발물이나 무기, 금속제 흉기 등을 탐색하는데 이용되는 금속탐지기와 수하물검색기가 대표적 운용장비이다.

1) 검색장비의 종류

(1) 휴대용 금속탐지기

기능 및 용도	경호근무자가 손에 들고 피검색자의 인체에 직접 접촉 없이 무기류 및 흉기류를 탐지
제 원	▶장비크기 : 넓이 76 x 두계 39 x 길이 420m/m ▶무게 380g
운영부서	▶문형 금속탐지기 근무자 중 1~2명이 휴대근무 ▶경호행사 부책 경찰서(대)

(2) 봉형 금속탐지기

기능 및 용도	경호행사장 주변 잔디밭이나 땅속에 숨겨져 있는 금속성 위해물체를 탐지
제 원	▶감지부 크기 : 직경 210m/m ▶봉길이 : 최고 1,280m/m, 최저 970m/m, 무게 1.3kg
운영부서	▶경호행사시 경호근무자가 휴대근무 ▶경호행사 부책 경찰서(대)

(3) 문형 금속탐지기

기능 및 용도	경호행사장 출입문에 설치하여 입장자가 소지한 무기류 및 금속류 등 위해물체를 탐지
제 원	▶통과문 : 높이 205 x 넓이 76cm ▶판 넬 : 넓이 34 x 두께 7cm ▶전체무게 44kg(콘솔박스 6kg 포함)
운영부서	▶경호행사시 설치운용(갑호 및 외빈 1·2등급, 을호행사 등) ▶경호행사 부책 경찰서(대)

(4) X-Ray 수하물 검색기

기능 및 용도	경호 행사장 입구에 설치하여 입장자의 휴대품 속에 숨겨져 있는 무기류 및 금속류 등 위해물체를 확인하는 장비
제 원	▶검색가능 화물크기 : 높이 32 x 폭 53cm ▶적재가능 화물중량 : 약 40kg ▶장비 전체무게 : 125kg
운영부서	▶경호행사장 설치운용 ▶경호행사 부책경찰서(대)

2) 검색 장비의 운용요령

(1) 검색장비의 설치상 유의점

① 사용 전 전원을 확인할 것

② 기기에 무리한 힘이나 충격을 주지 말 것

③ 정밀전자 과학장비이므로 취급에 유의할 것

④ 에어컨, 콘솔박스 등 전압의 변화가 심한 장소를 피할 것

⑤ 고압전류가 흐르는 주변은 피할 것

⑥ 금속탐지기를 2대 이상 운용시 최소 3m 이상의 간격을 띄울 것

(2) 운용요령

① 입장객을 통과시킬 때에는 개인간의 간격이 최소 1.5m 정도 떨어져 보통걸음으로 통과하도록 한다.

② 대상자의 소지품은 별도로 검색한다.
③ 무전기와 같은 통신장비는 탐지기로부터 3m 이상 거리를 유지하게 한다.
④ 대상자가 움직이거나 탐지기를 건드린 경우 다시 검색한다.

2. 통신장비

1) 통신장비의 종류

경호임무시 사용되는 통신망으로는 유선통신망과 무선통신이 있다. 유선통신망에는 경찰전화망, 모사전송망, 일반전화망 등을 비롯하여 교환기, 컴퓨터통신, CCTV 등이 있고, 무선통신망에는 행정무선망, 작전무선망, 비상무선망 등을 비롯, 휴대용무전기, 페이징, 차량용무전기, 휴대용전자식교환기, 무선전화기, 인공위성통신 등이 포함된다.

2) 통신장비의 종류

(1) 고정용무전기(VHF)

기능 및 용도	파출소 등에 시설로 설치된 무전기로 고출력 사용, 휴대용 무전기에 비해 넓은 소통권을 갖는 무전기
제 원	▶사용전원 : AC 110~220V/ DC 13.8 V ▶체널수 : 99개 이상 ▶주파수 범위 : 생략 ▶출 력 : 20~25W ▶발진방식 : PLL신서사이즈
운영현황	▶12개지방청 6,546대 운용 ▶로컬형으로 분류 ▶고유번로(ID) 발생기능 ▶송신시간 제한기능 ▶채널 순차 스캔기능

(2) 차량용무전기(VHF)

기능 및 용도	순찰자 등에 설치된 무전기로 휴대용 무전기에 비해 비교적 높은 출력을 갖는 무전기
제 원	▶사용전원 : AC 100~220V / DC 13.8V ▶체널수 : 99개 이상 ▶주파수 범위 : 생략 ▶출 력 : 20~25W ▶발진방식 : PLL신서사이즈
운영현황	▶12개지방청 11,623대 운용 ▶고유번호(ID) 발생기능 ▶송신시간 제한기능 ▶채널 순차 스캔기능 ▶차량 잡음 제거회로 내장

(3) 휴대용무전기(VHF)

기능 및 용도	외근요원이 휴대 가능하도록 제작된 무선 송·수신기
제 원	▶사용전지 : 니켈수소 축전지/ 1200mA 이상(DC 7.2~10.8V) ▶체널수 : 99개 이상 ▶주파수 범위 : 생략 ▶출 력 : 2~4.8w ▶발진방식 : PLL신서사이즈
운영현황	▶12개 지방청 50,748대 운용 ▶무전기는 방우형으로 제작 및 빗물차단 커버 구비 ▶가죽케이스 채택으로 경찰 혁대에 장착 기능 ▶잔여용량 표시기능 ▶비밀번호 설정 기능

3) 무전기사용상 유의점

(1) 핵심적인 사항을 사전에 숙지할 것

상대방호출부호, 자기의 호출부호, 약호 및 음어, 교신의 기본요령

(2) 사용 전 다음 사항을 확인할 것

안테나, 배터리, 스위치 조정의 적절성, 송수신 감도

(3) 좋은 위치 선정

장애물이 없는 곳, 평지, 언덕, 해상 등

(4) 나쁜 위치의 배제

건물 내부, 고층건물 부근, 고압선 옆, 철탑 및 교향 밑, 산골짜기, 터널 등

4) 무전기 불통시 응급조치

(1) 안테나연결, 접촉상태 확인
(2) 전지의 소모 및 결합 여부
(3) 스켈치 과도 조정 여부(워키토키)
(4) 난청지역 여부

5) 조작상 유의사항

(1) 타인이 교신중이거나 필요 없이 또는 송신내용이 길 때 필요 이상으로 송신 버튼을 누르지 말 것
(2) 스위치 온 상태에서 배터리 교환·충전하지 말 것
(3) 배터리는 완전히 방전된 상태에서 충전할 것
(4) 안테나를 접속하지 않은 상태에서 송신하지 말 것

6) 통신보안원칙

(1) 비화기가 설치된 전화 사용
(2) 작전내용이나 기밀은 팩스기 이용하지 말 것
(3) 작전시 무선통신은 평상어를 사용하지 말 것

3. 호신장구

1) 공경호원의 호신장구

(1) 경호총기

법적 근거	① 대통령 경호처 경호원(법 제19조 제1항) 경호처장이 직무수행을 위해 필요하다고 인정할 때 소속공무원에 무기를 휴대케 할 수 있음. ② 경호경찰관(경찰관 직무집행법 제10조으4) 경찰관은 범인의 체포, 도주의 방지, 자기 또는 타인의 생명·신체에 대한 방호, 공무집행에 대한 항거의 제지를 위하여 필요하다고 인정되는 상당한 이유가 있을 때에는 그 사태를 합리적으로 판단하여 필요한 한도에서 무기를 사용할 수 있다. ③ 민간경비원(경비업법 제14조, 청원경찰법 제8조) ㉠ 특수경비원에 대한 무기사용 ㉡ 청원경찰에 대한 무기사용
한 계	● 실정법상 한계 ① 대통령 경호처 경호원 직무를 수행함에 필요하다고 인정되는 상당한 이유가 있을 때, 그 사태에 응하여 부득이하다고 판단되는 한도 내에서 무기사용 가능 ② 경호경찰관 그 사태를 합리적으로 판단하여 필요한 한도 내(경찰관 직무집행법 제10조의4), 필요한 최소한도의 범위(경찰장비의사용기준에관한규정 제3조) ③ 민간경비원(경비업법 제14조 제8항, 제15조 제4항) ● 일반적 한계 ① 비례의 원칙, ② 상황적합성원칙, ③ 보충성의 원칙, ④필요성의 원칙

① 무기사용의 근거와 한계

> ➡ 경호실 경호원의 무기사용으로 위해를 주어도 면책도는 경우
>
> ① 정당방위
> ② 긴급피난
> ③ 소관에 속하는 범죄에 관하여 사형·무기 또는 장기 3년 이상의 징역 또는 금고에 해당하는 죄를 범하고 또는 범하였다고 의심할 만한 충분한 이유가 있는 자가 소속공무원 직무집행에 대하여 항거하거나 도피하려고 할 때 또는 제3자가 그를 도피시키려고 소속공무원에게 항거할 때에 이를 방지 또는 체포하기 위하여 무기를 사용하지 아니하고는 다른 수단이 없다고 인정되는 상당한 이유가 있을 때
> ④ 야간이나 또는 집단을 이루거나 흉기 기타 위험한 물건을 휴대하여 경호업무를 방해하기 위하여 소속공무원에게 항거할 때 이를 방지 또는 체포하기 위하여 무기를 사용하지 아니하고는 다른 수단이 없다고 인정되는 상당한 이유가 있을 때

> 경호경찰관의 무기사용으로 위해를 주어도 면책되는 경우
>
> ① 정당방위
> ② 긴급피난
> ③ 사형 · 무기는 또는 장기 3년 이상의 징역이나 금고에 해당하는 죄를 범하거나 범하였다고 의심할 만한 충분한 이유가 있는 자가 경찰관의 직무집행에 대하여 항거하거나 도주하려고 할 때 또는 제3자가 그를 도주시키려고 경찰관에게 항거할 때에 이를 방지 또는 체포하기 위하여 무기를 사용하지 아니하고는 다른 수단이 없다고 인정되는 상당한 이유가 있을 때
> ④ 체포 · 구속영장과 압수 · 수색영장을 집행할 때에 본인이 경찰관의 직무집행에 대하여 항거하거나 도주하려고 할 때 또는 3자가 그를 도주시키려고 경찰관에게 항거할 때 이를 방지 또는 체포하기 위하여 무기를 사용하지 아니하고는 다른 수단이 없다고 인정되는 상당한 이유가 있을 때
> ⑤ 범인 또는 소요행위가 무기 · 흉기 등 위험한 물건을 소지하고 경찰관으로부터 3회 이상의 투기명령 또는 투항명령을 받고도 이에 불응하면서 계속 항거하여 이를 방지 또는 체포하기 위하여 무기를 사용하지 아니하고는 다른 수단이 없다고 인정되는 상당한 이유가 있을 때
> ⑥ 대간첩작전수행에 있어 무장간첩이 경찰관의 투항명령을 받고도 이에 불응하는 경우

② 경찰장비사용권

㉠ 경찰관은 직무수행 중 경찰장비를 사용할 수 있다.

㉡ 경찰장비로는 무기, 장찰장구, 최루제 및 그 발사장치, 감지기구, 해안감시기구, 통신기기, 차량 · 선박 · 항공기 등 경찰직무수행을 위하여 필요한 장치와 기구 등을 말한다.

③ 경찰장구사용권

㉠ 경찰장구란 경찰관이 휴대하여 범인검거와 범죄진압 등 직무에 사용하는 수갑 · 포승 · 경찰봉 · 방패 등을 말한다.

㉡ 경찰관은 현행범인인 경우와 사형 · 무기 또는 장기 3년 이상의 징역이나 금고에 해당하는 죄를 범한 범인의 체포 · 도주의 방지, 자기 또는 타인의 생명 · 신체에 대한 방호, 공무집행에 대한 항거의 억제를 위하여 필요하다고 인정되는 상당한 이유가 있을 때에는 그 사태를 합리적으로 판단하여 필요한 한도 내에서 경찰장구를 사용할 수 있다.

④ 분사기의 사용권

경찰관은 범위의 체포 · 도주의 방지 또는 불법집회 · 시위로 인하여 자기 또는 타인의 생명 · 신체와 재산 및 공공시설안전에 대한 현저한 위해의 발생을 억제하기 위하여 부득이한 경우 현장책임자의 판단으로 필요한 최소한의 범위 안에서 분사기(총포 · 도검 · 화약류 등 단속법의 규정에 의한 분사기와 최루 등의 작용제) 또는 최루탄을 사용할 수 있다.

(2) 경호총기의 종류

① 45구경권총

개 요		세계적으로 널리 보급된 권총으로 80년 전 설계된 총으로 현재는 군에서 일부 사용할 뿐 거의 사용하지 않는 총기임		
특 성		탄창송탄식, 공랭식, 반자동, 파지식, 반동식		
제원	모델명	45MOD-1911A1	제조국 및 장소	미국 콜트사
	구 경	0.45"(11.4mm)	중 량	1,100g
	전 장	21.9cm	재 질	스틸
	장전발수	7발	강 선	6조 좌선
	보유관서	일선경찰관서	총신길이	12.9cm
	최대사거리	1,456m	유효사거리	50m

② 38구경권총

개 요		발사시의 반동이 비교적 적고 다루기도 간편하여 세계적으로 가장 보편적으로 사용되고 있는 총기류로 우리나라 경찰에서도 기본총기로 채택하여 사용하고 있는 총기임		
특 성		반자동식(실린더회전식), 분리복합작용식, 총미장전식(실린더 장전식), 파지식, 공랭식 ※ 38구경 권총의 강선은 총기의 모델별로 차이가 있음		
제원	모델명	MOD-10SB	제조국 및 장소	미국 스미스 웨손
	구 경	0.38"	중 량	864.7g
	전 장	236.5mm	재 질	탄소강
	장전발수	6발	강 선	5조 우선 (현 경찰지급모델 기준)
	보유관서	일선경찰관서	총신길이	4"
	최대사거리	1,676m	유효사거리	50m

③ 22구경권총

개 요		기존의 38구경권총보다 가볍고 조작하기에 편리하며, 안전장치가 설치되어 있어 보관 · 취급이 용이하다.		
특 성		단동식, 복동식, 파지식, 탄알식, 장전식, 반자동식		
제원	모델명	22LR KP5	제조국 및 장소	한국 대우정밀
	구 경	0.22"	중 량	650g
	전 장	170mm	재 질	290m/s
	장전발수	10발	강 선	6조 우선
	보유관서	일선경찰관서(형사용)	총신길이	97mm
	최대사거리	1,500m	유효사거리	50m

④ M16소총

개 요		과거 군에서 가장 보편적으로 사용한 개인화기로, 현재에도 많은 수가 보급되어 있음. 현재 경찰 작전시 가장 일반적으로 사용하고 있는 총기이다.		
특 성		가스작용식, 공랭식, 탄알집장전식, 견착사격식, 반자동 및 자동식		
제원	모델명	M-16	제조국 및 장소	한국 대우정밀
	구 경	5.56mm	중 량	2.9kg
	전 장	99cm	재 질	알루미늄, 특수플라스틱
	장전발수	20발	강 선	6조 우선
	보유관서	일선경찰관서	총신길이	50.8cm
	최대사거리	2,653m	유효사거리	460m

⑤ K1A소총

개 요		다발식으로 전장이 짧고 경량이며, 한국적 여건에 적합한 총기이다.		
특 성		가스작용식, 공랭식, 탄알집장전식, 견착사격식, 반자동 및 자동식, 접척실, 점사식		
제원	모델명	K1A	제조국 및 장소	한국 대우정밀
	구 경	5.56mm	중 량	2.88kg
	전 장	64.5cm	재 질	스틸 및 특수플라스틱
	장전발수	20발	강 선	6조 우선
	보유관서	일선경찰관서	총신길이	26.3cm
	최대사거리	2,450m	유효사거리	250m

⑥ K-2소총

개 요		M16과 같은 계열의 소총으로 현재 우리나라 군의 기본제식화기로 채용되어 있고, 경찰에서도 주력화기로 사용하고 있는 총기임		
특 성		가스피스톤식, 공랭식, 탄알집장전식, 견착사격식, 반자동 및 자동식, 접척실, 점사식		
제원	모델명	K-2	제조국 및 장소	한국 대우정밀
	구 경	5.56mm	중 량	3.26kg
	전 장	73cm/98cm	재 질	스틸 및 특수플라스틱
	장전발수	30발	강 선	6조 우선
	보유관서	일선경찰관서	총신길이	46.5cm
	최대사거리	3,300m	유효사거리	460~600m

⑦ MP-5(A5)기관단총

개 요		주로 경찰의 대테러 요원의 개인화기로 우리나라 경찰특공대에서 사용하고 있는 총기임		
특 성		가스작용식, 공랭식, 탄알집장전식, 반자동 및 자동식, 접철식, 점사식		
제원	모델명	MP-5(A5)	제조국 및 장소	독일
	구 경	9mm	중 량	2.83kg
	전 장	480mm	재 질	
	장전발수	20~30발	강 선	6조 우선
	보유관서	경찰특공대	총신길이	
	최대사거리	1,500m	유효사거리	50~100m

⑧ M79 유탄발사기

특 성	▶ 단발식 ▶ 꺽기식	▶ 약실장전식 ▶ 견착사격식
제 원	▶ 무 게 : ① 비장전식 ; 2.72kg ② 장전식 ; 2.95kg ▶ 길 이 : 73.1cm ▶ 최대사거리 : 400m ▶ 유효사거리 : ① 지역표적 ; 350m, ② 점표적 ; 150m ▶ 최대발사속도 : 7~8발 ▶ 유효발사속도 : 5~6발 ▶ 안전사거리 : ① 훈련시 ; 80m, ② 전투시 ; 31m	

⑨ M203 유탄발사기

특 성	▶ 단발사격식 ▶ 약실장전식	▶ 펌프작용식 ▶ 견착사격식
제 원	▶ 무 게 : 약 4.3kg ▶ 전 장 : 38.9cm ▶ 강 선 : 6조 우선 ▶ 총열길이 : 30.48cm ▶ 최대사거리 : 400m ▶ 유효사거리 : ① 점표적 ; 150m, ② 지역표적 ; 350m	

2) 경찰장구

(1) 경찰봉

기능 및 용도	▶ 외근경찰관 기본 휴대품 ▶ 범인검거와 범죄진압 등 직무수행에 사용		
제 원		막대형경봉	호신용경봉
	▶ 재 질 :	연질 플라스틱	철제
	▶ 규 격 :	520mm	210mm x 530mm
	▶ 무 게 :	220g	456g
	▶ 형 태 :	막대형	3단 탈삽식
특 성	▶ 막대형 견봉은 가벼운 연질 플라스틱으로 제작되어, 사용시 상대방 인체에 위해를 가하지 않음 ▶ 호신용 경봉은 견고하여 흉기 등의 공격대처에 용이		

(2) 경찰수갑

① 스테인리스 재질로 견고하며 열쇠 이외에 핀, 필름 등 이물질을 이용하여 해지가 불가능

② 피의자 체포 및 호송용

③ 무게 : 260g

④ 재질 : 스테인리스

⑤ 단가 : 14,780원

(3) 가스분사기

기능 및 용도	▶ 외근경찰관이나 민간경비원이 휴대하는 가스분사장치 ▶ 범인검거와 범죄진압 등 직무수행에 사용	
제 원	▶ 모 델 : SG-5 ▶ 중 량 : 680g ▶ 방사거리 : 3~7m	▶ 재 질 : 알루미늄 ▶ 전 장 : 20cm ▶ 방사방법 : 4연발 분사형
특 성	▶ 권총형으로 4연발 분사형	

2) 민간경비(호)원의 호신장구

(1) 경비원이 휴대하는 장구의 종류는 경적 · 경봉 및 분사기 등으로 하되, 근무 중에 한하여 이를 휴대할 수 있다.

(2) 경비업자가 경비원으로 하여금 분사기를 휴대하여 직무를 수행하게 하는 경우에는 총포 · 도검 · 화약류등단속법에 의하여 미리 분사기의 소지허가를 받아야 한다.

4. 기동장비

1) 차 량

차 량 (112순찰차량)	▶ MDT(Mobile Date Terminal) 운용 –운용대수 : 635대 중 207대 부착운용 –조회 : 주민, 차적, 운전면허, 수배조회(대인 · 대차) –조회절차(중앙통제실–중계소–UHF차량무전기–MDT, 평균조회속도 6.4초 ▶ 용도 –신고사건에 대한 즉응처리 및 담당구역 방범 기동순찰 –대인 및 대차에 대한 검문 · 검색 –우범지대 거점 배치 –타이어 펑크, 배터리 방전, 연료보충 등 응급치안서비스 제공 –기타 경찰서장이 관내 치안상황에 따라 지정한 특수근무 *112신고사건 1일 평균 4,000여 건 출동처리 ▶ 112순찰차 연혁 –1987.11.13(최초 112전담 순찰차 운용) 교통순찰차 98대 –2000.8.29 현재 635대 운용(파출소당 1~3대 운용)

헬 기	▶ HUGHES 500D 헬기 ▶ BELL 206L-3헬기 ▶ BELL 206B헬기 ▶ A109C-MAX 헬기 ▶ BELL 212 헬기 ▶ BELL 412EP/SP 헬기 ▶ MI-172 헬기

2) 차량컴퓨터 단말기(MDT)

기능 및 용도	순찰차에 설치하여 이동중에도 무선으로 경찰 각종 자료조회 및 차량위치 표시 등이 가능토록 한 컴퓨터 장비	
제 원	▶ CPU : 486DX2 100 ▶ Display : 8.4" TFT-LCD ▶ Socket : HDD 170MB	▶ 메모리 : 16MB ▶ Interface : PCMCIA II,III ▶ Video RAM : 1MB
특 성	• 운용현황 –UHF(TRS) 통신망을 사용하는 서울 · 인천지역 362대 운용 • 기 타 –초경량 –충격에 강한 컴퓨터로써 혹독한 환경에 견딜 수 있도록 제작 –운용자 편의를 도모한 터치스크린 방식	

5. 사격술

1) 웨버사격술

개 요	▶ 미국 캘리포니아 경찰관 잭 웨버가 개발한 사격술 ▶ 미 FBI 요원에게 기본이 되는 리볼버권총사격술 훈련을 위하여 1981년에 개발 ▶ 70야드 근접사거리 훈련에서 채택한 사격술로 근접사격기법의 숙달정도를 측정 · 평가하기 위한 것
자 세	▶ 사수는 좌측발과 어깨를 표적 방향과 1/4 비껴선 자세로 하고, 양발의 간격은 범인으로부터 방어할 때와 같은 자세로 비켜선다. ▶ 총을 눈높이까지 들어 올렸을 때 총을 든 팔이 앞으로 쭉 뻗어 팔꿈치가 가볍게 구부러진 듯한 상태가 되어야 한다. 단, 너무 딱딱하게 고착시키지 말아야 한다. ▶ 사수는 웨버 서서쏴 자세에 이어서 쪼그려쏴, 무릎쏴 바리케이드 의탁쏴 자세로 곧바로 연결될 수 있도록 해야 한다.

파지(GRIP)	▶ 양손 파지의 기본은 왼쪽 손으로 오른쪽 손을 고정시키기 위해 강화된 파지법이다. ▶ 총을 든 손으로는 앞쪽으로 밀듯이 힘을 가하고 받쳐주는 왼손으로는 안쪽으로 당기듯이 힘을 가하여 양손에 주는 힘을 균등하게 하여야 한다. ▶ 이 파지법은 견고하게 고정시킬 수 있고 발사 때의 반동도 줄이게 된다.

제4절 경찰무기 · 탄약관리

1. 무기 · 탄약관리 의의

경찰에서 사용하기 위하여 현재 보유중인 총기 · 탄약을 명확히 파악하고 총기사고를 미연에 방지함을 물론 경찰무기의 비치 · 보관 · 대여 · 휴대 · 사고책임 등의 제반관리를 경찰청훈령인 무기 · 탄약관리규칙에 의한다.

2. 무기 · 탄약의 비치 및 보관 등

무기 · 탄약의 비 치	▶ 각급 경찰관서에서 무기 · 탄약을 비치하는 경우 가능한 한 각기 분리된 무기고와 탄약고에 비치한다. ▶ 무기고 및 탄약고는 가급적 본 청사와 격리된 단층건물이어야 한다. ▶ 경찰관서의 장은 무기 · 탄약의 관리에 능숙한 경위 이상의 간부 중에서 무기 · 탄약 관리책임자를 두어야 한다.
무기 · 탄약의 보 관	▶ 무기 · 탄약은 종류별로 구분하여 보관하되, 그 수량 · 고장유무 · 손질연월일 및 격납배치도를 게시하여야 한다. ▶ 무기 · 격납고에는 이중의 잠금장치를 하여야 하고, 열쇠는 관리책임자가 보관하며, 퇴청 후에는 숙직책임자에게 보관토록 하여야 한다. ▶ 숙직책임자는 긴급한 사유로 부득이 무기 탄약고에 출입하건 또는 무기 · 탄약을 출고하고자 할 때에는 즉시 소속장에게 보고하고 허가를 얻어야 한다.
무기 · 탄약의 등 록	▶ 경찰관서의 장은 보관 중인 무기 · 탄약에 대하여는 장비 카드를 등록하고 소속청 · 교장을 거쳐 최종적으로 경찰청장에게 보고한다. ▶ 습득 · 압수 · 노획한 무기 · 탄약은 경찰청장의 지시를 받아 처리한다. ▶ 무기 · 탄약을 타 경찰기관으로 관리 전환시는 소속청의 지시에 의거하고, 전국적으로 관리 전환할 때에는 경찰청장의 지시에 의한다.

3. 무기의 대여 및 회수

무기의 대 여	▶ 경찰관서의 장은 소속경찰관에 무기를 대여할 수 있다. ▶ 실탄을 대여할 때에는 소총은 정당 20발 이내, 권총은 정당 8발 이내로 한다 (다만, 상황에 따라 이를 가감할 수 있다).	
무기의 · 탄약의 회수	절대적 회수 (반드시 회수하여야 하는 자)	▶ 직무상 비위로 징계대상이 된 자 ▶ 형사사건으로 조사대상이 된 자 ▶ 사의를 표명한 자
	상대적 회수 (반드시 회수할 필요 없는 자)	▶ 평소에 불평이 심하거나 염세비관하는 자 ▶ 주벽이 심한 자 ▶ 변태성벽이 있는 자 ▶ 가정환경이 불화한 자
	일시적 보관	▶ 주석 도는 연회장소에 출입할 경우 ▶ 상사의 사무실을 출입하는 경우 ▶ 기타 정황을 판단하여 필요하다고 인정되는 경우

4. 무기의 손질 및 분해

손 질	▶ 보관 중인 무기 · 탄약의 손질은 매월 1회 이상 손질한다. ▶ 대여 무기 · 탄약은 주 1회 이상 본인이 손질하도록 한다. ▶ 총기사용 또는 습기를 접한 경우 즉시 손질하고 기름칠을 하여야 한다.
분 해	▶ 보통분해는 일상 손질 또는 취급상 필요한 때에 행한다. ▶ 특별분해는 반드시 무기수리 기타 필요한 때에 관리책임자 또는 무기 기술자의 입회하에 한다.

5. 사고 · 분실의 책임

오발사고	▶ 경찰관서의 장은 소속 직원의 오발사고에 대하여 사고의 경중을 막론하고 상당한 징계 기타 조치를 취하여야 한다. ▶ 오발사고가 발생한 경우에는 지체없이 상급기관에 지휘보고를 하여야 한다.
분 실	▶ 경찰관서의 장은 소속직원이 무기 · 탄약을 분실 · 도난 · 피탈 · 훼손한 경우에는 징계 기타 적당한 조치를 취하여야 하며, 그 가액 전액을 배상케 한다. ▶ 또한 상기 사항을 상급기간에 지체 없이 지휘 보고하여야 한다. ▶ 분실 · 도난 · 피탈 당한 때에는 즉시 이를 수배하고, 수배대장에 기록하고, 현 보유수에서 삭제하도록 한다.

6. 예비군 무기관리

근 거		경찰서장은 향군법 제7조 ③항 및 동법시행령 제8조 ②항에 의거, 군부대장의 위임을 받아 예비군무기 · 탄약관리규칙(경찰청 예규 제22호 1991.7.31)에 의하여 예비군 무기관리를 한다.
무기고의 종류	집중무기고	경찰서 경내에 설치한 예비군 무기고
	지역무기고	파출소 경내에 설치한 예비군 무기고
	분산무기고	자연부락에 설치된 예비군 무기고
	직장무기고	직장 경내에 설치된 예비군 무기고
	간이무기고	50정 이하의 무기를 보관하기 위하여 특수 캐비넷 등 보관함 무기고

1) 무기고 및 탄약고의 시설

▶ 무기고와 탄약고는 인재(人災)와 천재(天災)로부터 안전하고, 유사시에 반출이 용이한 장소에 설치하여야 한다.
▶ 무기고와 탄약고는 습기방지장치 · 화재방지책 및 소화기구 비치와 불의의 피습에 대비하여 주변에 방벽을 설치하는 등 안전조치에 만전을 기하여야 한다.

2) 무기 · 탄약의 관리책임

(1) 관리책임자

무 기 고	정	부
집중무기고	경 비 과 장	경비계장
지역무기고	지 구 대 장	차하급자
분산무기고	당해 부락거주 예비군 지휘관 중 최상급자	차하급자
직장무기고	최상급 예비군 지휘관	차하급자

(2) 관리책임자 임명 배제사유

▶ 공무원 임용결격사유가 있는 자
▶ 형사우범자 및 요시찰자
▶ 정신질환자 · 소행불량자 · 주벽자 · 농아자 등

3) 무기 대여 및 회수

(1) 대여

작전동원시	예비군 지휘관에게 일괄 지급하는 것을 원칙을 하며, 필요에 따라 에비군 지휘관 또는 현역장교 입회하에 무기관리 책임자가 대원에게 각자의 무기를 대여할 수 있다.
교육훈련시	예비군 지휘관 또는 교관에게 일괄 지급하며 필요에 따라 예비군 중대장 또는 교관의 입회하에서 피교육자에게 무기를 대여 할 수 있다.
일상경비시	무기는 별도로 확보하여 무기관리책임자가 근무자에게 각자의 무기를 대여하고 기동타격대 요원에게는 근무에 당하는 자에게만 대여한다.

(2) 회수

① 무기의 출고는 경찰서장의 명을 받아 각 무기고 관리 책임자가 행하되, 그 목적상황이 종료되었을 때는 즉시 회수하여 고장·파손여부·망실품의 유무를 점검하여 이상 없음을 확인 후 기록하고 입고 조치한다.

② 무기(탄약)고 관리책임자는 출고된 무기가 망실되었거나 미회수 무기가 발생한 때에는 지체 없이 경찰서장에게 보고하여야 하며, 보고받은 경찰서장은 사실여부를 확인 후 즉시 이를 수배하여야 한다.

4) 총기사고 책임한계

경찰책임	▶ 예비군 무기·탄약의 출납보관 및 무기(탄약)고의 경비
군책임	▶ 예비군 무기·탄약의 손질 및 무기의 정비

5) 감독

(1) 방문지도

지방경찰청	무기관리상 필요한 때
군 지도방문	사단장 승인 받아 경찰청장(지방경찰청)에게 사전통보 후 실시

(2) 감독순시

① 무기·탄약고 순시기준에 의거 실시(사전순시계획 수립)

② 감독순시는 외근 감독순시시에 겸행 가능

③ 무기고와 탄약고의 시설보완 및 관리상태, 무기·탄약의 보관상태, 경비상황 등 사고방지책에 주안점을 두고 실시한다.

※ 예비군 무기고별 감독순시기준(예비군무기·탄약관리규칙 〈별표 1〉)

구 분	순시관	실시횟수		
집 중 무기고	무기고 관리책임자	매일 1회 이상		
	야간 숙직책임자	매일 야간 2회 이상		
지 역 무기고	지구대 직원 및 대장	매일 1회 이상		
	본서 순시관	매월 2회 이상(1회는 야간)		
분 산 무기고	지구대 직원 및 대장	4km 이내	소 장	주 1회
	본서 순시관		직 원	주 2회
	관할 예비군 지휘관	4km 이내	소 장	월 2회
	무기고 관리책임자		직 원	주 3회
직 장 무기고	본서 간부	월 1회		
	지구대 직원 및 대장	주 2회		
	직장장	매일 주·야 각 1회		
	무기고 관리 정(부)책임자	월 1회		

사격장 안전수칙	▶ 조준, 격발연습은 사대에서 필히 통제관의 승낙하에 실시 ▶ 사격중인 사수 외에는 사선에 들어갈 수 없으며, 정해진 사대만 사용 ▶ 허락 없이 타인의 총기에 손을 대서는 안 되며 자기 총을 빌려주지 말아야 한다. ▶ 사격 후에는 탄피를 제거하고 실린더를 개방해 놓아야 한다. ▶ 총기는 절대로 격발치 않은 상태에서 드지 말아야 한다. ▶ 총구는 항상 표적방향을 향해야 하며 다른 목표물이나 사람을 향해서는 안 된다.
38권총의 원칙적인 사격자세	▶ 사격자세, 조준, 호흡, 격발이라는 일련의 동작수행이 자연스럽게 연결되어야 한다. ▶ 총의 부동성과 총의 사수의 몸이 일체가 되는 안정성이 요구 ▶ 총을 신체의 일부분과 같이 느끼는 유기체화가 요구 ▶ 편안한 자세, 자연스러운 자세, 한결같은 자세를 확보

제5절 특수경비원 및 청원경찰의 무기 · 탄약관리

1. 특수경비원의 무기관리수칙

1) 시설주의 관리책임

(1) 무기의 관리를 위한 책임자를 지정하고 관할경찰관서장에게 이를 통보한다.

(2) 무기고 및 탄약고는 단층에 설치하고 환기 · 방습 · 방화 및 총가 등의 시설을 한다.

(3) 탄약고는 무기고와 사무실 등 많은 사람을 수용하거나 많은 사람이 오고 가는 시설과 떨어진 곳에 설치한다.

(4) 무기고 및 탄약고에는 이중 시건장치를 하여야 하며, 열쇠는 관리책임자가 보관하되, 근무시간 이후에는 열쇠를 당직책임자에게 인계하여 보관시킨다.

(5) 관할경찰서장이 정하는 바에 의하여 무기를 관리실태를 매월 파악하여 다음달 3일까지 관할경찰관서장에게 통보한다.

(6) 대여받은 무기를 빼앗기거나 대여받은 무기가 분실 · 도난 또는 훼손되는 등의 사고가 발생한 때에는 관할경찰관서장에게 그 사유를 지체 없이 통보한다.

(7) 대여받은 무기를 빼앗기거나 대여받은 무기가 분실 · 도난 또는 훼손된 때에는 경찰청장이 정하는 바에 의하여 그 전액을 배상할 것. 다만, 전시 · 사변, 천재 · 지변 그 밖의 불가항력의 사유가 있다고 지방경찰청장이 인정한 때에는 그러하지 아니하다.

(8) 시설주는 자체계획을 수립하여 보관하고 있는 무기를 매주 1회 이상 손질한다.

(9) 관할경찰관서장이 무기를 회수하여 집중적으로 관리하도록 지시하는 경우 또는 출납하는 탄약의 수를 증감하거나 출납을 중지하도록 지시하는 경우에는 이에 따를 것

(10) 탄약의 출납은 소총에 있어서는 1정당 15발 이내, 권총에 있어서는 1정당 7발 이내로 하되, 생산된 후 오래된 탄약을 우선적으로 출납한다.

(11) 무기를 지급받은 특수경비원으로 하여금 무기를 매주 1회 이상 손질하게 한다.

(12) 수리가 필요한 무기가 있는 때에는 그 목록과 무기장비운영카드를 첨부하여 관할경찰관서장에게 수리를 요청한다.

2) 특수경비원의 관리책임

(1) 무기를 지급받거나 반납하는 때 또는 무기의 인계인수를 하는 때에는 반드시 "앞에 총"의 자세에서 "검사 총"을 할 것
(2) 무기를 지급받은 때에는 별도의 지시가 없는 한 탄약은 무기로부터 분리하여 휴대하여야 하며, 소총은 "우로 어깨걸어 총"의 자세를 유지하고, 권총은 "권총집에 넣어 총"의 자세를 유지할 것
(3) 지급받은 무기를 다른 사람에게 보관·휴대 또는 손질시키지 아니할 것
(4) 무기를 손질 또는 조작하는 때에는 총구를 반드시 공중으로 향하게 할 것
(5) 무기를 반납하는 대에는 손질을 철저히 한 후 반납하도록 할 것
(6) 근무시간 이후에는 무기를 시설주에게 반납하거나 교대근무자에게 인계할 것

3) 특수경비원의 지급된 무기회수사유

(1) 형사 사건으로 인하여 조사를 받고 있는 사람
(2) 사의를 표명한 사람
(3) 정신질환자
(4) 그 밖에 무기를 지급하기에 부적합하다고 인정되는 사람

2. 청원경찰의 무기 및 탄약관리

1) 청원주의 무기관리수칙

(1) 청원주가 무기 및 탄약을 대여 받았을 때에는 경찰청장이 정하는 무기 탄약 출납부 및 무기장비운영카드를 비치·기록하여야 한다.
(2) 청원주는 무기 및 탄약의 관리를 위하여 관리책임자를 지정하고 관할경찰서장에게 이를 통보하여야 한다.
(3) 무기고 및 탄약고는 단층에 설치하고 환기·방습·방화 및 총기 등의 시설을 하여야 한다.

(4) 탄약고는 무기고와 떨어져 설치하여야 하며 그 위치는 사무실이나 기타 다수인을 수용하거나 내왕하는 시설로부터 격리되어야 한다.

(5) 무기고 및 탄약고에는 이중 시건장치를 하고 열쇠는 관리책임자가 보관하되, 근무시간 이후에는 숙직책임자에게 인계하여 보관시켜야 한다.

(6) 청원주는 경찰청장이 정하는 바에 의하여 매월 무기 및 탄약의 관리실태를 파악하여 다음달 3일까지 관할경찰서장에게 통보하여야 한다.

(7) 청원주는 대여받은 무기 및 탄약에 분실・도난・피탈 또는 훼손 등의 사고가 발생한 때에는 지체 없이 그 사유를 관할경찰서장에게 통보하여야 한다.

(8) 청원주는 무기 및 탄약을 분실・도난・피탈 또는 훼손한 때에는 경찰청장이 정하는 바에 의하여 그 전액을 배상하여야 한다. 다만, 전시・사변・천재지변 기타 불가항력의 사유가 있다고 지방경찰청장이 인정한 때에는 그러하지 아니하다.

2) 무기 · 탄약의 출납관리

(1) 무기 및 탄약을 출납하였을 대에는 무기탄약출납부에 그 출납사항을 기록하여야 한다.

(2) 탄약의 출납은 소총에 있어서는 1정당 15발 이내, 권총에 있어서는 1정당 7발 이내로 하여야 한다. 이 경우에 고제품의 탄약을 우선 출납하여야 한다.

(3) 청원경찰에게 지급한 무기 및 탄약의 손질은 매주 1회 이상 행하게 하여야 한다.

(4) 수리를 요하는 무기가 있을 때에는 그 목록과 무기장비운영카드를 첨부하여 관할경찰서장에게 그 수리를 요청할 수 있다.

3) 청원경찰의 무기 및 탄약관리

(1) 무기를 지급받거나 반납할 때 또는 인계 인수시에는 반드시 “앞에 총” 자세에서 “검사 총”을 하여야 한다.

(2) 무기 및 탄약을 지급받았을 때에는 별도의 지시가 없는 한 무기와 탄약은 분리하여 휴대하여야 하며, 소총은 “우로 어깨걸어 총”, 권총은 “권총집에 넣어 총” 자세를 유지하여야 한다.

(3) 지급받은 무기는 타인에게 보관하거나 휴대시킬 수 없으며 손질을 의뢰할

수 없다.

(4) 무기를 손질 또는 조작할 때에는 반드시 총구를 공중으로 향하여야 한다.

(5) 무기 및 탄약을 반납할 때에는 손질을 철저히 하여야 한다.

(6) 근무시간 이후에는 무기 및 탄약을 청원주에게 반납하거나 교대근무자에게 인계하여야 한다.

4) 무기 및 탄약 지급의 제약

(1) 직무상 비위로 징계대상이 된 자

(2) 형사사건으로 인하여 조사대상이 된 자

(3) 사의를 표명한 자

(4) 평소에 불평이 심하고 염세비관하는 자

(5) 주벽이 심한 자

(6) 변태성벽이 있는 자

기출 및 적중 예상문제

01. 경호원과 경찰 그리고 경비원의 복제에 대한 설명으로 맞는 것은?

① 대통령 경호원은 복제에 있어서 사복을 착용할 수 없다.
② 경호원의 복제에 관하여 필요한 사항은 기획재정부장관과 협의하여 경호실장이 정한다.
③ 경비원도 근무지역 및 내용에 따라서 사복을 착용할 수 있다.
④ 경호처에 근무하는 경찰공무원의 복제는 기획재정부장관과 협의하여 경호실장이 정한다.

해설 대통령경호처의 복제에 관하여는 처장이 정하도록 하고 있다. 경호처에 근무하는 경찰공무원의 복제 역시 처장이 정하는 바에 따르도록 하고 있다.

02. 다음 중 경호요원의 복제에 대한 설명으로 잘못된 것은?

① 대통령경호원의 경우 경호실장이 필요하다고 인정되는 경우 제복을 지급할 수 있다.
② 대통령경호처에 근무하는 경찰공무원의 복제는 경찰청장이 정한다.
③ 민간경비원의 복제는 경찰, 군인 등과 구별이 가능한 복제로 하여야 한다.
④ 경비업자는 경비원으로 하여금 근무지역 및 내용에 따라 사복착용하게 할 수 있다.

해설 '경찰복제에 관한 규칙 제11조(대통령 경호실에서 근무하는 경찰공무원의 복식)에 따라 대통령 경호실에서 근무하는 경찰공무원의 복식에 관하여는 「대통령 등의 경호에 관한 법률 시행령」 제34조 제2항에 따른다.'에 의거 경호실장이 정한다.

03. 경호원의 복장에 대한 설명으로 틀린 것은?

① 경호행사의 성격, 장소, 시간 등에 따라 주위와 잘 어울리는 복장으로 한다.
② 개개인의 취향을 살려 각자에게 잘 어울리는 복장을 선택하는 것이 바람직하다.
③ 경호업무를 위해 특별이 제작된 옷은 없지만 대개는 정장 차림을 하는 것이

정답 01. ③ 02. ②

좋다.
④ 여자경호원의 경우 신발 뒷굽의 높이와 편의성을 고려하여 하이힐은 피하는 것이 좋다.

해설

04. 다음 경호공무원, 경비원, 청원경찰의 복제내용으로 타당한 것은?

① 청원경찰은 통일된 제복을 착용하되 필요시 지방경찰청장의 승인을 얻어 특수복장을 착용할 수 있다.
② 경비원은 사복을 착용할 수 없다.
③ 대통령경호공무원은 제복을 지급받을 수 없다.
④ 경비업자는 근무지역 및 내용에 따라 경비원으로 하여금 제복 외의 복장을 착용하게 할 수 없다.

해설

05. 다음 중 방호장비에 해당되는 것은?

① 분사기 ② 금속탐지기
③ 전류방벽 ④ CCTV

해설 분사기는 호신장구, 금속탐지기는 검색장비, CCTV는 감시장비이다.

06. 다음 중 검색장비에 해당하지 않은 것은?

① 금속탐지기 ② 차량검색 거울
③ 폭발물 탐지기 ④ 쌍안경

해설 쌍안경은 감시장비이다.

07. 다음의 경호장비 중 검색장비가 아닌 것은?

정답 03. ② 04. ① 05. ③ 06. ④

① 휴대용 금속탐지기　　② 문형 금속탐지기
③ X-Ray 소화물 검색기　　④ 포대경

해설 포대경은 원거리의 사물을 관측할 때 쓰는 감시장비이다.

08. 다음 중 경호행사장 출입문에 설치하여 입장자가 소지한 무기류 및 금속류 등 위해물체를 탐지하는데 쓰이는 장비는?
① 문형 금속탐지기　　② 휴대용 금속탐지기
③ 봉형 금속탐지기　　④ X-Ray 소화물 검색기

해설 문형 금속탐지기는 가장 일반적으로 사용하는 금속탐지기로서 흔히 M.E.라고 약칭된다.

09. 문형 금속탐지기(Metal Detector)의 특성으로 틀린 것은?
① 소형 총기류 소지자에 대한 탐지가 가능하다.
② C4를 비롯한 일부 폭발물에 대한 탐지는 어려운 것이 단점이다.
③ 금속류 소지자 파악이 가능하며 검색강도에 따라 탐지 가능 정도가 다르다.
④ 짧은 시간 내 인원에 제한받지 않고 검색할 수 있는 장점이 있다.

해설

10. 검색장비 설치시 유의할 사항이 아닌 것은?
① 사용 전 반드시 전원을 확인할 것
② 조립식 제품으로 무리한 힘을 가하거나 충격을 주지 말 것
③ 에어컨 등 전압변동이 심한 곳을 피하여 설치할 것
④ 금속탐지기를 2대 이상 운용시 최소 10m 이상 유지할 것

해설

11. 검색장비의 설치 및 검색요건으로 적절한 것은?
① 검색장비는 무리한 힘을 가하거나 충격을 주어도 무방하다.

정답 07. ④ 08. ① 09. ④ 10. ④

② 고압전류가 고르게 흐르는 곳에 설치를 해야 효과적이다.
③ 금속탐지기는 통과입장객이 최소 1.5m거리의 개인간격을 유지하도록 하여야 한다.
④ 무전기와 같은 통신장비 등은 탐지기로부터 최소한 1m 이상 거리를 유지해야 한다.

해설

12. **검색 장비 중 경호행사시 경호근무자가 휴대근무하면서 경호행사장 주변 잔디밭이나 땅속에 숨겨져 있는 금속성 위해물체를 탐지하는데 쓰이는 탐지장비는?**

① 문형 금속탐지기　　② 휴대용 금속탐지기
③ 봉형 금속탐지기　　④ X-Ray 소화물 검색기

해설 봉형 금속탐지기를 말한다.

13. **검색장비 중 경호행사장 입구에 설치하여 입장자의 휴대품 속에 숨겨져 있는 무기류 및 금속류 등 위해물체를 확인하는 장비는?**

① 문형 금속탐지기　　② 휴대용 금속탐지기
③ 봉형 금속탐지기　　④ X-Ray 소화물 검색기

해설 X-Ray 소화물 검색기에 대한 설명이다.

14. **다음 중 검색장비의 설치상 유의점으로 틀린 것은?**

① 고압전류가 흐르는 주변은 피한다.
② 금속탐지기를 2대 이상 운용시 최소 1m 이상의 간격을 띄운다.
③ 정밀전자 과학장비이므로 취급에 유의하여야 한다.
④ 에어컨, 콘솔박스 등 전압의 변화가 심한 장소를 피한다.

해설 금속탐지기를 2대 이상 운용시에는 서로간의 간섭을 피하기 위해 최소 3m 이상의 간격을 띄운다.

정답 11. ③ 12. ③ 13. ④ 14. ②

15. **다음 중 문형금속탐지기의 운용요령으로 적절하지 못한 것은?**

① M.E. 통과시는 M.E.의 50cm 전방에서 일단 정지시킨 다음 보통걸음으로 한 사람씩 통과시킨다.
② 대상자의 소지품은 별도로 검색한다.
③ 무전기와 같은 통신장비는 탐지기로부터 3m 이상 거리를 유지하게 한다.
④ 대상자가 움직이거나 탐지기를 건드린 경우 다시 검색한다.

해설 입장객을 통과시킬 때에는 개인 간의 간격이 최소 1.5m 이상 이격시켜 보통걸음으로 통과하도록 한다.

16. **경호임무시 사용되는 무선통신망의 종류가 아닌 것은?**

① 모사전송망 ② 작전무선망
③ 휴대용무전기 ④ 무선전화기

해설 통신망으로는 유선통신망과 무선통신이 있는데, 유선통신망에는 경찰전화망, 모사전송망, 일반전화망 등을 비롯하여 교환기, 컴퓨터통신, CCTV 등이 있고, 무선통신망에는 행정무선망, 작전무선망, 작전무선망, 비상무선망 등을 비롯, 휴대용무전기, 페이징, 차량용무전기, 휴대용전자식교환기, 무선전화기, 인공위성통신 등이 포함된다.

17. **경호행사 중에 사용되는 통신장비의 내용으로 맞지 않은 것은?**

① 신뢰성 ② 전통성
③ 정확성 ④ 안전성

해설

18. **통신장비 중 경찰외근요원이 휴대 가능하도록 제작된 무선 송·수신기는 어느 것인가?**

① 고정용무전기(VHF) ② 차량용무전기(VHF)
③ 휴대용무전기(VHF) ④ 경찰전화망

해설 휴대용무전기(VHF)이다.

정답 15. ① 16. ① 17 ② 18. ③

19. **다음은 무전기사용상의 유의점이다. 틀린 것은?**

① 상대방호출부호 등 핵심적인 사항을 사전에 숙지할 것
② 사용전 안테나, 배터리, 스위치조정의 적절성, 송수신 감도 등을 확인할 것
③ 장애물이 없는 곳, 평지, 언덕, 해상 등을 피할 것
④ 건물 내부, 고층건물부근, 고압선 옆 등 나쁜 위치를 배제시킬 것

해설 장애물이 없는 곳, 평지, 언덕 해상 등은 좋은 위치에 해당된다. 무전기 사용상의 유의점으로는 다음과 같은 사항이 있다.
㉠ 핵심적인 사항을 사전 사전에 숙지할 것 : 상대방호출부호, 자기의 호출부호, 약호 및 음어, 교신의 기본요령
㉡ 사용 전 다음 사항을 확인할 것 : 안테나, 배터리, 스위치조정의 적절성, 송수신 감도
㉢ 좋은 위치 선정 : 장애물이 없는 곳, 평지, 언덕, 하상 등
㉣ 나쁜 위치 배제 : 건물 내부, 고층건물부근, 고압선 옆, 철탑 및 교량 밑, 산골짜기, 터널 등

20. **다음은 무전기불통시의 응급조치요령이다. 해당되지 않는 것은?**

① 안테나연결, 접촉상태 확인
② 전지의 소모 및 결합 여부
③ 스켈치 과도 조정 여부
④ 분해 후 확인

해설 전문적 지식이 없이 함부로 분해하면 안 된다.

21. **무전기의 사용요령에 대한 설명으로 잘못된 것은?**

① 타인이 교신 중, 필요 이상으로 송신내용이 길 때, 필요 없이 송신버튼을 누르지 말 것
② 배터리의 교환, 충전은 항상 스위치를 온 상태에서 할 것
③ 배터리는 완전히 방전된 상태에서 충전할 것
④ 안테나를 접속하지 않는 상태에서 송신하지 말 것

해설 배터리의 교환, 충전은 항상 스위치 오프 상태에서 하여야 한다.

22. **다음 중 일반적인 통신보안에 어긋나는 것은?**

① 비화기가 설치된 전화사용
② 작전내용이나 기밀은 팩스기를 이용하지 말 것

정답 19. ③ 20. ④ 21. ②

③ 작전시 무선통신은 평상어를 사용할 것
④ 통신내용은 짧게 할 것

해설

23. 다음 중 경호요원의 무기사용상의 법적 근거가 아닌 것은?

① 경비업법 ② 경찰관 직무집행법
③ 대통령 등의 경호에 관한 법률 ④ 국가공무원법

해설 경비업법은 특수경비원, 경찰관 직무집행법은 경찰관, 대통령 등의 경호에 관한 법률은 대통령경호원의 법적 근거이고, 국가공무원법은 해당이 없다.

24. 경호요원의 무기사용상의 한계에 대한 설명으로 잘못된 것은?

① 대통령경호원은 직무를 수행함에 필요하다고 인정되는 상당한 이유가 있을 때, 그 사태에 응하여 부득이하다고 판단되는 한도 내에서 무기사용 가능하다.
② 경호경찰관은 그 사태를 합리적으로 판단하여 필요한 한도 내, 필요한 최소 한도의 범위에서 무기사용이 가능하다.
③ 특수경비원은 무기를 사용하지 아니하고는 타인 또는 특수경비원의 생명·신체에 대한 중대한 위협을 방지할 수 없다고 인정되는 때에는 필요한 최소한의 범위 안에서 이를 사용할 수 있다.
④ 청원경찰은 대통령경호원의 예에 준하여 배치구역 내에서는 언제나 총기를 사용할 수 있다.

해설 청원경찰은 배치구역 내에서 경찰관 직무집행법의 적용을 받아 경찰관의 임무를 수행하는바, 무기사용상의 한계도 경찰관과 동일하다.

25. 다음의 경호총기 중 45구경 권총의 특징이 아닌 것은?

① 공랭식 ② 탄알집장전식(탄창송탄식)
③ 반자동식 ④ 견착사격식

해설 견착사격식은 소총에 해당하는 특성이다. 이 외에도 파지식, 반동식 특성이 있다.

정답 22. ③ 23. ④ 24. ④ 25. ④

26. **경호장비 중에서 권총(38리볼버)의 제원이 틀리는 것은?**

① 구경 : 0.38인치
② 강선 : 4조 좌선
③ 총열길이 : 2인치, 2.5인치, 4인치
④ 최대사거리 : 유효 사거리 : 약 50m

해설 38리볼버 권총의 강선은 대개는 6조 우선이나 좌선이 많이 쓰인다.

27. **다음 경호장비 중에서 권총(38리볼버)의 격발의 방법으로 맞는 것은?**

① 탄대장전식 ② 노출공이치기식
③ 삽탄장전식 ④ 회전노리쇠식

해설

28. **민간 경호요원이 근무 중 휴대할 수 있는 장비는?**

① 공기총 ② 호신용 칼
③ 수 갑 ④ 경 봉

해설

29. **경호요원의 총기사용에 대한 설명 중 틀린 것은?**

① 안녕질서를 위해 최종적으로 사용한다.
② 총기는 권위를 표출하는 수단으로 범죄예방차원에서 잘 보이게 휴대한다.
③ 관계법상 인정되는 엄격한 요건과 관계 내에서 사용한다.
④ 경호대상자나 경호원이 생명의 위협을 격퇴시키는데 다른 수단이 없을 때 사용한다.

해설

정답 26. ② 27. ② 28. ④ 29. ②

30. **휴대용 가스분사기(SS2형) 사용 및 취급에 관한 설명으로 틀린 것은?**

① 휴대용 가스분사기 사용상 유효사거리는 2-3m이다.
② 휴대용 가스분사기 구입시에는 분사기 구입신청서를 복사하여 관할 시, 군, 구에 신고하여야 한다.
③ 휴대용 가스분사기는 공권력 행사나 정당방위, 화재초기진화 등에만 사용할 수 있다.
④ 취급자는 휴대용 가스분사기에 대한 안전수칙, 취급요령 등에 대한 지식을 습득한다.

해설

31. **경비원이 분사기를 휴대하기 위한 적법한 절차로 옳은 것은?**

① 경비업자가 총포, 도검, 화약류 단속법에 의하여 미리 분사기의 소지허가를 받아야한다.
② 경비업자가 분사기를 구입하여 관할 경찰서에 기부 후 필요시 경찰청장의 허가에 의해 대여하여 휴대할 수 있다.
③ 경비원이 개인 구입하여 관할 경찰서장의 허가를 받아 휴대할 수 있다.
④ 경비원 개인은 근무 목적상 본인이 구입하여 경비업자의 허가를 받아 휴대할 수 있다.

해설

32. **가스분사기 사용에 관한 설명 중 틀린 것은?**

① 소지・관리 등은 총기에 준하여 안전하게 관리
② 정당방위 등에 사용하고 개인감정, 시비목적은 사용금지
③ 도난, 피탈시에는 경찰관서에 신고
④ 제압효과를 높이기 위해 분사목적물에 7m 이상 이격하여 가스 분사

해설

정답 30. ② 31. ① 32. ④

33. 38리볼버 권총의 특성으로 틀린 것은?

① 파지식　　② 실린더회전식
③ 총미장전식　　④ 가스작용식

해설 가스작용식은 M16과 같은 소총에서 나타나는 특성이다.

34. 38리볼버 권총에 대한 설명으로 잘못된 것은?

① 6조 우선　　② 노출공이치기식
③ 유효사거리 100m　　④ 최대사거리 1,676m

해설 38리볼버 권총의 유효사거리는 50m이다. 38리볼버 권총의 강선에 대해서는 6조 우선이냐 6조 좌선이냐에 대한 논란이 많지만, 모델게 따라 가격이 다르다. 과거 6조 좌선의 특성을 지닌 모델이 있었으며, 현재 우리나라 경찰에서 채택하고 있는 모델의 경우 6조 우선이다. 따라서 본 문제는 상대적으로 답을 골라야 한다.

39. M16 소총에 대한 설명으로 잘못된 것은?

① 가스 작용식이다.　　② 수냉식소총이다.
③ 강선은 6조 우선이다.　　④ 유효사거리는 460m이다.

해설 M16 소총은 공랭식이며, 탄알집장전식, 견착사격식, 반자동 및 자동식의 특성이 있다.

40. 다음 중 경찰특공대의 기본화기로 많이 사용되는 무기는 어느 것인가?

① KIA기관단총　　② M16
③ 45구경 권총　　④ MP-5기관단총

해설 MP-5기관단총은 경찰특공대의 기본화기로 가스작용식, 공랭식, 탄알집장전식, 반자동 및 자동식, 접철식, 점사식의 특성과 6조 우선, 유효사거리 50~100M, 최대사거리 1,500M 등의 제원을 갖고 있다.

41. 다음 중 일반경비원의 호신장구가 아닌 것은?

① 호루라기　　② 경 봉

정답 33. ④ 34. ③ 39. ② 40. ④

③ 가스분사기　　　　　　　　　　④ 총　기

해설 특수경비원이나 청원경찰은 총기휴대가 가능하나 일반경비원은 총기를 휴대할 수 없다.

42. 경찰의 무기탄약 비치 및 보관에 관한 설명으로 옳은 것은?

① 무기 및 탄약고는 고층건물이어야 한다.
② 야간 긴급상황 발생시 당직책임자의 판단 하에 무기탄약고에 출입하거나 무기탄약을 출고할 수 있다.
③ 경찰관서의 장은 무기탄약의 관리에 능숙한 경위 이상의 간부 중에서 무기탄약 관리 책임자를 둔다.
④ 야간 당직책임자의 판단 하에 무기탄약을 출고한 후 상황을 대장정리와 출고내역을 파악하여 소속장에게 보고한다.

해설

43. 경호업무수행시 경비원이 휴대 가능한 무기, 장비 등으로 적절하지 않는 것은?

① 특수경비원 – 권총, 소총, 경적, 경봉, 분사기
② 일반경비원 – 경적, 경봉, 분사기
③ 기계경비원 – 경적, 경봉, 출동차량, 분사기
④ 호송경비원 – 현금호송백, 권총, 경적, 경봉, 분사기

해설

44. 다음 중 무기에 관련된 법규의 설명으로 바르게 된 것은?

① 청원경찰 – 소총 1정당 20발 이내, 권총 1정당 7발 이내
② 특수경비원 – 소총 1정당 15발 이내, 권총 1정당 7발 이내
③ 경찰 – 무기종류는 권총, 소총으로 제한
④ 대통령경호공무원 – 무기종류는 권총으로 제한

해설

정답 41. ④ 42. ③ 43. ④ 44. ②

45. 다음 특수경비원의 무기휴대 및 사용에 대한 설명이 틀린 것은?

① 관할경찰서장은 시설주의 무기관리상황을 대월 1회 이상 점검해야한다.

② 시설주는 특수경비원에게 무기휴대를 하게하는 경우 관할경찰서장의 사전승인을 얻어야 한다.

③ 특수경비원이 휴대할 수 있는 무기 종류는 권총 및 소총이다.

④ 어떠한 경우라도 14세 미만의 자나 임산부에 대해서는 무기를 사용할 수 없다.

해설

46. 경호장비의 종류에 관한 설명으로 옳은 것은?

① 경호업무에 있어서 인력부족으로 인한 경호취약점을 보완하는 수단으로서 침입행위를 사전에 알아내는 역할을 하는 장비를 호신장비라고 한다.

② 경호원이 자신의 생명・신체가 위험상태에 놓였을 때 스스로를 보호하는 장비를 방호장비라고 한다.

③ 경호위해요소에 대한 분석과 판단으로 적절한 조치를 강구하여 위해요소를 사전에 제거하는데 활용되는 장비를 검색장비라고 한다.

④ 방벽을 설치하여 침입하려는 적의 심리상태를 불안・좌절시키는 효과를 가진 장비를 감시장비라고 한다.

해설

47. 경호장비에 관한 설명으로 틀린 것은?

① 경호활동의 주체는 사람이지만 경호업무를 더 효율적으로 수행하기 위해 경호장비를 활용한다.

② 경호통신장비 중 일부 무선장비는 사용을 위해 관련 부서의 허가를 득해야 한다.

③ 특수경비원은 업무특성상 가스분사기, 전기충격기 사용시 총포・도검・화약류 등 단속법상의 허가를 득할 필요가 없다.

④ 경호의 업무영역이 직접적인 신체의 위해를 보호하는 자원에서 간접적인 위해요소까지 보호하는 차원으로 확대됨으로써 경호장비 사용범위도 증가하고 있다.

해설

정답 45. ④ 46. ③ 47. ③

48. 다음 중 무기·탄약의 절대적 회수대상이 아닌 것은?

① 가정환경이 불화한 자 ② 직무상 비위로 징계대상이 된 자
③ 형사사건으로 조사대상이 된 자 ④ 사의를 표명한 자

해설 상대적 회수대상자이다.

49. 권총을 지급 받은 경호경찰이 수행하여야 하는 총기의 손질 횟수는?

① 주 1회 이상 ② 주 2회 이상
③ 월 1회 이상 ④ 월 2회 이상

해설 대여 받은 총기의 손질 횟수는 주 1회 이상이다.

50. 38구경 권총의 올바른 파지법은?

① 손목으로 반동을 받는다.
② 파지시 다소 무리한 힘을 가한다.
③ 손바닥 밑부분과 총잡이 하단이 밀착되면 안 된다.
④ 팔의 뼈로써 반동을 받는다.

해설 38구경 권총의 올바른 파지법은 자연스럽게 손바닥 밑부분과 총손잡이 하단이 밀착되게 자연스럽게 움켜쥐어 팔의 뼈로써 받는다.

51. 웨버 사격술에 관한 설명으로 틀린 것은?

① 미 FBI에서 리볼버권총사격을 훈련시키기 위한 목적에서 개발되었다.
② 웨버사격시의 파지는 밀고 당기는 강화파지법이다.
③ 웨버자세는 근접사격기법의 숙달정도를 측정하기 위한 것이다.
④ 웨버자세는 종래의 사격자세에서 조준점과 조준선 정열을 맞출 때 팔목이 굽히지 않는 장점만을 채택했다.

해설 종래의 사격자세 조준점과 조준선정열을 맞출 때에는 팔목이 꺾인다는 단점이 있다. ②의 강화파지법이란 기본은 왼쪽 손으로 오른쪽 손(총을 든 손)을 고정시키기 위한 파지로 총을 든 손으로는 앞쪽으로 밀듯이 힘을 가하고, 받쳐주는 왼쪽 손으로는 안쪽으로 당기듯이 힘을 가하여 양손에 주는 힘을 균등하게 하여야 하는데, 이 파지법의 강점은 견고하게 고정시킬 수 있고, 발사 때의 변동도 줄일 수 있다는 것이다.

정답 48. ① 49. ① 50. ④ 51. ④

52. 38구경 권총과 45구경 권총의 공통점은?

① 유효사거리 ② 회전식탄창장전식
③ 구 경 ④ 강 선

해설 38구경 권총과 45구경 권총의 유효사거리는 50m로 같다.

53. 경찰 무기·탄약관리의 의의로 타당치 않는 것은?

① 경찰에서 사용하기 위하여 현재 보유 중인 총기·탄약을 명확하게 파악하기 위한 것이다.
② 총기사고를 미연에 방지함도 그 내용이다.
③ 경찰무기의 비치·보관·대여·휴대·사고책임 등의 제반관리를 위한 것이다.
④ 그 근거로는 경찰관 직무집행법이 있다.

해설 경찰 무기·탄약관리란 경찰에서 사용하기 우하여 현재 보유중인 총기·탄약을 명확히 파악하고 총기 사고를 미연에 방지함은 물론 경찰무기의 비치·보관·대여·휴대·사고책임의 제반관리를 말함인데, 그 근거는 경찰청훈령 제22호인 무기·탄약관리규칙이다.

54. 경찰기관의 무기·탄약의 비치에 관한 사항 중 잘못된 것은?

① 각급 경찰관서에 무기·탄약을 비치한다.
② 무기고와 탄약고는 가급적 분리되어야 한다.
③ 무기고와 탄약고는 관리의 편의상 본청사와 동일 건물에 있어야 한다.
④ 무기탄약 관리의 책임자는 경위 이상의 간부급이 원칙이다.

해설 동 규칙에서 각급 경찰관서에 무기·탄약을 비치하여야 한다고 하고 동 규칙에서는 무기·탄약관리의 책임자는 무기·탄약에 능숙한 경위 이상(경위 이상이 없을 때에는 경사 이하 중에서 차상위계급자, 동 계급시는 선임자)이어야 하며 동 규칙에서는 탄약고는 무기고와 분리되어야 하되, 가급적 본청사와 격리된 독립건물이어야 한다(무기·탄약관리규칙(경찰청훈령 제22호)).

55. 경찰 무기·탄약관리로 잘못된 것은?

① 무기·탄약은 종류별로 구분하여 보관한다.
② 무기·탄약고의 전기시설은 차단장치가 철저해야 한다.

정답 52. ① 53. ④ 54. ③

③ 무기고내에는 그 수량・고장유무・손질연원일 및 격납배치도를 게시하여야 한다.

④ 무기・격납고는 이중의 시건장치(잠금장치)를 하여야 하고 열쇠는 관리책임자가 보관하여야 한다.

해설 무기・탄약관리규칙에서는 탄약고 내에는 전기시설을 하여서는 아니 된다고 하고 있으며, 무기고와 탄약고의 창문・환기통 등에는 철창살시설을, 출입문에는 견고한 이중의 시건장치를 하고 경보장치를 하여야 한다고 하고 있다.

56. **숙직책임자가 긴급한 사유로 부득이 무기・탄약고에 출입하여야 할 경우 타당한 것은?**

① 선 조치 후 보고의 원칙대로 행위 한다

② 무기・탄약고 책임자에 보고한 후 지휘에 따른다.

③ 즉시 소속장에게 보고하고 허가를 얻어야 한다.

④ 숙직책임자의 재량대로 하여도 된다.

해설 무기・탄약관리규칙에서는 숙직책임자가 긴급한 사유로 부득이 무기・탄약고에 출입하거나 또는 무기・탄약을 출고하고자 할 때에는 즉시 소속장에게 보고하고 허가를 얻어야 한다고 규정하고 있다.

57. **습득・압수・노획한 무기・탄약의 처리는?**

① 경찰청장의 지시를 받아 처리한다.

② 관할 지방경찰청장의 지시를 받아 처리한다.

③ 관할 경찰서장의 지시를 받아 처리한다.

④ 소속 경찰기관의 장의 지시를 받아 처리한다.

해설 무기・탄약관리규칙에 따라 경찰청장의 지시를 받아 처리한다.

58. **실탄 대여시 소총과 권총에 각각 알맞게 지급된 탄 수는?(원칙에 의거한다.)**

① 5발 이내, 5발 이내　　② 10발 이내, 6발 이내

③ 15발 이내, 7발 이내　　④ 20발 이내, 8발 이내

정답 55. ③ 56. ③ 57. ①

해설 무기 · 탄약관리규칙에 의하면 소총은 정당 실탄 15발 이내, 권총은 정당 실탄 7발 이내로 하되, 상황에 따라 이를 가감할 수 있다고 하고 있다.

59. 무기 · 탄약의 대여자 가운데 즉시 회수하여만 하는 자가 아닌 것은?

① 직무상 비위로 징계대상이 된 자　② 형사사건으로 조사대상이 된 자
③ 사의를 표명한 자　④ 주벽이 심한 자

해설 상대적 회수자이다.

60. 무기 · 탄약의 대여자 중 상대적 회수자에 해당하지 않는 자는?

① 평소에 불평불만이 심하거나 염세 · 비관하는 자
② 변태성벽이 있는 자
③ 사의를 표명한 자
④ 가정환경이 불화한 자

해설 사의를 표명한 자는 절대적 회수(대상)자에 속한다.

61. 각급 경찰관서에서 보관 중인 무기 · 탄약의 손질 횟수는?

① 주 1회 이상　② 주 2회 이상
③ 월 1회 이상　④ 월 2회 이상

해설 무기 · 탄약관리규칙에서 보관하고 있는 무기 · 탄약의 손질은 매월 1회 이상으로, 단서에서 대여 받은 자의 무기 · 탄약의 손질을 매주 1회 이상 하여야 한다고 규정하고 있다. 제1항에서는 무기 · 탄약은 우로 기타 습기에 접한 때에는 즉시 손질하고 기름칠을 하여야 한다고 규정하고 있다.

62. 무기의 분해에 대한 내용 중 잘못된 것은?

① 분해에는 보통분해와 특별분해가 있다.
② 보통분해는 일상손질시 행한다.
③ 특별분해는 취급상 필요한 때에 행한다.

정답 58. ③ 59. ④ 60. ③ 61. ③

④ 특별분해는 무기의 수리 또는 기타 필요한 때에 관리책임자 또는 무기 기술자의 참여하에 이를 행하여야 한다.

해설 동 규칙에 의하면 보통분해는 일상손질 또는 취급상 필요한 때에 행한다고 한다. 따라서 ③은 보통분해라야 한다.

63. **무기 · 탄약의 대여자 본인이 손질해야 하는 손질 횟수는?**

① 매일 1회 이상 ② 주 1회 이상
③ 주 2회 이상 ④ 월 2회 이상

해설 주 1회 이상 손질하여야 한다.

64. **무기와 탄약을 분실하였을 경우의 조치로 잘못된 것은?**

① 무기와 탄약을 분실하였을 경우 지체 없이 소속 지방경찰청장에게, 지방경찰청장은 경찰청장에게 지체 없이 보고하여야 한다.
② 무기 · 탄약을 규정대로 수배하여 회수한 때에는 경찰관서의 장은 수배를 해제하고 상기와 같은 경로로 보고하여야 한다.
③ 경찰관서의 장은 무기 · 탄약 분실자에 대하여 징계 기타의 적당한 조치를 하고, 소속관서의 예비비로 무기탄약 가액을 지급하게 한다.
④ 무기 · 탄약의 배상가격의 시가는 경찰청장이 이를 정한다.

해설 경찰관서의 장은 무기 · 탄약(부속품을 포함한다)을 분실 · 도난 · 피탈 또는 훼손한 자에 대하여는 징계 기타의 조치를 취하여야 하며, 당해자로 하여금 무기 · 탄약 배상가격 전액을 배상하게 하여야 한다. 다만, 현품으로 배상할 경우에는 배상금을 면제할 수 있으며, 전시 · 사변 · 천재 · 지변 기타 불가항력의 사유로 인하여 사고를 야기하였을 때에는 책임을 면제할 수 있다.

65. **예비군무기 · 탄약관리규칙(경찰청예규 제22호)에 의할 때 경찰관이 관리하는 예비군 무기고의 종류에 속하지 않는 것은?**

① 집중무기고 ② 분산무기고
③ 시설무기고 ④ 간이무기고

정답 62. ③ 63. ② 64. ③

해설 경찰관리 무기고의 종류에는 ⅰ) 집중무기고 ⅱ) 지역무기고 ⅲ) 분산무기고 ⅳ) 직장무기고 ⅴ) 간이무기고가 있다.

66. 집중무기고와 같이 경찰관서의 경내에 건축함을 원칙으로 하는 무기고는?

① 지역무기고 ② 분산무기고
③ 직장무기고 ④ 간이무기고

해설 집중무기고와 지역무기고는 경찰관서의 경내에 건축함을 원칙으로 하되, 사용부지가 없을 경우 무기고를 2층으로 증축하거나 인접 부지를 확장하는 등 합리적인 방안을 강구한다고 규정하고 있다.

67. 예비군 지휘관 및 이·동장 가택경내 또는 관망이 용이한 부락중심지에 설치할 수 있는 무기고는?

① 지역무기고 ② 직장무기고
③ 간이무기고 ④ 분산무기고

해설 분산무기고는 예비군 지휘관 및 이·동장 가택경내 또는 관망이 용이한 부락중심지에 설치 할 수 있다.

68. 무기·탄약관리의 정·부책임자가 잘못 기재된 것은?

	무기고의 종류	관리책임자 정	관리책임자 부(副)
①	집중무기고	경비과장	경비계장
②	지역무기고	지구대장	예비군 동대장
③	분산무기고	당해 예비군 최상급 지휘관	차하급자 지휘관
④	직장무기고	최상급 예비군 지휘관	동 차하급자 예비군 지휘관

해설 지역무기고의 경우 관리책임자 정(正)은 지구대장, 관리책임자 부(副)는 지구대의 차하급이다.

정답 65. ③ 66. ① 67. ④ 68. ②

69. 예비군무기고 중 집중무기고의 야간 숙직책임자의 감독순시 횟수는?

① 매일 야간 1회 이상　　② 매일 야간 2회 이상

③ 매주 야간 1회 이상　　④ 매주 야간 2회 이상

해설

70. 다음 중 사격장에서 지켜야 할 안전수칙에 대한 설명으로 타당하지 않은 것은?

① 사격중인 사수 외에는 사선에 들어갈 수 없으며, 정해진 사대만 사용해야 한다.

② 총기는 절대로 격발치 않은 상태에서 두지 말아야 한다.

③ 사격 후에는 탄피를 제거하고 실린더를 개방해 놓아야 한다.

④ 사격장에서의 행동은 신속하게 하여야 한다.

해설 사격장에서는 안전확보가 최우선적으로 이루어져야 하므로 절대로 뛰거나 서둘러서는 안 된다.

정답 69. ② 70. ④

제 5 장 경호의전 및 응급처치

제1절 일반적 경호예절
제2절 경호의전
제3절 응급처치법
* 기출 및 적중 예상문제

제 5 장 경호의전 및 응급처치

제1절 일반적 경호예절

1. 일반적 인사예절

1) 인사의 종류와 예절

구분	기본 자세	정중하고 경건한 마음을 갖고, 자연스러운 표정과 바른 자세를 취한다.
악수 예절	악수 순서	• 여성이 남성에게 먼저 청한다. • 윗사람이 아랫사람에게 먼저 청한다. • 선배가 후배에게 먼저 청한다. • 기혼자가 미혼자에게 먼저 청한다. • 상급자가 하급자에게 먼저 청한다. *예외 : 국가원수, 왕족, 성직자 등은 이러한 순서에서 예외가 인정된다. *주의할 것은 여성이 남성에게 악수를 먼저 청하는 것은 전통적인 인사법으로 최근에는 남녀평등사상 등의 영향으로 서구에서조차 이의 구분이 없어지고 있는 경향이다.
	악수 방법	• 악수를 할 때는 반드시 일어서서 상대방의 눈을 보면서 한다. • 부드럽게 미소를 지은 채, 손을 팔꿈치 높이만큼 올려서 잠시 상대방의 손을 꼭 잡았다 놓는다. 이때에도 형식적으로 손끝만 잡는다거나 또 자기 손끝만을 내미는 일은 실례가 된다. • 상대방 손을 너무 세게 잡거나 잡은 손을 상하로 지나치게 흔들지 않는다. • 아는 사람을 만났을 때에는 악수에 대비 해서 오른손에 들었던 물건을 왼손에 미리 고쳐든다. • 왼손잡이도 악수는 오른손으로 하는 것이 예의이다. • 악수시에는 꾸벅 절까지 할 필요는 없다. • 상대방이 웃어른이라면 먼저 절을 하고 난 다음에, 어른의 뜻에 따라 악수를 한다. 이때에도 허리를 굽힌다거나 두 손으로 손을 감싸 안을 필요는 없다.

		• 악수를 할 때에는 남녀 모두 장갑을 벗는다. 여성은 정장용의 팔꿈치까지 긴 장갑을 끼었을 때와 거리에서는 장갑을 벗지 않아도 되지만, 남자는 아무리 추워도 오른쪽 장갑만은 벗어야 한다. • 유럽이나 라틴계 중남미 나라에서는 신사와 숙녀가 악수를 할 때, 남자가 부인의 손을 잡고 상반신을 앞으로 굽혀 정중한 태도로 손가락에 입술을 가볍게 대는 풍습이 있는데 그것은 기혼부인에 대한 전통적인 인사법이다.
	국왕 왕족 대통령 특례 (예외)	• 남성의 경우 : 왕이나 왕족, 대통령에게 소개되면 목례로 공손히 인사한 후 상대방이 악수를 청하면 재차 머리를 숙여 인사하고 이에 응한다. • 여성의 경우 : 왼발을 뒤로 빼고 무릎을 굽혔다 펴는 정도의 예의를 표한 뒤 악수에 응한다. • 대통령의 경우 : 악수하는 순서의 예외이므로, 여성이라 하더라도 대통령에게는 먼저 악수를 청하지 않는다. 아울러 고위 관직자들과 악수를 하는 경우에도 존경의 뜻으로 허리를 굽히는 등의 행위는 하지 않는다.
목례예절		• 목례는 가볍게 머리를 숙여 한다. • 목례시 머리나 상반신을 굽히는 것은 상대방에 대한 존경의 정도에 따른다. • 여성은 남성에게 악수가 아닌 목례와 미소로 첫 인사를 하는 것이 좋다. • 소개를 받은 남성이 작별인사를 할 때에는 악수로 응하는 것이 좋다.
손에 하는 입맞춤		• 라틴계 유럽 쪽의 사교모임 등에서 기혼 여성에 대한 존경의 뜻으로 여성의 손에 남성이 가볍게 입맞춤하는 전통적인 인사법이다.
포옹		• 포옹은 악수보다 훨씬 더 사적인 방법으로 반가움과 친밀함을 담아 온몸으로 표현하는 애정의 표현으로 주로 구미제국, 특히 라틴계나 슬라브계 국가에서 친척 또는 친구를 오랜만에 만났을 때 나누는 인사법이다.
상사나 동료들과 만날 때		• 같은 공간 내에서 항상 부딪치는 상사나 동료라 할지라도 첫 번째 만났을 때는 정중하면서도 밝고 명랑하게 인사를 하고, 다시 또 만나게 될 때에는 밝은 표정과 함께 가볍게 목례를 하는 것이 좋다.
작업 중일 때		• 직장 내에서 업무를 임하고 있는 도중에 상사나 손님들을 대면할 경우는 일 자체가 인사를 할 정도의 여유가 있는 것이라면 상황에 맞게 가볍게 목례 정도를 하고, 도저히 인사를 할 수 없는 경우에는 하지 않아도 무방하다.
모르는 사람이 인사를 할 때		• 잘 모르는 사람과 우연히 마주쳤는데 상대방이 먼저 인사를 하는 경우에도 같이 인사로 답계를 갖추는 것이 좋다. 이때에는 우선 인사를 한 후에 주위 동료에게 누구인지 물어보고 다음에 마주쳤을 때 가벼운 인사말을 먼저 건네면 더욱 좋을 것이다.
출퇴근시		• 출퇴근시 인사를 할 때에는 가벼운 목례보다는 인사말을 곁들여 하는 것이 좋다. 아무런 언어표현 없이 고개만 꾸벅 하기보다는 밝고 명랑한 미소를 지으며 간단한 인사말을 곁들일 때 상대방에게 더욱 좋은 이미지를 전달할 수 있을 것이다.
술자리에서		• 회사의 운영방침이나 특정 인물에 대하여 비판하지 않는다. • 상사의 험담을 늘어놓지 않는다. • 술자리를 자기의 자랑이나 평상시 언동의 변명자리로 만들지 않는다.

	• 잘난 척하며 지식이나 보안을 요하는 정보를 늘어놓지 않는다. • 술자리에서 총애 받으려고 애쓰지 않는다. • 연장자 · 상사로부터 술을 받을 때에는 두 손으로 받고 왼손을 가볍게 술잔에 댄다. • 술을 따를 때는 술병의 글자가 위로 가게 오른손으로 잡고, 왼손으로 받쳐 정중한 자세로 술을 따라 권한다. • 연장자와의 술좌석에서는 윗사람에게 던저 술을 권하지 않는다. • 윗사람에게 먼저 술잔을 받은 후에 정중히 올리는 것이 예의이다. • 술잔 돌리기는 분위기나 상대에 따라 적절히 해야 하며 특히 외국인들에게는 술잔을 돌리는 습관이 없다는 것을 유의해야 한다. • 특히 큰 잔으로 술을 돌리거나, 재차 강요하는 음주문화는 지양한다.
담배예절	• 상대방에게 양해를 구하고 지정된 장소에서 피운다. • 담배를 권유받았을 때에는 감사의 말을 한 다음에 피우거나 사양한다. • 두 번째 담배를 피울 때는 다시 양해를 구한 다음 피운다. • 줄담배를 피우는 것은 결례이다. • 담배를 사양하는 것은 예의에 어긋나지 않는다. • 담뱃재와 꽁초는 반드시 재떨이에 버린다. • 웃어른 앞, 건물출입구, 걷고 있을 때, 꾸지람 받을 때, 상대방이 식사를 끝내지 않았을 때에는 반드시 금연을 한다.
명함을 주고 받을 때	① 자기 명함을 줄 때는 반드시 일어서서, 오른손으로 주고, 받을 때도 일어서서 두 손으로 받는다. ② 읽을 수 없는 한자가 있을 경우에는 물어보는 것이 좋다. ③ 명함을 받자마자 보지도 않고 바로 집어넣지 않도록 해야 하며, 명함을 내밀 때 딴전을 피우지 말아야 한다. ④ 상대방 명함을 손에 쥔 채 만지작거리거나 탁자를 툭툭 치는 등 산만한 행동을 보여서는 안 된다. ⑤ 명함을 건넬 때는 오른손에 들고 상대의 위치에서 바로 읽을 수 있도록 가슴높이에서 밝히면서 건넨다. ⑥ 상대가 다수일 경우에는 상대방 중 지위가 높은 사람부터 명함을 교환한다. ⑦ 상대를 향해 오른손으로 명함을 내밀고, 목례보다 좀 더 깊게 인사하면서 반드시 회사이름과 자신의 이름을 밝힌다. ⑧ 명함을 받을 때 손가락이 상대방의 이름을 가리지 않도록 주의하고 이름을 확인한다. ⑨ 명함을 동시에 교환할 경우에는 자신의 명함을 오른손으로 내밀면서 상대방의 명함은 왼손으로 받아서 오른손바닥으로 받쳐 들고 인사를 한다. ⑩ 받은 명함을 가지고 낙서를 하거나 책상 위에 그냥 내버려두어서는 안 된다.

출처 : 신영일, 『비즈니스 에티켓』(서울: 주식회사 서광, 1997) 참조.
안순진, 『에티켓 교실』(서울: 자유문화사, 1994) 참조

2) 소개 예절

구 분	내 용
기본원칙	• 남성을 여성에게 먼저 소개한다. • 손아랫사람을 손윗사람에게 먼저 소개한다. • 반드시 덜 중요한 사람을 더 중요한 사람에게 먼저 소개한다. *예외 : 상대가 성직자나 고관인 경우 그들에게 여성을 먼저 소개한다.
만찬 · 오찬 시	• 주빈에게는 모든 손님을 소개한다. • 주인은 손님과 인사를 주고받은 후 주빈이나 지위가 높은 사람에게 소개한다. • 지위가 높은 사람이 다른 곳에 있을 경우 주인은 손님을 동반하고 그곳까지 가서 소개한다. • 외국인이 참석한 경우 주인은 대화가 가능한 사람을 소개한다. • 손님이 많을 때는 전부 소개할 필요가 없으며, 단 외국인은 가능하면 참석자 전원에게 소개한다. • 정식 만찬시에는 남자 손님을 필히 파트너에게 소개한다. 주인이 소개할 상황이 아니라면 남성이 스스로 여성에게 가서 자기소개를 해도 된다.
리셉션시	• 주빈에게는 모든 손님을 소개한다. • 리시빙 라인에서의 접객이 끝난 후에 도착한 손님은 주인이 주빈 있는 곳으로 안내하여 소개시킨다. • 처음 온 손님을 안주인이 먼저 도착한 손님들에게 소개시켜 준다. • 칵테일파티에 처음 온 손님을 소개하는 것은 대략 10~20명 정도가 적당하다. • 손님이 무리를 이루고 있을 때는 처음 온 손님을 데려가 소개한다.

출처 : 신영일, 『비즈니스 에티켓』(서울: 주식회사 서광, 1997) 참조.
안순진, 『에티켓 교실』(서울: 자유문화사, 1994) 참조

3) 전화 예절

구 분	내 용
받을 때	• 전화벨이 울리면 신속히 받고 조직명, 이름, 소속부서, 자신의 이름을 밝힌다. • 전화를 걸어온 상대방을 확인하고 인사를 한다. • 용건을 확인하고, 다른 사람과 상의할 일이 생기면 양해를 구하고, 상대방에게 대화가 들리지 않도록 송화기를 막고 이야기한다. • 부재중인 사람을 찾을 때에는 상대의 용건을 메모를 하고, 상대방의 전화번호 받은 시간과 자신의 이름도 적어서 전달한다. • 내용 중 요점을 복창하여 확인한다. • 전화는 상대가 먼저 끊으면 잠시 후 조용히 내려놓는다.
걸 때	• 상대와 연결이 되면 자기의 소속과 이름을 말하고 상대를 부탁한다.

구 분	내 용
	• 원하는 상대가 받으면 다시 한 번 자신의 이름을 밝히고 용건을 말한다. • 용건이 끝나면 인사말을 하고 전화를 먼저 건 쪽에서 수화기를 놓는다. • 상대방이 웃어른이거나 여성일 경우에는 상대방이 먼저 수화기를 놓은 후 끊는 것이 예의이다. • 통화도중 전화가 끊어지는 경우에는 전화는 건 쪽에서 다시 거는 것이 예의이다. • 전화를 잘못 건 경우에는 반드시 사과를 한 후에 전화를 끊는다.
상사 부재 중	• 부재중인 이유를 말한다. • 필요한 경우 귀가 예정시간을 말해 준다. • 대리인도 무방한지 물어본다. • 상사가 돌아오는 대로 이쪽에서 전화를 걸어도 되는가를 물어본다. • 상대의 전화번호를 문의하여 둔다. • 전할 말이 있는가 메모한다.

출처 : 신영일, 『비즈니스 에티켓』(서울: 주식회사 서광, 1997) 참조.
안순진, 『에티켓 교실』(서울: 자유문화사 1994) 참조.

4) 접객(손님맞이) 예절

구 분	내 용
현관/ 접수시	• 손님이 들어서면 곧바로 일어난다. • 상대의 얼굴을 보며 반갑게 인사한다. • 어디서 무슨 용무로 왔는지를 확인한다. • 손님이 명함을 건네주면 명함예절에 맞추어 잘 간수한다.
방문자 인계요령	• 만나고자 하는 사람이 자리에 있고 약속이 되어 있는 경우 인사를 한 후 면담 장소로 안내한다. • 만나고자 하는 사람이 자리에 있고 약속이 되어 있지 않은 경우 만나고자 하는 사람에게 연락 후 응대가 가능할 경우만 면담 장소로 안내한다. • 만나고자 하는 사람이 부재중인 경우 부재중임을 밝히고 용건에 알맞게 다른 담당자를 연결해 주거나 메모를 하여둔다. • 만나고자 하는 사람이 면담중일 경우 손님의 용건을 간단히 메모하여 만나고자 하는 사람에게 전하고, 대답을 기다린 후 안내한다. • 만나고자 하는 사람이 적당한 이유로 거절해 달라고 할 경우 상대방이 기분 상하지 않을 적절한 이유를 댄 다음 어떻게 해야 할지 해당자의 의사를 물어 본 후 이에 따라 행동한다.
복도에서	• 손님을 복도 중앙에서 걸을 수 있도록 한다. • 안내자는 손님의 보조에 맞추어 손님의 오른쪽 약간 앞에서 걷도록 한다. • 코너나 계단에서는 방향을 가리키면서 자기 혼자만 가지 않도록 유의한다.
출입문 통과시	• 인기척을 내고 노크를 한다. • 문을 열고 닫을 때는 손만을 사용하고 발로 밀거나 몸으로 밀지 말아야 한다.

구 분	내 용
	• 두 손에 물건을 들고 있을 때는 물건을 내려놓은 다음 문을 연다. • 문턱을 밟고 서거나 밟고 넘지 않도록 한다. • 가능한 한 방 안의 사람에게 자신의 뒷모습을 보이지 않는다. • 문을 열고 닫을 때는 소리가 나지 않도록 하고 걸을 때 발소리를 내지 않는다. • 문은 필요 이상 활짝 열지 말고, 열어놓은 채 일을 보지 않는다.
응접실 안내시	• 손님을 응접실로 안내한 다음 "이곳입니다"라고 말하고 반드시 노크를 하고 문을 열어야 한다. • 문이 밖으로 여는 것일 때는 문을 자기 쪽으로 당겨 손님을 먼저 실내로 들여보내고, 오른쪽 안으로 여는 문은 오른손으로 밀고 들어가 손잡이를 왼손으로 바꾸어 잡고 손님을 실내로 불러들인다. • 왼손 안으로 여는 문은 왼손으로 밀고 들어가서 오른손으로 손잡이를 잡고 실내로 안내한다. • 응접실 내에서는 입구에서 가장 멀고, 창문이 가까우며, 그림 등이 보이는 자리가 상석이다.

출처 : 신영일, 『비즈니스 에티켓』(서울: 주식회사 서광, 1997) 참조.
안순진, 『에티켓 교실』(서울: 자유문화사, 1994) 참조.
이상철, 『경호방법론』(서울: 도서출판 홍경, 1988) 참조 재정리.

5) 식사 예절

구 분	내 용
한식당 에서	• 식사 전에는 손을 씻는 것이 좋다. • 제공된 물수건으로 손 이외에 얼굴이나 머리를 닦는 것은 큰 실례가 된다. • 윗사람과 함께 식사를 하거나 회식할 때에는 윗사람이 수저를 든 다음에 들어야 하며, 식사를 마칠 때에도 윗사람과 보조를 맞추는 것이 예의이다. • 좌석배치는 상사나 윗사람일수록 아랫목이나 문에서 먼 곳에 앉도록 한다. • 숟가락과 젓가락을 한꺼번에 쥐고 먹거나 젓가락을 굴리지 않는다. • 밥공기에 숟가락이나 젓가락을 꽂지 않는다. • 먼 곳에 놓인 음식을 먹으려 할 때에는 팔을 뻗어서 집어오지 말고 가까이에 있는 사람에게 작은 소리로 집어 줄 것을 부탁한다. • 밥이나 반찬에 돌이나 불순물이 들어 있으면 남의 눈에 띄지 않도록 처리한다. • 식사 중에는 자기 자리를 자주 뜨지 않도록 하는 것이 좋지만 유쾌한 대화를 나누면서 식사를 하는 마음가짐도 필요하다. • 팔짱을 끼거나 양다리를 겹치거나 팔꿈치를 식탁 위로 올려놓지 않는다. • 식사할 때, 맛있는 반찬을 골라 먹거나, 뒤적거리며 접었다 놓았다 하는 것은 남에게 불쾌감을 주기 때문에 피해야 한다. • 한꺼번에 많은 음식을 입안에 넣고 먹지 않으며, 가시나 찌꺼기 등은 타인이 혐오감을 갖지 않도록 가지런히 모아서 처리한다.

구 분	내 용
	• 음식을 먹을 때 소리를 내거나 입안이 보이지 않도록 하며, 수저가 그릇에 부딪쳐 소리를 내지 않도록 한다. • 국이나 물을 마실 때, 후루룩 소리를 내거나 뜨거운 음식을 불어 먹지 않는다. • 음식을 먹을 대 몸을 앞으로 굽히거나 한 손을 떠받치지 말고 몸을 단정히 하고 음식을 입에까지 가져다 먹는 것이 바른 자세이다. • 숟가락을 빨지 말고, 숟가락과 젓가락을 한 손에 쥐지 않는다. • 밥은 한쪽에서 먹어 들어가며 국은 그릇째 들고 마시지 않는다.
양식당에서	• 반드시 예약을 하고 정장을 하며 좌석을 안내를 받아 앉도록 한다. • 웨이터가 먼저 빼주는 의자가 상석(일반적으로 벽을 등지는 쪽이 상석이다). • 여성이 먼저 자리에 앉도록 한다(웨이터가 없을 경우 남성이 여성의 의자를 빼준다). • 핸드백 등의 소지품은 의자와 등 사이에 놓는다. 식탁과 가슴은 주먹 한두 개 간격으로 하고, 자세를 바르게 한다. • 머리를 긁거나 팔꿈치를 괴거나 팔짱을 끼지 말며, 다리를 꼬거나 흔들지 않는다. • 잔이나 컵에 스푼을 꽂아 두지 않는다. • 식사 중에는 손가락질, 트림, 하품을 하지 않도록 한다. • 나이프나 포크로 물건을 가리키지 않는다. • 손에 든 나이프나 포크는 세워 않으며, 나이프를 입에 대지 않는다. • 식사시간은 다른 사람과 보조를 맞추도록 한다. • 식기는 손님이 옮겨 놓지 않는다. • 다른 사람의 실수는 못 본 척하는 것이 예의이다. • 식사가 끝났다고 식기를 포개놓는 다거나 한쪽으로 치워놓지 않는다. • 식사 도중 자리를 뜰 경우 옆 사람에게 양해를 구한 다음 냅킨을 의자 위에 걸쳐놓고 일어선다. 식사가 끝나면 냅킨을 접어 식탁에 놓는다.

출처 : 신영일, 『비즈니스 에티켓』(서울: 주식회사 서광, 1997) 참조.
안순진, 『에티켓 교실』(서울: 자유문화사, 1994) 참조.
이상철, 『경호방법론』(서울: 도서출판 홍경, 1988) 참조 재정리.

2. 탑승예절

구 분	내 용
승용차 탑승시	• 여성과 윗사람과 동승할 때 승차시에는 여성이나 윗사람이 먼저 타고, 하차시에는 남성이나 아랫사람이 먼저 내려 차문을 열어준다. • 운전기사가 있을 경우, 자동차 좌석의 상석은 뒷좌석의 조수석 뒤가 1석이며, 운전석 뒤가 2석, 가운데가 3석이다. • 자가운전자의 차인 경우 운전석 옆자리에 앉는 것이 통례이다.
기차 탑승시	• 출입구나 통로에 기대어 있거나, 물건을 적치하지 않도록 한다. • 2인용 좌석의 경우 창가 쪽이 상석이고 통로 쪽이 말석이다.

구 분	내 용
	• 네 사람이 마주 앉는 좌석에서는 기차 진행방향의 창가 좌석이 가장 상석이고, 그 맞은편이 두 번째 상석, 가장 상석의 옆이 세 번째, 그 앞좌석이 말석이 된다. • 침대차에서는 아래쪽의 침대가 상석이다.
대중교통 탑승시	• 좌석이 지정되지 않은 시내버스나 전철 등에서는 노약자나 여성에게 자리를 양보하는 것이 예의이다. • 버스나 전철 등이 너무 붐빌 때, 동행한 여성이 있다면 먼저 여성이 편안히 탈 수 있도록 도와준 후에 타는 것이 예의이며, 승차 후에도 여성이 자리를 잡고 난 후에 앉는 것이 예의이다. • 다른 승객이 동행여성에게 자리를 내 주었다면 그녀를 대신해 목례정도로 사의를 표한다. • 대중교통 이용시 음료수나 냄새나는 음식물을 가지고 타서는 안된다.
비행기 탑승시	• 비행기 승하차시 상급자가 마지막으로 타고, 먼저 내린다. • 기내에서는 무거운 휴대품이나 물품 등은 반드시 지정된 장소에 보관한다. • 이·착륙시 안전벨트를 반드시 착용하고, 금연사항은 절대 지킨다. • 장시간 비행의 경우, 간편한 옷차림이나 슬리퍼를 신는 것은 괜찮으나, 양말을 벗는다든지 하는 지나친 행위는 삼간다. • 발이 피로해서 부득이 신발을 벗는 경우 발이 타인에게 보인다거나, 벗은 채로 기내를 돌아다녀서는 안 된다. • 기내의 화장실이나 세면장 사용시 상대방이 사용하고 있는 경우 너무 재촉하지 않도록 하고, 자신이 사용하는 경우 세면대에 묻은 물기를 닦아 다음 사람을 위해 깨끗이 해주는 것이 상식이다. • 비행기에서는 객석 양측 창문가 좌석이 상석이고, 통로 쪽이 차석, 상석과 차석 사이의 좌석들이 하석으로 되어 있다.
선박 탑승시	• 객실의 등급이 정해져 있을 때(여객선)는 지정된 좌석에 앉고 • 지정된 좌석이 없는 경우 신체의 중심부가 상석이 된다. • 일반선박의 경우 상급자가 나중에 타고 하선할 때는 먼저 내린다. • 함정의 경우에는 상급자가 먼저타고 먼저 내린다.
엘리베이터 탑승시	• 안내하는 사람이 있을 때는 상급자가 먼저 타고 먼저 내린다. • 안내하는 사람이 없을 때에는 하급자가 먼저 타서 엘리베이터를 조작하고, 상급자는 뒤에 타고 내릴 때에는 먼저 내린다. • 엘리베이터 안에 여성이 타고 있을 경우 남성은 모자를 벗는다. • 시선은 층 표지판이나 그 외에 부착물을 향하도록 한다.
에스컬레이터 탑승시	• 올라갈 때는 상급자가 먼저 올라가고, 내려올 때는 하급자가 먼저 내려온다. • 올라갈 때는 여성이 먼저 올라가고, 내려올 때는 남성이 먼저 내려온다.

출처 : 신영일, 『비즈니스 에티켓』(서울: 주식회사 서광, 1997) 참조.
안순진, 『에티켓 교실』(서울: 자유문화사, 1994) 참조.
김진익, 『지구촌 신예절』(서울: 도서출판 깊은사랑, 1996) 참조 재정리.

제2절 경호의전

1. 외빈의 영접기준

구 분	국가원수	수상급 A	수상급 B
외빈지위	국가원수 (국왕, 대통령)	행정수반인 수상	행정수반이 아닌 수상
초빙명의	국가원수	국가원수/총리	총리
영예수행	외교통상부장관	외교통상부장관	외교통상부장관/의전관
접견 -국무총리접견 -외교통상부장관	 ○ ×	 × ○	 × ○
환영행사 -영접인사 -도열병 -의장대사열 -예포 -환영식종료 후 숙소동행	 국가원수 1/20 ○ 21발 국가원수	 총리 1/18 ○ 19발 총리	 총리 1/18 ○ 없음 총리
환송행사 -작별예방 -예포	 국가원수 21발	 총리 19발	 총리 없음
경호주체 -경호주체 -모터게이트	 대통령경호처 27대	 경찰 18대	 경찰 7대

자료 : 정부의전편람(2004) 제4장 중 외빈영전기준(pp.151~154); 김두현(2006), p.323에서 인용했음.

2. 의전서열[147)]

1) 공식서열과 비공식서열

공식서열과 비공식 서열을 정함에 명문의 규정은 없으나 각국 마다 관행적으로 적용하고 있다.

147) 의전서열에 대한 내용은 김두현(2006), p.334~340의 내용을 토대로 정리하였음

일반적으로 적용되는 서열을 보면

① 지위가 비슷한 경우 여자는 남자보다, 연장자는 연소자보다, 외국인은 내국인보다 상위로 한다.

② 여자들 간의 서열은 기혼부인, 미망인, 이혼부인 및 미혼자의 순위로 하여 기혼부인 간의 서열은 남편 지위에 따른다.

③ 공식적인 서열을 가지지 않은 사람이 공식행사 또는 연회에 참석할 경우의 좌석은 그 사람의 개인적, 사회적 지위, 연령 등을 고려하여 정한다.

④ 원만하고 조화된 좌석배치를 위해서는 서열결정상의 원칙은 다소 조정될 수 있다.

⑤ 남편이 국가를 대표하는 지위에 있는 경우 Lady First의 원칙은 적용되지 않아도 좋다.

⑥ 한 사람이 2개 이상의 사회적 지위를 가지고 있을 때에는 원칙적으로 상위직을 기준으로 하되 행사의 성격에 따라 행사와 관련된 직위를 적용하여 조정 등의 일반원칙이 존중된다.

초청할 손님의 서열을 결정할 때에는

① 외국인

② 손님의 친구로 모르는 사람

③ 전 공직자

④ 자기 집에 처음 오는 사람

⑤ 자기 집에 가끔 오는 사람

⑥ 자기 집에 늘 오는 사람

⑦ 친척 순임

2) 외교관 및 영사의 서열

① 공관장인 대사 및 공사 상호간의 서열은 신임장 제정순서에 따른다.

② 대사대리 상호간의 서열은 그의 계급에 관계없이 지명통고가 접수된 순서에 따른다.

③ 경우에 따라서는 3등서기관이 참사관보다 서열이 앞설 수도 있다.

④ 공관장 이외의 외교관은 외교관 계급에 따르고 동일계급 간에는 착임 순위

에 따르며, 각국은 재외공관에 근무하는 직원 상호간의 서열에 관한 별도규정을 가지고 있는 것이 관례이다.

⑤ 같은 계급에 있어서는 외교관은 무관보다 앞서고 무관은 타 주재관보다 앞선다.

⑥ 공관장인 영사는 그의 계급에 관계없이 오국영사관원에 우선한다.

⑦ 직업영사는 같은 계급의 영예영사에 우선하고 공관장인 명예총영사는 공관장인 직업총영사보다 하위로 한다.

⑧ 직업영사로서 다 같이 공관장인 경우에는 그의 계급에 따라 서열이 정해지며, 같은 계급인 경우에는 영사인가장 발급일자에 따라, 영사인가장 발급일자가 같은 경우 영사위임장이 주재관에 제출된 일자를 기준으로 한다.

⑨ 임시영사 인가장 발급은 정식 영사인가장 발급과 같은 효력을 가지는 것으로 간주되고, 공관장 대리인 영사는 공관장인 영사 다음에 온다.

⑩ 외교관으로서 영사직을 겸하는 자 간의 서열은 외교관 간의 서열에 따르면 되나 영사직 근무만을 하는 자와 외교관 간의 서열은 일정하지 않다.

3) 서열의 조정

① 국가원수를 대행하여 행사에 참석하는 정부각료는 외국대사에 우선한다.

② 외빈 방문시 같은 나라 주재 자국대사가 귀국하였을 경우 주재 외국대사 다음으로 할 수 있다.

③ 우리나라 대사관 외에 별도 정부기관을 설치하였을 경우 같은 나라 대사관원과 기관원 간의 서열은 자기나라 국내법이 정하는 바에 따른다.

④ 대사가 여자일 경우 자기 바로 상위의 대사부인 다음이 되며, 그의 남편은 최하위의 공사 다음이 된다.

⑤ 외국대사와 자국 정부각료 간의 명백한 서열상의 구분을 피하기 위해 경우에 따라서는 교호제를 운용할 때가 있는데 이대는 대사, 각료의 순으로 한다.

⑥ 우리가 주최하는 연회의 경우에는 자국 측 빈객은 동급의 외국 측 빈객보다 하위에 둔다.

⑦ 국가원수 기타 3부요인이 외국을 공식방문할 때, 현지 주재대사의 서열은 국내직급에도 불구하고 적절히 조정할 수 있다.

⑧ 확립된 국제관례에 따라 외국 특명전권대사 간 또는 전권공사 간 서열은 그들이 국가원수에게 신임장을 제정한 일시를 기준으로 정하며, 대리대사 간 또는 대리공사 간의 서열은 그들이 외교통상부장관에게 임명장을 제정한 순으로, 대사대리 간 또는 공사대리 간의 서열은 그가 지명한 일자를 기준으로 한다.

제3절 응급처치법

1. 응급처치의 의의

(1) 응급처치(First Aid)의 개념148)

응급처치란 다친 사람이나 급성질환자에게 사고 현장에서 즉시 조치를 취하는 것을 말한다. 이는 보다 나은 병원 치료를 받을 때까지 일시적으로 도와주는 것일 뿐 아니라, 적절한 조치로 회복상태에 이르도록 하는 것을 포함한다. 예를 들면 위급한 상황에서 전문적인 치료를 받을 수 있도록 119에 연락하는 것부터 부상이나 질병을 의학적 처지 없이도 회복될 수 있도록 도와주는 행위도 포함된다. 이에 따라서 사람의 삶과 죽음이 좌우되기도 하며, 회복기간이 단축되기도 한다.

응급처치는 일반적으로 타인에게 실시하는 것이지만 상대가 본인이나 가족인 경우는 곧 자신을 위한 일이 된다. 이처럼 응급상황을 인지하고 처치할 줄 안다면 삶의 질을 향상시킬 수 있다.

더욱이 경호현장처럼 일촉즉발의 긴장감이 감돌고 위험이 항상 도사리고 있는 경우에 동료나 일반 국민의 치명적인 손상에 대해 즉각적으로 실시되는 응급처치는 성공적인 경호를 이끄는 직접적인 요인이 될 수도 있다는데 중요성을 갖는다.

(2) 응급처치의 필요성

경호현장에서의 응급처치는 1분 1초를 다투는 긴박한 상황에서 사용되는 '생명보험'과 같다고 할 수 있다. 잘 알려진 바와 같이 사람은 심장마비 후 4분 이내에 아무런

148) 소방방재청(www.nema.go.kr/subol) 참조.

조치를 취하지 않는다면 생명에 치명적이다. 이처럼 응급상황에 대처하는 처치자의 신속·정확한 행동 여부에 따라서 부상자의 삶과 죽음이 좌우되기도 한다. 물론 경호현장에서 항상 응급처치를 요하는 치명적인 사고가 발생하는 것은 아니다. 또한 모든 질병과 상처에 응급처치가 필요한 것도 아니다. 평생 동안 상황을 고작 한두 번 겪을 수도 있고 아예 발생하지 않을 수도 있다. 하지만 동료나 국민의 생명을 구하는 일은 무엇보다도 중요하고 소중하기에 우리는 응급처치 방법을 알아두어야 한다.

(3) 응급처치 실시의 범위

① 응급처치는 어디까지나 전문적인 치료를 받기 전까지의 즉각적이고 임시적인 적절한 처치와 보호이며, 전문적인 의료서비스 요원에게 인계한 후에는 모든 것을 그의 지시에 따라 행동한다.

② 응급처치원은 다음 사항을 지켜야한다.

㉠ 응급처치원 자신의 안전을 확보한다.

㉡ 환자나 부상자에 대한 생사의 판정은 하지 않는다.

㉢ 원칙적으로 의약품을 사용하지 않는다.

㉣ 어디까지나 응급처치로 그치고, 그 다음은 전문 의료원의 처치에 맡긴다.

(4) 응급처치와 법적 문제

응급처치자는 다음과 같은 법적 문제와 윤리적 문제에 대해 충분히 숙지하고 있어야 한다. 특히 민간경호에 있어 동료 경호원이나 일반인일 경우 이러한 문제가 발생할 소지가 매우 크다.

첫째, 응급처치를 하기 전 부상자가 의식불명상티가 아니면 처치자는 반드시 부상자로부터 사전 동의를 얻도록 한다. 허락이나 동의 없이 신체를 접촉하는 행위는 위법이며, 어떤 면에서는 폭행으로 간주되어 법적 소송에 휘말릴 수 있다. 따라서 부상자의 사전 동의 없는 응급처치 행위는 위법이 될 수 있다.

둘째, 명시적 동의가 필요하다. 의식이 있는 경우, 즉 이성적인 결정을 내릴 수 있는 성인에게는 사전 동의를 얻어야 한다. 처치자는 자신의 이름을 대고 응급처치 교육을 받았음을 밝혀야 한다. 그리고 앞으로 실시할 응급처치에 대해 설명을 해야 한다. 부상자는 상태에 따라 직접 말을 하거나 고개를 끄덕이는 방법으로 의사 표현을 할 것이다.

2. 응급처치 구명 3요소 또는 4요소

응급조치 구명 3요소로는 지혈, 기도유지, 쇼크방지 및 치료 등을 들고 있고, 4요소로는 여기에 상처보호를 들기도 한다.[149]

1) 지혈

(1) 심하지 않은 출혈

㉠ 감염에 주의하면서, 출혈부위의 이물질을 물로 씻어 낸다.
㉡ 소독된 거즈를 대고 직접 압박한다.
㉢ 손으로 부위를 만지지 말고, 엉긴 피는 떼어내지 않는다.
㉣ 지혈 후 붕대로 감고 병원으로 이송한다.

(2) 심한 출혈

㉠ 소독된 거즈나 헝겊으로 세게 직접 압박한다.
㉡ 출혈부위를 심장부위보다 높게 하고 압박점을 강하게 압박한다.
㉢ 환자를 편안하게 눕히고 보온한다.
㉣ 물이나 음료는 직접 마시게 하지 않는다.

(3) 지혈법

㉠ 직접압박법 : 상처부위를 감염에 유의하면서 거즈 등으로 직접 압박한다.
㉡ 국소거양법 : 상처부위를 심장보다 높이 유지하면서 직접 압박을 병행한다.
㉢ 지혈대사용법 : 직접압박이나 국소거양법 등으로 힘든 경우 나뭇가지 등의 지혈대와 너비 5cm 정도의 끈을 이용 상처부위에서 심장 쪽으로 5cm 부위에 끈을 묶고 지혈대를 끼어 돌려서 압박한다. 이때 주의할 것은 장시간 이송시에는 매 30~60분 간격으로 느슨하게 풀어 혈액의 순환상태를 유지한다.

2) 기도유지

① 의식이 있으며, 경추손상이 없는 환자의 경우 머리를 뒤로 젖히고 턱을 위로 당겨서 기도를 유지시킨다.
② 의식이 없거나 경추손상이 의심이 가는 환자의 경우 턱을 전방으로 밀어 올

---

149) 장명진, 『경호실무/총론』, pp.428~429 참조; 대한적십자사, 『응급처치교범』(2006) 참조.

려서 기도를 유지시킨다.

③ 손으로 복부를 밀어 올리거나 등을 두드려서, 또는 손가락을 직접 집어넣어서 이물질 등을 제거한다.

3) 쇼크방지 및 처치

(1) 쇼크의 개념

상처에 의한 혈액손실이나 혈관확장, 심박동 이상, 호흡 기능의 이상, 알레르기 반응, 심인성 내지 과민성 반응 등의 원인으로 신체의 기능이 떨어져 허탈상태에 이르는 것을 말한다.

(2) 대표적 증상

㉠ 불안감과 두려움

㉡ 약하고 빠른 맥박

㉢ 차갑고 축축한 피부

㉣ 청색증

㉤ 불규칙한 호흡

㉥ 느린 동공반응

㉦ 구토등세

㉧ 혈압저하와 의식이 약해짐

(3) 쇼크의 처치법

㉠ 환자의 자세

ⓐ 머리와 몸을 수평으로 되게 하여 눕힌다.

ⓑ 머리에 부상이 없으면, 뇌로 피가 흐르는 것을 한층 더 많게 하기 위하여 하체를 20~30cm 정도 높여준다.

ⓒ 가슴에 부상을 당하여 호흡이 힘든 환자의 경우에는 부상자의 머리와 등을 받혀 줄 수 있는 상자나 베개 또는 담요에 반쯤 기댈 수 있는 자세로 해준다.

ⓓ 의식이 없으면 기도를 개방하고 편안한 자세로 눕힌다.

ⓔ 출혈부위 지혈은 직접 압박법에 의하는 것이 좋다.

ⓕ 골절부위는 부목으로 고정한다.

㉡ 보온의 유지

부상자의 몸이 식으면 충격이 악화되므로 부상자의 체온을 유지하기 위해 잘 덮어주고 잘 닦아준다.

㉢ 음료

ⓐ 음료가 기관으로 잘못 들어가 질식할 위험이 있기 때문에 의식불명이거나 의식이 희미한 환자에게는 원칙적으로 음료를 주지 않는다.

ⓑ 수술을 요하는 환자에게 음료공급은 절대 금지한다.

ⓒ 환자가 심하게 원할 때에는 깨끗한 손수건에 물을 적셔 입 언저리에 대어준다.

㉣ 응급처치

ⓐ 최소 10분 간격으로 생체징후를 계속 측정한다.

ⓑ 구강 대 구강 인공호흡 및 심폐소생술을 실시한다.

ⓒ 폐와 위에 들어 있는 물을 제거한다.

4) 인공호흡법

(1) 환자의 자세

인공호흡이나 흉부 압박을 하기 위해서는 바로 눕혀야 한다.

(2) 기도를 유지하는 방법

성인의 경우에는 머리를 뒤로 젖히면서 턱을 들어준다. 그러나 소아의 경우에는 머리를 뒤로 젖힐 경우 오히려 기도가 폐쇄될 우려가 있으므로 턱만 가만히 들어준다. 특히 목뼈의 손상이 의심되는 환자는 머리를 뒤로 젖히지 않도록 한다.

(3) 기도 폐쇄 확인

㉠ 환자의 호흡이 없거나 공기의 흐름이 느껴지지 않으면 2회의 인공호흡을 시행하여 기도폐쇄 여부를 확인한다.

㉡ 가슴만 볼록해지고 인공호흡이 불가능하면 이물질에 의한 기도폐쇄 여부를 확인한다.

(4) 호흡상태 확인

환자의 입과 코 근처에 자신의 뺨을 가까이 대고 3~5초 정도 호흡이 있는지 보고, 듣고, 느낀다.

(5) 구강대 구강 인공호흡

㉠ 머리를 가만히 누르고 턱을 들어 기도를 유지한 다음 환자의 입을 벌린다.

㉡ 공기가 새지 않도록 코를 잡고 구조자의 입을 환자의 입에 밀착시킨다.

㉢ 공기를 서서히 불어넣는다.

㉣ 코를 잡았던 손을 놓아 공기가 쉽게 외부로 배출될 수 있도록 한다.

㉤ 공기를 불어넣으면서 가슴이 부풀어 오르는지 지속적으로 관찰한다.

※ 주의할 점

- 공기는 1.5초 동안(소아 1~1.5초)에 걸쳐 천천히 불어넣는다.
- 유아(영아)는 1세 미만, 소아는 1~8세 미만을 뜻함.
- 인공호흡 후에 맥박이 있을 경우 인공호흡만 계속 실시한다.

(6) 구강 대 비강 인공호흡

입 주위에서 출혈이 있거나 다친 환자에게 필요한 방법이다.

㉠ 머리를 가만히 누르고 턱을 들어 환자의 기도를 유지시킨다.

㉡ 환자의 턱 아래를 잡고 치아 위쪽 방향으로 밀어서 입이 열리지 않도록 막는다.

㉢ 구조자의 입으로 환자의 코 주위를 밀착시켜 공기를 서서히 불어넣는다.

㉣ 환자의 입을 열어 공기가 쉽게 외부로 배출될 수 있도록 한다.

※ 주의할 점

- 인공호흡시 너무 빨리 불어넣게 되면 위장 속으로 공기가 들어가 음식물을 토하게 되어 기도가 막히므로 천천히 불어넣도록 한다.
- 공기를 불어넣을 때 한쪽 뺨만 볼록해지면서 잘 들어가지 않을 경우 기도를 다시 개방한 다음 불어넣는다.

(7) 소아의 기도유지와 인공호흡

㉠ 소아의 기도유지는 성인과 기도구조가 다르므로 아래턱만 살며시 들어준다.

㉡ 체격이 작은 소아 또는 유아일 경우, 구조자의 입으로 환자의 코와 입을 덮는다.

㉢ 1~1.5초 간에 공기를 천천히 불어넣는다.

※ 인공호흡의 리듬

1. 성인(8세 이상) - 5초에 1회 실시

2. 소아(1세 이상~8세 미만) - 4초에 1회 실시
3. 유아(1세 미만) - 3초에 1회 실시

3. 위급상황시 행동 원칙

(1) 위급 상황을 인식한다. 현장 목격자는 먼저 무엇이 잘못되었는지를 정확히 파악하는 것이 필요하다.

(2) 도움을 줄 것인지를 결정한다. 누구나 한 번쯤은 어떤 사람이 응급상황에 빠져 있을 때 도움의 주어야 할지 말아야 할지를 결정하는 상황에 놓일 수 있다. 따라서 평소에 이런 생각을 반복적으로 인식하는 훈련이 필요하다. 위기에 처한 누군가를 도와주기 위해서는 사람에 대해 생각하는 자세, 응급상황에 대한 대처능력, 응급상황이 무엇인지를 아는 것 등이 필요하며, 이러한 태도는 여러 가지 요소에 의해 형성되고 많은 시간이 필요하다.

(3) 필요시 신속한 지원요청이 필요하다. 응급상황시 사람들은 당황한 나머지 구급차를 불러야 할 적절한 시점을 놓치는 경우가 있다. 이는 응급상황이 발생했음을 완전히 알기 전까지 119로 연락하는 것을 미루기 때문이다. 주위 사람들이 구조요청을 하지 않은 채 일반차량으로 부상자를 병원으로 이송하는 경우가 있는데 이러한 행동은 부상자에게 심각한 위험을 초래할 수 있다.

(4) 부상자를 신속히 평가한다. 부상자에 대한 평가는 먼저 생명이 위급한 상황인지를 파악하고 어떤 조치가 필요한지를 즉시 결정하여야 한다.

(5) 본격적인 응급처치를 실시한다. 대부분의 인명 구조활동은 가장 가까이에 있던 사람이 응급 조치를 즉시 취했을 경우에 가장 효과가 크다. 즉 주위에 있는 사람의 즉각적인 응급조치가 가장 바람직하다.

(6) 응급처치 후 생길 수 있는 처치자의 반응도 고려해야 한다. 중상을 입은 부상자에게 응급처치 시행 후 처치자는 정서적으로 흔히 간과하기 쉬운 "허탈상태"를 느끼게 된다는 점도 충분히 고려하여야 한다. 하지만 이러한 감정상태는 곧잘 무시되곤 한다. 응급처치 활동을 벌인 후 24~72시간 내에 사고 당시의 느낌과 공포들을 친한 친구나 동료, 정신과 전문의 또는 성직자와 상담하는 것이 좋다. 자신의 감정을 신속히 털어놓는 것은 개인적인 불안이나 스트레스 해소에 많은 도움이 되기 때문이다.

4. 현장조사 사항[150)]

응급처치자는 응급 현장에서 사고자를 접했을 때 다음 3가지를 10초 이내에 살피도록 하여야 한다.

① 구조자 자신이나 부상자, 그리고 현장에 있는 사람들에게 어떤 위험 요소가 있는지 살핀다.

② 사고 또는 부상의 발생 기전이나 원인을 조사한다.

③ 부상자의 수를 조사한다.

(1) 응급상황이 벌어진 현장에 접근할 때에는 여러 사람과 부상자에게 위험이 될 수 있는 요소를 신속히 파악한다. 만약 본인이 사고를 당했다고 가정했을 때 이러한 상황은 다른 사람을 도와 줄 수도 없어 더욱 심각하게 될 것이다. 따라서 응급처치자는 주변상황이 안전한지 스스로에게 항상 물어보는 태도를 가져야 한다.

(2) 외상의 원인을 조사하는 일이다. 이를 응급구조사에게 알리고 이로써 의사가 상해 정도를 초기에 파악할 수 있도록 한다.

(3) 부상자 수를 정확하고 신속하게 파악하도록 한다. 여러 명의 부상자가 있을 수 있으므로 주위를 둘러보고 사고와 관계된 사람에게 물어본다.

신속히 전문의료기관이나 119 등에 연락해야 할 사항
• 심한 출혈 • 물에 빠진 경우(익사) • 전기 감전사 • 심장마비로 보이는 부상자 • 호흡곤란 및 호흡정지 • 질식 • 의식상태의 변화 • 중독 • 자살기도 • 경련이나 발작(구급차의 도움이 필요하지 않은 경우가 대부분이다) • 중화상 • 마비 • 척추손상 • 임박한 분만

150) 소방방재청(www.nema.go.kr) 참조.

5. 각종 감염으로부터의 보호[151)]

응급처치자는 처치와 관련된 감염에 대한 위험 가능성을 항상 고려하여야 한다. 이 경우 응급처치자는 자신뿐 아니라 다른 사람도 감염되지 않도록 조심해야 한다. 이러한 감염현상은 주로 B형, C형 간염 ,인체면역결핍 바이러스(HIV) 등의 감염이 주된 형태이다.

(1) 혈액으로 인한 감염 현상

어떤 질병은 사람의 피를 통해서 옮겨진다. 이러한 미생물에 오염된 혈액과 접촉하게 되면 감염될 수 있다. 이러한 병원균 중에서 B형 간염 바이러스(HBV), C형 간염 바이러스, 인체면역결핍 바이러스(HIV) 등이 대표적이고, 응급처치자의 건강에 심각한 위협을 초래할 수 있으므로 주의하여야 한다. 특히 인체면역결핍 바이러스에 감염된 사람은 다른 사람에게 병을 옮길 우려가 있으며, 거의 대부분은 후천성면역결핍증(에이즈)으로 진전됨으로써 심각성을 더해준다. 현재 이 바이러스의 감염을 막을 백신은 없으므로 감염되면 결국 목숨을 잃게 된다. 그러므로 에이즈에 대한 최선의 방지책은 감염되지 않도록 하는 것이다.

(2) 감염으로부터의 보호

적절하게 개인용 보호장비를 착용하는 간단한 방법을 통하여 혈액을 통한 감염을 막을 수 있다.

① 개인용 보호장비

이 장비는 미생물이 인체로 들어오는 것을 막아준다. 개인용 보호 장비로서 가장 일반적인 것은 장갑이다. 보안경과 마스크가 필요한 경우도 있다. 심폐소생술과 인공호흡을 하는 경우 인공호흡용 마스크를 사용하여 환자와 직접 접촉하는 것을 피하도록 한다. 보균자에게 아무런 보호장비 없이 심폐소생술을 실시해서 구조자가 감염되었다는 기록은 없지만 가능하면 구조자의 입이 보호되는 보호장구를 사용하도록 하는 것이 바람직하다.

② 응급상황에서의 감염방지 조치

환자가 생기면 응급처치자는 혈액을 통해서 전염되는 병원균으로부터 자신

---

151) 소방방재청(www.nema.go.kr) 참조

과 주변 사람들을 보호하기 위해 다음과 같이 행동한다.

㉠ 장갑 등의 적절한 보호 장비를 착용한다.

㉡ 정확한 방법으로 탈지면을 사용하여 닦아낸다.

㉢ 살균 소독액을 사용하여 상처부위를 씻는다.

㉣ 피가 묻은 탈지면 등의 오염물질은 분리수거한다.

③ 혈액이나 분비물에 접촉됐을 경우

㉠ 비누와 물을 사용해서 접속 부위를 씻는다.

㉡ 근무 중인 경우 상관에게 보고한다. 또한 의사와 상담하도록 한다.

④ 공기를 통한 감염

박테리아 바이러스는 기침이나 재채기를 통해서 사방으로 퍼지면 다른 사람의 폐로 들어가게 된다. 결핵균에 감염되면 이로 인해 목숨을 잃을 수도 있다. 응급처치자는 환자가 결핵 보균자인지 알 수가 없다. 기침을 계속하거나 피로감, 체중감소, 가슴통증, 각혈 등의 증세가 있는 경우 결핵을 의심할 수 있다.

미리 마스크가 있으면 착용하고, 없는 경우에는 손수건으로 입과 코를 감싸는 방법을 사용하여 감염을 줄이도록 한다.

6. 응급상황시 상황파악 및 조치요령[152)]

(1) 상황파악

응급처치자에 의한 부상자의 평가는 체계적이고 신속하게 이루어져야 한다. 일반적으로는 부상자의 평가는 다음과 같이 세 단계로 실행한다.

① 1차 조사 : 생명을 위협하고 있는지를 판단한다.

② 신체검사 : 손상부위를 파악한다.

③ 부상자의 병력조사 : 급성발병자일 경우 부상자의 병력을 먼저 확인한 후 손상부위를 파악한다. 사고현장이 안전한가를 먼저 확인한 후 1차 조사를 할 수 있다. 부상자에게 접근하여 단계별로 모든 평가를 실시한다. 부상자가 여러 사람인 경우 조용한 사람부터 관심을 가져야 한다. 조용한 사람은

152) 소방방재청(www.nema.go.kr) 참조.

기도가 막혔거나 맥박이 뛰지 않을 가능성이 있기 때문이다. 오히려 말을 하거나, 울거나, 소리치는 사람은 기도에 이상이 없다고 볼 수 있다. 대부분의 부상자나 환자가 완전한 평가를 필요로 하는 것은 아니다. 같은 종류의 부상이라고 상황에 따라 단계별 평가의 필요성 여부를 결정해야 한다. 가령 손가락을 베었어도 과일을 깎다 다친 경우는 단계별 평가가 필요하지 않지만 자전거를 타다가 부딪쳐 찢어진 상처라면 다른 상처도 함께 있을 수 있기 때문에 단계별 평가가 필요하다.

(2) 1차 조사

상황이 파악된 후 1차 조사의 목적은 부상자의 심장, 폐, 뇌, 그리고 척추와 같이 생명에 직결되는 부위의 이상 여부를 신속히 평가하기 위한 것이다. 1차 조사 중 발견되는 생명이 위협적인 상태, 즉 기도가 막혔거나 출혈이 있는 경우는 반드시 응급처치를 취하고 나서 부상자 평가를 계속하도록 한다.

첫째, 부상자를 발견한 사람은 주변상황이 안전한가를 살피고, 부상자가 가장 고통스러워하는 곳을 중심으로 상태를 파악하고 손상 발생경위를 알아본다.

둘째, 부상자의 반응 정도나 정신상태를 평가한다. 우선 부상자에게 "괜찮습니까?" 하고 물어본다. 처치자의 이름을 밝혀 믿음을 주는 것이 좋다. 처치자는 부상자에게 응급처치를 해도 되는지 물어보고 부상자의 동의를 받는다. 만약 척추 부상이 의심되면 부상자를 움직이지 않게 고정시킨다.

① 기도개방

부상자가 말을 하거나 반응을 보이면 기도가 열려 있는 상태이다. 반면에 부상자가 반응이 없고, 척추 손상이 의심되지 않을 경우 머리를 뒤로 젖히고 턱을 들어 올려 기도를 개방한다. 그러나 척추 손상이 의심되는 경우에는 부상자를 되도록 움직이지 않게 한다. 부상자가 말을 하거나 반응을 보이면 기도가 열려 있는 상태이다.

반면에 부상자가 반응이이 없고, 척추 손상이 의심되지 않을 경우 머리를 뒤로 젖히고 턱을 들어 올려 기도를 개방한다. 그러나 척추 손상이 의심되는 경우에는 부상자를 되도록 움직이지 않게 한다.

② 순환평가

첫째, 전혀 반응이 없고 호흡이 없는 부상자에게 길게 두 번의 인공호흡을 실시한 후 부상자의 반응을 관찰한다. 만일 부상자가 스스로 호흡회복이나 기침, 혹은 움직임 등이 나타나지 않을 때에는 즉시 압박을 실시한다.

둘째, 옷이 피에 젖었거나, 쓰러진 바닥에 피가 있다면 부상자의 몸 전체를 살펴 피가 많이 나는 부위를 알아낸다. 출혈 부위는 직접 압박하거나 압박붕대를 감아 지혈한다. 부상자의 피는 직접 만지지 않도록 하고 가능하면 의료용 장갑을 끼거나 천이나 붕대를 이용하여 처치자를 감염으로부터 보호한다.

마지막으로 부상자의 피부상태를 살핀다. 특히 피부색이 밝은 사람은 피하 혈액순환과 산소상태를 쉽게 파악할 수 있으나 피부색이 검은 사람은 피부색의 변화를 쉽게 알기 어려운 때도 있다. 따라서 피부색이 검으면 손톱의 반달모양이나 입속, 눈꺼풀 속을 관찰하여 알 수 있다.

혈관이 수축되거나 맥박이 느리게 되면 피부가 차가워지고 창백해지거나 청색증이 된다. 피부에 나타난 혈관이 팽창하거나 혈류가 증가하면 피부가 따뜻해진다. 체온을 알아보고자 할 때 손등이나 손목을 부상자의 이마에 대고 다른 한 손으로 자신의 이마나 다른 건강한 사람이 이마에 대어 비교한다. 만약 부상자에 열이 있다면 체온 차이를 느끼게 될 것이다. 피부가 건조한지(정상) 혹은 습기가 있는지(비정상)를 확인하라.

③ 기능장애평가

높은 데에서 떨어졌거나 자동차 충돌이나 기타 척추손상을 일으킬 수 있는 사고를 당한 경우의 부상자라면 우선적으로 척추손상이 있는지 확인한다. 머리를 다친 부상자는 확인이 될 때까지 척추손상이 있는 것으로 본다. 다음으로 척추손상 여부를 확인하기 위해서는

㉠ 부상자의 손가락과 발가락을 꽉 쥐어보아 감각을 확인하고

㉡ 부상자의 손가락과 발가락을 떨게 하여 그 움직임을 확인하며,

㉢ 부상자로 하여금 구조자의 손을 꽉 쥐게 하고 누른 다리를 들어 보도록 한다.

척추 부상이 의심되면 부상자의 머리나 목을 움직여서는 안 된다.

다음 단계로 부상자의 반응 정도를 확인한다. 부상자의 반응을 설명할 때 주의해야 할 사항은, “반은 의식이 있는 상태”라거나 “정신이 들었다 나갔다”

라는 식의 혼동이 되는 용어를 사용하지 않는다. 부상자의 반응수준과 의식상태는 명-음-통-무 4단계로 점검한다. 명-음-통-무 4단계 중 음-통-무의 상태는 뇌로 가는 산소가 적거나 약물과 알코올의 과용, 중추신경계 손상 여부, 당뇨로 인한 대사이상, 발작, 심장 상태를 결정하는데 도움이 되는 것들이다.

㉠ 명료(깨어 있는 상태) : 부상자는 눈을 뜰 수 있고 질문에 정확히 대답할 수 있다. 날짜, 장소, 자신의 이름을 아는 부상자의 의식이 명료하다고 할 수 있다.

㉡ 음성(소리에 반응) : 부상자는 현재 시간, 장소, 자신의 이름을 모를 수도 있으나 말을 건냈을 때 조리 있게 대답한다.

㉢ 통증(통증에만 반응) : 눈을 뜨지 않고 질문에 답하지도 않는다. 피부를 꼬집는다든지 할 때만 반응을 보인다.

㉣ 무반응 : 눈을 뜨지 않고 피부를 꼬집어도 반응이 없다.

④ 상처부위 노출

옷 때문에 상처가 가려질 수 있다. 옷을 얼마나 벗겨야 할지는 부상자의 상태와 상처에 따라 다르다. 옷을 벗길 경우 부상자의 상태가 어떤지, 상처의 유무를 알 수 있을 만큼 옷을 벗기도록 한다.

유의할 점은 부상당한 사람은 대게 저체온증이 될 가능성이 많다는 점이다. 또한 부상자의 옷을 벗길 때 부상자 자신이나 주위사람들이 당황 할 수 있으므로 응급처치자는 무엇을 왜 하려는지 설명하는 것이 좋다.

(3) 신체검사요령

1차 조사를 마치고 생명의 위급 여부를 확인 후, 체계적으로 신체검사를 한다. 이로써 그냥 둘 경우 위험에 빠질 수 있는 상처나 질병을 찾을 수 있다. 치료가 필요한 가벼운 상처라도 발견하지 못하면 더 큰 문제가 될 수 있다. 부상자가 두 명 이상일 경우 각각 1차 조사를 마치고 나머지 부상자도 전신 신체검사를 한다.

신체검사자는 부상자 가까이에서 실시한다. 만약 처치자가 바닥에 누워 있는 부상자를 서서 내려다본다면 부상자나 다른 사람들에게 진심으로 돕고 싶지 않다는 인상을 줄 수도 있으므로 조심해야 한다.

신체검사를 하면 환자가 부상인지 급성질환인지를 알 수 있다. 급성 질병을 가진 환자의 신체 사정은 환자의 호소에 초점을 맞추며 부상을 입은 경우는 신체의 특성

손상 부위에 초점을 맞추어 신체를 검사한다. 처치자는 이때 왜 그리고 무슨 일을 할 것인지를 환자에게 설명하는 것을 잊지 않도록 한다.

① 신체검사시 피해야 할 사항

- 외상을 악화시키거나 상처를 오염시켜서는 안 된다.
- 척추 부상이 의심되는 부상자는 함부로 움직여서는 안 된다.

  환자의 머리부터 발까지 체계적으로 "보고 간져보는 검사"를 시작한다. 어린이의 경우 발부터 신체검사를 실시하여 겁을 먹지 않도록 한다.

② 보고-만지기식 방법

아래의 보고-만지기식 방법에 의해 머리, 목, 가슴, 복부, 골반, 양팔과 다리 순서로 신체부위를 순서대로 점검하고 만져 본다.

③ 변-개-압-부식 상처 확인법

변-개-압-부 상처 확인법에 의해 상처를 확인한다. 아래의 사항은 각 부위별로 살피고 만져봐야 할 것 들을 나타낸 것이다.

구분	점검사항
머리	• 변형이 있는가? • 개방성 상처가 있는가? • 압통이 있는가? • 부어올랐는가? • 귀나 코에서 뇌척수액이 흘러나오는가?
눈	• 양안의 동공 동일, 관반응을 본다. 즉, 눈동자의 크기가 똑같고 불빛에 반응하는가? • 손전등이나 손으로 환자의 눈을 막았다가 떼보면 동공이 반응하는지를(즉, 동공은 빛에 반응을 보일 경우 수축된다) 알 수 있다. 일반적으로 2~4%의 정상인에서 양안의 동공 크기가 약간 다를 수 있지만 뇌가 다치지 않았다면 일반적으로 양안의 동공은 같은 크기로 봐야 한다.
목	• 변형이 있는가? • 개방성 상처가 있는가? • 압통이 있는가? • 부어올랐는가?
가슴	• 변형이 있는가? • 개방형 상처가 있는가? • 압통이 있는가?(양 측면을 눌러보아 갈비뼈가 아픈지 본다) • 부어올랐는가?

구분	점검사항
골반	• 변형이 있는가? • 개방성 상처가 있는가? • 압통이 있는가?(아래쪽으로 부드럽게 누르거나 골반의 양측상에서 안쪽으로 조여 본다) • 부어올랐는가?
사지	• 변형이 있는가? • 개방성 상처가 있는가? • 압통이 있는가? • 부어올랐는가? • 순-감-운(순환기능, 감각기능, 운동기능)이 적절한가? • "음식은 무엇을 먹었는지, 음식의 종류는 어떠했는지?" 등을 물어야 한다. 만약 수술을 하게 될 경우나 식중독이 의심스러운 경우에는 이러한 질문은 매우 중요하다. • 부상이나 질병을 오게 한 상황. "사고 당시 무엇을 하고 있었나요?"라고 물어본다.

7. 상황별 조치요령

1) 원인 불명의 인사불성환자에 대한 응급처치[153)]

(1) 얼굴이 붉은 인사불성인 경우

① 증상은 얼굴이 붉고 맥박이 강하다.
② 환자를 바로 눕히고 머리와 어깨를 약간 높여 안정시킨다.
③ 목의 옷깃을 늦추고 머리에 찬 물수건을 대어 식혀준다.
④ 환자를 병원으로 이송 할 경우 눕힌 자세대로 주의하여 운반하고 만약 구토를 하면 얼굴을 옆으로 돌려준다.

(2) 얼굴이 창백한 인사불성인 경우

① 증상은 얼굴이 창백하고 맥박이 약하게 나타난다.
② 충격에 대한 응급처치를 한다.
③ 환자의 머리를 수평으로 하고 다리를 높여 안정되게 눕히고 보온한다.
④ 환자를 옮길 필요가 있으면 눕힌 상태로 주의하여 옮긴다.

153) 이상철, 앞의 책, p.285 참조.

(3) 얼굴이 푸른 인사불성인 경우

① 얼굴이 창백하고 호흡이 부전되어 얼굴색이 파래진다.

② 응급처치로써 인공호흡과 충격에 대한 처치를 한다.

2) 머리부상(두부손상)환자[154)]

(1) 증상

① 뇌의 손상으로 호흡의 변화 및 마비, 뇌부종, 저산소증에 의한 청색증, 동공의 불균형과 빛에 대한 반사능력의 저하, 서맥이 동반된 의식저하가 나타남

② 두개골 골절로 두개부의 변형, 함몰, 눈 주변과 귀 뒷부분의 반상출혈(멍), 뇌척수액이 코나 귀로부터 유출됨

(2) 응급처치

① 머리의 피부가 떨어져 있는 경우 소독된 거즈(없으면 깨끗한 천)를 대고 직접 압박하여 지혈한다. 만약 손상부위가 넓거나 피부판이 결손된 경우는 원위치시키고 거즈 위에 압박붕대를 감아준다. 압박붕대가 없을 때는 구급대가 도착할 때까지 지지하여 준다.

② 머리의 골절로 귀나 코를 통해 액체가 혈억과 함께 흘러나오는 경우 흘러나오는 액체를 막지 말고 그냥 흐르게 한다.

③ 두통이나 구토의 증세를 보이는 경우 손상 후 수일이 지나서 비정상적 행동이나 시간·장소에 대한 개념의 손실, 건망증이 나올 수도 있기 때문에 전문의료진이나 병원으로 이송하여 정확한 진단을 받도록 한다.

④ 구급대가 도착할 때까지 환자의 상태를 계속 관찰한다.

3) 화상환자[155)]

(1) 화상의 원인과 증상

화상은 열에 의해 생긴 경우가 많다. 그러나 화학물질로 인한 화상도 있다. 전류도 신체의 내부 및 외부적으로 화상을 입힐 수 있다. 태양의 복사열도 피부가 햇볕에 타게 한다. 먼저 화상은 피부의 외피 층을 파괴한다. 화상이

---

154) 소방방재청(www.nema.go.kr) 참조

155) 대한접십자사, 『응급처치교범』, pp.47~51을 참고로 재정리하였음.

계속된다면 피부의 두 번째 층에 부상을 입히거나 파괴한다. 화상이 피부를 벗겨지게 하면 감염과 신체로부터 나오는 체액 손실의 원인이 된다. 그리고 신체의 체온을 조절하는 기능을 손상시킬 수 있다.

피부 외피 층과 관련된 화상은 통증이 가장 약하다. 피부는 붉고 건조해진다. 이런 화상은 보통 5~6일 후에 낫고 흉터는 남지 않는다. 더 심한 화상은 피부가 붉어지거나 물집이 생긴다. 이 경우 통증이 있으며 종종 붓는다. 어떤 화상은 아래에 있는 모든 피부 층과 조직을 파괴시킨다. 이런 화상은 상처부위가 갈색이 되거나 거무스름하게 보이기도 한다. 아래에 있는 조직들은 하얗게 보일 수도 있다. 이런 화상은 놀랍게도 신경의 끝 부분이 파괴되었기 때문에 고통이 없을 수도 있으나 치명적이다.

(2) 화상의 종류

① 1도 화상

이 화상은 피부의 외피 층만이 화상을 입은 것으로 피부는 붉고 건조해지며 고통스럽다. 부어오를 수도 있다. 대부분의 일광 화상이 표면화상이다. 표면화상은 특별한 흉터 없이 5~6일 안에 낫는다.

② 2도 화상

이 화상의 경우는 피부가 붉어지고 물집이 생기며 피부가 축축해진다. 고통스럽고 붓는다. 이 경우 보통 3~4주 안에 나으며 흉터가 생길 수도 있다.

③ 3도 화상

이 화상은 피부의 모든 층을 파괴하고 자방, 근육, 뼈, 신경 등 밑에 있는 조직까지도 파괴한다. 상처부위가 갈색이 되거나 거무스름하게 보인다. 아래에 있는 조직들은 하얗게 보일 수도 있다. 이런 화상은 고통이 아주 심하거나 신경의 끝부분이 파괴되어 오히려 고통이 없을 수도 있다.

(3) 응급처치

① 화상을 치료하기 위해서는 기본적인 단계를 따라야 하는데, 먼저 화상의 원인을 제거하라. 우선 옷에 붙어 있는 불꽃을 꺼야만 한다. 열을 보유할 수 있는 반지, 시계, 보석, 벨트를 모두 벗겨라. 다음 화상 부위를 물로 차갑게 만들어라. 뜨거운 스토브를 만져 화상을 입은 손가락 같이 심하지 않는 경우를 제외하곤 얼음을 사용하지 말아야 한다.

② 몇 분 동안 화상 부위를 차갑게 한 후 감염을 막기 위해 마르고 깨끗한 드레싱으로 화상 부위를 덮어라. 붕대는 느슨하게 해라. 화상 부위에 압박을 가하지 말아야 한다.

③ 연고를 바르지 말아라. 연고로 인해 열이 밖으로 발산할 수가 없어서 고통을 덜 수 없다. 버터나 기름 같은 민간요법을 사용하지 말아라. 감염의 원인이 될 수 있다.

④ 물집을 터뜨리지 말아라. 손상되지 않는 피부가 감염되지 않도록 유지하라.

⑤ 터진 물집이 있는 화상은 물과 비누로 씻고 깨끗하게 유지하라.

⑥ 감염이 되었는지를 관찰하라.

⑦ 환자가 호흡하는데 문제가 없다면 심한 화상을 입은 환자를 눕혀라.

⑧ 옷이 화상 입은 피부에 붙어 있다면 떼지 말아라.

⑨ 화상 부위를 심장보다 높게 올려라.

⑩ 화상환자들은 쉽게 체온이 떨어지므로 바람으로부터 보호하고 건조하게 유지하라.

(4) 그 밖의 화상과 조치

① 액체 화학물질에 의한 화상

청정제, 잔디와 정원의 소독제, 페인트 제거제, 가구 표백제와 같은 여러 가지 가정용품들이 있다. 화학 성분이 강할수록 접촉이 길수록 화상은 더 심각해진다. 화학물질이 피부에 오래 있는 만큼 화상은 계속 진행된다. 가능한 한 빨리 피부에서 화학물질을 제거하고 119나 응급의료기관에 전화하라. 환자를 처치하는 동안 다른 사람에게 전화연락을 하도록 하라. 피부나 눈에 대한 액체 화학물질의 화상은 흐르는 차가운 물로 씻어 내어라. 부상자가 입고 있는 화학물질이 묻은 옷을 벗도록 하라. 한 쪽 눈이 화학물질에 노출되었다면 감염되지 않는 눈에 화학물질이 흘러 들어가지 않도록 하기 위해 감염된 눈만 씻어 내어라. 마른 화학물질로 인한 화상은 장갑을 낀 손, 솔, 수건으로 털어라.

② 전기 접촉에 의한 화상

전기화상은 사람이 전기와 접촉하는 곳이면 어느 곳에서든지 발생한다. 전선, 번개, 불완전한 가정용 전기 장비, 무방비의 전기 도구 등과의 접촉을 통해 신체에 전기가 흐를 수 있다. 통증은 신체가 전류와 얼마나 오래 접촉했는가와 전류의 형태, 신체를 통해 지나간 방향에 달려 있다. 이런 화상은 깊을 수도 있다. 부상자는 전류에 의한 화상과 전격에 의한 전격에 의한 화상을 입을 수 있다. 이런 상처들은 위험이 따르지 않을 것처럼 보일지라도 상처 아래에 있는 조직을 심하게 손상시킬 수 있다. 전기가 꺼졌다고 확신할 때까지는 전기로 부상을 입었다고 생각되는 환자 곁에 결코 다가가지 말아라. 전선이 늘어져 있다면 소방서나 전기회사에 연락하고 기다려라. 늘어진 전선이 차 아래에 있거나 차를 가로질러 있을 때 차 안에 사람이 있다면 사람들에게 움직이지 말고 그 안에 있으라고 말해라. 전기화상에서 화상 자체가 중요한 문제가 아니다. 환자가 의식이 없다면 호흡과 혈액순환을 확인하라. 골절과 같은 다른 부상을 확인하라. 머리 목, 척추 부상이 있을 수도 있으므로 환자를 옮기지 말아라. 마른 무균 드레싱으로 전기화상부위를 보호하라. 감전사가 있거나 화상이 깊거나 고통을 느끼지 못하는 신경 손상의 가능성이 있기 때문에 화상 부위를 물로 차갑게 하지 말아라. 환자의 몸이 차가워지지 않도록 보호하라.

③ 태양열에 의한 화상

태양으로부터 나온 복사열은 물집이 생길 정도로 고통스런 화상의 원인이 될 수 있다. 햇볕을 너무 쪼이면 1도 혹은 2도 화상을 입는다. 흐린 날씨에도 구름을 통과한 자외선에 의해 화상을 입는 수가 있다. 특히 여름의 해수욕장에서 매우 심하다. 물, 얼음, 모래 면에서 반사되는 태양광선(자외선)은 화상을 악화시킨다. 일광에 의한 화상을 입은 피부 면이 넓으면 신열도 생긴다. 피부가 빨개지고 심한 경우는 물집도 생긴다.

○ 예방

일광 화상을 입을 염려가 있으면 평소에 피부를 단련시켜 햇볕에 견딜 수 있는 보호부를 만들도록 한다.

○ 응급처치

화상 부위를 차갑게 하라.

환자는 태양으로부터 벗어남으로써 더 이상의 손상을 입지 않도록 화상 부위를 보호할 수 있다. 직사광선에서 시간을 보내야 한다면 화상을 예방할 수 있는 로션과 크림을 바르는 것이 현명하다.

5) 골절(Sprains & strains)환자[156]

인체의 골격은 여러 가지 원인으로 인하여 손상을 받으면 골절, 탈구, 염좌 등을 일으킨다. 이에 대한 응급처치의 잘잘못에 따라 환자의 불구 여부가 결정된다.

(1) 골절의 종류

① 단순골절

때로 부상자가 응급처치원에게 뼈가 부러졌다고 말하는 수가 있다. 뼈가 부러지는 소리를 들었거나 혹은 그것을 느껴서 아는 것이다. 뼈가 부러진 곳은 저리고 아프고 붓는다. 그리고 골절한 부분은 기형이 되거나 골절 부위 이하의 신체는 움직이지 못하는 수가 있다. 골절은 되었으나 뼈가 완전히 부러지지 않았기 때문에 손상된 부분을 움직이는 수도 있다는 점을 잊어서는 안 된다. 그러므로 의심스러울 때에 골절의 유무를 알아보기 위해 골절이 의심되는 부위를 함부로 눌러보거나 꺾어보지 말 것이며, 골절의 의심이 있으면 골절이 있는 것으로 간주하고 응급처치를 해야 한다. 일반적으로 골절에는 충격(shock)이 동반한다.

② 복잡골절

복잡골절은 단순골절의 여러 가지 증상 이외에 부러진 뼈끝이 피부를 뚫어 창상이 겹치고 부러진 뼈끝이 보이며 또 뼈끝에 찔려 혈관이 손상되어 심한 출혈과 충격이 동반되는 수가 있다. 골절 부위에 창상이 있으면 복잡골절로 판단한다.

(2) 부목사용법

① 부목에는 고정부목과 견인부목이 있다. 부목은 환자의 전신 또는 신체 일부분을 움직이지 않게 하기 위하여 사용하며 대개 부목으로는 나무판을 쓰나 비상시에는 신문지 뭉치, 잡지, 담요나 네개와 같은 물건을 대용할 수도 있다. 어떠한 대용부목을 사용하든지 부목은 골절된 뼈의 양쪽 관절너머까지 걸칠 만큼 긴 것을 사용하며, 부목을 더는 신체부우만큼 넓은 것이 좋다. 부목은 안쪽에 헝겊을 고여서 피부가 상하지 않도록 하며, 부목의 질은 가볍고 단단한 것이 좋다. 마땅한 부목을 구하지 못하면 신체를 이용하여 골

156) 대한적십자사, 『응급처치교범』, pp.52~58을 참고르 재정리하였음.

절부위를 고정한다.

② 주의사항

적어도 30분에 한 번씩 부목을 댄 부분을 조사하여 혈액순환이 잘 안 되거나 그 부분이 너무 아프다면 묶은 붕대를 약간 늦추어 준다.

단순 혹은 복잡골절이 의심되는 경우에는 그 이상의 손상을 입지 않도록 주의한다. 단순골절에 있어서 가장 중요한 처치는 다친 곳을 건드리거나 환자를 함부로 옮김으로써 부러지거나 뼈끝이 신경, 혈관 또는 근육을 손상케 하거나 피부를 뚫어 복잡골절이 되게 하는 일이 없도록 예방하는 일이다.

전문의료요원을 사고 현장에 요청할 것인지 혹은 상처에 부목을 대어 병원으로 운반할 것인지를 응급처치원이 판단하여야 한다.

가능하면 모든 골절의 경우 현장에 전문 응급의료요원을 요청하여 처치하는 것이 좋다. 전문 응급의료요원이 도착할 때까지 shock(충격)에 대한 예방처치를 한다. 복잡골절에 있어서 출혈이 있으면 직접압박으로 출혈을 방지하고 만약 출혈이 심하면 지압점압박으로 지혈한다.

부목을 대기 전에 미리 적당한 위치에 지혈대를 넣어두고, 위에 부목을 대면 환자를 운반하는 도중에 출혈이 심하여 지혈대 사용이 필요할 때 부목을 풀지 않고도 쉽게 지혈대를 쓸 수 있다.

복잡골절은 피가 멈춘 후에 소독한 붕대를 감는다. 대부분의 경우 응급처치원이 부상자를 병원에 데려가야 한다. 이때 주의할 점은 환자의 뼈가 부러진 부위를 움직이지 않게 하는데 있다. 몸이 흔들리는 것을 막을 수는 없으나, 그 이상의 손상을 초래할 정도로 흔들리는 것을 피하여야 한다.

그러기 위하여서는 부목을 사용하는 것이 이상적이다. 찬물찜질을 하고 부상부위를 높여준다. 너무 차가워지지 않도록 그리고 열이 나지 않도록 주의하며 부상자를 안정시켜라.

(3) 신체 부위별 골절처치

① 쇄골 골절

- 증상 : 골절의 일반적 증상이 나타난다. 쇄골을 손끝으로 만져보면 대부분의 경우 부러진 뼈끝이 만져지며 환자는 부상당한 쪽의 팔을 어깨 위로 쳐들지 못하고 부상당한 쪽 팔을 밑으로 늘어뜨리면 어깨가 다른 편 쪽 어깨보다 낮아진다.

- 응급처치 : 부상당한 쪽 팔의 손이 팔꿈치보다 약간 높게 하여 반대쪽 어깨에 대고 삼각건으로 묶은 후, 다시 팔 전체가 몸에 붙게 삼각건으로 묶어준다.

② 상박골 골절

- 증상 : 대개 골절의 일반적 증상이 나타난다. 특별한 증상으로는 견관절(어깨관절)의 운동을 할 수 없게 된다.
- 응급처치 : 주관절을 ㄱ자로 구부리고 어깨로부터 주관절에 이르는 길이의 부목을 잘 싸서 바깥쪽에 대고, 삼각건을 부러진 뼈 위쪽에 하나, 아래쪽에 하나씩 대고 부목을 잘 묶어준다. 삼각건으로 팔걸이를 만들어 목에 걸어 준다. 삼각건으로 팔 전체를 가슴에 묶어 고정시킨다. 겨드랑이를 고여 주고 만약 부목을 구할 수 없으면 삼각건으로 전박을 끌어올려 팔 전체를 가슴에 붙이고 붕대를 감아 움직이지 않도록 고정시킨 다음 병원에 보낸다.

③ 주관절 골절

- 증상 : 대개 주관절(팔꿈치)골절은 팔을 구부리고 넘어질 때 생기며, 6～12살 사이의 어린이들에게서 흔히 일어난다. 증상으로는 먼저 관절 부위가 붓고 아파서 팔을 폈다 구부렸다 할 수 없게 된다.
- 응급처치 : 환자가 팔을 편 자세로 있으면 겨드랑이를 많이 고인 다음, 겨드랑이에서 손가락까지에 이르는 부목을 손바닥 쪽에 대어준다. 주관절이 구부러진 채로 있는 환자를 발견하면, 팔을 무리가 되지 않게 끌어올리고, 쇄골 골절의 경우와 같이 그 팔을 동체에 대고 삼각건으로 고정시킨다. 구부러진 주관절을 무리하여 펴려고 해서는 안 된다. 응급처치 후 이동 할 경우 삼각건을 이용하여 허리쪽으로 묶어 고정시킨 다음 이동한다.

④ 전박골 골절

- 증상 : 전박의 뼈 한 개 또는 두 개가 다 부러지는 수가 있다. 두 개가 다 부러지면 골절의 일반적 증상이 나타난다. 한 개만 부러졌을 때나 또는 손목 뼈마디가 부러졌을 때라도 그 부분을 잘 움직이지 못하는 수가 있다.
- 응급처치 : 응급처치원이 부목을 준비할 동안 환자를 바로 눕히고, 팔을 그의 가슴 위에 올려놓은 자세가 제일 좋다. 주관절로부터 손가락 끝에 이를 만큼 부목 두 개를 잘 싸서 한 개를 손바닥 쪽에, 다른 한 개를 손등 쪽에 대고 두 개 이상의 삼각건으로 묶어 고정시킨 다음, 손을 주관절보다 약 10cm 정도 높이고 손바닥이 가슴 쪽을 향하게 하여 넓은 붕대로 팔을 끌어올려 고정시킨다. 이때 대용부목으로써 잡지, 신문지, 골판지, 플라스틱 자 등 현장에서 얻을 수 있는 것을 사용한다.

⑤ 대퇴골 골절

대퇴골은 인체에서 제일 긴뼈이며 보통 상당한 폭력에 의하지 않고는 부러지지 않으며 나이든 사람들은 떨어지거나 넘어질 때 골절되는 수가 있다.

- 증상 : 이 골절은 확인하기가 곤란할 때가 많다. 대퇴부에 손상을 입은 후, 부상자가 바로 누워서 땅바닥으로부터 발뒤꿈치를 들지 못하면 대퇴골이 부러진 것으로 의심한다. 흔히 발은 바깥쪽으로 비틀어져 땅바닥에 놓이고, 그 발을 혼자 힘으로는 바로 세우지 못하는 때가 많다. 가관절이 생기던가 다리가 짧아지거나 혹은 기형이 되고 부러진 곳으로부터 말단부는 마비되는 수가 있다. 환자는 절대 일어서서는 안 된다. 이 골절은 상지나 하자의 다른 어떠한 골절보다도 한층 더 심한 충격이 일어난다.
- 응급처치 : 겨드랑이에서 발에 닿고도 남은 길이의 부목과 적어도 7개의 삼각건을 준비한다. 한 사람이 한 손으로 발뒤꿈치 밑을, 또 한 손으로 발을 잡고 천천히 하지를 바른 자세로 돌려 조금 끌어 당겨 그대로 붙잡은 후에, 응급처치원은 7개의 삼각건을 부상자의 허리, 무릎 및 발목 밑으로 넣은 후 부목 위에 일정한 간격으로 놓는다. 이때 같은 모양의 좀 짧은 부목을 대퇴골 안쪽에 대고 붕대로 묶으면 구부러지는 것을 방지할 수 있다. 만약 삼각건이 하나 더 있으면 부상한 하지를 다른 다리에 붙여 묶어서 더 튼튼하게 할 수도 있다. 부목이 없을 경우에는 양 다리 사이를 잘 고인 후에 양쪽 다리를 합쳐서 붕대로 묶어준다. 충격(shock)에 대한 응급처치를 한다.

⑥ 슬개골 골절

- 증상 : 이 골절은 구르든가 부딪치는 경우에 생기며 슬개골을 만져보면 대개 뼈의 갈라진 부분을 만질 수 있다. 그 밖에 골절의 일반적 증상이 있다.
- 응급처치 : 적어도 나비가 10cm 이상이며 허리에서 발뒤꿈치까지 닿은 충분히 긴 부목을 헝겊으로 잘 싸서 곧게 편 다리의 밑쪽에 댄다. 무릎과 발꿈치는 고임을 대고, 붕대 하나는 슬개골 바로 위에 또 하나는 그 바로 아래에 부목과 함께 돌려 묶고, 다른 2개의 붕대로 다리와 부목을 단단히 묶는다. 무릎이 부어오르기 쉬우므로 둘러 싸매지 말고 남겨둔다. 만약 부목이 없으면 베개나 담요로 대용할 수 있다.

⑦ 하퇴골 골절

- 증상 : 무릎과 발목 사이에서 뼈가 1개 혹은 2개가 부러진 것을 말하며, 만약 뼈 2개가 다 부러졌을 때엔 대개 골절의 일반적 증세가 나타나나 1개만 부러진 때면 기형이 별로 나타나지 않고, 또 발목 바로 위의 골절은 염좌로 잘못 알게

되는 수가 있다.

● 응급처치 : 발끝을 힘 있게 잡아 올려 그 밑에 베개나 담요를 집어넣고 무릎 위로부터 발끝까지 미치는 부목을 담요나 베개 위에다 대고 붕대를 감는다. 부목이 없으면 양 다리 사이에 부드러운 물건을 고이고 손상입지 않은 다리에 묶어 고정시킨다.

⑧ 발목·발등 골절

발목 골절 시에는 발 전체를 담요 위에 올려놓고 붕대를 감는다. 만약 담요가 없으면 발뒤측으로부터 무릎 바로 아래까지 닿는 2개의 부목을 싸서 양쪽에 하나씩 대고 묶는다. 발등 골절 시에는 발등이 부어오를 때 아픔을 막기 위하여 구두와 양말을 벗긴 다음 넓은 헝겊을 두툼하게 고이고 꼭 맞게 붕대를 묶어준다. 그러나 꼭 묶지 않도록 한다.

⑨ 탈구

㉠ 정의

관절이 어긋나 뼈가 제자리에서 물러난 상태이다. 탈구가 되면 뼈를 연결하는 인대 및 관절을 둘러싸 움직임을 쉽고 부드럽게 하는 액랑이 부분적 혹은 전면적으로 파손된다. 관절 주위의 혈관, 건, 근육 및 신경도 역시 손상을 입거나 혹은 터져 갈라지는 수가 있다.

㉡ 원인

흔히 타박을 당하던가 떨어지거나 넘어졌을 때, 심한 근육 운동을 했을 때 탈구된다.

어깨 또는 손가락이 탈구가 가장 많으나, 하악골, 전박골, 대퇴골 및 슬개골의 탈구도 적지 않다.

㉢ 증상

매우 아프고 관절의 모양이 변하고 부어 일반적으로 관절의 운동이 불완전하여 진다. 흔히 심한 충격(shock)이 나타난다.

㉣ 일반적인 응급처치

탈구는 빠르고도 정확한 처리를 필요로 한다. 그러나 특별한 비상시가 아니면 전문의료 요원이 아닌 사람이 탈구를 바로 잡으려고 하여서는 안 된다. 부상한 부위를 될 수 있는 한 편하게 하고, 찬물찜질을 하여 아픔을 가라앉히고, 부종을 막아야 한다. 슬관절 탈구의 부상자를 옮길 필요가 있을 때에는 베개나 윗도리를 접어서 부상당한 다리의 무릎 밑에 고어준다. 충격에 대한 응급처치를 한다.

⑩ 염좌

㉠ 원인

염좌란 직접 또는 간접적으로 폭력이 관절에 작용하였을 대 생기는 손상이며, 무리한 관절운동으로 인하여 관절을 유지하고 있는 인대가 부분적 혹은 전면적으로 손상되는 수가 있다. 관절이 정상범위를 벗어난 운동, 심한 근육활동, 무거운 것을 무리하여 들거나, 떨어졌을 때 생긴다.

㉡ 증상

손상과 동시에 아프고 붓기 시작하며, 환자가 부상당한 부분을 움직이면 더 아파진다. 상처의 피부색이 곧 변하지는 않으나 한번 변색하면 그것이 여러 주 계속된다.

㉢ 응급처치

대부분의 경우 염좌와 탈구의 구별이 곤란하지 않으나 때로는 염좌와 관절골절을 구별하기 힘들다. 만약 골절에 의심이 있으면 골절로 가정하고 처치한다. 염좌에는 몇 분 동안 고통이 계속된 뒤 통증이 그치는 가벼운 정도로부터 인대가 터져서 완치까지 여러 주일이 걸리는 심한 정도까지가 있다.

㉣ 일반적인 응급처치

염좌된 부위를 높이 올리고, 손목이면 팔걸이를 하여 고정시키고, 발목이면 환자를 눕히고 옷이나 베개 같은 것을 염좌 부위의 밑에 놓아 그 부위를 높이고, 환자를 안정시킨다. 여러 시간 또는 치료받을 때까지 상처부위에 찬물찜질을 한다. 만약 염좌가 심하면 전문의료요원이 도착할 때까지 움직이지 않도록 한다. 발목뼈가 염좌 되었고 처치를 받기까지 짧은 거리나마 혼자서 걸어야만 할 경우에는 자기 스스로 염좌에 대한 붕대를 하여 발뒤꿈치를 고정한다. 이 붕대는 신발을 신은 채 묶는 것이 좋다. 손상이 골절을 겸할 수도 있으니 발목 염좌 환자는 되도록 걷지 않는 것이 좋으며 가능한 빨리 전문적인 치료를 받도록 한다.

기출 및 적중 예상문제

01. 다음은 일반적 인사예절 중 악수예절에 대한 설명이다. 올바르지 못한 것은?

① 미혼자가 기혼자에게 먼저 청한다.
② 선배가 후배에게 먼저 청한다.
③ 상급자가 하급자에게 먼저 청한다.
④ 여성이 남성에게 먼저 청한다.

해설 기혼자가 미혼자에게 먼저 청한다. 예외적으로 국가원수, 왕족, 성직자 등은 이러한 순서에서 예외가 인정된다. 한 가지 주의할 것은 여성이 남성에게 악수를 먼저 청하는 것은 전통적인 인사법으로 최근에는 남녀평등사상 등의 영향으로 서구에서조차 이의 구분이 없어지고 있는 경향이다.

02. 다음 중 악수시 올바른 예절에 어긋나는 것은?

① 악수를 할 때는 반드시 일어서서 상대방의 눈을 보면서 한다.
② 왼손잡이의 경우도 악수는 오른손으로 하는 것이 올바른 방법이다.
③ 동양인의 경우 악수시에는 꾸벅 절까지 하는 것이 더욱 효과적이다.
④ 상대방 손을 너무 세게 잡거나 잡은 손을 상하로 지나치게 흔들지 않는다.

해설 악수방법은 본래 서양식의 인사법으로 동양인일지라도 악수시에 꾸벅 절까지 할 필요는 없다. 상체를 세운 상태에서 당당히 악수하면 된다. 단지 상대방이 웃어른이라면 먼저 절을 하고 난 다음에, 어른의 뜻에 따라 악수를 한다. 이때에도 허리를 굽힌다거나 두 손으로 손을 감싸안을 필요는 없다.

03. 다음 중 바르지 못한 설명은 어느 것인가?

① 악수를 할 때 형식적으로 손끝만 잡는다거나 또 자기 손끝만을 내미는 일은 실례가 된다.
② 아는 사람을 만났을 때는 악수를 대비해서 오른손에 들었던 물건을 왼손에 미리 고쳐든다.
③ 남성의 경우 왕이나 왕족, 대통령에게 소개되면 목례로 공손히 인사한 후 상대방이 악수를 청하면 재차 머리를 숙여 인사하고 이에 응한다.
④ 대통령의 경우라도 악수에 있어서는 여성이 먼저 청하는 것이 올바르다.

정답 01. ① 02. ③

해설 여성의 경우 왼발을 뒤로 빼고 무릎을 굽혔다 펴는 정도의 예의를 표한 후 악수에 응한다. 대통령의 경우 악수하는 순서의 예외이므로 여성이라 하더라도 대통령에게 먼저 악수를 청하지 않는다. 아울러 고위 관직자들과 악수를 하는 경우에도 존경의 뜻으로 허리를 굽히는 등의 행위는 하지 않는다.

04. 다음 중 틀린 설명은?

① 악수를 할 때는 남녀 모두 장갑을 벗는다.

② 여성은 정장용의 팔꿈치까지 긴 장갑을 끼었을 때와 거리에서는 장갑을 벗지 않아도 된다.

③ 남녀 모두 날씨가 몹시 추운 경우만 장갑을 착용하고 악수한다.

④ 유럽에서는 남자가 부인의 손을 잡고 상반신을 앞으로 굽혀 정중한 태도로 손가락에 입술을 가볍게 대어 인사한다.

해설 남자는 아무리 추워도 오른쪽 장갑만은 벗는 것이 예의이다.

05. 다음은 직장 내에서의 인사예절을 설명한 것이다. 틀린 것은?

① 같은 공간 내에서 항상 부딪치는 상사나 동료의 경우 첫 번째 만났을 때는 정중하면서도 밝고 명랑하게 인사를 한다.

② 직장 내에서 업무에 임하고 있는 경우에는 업무 효율성을 고려 인사를 생략하는 것이 원칙이다.

③ 직장 내에서 잘 모르는 사람과 우연히 마주쳤는데 상대방이 먼저 인사를 하는 경우에도 같이 인사로 답례를 갖추는 것이 좋다.

④ 출퇴근시 인사를 할 때에는 가벼운 목례보다는 인사말을 곁들여 하는 것이 좋다.

해설 직장 내에서 업무에 임하고 있는 도중에 상사나 손님들을 대면할 경우는 일 자체가 인사를 할 정도의 여유가 있는 것이라면 상황에 맞게 가볍게 목례 정도를 하고, 도저히 인사를 할 수 없는 경우에는 하지 않아도 무방하다.

06. 다음은 손님과 대면시 명함을 주고받을 때 틀린 행동은?

① 자기 명함을 줄 때는 반드시 일어서서, 오른손으로 주고, 받을 때도 일어서

정답 03. ④ 04. ③ 05. ②

서 두 손으로 받는다.

② 읽을 수 없는 한자가 있을 경우에는 물어보는 것이 좋으며, 명함을 받자마자 보지도 않고 바로 집어넣지 않도록 해야 한다.

③ 상대가 다수일 경우에는 상대방 중 지위가 높은 사람부터 명함을 교환한다.

④ 명함을 동시에 교환할 경우에는 자신의 명함을 왼손으로 내밀면서 상대방의 명함은 오른손으로 받아서 오른손바닥으로 받쳐 들고 인사한다.

해설 반대로 설명하였다. 명함을 동시에 교환 할 경우에는 자신의 명함을 오른손으로 내밀면서 상대방의 명함은 왼손으로 받아서 오른손바닥으로 받쳐 들고 인사를 한다.

07. 자신이 업무수행 중 상사나 제3자에게 손님을 소개할 때 올바르지 못한 태도는?

① 여성을 남성에게 먼저 소개하고, 손아랫사람을 손윗사람에게 먼저 소개한다.

② 소개받을 때나 소개를 할 때에는 상대방의 이름을 주의해서 들어두어야 한다.

③ 사람을 소개할 때 남자의 경우 소개하는 사람이나 받는 사람은 모두 일어서는 것이 예의이다.

④ 극장좌석에 앉아 있다든지, 복잡한 연회자리인 경우 일어나지 않아도 된다.

해설 남성을 여성에게 먼저 소개하고, 손아랫사람을 손윗사람에게 먼저 소개한다. 그리고 덜 중요한 사람을 더 중요한 사람에게 먼저 소개한다. 단 상대가 성직자나 고관인 경우 그들에게 여성을 먼저 소개한다.

08. 다음 중 소개예절에 어긋나는 것은?

① 의자에 앉아 있는 여성의 경우는, 같은 여성을 소개받을 때, 또 학교선생, 성직자 등을 맞이할 때는 일어서서 인사한다.

② 만찬이나 오찬시에는 주빈에게 모든 손님을 소개하고(리셉션에서도 동일), 지위가 높은 사람이 다른 곳에 있을 경우 주인은 손님을 동반하고 그곳까지 가서 소개한다.

③ 리셉션에서 처음 온 손님을 안주인이 먼저 도착한 손님들에게 소개시켜 준다.

④ 유럽, 남미에서는 자기 스스로 소개하는 것이 일반적인 방법이다.

정답 06. ④ 07. ①

해설 영국에서는 파티나 모임의 주최자가 참석자를 반드시 소개해야 한다. 반면 프랑스 등 유럽에서는 주최자에 의한 소개 없이도 안면이 있는 사람 또는 이전에 정식으로 소개받은 사람을 통해서 소개받기도 한다. 유럽, 남미에서는 자기 스스로 하는 소개를 대단히 나쁜 방식으로 여기므로 주최자나 다른 사람을 통해 소개받는다.

09. 다음은 전화를 받는 경우의 예절을 설명한 것이다. 잘못된 것은?

① 전화가 걸려오면 되도록 빨리 받고 회사의 이름과 소속 부서, 자신의 이름을 밝힌다.
② 용건을 확인하고, 다른 사람과 상의할 일이 생기면 양해를 구하고, 상대방에게 대화가 들리지 않도록 송화기를 막고 이야기한다.
③ 내용 중 요점을 복창하여 확인한다.
④ 통화가 종료되면 즉시 전화를 끊는다.

해설 전화는 상대가 먼저 끊으면 잠시 후 조용히 내려놓는다.

10. 다음 중 전화를 받거나 걸 때 또는 바꾸어 줄 때의 예절에 어긋나는 것은?

① 전화를 잘못 건 경우에는 반드시 사과를 한 후에 전화를 끊는다.
② 용건이 끝나면 인사말을 하고 전화를 먼저 건 쪽에서 수화기를 놓는다.
③ 상사가 부재중 전화가 오면 부재중인 이유는 절대 비밀로 한다.
④ 아는 사람으로부터의 전화는 접수해서 직접 상사에게 인계해도 된다.

해설 상사가 부재중 전화가 오면 주재중인 이유를 밝혀주는 것이 예의에 맞다.

11. 손님을 맞이할 때의 예절을 설명한 것이다. 올바르지 못한 것은?

① 손님이 들어서면 곧바로 일어나서 상대의 얼굴을 보며 "어서 오십시오"라고 밝히고 시원한 말을 건넨 후, 어디서 무슨 용무로 왔는지를 확인한다.
② 만나고자 하는 사람이 자리에 있는 경우 약속에 돼 있는 경우엔 "기다리고 계십니다" 하고 인사를 한 후 면담장소로 안내한다.
③ 약속이 돼 있지 않은 경우에는 무조건 거절한다.
④ 만나고자 하는 사람이 면담중일 경우 손님의 용건을 간단히 메모하여 만나

정답 08. ④ 09. ④ 10. ③

고자 하는 사람에게 전하고, 대답을 기다린 후에 손님에게 안내한다.

해설 만나고자 하는 사람이 자리에 있는 경우 약속이 돼 있는 경우엔 "기다리고 계십니다" 하고 인사를 한 후 면담 장소로 안내하고, 약속이 돼 있지 않은 경우에는 만나고자 하는 사람에게 연락을 취한 후, 응대가 가능할 시 안내한다.

12. 손님을 맞이하여 안내할 때의 태도로 올바르지 못한 것은?

① 복도에서는 손님이 복도의 안쪽으로 걸을 수 있도록 하고 보조에 맞추어 손님의 왼쪽 약간 뒤쪽에서 걷도록 한다.
② 코너나 계단에서는 방향을 가리키면서 자기 혼자만 가지 않도록 유의한다.
③ 출입문 통과시에는 인기척을 내고 노크를 한다.
④ 왼손 안으로 여는 문은 왼손으로 밀고 들어가서 오른손으로 손잡이를 잡고 실내로 안내한다.

해설 복도에서는 손님이 복도 중앙에서 걸을 수 있도록 하고 보조에 맞추어 손님의 오른쪽 약간 앞에서 걷도록 한다.

13. 손님을 안내할 때의 태도로 틀린 것은?

① 두 손에 물건을 들고 있을 때는 물건을 내려놓은 다음 문을 연다.
② 문이 밖으로 여는 것일 때는 문을 자기 쪽으로 당겨 손님을 먼저 실내로 들여보낸다.
③ 오른쪽 안으로 여는 문은 오른손으로 밀고 들어가 손잡이를 왼손으로 바꾸어 잡고 손님을 실내로 불러들인다.
④ 일반적으로 입구에서 가장 가깝고 창문이 가장 먼 곳에 있는 자리에 착석하도록 한다.

해설 일반적으로 입구에서 가장 멀고 창문이 가장 가까우며 그림 등이 보이는 자리가 상석이다.

14. 내방한 손님을 접객할 때의 예절에 어긋나는 것은?

① 행선지는 손가락으로 가리키지 말고 손끝을 모아서 손바닥을 위로 향하여 방향을 가리킨다.

정답 11. ③ 12. ① 13. ④

② 함께 서서 안내하는 경우에는 손님은 복도 중앙을 걷 중하고, 안내인은 손님의 반 보 앞서서 걸어간다.
③ 엘리베이터에 탈 경우에는 사전에 행선지를 알라고, 입구를 향하여 맨 뒤쪽의 정가운데 위치하도록 한다.
④ 층계를 오르내림은, 안내의 경우라면 손님의 앞에 서고 전송이라면 손님의 뒤에 선다.

해설 엘리베이터는 입구를 향하여 왼쪽 구석이 최상위이다.

15. **다음 중 내방한 손님을 접객할 때의 예절에 어긋나는 것은?**

① 응접실로의 안내는 안쪽으로 열리는 문에서는 손님이 먼저 들어가고 안내인이 뒤따른다.
② 커피, 홍차 등을 권하는 경우는 찻잔의 손잡이가 왼쪽(영국식)이나 오른쪽(미국식)으로 어느 쪽이든 무방하다.
③ 차와 과자를 권할 경우는 과자를 먼저 왼쪽에, 차는 오른쪽으로 오도록 한다.
④ 층계의 오르내림은, 안내의 경우라면 손님의 앞에 서고 전송이라면 손님의 뒤에 선다.

해설 응접실로의 안내는 안쪽으로 열리는 문에서는 안내인이 먼저 들어가서, “어서 들어오십시오” 하며 맞아들인다.

16. **다음은 일상 업무 중의 예절을 설명한 것이다. 틀린 것은?**

① 상사가 부를 때는 활기 있게 대답을 하고 하던 일을 즉시 멈추고 상사 앞으로 간다.
② 필기도구(메모지, 볼펜)를 잊지 말고 준비하여 요점을 기록한다.
③ 상사의 지시·명령을 듣고 있는 중에도 의문 나는 점이 있으면 즉시 질문한다.
④ 상사의 설명이 끝나면 요점을 복창하고 지시된 내용을 확인한다.

해설 상사의 지시·명령을 듣고 있는 중에는 질문을 하지 않는다.

정답 14. ③ 15. ① 16. ③

17. **다음은 상사에 대한 보고예절을 설명한 것이다. 바르지 못한 것은?**

① 명령에 대해서는 반드시 보고를 하는 것이 원칙이다.
② 보고를 할 때는 이유부터 설명하고 결론을 도출한다.
③ 어떤 보고든지 사실 그대로 보고를 한다.
④ 일에 착오가 생기거나 돌발사고가 일어났을 때는 특히 빨리 보고를 한다.

해설 결론부터 한다. 결론은 간단 명료 구체적으로 하고 설명은 나중에 첨가하는 것이 보고의 원칙이다. 즉 결론－이유－경과의 순으로 보고를 하는 습관을 기르도록 한다.

18. **다음은 일상적인 근무예절을 설명한 것이다. 잘못된 것은?**

① 출근할 때는 아무리 이른 시간에 출근하더라도 언제나 깨끗하고 단정한 복장이어야 한다.
② 출근은 근무시작 10분 전까지 하는 것이 가장 무난하다.
③ 일단 외출할 때에는 공적이든, 사적이든 상사의 허락을 받고 사무실에 들어오는 대로 결정한다.
④ 계단에서는 여자가 먼저 오르고, 남자가 먼저 내려간다.

해설 계단에서는 남자가 먼저 오르고, 여자가 먼저 내려간다.

19. **다음의 설명으로 틀린 것은?**

① 책상 위에는 아무 것도 없도록 깨끗하게 치우고 PC의 전원이 반드시 끈다.
② 면담중의 연락은 메모로 적어 고객에게 메모의 내용이 보이지 않도록 건네준다.
③ 술을 따를 때는 술병의 글자가 밑으로 가게 왼쪽으로 잡고 오른손을 받쳐 정중한 자세로 따라 권한다.
④ 방문객을 맞이하였을 때에도 인사가 끝난 다음 본론에 들어간 후 허락을 구한 후 담배를 피우는 것이 예의이다.

해설 술을 따를 때는 술병의 글자가 위로 가게 오른손을 잡고 왼손을 받쳐 정중한 자세로 따라 권한다.

정답 17. ② 18. ④ 19. ③

20. **다음은 경호대상자를 포함한 것이다. 윗사람과의 일반적인 탑승예절을 설명한 것이다. 틀린 것은?**

① 승용차에 여성과 동승할 때 승차시에는 여성이 먼저 타고, 하차시에는 남성이 먼저 내려 차문을 열어준다. 윗사람과 함께 탈 때에도 마찬가지이다.
② 비행기를 타고 내릴 때에는 상급자가 마지막으로 타고 먼저 내리는 것이 올바른 순서이다.
③ 보통 상급자가 나중에 타고 하선할 때는 먼저 내리나, 함정의 경우에는 상급자가 먼저 타고 먼저 내린다.
④ 엘리베이터 탑승시 안내하는 사람이 있을 때는 하급자가 먼저 타고 상급자가 먼저 내린다.

해설 안내하는 사람이 있을 때는 상급자가 먼저 타고 먼저 내린다. 안내하는 사람이 없을 때는 하급자가 먼저 타서 엘리베이터를 조작하고, 상급자는 뒤에 타고 먼저 내린다. 주의할 것은 경호상의 순서와 다를 수 있으니 유의 바람.

21. **다음은 승용차에 탑승할 때의 예절을 설명한 것이다. 틀린 것은?**

① 윗사람과 함께 탈 때에는 승차시에는 윗사람이 먼저 타고, 하차시에는 아랫사람이 먼저 내려 차문을 열어준다.
② 여성과 동승시 여성이 먼저 타고 내릴 때에는 남성이 먼저 내려 차문을 열어준다.
③ 자가운전자의 차인 경우 자진해서 운전석 옆자리에 앉는 것이 통례이며 그곳이 상석이 된다.
④ 뒷좌석의 경우 운전석 기준 뒷좌석이 상석, 중앙이 제2상석 조수석 뒷좌석이 말석이 된다.

해설 뒷좌석의 경우 오른편이 제일상석, 맨 왼쪽이 제2석, 중앙이 말석이 된다.

22. **다음은 비행기나 선박에 탑승할 때의 예절을 설명한 것이다. 틀린 것은?**

① 비행기를 타고 내릴 때에는 상급자가 먼저 타고 먼저 내리는 것이 올바른 순서이다.
② 비행기에서는 객석 양측 창문가 좌석이 상석이고, 통로 쪽이 차석, 상석과

정답 20. ④ 21. ④

차석 사이의 좌석들이 하석으로 되어있다.

③ 여객선의 경우 객실의 등급이 정해져 있을 때(여객선)는 문제가 없으나, 그렇지 않은 경우에는 선체의 중심부가 상석이 된다.

④ 보통 상급자가 나중에 타고 하선할 때는 먼저 내리나, 함정의 경우에는 상급자가 먼저 타고 먼저 내린다.

해설 비행기를 타고 내릴 때에는 상급자가 마지막으로 타고 먼저 내리는 것이 올바른 순서이다.

23. **다음은 엘리베이터나 에스컬레이터에 탑승할 때의 예절을 설명한 것이다. 틀린 것은?**

① 엘리베이터 탑승시 안내하는 사람이 없을 때는 하급자가 먼저 타고 내릴 때에는 상급자가 먼저 내린다.

② 안내하는 사람이 없을 때는 하급자가 먼저 타서 엘리베이터를 조작하고, 상급자는 뒤에 타고 먼저 내린다.

③ 에스컬레이터 탑승시 올라갈 때는 하급자가 먼저 올라가고, 내려올 때는 상급자가 먼저 내려온다.

④ 에스컬레이터 탑승시 올라갈 때는 여성이 먼저 올라가고, 내려올 때는 남성이 먼저 내려온다.

해설 에스컬레이터 탑승시 올라갈 때는 상급자가 먼저 올라가고, 내려올 때는 하급자가 먼저 내려온다.

24. **다음은 보행 중 예절을 설명한 것이다. 틀린 것은?**

① 서로 아는 남 · 여가 만났을 때, 먼저 인사를 하는 것이 여성이다. 이는 원래 영미식 예절이지만 최근 유럽과 미국에서는 남성이 먼저 인사를 하는 경우도 많다고 한다. 결국 그 순서가 서로를 인정해주는 인사 자체가 중요하다.

② 노인, 부녀자 및 연소자와 같이 보행할 경우 자신은 차도에서 가까운 쪽 또는 위험한 쪽에서 걸어야 한다.

③ 보행 중 상급자를 앞질러 가야 할 경우에는 상급자의 좌측으로 나가 '실례합니다'라는 경의를 표한 후 지나간다.

④ 상급자를 수행할 때는 뒤로 1보, 우측 1보에서 수행하고 안내할 때는 전방 1보, 좌측 1보 위치에서 안내한다.

정답 22. ① 23. ③

해설 상급자를 수행할 때는 뒤로 1보, 좌측 1보에서 수행하고 안내할 때는 전방 1보, 우측 1보 위치에서 안내한다. ①의 경우 서로 아는 남 · 여가 만났을 때 먼저 인사를 하는 것이 여성이다. 이는 원래 영미식 예절이지만 최근 유럽과 미국에서는 남성이 먼저 인사를 하는 경우도 많다고 한다. 결국 그 순서가 서로를 인정해 주는 인사 자체가 중요하다.

25. 다음 중 탑승예절로서 적절하지 못한 것은?

① 비행기를 타고 내릴 때에는 상급자가 먼저 타고 마지막으로 내린다.
② 여객선에서는 상급자가 나중에 타고 하선할 때는 먼저 내린다.
③ 에스컬레이터 이용시는 상급자가 먼저 올라가고 내려올 때는 하급자가 먼저 내려온다.
④ 승용차에 여성과 동승할 때 승차시에는 여성이 먼저 타고, 하차시에는 남성이 먼저 내려 차문을 열어준다.

해설

26. 탑승시 경호예절에 관한 설명으로 틀린 것은?

① 비행기의 경우에는 상급자가 나중에 타고 먼저 내린다.
② 구축함과 같은 함정의 경우에는 상급자가 나중에 타고 나중에 내린다.
③ 엘리베이터 탑승시 안내하는 사람이 있을 때에는 상급자가 먼저 타고 먼저 내린다.
④ 기차의 경우 두 사람이 나란히 앉는 좌석에서는 창가 쪽이 상석이고 통로 쪽이 말석이다.

해설 구축함과 같은 함정의 경우에는 상급자가 먼저 타고 먼저 내린다.

27. 차량에 국기부착시 의전관례에 대한 설명으로 틀린 것은?

① 우리나라 국기만 부착할 경우는 운전자 중심으로 우측(조수석 방향)에 한다.
② 양 국기를 부착할 경우 우리나라 국기를 운전자 중심으로 좌측(운전석 방향)에 부착한다.
③ 양 국기를 부착할 경우 우리나라 국기를 운전자 중심으로 우측(조수석 방

정답 24. ④ 25. ① 26. ②

향)에 부착한다.

④ 외국 국기만 부착할 경우 운전자 중심으로 우측(조수석 방향)에 한다.

해설 지문 ③처럼 양 국기를 부착할 경우 우리나라 국기를 운전자 중심으로 우측(조수석 방향)에 부착한다.

28. 경호임무 수행 중 경호대상자와 대화시 근무예절 중 틀린 것은?

① 질문에 답할 때 특정한 분야를 두둔하고 쟁점이 될 만한 화제에 대해 자신의 주관적인 대답을 한다.

② 자신이 수행하고 있는 경호업무나 필요한 사항에 대해 설명하고 대화할 수 있는 능력을 보유할 수 있도록 노력한다.

③ 이야기 할 때 관심과 반응을 보여주고 이야기 요지를 잘 파악하여 자신의 의사를 물을 때, 간단히 대답할 수 있도록 한다.

④ 경호대상자 관심분야나 직업에 관해 사전에 파악하고 대화에 필요한 상식을 미리 공부하는 자세가 필요하다.

해설

29. 경호의전작용 중 서열기준을 조정할 경우 이에 대한 원칙으로 맞는 것은?

① 외빈 방문시 같은 나라 주재 자국대사가 귀국하였을 때는 주재 외국대사 다음으로 할 수 있다.

② 국가원수를 대행하여 참석하는 정부 각료는 외국대사 다음으로 할 수 있다.

③ 우리가 주최하는 연회에서는 자국 측 빈객은 동급의 외국 측 빈객보다 상위에 둔다.

④ 대사가 여자일 경우 그의 남편은 최상위의 공사보다 우선한다.

해설

30. 국빈행사시 의전에 관한 사항으로 적절하지 않은 것은?

① 국가원수급 외빈의 공식방문 환영행사시 예포는 21발을 발사한다.

정답 27. ② 28. ① 29. ①

② 국빈방문 시는 환영행사, 국가원수내외분예방, 국가원수내외주최 리셉션 및 만찬, 환송행사 순에 의한다.
③ 외국방문 시 의전관행은 항상 방문하는 나라보다 자국의 관행에 우선한다.
④ 좌석서열배치는 지위가 비슷한 경우 여자를 남자보다 우선한다.

해설

31. 다음 중 응급처치교육의 목적을 설명한 것과 관련성이 없는 것은?

① 응급처치 교육의 첫째 목적은 구조전문가의 양상에 있다.
② 적절하게 실시된 응급처치와 적당한 구조(운반)방법은 부상자나 환자가 입은 손상의 악화를 방지하며, 그의 회복에 도움이 된다.
③ 응급처치의 잘잘못에 따라 그 환자의 생사, 회복 또는 입원기간, 신체의 불구 정도가 결정된다.
④ 응급처치법 교육은 각기 상황이 다른 부상자나 환자에게 무엇을 해야 되며, 무엇을 해서는 안 된다는 것을 알 수 있게 한다.

해설 응급처치 교육의 첫째 목적은 사고나 질병을 예방하는데 있다. 응급처치법을 배우면 위급 상황에 대한 대응방법과 그 상황의 발생원인을 알게 되므로 사고나 질병의 예방에 힘쓰게 된다.

32. 다음 중 응급처치를 실시하는 응급처치원이 지켜야 하는 원칙이 아닌 것은?

① 응급처치원 자신의 안전을 확보한다.
② 환자나 부상자에 대한 생사의 판정은 하지 않는다.
③ 동원 가능한 의약품을 최대한 사용 신속히 조치한다.
④ 어디까지나 응급처치로 그치고, 그 다음은 전문 의료요원의 처치에 맡긴다.

해설 원칙적으로 의약품을 사용하지 않는다.

33. 다음 중 응급상황에서의 대처요령에 포함되는 요소가 아닌 것은?

① 현장조사활동　② 긴급수술활동
③ 환자상태의 조사　④ 도움요청

정답 30. ③ 31. ① 32. ③

해설 긴급수술활동은 응급조치원이 할 사항은 아니며, 의사나 119출동요원 등이 할 일이다.

34. 다음의 응급상황에서의 대처요령 중 현장조사활동에 포함되는 요소가 아닌 것은?

① 처치원이 부상자/환자에게 접근하기에 안전한지, 부상자/환자에게 더 이상의 위험한 요소는 없는지를 판단한다.
② 주위의 상황 또는 주위 사람들로부터 현장에서 일어난 일을 파악한다.
③ 부사자의 부상부위를 신속히 치료조치 한다.
④ 부상자/환자에 대한 정보 및 응급의료서비스 기관에 도움요청 전화 등 도움을 받을 수 있는 사람이 있는지 파악한다.

해설 부상자의 부상부위에 대한 상태 파악에 치중하는 것이 주임무이고 치료활동은 포함요소가 아니다.

35. 다음의 응급상황에서의 대처요령 중 환자에 대한 기본조사요소에 포함되지 않는 것은?

① 기 도 ② 호 흡
③ 순환계 ④ 생체징후

해설 생체징후는 제2차적인 조사에 포함되는 요소이다.

36. 다음의 응급처치시 유의해야 할 사항을 설명한 것 중 틀린 것은?

① 생명이 위급한 환자. 즉, 호흡정지, 심장정지, 대출혈, 중독 등 긴급한 환자를 우선 처치한다.
② 응급처치원임을 밝힌다.
③ 부상자/환자의 상태조사와 자세교정에 힘쓴다.
④ 얼굴색, 피부색 등이 청홍색이면 대출혈, 심장발작 등으로 혈압이 낮아지고 심장의 펌프 작용이 저하하여 혈액순환이 악화된 상태이므로 이에 대한 조치를 한다.

해설 얼굴색, 피부색 등이 청홍색이면 호흡을 할 수 없는 상태, 심장이 정지되기 직전, 약물중독 등으로 모두가 위험한 상태이다.

- 청홍색 : 안색, 피부색 특히 입술과 손톱 색이 청홍색으로 변해 있으면 호흡을 할 수 없는 상태, 심장이 정지되기 직전, 약물 중독 등으로 모두가 위험한 상태이다.
- 창백 : 안색, 피부색이 창백하고 피부가 차갑고 건조하면 대출혈, 심장발작 등으로 혈압이 낮아지고 심장의 펌프 작용이 저하하여 혈액순환이 악화된 상태이다.
- 붉은 색 : 안색, 피부색이 붉으면 혈압이 높아진 것으로 일산화탄소 중독, 일사병, 열사병 등에 걸린 것이다.
- 혈색이 좋을 때 : 맥박이 정상이고 안색이 좋으며 피부가 따뜻한 느낌을 주면 혈액순환이 좋다는 것을 뜻하는 것으로 위협은 적다.

정답 33. ② 34. ③ 35. ④ 36. ④

37. 피경호인이 만찬 중 구토와 함께 졸도하였을 때 경호원의 최초 행동으로 맞는 것은?

① 의사를 부르고 기다린다.
② 입안의 오물을 제거한다.
③ 바로 인공호흡을 실시한다.
④ 정신을 차리도록 찬물을 끼얹는다.

해설

38. 다음 중 질식된 듯한 모습을 보이며 화상을 동반하며 쇼크 증상을 보일 수 있는 것은?

① 감 전
② 골 절
③ 창 상
④ 탈 구

해설

39. 화상 깊이에 따른 분류 중 피부와 진피일부의 화상, 수포형성, 통증이 심한 것은?

① 1도 화상
② 2도 화상
③ 3도 화상
④ 4도 화상

해설

40. 응급처치의 4대 요소에 해당되지 않는 것은?

① 전문 의료기관 연락
② 지 혈
③ 기도유지
④ 쇼크방지 및 치료

해설

정답 37. ② 38. ① 39. ② 40. ①

41. 경호임무 수행 중 발생한 사고에 대한 상해진단 및 평가에 대한 설명으로 틀린 것은?

① 부상자가 의식이 없고 척추손상이 의심되는 상태라면 부상자를 반듯하게 눕히고 턱을 전방으로 밀어 올려서 기도를 개방시킨다.

② 부상자가 호흡을 하지 않아 기도를 개방하고 인공호흡을 실시하였다면 경동맥을 짚어 맥박이 있는지 확인한다.

③ 심폐소생술을 실시하던 중 출혈이 심하다던 심폐소생술 실시자 이외의 다른 보호자가 지혈을 실시한다.

④ 심폐소생술을 실시할 때 쇼크를 방지하기 위해 부상자를 차갑게 보호해 주어야 한다.

해설 본래 부상자가 의식이 없고 척추손상이 확인되는 상태라면 부상자를 반듯하게 눕히고 머리부위를 강하게 당긴다든지, 꺾는 등의 행위를 해서는 안 된다. 다만 예문에서는 턱을 전방으로 밀어서 기도를 개방시킨다라고 되어 있고, 척추손상 여부가 완전히 확인된 상태가 아니기 때문에 상대적으로 ④를 답으로 하겠다. 일반적으로 심폐소생시 환자는 쇼크를 방지하기 위해 따뜻하게 보호해 주는 것이 원칙이다. 원칙적으로 ①, ④ 예문 모두 문제가 있는 예문이다.

42. 두부손상 환자에 대한 일반적인 응급처치방법으로 옳지 않는 것은?

① 경추, 척추 고정

② 들것에 눕힌 상태에서 30도 정도 올려준다.

③ 기도 확보

④ 두부 외상환자일 경우 뇌부분을 따뜻하게 해준다.

해설

43. 피경호인이 만찬 중 구토와 함께 졸도하였을 때 경호원의 최초 행동으로 맞는 것은?

① 의사를 부르고 기다린다.

② 정신을 차리도록 찬물을 끼얹는다.

③ 바로 인공호흡을 실시한다.

④ 입안의 오물을 제거한다.

해설

정답 41. ④ 42. ④ 43. ④

44. 응급처치 구명 4대 요소가 아닌 것은?

① 기도유지　　② 쇼크방지 및 치료
③ 운반법　　④ 상처의 보호

해설

45. 다음 중 지혈방법이 아닌 것은?

① 국소거양법　　② 간접압박법
③ 직접압박법　　④ 지혈대 사용법

해설

46. 다음 중 환자가 두부(머리)를 손상당했을 때의 응급처치 방법으로서 맞지 않은 것은?

① 척추를 고정 시킨다.
② 머리를 따뜻하게 보온한다.
③ 머리를 30도 정도 들어올린다.
④ 머리의 손상부분을 직접 압박법으로 지혈하고 붕대로 고정한다.

해설

47. 다음 중 경호원이 경호임무 수행시 의식을 잃고 쓰러져 있는 환자를 발견했을 당시 조치의 올바른 순서는?

① 지혈-기도유지-생명력유지-운반
② 기도유지-지혈-생명력유지-운반
③ 생명력유지-지혈-운반-기도유지
④ 지혈-생명력유지-기도유지-운반

해설

정답 44. ③ 45. ② 46. ② 47. ②

48. **다음 중 경호원이 경호임무 수행시 머리에 피를 심하게 흘리는 상해자를 발견했을 당시 조치의 올바른 순서는?**

① 지혈-기도유지-생명력유지-운반
② 기도유지-지혈-생명력유지-운반
③ 생명력유지-지혈-운반-기도유지
④ 지혈-생명력유지-기도유지-운반

해설

49. **경호임무 수행 시 경호대상자에게 발생한 유형별 응급조치 요령으로 맞는 것은?**

① 경·척추가 손상되었을 경우 환자를 함부로 다루게 되면 오히려 손상을 가져오기 때문에 의료진이 도착할 때까지 그대로 두는 것이 낫다.
② 두부 손상의 응급조치는 기도를 확보하여 산소를 공급한 후 뇌손상으로 인해 체온이 떨어지기 때문에 보온을 유지한다.
③ 발작이 일어났을 경우 즉시 환자를 잡아 근육의 경련을 막고 의식이 회복될 수 있도록 음료를 투여한다.
④ 탈구된 환자는 관절의 모양이 변하기 때문에 즉시 바로 잡아주면서 따뜻한 물수건으로 찜질해 준다.

해설

50. **경호 행사시 사고로 인한 골절환자의 응급처치 요령으로 틀린 것은?**

① 움직임을 억제 시키고 상처의 감염 방지 처리를 해야 한다.
② 골절된 뼈가 돌출되면 1차적으로 뼈를 맞춘다.
③ 출혈시에는 직접 압박지혈법을 행한다.
④ 골절부위를 조사하여 골절부위 상, 하단에 부목을 대고 고정시킨다.

해설

정답 48. ① 49. ① 50. ②

51. 다음 중 경비원이 손상환자 발견시 응급처치 순서로 맞는 것은?

① 안정 - 압박 - 상처올림 - 냉찜질
② 안정 - 냉찜질 - 압박 - 상처올림
③ 압박 - 냉찜질 - 상처올림 - 안정
④ 냉찜질 - 압박 - 상처올림 - 안정

해설

52. 응급처치를 실시할 때 지켜야 할 원칙으로 틀린 것은?

① 환자나 부상자의 상태조사 및 편안한 자세를 유지하도록 힘쓴다.
② 환자나 부상자에 대한 생사의 판정은 하지 않는다.
③ 동원 가능한 의약품을 최대한 동원하여 신속히 조치한다.
④ 병원에 이송되기 전까지 환자의 2차 쇼크를 방지하고 생명력을 유지하도록 한다.

해설

53. 경호임무수행 중 발생한 사고에 대한 상해 진단 및 평가에 대한 내용으로 적절하지 않는 것은?

① 부상자가 의식이 없고 척추손상 상태라면 부상자를 반듯하게 눕히고 머리부위를 당기며 기도를 개방시킨다.
② 부상자가 호흡하지 않아 기도를 개방하고 인공호흡을 실시하였다면 경동맥을 짚어 맥박이 있는지 확인한다.
③ 심폐소생술을 실시하는 가운데 출혈이 심하다면 심폐소생술 실시자 이외의 다른 보호자가 지혈을 실시한다.
④ 심폐소생술을 실시중이거나 과도한 열기에 노출되어 발생한 상해가 아닐 경우에는 쇼크를 방지하기 위해 부상자를 차갑게 보호해 주어야 한다.

해설 기출문제로 정답을 ①번으로 하는데 문제는 없지만 예문 ④도 정확한 설명은 아니다.

정답 51. ② 52. ③ 53. ①

54. 다음 중 경호활동시 발생되는 두부손상에 대한 응급처치요령으로 틀린 것은?

① 두피손상의 경우 손상 입은 피부를 본래의 위치로 되돌려놓고 거즈를 덮어 직접압박으로 지혈하고 붕대로 고정한다.

② 두개골 골절의 경우 귀나 코에서 흐르는 액체는 막지 않고 이송한다.

③ 두부외상 환자의 경우 두부에 박힌 이물질을 제거하고 보온 조치하여 체온을 유지한다.

④ 일반적으로 두부가 손상되었다고 확인되면, 기도확보, 경추·척추고정, 산소공급 기타 외상처치를 실시한다.

해설

55. 경호임무 수행 중 타박상을 입었을 때의 조치사항으로 틀린 것은?

① 출혈이 멈추고 부기가 가라앉으면 더운물 치료나 온찜질을 해준다.

② 8~10시간 동안 얼음찜질을 해준다.

③ 상처부위는 심장보다 낮게 해서 혈액순환이 잘되게 한다.

④ 상처주위에 탄력붕대를 감아주어 출혈과 부종을 막는다.

해설

56. 다음 중 응급처치를 실시하는 경비원이 지켜야 할 원칙이 아닌 것은?

① 환자나 부상자에 대한 생사의 판정은 하지 말아야 한다.

② 동원 가능한 의약품을 최대한 사용하여 신속히 조치한다.

③ 전문의료원이 도착하기 전까지의 응급처치만 하도록 한다.

④ 응급처치를 실시하는 경비원 자신의 안전을 확보하도록 한다.

해설

57. 출혈이 심한 환자에 대한 응급처치방법이 아닌 것은?

① 상처에 대한 지압점의 압박 ② 상처의 드레싱

③ 출혈부위에 대한 직접압박 ④ 지혈대의 사용

정답 54. ③ 55. ③ 56. ②

해설

58. **심폐소생술을 종료할 수 있는 경우가 아닌 것은?**

① 구조자(경호원)가 육체적으로 탈진하여 지친 경우

② 다른 의료인과 교대한 경우

③ 환자의 맥박과 호흡이 회복된 경우

④ 15분간 심폐소생술에 반응이 없는 경우

해설 심폐소생술을 종료하는 경우는 환자의 심장이 정상적으로 박동되는 경우, 경호원이 육체적으로 탈진되어 심폐소생술을 계속할 수 없는 경우, 의사나 법의학자 또는 법률적으로 인정된 전문가에 의해 사망이 선고된 경우에만 종료한다.

59. **응급처치의 범위에 관한 설명으로 틀린 것은?**

① 응급처치는 전문적인 치료를 받기 전까지의 즉각적이고 임시적인 적절한 처치와 보호이다.

② 응급처치원은 환자나 부상자에 대한 안전을 자신보다 우선 확보한다.

③ 응급처치원은 환자나 부상자에 대한 생사의 판정은 하지 않는다.

④ 응급처치원은 원칙적으로 의약품을 사용하지 않는다.

해설

60. **호흡정지, 대출혈, 의식장애, 중독 환자 등에 대한 조사요령으로 바르지 못한 것은?**

① 환자가 내쉬는 입김을 처치원이 뺨으로 느껴 호흡을 계속하고 있는지 확인한다.

② 맥박이 뛰지 않는다고 생각되면 동공을 살펴본다. 의식이 없고 동공이 수축되어 있으면 위험하다.

③ 의식이 없는 부상자/환자의 손상 원인을 살핀다.

④ 손발의 움직임을 살핀다. 의식은 있는데 손발이 움직이지 않는 것은 신경계통(뇌, 척수, 말초신경)에 손상을 입었다고 보아야 하며, 골절인 경우에는 골절 부위의 말단 쪽을 움직이지 못할 때가 많다.

정답 57. ② 58. ④ 59. ②

해설 맥박이 뛰지 않는다고 생각되면 동공을 살펴본다. 의식이 없고 동공이 벌어져 있으면 위험한 상태이다.

61. 다음은 원인불명의 인사불성환자에 대한 응급처치와 관련한 설명이다. 틀린 것은?

① 얼굴은 붉은 인사불성환자의 경우 환자를 바로 눕히고 머리와 어깨를 약간 높여 안정을 시킨다.

② 얼굴이 창백한 인사불성환자의 경우 목의 옷깃을 늦추어 주고 머리에 찬 물수건을 대어 식혀준다.

③ 얼굴이 창백한 인사불성환자의 경우 환자는 머리를 수평 되게 혹은 다리를 높여 안정되게 눕히고 열을 가하여 보온한다.

④ 얼굴이 푸른 인사불성환자의 경우 응급처치로서는 구조호흡과 충격에 대한 처치를 한다.

해설 ㉠ 얼굴이 붉은 인사불성
㉮ 주요 증상은 얼굴이 붉고 맥박이 강한 것이다.
㉯ 환자를 바로 눕히고 머리와 어깨를 약간 높여 안정을 시킨다.
㉰ 목의 옷깃을 늦추어 주고 머리에 찬 물수건을 대어 식혀준다
㉱ 환자를 병원으로 보낼 필요가 있으면 눕힌 자세대로 주의하여 운반하고 만약 구토를 하면 얼굴을 옆으로 돌려준다.
㉡ 얼굴이 창백한 인사불성
㉮ 주요 증상은 얼굴이 창백하고 맥박이 약한 것이다
㉯ 충격에 대한 응급처치를 한다.
㉰ 환자는 머리를 수평 되게 혹은 다리를 높여 안정되게 눕히고 열을 가하여 보온한다.
㉱ 환자를 옮길 필요가 있으면 눕힌 상태로 주의하여 조용히 옮긴다.
㉢ 얼굴이 푸른 인사불성
㉮ 얼굴이 창백한 인사불성의 증상 호흡이 부전되어 얼굴색이 파래진 것이다.
㉯ 응급처치로써는 구조호흡과 충격에 대한 처치를 한다.

62. 다음은 원인을 알 수 있는 인사불성환자에 대한 응급처치내용이다. 틀린 것은?

① 인사불성의 원인이라고 생각되는 손상을 발견하더라도 뇌의 손상, 간질병 또는 술 취한 상태의 혼동하지 않도록 조심해야 한다.

② 숨을 내쉴 때 술 냄새가 나는 인사불성이라고 해서 간단히 술에 취하였다고 단정해서는 안 된다.

③ 입 쪽의 냄새를 맡아보고 술 냄새가 난 경우 바로 수면상태를 유지할 수 있

정답 60. ② 61. ②

게 조치한다.

④ 인사불성의 원인을 정확히 구별할 수 없을 때는 뇌일혈이나 두개골 골절로 환자로 보고 응급처치한다.

해설 자기의 몸을 가누기 힘들 만큼 취한 사람이 낙상을 점하여 머리에 심한 부상을 입고 술에 취한 것과 같은 인사불성이 될 수도 있다. 술 냄새가 난다고 하여 심한 머리손상이나 간 질병에 대한 조사를 하지 않고 그냥 버려서는 안 된다.

63. **다음 중 뇌일혈 환자에 대한 응급처치내용으로 틀린 것은?**

① 환자의 머리와 어깨를 최대한 낮추어 준다.
② 목의 옷을 느슨하게 하여주고 찬 물수건이나 얼음주머니를 머리에 대어준다.
③ 환자를 절대 안정시키며 따뜻할 정도로 덮어준다.
④ 음식물은 아무것도 주지 말고 가능하면 의사와 왕진을 청하는 것이 좋다.

해설 환자의 머리와 어깨를 약간 높여준다.

64. **다음 중 졸도환자에 대한 응급처치내용으로 바르지 못한 것은?**

① 환자의 머리와 몸을 수평으로 눕히고 다리를 높여준다.
② 옷깃을 느슨하게 하여 뇌로 피가 잘 흐르도록 하면 대개 잠시 후에는 회복된다.
③ 환자의 의식이 회복된 후 차나 물을 마시게 해서는 안 된다.
④ 인사불성이 계속되면 환자를 따뜻하게 하여주고 이송한다.

해설 환자의 의식이 회복된 후 차나 물을 많이 마시게 하는 것이 좋다.

65. **심장마비 환자에 대한 응급처치요령으로 잘못된 것은?**

① 환자가 맥박이 약하고 안색은 창백하며 의식이 오락가락 할 경우 환자를 눕힌다.
② 환자가 얼굴이 빨개지고 누워서는 호흡이 불가능한 경우에는 옆으로 눕게 하여 되도록 숨쉬기 편하게 하여준다.
③ 모든 경우에 환자가 따뜻하도록 충분히 덮어 준다.

정답 62. ③ 63. ① 64. ③

④ 환자를 안심시켜 두려움을 느끼지 않도록 하고 환자 자신이 심장마비에 대비한 약품을 가지고 있을 때가 있으므로 그러한 약을 지니고 있으면 그 약을 먹도록 도와준다.

해설 환자가 얼굴이 빨개지고 누워서는 호흡이 불가능한 경우에는 벽면에 기대어 앉게 하고 환자가 원하는 대로 되도록 숨쉬기 편하게 하여 준다.

66. **다음 중 간질 환자에 대한 응급처치요령으로 잘못된 것은?**

① 경련환자에 있어서 가장 위험한 것은 발작 중 당하는 부상이다. 그러므로 이를 예방하기 위해 환자가 움직일 수 없게 꼭 붙잡거나 고정시킨다.
② 부드러운 물건을 환자의 머리와 어깨의 밑에 넣어주고 주위의 물건들은 치운다.
③ 음료는 주지 말고 환자가 의식을 잃고 안정되게 있거나 잠이 들어 있을 때에는 회복할 때까지 그대로 둔다.
④ 심한 부상이 없는 이상 발작만으로는 생명의 위험성이 없으므로 안정에 힘쓴다.

해설 경련 환자에 있어서 가장 위험한 것은 발작 중 당하는 부상이다. 그러므로 이를 예방하기 위해 노력하여야 한다. 그렇다고 근육의 경련을 막으려고 환자를 붙잡거나 하여서는 안 되며, 다만 환자의 부상을 예방한다.

67. **다음 중 어린이 경련에 대한 응급처치요령으로 틀린 것은?**

① 옷깃을 느슨하게 하여 주고, 경련이 곧 멈추지 않으면 더운 물수건을 대어준다.
② 어린이의 옷을 전부 벗기고 체온과 비슷한 더운물에 넣어서 큰 타월이나 헝겊으로 몸을 싸준다.
③ 경련 끝에 환자의 얼굴색이 파랗게 질리고 호흡이 잠시 중단되며 구조호흡을 시작한다.
④ 열로 인한 경련시에도 보온담요 등으로 체온을 유지시킨다.

해설 열로 인한 경련시에는 옷을 벗기고 열을 식혀준다. 단, 심장부위를 차게 하면 심장마비를 일으킬 수 있으므로 이에 유의한다.

정답 65. ② 66. ① 67. ④

68. **다음 중 경호활동 시 발생되는 두부손상에 대한 응급처치요령으로 틀린 것은?**

① 일반적으로 두부가 손상되었다고 확인되면 기도확보, 경추, 척추, 고정, 산소공급(구조호흡, 심폐소생), 기타 외상처치를 실시한다.

② 두부외상 환자의 경우 절대적으로 보온조치를 하여 체온을 유지시킨다.

③ 두부 손상의 경우 출혈시 상처 위에 거즈를 대고 손으로 압박하여 지혈한다.

④ 두개골 골절의 경우 골절부위에 드레싱 처치를 하고 즉시 이송한다.

해설 두부외상 환자의 경우는 보온하지 않는다. 뇌손상시 체온 상승의 경향이 있다.

69. **경호업무 수행시 발생할 수 있는 경·척추 손상환자에 대한 응급처치요령으로 잘못된 것은?**

① 경추, 척추를 고정한다.

② 이때는 손상확인이 필요한데 환자나 목격자에게 물어보거나 안면부, 두부, 목, 허리 등을 관찰하여 손상을 확인한다.

③ 응급처치로는 목을 뒤로 젖혀 기도를 유지한다.

④ 생명에 지장이 없는 환자는 119 구급대나 의료인이 올 때까지 그대로 두는 것이 오히려 낫다.

해설 응급처치로는 기도를 유지한다. 단 목을 뒤로 젖히는 것을 절대 금물이다.

70. **다음 중 골절환자에 대한 응급처치요령으로 바르지 못한 것은?**

① 골절에는 단순골절(뼈만 손상 폐쇄성)고 복합골절(뼈, 신경, 근육 등 손상)이 있다.

② 골절 여부를 판단하기 위해서는 운동장에 감각 상실 등 관찰하고 만져보며 길이를 비교한다.

③ 응급처치로는 출혈시 지혈하고, 따뜻한 장소에서 안정을 취하게 한다.

④ 음료를 충분히 섭취케 하여 수분을 유지시킨다.

해설 골절환자의 경우 치료조치가 이루어질 때까지 되도록 음료 등을 섭취하지 못하게 한다.

정답 68. ② 69. ③ 70. ④

71. 다음 중 화상환자에 대한 응급조치요령이 아닌 것은?

① 화상이 더 진행되지 않도록 조치한다.
② 감염을 예방한다.
③ 경화상의 경우 소독된 약용 바셀린이나 화상연고를 바르고 드레싱을 한다.
④ 중화상의 경우 쇼크처치하고, 타서 몸에 붙은 의복을 현장에서 신속히 제거한다.

해설 중화상의 경우 쇼크처치하고, 타서 몸에 붙은 의복은 억지로 떼어내지 않는다. 깨끗한 헝겊을 생리식염수에 적시어 대면서 효과적으로 보온한다.

72. 중독환자에 대한 응급처치요령을 설명한 것이다. 틀린 것은?

① 약물중독의 경우 의식이 있는 경우 음료를 제공하여 희석시키거나 토하게 하고, 해독제를 투여한다.
② 의식이 없는 경우 기도개방－구조호흡－쇼크처치한다.
③ 일산화탄소 중독시 의식이 있는 경우 가슴을 풀어주고 신선한 공기를 마시게 한다. 이때 음료는 일절 못 마시게 한다. 그리고 청량음료, 시원한 설탕물, 진한 커피를 마시게 한다.
④ 의식이 없을 경우에는 기도를 유지하여 산소를 투여하고 병원으로 이송시킨다.

해설 일산화탄소 중독시 의식이 있는 경우 가슴을 풀어주고 신선한 공기를 마시게 한다. 그리고 청량음료, 시원한 설탕물, 진한 커피를 마시게 한다.

73. 다음 중 위급한 부상자를 발견하였을 경우 행동원칙으로 가장 거리가 먼 것은?

① 먼저 무엇이 잘못되었는지를 정확히 파악한다.
② 부상자를 발견 즉시 무조건 조치를 취한다.
③ 부상자를 신속히 평가한다.
④ 응급처치 후 생길 수 있는 처치자의 반응도 고려해야 한다.

해설 도움을 줄 것인지를 먼저 결정하여야 한다. 우급한 상황에 처한 부상자일지라도 모든 부상자에게 응급조치를 즉시 가할 수 있는 것은 아니다.

정답 71. ④ 72. ③ 73. ②

74. **다음 중 위급한 부상자를 응급 현장에서 발견하였을 때 즉시 조사하여야 할 사항이 아닌 것은?**

① 구조가 자신이나 부상자, 그리고 현장에 있는 사람들에게 어떤 위험 요소가 있는지 살핀다.
② 사고 또는 부상의 발생 기전이나 원인을 조사한다.
③ 부상자의 수를 조사한다.
④ 부상자의 성별여부

해설 응급처치자는 응급 현장에서 사고자를 접했을 때 ①, ②, ③의 3가지를 10초 이내에 살피도록 하여야 한다.

75. **다음 중 응급처치시 야기될 수 있는 감염으로부터의 보호조치에 대한 설명으로 틀린 것은?**

① 응급조치 현장에서 부상자로부터 가장 빈번하게 감염될 수 있는 매개는 혈액에 의한 것이다.
② 응급현장에서 감염으로부터 보호받을 수 있는 가장 손쉬운 장비는 장갑이다.
③ B형이나 C형 간염 등은 전염성이 약한 병원균에 속한다.
④ 살균 소독액을 사용하여 상처부위를 씻는다.

해설 주로 B형, C형 간염, 인체면역결핍 바이러스(HIV) 등이 감염이 주된 형태이다.

76. **다음 중 응급상황시 상황파악 및 조치요령으로 거리가 먼 것은?**

① 1차 조사로서의 생명을 위협하고 있는지를 판단
② 신체검사로서의 손상부위를 파악
③ 부상자의 병력 조사
④ 신속한 의료조치

해설 응급처지자에 의한 부상자의 평가는 체계적이고 신속하게 이루어져야 한다. 일반적으로는 부상자의 평가는 다음과 같이 세 단계로 실행한다. ① 1차 조사 : 생명을 위협하고 있는지를 판단한다. ② 신체검사 : 손상부위를 파악한다. ③ 부상자의 병력 조사

정답 74. ④ 75. ③ 76. ④ 77. ④

77. **다음 중 응급현장에서의 환자에 대한 1차 조사사항이 아닌 것은?**

① 기도개방 여부　　② 출혈의 여부

③ 기능장애평가　　④ 환자의 연령

해설 응급현장에서의 환자에 대한 1차 조사사항으로는 기도개방 여부, 순환평가, 기능장애평가, ④ 상처부위 노출 등이 있다.

정답 78. ④

제6장 부 록

▶ 관련 법규

대통령 등의 경호에 관한 법률
대통령 등의 경호에 관한 법률 시행령
경비업법
청원경찰법

▶ 기출 문제

제15회 경비지도사/제16회 경비지도사/제17회 경비지도사
제18회 경비지도사/제19회 경비지도사/제20회 경비지도사
제21회 경비지도사

대통령 등의 경호에 관한 법률

[시행 2017.7.26.] [법률 제14839호, 2017.7.26., 타법개정]

제1조 (목적) 이 법은 대통령 등에 대한 경호를 효율적으로 수행하기 위하여 경호의 조직·직무범위와 그 밖에 필요한 사항을 규정함을 목적으로 한다. 〈개정 2008.2.29〉

제2조(정의) 이 법에서 사용하는 용어의 뜻은 다음과 같다. 〈개정 2012.2.2., 2013.3.23., 2017.7.26.〉

1. "경호"란 경호 대상자의 생명과 재산을 보호하기 위하여 신체에 가하여지는 위해(危害)를 방지하거나 제거하고, 특정 지역을 경계·순찰 및 방비하는 등의 모든 안전 활동을 말한다.
2. "경호구역"이란 소속공무원과 관계기관의 공무원으로서 경호업무를 지원하는 사람이 경호활동을 할 수 있는 구역을 말한다.
3. "소속공무원"이란 대통령경호처(이하 "경호처"라 한다) 직원과 경호처에 파견된 사람을 말한다.
4. "관계기관"이란 경호처가 경호업무를 수행함에 있어 필요한 지원과 협조를 요청하는 국가기관, 지방자치단체 등을 말한다.

제3조(대통령경호실장 등) ① 대통령경호처장(이하 "처장"이라 한다)은 대통령이 임명하고, 경호처의 업무를 총괄하며 소속공무원을 지휘·감독한다. 〈개정 2017.7.26.〉

② 경호처에 차장 1명을 둔다. 〈개정 2017.7.26.〉

③ 차장은 1급 경호공무원 또는 고위공무원단에 속하는 별정직 국가공무원으로 보하며, 처장을 보좌한다. 〈개정 2017.7.26.〉

[전문개정 2013.3.23.]

[제목개정 2017.7.26.]

제4조(경호대상) ① 경호처의 경호대상은 다음과 같다. 〈개정 2013.3.23., 2013.8.13., 2017.7.26.〉

1. 대통령과 그 가족
2. 대통령 당선인과 그 가족
3. 본인의 의사에 반하지 아니하는 경우에 한정하여 퇴임 후 10년 이내의 전직 대통령과 그 배우자. 다만, 대통령이 임기 만료 전에 퇴임한 경우와 재직 중 사망한 경우의 경호 기간은 그로부터 5년으로 하고, 퇴임 후 사망한 경우의 경호 기간은 퇴임일부터 기산(起算)하여 10년을 넘지 아니하는 범위에서 사망 후 5년으로 한다.
4. 대통령권한대행과 그 배우자
5. 대한민국을 방문하는 외국의 국가 원수 또는 행정수반(行政首班)과 그 배우자
6. 그 밖에 처장이 경호가 필요하다고 인정하는 국내외 요인(要人)

② 제1항제1호 또는 제2호에 따른 가족의 범위는 대통령령으로 정한다.

③ 제1항제3호에도 불구하고 전직 대통령 또는 그 배우자의 요청에 따라 처장이 고령 등의 사유로 필요하다고 인정하는 경우에는 5년의 범위에서 같은 호에 규정된 기간을 넘어 경호할 수 있다. 〈신설 2013.8.13., 2017.7.26.〉

[전문개정 2011.4.28.]

제5조(경호구역의 지정 등) ① 처장은 경호

업무의 수행에 필요하다고 판단되는 경우 경호구역을 지정할 수 있다. 〈개정 2012.2.2., 2013.3.23., 2017.7.26.〉

② 제1항에 따른 경호구역의 지정은 경호 목적 달성을 위한 최소한의 범위로 한정되어야 한다.

③ 소속공무원과 관계기관의 공무원으로서 경호업무를 지원하는 사람은 경호 목적상 불가피하다고 인정되는 상당한 이유가 있는 경우에만 경호구역에서 질서유지, 교통관리, 검문·검색, 출입통제, 위험물 탐지 및 안전조치 등 위해 방지에 필요한 안전 활동을 할 수 있다. 〈개정 2012.2.2〉

④ 삭제 〈2013.3.23〉

제5조의2(다자간 정상회의의 경호 및 안전관리) ① 대한민국에서 개최되는 다자간 정상회의에 참석하는 외국의 국가원수 또는 행정수반과 국제기구 대표의 신변보호 및 행사장의 안전관리 등을 효율적으로 수행하기 위하여 대통령 소속으로 경호·안전 대책기구를 둘 수 있다.

② 경호·안전 대책기구의 장은 처장이 된다. 〈개정 2013.3.23., 2017.7.26.〉

③ 경호·안전 대책기구는 소속공무원 및 관계기관의 공무원으로 구성한다.

④ 제1항에 따른 경호·안전 대책기구의 구성시기, 구성 및 운영 절차, 그 밖에 필요한 사항은 대통령령으로 정한다.

⑤ 경호·안전 대책기구의 장은 다자간 정상회의의 경호 및 안전관리를 위하여 필요하면 관계기관의 장과 협의하여 「통합방위법」 제2조제13호에 따른 국가중요시설과 불특정 다수인이 이용하는 시설에 대한 안전관리를 위하여 필요한 인력을 배치하고 장비를 운용할 수 있다.

제6조(직원) ① 경호처에 특정직 국가공무원인 1급부터 9급까지의 경호공무원과 일반직 국가공무원을 둔다. 다만, 필요하다고 인정할 때에는 경호공무원의 정원 중 일부를 일반직 국가공무원 또는 별정직 국가공무원으로 보할 수 있다. 〈개정 2012.12.11., 2013.3.23., 2017.7.26.〉

② 경호공무원 각 계급의 직무의 종류별 명칭은 대통령령으로 정한다.

제7조(임용권자) ① 5급 이상 경호공무원과 5급 상당 이상 별정직 국가공무원은 처장의 제청으로 대통령이 임용한다. 다만, 전보·휴직·겸임·파견·직위해제·정직(停職) 및 복직에 관한 사항은 처장이 행한다. 〈개정 2013.3.23., 2017.7.26.〉

② 처장은 경호공무원 및 별정직 국가공무원에 대하여 제1항 외의 모든 임용권을 가진다. 〈개정 2017.7.26.〉

③ 삭제 〈2013.3.23〉

④ 고위공무원단에 속하는 별정직공무원의 신규채용에 관하여는 「국가공무원법」 제28조의6제3항을 준용한다.

제8조(직원의 임용 자격 및 결격사유) ① 경호처 직원은 신체 건강하고 사상이 건전하며 품행이 바른 사람 중에서 임용한다. 〈개정 2013.3.23., 2017.7.26.〉

② 다음 각 호의 어느 하나에 해당하는 사람은 직원으로 임용될 수 없다.

1. 대한민국의 국적을 가지지 아니한 사람
2. 「국가공무원법」 제33조 각 호의 어느 하나에 해당하는 사람

③ 제2항 각 호(「국가공무원법」 제33조제5호는 제외한다)의 어느 하나에 해당하는 직원은 당연히 퇴직한다.

제9조(비밀의 엄수) ① 소속공무원(퇴직한 사람과 원 소속 기관에 복귀한 사람을 포함한다. 이하 이 조에서 같다)은 직무상 알게 된 비밀을 누설하여서는 아니 된다.

② 소속공무원은 경호처의 직무와 관련된 사항을 발간하거나 그 밖의 방법으로 공표하려면 미리 처장의 허가를 받아야 한다. 〈개정 2013.3.23., 2017.7.26.〉

제10조(직권면직) ① 임용권자는 직원(별정

직 국가공무원은 제외한다. 이하 이 조에서 같다)이 다음 각 호의 어느 하나에 해당하면 직권으로 면직할 수 있다.

1. 신체적·정신적 이상으로 6개월 이상 직무를 수행하지 못할 만한 지장이 있을 때
2. 직무 수행 능력이 현저하게 부족하거나 근무태도가 극히 불량하여 직원으로서 부적합하다고 인정될 때
3. 직제와 정원의 개폐 또는 예산의 감소 등에 의하여 폐직 또는 과원이 된 때
4. 휴직 기간이 끝나거나 휴직 사유가 소멸된 후에도 정당한 이유 없이 직무에 복귀하지 아니하거나 직무를 수행할 수 없을 때
5. 직무 수행 능력이 부족하거나 근무성적이 극히 불량하여 대통령령으로 정하는 바에 따라 대기 명령을 받은 사람이 그 기간 중 능력 또는 근무성적의 향상을 기대하기 어렵다고 인정될 때
6. 해당 직급에서 직무를 수행하는 데에 필요한 자격증의 효력이 상실되거나 면허가 취소되어 담당 직무를 수행할 수 없게 되었을 때

② 제1항제2호·제5호에 해당하여 면직하는 경우에는 대통령령으로 정하는 바에 따라 고등징계위원회의 동의를 받아야 한다.

③ 제1항제3호에 해당하여 면직하는 경우에는 임용 형태, 업무실적, 직무 수행 능력, 징계처분 사실 등을 고려하여 면직 기준을 정하여야 한다. 이 경우 면직된 직원은 결원이 생기면 우선하여 재임용할 수 있다.

④ 제3항의 면직 기준을 정하거나 제1항제3호에 따라 면직 대상자를 결정할 때에는 대통령령으로 정하는 바에 따라 인사위원회의 심의·의결을 거쳐야 한다.

제11조(정년) ① 경호공무원의 정년은 다음의 구분에 따른다.

1. 연령정년
   가. 5급 이상: 58세
   나. 6급 이하: 55세
2. 계급정년
   가. 2급: 4년
   나. 3급: 7년
   다. 4급: 12년
   라. 5급: 16년

② 경호공무원이 강임(降任)된 경우에는 제1항제2호에 따른 계급정년의 경력을 산정할 때에 강임되기 전의 상위계급으로 근무한 경력은 강임된 계급으로 근무한 경력에 포함한다.

③ 경호공무원은 그 정년이 된 날이 1월부터 6월 사이에 있는 경우에는 6월 30일에, 7월부터 12월 사이에 있는 경우에는 12월 31일에 각각 당연히 퇴직한다.

④ 삭제 〈2013.8.13〉

⑤ 삭제 〈2013.8.13〉

제12조(징계) ① 직원의 징계에 관한 사항을 심사·의결하기 위하여 경호처에 고등징계위원회와 보통징계위원회를 둔다. 〈개정 2013.3.23., 2017.7.26.〉

② 각 징계위원회는 위원장 1명과 4명 이상 6명 이하의 위원으로 구성한다.

③ 직원의 징계는 징계위원회의 의결을 거쳐 처장이 한다. 다만, 5급 이상 직원의 파면 및 해임은 고등징계위원회의 의결을 거쳐 처장의 제청으로 대통령이 한다. 〈개정 2017.7.26.〉

④ 징계위원회의 구성 및 운영 등에 필요한 사항은 대통령령으로 정한다.

제13조(보상) 직원으로서 제4조제1항 각 호의 경호대상에 대한 경호업무 수행 또는 그와 관련하여 상이를 입고 퇴직한 사람과 그 가족 및 사망(상이로 인하여 사망한 경우를 포함한다)한 사람의 유족에 대하여는 대통령령으로 정하는 바에 따라 「국가유공자 등 예우 및 지원에 관한 법률」 또는 「보훈보상대상자 지원에 관한 법률」에 따른 보상을 한다. 〈개정 2011.9.15〉

제14조(「국가공무원법」과의 관계 등) ① 직원의 신규채용, 시험의 실시, 승진, 근무성적평정, 보수 및 교육훈련에 관한 사항은 대통령령으로 정한다.

② 직원에 대하여는 이 법에 특별한 규정이 있는 경우를 제외하고는 「국가공무원법」을 준용한다.

③ 직원에 대하여는 「국가공무원법」 제17조 및 제18조를 적용하지 아니한다.

제15조(국가기관 등에 대한 협조 요청) 처장은 직무상 필요하다고 인정할 때에는 국가기관, 지방자치단체, 그 밖의 공공단체의 장에게 그 공무원 또는 직원의 파견이나 그 밖에 필요한 협조를 요청할 수 있다. 〈개정 2012.2.2., 2013.3.23., 2017.7.26.〉

제16조(대통령경호안전대책위원회) ① 제4조제1항 각 호의 경호대상에 대한 경호업무를 수행할 때에는 관계기관의 책임을 명확하게 하고, 협조를 원활하게 하기 위하여 경호처에 대통령경호안전대책위원회(이하 "위원회"라 한다)를 둔다. 〈개정 2012.2.2., 2013.3.23., 2017.7.26.〉

② 위원회는 위원장과 부위원장 각 1명을 포함한 20명 이내의 위원으로 구성한다.

③ 위원장은 처장이 되고, 부위원장은 차장이 되며, 위원은 대통령령으로 정하는 관계기관의 공무원이 된다. 〈개정 2012.2.2., 2013.3.23., 2017.7.26.〉

④ 위원회는 다음 각 호의 사항을 관장한다.

1. 대통령 경호에 필요한 안전대책과 관련된 업무의 협의
2. 대통령 경호와 관련된 첩보·정보의 교환 및 분석
3. 그 밖에 제4조제1항 각 호의 경호대상에 대한 경호에 필요하다고 인정되는 업무

⑤ 위원회의 구성 및 운영에 필요한 사항은 대통령령으로 정한다.

제17조(경호공무원의 사법경찰권) ①경호공무원(처장의 제청으로 서울중앙지방검찰청 검사장이 지명한 경호공무원을 말한다. 이하 이 조에서 같다)은 제4조제1항 각 호의 경호대상에 대한 경호업무 수행 중 인지한 그 소관에 속하는 범죄에 대하여 직무상 또는 수사상 긴급을 요하는 한도 내에서 사법경찰관리(司法警察官吏)의 직무를 수행할 수 있다. 〈개정 2013.3.23., 2017.7.26.〉

② 제1항의 경우 7급 이상 경호공무원은 사법경찰관의 직무를 수행하고, 8급 이하 경호공무원은 사법경찰리의 직무를 수행한다.

제18조(직권 남용 금지 등) ① 소속공무원은 직권을 남용하여서는 아니 된다.

② 경호처에 파견된 경찰공무원은 이 법에 규정된 임무 외의 경찰공무원의 직무를 수행할 수 없다. 〈개정 2013.3.23., 2017.7.26.〉

제19조(무기의 휴대 및 사용) ① 처장은 직무를 수행하기 위하여 필요하다고 인정할 때에는 소속공무원에게 무기를 휴대하게 할 수 있다. 〈개정 2013.3.23., 2017.7.26.〉

② 제1항에 따라 무기를 휴대하는 사람은 그 직무를 수행할 때 필요하다고 인정하는 상당한 이유가 있을 경우 그 사태에 대응하여 부득이하다고 판단되는 한도 내에서 무기를 사용할 수 있다. 다만, 다음 각 호의 어느 하나에 해당할 때를 제외하고는 사람에게 위해를 끼쳐서는 아니 된다.

1. 「형법」 제21조 및 제22조에 따른 정당방위와 긴급피난에 해당할 때
2. 제4조제1항 각 호의 경호대상에 대한 경호업무 수행 중 인지한 그 소관에 속하는 범죄로 사형, 무기 또는 장기 3년 이상의 징역 또는 금고에 해당하는 죄를 범하거나 범하였다고 의심할 만한 충분한 이유가 있는 사람이 소속공무원의 직무집행에 대하여 항거하거나 도피

하려고 할 때 또는 제3자가 그를 도피시키려고 소속공무원에게 항거할 때에 이를 방지하거나 체포하기 위하여 무기를 사용하지 아니하고는 다른 수단이 없다고 인정되는 상당한 이유가 있을 때

3. 야간이나 집단을 이루거나 흉기나 그 밖의 위험한 물건을 휴대하여 경호업무를 방해하기 위하여 소속공무원에게 항거할 경우에 이를 방지하거나 체포하기 위하여 무기를 사용하지 아니하고는 다른 수단이 없다고 인정되는 상당한 이유가 있을 때

제20조 삭제 〈2011.4.28〉

제21조(벌칙) ① 제9조제1항, 제18조 또는 제19조제2항을 위반한 사람은 5년 이하의 징역이나 금고 또는 1천만원 이하의 벌금에 처한다.

② 제9조제2항을 위반한 사람은 2년 이하의 징역·금고 또는 500만원 이하의 벌금에 처한다.

부칙 〈법률 제14839호, 2017.7.26.〉

제1조(시행일) ① 이 법은 공포한 날부터 시행한다. 다만, 부칙 제5조에 따라 개정되는 법률 중 이 법 시행 전에 공포되었으나 시행일이 도래하지 아니한 법률을 개정한 부분은 각각 해당 법률의 시행일부터 시행한다.

제2조부터 **제4조**까지 생략

제5조(다른 법률의 개정) ①부터 〈302〉까지 생략

〈303〉 대통령 등의 경호에 관한 법률 일부를 다음과 같이 개정한다.

제2조제3호 중 “대통령경호실(이하 “경호실”이라 한다)”을 “대통령경호처(이하 “경호처”라 한다)”로 한다.

제2조제3호, 제3조제1항·제2항, 제4조제1항 각 호 외의 부분, 제6조제1항 본문, 제8조제1항, 제9조제2항, 제12조제1항, 제16조제1항 및 제18조제2항 중 “경호실”을 각각 “경호처”로 한다.

제2조제4호 중 "경호실이"를 "경호처가"로 한다.

제3조의 제목 "(대통령경호실장 등)"을 "(대통령경호처장 등)"으로 한다.

제3조제1항 중 "대통령경호실장(이하 "실장"이라 한다)"을 "대통령경호처장(이하 "처장"이라 한다)"으로 한다.

제3조제3항 중 "정무직·1급 경호공무원"을 "1급 경호공무원"으로 한다.

제3조제3항, 제4조제1항제6호, 같은 조 제3항, 제5조제1항, 제5조의2제2항, 제7조제1항 본문·단서, 같은 조 제2항, 제9조제2항, 제12조제3항 본문·단서, 제15조, 제16조제3항, 제17조제1항 및 제19조제1항 중 "실장"을 각각 "처장"으로 한다.

〈304〉부터 〈382〉까지 생략

제6조 생략

대통령 등의 경호에 관한 법률 시행령

[시행 2017.7.26.] [대통령령 제28219호, 2017.7.26., 타법개정]

제1조(목적) 이 영은 「대통령 등의 경호에 관한 법률」에서 위임된 사항과 그 시행에 필요한 사항을 규정함을 목적으로 한다. [전문개정 2013.3.23]

제2조(가족의 범위 등) 「대통령 등의 경호에 관한 법률」(이하 "법"이라 한다) 제4조제1항제1호 및 제2호에 따른 가족은 대통령 및 대통령당선인의 배우자와 직계존비속으로 한다.

제3조(전직대통령 등의 경호) 법 제4조제1항제3호에 따라 전직대통령과 그 배우자의 경호에는 다음 각호의 조치를 포함한다. 〈개정 2012.5.1., 2013.3.23., 2013.8.20., 2017.7.26.〉

1. 경호안전상 별도주거지 제공(별도주거지는 본인이 마련할 수 있다)
2. 현거주지 및 별도주거지에 경호를 위한 인원의 배치, 필요한 경호의 담당
3. 요청이 있는 경우 대통령전용기, 헬리콥터 및 차량 등 기동수단의 지원
4. 그 밖에 대통령경호처장(이하 "처장"이라 한다)이 관계기관과 협의하여 정한 사항

제3조의2(경호등급) ① 처장은 법 제4조제1항제5호 및 제6호에 따른 경호대상자의 경호임무를 수행하기 위하여 해당 경호대상자의 지위와 경호위해요소, 해당 국가의 정치상황, 국제적 상징성, 상호주의 측면, 적대국가 유무 등 국제적 관계를 고려하여 경호등급을 구분하여 운영할 수 있다. 〈개정 2013.3.23., 2017.7.26.〉

② 제1항에 따라 경호등급을 구분하여 운영하는 경우에는 외교부장관, 국가정보원장 및 경찰청장과 미리 협의하여야 한다. 〈개정 2013.3.23.〉

③ 제1항의 경호등급과 관련하여 필요한 사항은 처장이 따로 정한다. 〈개정 2013.3.23., 2017.7.26.〉

제3조의3(경호업무 수행 관련 관계기관 간의 협조 등) ① 처장은 법 제4조에 규정된 경호대상에 대한 경호를 위하여 필요한 경우 대통령비서실, 국가안보실 및 경호·안전관리 업무를 지원하는 관계기관에 근무할 예정인 사람에게 신원진술서 및 「가족관계의 등록 등에 관한 법률」에서 정하는 증명서와 그 밖에 필요한 자료의 제출을 요구할 수 있다. 이 경우 처장은 제출된 자료의 내용을 확인하기 위하여 관계기관에 조회 또는 그 밖에 필요한 협조를 요청할 수 있다. 〈개정 2017.7.26.〉

② 처장은 법 제5조제3항에 따른 안전 활동 등 경호업무를 효율적으로 수행하기 위하여 필요한 경우에는 관계기관에 대하여 경호구역에 출입하려는 사람의 범죄경력 조회 또는 사실 증명 등 필요한 협조를 요청할 수 있다. 〈개정 2017.7.26.〉

[본조신설 2014.12.8.]

제4조(경호구역) ① 법 제5조제1항에 따른 대통령경호처(이하 "경호처"라 한다)의 경호구역 중 대통령집무실·대통령관저 등은 내곽구역과 외곽구역으로 나누며, 그 범위는 부도(附圖)와 같다. 〈개정 2013.8.20., 2017.7.26.〉

② 제1항에 따른 대통령집무실·대통령관저 등을 제외한 각종 행사장·유숙지 등에 대한 경호구역은 행사의 성격, 경호위해요소 등을 고려하여 처장이 지정한다. 〈개정 2012.2.2., 2013.3.23., 2017.7.26.〉

제4조의2(경호·안전 대책기구의 구성시기 및 운영기간) ① 법 제5조의2제1항에 따른 경호·안전 대책기구(이하 "경호·안전 대책기구"라 한다)의 구성시기 및 운영기간은 다자간 정상회의의 규모·성격, 경호 환경 등을 고려하여 실장이 정한다. 〈개정 2013.3.23〉

② 경호·안전 대책기구의 운영기간은 다자간 정상회의별로 1년 6개월을 초과할 수 없다.

제4조의3(경호·안전 대책기구의 구성 및 운영 등) ① 경호·안전 대책기구의 장은 다자간 정상회의의 경호 및 안전관리 활동에 관한 업무를 총괄한다.

② 경호·안전 대책기구는 소속공무원과 관계기관에서 파견된 공무원으로 구성한다.

③ 제1항 및 제2항에서 규정한 사항 외에 경호·안전 대책기구의 구성 및 운영에 필요한 사항은 경호·안전 대책기구의 장이 관계기관의 장과 협의하여 정한다.

제4조의4(국가중요시설 등에 대한 인력 배치 등) ① 법 제5조의2제5항에 따른 인력 배치 및 장비 운용은 같은 항에 따른 협의를 거친 후 경호구역 내에서는 경호·안전 대책기구의 장이, 경호구역 외의 지역에서는 해당 국가중요시설 또는 불특정 다수인이 이용하는 시설의 안전관리를 담당하는 관계기관의 장이 각각 주관하여 실시한다.

② 법 제5조의2제5항에 따른 인력 배치 및 장비 운용 기간은 다자간 정상회의별로 6개월을 초과할 수 없다.

제5조(직급) 경호공무원의 계급별 직급의 명칭은 별표 1과 같다.

제6조 삭제 〈2008.2.29〉

제6조의2 삭제 〈2008.2.29〉

제7조(인사위원회의 설치) ① 경호처 직원의 인사에 관한 정책 및 그 운용에 관한 중요사항을 심의하기 위하여 인사위원회 및 인사실무위원회를 둔다. 〈개정 2008.2.29., 2013.3.23., 2017.7.26.〉

② 인사위원회는 위원장 1인과 5인 이상 7인 이하의 위원으로 구성하며, 위원장은 2급 이상 직원중에서, 위원은 3급 이상 직원중에서 각각 처장이 임명한다. 〈개정 2005.6.30., 2008.2.29., 2013.3.23., 2017.7.26.〉

③ 인사실무위원회는 위원장 1인과 5인 이상 7인 이하의 위원으로 구성하며, 위원장은 3급 이상 직원중에서, 위원은 4급 이상 직원중에서 각각 처장이 임명한다. 〈개정 2005.6.30., 2008.2.29., 2013.3.23., 2017.7.26.〉

④ 인사위원회 및 인사실무위원회의 회의 기타 운영에 관하여 필요한 사항은 처장이 정한다. 〈개정 2017.7.26.〉

제8조(인사위원회의 직무 등) 인사위원회는 인사에 관하여 인사실무위원회와 관계부서에서 제안한 인사정책 및 그 운용에 관한 사항등을 심의하여 처장에게 건의한다. 〈개정 2017.7.26.〉

[본조신설 1999.12.31.]

제9조(임용) 경호처 직원의 임용은 학력·자격·경력을 기초로 하며, 시험성적·근무성적, 그 밖의 능력의 실증에 의하여 행한다. 〈개정 1999.12.31., 2013.11.20., 2014.12.8., 2017.7.26.〉

제9조의2(임용 직원의 임용 자격 확인 등)

① 처장은 법 제8조제1항에 따라 직원을 임용할 때에는 임용 대상자의 건강 상태, 사상의 건전성, 품행 및 제9조의 학력·자격·경력을 확인하기 위하여 임용 대상자에게 신원진술서, 학력증명서, 경력증명서, 건강진단서, 「가족관계의 등록 등에 관한 법률」에서 정하는 증명서와 그 밖에 필요한 자료의 제출을 요구할 수 있다. 〈개정 2017.7.26.〉

② 처장은 제1항의 자료의 내용을 확인하기 위하여 관계기관에 조회 또는 그 밖에 필요한 협조를 요청할 수 있다. 〈개정 2017.7.26.〉

③ 제1항 및 제2항에서 규정한 사항 외에 임용 직원의 임용 자격 확인 등에 필요한 사항은 처장이 정한다. 〈개정 2017.7.26.〉

[본조신설 2014.12.8.]

제10조(신규채용) ① 경호공무원 및 일반직공무원의 신규채용은 공개경쟁시험에 의하여 행한다. 〈개정 2013.11.20〉

② 다음 각호의 1에 해당하는 경우에는 경력경쟁채용시험에 의하여 신규채용할 수 있다. 〈개정 2003.6.30, 2005.6.30, 2012.5.1〉

1. 공개경쟁시험에 의한 채용이 곤란한 임용예정직에 관련된 자격증 소지자를 임용하는 경우
2. 임용예정직에 상응하는 근무실적 또는 연구실적이 3년 이상인 자를 임용하는 경우
3. 임용예정직에 상응하는 전문지식·경험·기술이 있는 자를 1급 또는 2급의 경호공무원으로 임용하는 경우
4. 외국어에 능통하고 국제적 소양과 전문지식을 지닌 자를 임용하는 경우
5. 법 제10조제1항제3호의 사유로 퇴직하거나 「국가공무원법」 제71조제1항제1호의 휴직기간만료로 인하여 퇴직한 경호공무원 또는 기능직공무원을 퇴직한 날부터 3년 이내에 퇴직시에 재직한 직급의 직원으로 재임용하는 경우

③ 별정직공무원의 신규채용은 비서·공보·의무·운전·사범·교관·사진 등의 특수분야를 대상으로 한다. 〈신설 2005.6.30〉

제11조(시보임용) ① 5급 이하 경호공무원 또는 일반직공무원을 신규채용하는 경우에는 1년 이내의 기간동안 시보로 임용하고 그 기간중에 근무성적과 교육훈련성적이 양호한 경우에 정규직원으로 임용한다. 〈개정 2013.11.20〉

② 휴직기간, 직위해제기간 및 징계에 의하여 정직처분을 받은 기간은 제1항의 규정에 의한 시보임용기간에 산입하지 아니한다.

제12조(시험) ① 직원의 임용을 위한 시험은 이를 직급별로 실시한다.

② 시험은 공개경쟁채용시험·경력경쟁채용시험·승진시험으로 구분하여 처장이 실시하며, 경호공무원의 필기시험과목은 별표 2와 같다. 〈개정 2012.5.1., 2017.7.26.〉

③ 별정직·일반직공무원에 대하여는 신규채용의 경우를 제외하고는 시험을 과하지 아니한다. 〈개정 2013.11.20〉

④ 처장은 시험에 관한 출제·채점·면접시험·실기시험 및 기타 시험에 필요한 사항을 담당하게 하기 위하여 시험위원을 임명 또는 위촉할 수 있다. 〈개정 2017.7.26.〉

⑤ 필기시험의 출제 및 채점에 있어서는 과목당 2인 이상의 시험위원이 임명 또는 위촉되어야 하며, 면접시험에 있어서는 3인 이상의 시험위원이 임명 또는 위촉되어야 한다.

⑥ 이 영에 규정된 사항외에 시험에 관하여 필요한 사항은 처장이 정한다. 〈개정 2017.7.26.〉

제13조(공개경쟁채용시험) ① 공개경쟁채용시험은 필기시험·면접시험·신체검사 및 체력검정에 의하여 실시한다. 다만, 처장이 필요하다고 인정하는 때에는 실기시험·지능검사·인성검사 및 적성검사의 전부 또는 일부를 병과하여 실시할 수 있다. 〈개정 2005.6.30., 2017.7.26.〉

② 경호공무원의 공개경쟁채용시험의 대상이 되는 계급은 5급·7급 및 9급으로 하고, 일반직공무원의 공개경쟁채용시험의 대상이 되는 계급은 9급으로 한다. 〈신설 2005.6.30, 2007.11.30, 2011.7.4, 2013.11.20〉

[본조신설 1999.12.31.]

제14조(경력경쟁채용시험) ① 경력경쟁채용시험은 필기시험·면접시험 및 신체검사에 의하여 실시하며, 실기시험·체력검정·지능검사·인성검사 및 적성검사의 전부 또는 일부를 병과하여 실시할 수 있다. 〈개정 2012.5.1〉

② 제1항의 시험에 있어 처장이 필요하다고 인정하는 자에 대하여는 필기시험의 전부 또는 일부를 면제할 수 있다. 〈개정 2017.7.26.〉

[본조신설 1999.12.31.]

[제목개정 2012.5.1.]

[제7조의6에서 이동, 종전 제14조는 제36조로 이동 〈2005.6.30.〉]

제15조(승진시험) ① 6급 경호공무원을 5급 경호공무원으로 승진임용하고자 하는 때에는 승진시험을 병행할 수 있다.

② 제1항의 규정에 의한 승진시험은 필기시험에 의하여 실시하되, 실기시험을 병과할 수 있다.

제16조(근무성적평정 및 경력평정의 실시) 직원의 복무능률의 증진과 인사관리의 적정을 기하기 위하여 근무성적평정과 경력평정을 한다. 다만, 별정직공무원에 대하여는 경력평정을 하지 아니한다.

제17조(평정기준) ① 근무성적평정은 일정한 기간중 당해 직원의 직무수행의 성과·능력·태도, 청렴도 및 직무에의 적합성 기타 직무수행에 필요한 사항에 관하여 행한다.

② 경력평정은 당해 직원의 경력이 직급별로 그 담당직무수행과 관련되는 정도를 기준으로 행하여야 한다.

제18조(근무성적평정) ① 근무성적평정은 3급 이하의 직원을 대상으로 하여 정기평정과 수시평정으로 나누어 실시하되, 정기평정은 연 1회 실시한다. 〈개정 2005.6.30〉

② 근무성적평정의 방법·시기·절차 등에 관하여 필요한 사항은 처장이 정한다. 〈개정 2017.7.26.〉

제19조(경력평정) ① 제21조제1항의 승진소요최저연수에 도달한 5급 이하 경호공무원과 일반직공무원에 대하여는 그 경력을 평정하여 승진임용에 반영하여야 한다. 〈개정 2005.6.30, 2013.11.20〉

② 경력평정은 해당 직급, 하위직급 및 차하위직급의 재직기간을 평정기간으로 한다.

③ 경력평정대상기간에는 휴직기간 및 정직기간은 이를 산입하지 아니한다. 다만, 법률의 규정에 의한 의무수행을 위하여 휴직한 자의 휴직기간과 공무로 인한 질병 또는 부상에 의한 휴직기간은 이를 산입한다.

④ 경력평정의 시기·방법·절차 등에 관하여 필요한 사항은 처장이 정한다. 〈개정 2017.7.26.〉

제20조(승진임용 방법) ① 경호공무원 및 일반직공무원의 승진은 근무성적 및 경력평정 기타 능력의 실증에 의하여 행한다. 〈개정 2013.11.20〉

② 처장은 승진임용에 필요한 요건을 구비한 5급 이하 경호공무원 및 일반직공무원에 대하여 근무성적평정 5할, 경력평정 1.5할, 교육훈련성적 3할, 상훈 및 신체검사 0.5할의 비율에 따라 승진심사자명부를 작성하여야 한다. 〈개정 2013.11.20., 2014.12.8., 2017.7.26.〉

③ 제2항의 승진심사자명부에 등재하는 대상은 승진심사일이 속하는 달의 다음달 말일까지 승진소요최저연수를 충족하는 자를 포함한다. 〈신설 2005.6.30〉

④ 승진심사는 승진심사자명부에 등재되어 있는 자를 대상으로 하고, 승진이 결정된 자는 승진일에 승진소요최저연수를 충족하여야 한다. 〈신설 2005.6.30〉

⑤ 이 영에 규정된 사항외에 승진임용에 관하여 필요한 사항은 처장이 정한다. 〈개정 2017.7.26.〉

제20조의2(승진선발위원회 등) ① 처장은 승진대상자의 추천, 심사 및 선발을 위

하여 다음 각 호의 위원회를 각각 구성·운영할 수 있다. 〈개정 2017.7.26.〉

1. 2개 이상의 승진후보추천위원회
2. 승진선발위원회

② 제1항제1호에 따른 2개 이상의 승진후보추천위원회는 상호 차단된 상태의 동일한 심사조건에서 동시에 심사한다.

③ 승진선발위원회는 승진후보추천위원회가 추천한 후보자 중에서 승진대상자를 선발한다.

④ 제1항 각 호의 위원회의 구성에 관하여는 「공무원임용령」 제34조의3제2항 및 제3항을 준용한다.

⑤ 제1항부터 제4항까지에서 규정한 사항 외에 승진후보추천위원회 및 승진선발위원회의 구성 및 운영에 필요한 사항은 처장이 정한다. 〈개정 2017.7.26.〉

[본조신설 2014.12.8.]

제21조(승진소요최저연수) ① 경호공무원 및 기능직공무원이 승진함경호공무원이 승진하려면 다음 각 호의 기간 동안 해당 계급에 재직하여야 한다. 〈개정 2013.11.20〉

1. 3급: 2년 이상
2. 4급: 4년 이상
3. 5급: 5년 이상
4. 6급: 4년 이상
5. 7급 및 8급: 3년 이상
6. 9급: 2년 이상

② 제1항의 기간에는 휴직기간·직위해제기간 및 징계처분기간을 포함하지 아니한다. 다만, 법률의 규정에 의한 의무수행을 위하여 휴직한 자의 휴직기간과 공무로 인한 질병 또는 부상에 의한 휴직기간은 이를 산입한다.

제22조(특별승진) ① 경호공무원 및 일반직공무원이 다음 각 호의 어느 하나에 해당하는 때에는 제20조 및 제21조의 규정에 불구하고 특별승진 임용할 수 있다. 다만, 제1호 내지 제3호는 3급 이하 경호공무원 및 일반직공무원에게만 적용한다. 〈개정 2003.6.30, 2005.6.30, 2007.6.28, 2013.11.20〉

1. 경호위해요소를 사전에 발견·제거하여 경호안전에 특별한 공을 세운 자
2. 경호위급사태 발생시 경호대상자의 생명을 구하는데 공이 현저한 자
3. 헌신적인 직무수행으로 업무발전에 기여한 공이 현저하여 모든 직원의 귀감이 되는 자
4. 재직중 공적이 특히 현저한 자가 제26조의 규정에 의하여 공로퇴직하는 때
5. 재직중 공적이 특히 현저한 자가 공무로 인하여 사망한 때

② 제1항의 규정에 의하여 특별승진임용하는 경우에는 공무원임용령 제32조제1항의 규정에 의한 승진임용의 제한을 받지 아니한다. 〈개정 2003.6.30〉

③ 제1항제1호 내지 제3호의 규정에 의하여 특별승진임용하는 경우에는 제21조의 규정에 의한 승진소요최저연수를 1년 단축할 수 있고, 동항제4호의 규정에 의하여 특별승진임용하는 경우에는 공로퇴직일 전일까지 당해 계급에서 1년 이상 재직하여야 하며, 동항제5호의 규정에 의하여 특별승진임용하는 경우에는 승진소요최저연수의 적용을 받지 아니한다. 〈개정 2005.6.30〉

④ 직원을 특별승진임용하고자 하는 때에는 인사위원회의 심의를 거쳐야 한다.

제23조(별정직국가공무원의 근무상한연령) 별정직국가공무원의 근무상한연령은 경호공무원의 정년과 균형을 유지하는 범위안에서 처장이 정한다. 〈개정 2017.7.26.〉

제24조(교육훈련 등) ① 처장은 직원에 대하여 직무의 능률증진을 위한 교육훈련을 실시한다. 〈개정 2017.7.26.〉

② 처장은 필요하다고 인정하는 때에는 직원을 국내외의 교육기관 또는 연구기관에 위탁하여 교육훈련을 받게 할 수 있다. 〈개정 2017.7.26.〉

③ 처장은 교육훈련의 성과측정을 위하여 정기 또는 수시로 평가를 실시하고 그 결과를 인사관리에 반영하여야 한다. 〈개정 2017.7.26.〉

④ 제2항의 규정에 의하여 6월 이상 국외에서 교육훈련을 받은 직원에 대하여는 6년의 범위안에서 교육훈련기간의 2배에 상당하는 기간, 6월 이상 국내에서 교육훈련을 받은 직원에 대하여는 6년의 범위안에서 교육훈련기간과 동일한 기간(일과후에만 실시하는 국내훈련의 경우에는 훈련기간의 5할에 해당하는 기간)을 복무하도록 하여야 한다. 다만, 복무의무를 부과하기 곤란하거나 복무의무를 부과한 후 이를 이행할 수 없는 특별한 사유가 있어 처장이 복무의무를 면제한 경우에는 그러하지 아니하다. 〈개정 2017.7.26.〉

⑤ 제4항의 규정에 의한 의무복무를 이행하지 아니한 자는 교육훈련을 위하여 소요된 경비의 전액 또는 일부를 반납하여야 한다.

⑥ 처장은 경호공무원으로 20년 이상 근무한 후 퇴직하고자 하는 자에 대하여 퇴직후 사회적응능력의 배양을 위하여 1년 이내의 범위에서 연수를 실시할 수 있다. 이 경우 처장은 연수기간중 당해 연수자의 직급에 해당하는 정원이 따로 있는 것으로 보고 결원을 보충할 수 있다. 〈신설 2003.6.30., 2017.7.26.〉

제25조(보수) ① 처장의 보수는 「공무원보수규정」에 따른 차관의 보수와 같은 금액으로 한다. 〈개정 2008.2.29., 2013.3.23., 2017.7.26.〉

② 기타 직원의 보수에 관하여는 「공무원보수규정」에 따른다. 〈개정 1981.3.2, 1999.12.31, 2005.6.30〉

제26조(공로퇴직) ① 경호공무원으로 10년 이상 성실하게 근무한 후 퇴직하는 자에 대하여는 예산의 범위안에서 공로퇴직수당(이하 "수당"이라 한다)을 지급할 수 있다. 〈개정 1999.12.31〉

② 제1항의 수당지급액은 다음의 산식에 의하여 산출한 금액의 범위안으로 한다.

퇴직당시 봉급월액×{36+(33－근속연수)×2/3}

③ 수당의 지급절차 기타 수당지급에 관하여 필요한 사항은 기획재정부장관 및 인사혁신처장과 협의하여 처장이 정한다. 〈개정 1999.5.24., 2007.6.28., 2008.2.29., 2013.3.23., 2014.11.19., 2017.7.26.〉

제27조(직권면직) ① 법 제10조제1항제2호ㆍ

제27조의2 삭제 〈2013.8.20.〉

제27조의3 삭제 〈2013.8.20.〉

제28조(징계의결의 요구) ① 처장은 소속직원에게 징계사유가 있다고 인정되는 때에는 관할징계위원회에 징계의결을 요구하여야 한다. 〈개정 2013.3.23., 2017.7.26.〉

② 처장은 경호처에 파견되어 근무중인 직원에 대하여 징계사유가 있다고 인정되는 때에는 파견직원의 원소속기관의 장에게 그 사유를 통보하여야 한다. 〈개정 2008.2.29., 2013.3.23., 2017.7.26.〉

③ 제1항의 규정에 의하여 징계의결을 요구하는 때에는 미리 당해 직원의 징계사유에 대하여 충분히 조사하고 입증자료를 첨부하여 징계의결요구서에 의하여 이를 행하여야 한다.

제29조(징계위원회의 구성) ① 고등징계위원회위원장은 차장이 되고, 위원은 3급 이상의 직원중에서 처장이 임명한다. 〈개정 2004.7.24., 2008.2.29., 2013.3.23., 2017.7.26.〉

② 보통징계위원회위원장은 기획관리실장이 되고, 위원은 4급 이상의 직원중에서 처장이 임명한다. 〈개정 2006.1.2., 2008.2.29., 2013.3.23., 2017.7.26.〉

[본조신설 1999.12.31.]

제30조(징계위원회의 관할 · 운영 등) ① 고등징계위원회는 1급 내지 5급 직원에 대한 징계사건 및 6급 이하 직원에 대한 중징계 사건을 심사 · 의결한다. 〈개정 2013.11.20〉

② 보통징계위원회는 6급 이하 직원에 대한 경징계 사건을 심사 · 의결한다. 〈개정 2013.11.20〉

③ 징계위원회의 관할이 다른 상하직위자가 관련된 징계사건은 제1항 및 제2항의 규정에 불구하고 고등징계위원회에서 심사 · 의결한다. 다만, 하위직위자에 대한 징계를 분리하여 심사 · 의결하는 것이 타당하다고 인정되는 때에는 고등징계위원회의 의결로써 하위직위자에 대한 징계사건을 보통징계위원회에 이송할 수 있다.

제31조(「공무원 징계령」의 준용) 직원의 징계에 관하여 이 영에 특별한 규정이 있는 경우를 제외하고는 「공무원 징계령」 제9조 내지 제15조, 제17조 내지 제25조를 준용한다.

제32조(보상) ① 법 제13조에서 "상이를 입고 퇴직한 자와 그 가족"이라 함은 「국가유공자 등 예우 및 지원에 관한 법률 시행령」 별표 3에 해당하는 자와 그 가족을 말한다. 〈개정 2005.6.30〉

② 법 제13조에서 "사망(상이로 인하여 사망한 경우를 포함한다)한 자의 유족"이라 함은 직원의 사망 당시 「국가유공자 등 예우 및 지원에 관한 법률」 제5조에 해당하는 자를 말한다. 〈개정 2005.6.30〉

③ 제1항의 규정에 해당하는 자는 「국가유공자 등 예우 및 지원에 관한 법률」 제4조제1항제4호 또는 제6호에 규정된 전상군경 또는 공상군경과 그 가족으로 보고, 제2항의 규정에 해당하는 자는 「국가유공자 등 예우 및 지원에 관한 법률」 제4조제1항제3호 또는 제5호에 규정된 전몰군경 또는 순직군경의 유족으로 보아 동법에 의한 보상을 실시한다. 〈개정 2005.6.30〉

④ 제3항에 따른 보상을 받으려는 사람은 「국가유공자 등 예우 및 지원에 관한 법률」 제6조 또는 「보훈보상대상자 지원에 관한 법률」 제4조에 따라 국가보훈처장에게 등록을 신청하여야 한다. 이 경우 등록신청서에는 처장이 발급한 상이확인증명서 또는 사망확인증명서를 첨부하여야 한다. 〈개정 2017.7.26.〉

⑤ 처장은 「국가유공자 등 예우 및 지원에 관한 법률 시행령」 제9조제2항 또는 「보훈보상대상자 지원에 관한 법률 시행령」 제6조제2항에 따라 국가보훈처장으로부터 국가유공자 또는 보훈보상대상자 요건과 관련된 사실의 확인에 대한 요청을 받으면 그 요건과 관련된 사실을 확인하여 국가보훈처장에게 통보하여야 한다. 〈개정 2017.7.26.〉

제33조 삭제 〈2008.2.29〉

제34조(복제) ① 처장은 필요하다고 인정하는 경우 직원에게 제복을 지급할 수 있다. 〈개정 1999.12.31., 2012.5.1., 2013.3.23., 2017.7.26.〉

② 직원의 복제에 관하여 필요한 사항은 처장이 정한다. 〈개정 1999.5.24., 1999.12.31., 2007.6.28., 2012.5.1., 2013.3.23., 2017.7.26.〉

제35조의2(민감정보 및 고유식별정보의 처리) ① 처장은 다음 각 호의 업무를 수행하기 위하여 불가피한 경우 「개인정보 보호법 시행령」 제18조제2호에 따른 범죄경력자료에 해당하는 정보나 같은 영 제19조에 따른 주민등록번호, 여권번호, 운전면허의 면허번호 또는 외국인등록번호가 포함된 자료를 처리할 수 있다. 〈개정 2017.7.26.〉

1. 법 및 이 영에 따른 경호업무
2. 법 제8조 및 이 영 제9조·제9조의2에 따른 임용 직원의 임용 자격 확인 등에 관한 업무

② 다음 각 호의 조회 또는 협조 요청을 받은 관계기관의 장은 그 조회 또는 협조 업무를 수행하기 위하여 불가피한 경우 「개인정보 보호법 시행령」 제18조제2호에 따른 범죄경력자료에 해당하는 정보나 같은 영 제19조에 따른 주민등록번호, 여권번호, 운전면허의 면허번호 또는 외국인등록번호가 포함된 자료를 처리할 수 있다.

1. 제3조의3에 따른 경호업무 수행과 관련한 조회 또는 협조
2. 제9조의2에 따른 임용 직원의 임용 자격 확인 등과 관련한 조회 또는 협조

[본조신설 2014.12.8.]

제36조(위임사항) 이 영의 시행에 관하여 필요한 사항은 처장이 정한다. 〈개정 2006.11.15., 2017.7.26.〉

부칙 〈대통령령 제28219호, 2017.7.26.〉 (대통령경호처와 그 소속기관 직제)

제1조(시행일) 이 영은 공포한 날부터 시행한다.

제2조 및 **제3조** 생략

제4조(다른 법령의 개정) ① 생략

② 대통령 등의 경호에 관한 법률 시행령 일부를 다음과 같이 개정한다.

제3조제4호 중 "대통령경호실장"을 "대통령경호처장"으로 한다.

제3조제4호, 제3조의2제1항·제3항, 제3조의3제1항 전단·후단, 같은 조 제2항, 제4조제2항, 제4조의2제1항, 제7조제2항부터 제4항까지, 제8조, 제9조의2제1항부터 제3항까지, 제12조제2항·제4항·제6항, 제13조제1항 단서, 제14조제2항, 제18조제2항, 제19조제4항, 제20조제2항·제5항, 제20조의2제1항 각 호 외의 부분, 같은 조 제5항, 제23조, 제24조제1항부터 제3항까지, 같은 조 제4항 단서, 같은 조 제6항 전단·후단, 제25조제1항, 제26조제3항, 제28조제1항·제2항, 제29조제1항·제2항, 제32조제4항 후단, 같은 조 제5항, 제34조제1항·제2항, 제35조의2제1항 각 호 외의 부분 및 제36조 중 "실장"을 각각 "처장"으로 한다.

제4조제1항 중 "대통령경호실(이하 "경호실"이라 한다)"을 "대통령경호처(이하 "경호처"라 한다)"로 한다.

제7조제1항, 제9조, 제28조제2항 및 제35조 중 '경호실"을 각각 "경호처"로 한다.

제25조제1항 중 "장관 또는 차관"을 "차관"으로 한다.

제29조제2항 중 "기획실장"을 "기획관리실장"으로 한다.

경비업법

[시행 2018.4.25.] [법률 제14909호, 2017.10.24., 일부개정]

제1장 총칙

제1조(목적) 이 법은 경비업의 육성 및 발전과 그 체계적 관리에 관하여 필요한 사항을 정함으로써 경비업의 건전한 운영에 이바지함을 목적으로 한다.

제2조(정의) 이 법에서 사용하는 용어의 정의는 다음과 같다. 〈개정 2005.5.31, 2013.6.7〉

1. "경비업"이라 함은 다음 각목의 1에 해당하는 업무(이하 "경비업무"라 한다)의 전부 또는 일부를 도급받아 행하는 영업을 말한다.

가. 시설경비업무 : 경비를 필요로 하는 시설 및 장소(이하 "경비대상시설"이라 한다)에서의 도난·화재 그 밖의 혼잡 등으로 인한 위험발생을 방지하는 업무

나. 호송경비업무 : 운반중에 있는 현금·유가증권·귀금속·상품 그 밖의 물건에 대하여 도난·화재 등 위험발생을 방지하는 업무

다. 신변보호업무 : 사람의 생명이나 신체에 대한 위해의 발생을 방지하고 그 신변을 보호하는 업무

라. 기계경비업무 : 경비대상시설에 설치한 기기에 의하여 감지·송신된 정보를 그 경비대상시설외의 장소에 설치한 관제시설의 기기로 수신하여 도난·화재 등 위험발생을 방지하는 업무

마. 특수경비업무 : 공항(항공기를 포함한다) 등 대통령령이 정하는 국가중요시설(이하 "국가중요시설"이라 한다)의 경비 및 도난·화재 그 밖의 위험발생을 방지하는 업무

2. "경비지도사"라 함은 경비원을 지도·감독 및 교육하는 자를 말하며 일반경비지도사와 기계경비지도사로 구분한다.

3. "경비원"이라 함은 제4조제1항의 규정에 의하여 경비업의 허가를 받은 법인(이하 "경비업자"라 한다)이 채용한 고용인으로서 다음 각목의 1에 해당하는 자를 말한다.

가. 일반경비원 : 제1호 가목 내지 라목의 경비업무를 수행하는 자

나. 특수경비원 : 제1호 마목의 경비업무를 수행하는 자

4. "무기"라 함은 인명 또는 신체에 위해를 가할 수 있도록 제작된 권총·소총 등을 말한다.

5. "집단민원현장"이란 다음 각 목의 장소를 말한다.

가. 「노동조합 및 노동관계조정법」에 따라 노동관계 당사자가 노동쟁의 조정신청을 한 사업장 또는 쟁의행위가 발생한 사업장

나. 「도시 및 주거환경정비법」에 따른 정비사업과 관련하여 이해대립이 있어 다툼이 있는 장소

다. 특정 시설물의 설치와 관련하여 민원이 있는 장소

라. 주주총회와 관련하여 이해대립이 있어 다툼이 있는 장소

마. 건물·토지 등 부동산 및 동산에 대한 소유권·운영권·관리권·점유권 등 법적 권리에 대한 이해대립이 있어 다툼이 있는 장소

바. 100명 이상의 사람이 모이는 국제·문

화 · 예술 · 체육 행사장

사. 「행정대집행법」에 따라 대집행을 하는 장소

제3조(법인) 경비업은 법인이 아니면 이를 영위할 수 없다.

제2장 경비업의 허가 등

제4조(경비업의 허가) ① 경비업을 영위하고자 하는 법인은 도급받아 행하고자 하는 경비업무를 특정하여 그 법인의 주사무소의 소재지를 관할하는 지방경찰청장의 허가를 받아야 한다. 도급받아 행하고자 하는 경비업무를 변경하는 경우에도 또한 같다.

② 제1항에 따른 허가를 받고자 하는 법인은 다음 각 호의 요건을 갖추어야 한다. 〈개정 2013.6.7〉

1. 대통령령으로 정하는 1억원 이상의 자본금의 보유
2. 다음 각 목의 경비인력 요건

가. 시설경비업무: 경비원 20명 이상 및 경비지도사 1명 이상

나. 시설경비업무 외의 경비업무: 대통령령으로 정하는 경비 인력

3. 제2호의 경비인력을 교육할 수 있는 교육장을 포함하여 대통령령으로 정하는 시설과 장비의 보유
4. 그 밖에 경비업무 수행을 위하여 대통령령으로 정하는 사항

③ 제1항의 규정에 의하여 경비업의 허가를 받은 법인은 다음 각호의 1에 해당하는 때에는 지방경찰청장에게 신고하여야 한다.

1. 영업을 폐업하거나 휴업한 때
2. 법인의 명칭이나 대표자 · 임원을 변경한 때
3. 법인의 주사무소나 출장소를 신설 · 이전 또는 폐지한 때
4. 기계경비업무의 수행을 위한 관제시설을 신설 · 이전 또는 폐지한 때
5. 특수경비업무를 개시하거나 종료한 때
6. 그 밖에 대통령령이 정하는 중요사항을 변경한 때

④ 제1항 및 제3항의 규정에 의한 허가 또는 신고의 절차, 신고의 기한 등 허가 및 신고에 관하여 필요한 사항은 대통령령으로 정한다.

제4조의2(허가의 제한) ① 누구든지 제4조제1항에 따른 허가를 받은 경비업체와 동일한 명칭으로 경비업 허가를 받을 수 없다.

② 제19조제1항제2호 및 제7호의 사유로 경비업체의 허가가 취소된 경우 허가가 취소된 날부터 10년이 지나지 아니한 때에는 누구든지 허가가 취소된 경비업체와 동일한 명칭으로 제4조제1항에 따른 허가를 받을 수 없다.

③ 제19조제1항제2호 및 제7호의 사유로 허가가 취소된 법인은 법인명 또는 임원의 변경에도 불구하고 허가가 취소된 날부터 5년이 지나지 아니한 때에는 제4조제1항에 따른 허가를 받을 수 없다.

[본조신설 2013.6.7]

제5조(임원의 결격사유) 다음 각호의 1에 해당하는 자는 경비업을 영위하는 법인(제4호에 해당하는 자의 경우에는 특수경비업무를 수행하는 법인을 말하고, 제5호에 해당하는 자의 경우에는 허가취소사유에 해당하는 경비업무와 동종의 경비업무를 수행하는 법인을 말한다)의 임원이 될 수 없다. 〈개정 2008.2.29., 2013.6.7., 2014.12.30.〉

1. 피성년후견인 또는 피한정후견인
2. 파산선고를 받고 복권되지 아니한 자
3. 금고 이상의 형의 선고를 받고 그 형이 실효되지 아니한 자
4. 이 법 또는 「대통령 등의 경호에 관한 법률」에 위반하여 벌금형의 선고를 받고 3년이 지나지 아니한 자
5. 이 법(제19조제1항제2호 및 제7호는 제외한다) 또는 이 법에 의한 명령에 위

반하여 허가가 취소된 법인의 허가취소 당시의 임원이었던 자로서 그 취소 후 3년이 지나지 아니한 자

6. 제19조제1항제2호 및 제7호의 사유로 허가가 취소된 법인의 허가취소 당시의 임원이었던 자로서 허가가 취소된 날부터 5년이 지나지 아니한 자

제6조(허가의 유효기간 등) ① 제4조제1항의 규정에 의한 경비업 허가의 유효기간은 허가받은 날부터 5년으로 한다.

② 제1항의 규정에 의한 유효기간이 만료된 후 계속하여 경비업을 하고자 하는 법인은 행정안전부령으로 정하는 바에 따라 갱신허가를 받아야 한다. 〈개정 2008.2.29., 2013.3.23., 2014.11.19., 2017.7.26.〉

제7조(경비업자의 의무) ① 경비업자는 경비대상시설의 소유자 또는 관리자(이하 "시설주"라 한다)의 관리권의 범위안에서 경비업무를 수행하여야 하며, 다른 사람의 자유와 권리를 침해하거나 그의 정당한 활동에 간섭하여서는 아니된다.

② 경비업자는 경비업무를 성실하게 수행하여야 하고, 도급을 의뢰받은 경비업무가 위법 또는 부당한 것일 때에는 이를 거부하여야 한다.

③ 경비업자는 불공정한 계약으로 경비원의 권익을 침해하거나 경비업의 건전한 육성과 발전을 해치는 행위를 하여서는 아니된다.

④ 경비업자의 임·직원이거나 임·직원이었던 자는 다른 법률에 특별한 규정이 있는 경우를 제외하고는 그 직무상 알게 된 비밀을 누설하거나 다른 사람에게 제공하여 이용하도록 하는 등 부당한 목적을 위하여 사용하여서는 아니된다.

⑤ 경비업자는 허가받은 경비업무외의 업무에 경비원을 종사하게 하여서는 아니된다.

⑥ 경비업자는 집단민원현장에 경비원을 배
경비업자는 집단민원현장에 경비원을 배치하는 때에는 경비지도사를 선임하고 그 장소에 배치하여 행정안전부령으로 정하는 바에 따라 경비원을 지도·감독하게 하여야 한다. 〈신설 2013.6.7., 2014.11.19., 2017.7.26.〉

⑦ 특수경비업무를 수행하는 경비업자(이하 "특수경비업자"라 한다)는 제4조제3항제5호의 규정에 의한 특수경비업무의 개시신고를 하는 때에는 국가중요시설에 대한 특수경비업무의 수행이 중단되는 경우 시설주의 동의를 얻어 다른 특수경비업자중에서 경비업무를 대행할 자(이하 "경비대행업자"라 한다)를 지정하여 허가관청에 신고하여야 한다. 경비대행업자의 지정을 변경하는 경우에도 또한 같다. 〈개정 2013.6.7.〉

⑧ 특수경비업자는 국가중요시설에 대한 특수경비업무를 중단하게 되는 경우에는 미리 이를 제7항의 규정에 의한 경비대행업자에게 통보하여야 하며, 경비대행업자는 통보받은 즉시 그 경비업무를 인수하여야 한다. 이 경우 제7항의 규정은 경비대행업자에 대하여 이를 준용한다. 〈개정 2013.6.7., 2014.12.30.〉

⑨ 특수경비업자는 이 법에 의한 경비업과 경비장비의 제조·설비·판매업, 네트워크를 활용한 정보산업, 시설물 유지관리업 및 경비원 교육업 등 대통령령이 정하는 경비관련업외의 영업을 하여서는 아니된다. 〈개정 2002.12.18., 2013.6.7.〉

[2002.12.18. 법률 제6787호에 의하여 2002.4.25. 헌법재판소에서 위헌 결정된 이 조를 개정함.]

제7조의2(경비업무 도급인 등의 의무) ① 누구든지 제4조제1항에 따른 허가를 받지 아니한 자에게 경비업무를 도급하여서는 아니 된다.

② 누구든지 집단민원현장에 경비인력을 20명 이상 배치하려고 할 때에는 그 경비인력을 직접 고용하여서는 아니 되

고, 경비업자에게 경비업무를 도급하여야 한다. 다만, 시설주 등이 집단민원현장 발생 3개월 전까지 직접 고용하여 경비업무를 수행하는 피고용인의 경우에는 그러하지 아니하다.

③ 제1항 및 제2항에 따라 경비업무를 도급하는 자는 그 경비업무를 수급한 경비업자의 경비원 채용 시 무자격자나 부적격자 등을 채용하도록 관여하거나 영향력을 행사해서는 아니 된다. 〈신설 2015.7.20.〉

④ 제3항에 따른 무자격자 및 부적격자의 구체적인 범위 등은 대통령령으로 정한다. 〈신설 2015.7.20.〉

[본조신설 2013.6.7.]

제3장 기계경비업무

제8조(대응체제) 기계경비업무를 수행하는 경비업자(이하 "기계경비업자"라 한다)는 경비대상시설에 관한 경보를 수신한 때에는 신속하게 그 사실을 확인하는 등 필요한 대응조치를 취하여야 하며, 이를 위한 대응체제를 갖추어야 한다.

제9조(오경보의 방지 등) ① 기계경비업자는 경비계약을 체결하는 때에는 오경보를 막기 위하여 계약상대방에게 기기사용요령 및 기계경비운영체계 등에 관하여 설명하여야 하며, 각종 기기가 오작동되지 아니하도록 관리하여야 한다.

② 기계경비업자는 대응조치 등 업무의 원활한 운영과 개선을 위하여 대통령령이 정하는 바에 따라 관련 서류를 작성·비치하여야 한다.

제4장 경비지도사 및 경비원

제10조(경비지도사 및 경비원의 결격사유) ① 다음 각호의 1에 해당하는 자는 경비지도사 또는 일반경비원이 될 수 없다. 〈개정 2013.6.7., 2014.12.30.〉

1. 만 18세 미만인 자, 피성년후견인, 피한정후견인
2. 파산선고를 받고 복권되지 아니한 자
3. 금고 이상의 실형의 선고를 받고 그 집행이 종료(집행이 종료된 것으로 보는 경우를 포함한다)되거나 집행이 면제된 날부터 5년이 지나지 아니한 자
4. 금고 이상의 형의 집행유예선고를 받고 그 유예기간중에 있는 자
5. 다음 각 목의 어느 하나에 해당하는 죄를 범하여 벌금형을 선고받은 날부터 10년이 지나지 아니하거나 금고 이상의 형을 선고받고 그 집행이 종료된(종료된 것으로 보는 경우를 포함한다) 날 또는 집행이 유예·면제된 날부터 10년이 지나지 아니한 자

가. 「형법」 제114조의 죄

나. 「폭력행위 등 처벌에 관한 법률」 제4조의 죄

다. 「형법」 제297조, 제297조의2, 제298조부터 제301조까지, 제301조의2, 제302조, 제303조, 제305조, 제305조의2의 죄

라. 「성폭력범죄의 처벌 등에 관한 특례법」 제3조부터 제11조까지 및 제15조(제3조부터 제9조까지의 미수범만 해당한다)의 죄

마. 「아동·청소년의 성보호에 관한 법률」 제7조 및 제8조의 죄

바. 다목부터 마목까지의 죄로서 다른 법률에 따라 가중처벌되는 죄

6. 다음 각 목의 어느 하나에 해당하는 죄를 범하여 벌금형을 선고받은 날부터 5년이 지나지 아니하거나 금고 이상의 형을 선고받고 그 집행이 유예된 날부터 5년이 지나지 아니한 자

가. 「형법」 제329조부터 제331조까지, 제331조의2 및 제332조부터 제343조까지의 죄

나. 가목의 죄로서 다른 법률에 따라 가중처벌되는 죄

다. 삭제 〈2014.12.30.〉
라. 삭제 〈2014.12.30.〉
7. 제5호 다목부터 바목까지의 어느 하나에 해당하는 죄를 범하여 치료감호를 선고받고 그 집행이 종료된 날 또는 집행이 면제된 날부터 10년이 지나지 아니한 자 또는 제6호 각 목의 어느 하나에 해당하는 죄를 범하여 치료감호를 선고받고 그 집행이 면제된 날부터 5년이 지나지 아니한 자
8. 이 법이나 이 법에 따른 명령을 위반하여 벌금형을 선고받은 날부터 5년이 지나지 아니하거나 금고 이상의 형을 선고받고 그 집행이 유예된 날부터 5년이 지나지 아니한 자

② 다음 각 호의 어느 하나에 해당하는 자는 특수경비원이 될 수 없다. 〈개정 2008.2.29., 2009.4.1., 2013.3.23., 2013.6.7., 2014.11.19., 2014.12.30., 2017.7.26.〉
1. 만 18세 미만 또는 만 60세 이상인 자, 피성년후견인, 피한정후견인
2. 제1항제2호부터 제8호까지의 어느 하나에 해당하는 자
3. 금고 이상의 형의 선고유예를 받고 그 유예기간중에 있는 자
4. 행정안전부령으로 정하는 신체조건에 미달되는 자

③ 경비업자는 제1항 각호 또는 제2항 각호의 결격사유에 해당하는 자를 경비지도사 또는 경비원으로 채용 또는 근무하게 하여서는 아니된다.

제11조(경비지도사의 시험 등) ① 경비지도사는 제10조제1항 각호의 1에 해당하지 아니하는 자로서 경찰청장이 시행하는 경비지도사시험에 합격하고 행정안전부령으로 정하는 교육을 받은 자이어야 한다. 〈개정 2008.2.29., 2013.3.23., 2014.11.19., 2017.7.26.〉

② 경찰청장은 제1항의 규정에 의한 교육을 받은 자에게 행정안전부령으로 정하는 바에 따라 경비지도사자격증을 교부하여야 한다. 〈개정 2008.2.29., 2013.3.23., 2014.11.19., 2017.7.26.〉

③ 경비지도사시험은 매년 1회 이상 시행하며, 시험과목, 시험공고, 시험의 일부가 면제되는 자의 범위 그 밖에 경비지도사시험에 관하여 필요한 사항은 대통령령으로 정한다. 〈개정 2017.10.24.〉

제12조(경비지도사의 선임 등) ① 경비업자는 대통령령이 정하는 바에 따라 경비지도사를 선임하여야 한다.

② 제1항의 규정에 의하여 선임된 경비지도사의 직무는 다음과 같다. 〈개정 2013.6.7.〉
1. 경비원의 지도·감독·교육에 관한 계획의 수립·실시 및 그 기록의 유지
2. 경비현장에 배치된 경비원에 대한 순회점검 및 감독
3. 경찰기관 및 소방기관과의 연락방법에 대한 지도
4. 집단민원현장에 배치된 경비원에 대한 지도·감독
5. 그 밖에 대통령령이 정하는 직무

③ 선임된 경비지도사는 제2항 각호의 규정에 의한 직무를 대통령령이 정하는 바에 따라 성실하게 수행하여야 한다.

제13조(경비원의 교육 등) ① 경비업자는 경비업무를 적정하게 실시하기 위하여 경비원으로 하여금 대통령령으로 정하는 바에 따라 경비원 신임교육 및 직무교육을 받게 하여야 한다. 다만, 경비업자는 대통령령으로 정하는 경력 또는 자격을 갖춘 일반경비원을 신임교육 대상에서 제외할 수 있다. 〈개정 2013.6.7., 2016.1.26.〉

② 경비원이 되려는 사람은 대통령령으로 정하는 교육기관에서 미리 일반경비원 신임교육을 받을 수 있다. 〈신설 2016.1.26.〉

③ 특수경비업자는 대통령령으로 정하는 바에 따라 특수경비원으로 하여금 특수경비원 신임교육과 정기적인 직무교육

을 받게 하여야 하고, 특수경비원 신임교육을 받지 아니한 자를 특수경비업무에 종사하게 하여서는 아니 된다. 〈개정 2013.6.7., 2016.1.26.〉

④ 제3항에 의한 특수경비원의 교육시 관할 경찰서 소속 경찰공무원이 교육기관에 입회하여 대통령령이 정하는 바에 따라 지도·감독하여야 한다. 〈개정 2016.1.26.〉

제14조(특수경비원의 직무 및 무기사용 등) ① 특수경비업자는 특수경비원으로 하여금 배치된 경비구역안에서 관할 경찰서장 및 공항경찰대장 등 국가중요시설의 경비책임자(이하 "관할 경찰관서장"이라 한다)와 국가중요시설의 시설주의 감독을 받아 시설을 경비하고 도난·화재 그 밖의 위험의 발생을 방지하는 업무를 수행하게 하여야 한다.

② 특수경비원은 국가중요시설에 대한 경비업무 수행중 국가중요시설의 정상적인 운영을 해치는 장해를 일으켜서는 아니된다.

③ 지방경찰청장은 국가중요시설에 대한 경비업무의 수행을 위하여 필요하다고 인정하는 때에는 시설주의 신청에 의하여 무기를 구입한다. 이 경우 시설주는 그 무기의 구입대금을 지불하고, 구입한 무기를 국가에 기부채납하여야 한다.

④ 지방경찰청장은 국가중요시설에 대한 경비업무의 수행을 위하여 필요하다고 인정하는 때에는 관할경찰관서장으로 하여금 시설주의 신청에 의하여 시설주로부터 국가에 기부채납된 무기를 대여하게 하고, 시설주는 이를 특수경비원으로 하여금 휴대하게 할 수 있다. 이 경우 특수경비원은 정당한 사유없이 무기를 소지하고 배치된 경비구역을 벗어나서는 아니된다.

⑤ 시설주가 제4항의 규정에 의하여 대여받은 무기에 대하여 시설주 및 관할 경찰관서장은 무기의 관리책임을 지고, 관할 경찰관서장은 시설주 및 특수경비원의 무기관리상황을 대통령령이 정하는 바에 따라 지도·감독하여야 한다. 〈개정 2014.12.30.〉

⑥ 관할 경찰관서장은 무기의 적정한 관리를 위하여 제4항의 규정에 의하여 무기를 대여받은 시설주에 대하여 필요한 명령을 발할 수 있다. 〈개정 2014.12.30.〉

⑦ 시설주로부터 무기의 관리를 위하여 지정받은 책임자(이하 "관리책임자"라 한다)는 다음 각호에 의하여 이를 관리하여야 한다.

1. 무기출납부 및 무기장비운영카드를 비치·기록하여야 한다.
2. 무기는 관리책임자가 직접 지급·회수하여야 한다.

⑧ 특수경비원은 국가중요시설의 경비를 위하여 무기를 사용하지 아니하고는 다른 수단이 없다고 인정되는 때에는 필요한 한도안에서 무기를 사용할 수 있다 다만, 다음 각호의 1에 해당하는 때를 제외하고는 사람에게 위해를 끼쳐서는 아니된다.

1. 무기 또는 폭발물을 소지하고 국가중요시설에 침입한 자가 특수경비원으로부터 3회 이상 투기(投棄) 또는 투항(投降)을 요구받고도 이에 불응하면서 계속 항거하는 경우 이를 억제하기 위하여 무기를 사용하지 아니하고는 다른 수단이 없다고 인정되는 때
2. 국가중요시설에 침입한 무장간첩이 특수경비원으로부터 투항(投降)을 요구받고도 이에 불응한 때

⑨ 특수경비원의 무기휴대, 무기종류, 그 사용기준 및 안전검사의 기준 등에 관하여 필요한 사항은 대통령령으로 정한다.

제15조(특수경비원의 의무) ① 특수경비원은 직무를 수행함에 있어 시설주·관할 경찰관서장 및 소속상사의 직무상 명령에 복종하여야 한다.

② 특수경비원은 소속상사의 허가 또는 정당한 사유없이 경비구역을 벗어나서는 아니된다.
③ 특수경비원은 파업·태업 그 밖에 경비업무의 정상적인 운영을 저해하는 일체의 쟁의행위를 하여서는 아니된다.
④ 특수경비원이 무기를 휴대하고 경비업무를 수행하는 때에는 다음 각호의 1에 정하는 무기의 안전사용수칙을 지켜야 한다.
1. 특수경비원은 사람을 향하여 권총 또는 소총을 발사하고자 하는 때에는 미리 구두 또는 공포탄에 의한 사격으로 상대방에게 경고하여야 한다. 다만, 다음 각목의 1에 해당하는 경우로서 부득이한 때에는 경고하지 아니할 수 있다.
가. 특수경비원을 급습하거나 타인의 생명·신체에 대한 중대한 위험을 야기하는 범행이 목전에 실행되고 있는 등 상황이 급박하여 경고할 시간적 여유가 없는 경우
나. 인질·간첩 또는 테러사건에 있어서 은밀히 작전을 수행하는 경우
2. 특수경비원은 무기를 사용하는 경우에 있어서 범죄와 무관한 다중의 생명·신체에 위해를 가할 우려가 있는 때에는 이를 사용하여서는 아니된다. 다만, 무기를 사용하지 아니하고는 타인 또는 특수경비원의 생명·신체에 대한 중대한 위협을 방지할 수 없다고 인정되는 때에는 필요한 최소한의 범위 안에서 이를 사용할 수 있다.
3. 특수경비원은 총기 또는 폭발물을 가지고 대항하는 경우를 제외하고는 14세 미만의 자 또는 임산부에 대하여는 권총 또는 소총을 발사하여서는 아니된다.

제15조의2(경비원 등의 의무) ① 경비원은 직무를 수행함에 있어 타인에게 위력을 과시하거나 물리력을 행사하는 등 경비업무의 범위를 벗어난 행위를 하여서는 아니된다.
② 누구든지 경비원으로 하여금 경비업무의 범위를 벗어난 행위를 하게 하여서는 아니된다.
[본조신설 2005.8.4.]

제16조(경비원의 복장 등) ① 경비업자는 경찰공무원 또는 군인의 제복과 색상 및 디자인 등이 명확히 구별되는 소속 경비원의 복장을 정하고 이를 확인할 수 있는 사진을 첨부하여 주된 사무소를 관할하는 지방경찰청장에게 행정안전부령으로 정하는 바에 따라 신고하여야 한다. 〈개정 2014.11.19., 2017.7.26.〉
② 경비업자는 경비업무 수행 시 경비원에게 소속 경비업체를 표시한 이름표를 부착하도록 하고, 제1항에 따라 신고된 동일한 복장을 착용하게 하여야 하며, 복장에 소속 회사를 오인할 수 있는 표시를 하거나 다른 회사의 복장을 착용하게 하여서는 아니 된다. 다만, 집단민원현장이 아닌 곳에서 신변보호업무를 수행하는 경우 또는 경비업무의 성격상 부득이한 사유가 있어 관할 경찰관서장이 허용하는 경우에는 그러하지 아니하다.
③ 지방경찰청장은 제1항에 따라 제출받은 사진을 검토한 후 경비업자에게 복장 변경 등에 대한 시정명령을 할 수 있다.
④ 제3항에 따른 시정명령을 받은 경비업자는 이를 이행하여야 하고, 지방경찰청장에게 행정안전부령으로 정하는 바에 따라 이행보고를 하여야 한다. 〈개정 2014.11.19., 2017.7.26.〉
⑤ 그 밖에 경비원의 복장 등에 필요한 사항은 행정안전부령으로 정한다. 〈개정 2014.11.19., 2017.7.26.〉
[전문개정 2013.6.7.]

제16조의2(경비원의 장비 등) ① 경비원이 휴대할 수 있는 장비의 종류는 경적·단봉·분사기 등 행정안전부령으로 정하되, 근무 중에만 이를 휴대할 수 있다. 〈개정 2014.11.19., 2017.7.26.〉

② 경비업자가 경비원으로 하여금 분사기를 휴대하여 직무를 수행하게 하는 경우에는 「총포·도검·화약류 등 단속법」에 따라 미리 분사기의 소지허가를 받아야 한다.

③ 누구든지 제1항의 장비를 임의로 개조하여 통상의 용법과 달리 사용함으로써 다른 사람의 생명·신체에 위해를 가하여서는 아니 된다.

④ 경비원은 경비업무를 위하여 필요하다고 인정되는 상당한 이유가 있을 때에는 필요한 최소한도에서 제1항의 장비를 사용할 수 있다.

⑤ 그 밖에 경비원의 장비 등에 관하여 필요한 사항은 행정안전부령으로 정한다. 〈개정 2014.11.19., 2017.7.26.〉

[본조신설 2013.6.7.]

제16조의3(출동차량 등) ① 경비업자는 출동차량 등의 도색 및 표지를 경찰차량 및 군차량과 명확히 구별될 수 있게 하여야 한다.

② 경비업자는 출동차량 등의 도색 및 표지를 정하고 이를 확인할 수 있는 사진을 첨부하여 주된 사무소를 관할하는 지방경찰청장에게 행정안전부령으로 정하는 바에 따라 신고하여야 한다. 〈개정 2014.11.19., 2017.7.26.〉

③ 지방경찰청장은 제2항에 따라 제출받은 사진을 검토한 후 경비업자에게 도색 및 표지 변경 등에 대한 시정명령을 할 수 있다.

④ 제3항에 따른 시정명령을 받은 경비업자는 이를 이행하여야 하고, 지방경찰청장에게 행정안전부령으로 정하는 바에 따라 이행보고를 하여야 한다. 〈개정 2014.11.19., 2017.7.26.〉

⑤ 그 밖에 출동차량 등에 필요한 사항은 행정안전부령으로 정한다. 〈개정 2014.11.19., 2017.7.26.〉

[본조신설 2013.6.7.]

제17조(결격사유 확인을 위한 범죄경력조회 등) ① 경찰청장, 지방경찰청장 또는 관할 경찰관서장은 직권으로 또는 제2항에 따른 범죄경력조회 요청이 있는 경우에는 경비업자의 임원, 경비지도사 또는 경비원이 제5조제3호·제4호, 제10조제1항제3호부터 제8호까지 또는 같은 조 제2항제2호·제3호에 따른 결격사유에 해당하는지를 확인하기 위하여 「형의 실효 등에 관한 법률」 제6조에 따른 범죄경력조회를 할 수 있다.

② 경비업자는 선출·선임·채용 또는 배치하려는 임원, 경비지도사 또는 경비원이 제5조제3호·제4호, 제10조제1항제3호부터 제8호까지 또는 같은 조 제2항제2호·제3호에 따른 결격사유에 해당하는지를 확인하기 위하여 주된 사무소, 출장소 또는 배치장소를 관할하는 지방경찰청장 또는 경찰관서장에게 「형의 실효 등에 관한 법률」 제6조에 따른 범죄경력조회를 요청할 수 있다.

③ 제2항에 따른 범죄경력조회 요청을 받은 지방경찰청장 또는 관할 경찰관서장은 경비업자에게 그 결과를 통보할 때에는 경비업자의 임원, 경비지도사 또는 경비원이 제5조제3호·제4호, 제10조제1항제3호부터 제8호까지 또는 같은 조 제2항제2호·제3호에 따른 결격사유에 해당하는지 여부만을 통보하여야 한다.

④ 지방경찰청장 또는 관할 경찰관서장은 경비업자의 임원, 경비지도사 또는 경비원이 제5조 각 호, 제10조제1항 각 호 또는 제2항 각 호의 결격사유에 해당하는 사실을 알게 되거나 이 법 또는 이 법에 따른 명령을 위반한 때에는 경비업자에게 그 사실을 통보하여야 한다.

[전문개정 2013.6.7.]

제18조(경비원의 명부와 배치허가 등) ① 경비업자는 행정안전부령으로 정하는 바에 따라 경비원의 명부를 작성·비치하여야 한다. 다만, 집단민원현장에 배치

되는 일반경비원의 명부는 그 경비원이 배치되는 장소에도 작성·비치하여야 한다. 〈개정 2008.2.29., 2013.3.23., 2013.6.7., 2014.11.19., 2017.7.26.〉

② 경비업자가 경비원을 배치하거나 배치를 폐지한 경우에는 행정안전부령으로 정하는 바에 따라 관할 경찰관서장에게 신고하여야 한다. 다만, 다음 제1호의 경우에는 경비원을 배치하기 48시간 전까지 행정안전부령으로 정하는 바에 따라 배치허가를 신청하고, 관할 경찰관서장의 배치허가를 받은 후에 경비원을 배치하여야 하며(제2호 및 제3호의 경우에는 경비원을 배치하기 전까지 신고하여야 한다), 이 경우 관할 경찰관서장은 배치허가를 함에 있어 필요한 조건을 붙일 수 있다. 〈개정 2005.8.4., 2008.2.29., 2013.3.23., 2013.6.7., 2014.11.19., 2017.7.26.〉

1. 제2조제1호가목에 따른 시설경비업무 또는 같은 호 다목에 따른 신변보호업무 중 집단민원현장에 배치된 일반경비원
2. 집단민원현장이 아닌 곳에서 제2조제1호 다목의 규정에 의한 신변보호업무를 수행하는 일반경비원
3. 특수경비원

③ 관할 경찰관서장은 제2항 각 호 외의 부분 단서에 따른 배치허가 신청을 받은 경우 다음 각 호의 사유에 해당하는 때에는 배치허가를 하여서는 아니 된다. 이 경우 관할 경찰관서장은 다음 각 호의 사유를 확인하기 위하여 소속 경찰관으로 하여금 그 배치장소를 방문하여 조사하게 할 수 있다. 〈신설 2013.6.7.〉

1. 제15조의2제1항 및 제2항을 위반하여 경비업무의 범위를 벗어난 행위를 할 우려가 있는 경우
2. 경비원 중 제10조제1항 또는 제2항에 해당하는 결격자나 제13조에 따른 신임교육을 받지 아니한 사람이 대통령령으로 정하는 기준 이상으로 포함되어 있는 경우
3. 제24조에 따라 경비원의 복장·장비 등에 대하여 내려진 필요한 명령을 이행하지 아니하는 경우

④ 제2항 각 호 외의 부분 단서에 따른 배치허가 신청을 받은 관할 경찰관서장은 배치되는 경비원 중 제10조제1항 또는 제2항에 해당하는 결격자가 있는 경우에는 그 사람을 제외하고 배치허가를 하여야 한다. 〈신설 2013.6.7.〉

⑤ 경비업자는 경비원을 배치하여 경비업무를 수행하게 하는 때에는 행정안전부령으로 정하는 바에 따라 배치된 경비원의 인적사항과 배치일시·배치장소 등 근무상황을 기록하여 보관하여야 한다. 〈신설 2013.6.7., 2014.11.19., 2017.7.26.〉

⑥ 경비업자는 다음 각 호의 어느 하나에 해당하는 죄를 범하여 벌금형을 선고받고 5년이 지나지 아니하거나 금고 이상의 형을 선고받고 그 집행이 유예된 날부터 5년이 지나지 아니한 자를 집단민원현장에 일반경비원으로 배치하여서는 아니 된다. 〈신설 2013.6.7., 2016.1.6.〉

1. 「형법」 제257조부터 제262조까지, 제264조, 제276조부터 제281조까지의 죄, 제284조의 죄, 제285조의 죄, 제320조의 죄, 제324조제2항의 죄, 제350조의2의 죄, 제351조의 죄(제350조, 제350조의2의 상습범으로 한정한다), 제369조제1항의 죄
2. 「폭력행위 등 처벌에 관한 법률」 제2조 또는 제3조의 죄

⑦ 경비업자는 제1항에 따른 경비원 명부에 없는 자를 경비업무에 종사하게 하여서는 아니 되고, 제2항에 따라 경비원을 배치하는 경우에는 제13조에 따른 신임교육을 이수한 자를 배치하여야 한다. 〈신설 2013.6.7.〉

⑧ 관할 경찰관서장은 경비업자가 다음 각

호의 어느 하나에 해당하는 때에는 배치 폐지를 명할 수 있다. 〈신설 2013.6.7.〉

1. 제2항 각 호 외의 부분 단서를 위반하여 배치허가를 받지 아니하고 경비원을 배치하거나 경비원 명단 및 배치일시·배치장소 등 배치허가 신청의 내용을 거짓으로 한 때
2. 제6항의 결격사유에 해당하는 자를 집단민원현장에 일반경비원으로 배치한 때
3. 제7항을 위반하여 신임교육을 이수하지 아니한 자를 제2항 각 호의 경비원으로 배치한 때
4. 경비업자 또는 경비원이 위력이나 흉기 또는 그 밖의 위험한 물건을 사용하여 집단적 폭력사태를 일으킨 때
5. 경비업자가 제2항 각 호 외의 부분 본문을 위반하여 신고하지 아니하고 일반경비원을 배치한 때

[제목개정 2013.6.7.]

제5장 행정처분 등

제19조(경비업 허가의 취소 등) ① 허가관청은 경비업자가 다음 각 호의 어느 하나에 해당하는 때에는 그 허가를 취소하여야 한다. 〈개정 2002.12.18., 2013.6.7., 2017.10.24.〉

1. 허위 그 밖의 부정한 방법으로 허가를 받은 때
2. 제7조제5항의 규정에 위반하여 허가받은 경비업무외의 업무에 경비원을 종사하게 한 때
3. 제7조제9항의 규정에 위반하여 경비업 및 경비관련업외의 영업을 한 때
4. 정당한 사유없이 허가를 받은 날부터 2년 이내에 경비 도급실적이 없거나 계속하여 1년 이상 휴업한 때
5. 정당한 사유없이 최종 도급계약 종료일의 다음 날부터 2년 이내에 경비 도급실적이 없을 때
6. 영업정지처분을 받고 계속하여 영업을 한 때
7. 제15조의2제2항을 위반하여 소속 경비원으로 하여금 경비업무의 범위를 벗어난 행위를 하게 한 때
8. 제18조제8항에 따른 관할 경찰관서장의 배치폐지 명령에 따르지 아니한 때

② 허가관청은 경비업자가 다음 각 호의 어느 하나에 해당하는 때에는 대통령령으로 정하는 행정처분의 기준에 따라 그 허가를 취소하거나 6개월 이내의 기간을 정하여 영업의 전부 또는 일부에 대하여 영업정지를 명할 수 있다. 〈신설 2013.6.7.〉

1. 제4조제1항 후단을 위반하여 지방경찰청장의 허가 없이 경비업무를 변경한 때
2. 제7조제2항을 위반하여 도급을 의뢰받은 경비업무가 위법한 것임에도 이를 거부하지 아니한 때
3. 제7조제6항을 위반하여 경비지도사를 집단민원현장에 선임·배치하지 아니한 때
4. 제8조를 위반하여 경비대상 시설에 관한 경보 대응체제를 갖추지 아니한 때
5. 제9조제2항을 위반하여 관련 서류를 작성·비치하지 아니한 때
6. 제10조제3항을 위반하여 결격사유에 해당하는 경비원을 배치하거나 결격사유에 해당하는 경비지도사를 선임·배치한 때
7. 제12조제1항을 위반하여 경비지도사를 선임한 때
8. 제13조를 위반하여 경비원으로 하여금 교육을 받게 하지 아니한 때
9. 제16조에 따른 경비원의 복장 등에 관한 규정을 위반한 때
10. 제16조의2에 따른 경비원의 장비 등에 관한 규정을 위반한 때
11. 제16조의3에 따른 경비원의 출동차량 등에 관한 규정을 위반한 때

12. 제18조제1항 단서를 위반하여 집단민원현장에 일반경비원 명부를 작성·비치하지 아니한 때
13. 제18조제2항 각 호 외의 부분 단서를 위반하여 배치허가를 받지 아니하고 경비원을 배치하거나 경비원 명단 및 배치일시·배치장소 등 배치허가 신청의 내용을 거짓으로 한 때
14. 제18조제6항을 위반하여 결격사유에 해당하는 일반경비원을 집단민원현장에 배치한 때
15. 제24조에 따른 감독상 명령에 따르지 아니한 때
16. 제26조를 위반하여 손해를 배상하지 아니한 때

③ 허가관청은 제1항 및 제2항에 의하여 허가취소 또는 영업정지처분을 하는 때에는 경비업자가 허가받은 경비업무중 허가취소 또는 영업정지사유에 해당되는 경비업무에 한하여 처분을 하여야 한다. 다만, 제1항제2호 및 제7호에 해당하여 허가취소를 하는 때에는 그러하지 아니하다. 〈개정 2013.6.7.〉

[2002.12.18. 법률 제6787호에 의하여 2002.4.25. 헌법재판소에서 위헌 결정된 이 조를 개정함.]

제20조(경비지도사자격의 취소 등) ① 경찰청장은 경비지도사가 다음 각호의 1에 해당하는 때에는 그 자격을 취소하여야 한다. 〈개정 2014.12.30.〉

1. 제10조제1항 각호의 결격사유에 해당하게 된 때
2. 허위 그 밖의 부정한 방법으로 경비지도사자격증을 교부받은 때
3. 경비지도사자격증을 다른 사람에게 빌려주거나 양도한 때
4. 자격정지 기간 중에 경비지도사로 선임되어 활동한 때

② 경찰청장은 경비지도사가 다음 각호의 1에 해당하는 때에는 대통령령이 정하는 바에 따라 1년의 범위 내에서 그 자격을 정지시킬 수 있다.

1. 제12조제3항의 규정에 위반하여 직무를 성실하게 수행하지 아니한 때
2. 제24조의 규정에 의한 경찰청장 또는 지방경찰청장의 명령을 위반한 때

③ 경찰청장은 제1항의 규정에 의하여 경비지도사의 자격을 취소한 때에는 경비지도사자격증을 회수하여야 하고, 제2항의 규정에 의하여 경비지도사의 자격을 정지한 때에는 그 정지기간동안 경비지도사자격증을 회수하여 보관하여야 한다.

제21조(청문) 경찰청장 또는 지방경찰청장은 다음 각호의 1에 해당하는 처분을 하고자 하는 경우에는 청문을 실시하여야 한다.

1. 제19조의 규정에 의한 경비업 허가의 취소 또는 영업정지
2. 제20조제1항 또는 제2항의 규정에 의한 경비지도사자격의 취소 또는 정지

제6장 경비협회

제22조(경비협회) ① 경비업자는 경비업무의 건전한 발전과 경비원의 자질향상 및 교육훈련 등을 위하여 대통령령이 정하는 바에 따라 경비협회를 설립할 수 있다.

② 경비협회는 법인으로 한다.

③ 경비협회의 업무는 다음과 같다.

1. 경비업무의 연구
2. 경비원 교육·훈련 및 그 연구
3. 경비원의 후생·복지에 관한 사항
4. 경비진단에 관한 사항
5. 그 밖에 경비업무의 건전한 운영과 육성에 관하여 필요한 사항

④ 경비협회에 관하여 이 법에 특별한 규정이 있는 것을 제외하고는 민법중 사단법인에 관한 규정을 준용한다.

제23조(공제사업) ① 경비협회는 다음 각호의 공제사업을 할 수 있다. 〈개정

2015.7.20.〉

1. 제26조에 따른 경비업자의 손해배상책임을 보장하기 위한 사업
2. 경비업자가 경비업을 운영할 때 필요한 입찰보증, 계약보증(이행보증을 포함한다), 하도급보증을 위한 사업
3. 경비원의 복지향상과 업무상 재해로 인한 손실을 보상하는 사업
4. 경비업무와 관련한 연구 및 경비원 교육·훈련에 관한 사업

② 경비협회는 제1항의 규정에 의한 공제사업을 하고자 하는 때에는 공제규정을 제정하여야 한다.

③ 제2항의 공제규정에는 공제사업의 범위, 공제계약의 내용, 공제금, 공제료 및 공제금에 충당하기 위한 책임준비금 등 공제사업의 운영에 관하여 필요한 사항을 정하여야 한다.

④ 경찰청장은 제1항에 따른 공제사업의 건전한 육성과 가입자의 보호를 위하여 공제사업의 감독에 관한 기준을 정할 수 있다. 〈신설 2015.7.20.〉

⑤ 경찰청장은 제2항에 따른 공제규정을 승인하거나 제4항에 따라 공제사업의 감독에 관한 기준을 정하는 경우에는 미리 금융위원회와 협의하여야 한다. 〈신설 2015.7.20.〉

⑥ 경찰청장은 제1항에 따른 공제사업에 대하여 「금융위원회의 설치 등에 관한 법률」에 따른 금융감독원의 원장에게 검사를 요청할 수 있다. 〈신설 2015.7.20.〉

제7장 보칙

제24조(감독) ① 경찰청장 또는 지방경찰청장은 경비업무의 적정한 수행을 위하여 경비업자 및 경비지도사를 지도·감독하며 필요한 명령을 할 수 있다.

② 지방경찰청장 또는 관할 경찰관서장은 소속 경찰공무원으로 하여금 관할구역안에 있는 경비업자의 주사무소 및 출장소와 경비원배치장소에 출입하여 근무상황 및 교육훈련상황 등을 감독하며 필요한 명령을 하게 할 수 있다. 이 경우 출입하는 경찰공무원은 그 권한을 표시하는 증표를 관계인에게 내보여야 한다.

③ 지방경찰청장 또는 관할 경찰관서장은 경비업자 또는 배치된 경비원이 이 법이나 이 법에 따른 명령, 「폭력행위 등 처벌에 관한 법률」을 위반하는 행위를 하는 경우 그 위반행위의 중지를 명할 수 있다. 〈신설 2013.6.7.〉

④ 지방경찰청장 또는 관할 경찰관서장은 경비업무 장소가 집단민원현장으로 판단되는 경우에는 그 때부터 48시간 이내에 경비업자에게 경비원 배치 허가를 받을 것을 고지하여야 한다. 〈신설 2015.7.20.〉

제25조(보안지도·점검 등) 지방경찰청장은 대통령령이 정하는 바에 따라 특수경비업자에 대하여 보안지도·점검을 실시하여야 하고, 필요한 경우 관계기관에 보안측정을 요청하여야 한다.

제26조(손해배상 등) ① 경비업자는 경비원이 업무수행중 고의 또는 과실로 경비대상에 손해가 발생하는 것을 방지하지 못한 때에는 그 손해를 배상하여야 한다.

② 경비업자는 경비원이 업무수행중 고의 또는 과실로 제3자에게 손해를 입힌 경우에는 이를 배상하여야 한다.

제27조(위임 및 위탁) ① 이 법에 의한 경찰청장의 권한은 대통령령이 정하는 바에 따라 그 일부를 지방경찰청장에게 위임할 수 있다.

② 경찰청장은 제11조의 규정에 의한 경비지도사의 시험 및 교육에 관한 업무를 대통령령이 정하는 바에 따라 관계전문기관 또는 단체에 위탁할 수 있다.

제27조의2(수수료) 이 법에 따른 경비업의

허가를 받거나 허가증을 재교부 받고자 하는 자는 대통령령이 정하는 바에 따라 수수료를 납부하여야 한다.

[본조신설 2005.5.31.]

제8장 벌칙

제28조(벌칙) ① 제14조제2항의 규정에 위반하여 국가중요시설의 정상적인 운영을 해치는 장해를 일으킨 특수경비원은 5년 이하의 징역 또는 5천만원 이하의 벌금에 처한다. 〈개정 2017.10.24.〉

② 다음 각 호의 어느 하나에 해당하는 자는 3년 이하의 징역 또는 3천만원 이하의 벌금에 처한다. 〈개정 2005.8.4., 2013.6.7., 2015.7.20.〉

1. 제4조제1항의 규정에 의한 허가를 받지 아니하고 경비업을 영위한 자
2. 제7조제4항의 규정에 위반하여 직무상 알게 된 비밀을 누설하거나 부당한 목적을 위하여 사용한 자
3. 제7조제8항의 규정에 위반하여 경비업무의 중단을 통보하지 아니하거나 경비업무를 즉시 인수하지 아니한 특수경비업자 또는 경비대행업자
4. 집단민원현장에 경비원을 배치하면서 제7조의2제1항을 위반하여 제4조제1항에 따른 허가를 받지 아니한 자에게 경비업무를 도급한 자
5. 제7조의2제2항을 위반하여 집단민원현장에 20명 이상의 경비인력을 배치하면서 그 경비인력을 직접 고용한 자
6. 제7조의2제3항을 위반하여 경비업자의 경비원 채용 시 무자격자나 부적격자 등을 채용하도록 관여하거나 영향력을 행사한 도급인
7. 과실로 인하여 제14조제2항의 규정에 위반하여 국가중요시설의 정상적인 운영을 해치는 장해를 일으킨 특수경비원
8. 특수경비원으로서 경비구역 안에서 시설물의 절도, 손괴, 위험물의 폭발 등의 사유로 인한 위급사태가 발생한 때에 제15조제1항 또는 제2항의 규정에 위반한 자
9. 제15조의2제2항의 규정을 위반하여 경비원에게 경비업무의 범위를 벗어난 행위를 하게 한 자

③ 제14조제4항 후단의 규정에 위반하여 정당한 사유없이 무기를 소지하고 배치된 경비구역을 벗어난 특수경비원은 2년 이하의 징역 또는 2천만원 이하의 벌금에 처한다.

④ 다음 각 호의 어느 하나에 해당하는 자는 1년 이하의 징역 또는 1천만원 이하의 벌금에 처한다. 〈개정 2005.8.4., 2013.6.7.〉

1. 제14조제7항의 규정에 위반한 관리책임자
2. 제15조제3항의 규정에 위반하여 쟁의행위를 한 특수경비원
3. 제15조의2제1항을 위반하여 경비업무의 범위를 벗어난 행위를 한 경비원
4. 제16조의2제1항에서 정한 장비 외에 흉기 또는 그 밖의 위험한 물건을 휴대하고 경비업무를 수행한 경비원 또는 경비원에게 이를 휴대하고 경비업무를 수행하게 한 자
5. 제18조제8항을 위반하여 경찰관서장의 배치폐지 명령을 따르지 아니한 자
6. 제24조제3항에 따른 지방경찰청장 또는 관할 경찰관서장의 중지명령에 따르지 아니한 자

⑤ 삭제 〈2013.6.7.〉

제29조(형의 가중처벌) ① 특수경비원이 무기를 휴대하고 경비업무를 수행중에 제14조제8항의 규정 및 제15조제4항의 규정에 의한 무기의 안전수칙을 위반하여 「형법」 제258조의2제1항(제257조제1항의 죄로 한정한다)·제2항(제258조제1항·제2항의 죄로 한정한다), 제259조제1항, 제260조제1항, 제262조, 제268조, 제276조제1항, 제277조제1항, 제281조제1항, 제283조제1항, 제324조제2항, 제350조의2 및 제366조의 죄를 범한 때에는 그 죄에 정한 형의 2분의 1까지 가중처

벌한다. 〈개정 2013.6.7., 2016.1.6.〉

② 경비원이 경비업무 수행 중에 제16조의2 제1항에서 정한 장비 외에 흉기 또는 그 밖의 위험한 물건을 휴대하고 「형법」 제258조의2제1항(제257조제1항의 죄로 한정한다)·제2항(제258조제1항·제2항의 죄로 한정한다), 제259조제1항, 제261조, 제262조, 제268조, 제276조제1항, 제277조제1항, 제281조제1항, 제283조제1항, 제324조제2항, 제350조의2 및 제366조의 죄를 범한 때에는 그 죄에 정한 형의 2분의 1까지 가중처벌한다. 〈신설 2013.6.7., 2016.1.6.〉

제30조(양벌규정) 법인의 대표자나 법인 또는 개인의 대리인, 사용인, 그 밖의 종업원이 그 법인 또는 개인의 업무에 관하여 제28조의 위반행위를 하면 그 행위자를 벌하는 외에 그 법인 또는 개인에게도 해당 조문의 벌금형을 과(科)한다. 다만, 법인 또는 개인이 그 위반행위를 방지하기 위하여 해당 업무에 관하여 상당한 주의와 감독을 게을리하지 아니한 경우에는 그러하지 아니하다.

[전문개정 2008.12.26.]

제31조(과태료) ① 다음 각 호의 어느 하나에 해당하는 경비업자에게는 3천만원 이하의 과태료를 부과한다. 〈신설 2013.6.7.〉

1. 제16조제1항을 위반하여 경비원의 복장에 관한 신고를 하지 아니하고 집단민원현장에 경비원을 배치한 자
2. 제16조제2항을 위반하여 이름표를 부착하게 하지 아니하거나, 신고된 동일 복장을 착용하게 하지 아니하고 집단민원현장에 경비원을 배치한 자
3. 제18조제1항 단서를 위반하여 집단민원현장에 일반경비원을 배치하면서 경비원의 명부를 배치장소에 작성·비치하지 아니한 자
4. 제18조제2항 각 호 외의 부분 단서를 위반하여 배치허가를 받지 아니하고 경비원을 배치하거나 경비원 명단 및 배치일시·배치장소 등 배치허가 신청의 내용을 거짓으로 한 자
5. 제18조제7항을 우반하여 제13조에 따른 신임교육을 이수하지 아니한 자를 제18조제2항 각 호의 경비원으로 배치한 자

② 다음 각 호의 어느 하나에 해당하는 경비업자 또는 시설주에게는 500만원 이하의 과태료를 부과한다. 〈개정 2013.6.7.〉

1. 제4조제3항 또는 제18조제2항의 규정에 위반하여 신고를 하지 아니한 자
2. 제7조제7항의 규정에 위반하여 경비대행업자 지정신고를 하지 아니한 자
3. 제9조제1항의 규정에 위반하여 설명의무를 이행하지 아니한 자
4. 제12조제1항의 규정에 위반하여 경비지도사를 선임하지 아니한 자
5. 제14조제6항의 규정에 의한 감독상 필요한 명령을 정당한 이유없이 이행하지 아니한 자
6. 제10조제3항을 위반하여 결격사유에 해당하는 경비원을 배치하거나 결격사유에 해당하는 경비지도사를 선임·배치한 자
7. 제16조제1항의 복장 등에 관한 신고규정을 위반하여 신고를 하지 아니한 자
8. 제16조제2항을 위반하여 이름표를 부착하게 하지 아니하거나, 신고된 동일 복장을 착용하게 하지 아니하고 경비원을 경비업무에 배치한 자
9. 제18조제1항 본문을 위반하여 명부를 작성·비치하지 아니한 자
10. 제18조제5항을 위반하여 경비원의 근무상황을 기록하여 보관하지 아니한 자

③ 제1항 및 제2항의 규정에 의한 과태료는 대통령령이 정하는 바에 의하여 지방경찰청장 또는 경찰관서장이 부과·징수한다. 〈개정 2013.6.7.〉

④ 삭제 〈2013.6.7.〉

⑤ 삭제 〈2013.6.7.〉

부칙 〈법률 제14909호, 2017.10.24.〉

이 법은 공포 후 6개월이 경과한 날부터 시행한다.

청원경찰법

[시행 2017.7.26.] [법률 제14839호, 2017.7.26., 타법개정]

제1조(목적) 이 법은 청원경찰의 직무·임용·배치·보수·사회보장 및 그 밖에 필요한 사항을 규정함으로써 청원경찰의 원활한 운영을 목적으로 한다.

[전문개정 2010.2.4]

제2조(정의) 이 법에서 "청원경찰"이란 다음 각 호의 어느 하나에 해당하는 기관의 장 또는 시설·사업장 등의 경영자가 경비{이하 "청원경찰경비"(請願警察經費)라 한다}를 부담할 것을 조건으로 경찰의 배치를 신청하는 경우 그 기관·시설 또는 사업장 등의 경비(警備)를 담당하게 하기 위하여 배치하는 경찰을 말한다. 〈개정 2013.3.23., 2014.11.19., 2017.7.26.〉

1. 국가기관 또는 공공단체와 그 관리하에 있는 중요 시설 또는 사업장
2. 국내 주재(駐在) 외국기관
3. 그 밖에 행정안전부령으로 정하는 중요 시설, 사업장 또는 장소

[전문개정 2010.2.4]

제3조(청원경찰의 직무) 청원경찰은 제4조제2항에 따라 청원경찰의 배치 결정을 받은 자{이하 "청원주"(請願主)라 한다}와 배치된 기관·시설 또는 사업장 등의 구역을 관할하는 경찰서장의 감독을 받아 그 경비구역만의 경비를 목적으로 필요한 범위에서 「경찰관직무집행법」에 따른 경찰관의 직무를 수행한다.

[전문개정 2010.2.4]

제4조(청원경찰의 배치) ① 청원경찰을 배치받으려는 자는 대통령령으로 정하는 바에 따라 관할 지방경찰청장에게 청원경찰 배치를 신청하여야 한다.

② 지방경찰청장은 제1항의 청원경찰 배치 신청을 받으면 지체 없이 그 배치 여부를 결정하여 신청인에게 알려야 한다.

③ 지방경찰청장은 청원경찰 배치가 필요하다고 인정하는 기관의 장 또는 시설·사업장의 경영자에게 청원경찰을 배치할 것을 요청할 수 있다.

[전문개정 2010.2.4]

제5조(청원경찰의 임용 등) ① 청원경찰은 청원주가 임용하되, 임용을 할 때에는 미리 지방경찰청장의 승인을 받아야 한다.

② 「국가공무원법」 제33조 각 호의 어느 하나의 결격사유에 해당하는 사람은 청원경찰로 임용될 수 없다.

③ 청원경찰의 임용자격·임용방법·교육 및 보수에 관하여는 대통령령으로 정한다.

④ 청원경찰의 복무에 관하여는 「국가공무원법」 제57조, 제58조제1항, 제60조, 제66조제1항 및 「경찰공무원법」 제18조를 준용한다.

[전문개정 2010.2.4]

제5조의2(청원경찰의 징계) ① 청원주는 청원경찰이 다음 각 호의 어느 하나에 해당하는 때에는 대통령령으로 정하는 징계절차를 거쳐 징계처분을 하여야 한다.

1. 직무상의 의무를 위반하거나 직무를 태만히 한 때
2. 품위를 손상하는 행위를 한 때

② 청원경찰에 대한 징계의 종류는 파면, 해임, 정직, 감봉 및 견책으로 구분한다.

③ 청원경찰의 징계에 관하여 그 밖에 필요한 사항은 대통령령으로 정한다.
[본조신설 2010.2.4]

제6조(청원경찰경비) ① 청원주는 다음 각 호의 청원경찰경비를 부담하여야 한다.
1. 청원경찰에게 지급할 봉급과 각종 수당
2. 청원경찰의 피복비
3. 청원경찰의 교육비
4. 제7조에 따른 보상금 및 제7조의2에 따른 퇴직금

② 국가기관 또는 지방자치단체에 근무하는 청원경찰의 보수는 다음 각 호의 구분에 따라 같은 재직기간에 해당하는 경찰공무원의 보수를 감안하여 대통령령으로 정한다. 〈개정 2014.12.30.〉
1. 재직기간 15년 미만: 순경
2. 재직기간 15년 이상 23년 미만: 경장
3. 재직기간 23년 이상 30년 미만: 경사
4. 재직기간 30년 이상: 경위

③ 청원주의 제1항제1호에 따른 봉급·수당의 최저부담기준액(국가기관 또는 지방자치단체에 근무하는 청원경찰의 봉급·수당은 제외한다)과 같은 항 제2호 및 제3호에 따른 비용의 부담기준액은 경찰청장이 정하여 고시(告示)한다.
[전문개정 2010.2.4.]

제7조(보상금) 청원주는 청원경찰이 다음 각 호의 어느 하나에 해당하게 되면 대통령령으로 정하는 바에 따라 청원경찰 본인 또는 그 유족에게 보상금을 지급하여야 한다.
1. 직무수행으로 인하여 부상을 입거나, 질병에 걸리거나 또는 사망한 경우
2. 직무상의 부상·질병으로 인하여 퇴직하거나, 퇴직 후 2년 이내에 사망한 경우

[전문개정 2010.2.4.]

제7조의2(퇴직금) 청원주는 청원경찰이 퇴직할 때에는 「근로자퇴직급여 보장법」에 따른 퇴직금을 지급하여야 한다. 다만, 국가기관이나 지방자치단체에 근무하는 청원경찰의 퇴직금에 관하여는 따로 대통령령으로 정한다.
[전문개정 2010.2.4.]

제8조(제복 착용과 무기 휴대) ① 청원경찰은 근무 중 제복을 착용하여야 한다.

② 지방경찰청장은 청원경찰이 직무를 수행하기 위하여 필요하다고 인정하면 청원주의 신청을 받아 관할 경찰서장으로 하여금 청원경찰에게 무기를 대여하여 지니게 할 수 있다.

③ 청원경찰의 복제(服制)와 무기 휴대에 필요한 사항은 대통령령으로 정한다.
[전문개정 2010.2.4.]

제9조 삭제 〈1999.3.31.〉

제9조의2 삭제 〈2001.4.7.〉

제9조의3(감독) ① 청원주는 항상 소속 청원경찰의 근무 상황을 감독하고, 근무 수행에 필요한 교육을 하여야 한다.

② 지방경찰청장은 청원경찰의 효율적인 운영을 위하여 청원주를 지도하며 감독상 필요한 명령을 할 수 있다.
[전문개정 2010.2.4.]

제10조(직권남용 금지 등) ① 청원경찰이 직무를 수행할 때 직권을 남용하여 국민에게 해를 끼친 경우에는 6개월 이하의 징역이나 금고에 처한다.

② 청원경찰 업무에 종사하는 사람은 「형법」이나 그 밖의 법령에 따른 벌칙을 적용할 때에는 공무원으로 본다.
[전문개정 2010.2.4.]

제10조의2(청원경찰의 불법행위에 대한 배상책임) 청원경찰(국가기관이나 지방자치단체에 근무하는 청원경찰은 제외한다)의 직무상 불법행위에 대한 배상책임에 관하여는 「민법」의 규정을 따른다.
[전문개정 2010.2.4.]

제10조의3(권한의 위임) 이 법에 따른 지방경찰청장의 권한은 그 일부를 대통령령으로 정하는 바에 따라 관할 경찰서장에게 위임할 수 있다.
[전문개정 2010.2.4.]

제10조의4(의사에 반한 면직) ① 청원경찰

은 형의 선고, 징계처분 또는 신체상·정신상의 이상으로 직무를 감당하지 못할 때를 제외하고는 그 의사(意思)에 반하여 면직(免職)되지 아니한다.
② 청원주가 청원경찰을 면직시켰을 때에는 그 사실을 관할 경찰서장을 거쳐 지방경찰청장에게 보고하여야 한다.
[전문개정 2010.2.4.]

제10조의5(배치의 폐지 등) ① 청원주는 청원경찰이 배치된 시설이 폐쇄되거나 축소되어 청원경찰의 배치를 폐지하거나 배치인원을 감축할 필요가 있다고 인정하면 청원경찰의 배치를 폐지하거나 배치인원을 감축할 수 있다. 다만, 청원주는 다음 각 호의 어느 하나에 해당하는 경우에는 청원경찰의 배치를 폐지하거나 배치인원을 감축할 수 없다. 〈개정 2014.12.30.〉
1. 청원경찰을 대체할 목적으로 「경비업법」에 따른 특수경비원을 배치하는 경우
2. 청원경찰이 배치된 기관·시설 또는 사업장 등이 배치인원의 변동사유 없이 다른 곳으로 이전하는 경우

② 제1항에 따라 청원주가 청원경찰을 폐지하거나 감축하였을 때에는 청원경찰 배치 결정을 한 경찰관서의 장에게 알려야 하며, 그 사업장이 제4조제3항에 따라 지방경찰청장이 청원경찰의 배치를 요청한 사업장일 때에는 그 폐지 또는 감축 사유를 구체적으로 밝혀야 한다.
③ 제1항에 따라 청원경찰의 배치를 폐지하거나 배치인원을 감축하는 경우 해당 청원주는 배치폐지나 배치인원 감축으로 과원(過員)이 되는 청원경찰 인원을 그 기관·시설 또는 사업장 내의 유사 업무에 종사하게 하거나 다른 시설·사업장 등에 재배치하는 등 청원경찰의 고용이 보장될 수 있도록 노력하여야 한다. 〈신설 2014.12.30.〉
[전문개정 2010.2.4.]

제10조의6(당연 퇴직) 청원경찰이 다음 각 호의 어느 하나에 해당할 때에는 당연 퇴직된다.
1. 제5조제2항에 따른 임용결격사유에 해당될 때
2. 제10조의5에 따라 청원경찰의 배치가 폐지되었을 때
3. 나이가 60세가 되었을 때. 다만, 그 날이 1월부터 6월 사이에 있으면 6월 30일에, 7월부터 12월 사이에 있으면 12월 31일에 각각 당연 퇴직된다.

[전문개정 2010.2.4.]

제10조의7(휴직 및 명예퇴직) 국가기관이나 지방자치단체에 근무하는 청원경찰의 휴직 및 명예퇴직에 관하여는 「국가공무원법」 제71조부터 제73조까지 및 제74조의2를 준용한다.
[전문개정 2010.2.4.]

제11조(벌칙) 청원경찰로서 제5조제4항에 따라 준용되는 「국가공무원법」 제66조 제1항을 위반한 사람은 1년 이하의 징역 또는 200만원 이하의 벌금에 처한다.
[전문개정 2010.2.4.]

제12조(과태료) ① 다음 각 호의 어느 하나에 해당하는 자에게는 500만원 이하의 과태료를 부과한다.
1. 제4조제2항에 따른 지방경찰청장의 배치 결정을 받지 아니하고 청원경찰을 배치하거나 제5조제1항에 따른 지방경찰청장의 승인을 받지 아니하고 청원경찰을 임용한 자
2. 정당한 사유 없이 제6조제3항에 따라 경찰청장이 고시한 최저부담기준액 이상의 보수를 지급하지 아니한 자
3. 제9조의3제2항에 따른 감독상 필요한 명령을 정당한 사유 없이 이행하지 아니한 자

② 제1항에 따른 과태료는 대통령령으로 정하는 바에 따라 지방경찰청장이 부과·징수한다.
[전문개정 2010.2.4.]

부칙〈법률 제14839호, 2017.7.26.〉 (정부조직법)

제1조(시행일) ① 이 법은 공포한 날부터 시행한다. 다만, 부칙 제5조에 따라 개정되는 법률 중 이 법 시행 전에 공포되었으나 시행일이 도래하지 아니한 법률을 개정한 부분은 각각 해당 법률의 시행일부터 시행한다.

제2조부터 **제4조**까지 생략

제5조(다른 법률의 개정) ①부터 〈124〉까지 생략

〈125〉 청원경찰법 일부를 다음과 같이 개정한다.

제2조제3호 중 “행정자치부령”을 “행정안전부령”으로 한다.

〈126〉부터 〈382〉까지 생략

제6조 생략

제15회(2013)
경호학 기출문제

01. 실질적 의미의 경호개념에 관한 설명으로 옳지 않은 것은?

① 경호의 개념을 본질적·이론적인 입장에서 이해한 것으로 학문적 측면에서 고찰된 개념이다.
② 경호대상자의 절대적 신변안전을 보호하기 위하여 모든 사용가능한 수단과 방법을 동원한다.
③ 인위적 위해 및 자연적 위해요인을 사전에 방지 및 제거하기 위한 제반 활동이다.
④ 실정법상 경호기관의 권한에 속하는 일체의 경호작용을 의미한다.

02. 신변보호의 예방작용 단계에 관한 설명으로 옳지 않은 것은?

① 예방작용은 예측단계 - 인지단계 - 분석단계 - 억제단계로 구성된다.
② 정보 및 첩보의 수집범위가 확대될 수 있으며, 이에 대한 인력, 장비, 예산의 증가가 요구되는 과정은 예측단계이다.
③ 수집·분석된 정보 및 첩보 내용 중에 위해가능성이 있는지 확인하고 판단하는 과정은 분석단계이다.
④ 위해요인을 차단하고 무력화시키는 과정은 억제단계이다.

03. 각국 경호기관의 경호대상자에 관한 설명으로 옳지 않은 것은?

① 미국 국토안보부 비밀경호국의 경호대상은 대통령 및 부통령과 직계가족을 포함한다.
② 우리나라 대통령경호실의 경호대상은 퇴임 후 10년 이내의 전직대통령과 그 배우자 및 자녀를 포함한다.
③ 일본 황궁경찰본부의 경호대상은 천황 및 황족의 경호를 포함한다.
④ 독일 연방범죄수사국 경호안전과의 경호대상은 대통령과 수상의 경호를 포함한다.

04. 장소에 의한 경호의 분류가 아닌 것은?

① 숙소경호　　② 연도경호
③ 행사장 경호　　④ 차량경호

05. 경호행사를 형식적 기준에 의해 1호(A호), 2호(B호), 3호(C호)로 구분하는 경호의 분류는?

① 경호의 수준에 의한 분류　　② 성격에 의한 분류
③ 이동수단에 의한 분류　　④ 대상에 의한 분류

06. 경호 및 경비 관련 법률에 관한 설명으로 옳은 것은?

① 대통령 등의 경호에 관한 법률 : 2008년 개칭되었으며, 대통령권한대행과 그 배우자에 대한 경호는 하지 않는다.
② 전직대통령 예우에 관한 법률 : 1969년 제정되었으며, 전직 대통령이 형사처분을 회피할 목적으로 외국정부에 도피처 또는 보호를 요청한 경우 경호·경비를 제외한 예우는 하지 않는다.
③ 경비업법 : 1999년 개칭되었으며, 경비업은 법인 또는 개인이 영업을 할 수 있도록 규정하고 있다.
④ 청원경찰법 : 1973년 제정되었으며, 국가가 일부 소요경비를 부담하여 국가중요시설 및 사업장에 인력을 배치한다.

07. 대통령 등의 경호에 관한 법률상 대통령경호안전대책위원회 위원이 아닌 것은?

① 국가정보원 8국장　　② 대검찰청 공안기획관
③ 수도방위사령부 정보처장　　④ 경찰청 보안국장

08. 경호의 행동원칙과 설명이 올바르게 연결된 것은?

① 담당구역책임의 원칙 : 각 경호팀별 공동 담당구역을 정하여 책임을 부여한다.
② 목표물보존의 원칙 : 위해가능성이 있는 모든 것에서 경호대상자를 격리시킨다.
③ 방어경호의 원칙 : 경호원과 경호장비는 가능한 일반인의 눈에 띄지 않게 한다.
④ 자기희생의 원칙 : 긴급상황 발생시 신속히 엎드려 사격자세를 취한다.

09. 우리나라 갑(A)호 경호대상인 대통령의 법적 지위 중 국가원수로서의 지위에 포함되지 않은 것은?

① 대외적으로 국가를 대표할 지위
② 국가수호자로서의 지위
③ 헌법기관구성권자로서의 지위
④ 국민대표기관으로서의 지위

10. 경호체계통일성의 원칙에 관한 설명으로 옳은 것은?

① 상하계급간의 일정한 관계가 이루어져야 책임과 업무의 분담이 이루어지고 명령과 복종의 지위와 역할의 체계가 통일되어야 한다.
② 과학기술의 발달에 따라 테러의 수법이 지능화·고도화되어 감에 따라 경호조직에 있어서도 기능의 전문화 내지 분화현상이 나타난다.
③ 경호조직은 과거와 비교해 볼 때 기구 및 인원 면에서 점차 대규모화되고 있다.
④ 경호조직은 자신의 업무상 필요에 따라 국민 속에서 적당한 대상을 선택하여 이를 조직화한다.

11. 조선시대 경호관련기관에 관한 설명으로 옳지 않은 것은?

① 궁실을 숙위하는 특수부대로 성중애마를 두었으며 일반 군사들과 달리 상당한 교양을 필요로 하였다.
② 별시위, 내금위, 내시위는 근접에서 왕을 시위하였다.
③ 호위청은 국왕호위의 임무를 맡았으며 일정 급료를 지급받았다.
④ 국왕의 친위군으로 금군을 두어 군사력을 강화시켰다.

12. 경호조직의 특성에 관한 설명으로 옳지 않은 것은?

① 본질적으로 보안성을 높이는 폐쇄적 조직구조로 구성한다.
② 권력보다는 전문성에 기초를 두어야 한다.
③ 경호집행 기관적 성격으로 계층성의 특성이 있다.
④ 성격상 기관단위로 작용하지 않고 개인단위로 이루어지고 있다.

13. 각국의 경호기관과 대테러조직의 연결이 옳지 않은 것은?

① 미국 국토안보부 비밀경호국 : SWAT
② 영국 수도경찰국 특별경호과 : SAS
③ 프랑스 국립경찰청 요인경호과 : GSG-9
④ 우리나라 대통령경호실 : KNP-868

14. 경호조직의 구성원칙 중 아래의 내용에 관한 설명으로 옳은 것은?

> 경호조직이 비록 완벽하고 경호요원의 수가 많다고 하더라도 모든 위해요소를 직접 인지할 수 없을 뿐 아니라 모든 사태에 대응하기가 여의치 못하므로 완벽한 경호를 위해서는 국민의 절대적인 협력이 필요하다.

① 경호기관단위작용의 원칙　② 경호협력성의 원칙
③ 경호지휘단일성의 원칙　④ 경호체계통일성의 원칙

15. 우리나라 경호공무원의 의무사항으로 옳지 않은 것은?

① 소속 상관의 허가 없이 직장을 이탈할 수 없다.
② 영리목적으로 다른 직무와의 겸업을 할 수 없다.
③ 자신이 희망하는 종교와 정당가입은 가능하다.
④ 공무원으로서 집단행위를 할 수 없다.

16. 경호임무 활동절차에 관한 설명으로 옳지 않은 것은?

① 경호정보 활동은 어떻게 수집, 평가, 분석, 실행되어야 하는가에 따라 경호활동의 기본방향이 결정되므로 신속하고 정확한 정보분석과 대책의 수립이 요망된다.
② 경호보안 활동은 경호관련 인원, 문서, 시설, 지역, 자재, 통신 등에 대하여 불순분자로부터 완벽한 보호대책을 수립하여 지속적으로 보완·유지함을 말한다.
③ 안전대책 및 검측활동은 행사장 내 · 외부에 산재한 인적, 물적, 지리적 취약요소의 안전대책을 강구하고 내 · 외곽 시설물의 폭발물 탐지제거, 안전점검 및 경호 대상자의 음식물에 대한 검식작용을 통합한 것이다.
④ 계획수립 활동은 경호관련 기본정보, 분석정보, 판단정보, 예고정보 등을 작성하여 경호지휘소에 전파하는 것이다.

17. 사전예방경호에 관한 설명으로 옳은 것은?

① 경호대상자가 도착하기 전에 현장답사를 실시하고 효과적인 경호협조와 경호준비를 하는 것을 말한다.

② 가능한 최소의 인원으로 최소한의 활동이 사전예방경호 활동이다.

③ 보안노출을 예방하기 위해 현장답사는 하지 않는다.

④ 사전예방경호는 제복경찰관을 반드시 대동하고 실시한다.

18. 근접경호의 특성에 관한 설명으로 옳지 않은 것은?

① 기만성 : 공식적이 아닌 변칙적인 경호기법으로 차량대형 기만, 기동시간 기만, 승·하차 지점 기만 등으로 위해기도자로 하여금 행사상황을 오판하도록 실제 상황을 은폐하고 허위상황을 제공하여 행사의 효율성을 높이려는 특성이 있다.

② 비노출성 : 행사일정과 장소 및 시간이 대외적으로 알려져 있는 상태에서 경호업무를 수행해야 하는 특성이 있다.

③ 방벽성 : 근접도보 대형시 근무자의 체위에 의한 인적방벽 효과와 각종 위해 수단으로부터 방벽을 구축해야 하는 특성이 있다.

④ 기동 및 유동성 : 근접경호는 주로 도보 또는 차량에 의해 기동간에 이루어지며 행사성격이나 주변여건, 장비의 특성에 따라 유동성 있는 도보 또는 차량대형이 이루어지는 특성이 있다.

19. 근접경호원의 일반적 근무요령이 아닌 것은?

① 사전에 행사장의 안전점검을 실시하여 위해물질의 색출 및 제거활동을 수행한다.

② 근접경호시 경호원의 위치와 경호 대형에 수시로 변화를 주어야 한다.

③ 경호에 관련 없는 언론 및 대중과의 불필요한 접촉을 차단하여야 한다.

④ 근접경호원은 예상되는 손님, 방문객, 보도요원 및 경호대상자에게 서비스를 제공하는 종사요원의 명단을 사전에 획득하여야 한다.

20. 현장답사 사항에 관한 설명으로 옳지 않은 것은?

① 행사장에 도착한 후 행사시작전까지의 경호활동으로서 준비하는 단계를 말한다.

② 경호조치를 위한 취약요소 분석, 병력운용 규모판단, 기동수단 및 거리를 산정한다.

③ 행사장의 승·하차 지점, 직시고지, 건물 등 경호환경 및 주요 장소를 최종 판단한다.

④ 주최 측과 협조하여 지리적 여건을 고려하고 진입로, 주통로, 기동수단 및 승·하차 지점을 판단한다.

21. 경호활동시 안전구역, 경비구역, 경계구역으로 구분하는 원칙은?

① 3중경호의 원칙　② 은밀경호의 원칙
③ 두뇌경호의 원칙　④ 방어경호의 원칙

22. 근접경호원의 임무에 관한 설명으로 옳지 않은 것은?

① 경호대상자 주위의 일반인에게 불편을 초래하지 않는 범위 내에서 경호원 자신의 활동 공간을 확보하여야 한다.

② 위해자의 공격가능성을 줄이고 공격시 피해정도를 최소화하기 위하여 이동속도를 가능한 느리게 하여야 한다.

③ 곡각지나 보이지 않는 공간을 통과할 때는 항상 경호원이 먼저 안전을 확인하고 경호대상자를 통과하도록 하여야 한다.

④ 경호대상자에게 위해를 가하지 않을 것이라는 명백한 확신이 있기 전에는 누구도 경호대상자의 주위에 접근시켜서는 안 된다.

23. 경호정보에 관한 설명으로 옳지 않은 것은?

① 완전성 : 절대적인 완전성이 아니더라도 시간이 허용되는 범위에서 가능한 사용자가 의도한 대상과 관련한 모든 사항이 작성되어야 한다.

② 적시성 : 정확하고 완전한 정보라 하여도 사용자가 필요로 하는 시기에 사용하지 않으면 가치가 없게 된다.

③ 공개성 : 첩보를 통해 생성하는 과정에서 사용자에게 공개적으로 제공하는 것을 의미한다.

④ 정확성 : 사용자가 추구하는 가치의 달성을 위한 정책수립과 수행에 있어 이용 가능한 사전지식으로 그 존재 가치가 정확해야 한다.

24. 차량 경호 계획 시 사전준비 사항이 아닌 것은?

① 행차로 및 환차로 선택 ② 행사장내 취약요소 확인
③ 대피소 및 최기병원 선정 ④ 주도로 및 예비도로의 선정

25. 경호안전대책 작용에 관한 설명으로 옳지 않은 것은?

① 안전검사 : 이용하는 기구 및 시설 등의 안전상태 검사
② 안전점검 : 폭발물 등 각종 유해물 탐지 및 제거
③ 안전평가 : 위해 여건을 제공할 수 있는 자연물 · 인공물에 대한 검사 및 유지
④ 안전유지 : 안전점검 및 검사가 이루어진 상태를 관리 · 통제

26. 다음은 무엇에 관한 설명인가?

모든 수단과 방법을 이용하여 각종 위해요소를 사전에 탐지 · 제거 · 봉쇄하여 경호대상자의 절대 안전을 위한 예방 업무

① 경호안전작용 ② 경호평가활동
③ 경호실시활동 ④ 경호호위작용

27. 경호업무시 행사장 외부담당자의 업무내용으로 옳지 않은 것은?

① 취약요소 및 직시지점을 고려하여 단상을 설치한다.
② 경비 및 경계구역 내에 대한 안전조치를 강화한다.
③ 안전구역에 대한 단일 출입로를 설정한다.
④ 접견예상에 따른 대책 및 참석자 안내계획을 수립한다.

28. 안전검측원칙에 관한 설명으로 옳지 않은 것은?

① 범인의 입장에서 설치장소를 의심하며 추적한다.
② 점검은 아래에서 위로, 좌에서 우로 등 일정한 방향으로 체계적으로 점검한다.
③ 점검인원의 책임구역을 공동으로 설정하여 계속적으로 반복하여 실시한다.
④ 점과 선에서 실시하되 가까운 곳에서 먼 곳으로 끝까지 추적한다.

29. 행사장 공경호 임무수행 요령에 관한 설명으로 옳지 않은 것은?

① 정문 근무자는 초청장 등을 확인하고 거동수상자를 검문검색한다.
② 국민의례 등에 참여하지 않고 군중경계에 전념하여 돌발사태 대비 자세를 갖춘다.
③ 돌발사태 대비, 비상통로 확보, 소방차, 구급차 등을 대기시킨다.
④ 외곽경비시는 행사장 주변의 취약요소를 봉쇄감시하고 참석자들의 비표패용 여부를 확인한다.

30. 도보이동간 근접경호에 관한 설명으로 옳지 않은 것은?

① 도보대형은 장소와 상황에 따라 융통성 있게 변화시켜야 한다.
② 근접경호원의 위치를 고수하여야 한다.
③ 이동시 위험노출 정도를 최소화하기 위해 최단거리 노선을 선택하여야 한다.
④ 경호대상자에게 이르는 모든 접근로는 통제하여야 한다.

31. 경호활동 중 위해기도나 행사 방해책동과 관련하여 발생시기나 발생여부 및 피해정도를 모르는 우발적 상황에서 즉각적 행동원칙이 아닌 것은?

① 경고 ② 방호
③ 공격 ④ 대피

32. 국가대테러활동지침상 관계기관별 임무에 관한 설명으로 옳지 않은 것은?

① 금융위원회 : 테러자금의 차단을 위한 금융거래 감시활동
② 법무부 : 출입국 심사업무의 과학화 및 전문 심사요원의 양성・확보
③ 산업통상자원부 : 테러사건의 발생 시 사건대응조직에 대한 분야별 전문인력・장비 등의 지원
④ 환경부 : 생물테러와 관련한 교육・훈련에 대한 지원

33. 업무수행 중 총기를 휴대할 수 없는 자는?

① 청원경찰 ② 호송경비원
③ 경호공무원 ④ 특수경비원

34. 경호대상자를 보호하는데 필요한 호신장비가 아닌 것은?

① 전자충격기 ② 가스분사기
③ 금속탐지기 ④ 경봉

35. 경호임무수행 중 출혈이 심한 경우 응급처치에 관한 설명으로 옳지 않은 것은?
① 출혈부위를 심장보다 낮게 하여 안정되게 눕힌다.
② 출혈이 멎기 전에는 음료를 주지 않는다.
③ 즉시 지혈한다.
④ 지혈방법은 직접 압박, 지압점 압박, 지혈대 사용 등의 방법이 있다.

36. 위해기도자의 암살계획수립 내용에 관한 설명으로 옳지 않은 것은?
① 경보정보수집 ② 무기 및 장비의 획득
③ 공모자들의 임무분배 ④ 인명 및 재산 손실에 대한 분석

37. 현대사회의 경호환경 요인 중 범죄현상에 관한 설명으로 옳지 않은 것은?
① 범죄수법의 양상이 획일화되어 가고 있다.
② 범죄가 양적으로 증가 추세이며 광역화되어 가고 있다.
③ 범죄 현상이 국제화되어 가고 있다.
④ 범죄의 흉포화, 첨단화, 지능화 현상을 보이고 있다.

38. 탑승예절에 관한 설명으로 옳은 것은?
① 에스컬레이터는 올라갈 때는 하급자가 먼저 올라가고 내려올 때는 상급자가 먼저 내려온다.
② 승용차 탑승시 운전기사가 있을 경우 자동차 좌석의 서열은 뒷좌석 왼쪽이 상석이며 그 다음이 오른쪽, 앞자리, 가운데 순이다.
③ 비행기를 타고 내릴 때는 상급자가 먼저 타고 먼저 내린다.
④ 비행기 탑승시 창문가 좌석이 상석이며 통로 쪽 좌석이 차석, 상석과 차석 사이가 말석이다.

39. 국가대테러활동지침상 테러의 위협 또는 위험수준에 따라 테러경보 발령단계가 아닌 것은?
① 관심단계 ② 주의 단계
③ 보통단계 ④ 경계단계

40. 국가대테러활동지침상 테러정보통합센터 설치 및 구성에서 테러정보를 통합관리하는 기관은?
① 국가정보원 ② 대통령경호실
③ 국방부 ④ 경찰청

제16회(2014)
경호학 기출문제

01. 경호의 개념 및 정의로 옳지 않은 것은?

① 미국 비밀경호대(SS)는 '실질적이고 주도면밀한 범행의 성공기회를 최소화하는 것'이라고 정의한다.

② 대통령 등의 경호에 관한 법률에서 정의한 경호의 개념은 실질적 의미의 경호개념이다.

③ 일본의 요인경호대(SP)는 '신변에 위해가 있을 경우 국가와 공공의 안녕 및 질서에 영향을 줄 우려가 있는 자에 대하여 그 신변의 안전을 확보하기 위한 경찰활동'이라고 정의한다.

④ 실질적 의미의 경호개념은 이론적으로 '모든 위험과 곤경으로부터 경호대상자를 안전하게 보호하기 위한 제반활동'이라고 할 수 있다.

02. 다음 상황에 해당하는 경호의 분류로 옳은 것은?

ㄱ. 영국 여왕의 방한 ↓ ㄴ. A호텔에서 투숙 ↓ ㄷ. 사전에 계획된 국제행사에 참석

① ㄱ: 을(B)호 , ㄴ: 행사장경호, ㄷ: 공식경호

② ㄱ: 갑(A)호 , ㄴ: 행사장경호, ㄷ: 비공식경호

③ ㄱ: 을(B)호 , ㄴ: 숙소경호, ㄷ: 비공식경호

④ ㄱ: 갑(A)호 , ㄴ: 숙소경호, ㄷ: 공식경호

03. 다음에서 설명하고 있는 경호위기 관리단계는?

> 법과 제도를 정비하여 우호적인 경호환경을 조성하고, 경호와 관련된 정보와 첩보를 수집·분석하여 경호위협을 평가하고 이를 통하여 경호계획을 수립하는 경호준비과정

① 예방단계 ② 대비단계
③ 대응단계 ④ 학습단계

04. 대통령 등의 경호에 관한 법률의 내용으로 옳지 않은 것은?

① 경호실에 특정직 국가공무원인 1급부터 9급까지의 경호공무원과 일반직 국가공무원을 둔다. 다만, 필요하다고 인정할 때에는 경호공무원의 정원 중 일부를 일반직 국가공무원 또는 별정직 국가공무원으로 보할 수 있다.
② 경호실에 파견된 경찰공무원은 이 법에 규정된 임무 외의 경찰공무원의 직무를 수행할 수 없다.
③ 대한민국의 국적을 가지지 아니한 사람은 경호실 직원으로 임용될 수 없다.
④ 경호실장은 경호업무에 필요하다고 판단되는 경우 경호목적 달성을 위해 필요한 최대한의 범위를 경호구역으로 지정할 수 있다.

05. 경호의 일반원칙에 관한 설명으로 옳지 않은 것은?

① 경호원은 신체적 조건도 중요하지만, 두뇌의 역할이 그 무엇보다도 중요하다.
② 경호란 위해기도자를 공격하는 것이 아니라 위해요소로부터 경호대상자를 방어하는 행위이다.
③ 경호원은 은밀하게 침묵 속에서 행동하며, 행동반경은 언제나 경호대상자의 신변을 엄호할 수 있는 곳에 둔다.
④ 3중경호의 원칙은 행사장 내부(1선)를 안전구역으로, 내곽(2선)을 경계구역으로, 외곽(3선)을 경비구역으로 설정한다.

06. 고려시대의 경호관련조직이 아닌 것은?

① 2군 6위 ② 삼별초
③ 내금위 ④ 순군만호부

07. **경호의 구성요소에 관한 설명으로 옳지 않은 것은?**

① 경호는 경호대상자의 신변 안전에 위협이 되는 제반 경호환경을 경호원이 관리하고 통제하는 과정이다.

② 경호목적을 달성하기 위해 적극적으로 일정한 경호작용을 주도적으로 실시하는 당사자를 가리켜 경호주체라 한다.

③ 경호의 객체인 경호대상자는 경호원이 보호해야 하는 대상자를 말하며, '피경호인'이라고 표현하기도 한다.

④ 경호대상자의 경호에 대한 인식이나 관심은 경호의 결과에 영향을 미치지 않는다.

08. **경호조직의 원칙 중 경호조직이 국민 속에 깊이 뿌리를 내려 국민과 결합해야 한다는 원칙은?**

① 경호지휘단일성의 원칙 ② 경호체계통일성의 원칙

③ 경호기관단위작용의 원칙 ④ 경호협력성의 원칙

09. **대통령경호안전대책위원회의 구성원별 분장책임으로 옳은 것을 모두 고른 것은?**

ㄱ. 법무부 출입국·외국인정책본부장 - 행사참관 해외동포 입국자에 대한 동향파악 및 보안조치
ㄴ. 국토교통부 항공정책관 - 육로 및 철로와 공중기동수단에 대한 통제 및 협조
ㄷ. 식품의약품안전처 식품안전정책국장 - 식음료 관련 영업장 종사자에 대한 위생교육
ㄹ. 대검찰청 공안기획관 - 위해가능인물의 관리 및 자료수집
ㅁ. 경찰청 보안국장 - 경호유관시설에 대한 보안지원 활동

① ㄱ, ㄴ, ㄷ ② ㄱ, ㄷ, ㅁ

③ ㄴ, ㄷ, ㄹ ④ ㄴ, ㄹ, ㅁ

10. **각 나라별 경호유관조직의 연결이 옳지 않은 것은?**

① 영국 - 비밀정보부(SIS) ② 독일 - 해외안전총국(DGSE)

③ 미국 - 중앙정보국(CIA) ④ 일본 - 공안조사청

11. 경호공무원의 사법경찰권에 관한 내용이다. 다음 (   )에 들어갈 내용이 옳게 짝지어진 것은?

> (   )의 제청으로 서울중앙지방검찰청 검사장이 지명한 경호공무원은 대통령경호업무 수행 중 인지한 그 소관에 속하는 범죄에 대하여 직무상 또는 수사상 긴급을 요하는 한도 내에서 사법경찰관리의 직무를 수행할 수 있다.
> 여기서 (   ) 이상 경호공무원은 사법경찰관의 직무를 수행하고, (   )이하 경호공무원은 사법경찰리의 직무를 수행한다.

① 대통령경호실장, 7급, 8급
② 대통령경호실 차장, 5급, 6급
③ 대통령경호실장, 5급, 6급
④ 대통령경호실 차장, 7급, 8급

12. 경호업무 수행절차를 순서대로 옳게 나열한 것은?

> ㄱ. 정보수집・분석
> ㄴ. 검측활동
> ㄷ. 위협평가
> ㄹ. 경호계획 수립
> ㅁ. 근접경호

① ㄱ → ㄷ → ㄴ → ㄹ → ㅁ
② ㄱ → ㄷ → ㄹ → ㄴ → ㅁ
③ ㄱ → ㄹ → ㄴ → ㄷ → ㅁ
④ ㄱ → ㄹ → ㄷ → ㄴ → ㅁ

13. 경호임무의 포함요소 중 행사일정에서 고려할 요소로 옳지 않은 것은?

① 방문지역의 지리적 특성
② 수행원이 유숙할 숙소의 명칭과 위치
③ 기동방법 및 수단
④ 언론의 보도여부 및 제한사항

14. **중첩경호(3중 경호)원칙의 필요성으로 옳지 않은 것은?**

① 경호영향권역을 공간적으로 구분하여 상대적으로 차등화된 경호조치를 통한 경호의 효율성 증대

② 3중의 경호막을 통해 조기경보체제를 확립하여 위해행위에 대비

③ 광범위한 지역에 대한 강력한 경호조치로 위협요소 제거

④ 경호자원의 낭비적 요소 제거

15. **선발경호 단계의 활동으로 볼 수 없는 것은?**

① 차량 경호대형 선정 ② 비표 운용

③ 상황실 운영 ④ 비상대피로 선정

16. **선발경호에서 다음의 업무를 수행하는 담당은?**

안전구역확보계획 검토, 행사장 취약시설물, 최기병원, 비상 및 일반예비대 운용방법, 공중 감시대책 등 사실적 관계를 확인한다.

① 작전 담당 ② 안전대책 담당

③ 출입통제 담당 ④ 승・하차 및 정문 담당

17. **비노출 경호에 관한 설명으로 옳은 것은?**

① 경호대상자에게 부담을 주지 않고 일반시민의 통제를 최소화하는 경호방식이다.

② 경호인력과 장비의 동원을 최소화하고 노출을 억제함으로써 비용을 절감하기 위한 경호방식이다.

③ 위해기도자의 위해의사를 제압할 수 있는 유・무형적 힘을 이용하여 경호조치를 취하는 방식이다.

④ 경호원의 비공개 활동으로 인하여 경호대상자와 일반시민간의 소통이 단절되는 단점이 있다.

18. 근접경호 임무수행 시 주위경계(사주경계) 방법으로 옳지 않은 것은?

① 주위 사물에 대한 위기의식을 가지고 전체적인 상황에 어울리지 않는 부조화 상황을 찾아야 한다.
② 시각의 한계를 염두에 두고 사주경계의 범위를 선정해야 한다.
③ 경호대상자로부터 먼 곳에서 가까운 곳 순으로 좌우 반복해서 실시한다.
④ 인접해 있는 경호원과의 경계범위를 중첩되게 설정한다.

19. 경호차량 선정방법으로 옳지 않은 것은?

① 경호대상자의 권위를 고려하여 최고급 차종의 차량을 선정한다.
② 방향전환이 쉽고 엔진의 성능과 가속장치가 좋은 차량을 선정한다.
③ 차체가 강하고 방탄능력이 있는 차량을 선정한다.
④ 경호대상자의 차량과 성능・모양이 비슷한 차량을 선정한다.

20. 기동경호대형 중 차량대형 결정시 고려사항이 아닌 것은?

① 도로 및 교통상황
② 행사장의 주차장 운용계획
③ 경호대상자의 성향
④ 행사 성격

21. 근접경호원의 임무에 관한 설명으로 옳지 않은 것은?

① 경호대상자 주변 일반인의 불편을 초래하지 않는 범위에서 경호원 자신의 활동공간을 확보하여야 한다.
② 우발공격시에는 대적 및 제압보다는 방호와 대피를 우선한다.
③ 위해자의 공격가능성을 줄이고 피해를 최소화하기 위해 이동 속도를 가능한 한 빠르게 한다.
④ 타 지역으로 이동하기 전에 보안을 고려하여 이동로, 경호대형, 특이상황 등을 경호대상자에게 알려주지 않는다.

22. 근접도보경호 기법에 관한 설명으로 옳지 않은 것은?

① 근접경호대형은 전방위에 대한 사주경계와 신변안전을 담보할 수 있도록 최대한의 인원으로 형성한다.
② 근접도보경호는 차량경호에 비해 위해자가 범행을 가할 수 있는 기회가 많다.
③ 밀착대형은 경호대상자가 선호하지 않으며, 일반인들에게는 위화감을 줄 수 있는 단점이 있다.
④ 우발상황 발생 시 개방대형에서 밀착대형으로 신속하게 전환되어야 한다.

23. 도보대형 이동시 경호원의 근무방법으로 옳은 것은?

① 이동 시 경호대상자와 자주 신체를 접촉하여 경호대상자가 안심할 수 있도록 한다.

② 경호대상자의 체력, 건강상태에 따라 이동속도와 보폭을 적절하게 조절한다.

③ 경호대상자가 군중 속을 통과할 때나 승·하차할 때가 가장 안전하다는 것을 염두에 두어야 한다.

④ 위험에 노출되는 정도를 최소화하기 위해 장거리 우회 통로를 이용한다.

24. 에스컬레이터 이용 시 도보대형에 관한 설명으로 옳지 않은 것은?

① 전방 근무자는 이동로를 확보하여 에스컬레이터에서도 이동시간을 단축시킬 수 있도록 한다.

② 이동속도가 느리기 때문에 우발상황 시 신속하게 대피하기가 어려운 면이 있다.

③ 계단이나 엘리베이터로 이동하는 것보다는 상대적으로 안전하다.

④ 될 수 있는 한 걸음을 멈추지 않고 이동하는 것이 바람직하다.

25. 근접경호 방법에 관한 설명으로 옳지 않은 것은?

① 엘리베이터는 가능한 한 별도의 전용 엘리베이터를 이용하는 것이 좋다.

② 경호대상자가 공중화장실을 이용할 경우 약간 멀더라도 일반인이 많지 않은 곳을 이용한다.

③ 경호대상자가 조깅을 즐기는 경우 코스 및 시간을 자주 변경하는 것이 좋다.

④ 출입문 통과 시 가급적 회전문을 사용하는 것이 좋다.

26. 우발상황 시 근접경호원의 대응요령으로 옳지 않은 것은?

① 체위를 확장하여 최대의 방호벽을 형성한다.

② 가급적 빠른 시간 내 범인을 제압하고 현장을 보존한다.

③ 육성 경고와 동시에 비상조치계획에 따라 경호대상자를 우선 대피시킨다.

④ 공범에 의한 양동작전에 유념해야 하고, 경호원의 주의를 다른 곳으로 전환하도록 하는 위해기도자의 전술에 휘말려서는 안 된다.

27. **즉각조치에 관한 설명으로 옳지 않은 것은?**

① 즉각조치의 과정은 경고 - 방호 - 대피의 순서로 전개된다.
② 대적시에는 경고와 동시에 위해자와 가장 가까이에 있는 경호원이 과감히 몸을 던져 공격선을 차단한다.
③ 총으로 공격하는 위해자를 제압할 경우, 위해자의 총을 위로 편향시키고 제압한다.
④ 대적하는 경호원은 경호대상자를 등지고 위험발생지역으로 향한다.

28. **경호 비표운용에 관한 설명으로 옳지 않은 것은?**

① 비표의 종류에는 리본, 명찰, 완장, 모자, 배지 등이 있으며, 대상과 용도에 맞게 적절히 운용한다.
② 행사참석자를 위한 비표는 구역별로 그 색상을 달리하면 식별 및 통제가 용이하다.
③ 비표는 모양이나 색상이 원거리에서도 식별이 용이하도록 단순하고 선명하게 제작하여 사용한다.
④ 비표는 행사참석자에게 초대장, 주차카드와 함께 행사일 전에 배포하여 행사시 출입구의 혼잡을 방지하여야 한다.

29. **출입자 통제업무에 관한 설명으로 옳지 않은 것은?**

① 지연 참석자에 대해서는 검색 후 별도 지정된 통로로 출입을 허용한다.
② 안내요원은 행사 주최 측 요원으로 지정하도록 조정·통제한다.
③ 행사장 및 행사 규모에 따라 참석 대상별 주차지역을 구분하여 선정하고, 본대 주차지역은 행사참석자 주차장을 이용한다.
④ 출입통로는 가능한 한 단일 통로를 원칙으로 한다.

30. **검측 및 검식에 관한 설명으로 옳지 않은 것은?**

① 검식업무란 경호대상자에 제공되는 음식물에 대하여 구매, 운반, 저장, 조리 및 제공되는 과정에서 위해요소를 제거하는 업무를 의미한다.
② 검식은 행사장의 위생상태 점검 및 수질검사, 전염병의 예방 및 식중독의 예방대책을 포함하는 활동이다.
③ 검측은 위해기도자의 입장에서 실시한다.
④ 건물 내부의 검측은 위층에서 아래층으로 실시하는 것을 원칙으로 한다.

31. 경호관련 장비의 휴대 및 사용에 관한 사항을 규정한 법률의 연결로 옳은 것은?

① 신변보호업무를 수행하는 경비원의 분사기 – 위험물안전관리법
② 청원경찰의 권총 – 경찰관 직무집행법
③ 특수경비원의 소총 – 경비업법
④ 경찰관의 권총 – 총포·도검·화약류 등 단속법

32. 경호장비에 관한 설명으로 옳지 않은 것은?

① 호신장비에는 단봉, 분사기, 쌍안경 등이 있다.
② 분사기는 총기에 준하여 관리하여야 한다
③ 기동장비에는 차량, 항공기, 선박 등이 있다.
④ 검색장비에는 금속탐지기, 가스탐지기 등이 있다.

33. 대통령경호실에 파견된 사람에게 직무수행을 위하여 필요하다고 인정할 때 무기를 휴대하게 할 수 있는 사람은

① 경찰청장 ② 대통령경호실장
③ 대통령경호실 차장 ④ 국가정보원장

34. 대통령 등의 경호에 관한 법령상 다음 ( )에 들어갈 내용으로 옳은 것은?

소속공무원은 대통령경호실의 직무와 관련된 사항을 발간하거나 그 밖의 방법으로 공표하려면 미리 대통령경호실장의 허가를 받아야 한다. 이를 위반한 사람은 ( )년 이하의 징역·금고 또는 ( )만원 이하의 벌금에 처한다.

① 2 – 500 ② 2 – 1,000
③ 3 – 500 ④ 3 – 1,000

35. 경호공무원으로 임용될 수 있는 사람은?

① 피한정후견인
② 파산선고를 받고 복권되지 아니한 자
③ 징계로 해임처분을 받은 때부터 4년이 지난 자
④ 법원의 판결 또는 다른 법률에 따라 자격이 상실되거나 정지된 자

36. 경호의전에서 국기의 게양방법으로 옳지 않은 것은?

① 옥내 회의장이나 강당 등에 국기를 깃대에 달아서 세워 놓을 때에는 단상 등 전면 왼쪽에 위치하도록 한다.

② 옥내 회의장이나 강당 등에 국기의 깃면만을 게시할 경우에는 전면 중앙에 위치하도록 한다.

③ 차량용 국기 게양은 차량의 보닛 앞에 서서 차량을 정면으로 바라볼 때 보닛의 오른쪽이나 오른쪽 유리창문에 단다.

④ 옥외 정부행사장의 경우 이미 설치되어 있는 주게양대에 대형 태극기를 게양하는 것을 원칙으로 한다.

37. 응급처치를 하는 경호원이 지켜야 할 사항으로 옳지 않은 것은

① 응급처치는 전문적인 치료를 받기 전까지의 임시적인 처치임을 숙지한다.

② 의약품을 사용하여 처치하는 것이 원칙이다.

③ 환자의 생사판정은 하지 않는다.

④ 빠른 시간 내에 전문 응급의료진에게 인계할 수 있도록 한다.

38. 경호의 특수적 환경에 관한 설명에 해당되지 않는 것은?

① 북한의 경제적 곤경과 정치적 불안정으로 인하여 테러 및 유격전의 유발이 우려되고 있다.

② 우리나라의 국제적 지위향상과 더불어 해외에서 우리 국민을 대상으로 한 테러위협이 증가되고 있다.

③ 소수인종 및 민족 등 약자층을 대상으로 이유 없는 증오심을 갖고 테러를 자행하는 증오범죄가 등장하고 있다.

④ 생활양식 및 국민의식이 자유주의적이고 개인적으로 변하여 경호작용에서 비협조적 경향이 나타날 우려가 있다.

39. 다음에서 설명하는 암살의 동기는?

어떤 암살자들은 자신들이 극히 중요하다고 생각하는 사상을 위태롭게 하고 있다고 생각하는 자를 암살하기도 한다.

① 이념적 동기　　② 경제적 동기

③ 심리적 동기　　④ 우발적 동기

40. 국가대테러활동지침상 다음 ( )에 들어갈 내용을 순서대로 나열한 것은?

> ○ (　　)의 대테러업무를 효율적으로 수행하기 위하여 범국가적인 종합대책을 수립하고 지휘 및 협조체제를 단일화한다.
> ○ 테러경보란 테러의 위협 또는 위험수준에 따라 관심·주의·경계·(　　)의 4단계로 구분하여 발령하는 경보를 말한다.
> ○ 국가 대테러정책의 심의·결정 등을 위하여 (　　) 소속하에 테러대책회의를 둔다.

① 국가 - 심각 - 대통령
② 국민 - 대응 - 국가정보원장
③ 국가 - 심각 - 국무총리
④ 국민 - 대응 - 대통령경호실장

제17회(2015)
경호학 기출문제

01. 공경호와 민간경호의 특성에 관한 설명으로 옳지 않은 것은?

① 공경호는 경호대상이 관련법규에 근거하고, 민간경호는 의뢰인과의 계약에 의해 정해진다.

② 경호조직의 운영에 있어 공경호는 폐쇄성・보안성・기동성의 특성을 가지나, 민간경호는 이러한 특성을 가지지 않는다.

③ 공경호는 국가기관에 의해 행해지는 경호활동이고, 민간경호는 민간에 의해 행해지는 경호활동이다.

④ 공경호는 국가요인의 신변보호를 통해 국가안전에 기여하며, 민간경호는 의뢰인에 대한 안전 보장을 통해 영리를 추구한다.

02. 장소에 의한 경호의 분류가 아닌 것은?

① 연도경호　　② 숙소경호

③ 선발경호　　④ 행사장경호

03. 경호수준에 의한 분류 중 사전경호조치가 전무한 상황 하의 각종행사 시의 경호는?

① 1(A)급 경호　　② 2(B)급 경호

③ 3(C)급 경호　　④ 4(D)급 경호

04. 형식적 의미의 경호개념에 관한 설명으로 옳은 것은?

① 경호주체가 국가, 민간에 관계없이 경호대상자를 보호하는 모든 활동을 말한다.

② 경호의 개념을 본질적・이론적 입장에서 이해한 것이다.

③ 현실적인 경호기관을 기준으로 정립된 개념이다.

④ 학문적 측면에서 고찰된 개념이다.

05. **경호의 기본원리 및 경호기법에 관한 설명으로 옳지 않은 것은?**

① 위해기도자의 위치가 고정된 경우, 수평적 방벽효과는 경호원이 위해기도자와 가까이 위치할수록 감소한다.

② 위해기도 시 위해기도자와 가장 가까이 위치한 경호원이 위해기도자를 대적한다.

③ 위력경호는 위해기도자의 위해기도 의사를 제압할 수 있는 유형적·무형적 힘을 이용한다.

④ 위해기도 시 경호대상자를 방호해야 하는 경호원은 위해기도자의 공격선상에서 최대한 몸을 크게 벌려 공격을 막는다.

06. **다음에서 설명하고 있는 경호활동의 원칙은?**

경호대상자에게 접근할 수 있는 출입구나 통로는 하나만 필요하고, 통제된 출입구나 통로라도 접근자는 경호원에게 허가 절차 등을 거쳐야 한다.

① 3중 경호의 원칙

② 방어경호의 원칙

③ 은밀경호의 원칙

④ 하나의 통제된 지점을 통한 접근의 원칙

07. **조선시대의 경호관련기관이 아닌 것은?**

① 내금위　　② 겸사복

③ 도방　　④ 호위청

08. **3중 경호의 원리에 관한 설명으로 옳지 않은 것은?**

① 경호영향권역을 공간적으로 구분한 경호막을 통해 구역별로 동등한 경호조치로 위해요소에 대한 중첩확인이 이루어진다.

② 세계의 주요 경호기관이 3중 경호의 원리를 적용하고 있으나 적용범위와 방법 등에 서는 차이가 존재한다.

③ 안전구역은 완벽한 통제가 이루어져야 하며, 경호원의 확인을 거치지 않은 인원의 출입은 금지한다.

④ 위해행위에 대한 조기경보체제를 확립하고 경호자원과 시간을 효율적으로 활용할 수 있는 여건을 제공한다.

09. 대통령 등의 경호에 관 법률의 내용으로 옳지 않은 것은?

① 5급 이상 경호공무원은 대통령경호실자의 제청으로 대통령이 임용한다.

② 임용권자는 직원(별정직 국가공무원은 제외)이 신체적·정신적 이상으로 6개월 이상 직무를 수행하지 못할 만한 지장이 있으면 직권으로 면직할 수 있다.

③ 5급 이상 경호공무원의 정년은 58세이고, 6급 이하 경호공무원의 정년은 55세이다.

④ 대통령경호실장의 제청으로 서울중앙지빙검찰청 검사장이 지명한 경호공무원은 일반범죄에 대하여 수사상 긴급을 요하는 한도 내에서 사법경찰관리의 직무를 수행할 수 있다.

10. 대한민국 수립 이후 경호제도의 변천에 관한 설명으로 옳지 않은 것은?

① 1949년에는 그동안 구왕궁을 관할하고 있던 경복궁경찰대가 폐지되고 경무대경찰서가 신설되었다.

② 1960년에는 청와대경찰관파견대가 대통령 경호 및 대통령 관저의 경비를 담당하였다.

③ 1961년에는 군사혁명위원회가 국가재건최고회의로 발족되면서 국가재건최고회의의장경호대가 임시로 편성되었다.

④ 1963년에는 박정희 대통령이 취임하면서 대통령령경호실이 출범하였다.

11. 대통령 등의 경호에 관한 법령상 다음에서 설명하는 구역은?

소속공무원과 관계기관의 공무원으로서 경호업무를 지원하는 사람이 경호활동을 할 수 있는 구역으로, 대통령경호실장이 경호업무의 수행에 필요하다고 판단되는 경우 지정할 수 있는 구역

① 안전구역 ② 경비구역

③ 경호구역 ④ 통제구역

12. 대통령 등의 경호에 관한 법령상 대통령경호안전대책위원회에 관한 설명으로 옳지 않은 것은?

① 대통령경호실의 경호대상에 대한 경호업무를 수행할 때에는 관계기관의 책임을 명확하게 하고, 협조를 원활하게 하기 위하여 비서실에 대통령경호안전대책위원회를 둔다.

② 대통령경호안전대책위원회는 위원장과 부위원장 각 1명을 포함한 20명 이내의 위원으로 구성한다.

③ 위원장은 실장이 되고, 부위원장은 차장이 되며, 위원은 대통령령으로 정하는 관계 기관의 공무원이 된다.

④ 대통령경호안전대책위원회는 대통령 경호와 첩보·정보의 교환 및 분석업무를 관장한다.

13. 대통령 등의 경호에 관한 법령상 다음 (　)안에 들어갈 내용으로 옳은 것은?

> 대통령경호실장은 대통령 등의 경호에 관한 법률에 따른 경호대상에 대한 경호를 위하여 필요한 경우 (　), (　) 및 경호·안전관리 업무를 지원하는 관계기관에 근무할 예정인 사람에게 신원진술서 및 「가족관계의 등록 등에 관한 법률」에서 정하는 증명서와 그 밖에 필요한 자료의 제출을 요구할 수 있다. 이 경우 대통령경호실장은 제출된 자료의 내용을 확인하기 위하여 관계기관에 조회 또는 그 밖에 필요한 협조를 요청할 수 있다.

① 대통령비서실, 국가안보실
② 대통령비서실, 국방부 조사본부실
③ 대검찰청 공안기획실, 국가안보실
④ 대검찰청 공안기획실, 국방부 조사본부실

14. 대통령경호안전대책위원회규정상 대통령경호안전대책위원회의 위원이 아닌 자는?

① 법무부 출입국·외국인정책본부장
② 경찰청 경비국장
③ 국토교통부 항공정책관
④ 국방부 조사본부장

15. 경호조직의 조직구조와 운영에 관한 설명으로 옳은 것은?

① 경호조직은 모든 동원요소가 최상의 기능을 발휘할 수 있도록 수직적 구조가 아닌 수평적 구조를 이루어야 한다.

② 경호조직은 단위조직, 권한과 책임 등이 경호업무의 목적달성에 잘 기여할 수 있도록 통합하여야 한다.

③ 경호조직의 권위는 권력의 힘에 의존하는 데에서 탈피하여 경호의 전문성에서 찾아야 한다.

④ 현대 경호조직은 과거와 비교하여 규모가 축소되고 있다.

16. 하나의 경호조직이 단독으로 경호임무 수행에 필요한 모든 정보활동을 수행할 수 없다는 특성과 가장 관련 있는 경호조직의 특성은?

① 기동성 ② 보안성
③ 통합성 ④ 협력성

17. 다음 중 신분상 성격이 다른 것은?

① 대통령경호실 직원 ② 신변보호업무를 수행하는 일반경비원
③ 헌병 ④ 경찰공무원

18. 경호작용 중 위협평가(위해평가)에 관한 설명으로 옳지 않은 것은?

① 모든 수준의 위협으로부터 경호대상자를 경호하려는 시도는 효과적이지도 않고 능률적이지도 않기 때문에 위협평가가 선행되어야 한다.

② 위협의 실체를 정확히 인식하고 가용자원의 효율적인 분배를 통하여 불필요한 인력과 자원의 낭비를 최소화하기 위함이다.

③ 경호대상자는 위협평가 후 경호대안 수립에 있어 자신이 경호업무의 일부분이 되어야 한다는 점을 인식할 필요는 없다.

④ 보이지 않는 적의 실체를 파악하여 그에 대한 경호방책을 강구하기 위한 첫걸음이다.

19. 경호작용의 기본요소에 관한 설명으로 옳은 것은 모두 몇 개인가?

> • 우발상황에 대처할 수 있는 계획이 수립되어야 한다.
> • 경호임무는 명확하게 부여되어야 하며, 각각의 임무형태에 대한 책임이 부여되어야 한다.
> • 인적자원뿐만 아니라 다양한 물적자원의 적절한 이용이 중요하다.
> • 경호대상자와 수행원, 행사 세부일정에 대한 보안의 유출은 엄격히 통제되어야 한다.

① 1개　② 2개
③ 3개　④ 4개

20. 경호활동을 '예방 – 대비 – 대응 – 평가'의 4단계로 분류할 경우, 대응단계의 활동에 해당하지 않는 것은?

① 모든 출입요소에 대한 통제 및 경계
② 정보의 수집 및 생산
③ 기동경호
④ 근접경호

21. 선발경호 시 다음의 업무를 수행하는 담당은?

> 주최 측의 행사진행계획을 면밀히 검토하여 참석대상, 성격분석, 시차별 입장계획 등을 작전담당에게 전달

① 승・하차 및 정문 담당　② 안전대책 담당
③ 주 행사장 담당　④ 출입통제 담당

22. 사주경계에 관한 설명으로 옳지 않은 것은?

① 행사 상황이나 분위기에 어울리지 않는 복장을 착용하거나 수상한 행동을 하는 사람을 중점 감시한다.
② 사주경계의 대상은 인적・물적・지리적 취약요소를 망라한다.
③ 사람들의 손, 표정, 행동을 전체적으로 경계한다.
④ 육감에 의지하지 말고 직접 보고 들은 것에만 집중해서 관찰한다.

23. 차량경호업무 내용으로 옳지 않은 것은?

① 차량이동 시 속도를 평상시보다 빠르게 하는 것이 경호에 유리한 여건을 조성한다.

② 차량이 하차지점에 도착하면 제일 먼저 차량 문을 개방하여 경호대상자가 하차 하도록 해야 한다.

③ 경호책임자는 경호대상자 승・하차 시 차량 문의 개폐와 잠금장치를 통제한다.

④ 운전요원은 경호대상자가 하차 후 안전한 곳으로 이동 시까지 차량에 대기해야 한다.

24. 선발경호의 목적으로 옳지 않은 것은?

① 발생한 위험에 대응하여 경호대상자를 보호한다.

② 우발상황에 대응하기 위한 비상대책을 강구한다.

③ 사전에 각종 위해요소를 제거하거나 최소화한다.

④ 행사지역의 경호 관련 정보를 수집・제공한다.

25. 경호기법 중 기만경호에 관한 설명으로 옳지 않은 것은?

① 위해기도자에게 행사상황을 오판하도록 허위 흔적을 제공한다.

② 위해기도자로부터 공격행위를 포기하게 하거나 실패하도록 유도하는 비계획적이고 정형적인 경호기법이다.

③ 경호대상자의 차량위치, 차량의 종류를 수시로 바꾼다.

④ 경호대상자와 용모가 닮은 사람을 경호요원이나 수행요원으로 선발하여 배치한다.

26. 근접경호원의 임무에 관한 설명으로 옳지 않은 것은?

① 경호대상자가 심리적 안정감을 느낄 수 있도록 경호대상자가 볼 수 있는 지점에 위치한다.

② 이동속도는 경호대상자의 건강상태, 신장, 보폭 등을 고려하지 않고 최대한 빠르게 하여야 한다.

③ 경호대상자 주위의 모든 사람들의 손을 주의해서 관찰하고, 흉기를 소지하고 있다는 가정 하에 대비책을 구상한다.

④ 타 지역으로 이동하기 전에 이동로, 경호대형, 특이상황, 주의사항 등을 경호대상자에게 알려 주어야 한다.

27. **근접경호에서 경호대상자가 엘리베이터에 탑승할 경우의 경호기법에 관한 설명으로 옳지 않은 것은?**

① 가능한 한 별도의 전용 엘리베이터를 이용한다.

② 경호대상자를 먼저 신속히 탑승시킨 후 경호원은 내부안쪽에 방호벽을 형성하고 경호대상자를 엘리베이터 문 가까이 위치하도록 하여야 한다.

③ 전용 엘리베이터는 이동층 표시등, 문의 작동속도, 작동상 이상유무를 점검해 두어야 한다.

④ 엘리베이터를 타고 내리는 지점과 경비구역을 사전에 철저히 점검해야 한다.

28. **출입자 통제대책에 관한 설명으로 옳지 않은 것은?**

① 경호구역을 설정하여 행사와 무관한 사람의 출입을 차단한다.

② 비표를 운용하여 모든 출입요소의 인가여부를 확인한다.

③ 금속탐지기를 운용하여 위해요소의 반입을 차단한다.

④ 비표는 식별이 용이하도록 선명하여야 하고, 구역의 구분 없이 동일하게 제작・운용한다.

29. **우발상황발생 시 경호원의 대처 자세로 옳지 않은 것은?**

① 근접경호원은 경호대상자의 주변에 방벽을 형성하여 방어한다.

② 위해기도자가 단독범이 아니고 공범이 있을 경우를 예상하여 다른 방향에서의 공격에 대비한다.

③ 위해기도자의 위치파악과 대응 및 제압으로 사태가 안정된 후 경호대상자를 대피시킨다.

④ 위해기도자들의 계략이나 공격 여건을 조성하기 위해 유도하는 전술에 휘말려서는 안 된다.

30. **검측활동에 관한 설명으로 옳지 않은 것은?**

① 화재나 정전 등을 이용한 행사 방해행위를 예방한다.

② 경호계획에 의거하여 공식행사에서 실시함을 원칙으로 하며, 비공식행사에서는 실시할 수 없다.

③ 폭발물 매설 등으로 인한 의도된 위해행위를 거부한다.

④ 행사장과 경호대상자의 이동로를 중심으로 구역을 명확히 구분하여 담당구역별로 실시한다.

31. 우발상황의 특성에 관한 설명으로 옳은 것을 모두 고른 것은?

ㄱ. 그 발생 여부가 불확실하다. ㄴ. 상황에 대처할 충분한 시간적 여유가 없다. ㄷ. 경호대상자의 신변에 중대한 결과를 초래할 수 있다.

① ㄱ, ㄴ
② ㄱ, ㄷ
③ ㄴ, ㄷ
④ ㄱ, ㄴ, ㄷ

32. 우발상황 발생 시 경호원이 '경고, 방호, 대피'의 조치를 취할 때 '경고'에 해당하는 사항은?

① 육성이나 무전으로 전 경호원에게 상황 내용을 간단명료하게 전파하는 것
② 최단시간 내에 범인에게 총격으로 제압 및 보복공격을 하는 것
③ 위험지역에서 안전지역으로 신속히 경호대상자를 이동시키는 것
④ 경호원 자신의 체위를 확장하여 방벽효과를 높이는 것

33. 안전검측의 원칙에 관한 설명으로 옳지 않은 것은?

① 주요 인사가 임석하는 장소를 중심으로 이동하는 통과지점의 상, 하, 좌, 우를 중점·점검한다.
② 위해기도자의 입장에서 설치장소를 의심하며 추적한다.
③ 주변에 흩어져 있는 물건은 완벽하게 정리 정돈하며, 확인 불가능한 것은 현장에서 제거한다.
④ 한 번 점검한 지역은 인간의 오관을 이용하지 않고, 장비에 의거하여 재점검한다.

34. 의전에 있어 태극기 게양방법으로 옳지 않은 것은?

① 국군의 날은 태극기를 전국적으로 게양하여야 하는 날이다.
② 현충일은 조기를 게양한다.
③ 공항·호텔 등 국제적인 교류장소는 태극기를 가능한 한 연중 게양하여야 한다.
④ 국제 행사가 치러지는 건물 밖에 여러 개의 국기를 동시에 게양 시, 총 국기의 수가 짝수이고 게양대의 높이가 동일할 경우 건물 밖에서 바라볼 때를 기준으로 태극기를 가장 오른쪽에 게양한다.

35. 경호의전과 예절에 관한 설명으로 옳지 않은 것은?

① 비행기를 타고 내릴 때는 상급자가 마지막에 타고 먼저 내린다.
② 기차에서 두 사람이 나란히 앉는 좌석에서는 창가 쪽이 상석이다.
③ 여성과 남성이 승용차에 동승할 때에는 여성이 먼저 타고, 하차 시에는 남성이 먼저 내려 문을 열어 준다.
④ 선박의 경우, 객실 등급이 정해져 있지 않을 경우 선체의 오른쪽이 상석이 된다.

36. 다음 ( )에 알맞은 내용은?

( )(이)란 의식장애나 호흡, 순환기능이 정지되거나 현저히 저하된 상태로 인하여 사망의 위험이 있는 자에 대하여 즉시 기도를 개방하고 인공호흡과 심장압박을 실시해서 즉각적으로 생명유지를 도모하는 처치방법이다.

① 환자관찰 ② 심폐소생술
③ 응급구조 ④ 보조호흡

37. 암살의 동기에 관한 설명으로 옳지 않은 것은?

① 이념적 동기 – 전쟁 중에 있는 적국의 지도자를 제거함으로써 승전으로 이끌 수 있다고 판단하는 경우
② 개인적 동기 – 복수・증오・분노와 같은 개인의 감정으로 인한 경우
③ 정치적 동기 – 현존하는 정권이나 정부를 재구성하려는 욕망으로 인한 경우
④ 심리적 동기 – 정신분열증, 편집증, 조울증, 노인성 치매 등의 요소들 중 한 가지 또는 그 이상의 요소들이 복합적으로 작용하는 경우

38. 뉴테러리즘(New Terrorism)의 특징에 관한 설명으로 옳지 않은 것은?

① 요구조건이나 공격 주체가 구체적이고 분명하다.
② 과학적・정보화의 특성을 반영하여 조직이 고도로 네트워크화되어 있다.
③ 테러행위에 소요되는 시간이 짧아 대처할 시간이 부족하다.
④ 전통적 테러리즘에 비해 그 피해가 상상을 초월한다.

39. 국가대테러활동지침상 테러사건 발생 시 초동조치 사항으로 옳지 않은 것은?

① 사건현장의 신속한 정리 및 복구
② 인명구조 등 사건피해의 확산방지조치
③ 현장에 대한 조치사항을 종합하여 관련 기관에 전파
④ 관련 기관에 대한 지원요청

40. 국가대테러활동지침상 테러대책상임위원회의 위원이 아닌 자는?(단, '그 밖에 상임위원회의 위원장이 지명하는 자'는 고려하지 않는다.)

① 국민안전처장관 ② 국무조정실장
③ 경찰청 보안국장 ④ 국가정보원장

제18회(2016)
경호학 기출문제

01. 경호의 개념에 관한 설명으로 옳지 않은 것은?

① 형식적 의미의 경호는 실정법상 경호기관이 수행하는 일체의 경호작용이다.
② 실질적 의미의 경호는 경호대상자를 여러 가지 위해로부터 보호하는 모든 활동이다.
③ 대통령 등의 경호에 관한 법률에서의 경호는 호위와 경비 중 호위만을 포함하고 있다.
④ 본질적 · 이론적 입장에서 접근하여 학문적 측면에서 고찰된 개념은 실질적 의미의 경호이다.

02. 경호경비 관련법의 제정년도를 순서대로 옳게 나열한 것은?

ㄱ. 청원경찰법 ㄴ. 경찰관 직무집행법 ㄷ. 경비업법 ㄹ. 대통령 등의 경호에 관한 법률

① ㄱ – ㄴ – ㄹ – ㄷ　　② ㄱ – ㄷ – ㄴ – ㄹ
③ ㄴ – ㄱ – ㄹ – ㄷ　　④ ㄴ – ㄹ – ㄷ – ㄱ

03. 경호정보와 첩보에 관한 설명으로 옳지 않은 것은?

① 경호첩보는 가공되지 않은 정보의 자료가 되는 2차적인 지식을 의미한다.
② 경호정보의 분류에는 인적정보, 물적정보, 지리정보, 교통정보, 기상정보 등이 있다.
③ 경호정보는 사용자가 필요로 하는 시기에 제공되어야 하는 적시성이 있어야 한다.
④ 경호정보는 시간이 허용되는 범위에서 사용자가 의도한 대상과 관련한 모든 사항을 망라하여 작성해야 하는 완전성이 있어야 한다.

04. 경호의 성격에 의한 분류 중 경호관계자의 사전 통보에 의해 계획준비되는 경호활동은?

① 공식경호 ② 직접경호
③ 약식경호 ④ 비공식경호

05. 경호조직의 원칙 중 체계통일성의 원칙에 관한 것은?

① 조직의 각 구성원은 오직 하나의 상급기관에게만 보고하고 명령지휘를 받고 그에게만 책임을 진다는 것이다.
② 임무 수행에는 일반 국민의 협조가 필수적이며 국민의 협력을 얻지 못하면 경호임무는 실패할 확률이 높다.
③ 업무의 성격상 개인적 작용으로 이루어지지 않고 기관단위작용으로 이루어진다는 것을 말한다.
④ 구조의 정점으로부터 말단에 이르는 무수한 수준을 통하여 상하계급간의 일정한 관계가 이루어져야 한다.

06. 경호의 원칙에 관한 설명으로 옳은 것은?

① 3중 경호의 원칙: 경호대상자가 위치한 지역으로부터 경호행동반경을 거리개념으로 전개한 원칙
② 은밀경호의 원칙: 경호대상자는 어떠한 상황 하에서도 절대적으로 보호되어야 한다는 원칙
③ 두뇌경호의 원칙: 위해기도자로부터 경호대상자를 떼어 놓는다는 원칙
④ 하나의 통제된 지점을 통한 접근의 원칙: 자신의 책임구역에 대해서는 자신이 책임을 져야 한다는 원칙

07. 대통령경호공무원에 관한 설명으로 옳지 않은 것은?

① 대통령경호실장은 경호공무원 및 별정직 국가공무원에 대하여 모든 임용권을 가진다.
② 대통령경호실장의 제청으로 서울중앙지방검찰청 검사장이 지명한 경호공무원은 사법경찰권을 가질 수 있는 경우가 있다.
③ 대통령경호실장은 경호업무의 수행에 필요하다고 판단되는 경우, 경호목적 달성을 위한 최소한의 범위로 한정하여 경호구역을 지정할 수 있다.
④ 대통령경호실장은 정무직공무원으로 대통령이 임명한다.

08. 조선 후기의 경호기관에 관한 설명으로 옳지 않은 것은?

① 호위청: 인조반정 후에 설립한 기관으로 왕의 호위를 담당하였다.
② 금군: 국왕의 친위군으로 별시위, 겸사복, 충의위 등 내삼청으로 분리되었다.
③ 숙위소: 정조 시대 존재하였던 궁궐 숙위 기관이다.
④ 장용위: 왕의 호위를 강화하기 위해 정조 때 설치한 전담부대이다.

09. 다음에서 설명하는 경호작용의 기본 고려요소는?

경호대상자의 필연적인 노출을 수반하는 행차의 지속시간과 사전 위해 첩보수집간 획득된 내재적인 위협분석에 따라 결정되어지는 요소

① 계획수립　　② 책임
③ 자원　　④ 보안

10. 대통령경호안전대책위원회규정상 다음의 업무분장에 해당하는 자는?

○ 입수된 경호 관련 첩보 및 정보의 신속한 전파·보고 ○ 위해요인의 제거 ○ 정보 및 보안대상기관에 대한 조정 ○ 행사참관 해외동포 입국자에 대한 동향파악 및 보안조치 ○ 그 밖에 국내·외 경호행사의 지원

① 국군기무사령부 2부장
② 국가정보원 테러정보통합센터장
③ 외교부 재외동포영사국장
④ 법무부 출입국·외국인정책본부장

11. 각국 경호 유관기관의 역할에 관한 설명으로 옳지 않은 것은?

① 미국 중앙정보국(CIA): 적성국 동향에 대한 정보수집·분석 전파
② 영국 비밀정보부(SIS): 국내정보 수집 및 분석
③ 독일 연방정보부(BND): 해외정보 수집·분석·관리
④ 프랑스 해외안전총국(DGSE): 해외정보 수집 및 분석

12. **대통령 등의 경호에 관한 법령상 경호대상 중 전직 대통령과 그 배우자에 대한 경호기간에 관한 설명으로 옳지 않은 것은?(단, 경호대상자의 의사에 반하지 않는 경우에 한정한다.)**

① 퇴임 후 10년 이내에서 제공한다.

② 대통령이 임기 만료 전에 퇴임한 경우와 재직 중 사망한 경우에는 그로부터 5년으로 한다.

③ 퇴임 후 사망한 경우에는 퇴임일부터 기산하여 5년을 넘지 아니하는 범위에서 사망 후 3년으로 한다.

④ 전직 대통령 또는 그 배우자의 요청에 따라 대통령경호실장이 고령 등의 사유로 필요하다고 인정하는 경우에는 5년 범위에서 경호 기간을 연장할 수 있다.

13. **경호임무 활동절차에 관한 설명으로 옳지 않은 것은?**

① 계획수립은 행사에 관련된 정보를 획득하여 필요한 인원과 장비, 선발대 파견일정 등을 결정하는 활동이다.

② 안전대책작용이란 행사지역 내·외부에 산재한 취약요소 안전대책 강구, 행사장 시설물 폭발물 탐지 제거 등 통합적 안전작용을 말한다.

③ 보안활동은 경호대상자에 대한 위해기도의 기회를 최소화하여 신변안전을 도모하는 활동이다.

④ 안전대책의 3대 작용원리는 안전점검, 안전검사, 안전조치를 말한다.

14. **경호임무 수행절차에 관한 설명으로 옳지 않은 것은?**

① 계획단계는 경호임무수령 후부터 선발대가 행사장에 도착하기 전까지의 경호활동을 말한다.

② 준비단계는 경호대상자가 행사장에 도착한 후부터 행사시작 전까지의 경호활동을 말한다.

③ 행사단계는 경호대상자가 집무실을 출발해서 행사장에 도착하여 행사가 진행된 이후 복귀 시까지의 경호활동을 말한다.

④ 평가단계는 경호행사 종료 후 철수하여 결과를 보고하는 경호활동을 말한다.

15. 선발경호활동에 해당하는 것은?

① 차량 경호대형 선정 ② 기동간 경호기만
③ 경호지휘소(C·P) 운용 ④ 복제(複製)경호원 운용

16. 선발경호에 관한 설명으로 옳지 않은 것은?

① 사전예방 경호활동이다.
② 행사장의 취약요소를 판단하여 필요한 안전조치를 강구한다.
③ 행사장을 안전하게 확보하고 유지하는 경호활동이다.
④ 예방적 경호조치는 위해자의 입장이 아닌 경호원의 입장에서 면밀히 분석되고 조치되어야 한다.

17. 경호대상자가 완전히 경호원에 의해 둘러싸여 있는 인상을 주게 되어 대외적인 이미지는 안 좋을 수 있으나 경호효과가 높은 대형은?

① V자 대형 ② 일렬 대형
③ 쐐기 대형 ④ 원형 대형

18. 선발경호원의 기본임무에 해당하지 않는 것은?

① 경호원 각자 주어진 책임구역에 따라 사주경계를 실시하고 우발상황 발생시 인적방벽을 형성하여 경호대상자를 보호한다.
② 출입자 통제관리를 위하여 초청장발급, 출입증착용 여부를 확인한다.
③ 내부경비(안전구역) 근무자는 경호대상자의 입장이 완료되면 복도, 화장실, 로비, 휴게실 등을 통제한다.
④ 외곽경비(경계구역)는 행사장 주변의 취약요소를 봉쇄, 감시할 수 있는 위치를 선정하고 기동순찰조를 운용하여 불순분자 접근을 차단한다.

19. 근접경호원의 임무에 해당하지 않는 것은?

① 경호대상자에게 위해를 가하지 않을 것이라는 확신이 있기 전까지는 누구도 경호대상자의 주위에 접근시켜서는 안 된다.
② 경호원은 항상 경호대상자의 최근접에서 움직여야 한다.
③ 위해자의 공격가능성을 줄이고, 공격 시 피해정도를 최소화하기 위하여 이동속도를 가능한 한 빠르게 하여야 한다
④ 행사장의 제반 취약요소에 대한 안전조치를 강구하고 가용한 모든 경호원을 운용하여 경호대상자의 신변안전을 도모한다.

20. 차량경호에 관한 설명으로 옳지 않은 것은?

① 주차장소는 가능한 한 자주 변경하며 야간주차시 위해기도자로부터 은닉하기 위해 어두운 곳에 주차한다.
② 차량이 주행 중일 때보다 정차 시에 경호상 위험도가 증가한다.
③ 경호대상자 차량은 선도차량과 일정간격을 유지하며 유사시 선도차량과 같은 방향으로 대피한다.
④ 주도로를 사용할 수 없는 우발상황에 대비하여 예비도로를 선정한다.

21. 근접경호 기법에 관한 설명으로 옳지 않은 것은?

① 근접경호원은 공격자가 경호대상자와 경호원 사이에 끼어들지 못하도록 위치를 계속 조정한다.
② 위해기도자가 위해기도를 포기하거나 실패하도록 유도하는, 계획적이고 변칙적인 경호기법을 육감경호라 한다.
③ 도보이동간 근접경호에서 이동시에는 위험에 노출되는 정도를 최소화하기 위하여 단거리 직선통로를 이용해야 한다.
④ 차량기동 간 근접경호에서는 차량, 행・환차로, 대형의 구성 및 간격, 속도 등의 사항을 고려하여야 한다.

22. 근접경호의 특성이 아닌 것은?

① 노출성　② 방벽성
③ 예비성　④ 기동성

23. 출입자 통제대책의 방침에 관한 설명으로 옳은 것은 모두 몇 개인가?

> ○ 행사장내 모든 인적・물적요소의 인가 여부를 확인한다.
> ○ 모든 출입요소는 지정된 출입통로를 사용하고 기타 통로는 폐쇄한다.
> ○ 출입통로 선정 및 일괄입장 계획을 수립하여 통제가 용이하도록 한다.
> ○ 출입증은 전 참가자에게 운용함을 원칙으로 하되, 행사성격을 고려하여 일부 제한된 행사에서는 지침에 의거 출입증을 운용하지 않을 수 있다.
> ○ 검색은 육감에 의한 방법으로 출입요소를 대상으로 실시하고 경호대상자와 수행원은 예외로 한다.

① 2개　② 3개
③ 4개　④ 5개

24. 경호차량 운전요원 준수사항으로 옳은 것은?

① 규칙적인 출발과 도착시간을 준수한다.
② 위기상황시에는 대피를 위하여 창문과 문을 열어둔다.
③ 연료주입구는 항상 잠겨 있도록 해야 한다.
④ 차의 후면이 출입로를 향하게 하여 경호대상자가 바로 탑승할 수 있도록 한다.

25. 출입통제 담당자의 책임 업무로 옳은 것은?

① 출입차량 검색 및 지정장소 안내
② 지하대피 시설 점검 및 확보
③ 구역별 비표구분
④ 병력운용계획 수립

26. 안전검측활동의 요령에 관한 설명으로 옳지 않은 것은?

① 실내 방에서 천장내부 - 천장높이 - 눈높이 - 바닥 검측 순으로 실시한다.
② 검측인원의 책임구역을 명확하게 하며 중복되게 점검이 이루어져야 한다.
③ 점검은 1, 2차 점검 후 경호인력이 배치 완료된 행사직전에 최종검측을 실시한다.
④ 인간의 싫어하는 습성을 감안하여 사각지점이 없도록 철저한 검측을 실시한다.

27. 행사장 출입통제에 관한 설명으로 옳은 것은?

① 각 구역별 출입통로를 다양화하여 통제의 범위를 정한다.
② 1선(안전구역)은 모든 출입요소의 1차 통제점이 되어야 한다.
③ 1선(안전구역)은 행사와 무관한 사람들의 행사장 출입을 통제 또는 제한한다.
④ 2선(경비구역)은 출입구에 금속탐지기 등을 설치하여 출입자와 반입물품을 확인한다.

28. 우발상황 발생 시 경호원의 대응조치로 옳지 않은 것은?

① 경호대상자에 대한 공격을 최초로 인지한 경호원이 육성으로 경고한다.
② 경호원이 체위를 확장하여 경호대상자에 대한 위해자의 공격을 방어한다.
③ 공범 또는 제2의 공격을 차단하고 안전을 위하여 경호대상자를 신속히 대피시킨다.
④ 인적방벽의 효과를 극대화하기 위하여 군중이 밀집한 지역으로 경호대상자를 대피시킨다.

29. 우발상황의 특성으로 옳은 것은?

① 불확실성 ② 심리적 안정성
③ 예측가능성 ④ 시간여유성

30. 총기공격에 대응하는 즉각조치로 옳은 것은?

① 방호는 위협상황인식과 동시에 경호원의 신체로 범인을 제압하는 것을 우선으로 한다.
② 방호 시 경호원은 몸을 은폐하여 위해기도자로부터 표적이 작아지도록 한다.
③ 대피 시에는 경호대상자의 품위를 고려하여 조심스럽게 머리를 아래로 향하게 한 상태에서 이동한다.
④ 즉각조치는 경고 - 방호 - 대피 순으로 이루어지되 거의 동시에 실시되어야 한다.

31. 경호 비표 운용에 관한 내용으로 옳은 것은?

① 행사장의 혼잡방지를 위해 비표는 행사일 전에 배포한다.
② 비표는 식별이 용이하도록 단순·선명하게 제작하여 재활용이 가능하도록 한다.
③ 행사구분별 별도의 비표 운용은 금지사항이다.
④ 비표에는 리본, 명찰, 완장, 모자, 배지(badge) 등이 있다.

32. 경호복장과 용모에 관한 설명으로 옳지 않은 것은?

① 경호원은 항상 단정한 복장과 용모로 주도면밀함과 자신감을 보여야 한다.
② 행사의 성격과 관계없이 경호원의 품위가 느껴지는 검정색 계통의 정장을 입도록 한다.
③ 경호원의 이미지가 경호대상자의 이미지로 연결될 수 있음을 고려하여 언행에 유의하여야 한다.
④ 행사의 성격에 따라 행사에 어울리는 적절한 표정으로 행사에 동화될 필요가 있다.

33. 검측에 관한 내용으로 옳지 않은 것은?

① 검측장비란 위해물질의 존재 여부를 검사하거나 시설물의 안전점검에 사용되는 도구를 말한다.

② 검측장비에는 금속 탐지기, 폭발물 탐지기 등이 있다.

③ 검측활동은 사고로 이어질 수 있는 시설물의 불안전요소를 제거하기 위함이다.

④ 검측은 행사의 원활한 진행을 고려하여 최소한의 요원을 투입해서 한 번에 철저하게 실시한다.

34. 검식활동에 관한 설명으로 옳은 것은?

① 검식활동은 식재료의 조리 과정 단계부터 시작한다.

② 음식물 운반시 원거리 감시를 실시한다.

③ 검식은 경호대상자에게 제공되는 음식물의 위생상태를 검사하는 과정을 포함한다.

④ 조리가 완료된 후에는 검식활동이 종료된다.

35. 경호원 직원윤리 정립을 위한 내용으로 옳지 않은 것은?

① 안전사고 예방을 위한 정신교육 강화

② 경호대상자와의 신뢰를 통한 정치적 활동 지향

③ 사전예방활동을 위한 경호위해요소 인지능력 배양

④ 지휘단일성의 원칙에 의한 위기관리 대응능력 함양

36. 경호현장에서 응급상황 발생 시 최초반응자로서 경호원의 역할에 관한 내용으로 옳지 않은 것은?

① 심폐소생술 및 기본 외상처치술을 시행할 수 있어야 한다.

② 자동제세동기를 사용할 줄 알아야 하며 장비를 사용하는 구급요원을 지원할 수 있어야 한다.

③ 응급구조사의 업무를 도와줄 수 있어야 한다.

④ 교육받은 행위 외에 의료진과 같이 치료를 할 수 있어야 한다.

37. 우리나라 정부 의전행사시 적용하고 있는 주요 참석인사에 대한 예우에서 공적직위가 있는 경우의 서열기준이 아닌 것은?

① 직급(계급) 순위　　② 전직 순위

③ 헌법 및 정부조직법상의 기관순위　　④ 기관장 선순위

38. 경호의 환경에 관한 설명으로 옳지 않은 것은?

① 과학기술의 향상으로 인한 경호위해요소의 증가
② 개인주의 보편화로 경호작용의 협조적 경향 증가
③ 개방화로 인한 범죄조직의 국제화
④ '외로운 늑대(lone wolf)' 등 자생적 테러 가능성 증가

39. 국민보호와 공공안전을 위한 테러방지법의 내용으로 옳지 않은 것은?

① 테러단체란 국가정보원이 지정한 테러단체를 말한다.
② 국민보호와 공공안전을 위한 테러방지법은 대테러활동에 관하여 다른 법률에 우선하여 적용한다.
③ 국가테러대책위원회는 국무총리 및 관계기관의 장 중 대통령령으로 정하는 사람으로 구성하고 위원장은 국무총리로 한다.
④ 대테러활동과 관련하여 국무총리 소속으로 관계기관 공무원으로 구성되는 대테러센터를 둔다.

40. 국민보호와 공공안전을 위한 테러방지법령상 테러사건에 신속히 대응하기 위하여 대테러특공대를 설치·운영할 수 있는 자는?

① 국방부장관
② 외교부장관
③ 대통령경호처장
④ 국가정보원장

제19회(2017)
경호학 기출문제

01. 경호의 개념에 관한 설명으로 옳지 않은 것은?

① 경호 대상자의 생명과 재산을 보호하기 위하여 신체에 가하여지는 위해를 방지하거나 제거하고, 특정지역을 경계 순찰 및 방비하는 등의 모든 안전활동을 말한다.

② 형식적 의미의 경호개념은 현실적인 경호기관을 기준으로 하여 정립된 개념이다.

③ 실질적 의미의 경호 개념은 경호의 본질적・이론적인 입장에서 이해한 것이다.

④ 대통령 등의 경호에 관한 법률에서의 경호는 호위와 경비를 구분하여 새로운 경호개념으로 정의하고 있다.

02. 로마 가톨릭 교황 방한 시 대통령경호처장이 경호등급을 결정할 경우, 사전 협의해야 하는 자가 아닌 것은?

① 국가안보실장
② 외교부장관
③ 국가정보원장
④ 경찰청장

03. 경호 및 경비의 분류에 관한 설명으로 옳은 것을 모두 고른 것은?

ㄱ. 2(B)급 경호는 행사준비 등의 시간적 여유 없이 갑자기 결정된 상황에서의 각종 행사와 수상급의 경호대상으로 결정된 국빈행사의 경호이다.
ㄴ. 약식경호는 의전절차 없이 불시에 행사가 진행되고, 사전 경호조치도 없는 상태에서 최소한의 근접경호만으로 실시하는 경호활동을 말한다.
ㄷ. 특수경비는 총포류, 도검류, 폭발물에 의한 중요 범죄 등의 사태로부터 발생할 위해를 예방하거나 경계하고 진압함으로써, 국민의 생명과 재산을 보호하고 공공의 안녕과 질서를 유지하는 경비활동이다.

① ㄱ
② ㄱ, ㄴ
③ ㄴ, ㄷ
④ ㄱ, ㄴ, ㄷ

04. 다음 설명의 경호활동 원칙은?

> 경호대상자가 위험한 상황에 처했을 경우에는 경호대상자의 머리를 숙이게 한다든지, 완력으로 안전한 곳으로 인도한다든지 하여 위험을 모면케 하는 경호활동으로 긴급상황 발생 시 경호대상자를 우선 안전한 곳으로 대피시키는 것이 바람직하다.

① 방어경호의 원칙
② 예방경호의 원칙
③ 두뇌경호의 원칙
④ 자기희생의 원칙

05. 대한민국정부 수립이후 경호기관에 관한 설명으로 옳은 것은 모두 몇 개인가?

> • 경무대경찰서는 주로 대통령 경호임무를 수행하였으며, 1953년 경찰서 직제를 개정하여 관할구역을 경무대 구내로 제한하였다.
> • 청와대경찰관파견대는 1960년 3차 개헌을 통해 내각책임제에서 대통령 중심제로 정부형태가 변화되면서 종로경찰서 소속으로 대통령의 경호 및 대통령 관저의 경비를 담당하였다.
> • 국가재건최고회의의 의장 경호대는 1961년 중앙정보부 경호대로 정식 발족하여 국가원수, 최고회의의장 등의 신변보호 임무를 수행하였다.
> • 대통령경호실은 1981년 대통령경호실법 개정으로 "전직대통령과 그 배우자 및 자녀"가 경호대상으로 추가되었다.

① 1개
② 2개
③ 3개
④ 4개

06. 경호의 행동원칙에 관한 설명으로 옳은 것을 모두 고른 것은?

> ㄱ. 자기담당구역 책임의 원칙 : 경호원은 자신의 책임 하에서 주어진 임무를 완수하고 담당구역을 지켜내야 한다.
> ㄴ. 자기희생의 원칙 : 경호원 자신을 희생해서라도 경호대상자의 신변을 안전하게 보호해야 한다.
> ㄷ. 목표물보존의 원칙 : 경호대상자를 위해요소로부터 떼어놓는 것이다.
> ㄹ. 은밀경호의 원칙 : 경호대상자의 얼굴을 닮은 경호원 또는 비서관을 임명하여 경호위해자로부터 경호대상자를 은밀하게 보호하는 방법이다.

① ㄱ
② ㄱ, ㄴ
③ ㄱ, ㄴ, ㄷ
④ ㄱ, ㄴ, ㄷ, ㄹ

07. 다음 중 고려시대의 경호기관은?

① 시위부 ② 성중애마
③ 별시위 ④ 호위청

08. 경호의 주체 및 객체에 관한 설명으로 옳지 않은 것은?

① 경호주체는 경호목적을 달성하기 위해 적극적으로 일정한 경호작용을 주도적으로 실시하는 당사자를 말한다.
② 경호객체는 경호관계에서 경호주체의 상대방인 경호대상자를 말한다.
③ 경호대상자의 협조를 유도하기 위해서는 경호대상자의 심리적 성향을 이해하고 적합한 기법을 개발하여 신뢰감을 얻는 것이 중요하다.
④ 경호대상자가 경호에 협조적인 경우, 경호대상자 주위의 안전구역을 해제함으로써 유연한 경호임무를 완수해야 한다.

09. 경호조직의 특성에 해당하지 않는 것은?

① 기동성 ② 통합성
③ 개방성 ④ 전문성

10. 각국의 경호 유관기관에 관한 설명으로 옳지 않은 것은?

① 미국 중앙정보국(CIA) : 국제 테러조직, 적성국 동향에 대한 첩보 수집, 분석 전파, 외국 국빈방문에 따른 국내 각급 정보기관 조정을 통한 경호 정보 제공
② 영국 보안국(SS) : 외무성 소속으로 MI6으로 불리기도 하며, 국외경호 관련 정보의 수집·분석·처리 업무 담당
③ 독일 국방보안국(MAD) : 국방성 산하 정보기관으로 군 관련 첩보 및 경호 관련 첩보 제공 임무 수행
④ 프랑스 해외안전총국(DGSE) ; 국방성 소속으로 해외 정보 수집 및 분석 업무 수행

11. 다음 설명하는 경호조직의 원칙은?

> 경호조직의 각 구성원은 오직 하나의 상급기관(지휘관)에게만 보고하고, 그의 명령지휘를 받고, 그에게만 책임을 진다는 것이다.

① 경호지휘단일성 ② 경호체계통일성
③ 경호기관단위작용 ④ 경호협력성

12. 경호업무 수행절차의 4단계에 관한 설명으로 옳지 않은 것은?

① 예방단계는 준비단계로서 발생할 수 있는 인적·물적 위해요소에 대한 예방책을 강구하는 단계이다.
② 대비단계는 안전활동단계로서 발생 가능한 인적·물적 위해요소에 대한 대비책을 강구하는 단계이다.
③ 평가단계는 위험분석단계로서 경호효과를 평가·분석하여 경호계획을 수립하기 위한 단계이다.
④ 대응단계는 실시단계로서 경호대상자에게 발생하는 위해요소에 대한 출입요소의 통제, 근접경호 등으로 즉각적인 조치를 취하는 단계이다.

13. 선발경호의 특성에 관한 설명으로 옳지 않은 것은?

① 경호임무에 동원된 모든 부서는 각자의 기능을 발휘하면서 서로 다른 각각의 지휘체계 아래 상호보완적 임무를 수행해야 한다.
② 예방경호는 위해요소를 발견, 제거, 거부함으로써 경호행사의 안전을 확보하는 것이다.
③ 선발경호는 3중경호의 원리에 입각해서 행사장을 구역별로 구분, 특성에 맞는 경호 조치를 강구한다.
④ 선발경호 특성 중 예비성이란 현지 지형과 상황에 맞는 대응계획과 대피계획을 수립·대비함을 말한다.

14. 출입자 통제업무 내용으로 옳지 않은 것은?

① 인적 출입관리는 행사장의 모든 출입구에 대한 검색이나 수상한 자의 색출을 목적으로 한다.
② 비표는 식별이 어렵게 하여 보안성을 강화한다.
③ 참석자가 시차별로 지정된 출입통로를 통하여 입장토록 한다.
④ 모든 출입요소는 지정된 출입통로를 사용하여야 하며 기타 통로는 폐쇄한다.

15. 행사장 비상대책 수립 시 우선적으로 고려해야 하는 요소가 아닌 것은?

① 비상장비　　② 비상통로
③ 비상대피소　　④ 비상대기차량

16. 선발경호활동의 내용으로 옳지 않은 것은?

① 출입통제대책 강구 후 안전검측활동과 안전유지가 이루어져야 한다.

② 출입자 통제대책으로 비표운용, 주차장 지정, 검색대 운용 등을 할 수 있다.

③ 경호협조회의는 해당지역 경찰서 관계자 등 행사에 참여하는 다양한 부서와 합동으로 실시하며 보안유지를 위해 1회로 제한한다.

④ 선발경호안전활동의 주요요소는 출입자 통제대책 강구, 검측 및 안전확보, 비상안전대책의 강구 등이다.

17. 근접경호의 도보대형 형성 시 고려사항이 아닌 것은?

① 주변 감제건물의 취약도　　② 행사장 기후

③ 행사장 예방경호 수준　　④ 인적 취약요소와의 이격도

18. 도보이동 간 근접경호의 원칙으로 옳지 않은 것은?

① 근접경호원은 상황변화에도 고정된 대형을 고수해야 한다.

② 근접경호원은 경호대상자에 이르는 모든 접근로를 차단하기 위하여 분산 배치되어야 한다.

③ 위험노출 정도를 최소화하기 위해 최단거리 직선통로를 이용한다.

④ 근접경호대형은 전 방위에 대한 사주경계와 신변안전을 담보할 수 있도록 행사장 여건을 고려하여 최소한의 인원으로 형성한다.

19. 기동 간 경호대책의 원칙에 관한 내용으로 옳은 것은?

① 적절한 차량대형을 형성하여 방어태세를 유지한다.

② 교통흐름에 맞게 자연스런 차량운행을 한다.

③ 저격에 대비하여 혼잡하거나 곡선인 도로를 이용한다.

④ 기동 간 경계력 분산을 방지하기 위해 전방 경계에 집중한다.

20. 근접경호 수행방법에 관한 설명으로 옳지 않은 것은?

① 근접도보대형은 장소와 상황 등 행사장 환경에 따라 유연하게 적용시켜야 한다.

② 근접경호는 신체에 의한 방호벽을 형성하되 경호대상자 행동의 자유와 프라이버시를 존중해야 한다.

③ 근접경호원은 종사요원, 경호대상자와 친숙한 방문객, 수행원을 신속하게 익혀야 한다.

④ 도보이동 간 근접경호원의 체위확장은 위기 시 방호효과를 극대화 할 수 있으나 평시 노출 및 위력과시의 부정적 효과로 지양해야 한다.

21. 아래 설명하는 근접경호대형은?

외부로부터 위협이 없다고 판단되며 안전이 확보된 행사장 입장 시와 대외적인 이미지를 중시하는 경호대상자에게 적합한 도보대형

① 마름모 대형　② V자(역쐐기) 대형
③ 원형 대형　④ 쐐기 대형

22. 대한민국에서 개최되는 다자간 정상회의의 경호 및 안전관리 업무를 효율적으로 수행하기 위하여 대통령 등의 경호에 관한 법률에 따라 설치되는 경호·안전 대책기구의 명칭은?

① 경호안전종합본부　② 경호안전통제단
③ 경호안전대책본부　④ 경호처 특별본부

23. 경호안전대책에 관한 설명으로 옳은 것은?

① 행사장의 인적·물적·지리적 위해요소에 대한 비표운용을 통하여 행사장의 안전을 도모한다.

② 인적 위해요소에 대해서는 행사장 주변 수색 및 위해광고물 일제정비 등을 통해 경호 취약요소를 제거한다.

③ 물적 위해요소에 대해서는 금속탐지기 등을 이용한 검색을 통하여 위해물품이 행사장 내로 반입되지 못하도록 한다.

④ 지리적 위해요소에 대해서는 입장 및 주차계획, 본인여부 확인 등을 통하여 불순분자의 행사장 내 침투 및 접근을 차단한다.

24. 보안업무규정 시행규칙 상 보호구역에 관한 설명으로 옳은 것을 모두 고른 것은?

> ㄱ. 보호구역은 제한지역, 제한구역, 통제지역, 통제구역으로 구분할 수 있다.
> ㄴ. 제한구역은 비밀 또는 국·공유재산의 보호를 위하여 울타리 또는 방호·경비인력에 의하여 출입에 대한 감시가 필요한 구역을 말한다.
> ㄷ. 제한지역은 비인가자의 비밀, 주요시설 및 Ⅲ급 비밀 소통용 암호자재에 접근하는 것을 방지하기 위하여 안내를 받아 출입하여야 하는 지역을 말한다.
> ㄹ. 통제구역은 보안상 매우 중요한 구역으로서 비인가자의 출입이 금지되는 구역을 말한다.

① ㄹ　　② ㄱ, ㄹ
③ ㄴ, ㄷ　　④ ㄴ, ㄷ, ㄹ

25. 대통령 등의 경호에 관한 법률 상 경호구역에 관한 설명으로 옳지 않은 것은?

① 대통령경호처장은 경호업무의 수행에 필요하다고 판단되는 경우 경호구역을 지정할 수 있다.
② 대통령경호처장이 경호구역을 지정할 경우 경호 목적 달성을 위한 최대한의 범위로 설정되어야 한다.
③ 대통령경호처의 경호구역 중 대통령집무실·대통령관저 등은 내곽구역과 외곽구역으로 나눈다.
④ 대통령경호처 소속공무원과 경호업무를 지원하는 사람은 경호목적 상 불가피하다고 인정되는 상당한 이유가 있는 경우에만 경호구역에서 안전활동을 할 수 있다.

26. 선발경호의 특성이 아닌 것은?

① 예비성　　② 안전성
③ 통합성　　④ 기만성

27. 우발상황에 관한 설명으로 옳지 않은 것은?

① 우발상황은 어떠한 일이 예기치 못하게 발생하는 것을 의미하며, 사전예측 불가, 극도의 혼란사태 야기, 즉응적 대응 요구, 자기보호본능 발동 등의 특성을 갖는다.

② 우발상황 발생 시 대응은 '경고-방호-대피'가 거의 동시에 이루어져야 한다.

③ 우발상황 발생 시 경호원은 경호대상자를 신속하게 안전지대로 대피시키기 위해 경호대상자에게 신체적 무리가 있더라도 과감하게 행동하여야 한다.

④ 수류탄 또는 폭발물과 같은 폭발성 화기에 의해 공격받았을 때 사용되는 방호대형은 강화된 사각 대형이다.

28. 위해기도자의 범행시도에 경호대상자 또는 위해기도자와 가장 가까이 위치한 경호원이 대응해야 한다는 경호원칙은?

① 체위확장의 원칙 ② 주의력과 대응시간의 원리
③ 촉수거리의 원칙 ④ 목표물보존의 원칙

29. 안전검측활동에 관한 설명으로 옳은 것은?

① 비공식 행사에서는 실시하지 않는다.

② 오감을 배제하고, 장비를 이용하여 실시한다.

③ 경호대상자가 장시간 머물러 있는 곳을 먼저 실시한 후 경호대상자의 동선에 따라 순차적으로 실시한다.

④ 전자제품은 분해하여 확인하되 확인이 불가능한 것은 현장에 보존한다.

30. 다음 중 경호기만 방법으로 옳지 않은 것은?

① 일관성 있는 차량 및 기동로 ② 허위흔적 표시
③ 일반인처럼 자연스런 옷차림과 행동 ④ 연막차장

31. 폭발물에 관한 설명으로 옳지 않은 것은?

① 폭약은 파괴적 폭발에 사용될 수 있는 것으로서 액체산소폭약, 다이너마이트 등이 있다.

② 급조폭발물은 다양한 형태로 제작 가능하며, 재사용이 가능한 장점이 있다.

③ 뇌관에 사용되는 기폭제는 폭발력은 약하나 작은 충격이나 마찰, 정전기 등에 폭발하는 특성이 있다.

④ 폭발물의 폭발효과는 폭풍, 진동, 열, 파편효과 등이 나타난다.

32. 경호장비에 관한 설명으로 옳지 않은 것은?

① 검색장비란 위해도구나 위해물질을 찾아내는데 사용하는 장비로 금속탐지기, X-Ray, 수화물 검색기 등이 있다.

② 방호장비란 경호원이 자신의 생명·신체가 위험상태에 놓였을 때 스스로를 보호하는 장비로 가스분사기, 전자충격기 등이 있다.

③ 감시장비란 경호취약점을 보완하는 수단으로 침입 또는 범죄행위를 사전에 알아내는 역할을 하는 장비로 쌍안경, 열선감지기 등이 있다.

④ 통신장비란 경호임무수행에 있어 필요한 보고 또는 연락을 위한 장비로 차량용무전기, 휴대용무전기 등의 있다.

33. 탑승 시 경호예절에 관한 설명으로 옳은 것은?

① 기차의 경우 2인용 좌석일 때 창가 쪽이 상석이고 통로 쪽이 말석이다. 침대차에서는 위쪽의 침대가 상석이다.

② 비행기를 타고 내릴 때에는 상급자가 면저 타고 먼저 내리는 것이 올바른 순서이다.

③ 일반 선박의 경우 상급자가 나중에 타고 하선할 때는 먼저 내리나, 함정의 경우에는 상급자가 먼저 타고 먼저 내린다.

④ 에스컬레이터 탑승 시 올라갈 때는 남성이 먼저 올라가고, 내려올 때는 여성이 먼저 내려온다.

34. 검측장비 중 탐지장비가 아닌 것은?

① 서치탭(search tap)
② 청진기
③ 검색경
④ 물포(water cannon)

35. 태극기 게양일 중에 조기(弔旗)를 게양해야 하는 날은?

① 3·1절
② 제헌절
③ 현충일
④ 국군의 날

36. 경호의 일반적 환경요인으로 옳지 않은 것은?

① 경제 발전과 과학기술의 발전
② 사회구조와 국민의식의 변화
③ 정보의 팽창과 범죄의 다양화
④ 우리나라에 대한 북한 테러 위협 증가

37. 경호원의 기본응급처치 요령으로 옳지 않은 것은?

① 호흡이 없을 시 즉시 심폐소생술을 실시하고, 전문의료진에게 신속하게 인계한다.

② 의식이 없을 경우에는 경호대상자를 옆으로 눕혀 이물질에 의한 질식을 예방한다.

③ 가슴 및 복부 손상 시 지혈을 하고 물을 마시게 한다.

④ 목 부상 시 부목 등의 도구를 이용하여 고정시켜 목의 꺾임을 방지한다.

38. 국민보호와 공공안전을 위한 테러방지법령상 국가테러대책위원회의 심의·의결사항에 해당하지 않는 것은?

① 관계기관의 대테러활동 교육·훈련의 감독 및 평가

② 국가 대테러 기본계획 등 중요 중장기 대책 추진사항

③ 대테러활동에 관한 국가의 정책수립 및 평가

④ 위원장이 대책위원회에서 심의·의결할 필요가 있다고 제의하는 사항

39. 국민보호와 공공안전을 위한 테러방지법령상 테러위협의 정도에 따른 테러경보 4단계에 속하지 않는 것은?

① 주의　　② 경계

③ 심각　　④ 대비

40. 국민보호와 공공안전을 위한 테러방지법의 내용으로 옳은 것은?

① 테러위험인물이란 테러를 실행·계획·준비하거나 테러에 참가할 목적으로 국적국이 아닌 국가의 테러단체에 가입하거나 가입하기 위하여 이동 또는 이동을 시도하는 내국인·외국인을 말한다.

② 테러수사란 대테러활동에 필요한 정보나 자료를 수집하기 위하여 현장조사·문서열람·시료채취 등을 하거나 조사대상자에게 자료제출 및 진술을 요구하는 활동을 말한다.

③ 관계기관의 대테러활동으로 인한 국민의 기본권 침해 방지를 위하여 대책위원회 소속으로 대테러 인권보호관 2명을 둔다.

④ 국가정보원장은 테러위험인물에 대하여 출입국·금융거래 및 통신이용 등 관련 정보를 수집할 수 있다.

제20회(2018) 경호학 기출문제

01. 대한민국 정부 수립 이후 경호기관 변천과정의 순서로 옳은 것은?

① 경무대경찰서→중앙정보부 경호대→청와대 경찰관파견대→대통령경호실
② 경무대경찰서→청와대 경찰관파견대→중앙정보부 경호대→대통령경호실
③ 대통령경호실→청와대 경찰관파견대→경무대경찰서→중앙정보부 경호대
④ 중앙정보부 경호대청와대 경찰관파견대→대통령경호실→경무대경찰서

02. 경호조직의 특성과 원칙에 관한 설명으로 옳지 않은 것은?

① 경호조직은 경호기법 비노출 등 폐쇄성을 가진다.
② 경호업무의 성격상 기관단위작용으로 이루어진다.
③ 경호조직은 기구단위, 권한과 책임 등이 경호업무의 목적달성에 기여할 수 있도록 통합되어야 한다.
④ 경호조직은 과거와 비교하여 그 기구와 인원 면에서 대규모화 되고 있다.

03. 경호의 원칙에 관한 설명으로 옳은 것을 모두 고른 것은?

ㄱ. 위해가능성이 있는 모든 것에서 경호대상자를 격리시킨다.
ㄴ. 경호는 고도의 순간적인 판단력과 사전 치밀한 계획이 중요하다.
ㄷ. 경호는 위해기도자를 공격하는 것이 아니라, 위해요소로부터 경호대상자를 방어하는 것이다.
ㄹ. 행사장을 안전구역, 경비구역, 경계구역으로 설정한다.

① ㄱ, ㄷ　　② ㄱ, ㄴ, ㄷ
③ ㄴ, ㄷ, ㄹ　　④ ㄱ, ㄴ, ㄷ, ㄹ

04. 경호경비 관련법의 제정 순서대로 옳게 나열한 것은?

ㄱ. 청원경찰법	ㄴ. 국민보호와 공공장전을 위한 테러방지법
ㄷ. 경찰관 직무집행법	ㄹ. 대통령 등의 경호에 관한 법률

① ㄱ - ㄴ - ㄹ - ㄷ　　② ㄱ - ㄷ - ㄴ - ㄹ
③ ㄷ - ㄱ - ㄹ - ㄴ　　④ ㄷ - ㄹ - ㄱ - ㄴ

05. 경호체계통일성의 원칙에 해당하는 것은?

① 테러의 수법이 지능화·고도화 되어감에 따라 경호조직에 있어서도 기능의 전문화 내지 분화현상이 나타난다.
② 상하계급간의 일정한 관계가 이루어져 책임과 업무의 분담이 이루어지고 명령과 복종의 지위와 역할의 체계가 통일되어야 한다.
③ 완벽한 경호를 위해서는 국민의 절대적인 협력을 통하여 총력경호를 추구한다.
④ 경호임무 수행 중 긴급사태에 대처하기 위해서는 지휘자의 신속한 판단력과 지휘명령이 요구된다.

06. 신변보호의 예방작용 단계별 순서로 옳은 것은?

ㄱ. 조사단계	ㄴ. 무력화단계
ㄷ. 인지단계	ㄹ. 예견단계

① ㄷ - ㄱ - ㄹ - ㄴ　　② ㄷ - ㄹ - ㄱ - ㄴ
③ ㄹ - ㄱ - ㄷ - ㄴ　　④ ㄹ - ㄷ - ㄱ - ㄴ

07. 경호의 분류에 관한 설명으로 옳지 않은 것은 도두 몇 개인가?

> ○ 직접경호는 평상시에 이루어지는 치안 및 대공활동, 국제정세를 포함한 안전대책 작용이다.
> ○ 행사장 경호는 경호대상자가 참석하거나 주관하는 행사에서의 경호업무를 말한다.
> ○ 국왕 및 대통령 등 국가원수급의 경호는 1(A)급 경호에 해당된다.
> ○ 숙소경호는 평소 거처하는 관저나 임시로 외지에서 머무는 장소에서의 경호업무를 말한다.
> ○ 약식경호는 일정한 방식에 의하지 않고 출·퇴근과 같이 일상적인 경호업무를 말한다.

① 1개 ② 2개
③ 3개 ④ 4개

08. 수업시간에 두 학생에게 경호의 개념에 대해 질문을 하였다. 각 학생이 대답한 경호의 개념은?

> A학생: "대통령 등의 경호에 관한 법률에 의한 대통령경호처가 담당하는 모든 작용이 경호의 개념이라고 생각합니다."
> B학생: "본질적인 입장에서 모든 위해요소로부터 경호대상자를 안전하게 보호하기 위한 제반활동을 말합니다."

① A학생: 형식적 의미, B학생: 형식적 의미
② A학생: 실질적 의미, B학생: 형식적 의미
③ A학생: 형식적 의미, B학생: 실질적 의미
④ A학생: 실질적 의미, B학생: 실질적 의미

09. **경호의 분류와 소속이 옳게 연결된 것은?**

(ㄱ)국회의장과 (ㄴ)헌법재판소장이 공식행사에 참석 차 이동 중 (ㄷ)예정에 없던 고궁에 들러 (ㄹ)경호원을 대동하여 시민들과 대화를 하였다.

① ㄱ: 갑호, ㄴ: 갑호, ㄷ: 공식, ㄹ: 대통령경호처
② ㄱ: 갑호, ㄴ: 을호, ㄷ: 공식, ㄹ: 경찰청
③ ㄱ: 갑호, ㄴ: 갑호, ㄷ: 비공식, ㄹ: 대통령경호처
④ ㄱ: 을호, ㄴ: 을호, ㄷ: 비공식, ㄹ: 경찰청

10. **경호조직의 구성원칙 중 아래의 내용과 관계가 있는 원칙은?**

국제행사의 안전한 진행을 위하여 전국적으로 배치된 경비지도사를 통하여 경호정보를 신속하게 수집하였다.

① 경호지휘단일성의 원칙
② 경호체계통일성의 원칙
③ 경호기관단위작용의 원칙
④ 경호협력성의 원칙

11. **대통령경호안전대책위원회규정상 대통령경호안전대책위원회의 위원이 아닌 자는?**

① 외교부 해외안전관리기획관
② 과학기술정보통신부 통신정책국장
③ 소방청 119구조구급국장
④ 국무조정실 대테러센터장

12. **경호의 객체에 관한 설명으로 옳지 않은 것은?**

① 경호객체는 경호임무를 제공받는 경호대상자를 말한다.
② 대통령 당선인과 그 가족은 대통령 등의 경호에 관한 법률에 따라 대통령경호처의 경호대상이다.
③ 대통령 등의 경호에 관한 법률에 따라 대한민국을 방문하는 외국의 국가원수 또는 행정수반과 그 배우자는 대통령경호처의 경호대상이다.
④ 재직 중 탄핵 결정을 받아 퇴임한 전직대통령의 경우 전직대통령 예우에 관한 법률에 따라 필요한 기간의 경호 및 경비의 예우를 하지 아니한다.

13. 다음 〈보기〉는 경호작용의 기본 고려요소에 관한 설명이다. 〈보기〉의 내용과 기본 고려요소와의 연결이 옳은 것은?

〈보 기〉

a. 경호대상자와 수행원, 행사 세부일정, 적용되고 있는 경호경비상황에 관한 정보의 유출은 엄격히 통제되어야 한다.

b. 모든 형태의 경호임무는 사전에 신중하게 계획되어야 하며, 각각의 임무는 명확하게 부여되어야 한다.

〈기본 고려요소〉

ㄱ. 계획수립　　ㄴ. 보안　　ㄷ. 책임　　ㄹ. 자원

① a - ㄴ, ㄹ　　② a - ㄹ
③ b - ㄱ, ㄷ　　④ b - ㄱ, ㄴ, ㄹ

14. 경호임무의 포함요소 중 행사일정 계획 시 고려되지 않는 사항은?

① 출발 및 도착 일시　　② 기동방법 및 수단
③ 행사에 참석하는 공무원의 명단　　④ 방문지역의 지리적 특성

15. 다음 (　)에 들어갈 알맞은 용어는?

○ (ㄱ): 폭발물 등 각종 유해물을 탐지하는 활동
○ (ㄴ): 경호대상자가 이용하는 물품과 시설 등의 안전상태를 확인하는 활동

① ㄱ: 안전검사, ㄴ: 안전점검　　② ㄱ: 안전점검, ㄴ: 안전검사
③ ㄱ: 안전유지, ㄴ: 안전검사　　④ ㄱ: 안전검사, ㄴ: 안전유지

16. 경호임무의 활동수칙에 관한 설명으로 옳지 않은 것은?

① 경호원을 중심으로 내부, 내곽, 외곽으로 구분하여 경호구역을 설정한다.
② 위해상황이 발생하면 최초발견자에 의한 빠른 대응이 필요하다.
③ 경호원은 위해가해자와 타협적인 행동을 하지 않아야 한다.
④ 경호원은 경호대상자의 정상적인 업무 및 사생활을 침해하지 않는 범위에서 임무를 수행하여야 한다.

17. 선발경호 단계의 활동으로 옳지 않은 것은?

① 비표를 운용한다.
② 현장을 사전 답사한다.
③ 비상대피로를 선정한다.
④ 경호대상자 중심으로 사주경계를 한다.

18. 선발경호에 해당되지 않는 것은?

① 경호대상자가 도착하기 전에 효과적인 경호협조와 경호준비를 하는 사전예방경호활동이다.
② 행사장에 대한 인적·물적·지리적 정보를 수집하여 필요한 지원요소 소요판단 후 세부계획을 수립한다.
③ 행사장 취약시설물과 최기병원 등 사실적 관계 확인은 안전대책 담당이다.
④ 사전에 점점하지 않은 지역이나 장소에 접근하지 않도록 경호대상자 측근에서 수행한다.

19. 근접경호의 특성 중 기만성에 관한 설명으로 옳은 것은?

① 행사일정과 장소 및 시간이 대외적으로 알려진 상태에서 업무를 수행하여야 한다.
② 행사성격이나 주변 여건, 장비의 특성에 따라 도보대형 및 기동수단에 있어서 유동성이 있어야 한다.
③ 허위정보를 제공하여 위해기도자로 하여금 행사상황을 오판하도록 하기 위한 변칙적인 경호기법이다.
④ 기동수단, 기동로, 기동시기, 기동대형 등 노출의 취약성을 최대화하기 위하여 경호기법에 변화를 주어야 한다.

20. 근접경호원의 임무수행에 관한 설명으로 옳지 않은 것은?

① 위해기도자의 공격가능성을 줄이고, 피해정도를 최소화하기 위해서 이동 속도를 가능한 천천히 해야 한다.
② 근접경호 시 경호원의 위치와 경호 대영에 수시로 변화를 주어야 한다.
③ 경호대상자에게 위해를 가하지 않을 것이라는 확신이 있기 전까지는 누구도 경호대상자의 주위에 접근하게 해서는 안 된다.
④ 이동 시 이동속도는 경호대상자의 건강상태 등을 고려하여 정하여야 한다.

21. 근접경호 수행방법에 관한 설명으로 옳지 않은 것은?

① 에스컬레이터를 이용하여 이동하는 것은 다른 이동수단으로 이동하는 것에 비해 상대적으로 취약하다.

② 주위경계 시 경호대상자로부터 먼 곳에서 가까운 곳으로 좌우 반복해서 실시하되 인접경호원과 중첩되지 않도록 한다.

③ 외부에 노출되어 있는 개방형 계단을 오르내릴 때는 경호대상자를 계단 중앙에 위치하도록 하여야 한다.

④ 건물 밖에서 안으로 문을 통과할 때는 미는 문일 경우 전방경호원이 안으로 들어가서 문을 잡아 경호대상자가 통과할 수 있도록 하여야 한다.

22. 3명의 경호원이 의뢰자로부터 근접경호를 의뢰 받아 임무를 수행하게 되었다. 다음 중 옳게 수행한 자는?(단, 각 경호대상자는 다르며, 경호원은 1인 단독 경호로 한다.)

A경호원은 시민의 불편을 초래하지 않는 범위 내에서 자신의 활동공간을 확보하며 근접경호를 수행하였고, B경호원은 엘리베이터 안에서 신속한 이동을 위하여 경호대상자를 자신 앞에 출입문 쪽에 위치하게 하였다. C경호원은 우발상황이 발생하여 자신의 대피보다 경호대상자의 대피를 최우선으로 실시하였다.

① A ② A, C
③ B, C ④ A, B, C

23. 다음을 총칭하는 개념은?

출입통로 지정, 시차입장, 본인여부 확인, 비표 운용, 검문검색, 주차관리

① 수행경호 ② 안전검측
③ 출입통제 ④ 안전조사

24. 경호차량 운용에 관한 설명으로 옳지 않은 것은?

① 주차 장소는 자주 변경하는 것이 좋다.
② 야간에는 차량을 밝은 곳에 주차한다.
③ 규칙적인 출발 및 도착시간을 가능한 한 피한다.
④ 주차 차량의 후면부가 차량출입로를 향하게 주차한다.

25. 출입자 통제대책에 관한 설명으로 옳지 않은 것은?

① 보안성 강화를 위해 리본, 조끼, 넥타이를 비표로 운용하지 않는다.
② 출입자의 위해 가능 물품의 보관을 위해 물품보관소를 운용한다.
③ 행사장 내 모든 출입요소에 대해서는 인가된 인원의 본인여부를 확인해야 한다.
④ 주차관리는 참석자들의 불편 최소화, 입·퇴장 질서유지 등을 고려한다.

26. 근접경호의 도보대형 형성 시 고려사항이 아닌 것은?

① 인적취약요소와의 이격도
② 행사장의 안전도
③ 경호행사의 성격
④ 경호원의 성향과 근접경호의 수준

27. 우발상황의 특성이 아닌 것은?

① 사전 예측의 가능
② 무질서와 혼란 야기
③ 자기보호본능 기제의 발동
④ 즉각조치의 요구

28. 출입자 통제업무 수행에 관한 설명으로 옳지 않은 것은?

① 출입통로는 가능한 단일화 또는 최소화하도록 한다.
② 지연 참석자에 대해서는 검색 후 출입을 허용하지 않도록 한다.
③ 참석자의 지위, 참석자 수 등을 고려하여 시차입장 계획을 수립한다.
④ 행사장 및 행사규모에 따라 참석대상별 주차지역을 구분하여 설정한다.

29. 우발상황에 적절하게 대응하지 못한 경호원은?(단, 경호원의 위치는 고려하지 않는다.)

A경호원－체위를 확장하여 경호대상자에 대한 방벽효과를 극대화한다.
B경호원－간단명료하고 신속하게 경고한다.
C경호원－폭발성 화기에 의한 공격 시에는 방어적 원형대형을 형성한다.
D경호원－경호대상자의 방호보다는 위해기도자의 제압을 우선으로 한다.

① A, B
② A, C
③ B, D
④ C, D

30. 검식활동에 관한 설명으로 옳지 않은 것은?

① 음식료 운반 시에도 근접감시를 실시한다.

② 경호대상자에게 제공되는 음식료의 이상 유무를 검사하는 검식활동은 근접 경호의 임무이다.

③ 식재료의 구매·운반·저장과정에서의 안전성 확보, 조리과정의 위생상태 점검 등 경호대상자에게 음식료가 제공될 때까지의 안전 상태를 지속적으로 확인한다.

④ 경호대상자에게 제공되는 음식료의 안전을 점검하는 검식활동은 검측활동에 포함된다.

31. 안전검측의 원칙상 항목별(ㄱ~ㄷ) 검측시 우선으로 중점 검측할 대상을 옳게 선택한 것은?

ㄱ. 통로의 양 측면, 통로의 중앙 ㄴ. 높은 곳, 낮은 곳 ㄷ. 깨끗한 장소, 더러운 장소

① ㄱ: 통로의 양 측면, ㄴ: 낮은 곳, ㄷ: 깨끗한 장소

② ㄱ: 통로의 양 측면, ㄴ: 높은 곳, ㄷ: 더러운 장소

③ ㄱ: 통로의 중앙, ㄴ: 낮은 곳, ㄷ: 깨끗한 장소

④ ㄱ: 통로의 중앙, ㄴ: 높은 곳, ㄷ: 더러운 장소

32. 경호장비에 관한 분류로 옳지 않은 것은?

① 호신장비: 총기, 가스분사기

② 감시장비: 금속탐지기, X-Ray 수화물 검색기

③ 방호장비: 방폭담요, 방폭가방

④ 기동장비: 차량, 항공기

33. 의전에 관한 설명으로 옳지 않은 것은?

① 3부(府)의 초청인사 집단별 좌석배치순서는 관행상 행정 · 입법 · 사법의 순이다.
② 정부 의전행사에서 적용하고 있는 주요 참석인사에 대한 예우기준에 따라 공적 직위가 없는 인사 서열의 경우 직급, 기관장, 전직, 연령을 기준으로 한다.
③ 주한외교단은 신임장을 제정한 일자 순으로 배치한다.
④ 우리나라 정부인사가 외국정부의 같은 급의 인사를 초청한 경우에는 외빈인사를 상위의 좌석에 배치하는 것이 일반적인 관례이다.

34. 경호복장에 관한 내용으로 옳은 것은?

① 일반적으로 경호원은 행사의 성격에 따라 주변 환경과 조화되도록 복장을 착용한다.
② 경호원은 경호대상자와 구분되는 색상이나 스타일의 복장을 착용한다.
③ 경호원으로서의 신분이 노출되지 않도록 화려한 복장을 착용한다.
④ 경호원은 주위의 시선을 빼앗는 색상이나 복장을 착용한다.

35. 의전의 원칙에 관한 설명으로 옳지 않은 것은?

① 의전의 바탕은 상대 생활양식 등의 문화와 상대방에 대한 존중 및 배려에 있다.
② 정부행사에서 의전행사 서열은 관례적으로는 정부수립 이후부터 시행해 온 정부의전 행사를 통하여 확립된 선례와 관행을 기준으로 한다.
③ 정부행사에서 공식적으로는 헌법, 정부조직법, 국회법, 법원조직법 등 법령에서 정한 직위순서를 기준으로 한다.
④ 행사 주최자의 경우 손님에게 상석인 왼쪽을 양보한다.

36. 경호원의 응급처치 사항으로 옳지 않은 것은?

① 가슴 및 복부 손상 시 지혈과 동시에 음료를 마시게 한다.
② 심한 출혈 시 출혈부위를 심장보다 높게 하여 안정 상태를 유지한다.
③ 의식과 호흡이 없을 경우 빠른 시간에 심폐소생술을 실시한다.
④ 원칙적으로 환자의 생사판정은 하지 않는다.

37. **국기게양에 관한 설명으로 옳은 것은?**

① 조의를 표하는 날은 현충일 및 국가장법 제6조에 따른 국가장 기간이다.

② 국경일은 3 · 1절, 제헌절, 광복절, 개천절 및 국군의 날이다.

③ 국기를 전국적으로 게양해야 하는 날은 국경일 및 기념일, 조의를 표하는 날이며, 국기는 일출부터 일몰까지 게양할 수 있다.

④ 국가, 지방자치단체 및 공공기관의 청사 등에는 목적을 고려하여 국기를 낮에만 게양할 수 있다.

38. **국민보호와 공공안전을 위한 테러방비법상 테러단체를 구성하거나 구성원으로 가입한 사람의 처벌에 관한 내용으로 옳은 것은?**

① 수괴(首魁)는 사형 · 무기 또는 7년 이상의 징역

② 테러를 기획하는 등 중요한 역할을 맡은 사람은 무기 또는 5년 이상의 징역

③ 타국의 외국인테러전투원으로 가입한 사람은 5년 이상의 징역

④ 테러를 지휘하는 등 중요한 역할을 맡은 사람은 무기 또는 5년 이상의 징역

39. **국민보호와 공공안전을 위한 테러방지법상 테러위험인물에 대하여 출입국 · 금융거래 및 통신이용 등 관련 정보를 수집할 수 있는 자는?**

① 대통령경호처장　　② 국가정보원장

③ 대테러센터장　　④ 금융감독원장

40. **국민보호와 공공안전을 위한 테러방지법상 대테러활동과 관련하여 대테러센터의 수행 사항으로 옳은 것은?**

① 국가 대테러활동 관련 임무분담 및 협조사항 실무 조정

② 대테러활동에 관한 국가의 정책 수립 및 평가

③ 국가 대테러 기본계획 등 중요 중장기 다책 추진사항

④ 관계기관의 대테러활동 역할 분담 · 조정이 필요한 사항

제21회(2019)
경호학 기출문제

01. 경호조직의 운영에 관한 설명으로 옳은 것은?

① 위해수법의 고도화에 따라 현대의 경호조직은 경호의 전문성이 요구된다.
② 다수의 경호원이 운용될 경우에는 다수의 지휘체계를 운영해야 한다.
③ 현대의 경호조직은 과거에 비해 규모가 축소되고 있다.
④ 완벽한 방어 및 대응체계를 구축하기 위해서는 개인단위 작용으로 이루어져야 한다.

02. 경호의 객체(A)와 주체(B)는?

퇴임한 지 8년 된 대한민국 전직대통령, 배우자 및 그 자녀가 생활하는 공간에서 경찰관과 대통령 경호원이 함께 경호임무를 수행하고 있다.

① A: 전직대통령, 배우자 B: 경찰관
② A: 전직대통령, 배우자, 자녀 B: 대통령 경호원
③ A: 전직대통령, 배우자 B: 경찰관, 대통령 경호원
④ A: 전직대통령, 배우자, 자녀 B: 경찰관, 대통령 경호원

03. 국가 - 경호기관 - 경호대상자의 연결이 옳지 않은 것은?

① 대한민국 - 대통령경호처 - 대통령과 국무총리 및 그 가족
② 미국 - 비밀경호국 - 대통령과 부통령 및 그 가족
③ 영국 - 수도경찰청 - 왕과 수상
④ 독일 - 연방범죄수사청 - 대통령과 수상

04. **다음을 경호로 분류할 때 해당하지 않는 것은?**

> 대한민국을 방문한 K국 대통령의 시장 방문 시 경호 관계기관에서는 주변에 알리지 않고 경호를 하였다. 이 때 시장에서 쇼핑 중 위해자에 의한 피습사건이 발생하여 B경호원은 몸을 날려 위해행위를 차단하였고, 동료 경호관들이 대통령을 안전한 곳으로 대피시켰다.

① A급 경호 ② 비공식 경호
③ 직접 경호 ④ 약식 경호

05. **다음 경호활동에 나타나지 않는 원칙은?**

> 평소 경호대상자는 어떠한 상황에서도 절대적으로 보호되어야 한다는 생각으로 근무하고 있는 K경호원은 경호대상자가 은행에 갈 때 차량과 이동로를 노출시키지 않고 근접경호활동을 하였다. 마침 은행 강도사건이 은행에서 발생하여 경호대상자를 우선 안전한 곳으로 대피시키고 강도사건 발생을 관할 경찰서에 알려 조속히 사건을 마무리할 수 있었다.

① 은밀경호의 원칙 ② 중첩경호의 원칙
③ 목표물 보존의 원칙 ④ 방어경호의 원칙

06. **대한민국 정부수립 이후 경호기관에 관한 설명으로 옳지 않은 것은?**

① 경무대경찰서: 1953년 경찰서 직제를 거정하여 관할구역을 경무대 구내로 제한하여 경호임무 담당
② 청와대경찰관파견대: 1960년 3차 개헌을 통해 내각책임제에서 대통령중심제로 바뀌면서 대통령의 경호와 경비 담당
③ 국가재건최고회의의장경호대: 1961년 중앙정보부 경호대로 정식 발족하여 최고 회의의장 등의 신변보호 임무 수행
④ 대통령경호실: 1963년 설립되어 대통령과 그 가족, 대통령으로 당선이 확정된 자 및 경호실장이 필요하다고 인정하는 요인에 대한 경호 담당

07. 경호의 원칙에 관한 설명으로 옳은 것을 모두 고른 것은?

ㄱ. 경호행사장을 안전구역, 경비구역, 경계구역으로 설정한다.
ㄴ. 고도의 순간 판단력과 치밀한 사전계획이 중요하다.
ㄷ. 위해가능성이 있는 것으로부터 경호대상자를 격리시킨다.
ㄹ. 위해행위 발생 시 방호 및 대피 보다 위해자를 공격하여 무력화시키는 것이 우선이다.

① ㄱ, ㄹ ② ㄱ, ㄴ, ㄷ
③ ㄴ, ㄷ, ㄹ ④ ㄱ, ㄴ, ㄷ, ㄹ

08. 경호의 정의와 개념을 잘못 말한 자는?

A경호원: 경호란 경호대상자의 생명과 재산을 보호하기 위하여 신체에 가하여지는 위해를 방지하거나 제거하고, 특정 지역을 경계·순찰 및 방비하는 등의 모든 안전활동을 말해.
B경호원: 맞는데, 경호는 보안이 강조되므로 자신의 몸을 최대한 은폐, 엄폐하여 근무하는 습관이 필요해.
C경호원: 경호는 경호대상자와 위해 행위자 사이의 완충벽이라 볼 수 있어.

① A ② B
③ A, C ④ B, C

09. 대통령 등의 경호에 관한 법률상 다음 (　)에 들어갈 내용은?

소속공무원과 관계기관의 공무원으로서 경호업무를 지원하는 사람은 경호목적상 불가피하다고 인정되는 상당한 이유가 있는 경우에만 (　)에서 질서유지, 교통관리, 검문·검색, 출입통제, 위험물 탐지 및 안전조치 등위해 방지에 필요한 안전 활동을 할 수 있다.

① 안전구역 ② 경계구역
③ 통제구역 ④ 경호구역

10. 다음이 설명하는 자는?

대한민국에서 개최되는 다자간 정상회의에 참석하는 외국의 국가원수 또는 행정수반과 국제기구 대표의 신변보호 및 행사장의 안전관리 등을 효율적으로 수행하기 위하여 대통령 소속으로 설치하는 경호·안전 대책기구의 장

① 국무총리 ② 경찰청장
③ 국가정보원장 ④ 대통령경호처장

11. 경호조직의 특성과 원칙에 관한 설명으로 옳은 것은?
① 경호조직은 기구단위, 권한과 책임 등이 경호업무의 목적 달성을 위해 통합되어야 한다.
② 경호조직은 계층성, 개방성, 기동성의 특징을 가진다.
③ 경호업무는 지휘권, 장비, 보급지원체계 등이 갖춰진 기관단위의 작용으로 이루어진다.
④ 경호업무의 모순, 중복, 혼란 등을 방지하여 신뢰성을 높이기 위해 복합 지휘체제를 구성하여야 한다.

12. 다음이 설명하는 것은?

문자메시지(SMS)와 피싱(phishing)의 합성어로, 인터넷 접속이 가능한 스마트폰의 문자메시지를 이용한 해킹 범죄

① APT ② 메신저피싱
③ 스미싱 ④ 보이스피싱

13. 선발경호의 특성이 아닌 것은?
① 예방성 ② 통합성
③ 안전성 ④ 유동성

14. 경호업무 시 우발상황에 관한 설명으로 옳은 것은?
① 위험 요소가 어디서 발생할 지 예측하기 어렵다.
② 위험 요소가 언제 발생할 지 예측할 수 있다.
③ 위험 요소의 피해 정도를 파악할 수 있다.
④ 위험 요소가 어떤 방법으로 발생할 지 파악할 수 있다.

15. 선발경호 업무가 아닌 것은?

① 행사장 사전 답사
② 도보 및 차량 대형 형성
③ 위해가능자 동향 파악
④ 출입증 확인 및 물품 검색

16. 폭발물 처리장비가 아닌 것은?

① 금속탐지기
② 물포(water cannon)
③ 폭발물처리키트
④ X-Ray 촬영기

17. 근접경호 도보대형을 검토할 때 고려 사항이 아닌 것은?

① 경호대상자의 성향
② 행사장의 취약요인
③ 비상시 최기병원 위치
④ 공식, 비공식행사 등 행사 성격

18. 근접경호에서 사주경계에 관한 설명으로 옳지 않은 것은?

① 시각, 청각 등 오감과 육감을 활용한다.
② 위험 감지에 대한 단계와 구조를 이해해야 한다.
③ 인적경계대상은 위해 가능한 인원으로 제한하며 사회적 권위와 지위를 고려한다.
④ 경호대상자를 중심으로 360도 전 방향을 감시해야 한다.

19. 우발상황 조치에 관한 내용이다. 다음 ( )에 들어갈 내용을 순서대로 옳게 나열한 것은?

> 우발상황이 발생하였을 경우 경호대상자를 위험으로부터 보호하기 위한 일련의 순간적인 경호조치를 말하며, (　　)의 결과에 따라 경호대상자를 살릴 수도 있고 죽일 수도 있다. 우발상황이 발생하면 최초에 정확하게 대응해야 한다는데 핵심이 있다. 위험한 것을 (　　) 것으로 판단하면 자칫 (　　)를 잃을 수도 있고, 위험하지 않은 것을 (　　) 것으로 판단하면 행사장을 혼란에 빠뜨리거나 행사를 망칠 수도 있다.

① 즉각조치, 위험한, 행사참석자, 위험하지 않은
② 즉각조치, 위험하지 않은, 경호대상자, 위험한
③ 통제조치, 위험하지 않은, 경호대상자, 위험한
④ 통제조치, 위험한, 행사참석자, 위험하지 않은

20. **선발경호업무 시 출입통제에 관한 설명으로 옳지 않은 것은?**

① 출입통제 효과를 극대화하기 위해 출입구를 다양화 한다.
② 안전구역은 행사와 무관한 사람들의 행사장 출입을 통제 또는 제한해야 한다.
③ 경호구역 설정에 따라 각 통제의 범위를 결정한다.
④ 2선 경비구역은 모든 출입요소에 대한 실질적인 1차 통제점이 된다.

21. **선도경호차량 – VIP차량 – 후미경호차량으로 구성된 차량대형에서 선도경호 차량의 역할이 아닌 것은?**

① 전방 교통 및 도로 상황을 전파한다.
② 행차코스 개척 및 차량대형을 선도한다.
③ 선도경호차량이 기동 간 이동지휘소 역할을 한다.
④ 계획된 시간에 목적지에 도착할 수 있도록 속도를 조절한다.

22. **선발경호의 특성으로 옳지 않은 것은?**

① 경호팀의 능력에 부합하는 비상대응계획을 수립한다.
② 3중 경호 원리에 입각해 구역별 특성에 갖는 경호조치를 한다.
③ 경호임무에 동원된 부서는 각각의 지휘체계 하에 상호보완적으로 임무를 수행한다.
④ 위해요소를 사전에 발견해서 제거하고 위해요소의 침투 가능성을 거부한다.

23. **즉각조치에 관한 설명으로 옳지 않은 것은?**

① 경고: 공격받고 있다는 상황을 알려주고 대응행동을 하라는 신호이며, 일반인들 에게는 위험상황을 알려주는 것이다.
② 방호: 자신의 몸으로 방호벽을 형성하여 경호대상자를 엄폐시키는 행동에 우선 순위를 두어야 한다.
③ 대피: 방호와 동시에 위험지역을 이탈하기 위해 방호대형을 형성하여 공격방향 으로 신속히 이동하여야 한다.
④ 대적: 경호대상자를 등지고 위험발생지역으로 향한 후 몸을 최대한 확장하여 방호범위를 확대한다.

24. 출입자 통제 방법에 관한 설명으로 옳지 않은 것은?

① 출입증은 모든 참가자에게 운용함을 원칙으로 한다.
② 모든 출입요소는 지정된 출입통로를 사용하며 기타 통로는 폐쇄한다.
③ 대규모 행사 시 참석대상과 좌석을 구분하지 않고 시차입장계획을 수립한다.
④ 행사장 내 출입요소에 대해서는 인가된 인원 및 인가차량 여부를 확인한다.

25. 안전검측의 원리에 관한 설명으로 옳지 않은 것은?

① 점검은 아래에서 위로, 좌에서 우로 일정한 방향으로 체계적으로 점검이 이루어져야 한다.
② 주변의 흩어져 있는 물건은 그대로 두고, 확인 불가능한 것은 먼 거리로 이격 제거한다.
③ 점검인원의 책임구역을 명확히 하며, 중복적 점검이 이루어져야 한다.
④ 범인의 입장에서 설치 장소를 의심하며 추적한다.

26. 근접경호의 특성으로 옳지 않은 것은?

① 위해기도자의 추적을 회피하는 기만전술을 적절히 구사하여 경호의 효과성을 높인다.
② 근접경호원의 신체로 방벽을 형성하여 경호대상자의 시야를 제한하고 공격선을 차단한다.
③ 근접경호원은 대적보다는 경호대상자의 안전한 방호 및 대피에 중점을 둔다.
④ 경호대상자를 따라 이동하거나 변화하는 경호상황에 능동적으로 대처해야 한다.

27. 경호업무 수행절차에 관한 설명으로 옳은 것은?

① 예방단계인 정보활동단계에서는 정·첩보를 수집하고 분석하여 경호위협을 평가한다.
② 학습단계인 안전활동단계에서는 행사장 취약요소에 대한 안전대책을 강구한다.
③ 대비단계인 경호활동단계에서는 경호 인력을 배치하여 지속적인 경계활동을 실시한다.
④ 대응단계에서는 경호 실시결과를 분석하고 평가하여 보완한다.

28. 경호 현장답사 시 고려사항이 아닌 것은?
① 행사장의 기상, 특성, 시설 등에 대한 취약여건 판단
② 행사장 출입, 통제범위 및 경호인력 규모 판단
③ 행사장의 직시고지와 직시건물 등에 대한 경호환경 판단
④ 개인별 사전임무 및 비상상황 시 개인별 임무

29. 비상대책의 내용으로 옳지 않은 것은?
① 행사장에는 비상대피소를 준비한다.
② 상황에 따른 대피계획은 사전에 결정한다.
③ 비상통로의 출구에는 예비차량을 대기시켜 놓는다.
④ 비상대피계획은 위험상황 발생 시 원인을 제거하기 위한 계획이다.

30. 경호차량에 관한 설명으로 옳지 않은 것은?
① 경호차량은 외부의 시선을 집중시키는 차종이나 색상은 지양한다.
② 경호차는 경호대상자 차량의 성능에 필적할 만한 차량을 선정해야 한다.
③ 승하차가 용이하며, 튼튼한 차체와 높은 가속력을 갖춘 차량을 선정한다.
④ 기만효과를 달성하기 위해 경호대상자 차량과 다른 차종을 선정한다.

31. 폭발과 총기공격 발생 시 우발상황 대처에 적용되지 않는 원칙은?
① SCE 원칙 ② 체위확장의 원칙
③ 촉수거리의 원칙 ④ 예방경호의 원칙

32. 경호활동의 기본 원칙으로 옳지 않은 것은?
① 경호대상자가 참석할 장소와 지역에 대한 정보를 분석하여 위험요인을 사전에 제거한다.
② 경호대상자의 이동시간, 이동경로, 이용차량 등에 변화를 주어 위해기도자가 다음 행동을 예측할 수 없도록 한다.
③ 경호대상자를 제외한 모든 사람이 검색대상이며 모든 인적 · 물적 · 지리적 위해 요소에 대해 경호조치가 이루어져야 한다.
④ 일반인의 불편을 최소화하면서 경호대상자와 국민의 접촉을 차단하여 완벽한 임무를 수행한다.

33. 민간경비원별 휴대 가능한 무기(장비)의 연결이 옳지 않은 것은?

① 호송경비원 - 권총, 경적, 단봉, 분사기
② 특수경비원 - 권총, 소총, 경적, 단봉, 분사기
③ 기계경비원 - 경적, 단봉, 출동차량, 분사기
④ 시설경비원 - 경적, 단봉, 분사기

34. 경호임무 수행 시 발생한 환자유형별 응급처치 방법으로 옳지 않은 것은?

① 얼굴이 붉은 인사불성환자의 경우 머리와 어깨를 낮게 하여 안정시킨다.
② 두부손상환자는 귀나 코를 통해 혈액과 함께 흘러나오는 액체를 막지 말고 그냥 흐르게 한다.
③ 화상환자는 화상부위를 심장보다 높게 올리도록 한다.
④ 골절환자의 경우 찬물 찜질을 하고 부상부위를 높여 준다.

35. 범죄발생에 따른 초동조치와 현장보존방법에 관한 설명으로 옳지 않은 것은?

① 범행현장에서 현행범으로 판단될 경우 경찰뿐 아니라 민간경호원 등 누구나 영장 없이 체포할 수 있다.
② 범행현장에서 가스누출 발생 시 즉시 선풍기나 배기팬을 작동시켜 환기시킨다.
③ 범죄현장의 범위를 최초에는 광범위한 지역으로 설정한 후 점차 축소해 간다.
④ 범죄발생 건물 소유자 등 관리권을 가진 자라도 범죄현장에 대해 경찰관의 출입 통제에 따라야 한다.

36. 경호행사 시 주의력효과와 대응효과에 관한 설명으로 옳지 않은 것은?

① 주의력은 위해자를 사전에 색출하기 위한 노력으로 예리한 사주경계가 요구된다.
② 주의력을 높이기 위해서는 경계대상과의 거리를 좁히는 것이 효과적이다.
③ 대응력은 경호대상자를 보호하고 대피시켜 신변을 보호하는 능력으로 경호대상 자와의 거리를 넓히는 것이 효과적이다.
④ 주의력효과와 대응효과는 서로 상반된 개념이므로 위치 선정에 유의해야 한다.

37. 탑승예절에 관한 설명으로 옳지 않은 것은?

① 승용차 탑승 시 운전기사가 있을 경우 좌석의 가장 상석은 조수석 뒷좌석, 다음이 운전석 뒷좌석, 마지막이 뒷좌석의 가운데이다.

② 기차 탑승 시 네 사람이 마주 앉을 경우 가장 상석은 진행방향의 창가 좌석, 다음이 맞은편 좌석, 다음은 가장 상석의 옆좌석, 그리고 그 앞좌석이 말석이 된다.

③ 비행기 탑승 시 객석 창문 쪽이 상석이고, 통로 쪽이 차석, 상석과 차석의 사이가 하석이다.

④ 선박 탑승 시 일반선박일 경우 상급자가 먼저 타고, 하선할 때는 나중에 내리며, 함정일 경우는 상급자가 나중에 타고 먼저 내린다.

38. 특수경비원의 무기관리 수칙으로 옳지 않은 것은?

① 무기 관리실태를 매월 파악하여 다음 달 3일까지 관할경찰관서장에게 통보하여야 한다.

② 무기고 및 탄약고는 단층으로 설치하고 환기, 방습, 방화 등의 시설을 한다.

③ 탄약의 출납은 소총은 1정당 7발 이내, 권총은 1정당 15발 이내로 한다.

④ 무기를 지급받은 경비원으로 하여금 매주 1회 이상 손질하게 한다.

39. 경호행사 시 쇼크환자의 일반적인 증상이 아닌 것은?

① 호흡이 얕고 빨라진다.
② 맥박이 강하고 때로는 늦어진다.
③ 메스꺼움이나 구토를 호소한다.
④ 지속적으로 혈압 하강이 나타난다.

40. 경호복장 선택과 착용에 관한 설명으로 옳지 않은 것은?

① 주변의 시선을 끌만한 색상이나 디자인은 지양한다.

② 행사의 성격과 장소와 무관하게 기능적이고 튼튼해야 한다.

③ 신발은 장시간 서 있는 근무상황을 고려해서 선택해야 한다.

④ 기상조건을 극복하기에 적절한 복장을 착용한다.

제15회	01. ④	02. ③	03. ②	04. ④	05. ②	06. ②	07. ③	08. ②	09. ④	10. ①
	11. ①	12. ④	13. ③	14. ②	15. ③	16. ④	17. ①	18. ②	19. ①	20. ①
	21. ①	22. ②	23. ③	24. ②	25. ③	26. ①	27. ④	28. ③	29. ④	30. ②
	31. ③	32. ④	33. ②	34. ③	35. ①	36. ④	37. ①	38. ④	39. ③	40. ①

제16회	01. ②	02. ④	03. ①	04. ④	05. ④	06. ③	07. ④	08. ④	09. ③	10. ②
	11. ①	12. ②	13. ④	14. ③	15. ①	16. ②	17. ①	18. ③	19. ①	20. ②
	21. ④	22. ①	23. ②	24. ③	25. ④	26. ②	27. ③	28. ④	29. ③	30. ④
	31. ③	32. ①	33. ②	34. ①	35. ③	36. ③	37. ②	38. ④	39. ①	40. ①

제17회	01. ②	02. ③	03. ③	04. ③	05. ①	06. ④	07. ③	08. ①	09. ④	10. ①
	11. ③	12. ①	13. ①	14. ②	15. ③	16. ④	17. ②	18. ③	19. ④	20. ②
	21. ④	22. ④	23. ②	24. ①	25. ②	26. ②	27. ②	28. ④	29. ③	30. ②
	31. ④	32. ①	33. ④	34. ④	35. ④	36. ②	37. ①	38. ①	39. ①	40. ③

제18회	01. ③	02. ③	03. ①	04. ①	05. ④	06. ①	07. ①	08. ②	09. ③	10. ②
	11. ②	12. ③	13. ④	14. ②	15. ③	16. ④	17. ④	18. ①	19. ④	20. ①
	21. ②	22. ③	23. ②	24. ③	25. ③	26. ①	27. ③	28. ④	29. ①	30. ④
	31. ④	32. ②	33. ④	34. ③	35. ②	36. ④	37. ②	38. ②	39. ①	40. ①

제19회	01.④	02.①	03.④	04.①	05.③	06.③	07.②	08.④	09.③	10.②
	11.①	12.③	13.①	14.②	15.①	16.③	17.②	18.①	19.①	20.④
	21.②	22.②	23.③	24.①	25.②	26.④	27.④	28.③	29.③	30.①
	31.②	32.②	33.③	34.④	35.③	36.④	37.③	38.①	39.④	40.④

제20회	01.②	02.③	03.④	04.③	05.②	06.④	07.①	08.③	09.④	10.④
	11.④	12.④	13.③	14.③	15.②	16.①	17.④	18.④	19.③	20.①
	21.②	22.②	23.③	24.④	25.①	26.④	27.①	28.②	29.④	30.②
	31.②	32.②	33.②	34.①	35.④	36.①	37.①	38.③	39.②	40.①

제21회	01.①	02.③	03.①	04.④	05.②	06.②	07.②	08.②	09.④	10.④
	11.③	12.③	13.④	14.①	15.②	16.	17.③	18.③	19.②	20.①
	21.③	22.③	23.③	24.③	25.②	26.②	27.①	28.④	29.④	30.④
	31.④	32.④	33.①	34.①	35.②	36.③	37.④	38.③	39.②	40.②